C·H·Beck
PAPERBACK

Beim Versuch, die Stellung Europas in der Welt der Gegenwart zu bestimmen, ist keine frühere Epoche lehrreicher als die zweite Hälfte des 18. Jahrhunderts. Asien war eines der großen Themen der Aufklärung. Auch entlegene Teile des Kontinents wurden bereist und erschlossen. Man schrieb große landeskundliche Werke auf dem fortgeschrittenen Stand europäischer Wissenschaft. Asien wurde damals zugleich entzaubert und besser verstanden als in den Jahrhunderten davor. Die Entzauberung nahm einem Kontinent, der lange als der Ursprung aller Religionen und Kultur gegolten hatte, seinen Glanz, aber auch seine Dämonie. Für eine kurze Zeit wurden Araber, Inder, Perser oder Chinesen zu entfernten Nachbarn, mit denen sich trotz offensichtlicher Kommunikationsschwierigkeiten ein Dialog führen ließ. Weltoffenheit und wissenschaftliche Neugier kippten um 1800 in eine neue, heute noch nachwirkende Arroganz um.

Jürgen Osterhammel ist Inhaber des Lehrstuhls für Neuere und Neueste Geschichte an der Universität Konstanz. Für *Die Entzauberung Asiens* erhielt er den «Gleim-Literaturpreis» und den «Anna-Krüger-Preis des Wissenschaftskollegs zu Berlin». Bei C.H.Beck ist zuletzt sein monumentales Werk *Die Verwandlung der Welt* ([5]2010) erschienen, für das er den «NDR Kultur Sachbuchpreis» erhalten hat. 2010 erhielt er für seine herausragenden Forschungsleistungen den Leibniz-Preis.

Jürgen Osterhammel

Die Entzauberung Asiens

Europa und die asiatischen Reiche im 18. Jahrhundert

C.H.Beck

Die erste Auflage dieses Buches erschien
in gebundener Form 1998
in der Reihe *C.H.Beck Kulturwissenschaften*

1. Auflage in der Beck'schen Reihe, 2010

Unveränderter Nachdruck
2. Auflage. 2024

Wilhelmstraße 9, 80801 München, info@beck.de

www.chbeck.de
Satz: Janß GmbH, Pfungstadt
Druck und Bindung: Druckerei C.H.Beck, Nördlingen
Umschlagabbildung: Portugiese in Birma,
Kupferstich von Jan Caspar Philipps, 1730,
© akg-images, Berlin
Umschlagentwurf: malsyteufel, Willich
Gedruckt auf säurefreiem und alterungsbeständigem Papier
Printed in Germany
ISBN 978 3 406 81127 2

verantwortungsbewusst produziert
www.chbeck.de/nachhaltig
produktsicherheit.beck.de

Sabine Dabringhaus
gewidmet

Inhalt

ZEITGENOSSENSCHAFT UND GESCHICHTE

Vorbemerkung

Bei unseren Versuchen, die Stellung Europas in der Welt der Gegenwart zu bestimmen, ist keine frühere Epoche lehrreicher als das 18. Jahrhundert. Selbstverständlich war die Haltung europäischer Intellektueller des Aufklärungszeitalters zu anderen Zivilisationen «ethnozentrisch». Es ist leicht, dies in einem Fall nach dem anderen entlarvend nachzuweisen – zumal in einer Zeit, wo ein globales Bewußtsein, multikulturelle Empathie oder ein gelebtes Weltethos mit nichts als einem kleinen Gesinnungsruck wohlfeil erreichbar zu sein scheinen. Wenn wir alle Weltbürger sind, fallen die Mühen derjenigen, die es vor zwei Jahrhunderten – ohne die Wohltaten von TV-Reportagen, Ferntourismus und Internet – sein wollten, kaum ins Gewicht. So scheint es. Aber eine solche Gegenwartsarroganz ist anachronistisch. Sie verfehlt genau das, was sie an den Aufklärern zu vermissen meint: ein Verständnis für den Eigensinn «fremder» Epochen und Kulturen. Denn das 18. Jahrhundert ist uns in mancher Hinsicht fremd. Zwischen ihm und uns liegt kein stetiger Fortschritt im angemessenen Begreifen oder Repräsentieren außereuropäischer Zivilisationen, sondern eine lange Phase der Verdunkelung des nichtokzidentalen Rests der Welt. Man kann sie kurz durch die herrschenden «Ismen» kennzeichnen: Europazentrismus, Nationalismus, Rassismus, Imperialismus; Edward Said hat vor zwanzig Jahren hinzugefügt: Orientalismus. Diese Tendenzen und Haltungen entstanden während der so vieles entscheidenden «Sattelzeit» um 1800; es ist sicher vorschnell zu behaupten, daß sie schon ganz überwunden wären.

Das Studium und die intellektuelle «Erfassung» – den Begriff borge ich bei Ernst Schulins bedeutendem Buch *Die weltgeschichtliche Erfassung des Orients bei Hegel und Ranke* – außereuropäischer Zivilisationen war für Gelehrte und Gebildete des 18. Jahrhunderts mehr als Mummenschanz und eitle Selbstbespiegelung. Die sogenannten Wilden Amerikas und der Südsee und die Barbaren und Zivilisierten Asiens wurden besucht, beschrieben und kommentiert, weil die «Wissenschaft vom Menschen», die den Aufklärern in Frankreich, Schottland, England, Deutschland und Italien vorschwebte, über Europa hinausdrängte. Asien war keine exotische Zutat, sondern ein selbstverständliches und zentrales Feld von Welterfahrung. Diese universale und vergleichende *science of man* oder *science de l'homme*, die von einem breiten Publikumsinteresse an allem Asiatischen begleitet war, erreichte ihren Höhepunkt während der letzten vier Jahrzehnte des 18. Jahrhunderts. Kurz vor der Jahrhundertwende trat dann das Studium östlicher Sprachen, Literaturen und Philosophien in ein Stadium unerhörter Professionalität ein. Die «orientalische Renaissance», wie der französische Kulturhistoriker Raymond Schwab sie genannt hat, wurde indessen niemals zur prägenden Bildungsmacht. Persisch, Sanskrit oder Chinesisch vermochten die zu derselben Zeit humanistisch erneuerte Herrschaft des klassischen Altertums und seiner Sprachen über das Bewußtsein des 19. Jahrhunderts nicht zu brechen. Aus der orientalischen Renaissance entstanden die orientalistischen Disziplinen. Da die Beschäftigung mit Asien nun aber philologischen Spezialisten überlassen war, konnte sich die intellektuelle Öffentlichkeit davon entlasten. Die kosmopolitische Wissenschaft vom Menschen wich einer Vielzahl von Einzelfächern, deren gemeinsamer Gravitationspunkt das moderne Europa war. Dabei ist es bis in die jüngste Vergangenheit geblieben.

Die Entzauberung Asiens im 18. Jahrhundert war – wie die der Welt überhaupt – ein doppelsinniger Prozeß von widersprüchlicher Wertigkeit. Auf der einen Seite bedeutet Entzauberung einen Verlust von Sinnschätzen vormoderner Vielfalt, eine Niederlage des Ästhetischen und einen Sieg der Fähigkeit, «die anschaulichen Begriffe zu einem Schema zu verflüchtigen, also ein Bild in einen Begriff aufzulösen» (Friedrich Nietzsche). Die geordnete Welt wird verfügbar. Romantische und neoromantische, oder sagen wir: postmoderne, Sensibilitäten haben stets dagegen aufbegehrt. Die Wiederverzauberung Asiens, vor allem eines uraltmythischen Indien, ließ denn auch nach 1800 nicht auf sich warten. Wem heute «das Fremde» gar nicht fremd, bunt und exotisch genug sein kann, der pflegt solche distanzierenden Bedürfnisse: bis hin zu «New Age»-Phantasien von tiefster tibetischer Weisheit, die mit dem wirklichen Asien wenig zu tun haben. Auf der anderen Seite bedeutet Entzauberung einen Rationalitätsgewinn. Wer nicht mehr daran glaubt, daß Hexen fliegen können, wird weniger bereit sein, sie zu verbrennen, und wird sich irgendwann einmal fragen, ob es überhaupt «Hexen» gibt. Die Entzauberung Asiens nahm einem Kontinent, der lange als der Ursprung aller Religion und Kultur gegolten hatte, seinen Glanz, aber auch seine Dämonie. Für eine kurze Zeit wurden Araber, Inder, Perser oder Chinesen zu entfernten Nachbarn, mit denen sich trotz offensichtlicher Kommunikationsschwierigkeiten ein durch ethnologische Rücksichten kaum verzerrter Dialog führen ließ. Spätestens der im frühen 19. Jahrhundert aufkommende Rassismus, gleichsam der finstere Zwilling einfühlsamer Romantik, machte diese Chancen zunichte.

Dieses Buch hat Helden, und es sind jene *philosophes*, ob nun unterwegs auf Reisen oder am Schreibtisch über Reisebeschreibungen gebeugt, denen die Ambivalenz der Entzauberung deutlich war und die fortwährend Harmonie und Konflikt der Kulturen in ein vernünftiges Verhältnis zueinander zu setzen versuchten: John Chardin, Voltaire, Adam Ferguson, Edward Gibbon, Carsten Niebuhr, Alexander Russell, Abraham-Hyacinthe Anquetil-Duperron, Joseph von Hammer-Purgstall und manche andere. Im Hintergrund stehen Diderot, Georg Forster und Alexander von Humboldt, von denen man nur ahnen kann, was sie über Asien geschrieben *hätten*. Es ist mir wichtig, kaum bekannte oder gar völlig verschollene Autoren vorzustellen und damit das Personal der Aufklärungsepoche zu erweitern. Dennoch ist dieses Buch keine um Vollständigkeit bemühte Enzyklopädie der europäischen Asienliteratur des 18. Jahrhunderts. Dazu wäre ein Vielfaches an Aufwand und Umfang erforderlich gewesen, und am Ende wäre vielleicht doch nur eine Materialsammlung herausgekommen. Die konsultierte Forschungsliteratur habe ich leider nicht vollständig nennen können. Wer «Theorie» sucht, wird sie versteckt finden. Auf die Ausarbeitung der vorgesehenen Kapitel über die Wahrnehmung asiatischer Religionen, Rechtssysteme und Sprachen mußte verzichtet werden. Fremdsprachige Zitate werden in der Regel übersetzt. In manchen Fällen ist der originale Wortlaut wichtig oder attraktiv genug, um erhalten zu bleiben. Für Namen in asiatischen Sprachen werden vereinfachte Transkriptionen verwendet.

Mein Dank gilt den Mitarbeiterinnen und Mitarbeitern der Bibliotheken, auf deren Beständen die Untersuchung vornehmlich beruht: der British Library, der London Library, der Bibliothek der School of Oriental and African Studies (Marsden Collection), den Staatsbibliotheken in München und Berlin und der Universitätsbibliothek Freiburg i. Br. Freunde und Kollegen haben mir über die Jahre hinweg so viele sachliche und bibliographische Hinweise gegeben, daß ich auf eine namentliche Danksagung verzichten muß. Nur die Hilfe derjenigen, die einem Politik- und Wirtschaftshistoriker die Kulturwissenschaften nahezubringen versuchten, sei mit tiefer Anerkennung vermerkt. Im London der mittleren achtziger Jahre konnte ich mit Stig Förster, Paul Luft, Regina Schulte und Peter J. Marshall erste tastende Gespräche über das Thema führen. In Freiburg hat mich später Wilhelm Hennis gelehrt, dort Politikwissenschaft zu finden, wo man sie heute nicht vermuten würde. Ernst Schulin hat mir die Historiographiegeschichte und die Rückkehr in die Geschichtswissenschaft eröffnet. Die Zusammenarbeit mit Folker Reichert an unserer gemeinsamen Editionsreihe *Fremde Kulturen in alten*

Berichten ist seit Jahren eine Quelle der Inspiration. Aus verstreuten Studien wäre niemals ein Buch entstanden, hätte mich nicht das Wissenschaftskolleg zu einem Gastjahr nach Berlin eingeladen; dort ist das Manuskript geschrieben worden. Mein herzlicher Dank gilt der Leitung, insbesondere Jürgen Kocka, und allen Mitarbeiterinnen und Mitarbeitern dieses wundervollen Hauses. Von fast sämtlichen meiner Mit-Fellows im Jahrgang 1996/97 habe ich auf irgendeine Weise lernen können. Die Zueignung an Sabine Dabringhaus dankt nicht nur der Expertin für das frühneuzeitliche China und Zentralasien.

I.
Einleitung

Nos peuples occidentaux ont fait éclater dans toutes ces découvertes une grande supériorité d'esprit et de courage sur les nations orientales. Nous nous sommes établis chez elles, et très souvent malgré leur résistance. Nous avons appris leurs langues, nous leur avons enseigné quelques-uns de nos arts. Mais la nature leur avait donné sur nous un avantage qui balance tous les nôtres: c'est qu'elles n'avaient nul besoin de nous, et que nous avions besoin d'elles. Voltaire[1]

Unsere Völker des Westens haben in all diesen Entdeckungen eine große Überlegenheit an Geist und Mut gegenüber den östlichen Nationen unter Beweis gestellt. Wir haben uns, sehr oft gegen ihren Widerstand, unter ihnen niedergelassen. Wir haben ihre Sprachen gelernt und ihnen einige unserer Künste beigebracht. Aber die Natur gab ihnen einen Vorteil über uns, der alle unsere Vorteile aufwog: Sie brauchten uns nicht, aber wir brauchten sie.

Am Ende des zwanzigsten Jahrhunderts nimmt die Welt manche der Ergebnisse des neunzehnten zurück. Eines der Ergebnisse eines historisch beispiellosen Prozesses globaler Überwältigung von vier Kontinenten durch die Europäer war eine Haltung arroganter Herablassung gegenüber all jenen Zivilisationen, die durch militärische Niederlagen, wirtschaftliche Ausbeutbarkeit und technologischen Rückstand ihre Unterlegenheit, gar ihre Minderwertigkeit zu beweisen schienen. Der «Westen», also die europäischen Großmächte unter britischer Führung sowie die zunehmend imperial auftretenden Vereinigten Staaten von Amerika, kostete seinen Triumph vor allem über *Asien* aus. Daß man die Ureinwohner Amerikas, die schwarzen Afrikaner sowie die Bewohner Australiens, Neuseelands und der pazifischen Inseln unterworfen, verdrängt und kolonisiert hatte, schien sich von selbst zu verstehen. Seit man in Europa zuerst von ihnen gehört hatte, stand das Gefühl eigener Überlegenheit gegenüber diesen «Wilden», wie es in der Ethnographie seit der Antike hieß, außer Frage. Asien hingegen war stets das große Gegenprinzip Europas gewesen, eine Welt mächtiger Reiche und wohlhabender Gesellschaften, glanzvoller Kulturschöpfungen und ehrwürdiger Religionen.[2] Der eurasische Kontinent hatte seit Jahrtausenden einen historischen Wirkungszusammenhang gebildet. Bereits Entstehung und Verbreitung von Landwirtschaft waren ein Prozeß gesamteurasischer Diffusion.[3] Asiatische Völker hatten immer wieder in die Geschichte der Länder am Mittelmeer und nördlich von ihm eingegriffen, sie hatten die Weiten Rußlands in ihre Reiterimperien eingeschlossen. Kleinasien und die Levante waren dem Imperium Romanum einverleibt worden, doch hatte bis in die Frühe Neuzeit hinein Asien eher Europa bedroht als umgekehrt. Parther, Hunnen, Araber, Mongolen und Türken hatten das West- und Oströmische Reich und seine Nachfolgestaaten angegriffen und zuweilen viele Jahrhunderte lang politische Herrschaft über bereits christianisierte Gebiete ausgeübt. Noch Gottfried Wilhelm Leibniz, ein aufmerksamer und nüchterner Beobachter der weltpolitischen Szene seiner Zeit, fürchtete – vielleicht noch in der Erinnerung an die Einfälle der Krimtataren nach Siebenbürgen und Mähren in den Jahren 1657 bis 1666[4] – einen neuen Mongolensturm. «Und wenn diese Tataren nicht unentwegt Krieg untereinander führten», schrieb er 1699 in einem Brief, «wären sie fähig, einen großen Teil der Welt zu überfluten, wie es einst Dschingis Khan getan hat.»[5]

1. Asiens «Niedergang» – Europas Arroganz

Im Vergleich zu Leibniz' ernster, wenngleich damals schon arg übertriebener Sorge waren die Warnungen von Autoren des späten 19. Jahrhunderts vor einer angeblichen «gelben Gefahr» wenig mehr als panikschürende Propaganda. Die politische Macht Asiens schien zu jener Zeit endgültig gebrochen, sein kulturelles Prestige verblaßt zu sein. Um die letzte Jahrhundertwende, die Zeit des Hochimperialismus, war der größte Teil Asiens einer europäischen Kolonialherrschaft unterworfen, deren Ende nur die kühnsten Propheten vorauszusagen wagten. Halbkoloniale Staaten wie China, Siam (das spätere Thailand) oder das Osmanische Reich, die in ihrem territorialen Kern intakt geblieben waren, sahen ihre politische Handlungsfähigkeit drastisch beschnitten. Nur Japan hatte sich in einem kollektiven Kraftakt ohnegleichen und unter beispiellos günstigen äußeren Bedingungen vom Opfer zum Juniorpartner der europäischen Mächte und der USA empormodernisiert. Überall sonst in Asien triumphierten die Wirtschaftsformen des europäischen Kapitalismus, vorwiegend unter ausländischer Ägide; erst spurenweise wurden sie von einheimischen Kräften übernommen. Ganz Asien schien die historische Initiative verloren zu haben, schien zu einem Kontinent der Modernisierungsverlierer hinabgesunken zu sein. Nicht ein eifernder Propagandist des Imperialismus, sondern der besonnene und seriöse österreichische Nationalökonom Friedrich von Wieser formulierte 1909 Sätze, die das allgemeine europäische Urteil zum Ausdruck brachten:

> Asien, die Wiege des Menschengeschlechtes, ist mit dem Schutt entkräfteter, entwürdigter Völker bedeckt, die von den Möglichkeiten des Auftriebes keinen Gebrauch mehr machen können, welche ihnen die technischen Fortschritte der Gegenwart bieten.[6]

Die Geschichte schien im Begriffe zu sein, über Asien und die Asiaten hinwegzugehen.

Kaum jemand in Europa hätte Friedrich von Wieser in den Jahren vor dem Ersten Weltkrieg widersprochen und wenige in den Jahrzehnten danach. Ein erstes Indiz für eine neue Vitalität vor den Toren Europas war Kemal Atatürks energische und erfolgreiche Modernisierungspolitik in der Türkei, die um 1923 begann. Doch erst in den vierziger Jahren unseres Jahrhunderts gewannen, für alle Welt sichtbar, Asiaten ihre historische Handlungsfähigkeit zurück: mit dem japanischen Angriff auf die amerikanische Pazifikflotte im Dezember 1941 und der Kapitulation der angeblich uneinnehmbaren britischen Festung Singapur kaum mehr als zwei Monate später, mit der vietnamesischen Revolution von 1945 und der chinesischen von 1949, mit der Unabhängigkeit der Philippinen, Indiens, Pakistans, Ceylons, Burmas und Indonesiens in den Jahren 1946 bis 1949.

Während der zweiten Hälfte des 20. Jahrhunderts und insbesondere während seines vierten Quartals verschwanden die Gründe und Anlässe für europäischen Hochmut gegenüber einem Asien, in dem – neben fortdauernder Massenarmut in weiten Bereichen – außerordentlich dynamische Zonen wirtschaftlichen Wachstums entstanden, die einer Mehrheit ihrer Bewohner eine auskömmliche Lebensführung ermöglichen. Das letzte Rückzugsargument des europäischen Sonderbewußtseins verlor an Stichhaltigkeit: daß nämlich Asiaten bloß zu imitierenden, niemals zu kreativen Leistungen fähig seien. Auf asiatischer Seite trat nunmehr ein eigener kultureller Nationalismus auf den Plan, der die Bevormundung durch den Westen selbstbewußt von sich wies, sich jeglichen «kulturellen Imperialismus» verbat und sogar das alte europäische Klischee von der rettungslosen Dekadenz Asiens in Prognosen eines kommenden Untergangs des Abendlandes umpolte. Seit der iranischen Revolution von 1979 gewann diese ideologische Abwehrschlacht weltpolitische Bedeutung. Anfang der neunziger Jahre mit schrillem Nachdruck, seit der großen asiatischen Wirtschaftskrise von 1997 in gedämpfteren Tönen haben Stimmen aus Japan und China, aus Malaysia, Singapur und Südkorea die Überlegenheit der eigenen Kulturwerte und gesellschaftlichen Organisationsformen gegenüber denjenigen des Westens verkündet.[7] Westliche Warner vor einem aggressiven Islam und einer «neuen gelben Gefahr» konnten sich wiederum bestätigt sehen, und Visionen von einem bevorstehenden Zusammenprall aggressiver Zivilisationsblöcke blieben nicht aus.[8]

So ist am Ende des 20. Jahrhunderts von der europäischen Hybris des voraufgegangenen *fin de siècle* wenig geblieben. Weltherrschaft, Kontrolle über wirtschaftliche Globalisierungsprozesse und kulturelle Ausschließlichkeitsansprüche sind unwiederbringlich dahin. War das 19. Jahrhundert das Jahrhundert Europas, so muß schon das 20. eher das Jahrhundert Nordamerikas heißen, und das 21. mag zum Saeculum Chinas werden. Die Zeit ist günstig für Historiker, nach den *Ursprüngen* eines lange so mächtigen europäischen Sonderbewußtseins,[9] eines Glaubens an die eigene natürliche Vorrangstellung vor anderen Zivilisationen, zu fragen. Dieses Sonderbewußtsein ruhte auf frühen antiken und christlichen Grundlagen, kristallisierte sich im Zeitalter der Aufklärung zu einer säkularen, auf religiösen Erwählungsglauben verzichtenden Weltanschauung, bestimmte im 19. Jahrhundert, mit rassistischen Beimischungen versehen, das Auftreten von Europäern in Übersee und milderte sich im Zeitalter der Dekolonisation zu besserwisserischer Herablassung. Zu seiner Formierungsepoche, dem 18. Jahrhundert, zurückzugehen bedeutet nicht nur, eine einfache ideengeschichtliche These vom Aufstieg und Fall einer diskursiven Formation, hier des europäischen Exzeptionalismus,[10] aus den Quellen zu illustrieren und sich damit an der Kritik europäischer Heucheleien, Illusionen und machtgeschützter Wahnvorstellungen zu beteiligen, wie sie seit Edward W. Saids einflußreichem Pamphlet *Orientalism* (1978) mit dem Gestus der Entlarvung und manch einseitiger Überzeichnung betrieben wird.[11] Zugleich eröffnet sich, in keiner These erschöpfbar, eine kulturelle Welt, die von einer auf binneneuropäische Verhältnisse fixierten Geschichtsschreibung nicht genügend beachtet wurde: die Welt des europäischen Asieninteresses im Zeitalter der Aufklärung.

2. Die Große Landkarte der Menschheit

Die europäische intellektuelle Welt im Zeitalter der Aufklärung war kosmopolitisch eingestellt. Nationale Grenzen spielten eine geringere Rolle als in früherer und besonders in späterer Zeit.[12] Die Gelehrtenrepublik des 18. Jahrhunderts, in der Latein nicht mehr vorherrschte, aber noch allgemein verstanden wurde, war mehrsprachig. Dichte Netze der Kommunikation, durch Briefe, Besuche und die Beschäftigung in ausländischem Dienst geknüpft, verbanden *savants* in Paris und Edinburgh, London und St. Petersburg, Uppsala und Göttingen, Leiden und Turin.[13] Leibniz und Voltaire suchten sogar in fernen Kulturkreisen nach ähnlich gesinnten Geistern, die am großen Werk der Mehrung des Wissens beteiligt werden könnten. Die chinesischen Gelehrtenbeamten, eine kongeniale Leistungselite, schienen eine Weile lang diese Rolle übernehmen zu können. Aufklärung wurde als universales Unternehmen entworfen.

Das Interesse einer gebildeten Öffentlichkeit an Berichten aus Asien, Amerika, der Südsee und Afrika war stärker als je zuvor. Es wurde durch eine Flut von Reiseliteratur befriedigt. In fast keiner Gelehrtenbibliothek und fürstlichen Büchersammlung fehlten die maßstäblichen Reisetexte der Zeit.[14] Die riesige Privatbibliothek des Berliner Geographen Carl Ritter versammelte am Ende der Epoche nahezu die gesamte Außereuropa-Literatur in europäischen Sprachen.[15] Die Aufmerksamkeit für die Ereignisse etwa im Osmanischen Reich war so groß, daß 1789 der Geograph Johann Traugott Plant ein dickleibiges Türkeilexikon zum Nutzen von Zeitungslesern erscheinen ließ.[16] Der Horizont der Generation, die um die Mitte des 18. Jahrhunderts zu schreiben und zu publizieren begann, spannte sich erstmals in der europäischen Geistesgeschichte weltweit. Edmund Burke, der Parlamentarier, politische Philosoph und – wie wir sehen werden – moralisch bewegte Interpret Indiens, schrieb 1777 überschwenglich an William Robertson, nachdem er dessen *History of America*, eines der historiographischen Meisterwerke der Epoche, gelesen hatte:

> Nun ist die Große Landkarte der Menschheit *(the Great Map of Mankind)* mit einem Male entrollt worden, und es gibt keinen Zustand und keinen Grad der Barbarei, keinen Ausdruck der Verfeinerung, den wir nicht in ein und demselben Moment vor Augen hätten: die ganz unterschiedliche Gesittung Europas und Chinas, die Barbarei Persiens und Abyssiniens, die seltsamen Sitten der Tartarei und Arabiens, die Wildheit *(the savage state)* Nordamerikas und Neuseelands.[17]

Ähnlich formulierte nahezu gleichzeitig, an Sätze Jean-Jacques Rousseaus anschließend, Jean-Nicholas Demeunier in der Einleitung zu seiner großartigen ethnographischen Enzyklopädie, die das Wissen über Sitten und Bräuche aller Völker systematisch zusammenstellte: «Wir kennen nun beinahe alle Nationen, die zivilisierten *(policées)* und die wilden. Die Zeit ist gekommen, sie zu vergleichen.»[18] Und der schottische Sozialphilosoph Adam Ferguson, der 1767 eine bedeutende Abhandlung zur universalen Soziologie veröffentlichte, konnte sich dabei auf Material aus allen Epochen und Kulturen beziehen. «Neuere Entdeckungen», so erklärte er, noch bevor er von Kapitän Cooks Besuchen in der Südsee profitieren konnte, «haben uns die Kenntnis nahezu jeder Lage gebracht, in welche die Menschen versetzt werden».[19]

Als dies geschrieben wurde, war der Osten längst nicht mehr nur in Bildern und Texten präsent. Europäer konnten Gewürze aus «Ostindien» kaum noch entbehren, sie kleideten sich in indische Baumwollstoffe und chinesische Seide, tranken arabischen Kaffee und chinesischen Tee.[20] Opium aus der Türkei und aus Indien beflügelte die künstlichen Paradiese der romantischen Literatur und wurde, zumindest in England, zu einer Massendroge.[21] Asien war im 18. Jahrhundert sinnlich fühlbar, konsumierbar, eine Präsenz im europäischen Alltagsleben. Jeder hat schon Porzellan aus China gesehen, so wendet sich 1735 der Autor einer volkstümlichen Geschichte Asiens pädagogisch an seine Leser, warum sollen wir dann nicht auch die Geschichte dieses Landes studieren?[22] Zugleich blieb eine mögliche Bedrohung durch die leistungsfähigen Ökonomien des Ostens nicht unbemerkt. Schon um 1700 bereitete die chinesische Konkurrenz französischen Produzenten Kopfzerbrechen.[23]

Es war zwischen etwa 1750 und 1820 für die gelehrte und gebildete Öffentlichkeit Frankreichs und Großbritanniens, Deutschlands und Italiens viel selbstverständlicher als jemals zuvor und auch als jemals danach, sich über Zustände und Entwicklungen in Übersee auf dem laufenden zu halten. Nachrichten aus fernen Ländern wurden nicht vornehmlich wegen ihres Unterhaltungswerts aufmerksam aufgenommen. Sie dienten neben den Klassikern des Altertums und der Bibel, die vielfach wie ein Geschichtsbuch gelesen wurde, als Rohmaterial für eine empirische Wissenschaft vom Menschen. Diese *science de l'homme* war übernational, transkulturell und – wie Burke und Demeunier andeuteten – vergleichend angelegt; Autoren aus den verschiedensten Wissenschaftsrichtungen und aus ganz Europa trugen zu ihr bei. Schon Pierre Bayle, der erste Aufklärungsschriftsteller von europäischer Wirkung, hatte sich Beispiele vom Verhalten der Menschen aus allen Teilen der Welt zusammengesucht. Zahllose Autoren folgten seinem Vorbild.

Dieses globale Bezugsfeld des Wissens ging im 19. Jahrhundert verloren. Oder es wäre wohl besser zu sagen: es fragmentierte sich. Für außereuropäische Zivilisationen wurden nun die Fachleute in den neu geschaffenen orientwissenschaftlichen Disziplinen und in der ebenfalls jetzt entstehenden Völkerkunde oder Ethnologie zuständig. Dort blieben sie unter sich, während die maßgebenden Gelehrten in den Leitdisziplinen des akademischen Lebens ihr Blickfeld unbesorgt auf Europa verengten.[24] Ein Beispiel mag dies veranschaulichen. Die führenden deutschen Historiker des 18. Jahrhunderts, etwa August Ludwig Schlözer und Johann Christoph Gatterer an der Universität Göttingen, beschäftigten sich so gründlich, wie es ihre Informationsmöglichkeiten erlaubten, mit der Geschichte asiatischer Völker und bezogen sie in ihre universalhistorischen Entwürfe ein. Leopold von Ranke hingegen, der tonangebende deutsche Historiker des 19. Jahrhunderts, beschränkte sein eigenes Spätwerk, die *Weltgeschichte* (1881–88), auf die in seinen Augen allein geschichtsmächtigen Völker des klassischen Altertums und des nachantiken Europa. Immerhin legte Ranke, ein Mann von souveränem gesamteuropäischem Überblick, noch ein gewisses Interesse am Osmanischen Reich an den Tag und galt daher in der deutschen Öffentlichkeit sogar als Orientexperte.[25] In der Generation seiner Schüler obsiegte dann aber ein enger Europa- oder gar Germanozentrismus. Nur uncharakteristische Ausnahmegestalten wie Otto Hintze, Karl Lamprecht, Max Weber und Kurt Breysig knüpften, neue Erkenntnisse der Orientwissenschaften nutzend, um die Jahrhundertwende an den Kosmopolitismus des Aufklärungszeitalters an.

3. Diskurszwang, Bildungsfracht, Autismus

Wie ernsthaft, wie genuin waren Kosmopolitismus und Außereuropainteresse des 18. Jahrhunderts? Wie weit erstrebte man tatsächlich eine dem Gegenstand angemessene Erkenntnis «der Anderen»? Handelte es sich nicht in Wahrheit um einen exotisch verbrämten Europazentrismus, vielleicht sogar um eine eitle Illusion allzu ehrgeiziger europäischer Intellektueller, die sich einen modischen Mantel der Weltläufigkeit umlegten?[26] Fanden die europäischen Beoachter jemals aus dem Kabinett der Selbstbespiegelung hinaus? Sahen sie nicht einfach nur das, was sie sehen wollten? Diese Fragen berühren mehr als das Problem subjektiven Bemühens und persönlicher Ehrlichkeit. Sie sind grundsätzliche Fragen nach der gesellschaftlichen und kulturellen Gebundenheit von Wissen, nach den Möglichkeiten der Menschen einer Zivilisation, sich ein angemessenes Bild von den Angehörigen einer anderen zu machen. Die neuere Literatur zu diesem Thema neigt zu skeptischen Urteilen. Sie treten in zwei Varianten auf.

Die erste könnte man das *Modell des autistischen Diskurses* nennen. Der amerikanische Literaturwissenschaftler Edward W. Said und manche seiner Anhänger haben der europäischen Kultur einen allgegenwärtigen Autismus unterstellt, eine von imperialer Machtentfaltung getragene Unfähigkeit zum Dialog mit anderen Kulturen, die bestenfalls als stumme Objekte politischer Beherrschung und wissenschaftlicher Analyse in Frage kämen. Said ist stets sorgfältig genug gewesen, einen solchen totalen Ideologieverdacht auf das 19. und 20. Jahrhundert zu beschränken. In Napoleons Ägyptenexpedition von 1798 sieht er den Urknall einer Denkform, die er «Orientalismus» nennt.[27] In der Tat liegt die große provokative Kraft dieser Richtung der Diskursanalyse[28] in ihrer Kritik am objektivistischen Selbstverständnis der europäischen Orientwissenschaften des 19. Jahrhunderts, an der Spannung zwischen deren Wahrheitsansprüchen und ihren unausgesprochenen imperialen Voraussetzungen.[29]

Für das 18. Jahrhundert fehlen diese imperialen Voraussetzungen noch weitgehend. Europäer traten vor 1800 in Asien eher als Missionare, Forschungsreisende, Diplomaten und bewaffnete Kaufleute denn als Kolonialherren in Erscheinung. Um 1800 waren europäische Kolonien noch Einsprengsel in einer Welt asiatischer Reiche und Fürstentümer: Entlang der Küsten der Insel Ceylon (Sri Lanka) hatten erst die Portugiesen, dann seit etwa 1670 die hauptsächlich am Zimthandel interessierten Holländer in Gestalt ihrer 1602 gegründeten Ostindienkompanie (Verenigde Oostindische Compagnie, V.O.C.) koloniale Herrschaft ausgeübt. Während der Revolutionskriege kamen 1795/96 die holländischen Territorien unter britische Kontrolle. Weil man in London Ceylon für strategisch bedeutsam hielt, wurde es – ebensowenig wie etwa gleichzeitig das Kap der Guten Hoffnung – nicht wieder an die Niederlande zurückgegeben, sondern 1802 zu einer britischen Kronkolonie erklärt. Das Innere der Insel wurde aber nach wie vor vom König von Kandy regiert. Streitigkeiten zwischen König und Aristokratie und später einen fremdenfeindlichen Volksaufstand nutzend, eroberten die Briten zwischen 1815 und 1818 ganz Ceylon. Ebenfalls 1818 kam eine lange Reihe von Kriegen zum Abschluß, in denen sich die Briten den überwiegenden Teil des indischen Subkontinents unterwarfen. Bereits seit Mitte der 1760er Jahre hatten sie die tatsächliche Souveränität im reichen Bengalen ausgeübt. 1798 standen außer Bengalen mit seiner Hauptstadt Kalkutta das benachbarte Bihar, die Großstadt Bombay und einige kleine Gebiete im Süden Indiens unter britischer Herrschaft; mehrere benachbarte indische Staaten waren Verbündete oder Klienten der Briten. Während der folgenden zwanzig Jahre stieg Großbritannien zum Oberherrn ganz Indiens auf. Java bildete das Herzstück Niederländisch-Ostindiens, dessen übrige Inseln durch gelegentliche holländische Interventionen gefügig gehalten wurden; erst nach 1830 gelang es den Holländern, den indonesischen Archipel fest in den Griff zu bekommen. Die Philippinen schließlich waren eine Dependance des spanischen Mexiko: die älteste Flächenkolonie der Europäer in Asien, in Wirklichkeit aber kaum mehr als eine lockere Verknüpfung zwischen dem kommerziellen Brückenkopf Manila und einer lückenhaften Kontrolle der Kirche über die philippinische Landbevölkerung. Am Ende des 18. Jahrhunderts befanden sich Europa und Asien noch in einer Art von prekärem machtpolitischem Gleichgewicht. Es kippte in der Zeit zwischen der Errichtung der «Pax Britannica» in Indien 1818 und der Öffnung des verschlossenen Japan 1853/54.

Ebenso fehlt der Gelehrtenwelt des europäischen Ancien régime der Erkenntnisanspruch des 19. Jahrhunderts. Man wollte über fremde Kulturen so gut wie möglich unterrichtet sein und die Nachrichten über sie in das eigene Weltbild einfügen. Aber es gab noch keine spezialisierten Asienwissenschaften, die ein Kompetenzmonopol für die jeweils studierte Zivilisation beanspruchten und sich in der Zuversicht gefielen, den Orient besser zu verstehen, als er sich selbst verstand. Die für eine Diskursanalyse in der Nachfolge Michel Foucaults unerläßliche Verknüpfung von Wissen und Macht findet sich bis zum Ende des 18. Jahrhunderts nur in schwacher, nicht die Verhältnisse insgesamt charakterisierender Form.

Der internationale Aufstieg der Diskursanalyse zur einflußreichsten Methode bei der Untersuchung der europäischen Wahrnehmung nichteuropäischer Zivilisationen, der sich seit den frühen 1980er Jahren beobachten läßt, war Teil einer allgemeinen Bewegung in den Humanwissenschaften, die auf den *konstruierten* Charakter kultureller Phänomene hinwies und die Prägung jeder Realitätserfassung durch sprachlichen Sinn betonte *(linguistic turn)*. Was vordem als selbstverständliche Gegebenheit menschlicher Lebenswelten erschienen war, wurde nun als Erfindung und Erzeugnis kollektiver Einbildungskraft entschlüsselt. Man vermochte nachzuweisen, wie vorgeblich alte, den romantischen Volksgeist zum Ausdruck bringende Traditionen tatsächlich erst in jüngerer Zeit erfunden worden waren *(invented traditions)*. Man sah, daß eine Nation keine soziale oder gar biologische Tatsache ist, sondern eine in der Vorstellung entworfene Großgemeinschaft *(imagined community)*. Konzepte, deren Anwendung auf Asien sich von selbst zu verstehen schien, entpuppten sich nun unter mißtrauisch sezierendem Blick als Kreationen westlicher Wissenschaft: Weder die Idee eines Kasten*systems* noch die Vorstellung von Hinduismus als einer homogenen, neben den anderen «Weltreligionen» auf gleicher Stufe theologisch systematisierten Glaubenslehre sind zum Beispiel dem authentischen indischen Denken bekannt. Sie sind im Grunde westliche «Erfindungen».[30]

Ob mit einem solchen Befund auch sogleich schon die Unwahrheit und Unbrauchbarkeit derart «konstruierter» Begriffe und Theoreme erwiesen ist, steht freilich dahin. Manche von ihnen mögen durchaus *nützliche* Hilfsmittel wissenschaftlicher Beschreibung und Erklärung sein; jede wissenschaftliche Modellbildung ist ihrem Wesen nach eine setzende, keine abbildende Leistung. Immerhin hat die diskursanalytische Richtung das Verdienst, Mißtrauen gegen *Fremd*beschreibungen gesät zu haben, ein Mißtrauen, das freilich nicht zu dem entgegengesetzten Schluß führen darf, *Selbst*beschreibungen seien stets authentischer und damit wahrer. Die diskursanalytische Denkweise geht von der «Uneigentlichkeit» der Diskurse aus: Wissenschaftliche Aussagen, die beanspruchen, etwas über die wirkliche Welt auszusagen, tun dies nicht, sondern geben, in dieser Sicht, allein Auskünfte über sich selbst und ihre Autoren. Damit entfallen Kriterien von Richtigkeit und Wahrheit.

An alten Texten über fremde Kulturen interessieren dann allein rhetorische Strategien und semantische Prozeduren, mit denen textimmanent Fremdheit oder Andersartigkeit *(alterité)* erzeugt wird. Es wird nicht länger nach der Annäherung spezifischer «Repräsentationen» an die Realität gefragt, nach den Graden ihrer Angemessenheit als Wiedergabe von Wirklichkeit. Ebensowenig interessieren die jeweiligen in der Vergangenheit akzeptierten Maßstäbe erstrebenswerter Erkenntnis. Daß, um sich ein Beispiel vorzustellen, der Verfasser eines Reiseberichts aus dem Jahre 1750 dem festen Vorsatz folgte, nach bestem Wissen und Gewissen akkurat und vorurteilsfrei zu beobachten und zu berichten, und daß ihn seine Leser nach denselben Kriterien beurteilten: dies muß die Diskursanalyse von ihren eigenen Voraussetzungen her ignorieren. Sie unterstellt von vornherein den fingierten und fiktiven Charakter der Repräsentation fremder kultureller und gesellschaftlicher Zustände. Damit wird der Unterschied zwischen Fiktion and Faktendarstellung, zwischen Imagination und Empirie verwischt oder sogar aufgehoben. Jede Äußerung eines Europäers über eine nichteuropäische Zivilisation erscheint dann als eine phantasierte Anmaßung von erheblichem Indizienwert für europäische Bewußtseinslagen, aber ohne Bezug zu einer – ohnehin europäischer Erkenntnis unzugänglichen – fremdkulturellen Realität. Ein postmoderner Zynismus wird anachronistisch zurückprojiziert. Ideengeschichte (oder *intellectual history)* verwirft ihre Aufgabe, vergangene Bedeutungen aufzuspüren. Sie wird, ärger als jede reduktionistische Ideologiekritik, zur Denunziation in politischer Absicht.

Die zweite, konventionellere und theoretisch weniger ehrgeizige Art der Argumentation kann man als das *Modell des enttäuschten Humanismus* bezeichnen. Sie zielt in die gleiche Richtung. Auch die Verfechter dieses Modells bezweifeln, ob der vielbeschworene Kosmopolitismus der Aufklärung (und bereits des früheren Humanismus) tatsächlich zu einer Öffnung des europäischen Bewußtseins gegenüber fremden Zivilisationen geführt habe. Anders als das von Edward Said auf der Grundlage von Gedanken Michel Foucaults entwickelte Modell des autistischen Diskurses leugnet das des enttäuschten Humanismus nicht grundsätzlich jede Chance einer angemessenen Erkenntnis außereuropäischer Wirklichkeit. Es beruht auf der hermeneutischen Grundannahme, daß jede Kultur einen Sinngehalt in sich birgt, der bei hinreichender Bemühung auch über kulturelle Grenzen hinweg verstehend erschlossen werden kann. Ein solches transkulturelles Verstehen könne freilich nicht, wie die positivistischen Orientwissenschaften des 19. Jahrhunderts glaubten, methodisch gesichert werden. Die einfühlende Interpretation gelinge nur unter den günstigsten Umständen und dank der grenzüberschreitenden Kunst außergewöhnlich begabter Deutungsvirtuosen. Sie sei ein nahezu unmöglicher Glücksfall.

So kam eine Gruppe von Historikern, die sich mit dem europäischen Amerikabild beschäftigt hatten, zu dem melancholischen Schluß, keinem einzigen der zahlreichen europäischen Besucher und Beschreiber Amerikas in dem Vierteljahrtausend zwischen 1500 und 1750 sei die vorbehaltlose kognitive Öffnung für die Herausforderung durch das Fremde gelungen. Niemand habe daher ein *amerika*zentrisches Amerikabild geschaffen. Europa sei an den neu gefundenen Ländern und Kulturen nicht «genuin» und «um ihrer selbst willen» interessiert gewesen, sondern nur, um sich durch den Kontakt mit ihnen materiell und geistig zu bereichern. Das europäische Wissen über Amerika sei vollkommen selbstbezogen geblieben,[31] die große Gelegenheit einer verstehenden Begegnung vertan worden. Nicht nur Egozentrik und ein Mangel an grenzüberschreitendem Mut hätten dies bewirkt, sondern auch der antike und christliche Bildungsballast, den Europäer an die Neue Welt herantrugen. Das große Projekt einer transkulturellen Hermeneutik sei nicht an einem *Mangel* an Vorwissen und Vorverständnis gescheitert, sondern geradezu an deren *Überfluß*.

Während die ältere Reiseforschung Überseereisenden gerne ihre angebliche Unbildung, Gutgläubigkeit und Naivität zum Vorwurf machte, beklagt der neue enttäuschte Humanismus umgekehrt die geistige Tyrannei der Antike über die frühneuzeitlichen Beobachter des Fremden. Keineswegs deshalb, weil man nicht verstand, was man sah, sei die Chance einer friedlich-verstehenden Kulturbegegnung ungenutzt verstrichen. Vielmehr habe man, ausgestattet mit den ethnographischen Vorstellungen der Antike, mit der aristotelischen Lehre von der Sklaverei und einer augustinischen Theologie gnadenreicher Erwählung, allzu selbstsicher zu verstehen geglaubt, wo man in Wahrheit nur vorgestanzte Schemata übertrug. Das Neue wurde in dieser Sicht allzueilig dem Bekannten assimiliert.[32] Amerika – oder Asien, auf das sich diese Überlegungen ohne Schwierigkeiten übertragen lassen – erscheint so als eine marginale Episode in der Geschichte europäischer Bildung.

Auch diese Sichtweise kann nicht befriedigen. Zum einen mißt sie historische Äußerungen an einem unerreichbaren Ideal voraussetzungsloser Erkenntnis fremder Authentizität. Der Vorwurf der «Selbstreferentialität» trifft die Bedingungen *jeglichen* Verstehens. Die erstrebte Erkenntnis des Fremden «aus sich selbst heraus», wie sie auch einige vorurteilskritische Denker der Aufklärung im Sinn hatten, erweist sich als Chimäre.

Jede Hermeneutik setzt das Eigene, das Bekannte, sie setzt Traditionen und Vor-Urteile als Bedingungen des Verstehens voraus.[33] Zum anderen ist es eine Selbstverständlichkeit, daß die Wahrnehmung fremder Zivilisationen durch halbwegs gebildete Europäer der Frühen Neuzeit immer auch im Raster ihrer Altertumskenntnis gebrochen wurde. Europäische Asienbilder lassen sich in einer Epoche, deren höheres Bildungswesen auf dem Studium griechischer und römischer Klassiker beruht, niemals von den gleichzeitigen Antikenbildern trennen.[34] Aber bereits im Laufe des 18. Jahrhunderts verliert die antike Norm an Verbindlichkeit. 1731 erklärt der Comte de Boulainvilliers, ein einflußreicher Philosoph der französischen Frühaufklärung, die Geschichte der Araber für mindestens ebenso lehrreich wie diejenige der Griechen und Römer.[35] Voltaire sieht dies später ähnlich. Ganz unzulänglich, heißt es dann 1768 bei dem Leipziger Kulturhistoriker Johann Christoph Adelung, sei die Weltkenntnis der antiken Autoritäten, man müsse die modernen Reiseschriftsteller lesen.[36] Um 1790 steht die universale Autorität des griechisch-römischen Altertums in Frage. Die Begegnung mit den Zivilisationen Asiens hat sie wirksamer erschüttert als die frühere mit den Wilden Amerikas. Erst ein «zweiter Humanismus» nach der Jahrhundertwende belebt sie mit neuen Argumenten.

Beide Deutungsmodelle, das diskursanalytische und das des enttäuschten Humanismus, gelangen auf unterschiedlichen Wegen zu ähnlichen Befunden. Ob als Folge einer unausweichlichen, zum konformisierenden Diskurs erstarrten Verschwörung von Kultur und Imperialismus[37] oder ob als Ergebnis einer Unfähigkeit, sich der eigenen Traditionsbefangenheiten zu entledigen: europäische Amerika- und Asientexte der frühen Neuzeit bezeugen, so wird behauptet, nichts als ein epistemologisches Desaster. Das Studium von Texten von fehlendem Wahrheits- und minderem Kunstcharakter rechtfertigt sich so allenfalls durch den Text um Text wiederholten Nachweis der *Fehl*repräsentation, Zerrspiegelung und Entstellung außereuropäischer Kulturen im Zeitalter europäischer Welteroberung. Erst in der «postkolonialen» Gegenwart, so glauben zahlreiche Vertreter beider Richtungen, ist die Annäherung an die Wahrheit des «Anderen» möglich geworden.

Wäre diese Art von Agnostizismus das letzte Wort zum Thema Fremdbilder in der Geschichte, dann wäre es sinnlos, sich weiter mit ihm zu beschäftigen. Ganze Bibliotheken von Amerika-, Asien- und Afrikaliteratur enthielten dann nichts als Dokumente europäischer Narrheit und Anmaßung, die besser dem Vergessen anheimfallen sollten. Gibt es Alternativen?

Wenig befriedigend ist die offensichtlichste Alternative: die Rückkehr zu einer vorkritischen Geschichtsschreibung, die eine stetige Horizonterweiterung der Europäer als Anlaß zur Feier einer angeblich einzigartigen Einsichtsfähigkeit des neuzeitlichen Abendlandes in andere Zivilisationen nimmt.[38] Es ist richtig, daß in der Neuzeit keine andere der großen Kulturen die europäische in ihrer Neugier auf das *ferne* Fremde übertroffen und vergleichbare Wissenschaften von den anderen geschaffen hat.[39] Doch kann diese Expansion des Wissens vom Prozeß der imperialen und kolonialen Expansion Europas nicht isoliert werden. Der Erkenntnis- und der Aneignungscharakter von Wissen waren auf das engste miteinander verbunden. Auch steckt hinter der ideenhistorischen Ausprägung einer fortschrittsorientierten geographischen Entdeckungsgeschichte, die von der immer genaueren Vermessung und kartographischen Abbildung von Wirklichkeit fasziniert ist,[40] ein zu enger Begriff von Wissenschaftsgeschichte. Die Asientexte der Frühen Neuzeit erscheinen nur als Dokumente der Vorgeschichte der modernen Orientwissenschaften und der Ethnologie. Diese Richtung verschenkt die Einsichten der Textanalyse und stellt ihre Quellen weniger in den zeitgenössischen Zusammenhang ihrer Entstehungszeit als in eine zeitliche Folge, die im heutigen Stand der Forschung gipfelt. An Asienreisenden der Frühen Neuzeit interessiert dann vor allem, was sie nach heutigen Maßstäben «bereits» richtig gesehen haben. Allein für die Kartographie, die exakte Naturbeschreibung und mit Einschränkungen auch die Sprachwissenschaft kann eine solche immanente Geschichte der Kenntnisvermehrung in Grenzen tauglich sein.

4. Differenzwahrnehmung

In diesem Buch wird versucht, andere Wege zu gehen. Das, was leichthin als Asien-»Bilder» bezeichnet wird, ist vor allem in Texten greifbar. Mit Texten arbeiten wir aus Verlegenheit. Nicht weil «Kultur» selbst als Text aufgefaßt werden kann[41] und Kulturgeschichte daher in Textinterpretation ihre Erfüllung finden soll, sind Texte unser Ausgangspunkt, sondern deshalb, weil wir über keine Quellen verfügen, in denen besser als im geschriebenen Wort Eindrücke und Phantasien vom Fremden in eigene Wahrnehmungs- und Denkzusammenhänge importiert werden können. Mögen Texte für Literaturwissenschaftler die elementaren Gegebenheiten ihres Faches sein, so sind sie für den Historiker die Resultate individueller Erschaffung im gesellschaftlichen Rahmen. Es ist die Genese von Texten, die zunächst interessieren soll. Vor dem einzelnen Text stehen Erfahrung und Absicht, Wahrnehmung und Einbildung, Sehen und Hören, Konvention und Innovationswille. Der Text selbst, obwohl der meist unhintergehbare Stoff der Untersuchung, ist erst ein relativ spätes Ergebnis komplexer Vorgänge. Die Kapitel III bis VII behandeln diese Vorgänge, indem sie eine Art von *Logistik der Fremdbildproduktion* entwerfen. Zu dieser Logistik gehören das Reisen und die Anhäufung kolonial verwertbaren Wissens, die konkrete Begegnung und Interaktion des «handelnden Beobachters»[42] mit seiner fremdkulturellen Umwelt, die Gelehrtenwelt samt ihren eigenen Wahrnehmungsinteressen und Urteilsmaßstäben, schließlich der literarische Markt, der den Gesetzen der Verwertung und des Wettbewerbs folgt.

Europäische Asientexte sollten also nicht als statische «Repräsentationen» aus sich heraus gedeutet, sondern in die ganz konkreten Kon-Texte gesellschaftlicher Praxis gestellt werden. Dabei ist ihr ständiges Changieren zwischen Wirklichkeitsbezug und Fiktion, zwischen Belehrung und Unterhaltung im Auge zu behalten. Konstruktion und Abbildung fremder Kulturen als sich ausschließende Gegensätze zu kontrastieren und Texte entweder *nur* nach ihrem Ideologiegehalt oder *nur* nach ihrer empirischen Richtigkeit zu befragen verkennt die Polyvalenz der großen frühneuzeitlichen Asienbeschreibungen. Diese Mehrsinnigkeit verleiht ihnen erst ihren fortdauernden Reiz. Sie hätten ihn nicht, wären sie entweder bloß Ausdrucksformen europäischer Selbstbespiegelung oder allein naive Vorahnungen gesicherter Erkenntnisse. Die Texte sind beides zugleich: Entwürfe europäischer Einbildungskraft und Versuche, Wirklichkeit mit den Erkenntnismitteln der jeweiligen Zeit zu erfassen.

Eine zweite Ebene der Kontextualisierung ist die Einbettung einzelner Äußerungen in Argumentationszusammenhänge, in «Diskurse», wenn man diesen vieldeutigen Begriff ohne seine auf Michel Foucault zurückgehende machttheoretische Befrachtung verwenden will. Asiatisches diente auf mannigfache Weise als Argument in europäischen Debatten: Debatten über Wildheit und Zivilisation, über Fortschritt und Dekadenz, über Herrschaft und Gerechtigkeit, über Reichtum und Armut der Nationen, über Rechte und Glück von Frauen, über Wahrheiten und Irrtümer der Religionen. Um einige dieser Debatten wird es in der zweiten Hälfte des Buches gehen. Weniger als eine Geschichte der Bilder ist dies eine *Geschichte des Begreifens* und seiner Instrumente: der Begriffe und der umfassenden Idiome oder «Sprachen» im Sinne des Ideenhistorikers J. G. A. Pocock, deren Bestandteile die Begriffe bilden.[43]

Der Gegenstand solchen Begreifens waren Differenzen. Bemerkenswert an ihnen ist nicht, daß es sie überhaupt gab. Zu sagen, wie es es oft geschieht, Asien sei «das Andere» Europas gewesen, ist eine Trivialität. Worin bestanden aber in der Sicht einzelner Autoren diese Differenzen? Wie wurden sie bewertet? Wie gelangte man zu Vergleichen zwischen den einzelnen asiatischen Zivilisationen, die sich auf jeweils besondere Weise von Europa und voneinander unterschieden? Ein Denken in «binären Oppositionen», etwa dem pauschalen Gegensatz zwischen Eigenem und Fremdem, erschwert ein Verständnis solch feinabgestimmter Differenzwahrnehmungen und Differenzsetzungen. «Fremdheit» ist keine eindeutige und absolute, sondern eine relative und graduell unendlich variierbare Kategorie.[44] In jeder einzelnen Aussage eines Textes aus dem 17. oder 18. Jahrhundert, die Europäisches und Asiatisches in eine Verbindung miteinander bringt, wird eine solche kulturelle Differenz neu vermessen. Die Aufgabe des Historikers besteht darin, dieses Maßnehmen zu rekonstruieren. Wozu? Europa hat sich im 18. und 19. Jahrhundert als Nicht-Asien definiert. Interessant ist nun nicht, *daß* dies geschah, sondern *wie* es geschah. Die Zeiten, in denen man sich mit der simplen Denkform der verkehrten Welt zufrieden gab, waren längst vorüber. Wo wurde im konkreten Falle die *differentia specifica* zwischen Okzident und Orient gesehen? Wurde diese Differenz wertend als Überlegenheit und Unterlegenheit aufgefaßt? War sie überbrückbar, oder wurde sie als natürlich gegeben und unveränderlich betrachtet? Wie versuchte man, des Schrekkens vor der Differenz Herr zu werden? Durch Abwehr und Ausgrenzung des Fremden oder durch Versuche, es zu assimilieren, zu inkorporieren, ihm anpassend entgegenzukommen, es durch Kolonisation unter Kontrolle zu bringen und seine Andersartigkeit durch verwestlichende Reform aufzuheben?[45]

Ob sich die zahllosen einzelnen Differenzbestimmungen zu einer großen ideenhistorischen Entwicklung summieren und in einer Geschichte des europäischen Bewußtseinswandels bündeln lassen, ist schließlich die schwierigste all dieser Fragen. Das letzte Kapitel wird eine Antwort versuchen.

5. Räume

Daß hier nicht ein deutsches, ein französisches oder ein englisches «Asienbild» untersucht wird, sondern die Darstellung europäisch ausgreift, muß begründet werden. Gewiß waren nationale Unterschiede nicht unerheblich. Die Briten sahen Indien, wo sie wachsende koloniale Interessen hatten, anders als die Deutschen, denen ihre außenpolitische Machtlosigkeit eine größere Distanz auferlegte und vielleicht eine größere Freiheit des Urteils erlaubte. Solche nationalen Nuancen wurden aber im 18. Jahrhundert vom gesamteuropäischen Referenzraum der Aufklärung überwölbt. Schon innerhalb Europas waren intellektuelle Wirkungslinien oft nicht bilateral gezogen: Das Englandbild des Franzosen Montesquieu hatte große Wirkungen in Deutschland, größere vermutlich als die britische Selbstrepräsentation. Ebenso verliefen die Asiendebatten paneuropäisch. Die Gelehrten der Zeit waren polyglott. Für diejenigen unter den Zeitgenossen, die es nicht waren, wurden die gehaltvolleren Primärberichte aus den asiatischen Ländern nach kurzer Zeit in mehrere Sprachen übersetzt.

Engelbert Kaempfer etwa, der in den 1690er Jahren den Iran und Japan kennenlernte und über beide Länder hochgelobte wissenschaftliche Werke schrieb, war ein westfälischer Arzt im Dienste der Holländischen Ostindienkompanie (Verenigde Oostindische Compagnie, V.O.C.), dessen auf deutsch verfaßtes Japanmanuskript von dem englischen Sammler und Wissenschaftsorganisator Sir Hans Sloane erworben und dem Publikum 1727 in einer ziemlich freien englischen Übersetzung des Schweizers Johann Caspar Scheuchzer vorgelegt wurde. Auf dem Kontinent wirkte eher die 1729 erschienene französische Übersetzung des Scheuchzerschen Textes – auch in Deutschland, wo man damals noch eher Französisch als Englisch verstand. Wer nur Deutsch las, war auf die Rückübersetzung aus dem Französischen (1749) angewiesen, bis 1777–1779 endlich Kaempfers Originalfassung veröffentlicht wurde.[46] Dieses komplizierte Editionsschicksal war nicht ganz untypisch für den literarischen Markt des 18. Jahrhunderts. Es erlaubt die Frage, was an Engelbert Kaempfers Biographie – seine Ausbildung hatte er in Danzig, Thorn, Krakau, Königsberg und Uppsala erhalten[47] – und seiner öffentlicher Wirkung eigentlich «deutsch» gewesen ist. Sie war viel eher ein Phänomen der gesamteuropäischen Gelehrtenrepublik.[48] Ebensowenig repräsentieren die Chinaberichte französischer Jesuiten, also der Angehörigen einer in ihrem Selbstverständnis kosmopolitischen Elite, ein spezifisch französisches Chinabild, die auf englisch verfaßten Bücher des in Leipzig und Göttingen ausgebildeten Basler Nahostreisenden Johann Ludwig Burckhardt, der im Auftrag der britischen «African Association» reiste, eine charakteristisch schweizerische Perspektive.[49] Eine Übersicht über die Asienliteratur mindestens in französischer, englischer und deutscher Sprache ist daher von der Sache geboten. Vieles erschien auch auf holländisch, italienisch und russisch, während spanische und portugiesische Berichte im 18. Jahrhundert nur noch am Rande ein Rolle spielten.

Was soll auf der Gegenseite unter *Asien* verstanden werden? Der europäische Asiendiskurs bewegte sich auf drei Ebenen: einer nationalen, einer lokalen und einer kontinentalen. Zunächst schrieb man über deutlich abgrenzbare politische Einheiten (China, das Osmanische Reich, das Mogulreich in Indien usw.) oder klar identifizierbare Länder im modernen Sinne (Persien, Japan, Siam/Thailand usw.). Auf einer tieferen Ebene der Verallgemeinerung wurden einzelne Ethnien, Städte oder Landschaften behandelt. Dies war selbstverständlich die unmittelbare Wahrnehmungsperspektive der Beobachter: Man kann das Straßenleben von Peking mit eigenen Augen sehen, nicht jedoch «China». Aber der lokale Blick war keineswegs nur eine naive Nahsicht. Je mehr man bereits über ein Land wußte oder zu wissen glaubte, desto größer war die Erwartung an Reisende, sie möchten örtlichen und regionalen Varianten ihre besondere Aufmerksamkeit schenken. «Der Todschlag», informiert denn auch der deutsch-dänische Orientreisende Carsten Niebuhr das stets an fremden Justizbräuchen interessierte Publikum, «wird nicht einmal in dem kleinen Gebiete des Imams von Jemen, geschweige denn in ganz Arabien, auf einerley Art bestraft.»[50] Ein Höhepunkt dieser Entwicklung zur Detailbetrachtung war mit den ungemein gründlichen ortskundlichen Beschreibungen *(surveys)* erreicht, welche die Briten seit dem späten 18. Jahrhundert in den neu eroberten Gebieten Indiens unternahmen.[51]

Über diesen beiden Ebenen, der nationalen und der lokalen, schwebte eine *kontinentale* Kommentierungsweise, der es um den Vergleich zwischen den unterschiedlichen asiatischen Ländern und Zivilisationen ging und um Verallgemeinerungen über «Asien» und «die Asiaten», den «Orient» und «die Orientalen» überhaupt. Derlei abstrakteste Äußerungen finden sich keineswegs nur bei daheimgebliebenen Lehnstuhlphilosophen. Immer wenn – und es geschieht oft – ein Reisender eine Szene oder eine Verhaltensweise beschreibt und sie als «typisch asiatisch» bewertet, wird der kontinentale Kommentierungsmodus wirksam. In reicheren Texten sind fast immer alle drei Modi gegenwärtig. Will man sie alle einfangen, so muß «Asien» als Ganzes, so wie die Zeitgenossen den Ausdruck verstanden, in den Blick genommen werden.[52] Dazu gehört auch der islamische Vordere Orient bis hinauf zum osmanisch beherrschten Balkan und westlich bis zu Ägypten oder gar Marokko. Besonders Ägypten wurde als Außenposten der asiatischen Ökumene betrachtet.[53] Stammte die chinesische Kultur nicht sogar, so spekulierten einige, von der ägyptischen ab?[54] Das Osmanische Reich wurde im Verlauf des 18. Jahrhunderts immer deutlicher als «asiatische», also als un-europäische Macht wahrgenommen. Wer von Asiaten sprach, meinte am Ende des 18. Jahrhunderts fast immer auch Türken, Araber und Perser.

6. Epochengrenzen

Das 18. Jahrhundert, das in diesem Buch behandelt wird, wird nicht durch die Daten 1700 und 1799 begrenzt. Es ist ein «langes» Jahrhundert und reicht von etwa 1680 bis 1830.[55] Ideengeschichtliche Kriterien und Konventionen der Periodisierung müssen dabei mit den realhistorischen Rhythmen der europäisch-asiatischen Beziehungen verknüpft werden.

Was das Anfangsdatum betrifft, so stellt sich eine Konvergenz recht zwanglos ein. Historiker der europäischen Aufklärung sind sich weithin darin einig, daß das engagierte Auftreten aufklärerischer Philosophen (Bayle, Fontenelle, Locke) in den achtziger Jahren des 17. Jahrhunderts beginnt.[56] Zur gleichen Zeit tritt ein neuer Typ des reisenden Beobachters in Erscheinung: der in den Wissenschaften der Epoche versierte Gelehrte oder Gentleman, den weniger Abenteuerlust und Geschäftsinteressen als Wissensdrang, Missionsauftrag oder diplomatische Zwecke in die Ferne ziehen.[57] Die Jahre zwischen 1680 und etwa 1730 werden zur heroischen Zeit der Asienerschließung. Jetzt entstehen zu fast allen Ländern des Kontinents empirisch anspruchsvolle Beschreibungen, die bis ins 19. Jahrhundert kanonisch bleiben werden. Sie nähren die populären Exotikmoden von Barock und Rokoko, etwa die Orientmode in Frankreich, die mit Racines Tragödie *Bajezet* (1672) beginnt und durch Antoine Gallands zwischen 1704 und 1717 erscheinender Übersetzung der Geschichten aus 1001 Nacht auf den Höhepunkt geführt wird.[58] Aus China berichten seit der Mitte der achtziger Jahre französische Jesuiten, die ein breiteres Publikum ansprechen und erreichen als ihre Vorgänger; ihre Nachrichten tragen zum Aufblühen der künstlerischen und kunstgewerblichen Chinoiserien seit den 1730er Jahren bei.[59] Ein wichtiges asiatisches Land wie Siam rückt seit den achtziger Jahren erstmals in den Sichtkreis europäischen Interesses. Das Werk *Du Royaume de Siam* (1691) des französischen Diplomaten Simon de La Loubère wird zum weithin gelobten und kopierten Muster einer gelungenen Landesbeschreibung aus erster Hand. Nur Jean Chardins Persienbericht (1686 fragmentarisch, 1711 vollständig erschienen), eines der bedeutendsten Reisewerke der Neuzeit, vermochte in den Augen der Zeitgenossen damit zu konkurrieren. Das Indien der Mogule wurde vor allem in den seit 1676 in immer wieder vermehrten Ausgaben gedruckten *Voyages* des nimmermüden Landreisenden Jean-Baptiste Tavernier beschrieben, das politische System und gesellschaftliche Leben des Osmanischen Reiches wenig später von Sir Paul Rycaut, der die Jahre 1667 bis 1678 als englischer Konsul in Smyrna (Izmir) zugebracht hatte, mit beispielloser Gründlichkeit dargestellt. Von dieser Zeit an vermindert sich die Bedeutung der niederländischen Asienliteratur erheblich.[60] Französisch, Englisch und daneben langsam auch Deutsch werden zu den maßgebenden Sprachen der Darstellung Asiens.

Mit diesem Quantensprung der Asienreportage gingen wichtige reale Verschiebungen einher. Das Jahrhundertende leitet für Asien so etwas wie eine «späte Frühe Neuzeit» ein. In den 1680er Jahren vollendete Kaiser Kangxi, seinem Zeitgenossen Ludwig XIV. an Glanz ebenbürtig und an Staatskunst überlegen, nach Jahrzehnten politischer Turbulenzen, die auf die Eroberung des Drachenthrons 1644 durch die Mandschuren folgten, die innere Befriedung Chinas unter der neuen Qing-Dynastie. Für mehr als ein Jahrhundert war das Qing-Imperium nun so etwas wie eine eurasische Supermacht, wirtschaftlich autark und nach frühneuzeitlichen Maßstäben wohlhabend, kulturell selbstbewußt und durch europäische Imperialpolitik unberührbar.[61] In Japan hatten die Shogune des Hauses Tokugawa am Beginn des 17. Jahrhunderts die katholischen Missionare vertrieben oder den Märtyrertod erleiden lassen und das einheimische Christentum mit Massenhinrichtungen unterdrückt. Seit 1639 wurde eine Politik der Landesabschließung *(sakoku)* rigoros durchgesetzt: Fremden wurde der Aufenthalt in Japan verboten, Japanern das Verlassen des Landes. Nur die Holländer, die 1638 dem Fürsten von Hirado Schiffsartillerie zur Verfügung gestellt hatten, um den Shimabara-Aufstand, eine verzweifelte Erhebung japanischer Katholiken, niederzuschlagen,[62] durften weiterhin unter extrem einschränkenden Bedingungen Handel treiben. Auf Dejima, einer künstlichen Insel im Hafen von Nagasaki, wurden die Vertreter der V.O.C. unter arrestartigen Bedingungen von der japanischen Bevölkerung isoliert. Kontakte gab es nur mit Beamten der Fremdenpolizei, mit staatlich bestallten Dolmetschern und mit Prostituierten.[63] An innerer Stabilität, äußerer Souveränität und wirtschaftlicher Dynamik wurde China von Japan noch übertroffen. Ökonomische und ökologische Probleme, die sich in Japan bereits nach etwa 1710, in China seit der Mitte des Jahrhunderts häuften,[64] brachten beide Länder gegenüber einem vorindustriellen Europa noch keineswegs ins Hintertreffen.

Für ganz Südostasien bedeuteten die 1680er Jahre – wie für China – eine Epochenschwelle, allerdings eher eine Wende zum Schlechteren.[65] Auf Java war es der V.O.C. von ihrem Hauptquartier in Batavia, dem heutigen Jakarta, aus bis 1682 gelungen, ihre einheimischen Gegner niederzuringen.[66] Die fruchtbare und menschenreiche Insel stand nun großenteils unter einer – freilich durchaus lückenhaften und schwachen – Kolonialherrschaft. In Siam kam es 1688, gleichzeitig mit der englischen Glorious Revolution, zu einer politischen Umwälzung, die in Europa als «siamesische Revolution» stark beachtet wurde. Unmittelbar nach dem Tode des weltoffenen König Narai, den Ludwig XIV. mit einer Serie von diplomatischen Missionen als potentiellen Partner französischer Weltpolitik umworben hatte, stürzten fremdenfeindliche Gegenkräfte Narais Premierminister Constantin Phaulkon, einen Griechen, der mit einer japanischen Christin verheiratet war, im europäischen Stil lebte und sich mit französischen Priestern und englischen Kaufleuten umgab.[67] Siam kapselte sich fortan ab – zwar nicht so strikt wie Japan, aber doch konsequent genug, um als Missionsgebiet und Handelspartner einstweilen wenig zu versprechen.

Daß das großmächtige Mogul-Reich in Indien im neunten Jahrzehnt des 17. Jahrhunderts – und vielleicht sogar genau datierbar im Jahre 1689[68] – den Zenith seiner imperialen Bahn überschritten hatte, blieb selbst klarsichtigen Zeitgenossen einstweilen verborgen. Der Tod des Mogulkaisers Aurangzeb 1707 offenbarte aber dann umgehend katastrophale Schwächen in einer imperialen Organisation, die bei weitem weniger fest gefügt war als diejenige des großen Nachbarn im Norden. Das Mogulreich zerfiel innerhalb weniger Jahre; sein Restkern wurde zu einer indischen Mittelmacht, einem Schatten seiner selbst. Diese dramatischen Ereignisse veränderten in kürzester Zeit die politische Landkarte Südasiens, ohne aber bereits den Engländern Tür und Tor zu kolonialer Herrschaft zu öffnen; nicht vor den 1760er Jahren kontrollierte Briten indische Flächenstaaten. Zunächst erstarkten einheimische politische Kräfte und verwandelten das umspannende Moslemreich der Mogule in ein polyzentrisches Staatensystem. Der Untergang des Reiches der islamisch-sunnitischen Safawiden-Dynastie im Iran verlief zögerlicher. Er kam zu einem drastischen Endpunkt, als 1722 eine Invasion afghanischer Stämme die legitime Monarchie zerschlug und eine lange Periode der Wirren und Usurpationen einleitete. Die Europäer konnten davon weder politisch noch kommerziell profitieren.[69]

Schließlich das dritte der frühneuzeitlichen islamischen «gunpowder empires»,[70] das Osmanische Reich. Es behauptete sich unvergleichlich viel besser als die übrigen – und jüngeren – islamischen Imperien der Frühen Neuzeit. Seit der Eroberung Konstantinopels 1453 war es der beherrschende politische Faktor im Osten des Mittelmeeres gewesen, im 16. Jahrhundert sogar die stärkste Militärmacht der Welt.[71] Über den Niedergang von solchen Höhen ist bis heute viel geschrieben und gestritten worden. Wie langsam und sachte er sich vollzog, zeigt der Vergleich mit Indien und Persien und später etwa mit der schnellen Erosion des spanischen Weltreiches. Am Ende des 17. Jahrhunderts war das Osmanische Reich durchaus noch eine Großmacht, wenngleich nicht länger der Schrecken der Christenheit. Das Scheitern der Eroberung Wiens 1683 brach die Expansionskraft der lange unbesiegbaren osmanischen Militärmaschine, und der Vertrag von Karlowitz (1699), durch den der Sultan Ungarn verlor, leitete die Zurückdrängung der osmanischen Grenzen durch die christlichen Mächte ein. Die Stimmung im kurz zuvor noch bedrängten christlichen Europa schlug schnell um: Neben das alte Bild des dämonisierten Feindes trat in der künstlerischen Repräsentation nun der übertölpelte Buffo-Türke, wie man ihn als Haremswächter Osmin aus Mozarts *Entführung aus dem Serail* (1782) kennt.

Vieles kam also zusammen, um die Jahre nach 1680 als eine Wendeperiode in der asiatischen Geschichte und eine Schlüsselzeit im Verhältnis zwischen Europa und Asien erscheinen zu lassen – auch dann, wenn nicht alle einzelnen Entwicklungstendenzen in dieselbe Richtung wiesen. Viel zu einfach und viel zu sehr von der uns bekannten Fortsetzung der Geschichte her rückwärts gedacht wäre es, damals schon die Weichenstellung zu einem unaufhaltsamen Niedergang Asiens und zum Aufstieg Europas erkennen zu wollen. In China war von Niedergang keine Rede; es trat nun erst in die lang andauernde Blüteperiode ein, die man als «High Qing» bezeichnet hat. Japan bewahrte das im 17. Jahrhundert Erreichte und schuf langsam Voraussetzungen, die ihm bei seiner Modernisierung in der zweiten Hälfte des 19. Jahrhunderts zustatten kommen würden. Dort, wo es in Asien zu inneren Kriegen und Systemzusammenbrüchen kam, nutzten sie den Europäern oft wenig: Der Handel litt, militärische Interventionen und die Errichtung kolonialer Herrschaft wären zu kostspielig gewesen. Insgesamt war das 18. Jahrhundert machtpolitisch und ökonomisch eine Zeit des labilen Gleichgewichts zwischen Europa und Asien. Dem entsprach ein geistiges Equilibrium, welches das Denken dieser Epoche bei weitem attraktiver und bis heute bedeutsamer macht als die späteren Triumphideologien eines welterobernden Westens. Die britischen Historiker G. S. Rousseau und Roy Porter haben dies so formuliert:

> Europa selbst war damals selbstkritisch genug und hinreichend frei von Selbstgerechtigkeit, um anderen Kulturen zwar nicht als gleichen und noch nicht einmal auf deren eigenen Grundlagen zu begegnen, aber sie doch als alternative Lebensformen anzuerkennen: für einen kurzen Moment, bevor die Logik der historischen Mission des weißen Mannes verlangte, daß man sie unterwarf, ausschlachtete und zerstörte.[72]

Dieses Gleichgewicht zerbrach in den ersten drei Jahrzehnten des 19. Jahrhunderts. Jetzt verschob die europäische Frühindustrialisierung die ökonomischen Gewichte zuungunsten der Länder der späteren Dritten Welt. Zur gleichen Zeit drang Europa mit neuer Aggressivität gegen andere Zivilisationen vor. Die Briten schlossen ihre Eroberung Indiens ab und gaben dem kolonialen Staat seine nun für mehr als ein Jahrhundert gültige Form. Auf Java, dem zweiten Brückenkopf früher Kolonisation in Asien, markierte der ungewöhnlich blutige anti-holländische Aufstand der Jahre 1825–30 den Übergang zu einer neuen, viel direkter in die einheimische Gesellschaft eingreifenden Form des Kolonialismus.[73] Im griechischen Freiheitskampf, der 1821 begann, ging es nicht länger – wie noch in den russisch-osmanischen Kriegen des 18. Jahrhunderts – um pure Machtpolitik. Antitürkische Propaganda stilisierte den von beiden Seiten mit großer Brutalität geführten Konflikt zu einem Ringen zwischen abendländischem Freiheitsdrang und orientalischer Barbarei. Ebenfalls in den 1820er Jahren begann die Destabilisierung des Qing-Reiches durch den von Indien ausgehenden Opiumschmuggel; sie führte zum anglo-chinesischen Opiumkrieg von 1840–42, der das Mysterium China gründlich entzauberte. Zur gleichen Zeit begann innerhalb des polyethnischen Zarenreiches in Theorie und Praxis die «pejorative Abgrenzung des nun vom Nationalismus erfaßten Staatsvolkes der Russen von den Fremden»,[74] vor allem den Nicht-Christen unter den Untertanen des Zaren, während in Nordamerika den indianischen Stämmen politisch das Rückgrat gebrochen wurde.[75]

In der Zeit zwischen etwa 1815 und 1830 erfährt auch der Asiendiskurs Veränderungen, die sich zu einem intellektuellen Epochenbruch addieren. In der Literatur über außereuropäische Völker und Zivilisationen halten sich ältere Darstellungsformen und Einstellungen noch eine Weile ins neue Jahrhundert hinein. Das große amerikanische Reisewerk Alexander von Humboldts, das 1805 zu erscheinen beginnt, führt die aufklärerische Tradition der enzyklopädischen Erfassung fremdkultureller Wirklichkeit durch reisende Generalisten zu einem krönenden Abschluß.[76] 1818–20 wird dem Publikum noch einmal eine anspruchsvolle Synthese all des Wissens vorgelegt, das die Jesuiten seit dem frühen 17. Jahrhundert in China gesammelt hatten.[77] Sie wirkt wie eine Stimme aus vergangener Zeit. Die Spezialisierung und Professionalisierung der Asienkompetenz schreitet nun zügig voran. 1822, im Jahr der Entschlüsselung der ägyptischen Hieroglyphen durch Jean-François Champollion, wird in Paris die Société Asiatique gegründet, 1823 in London die Royal Asiatic Society; 1845 folgt, zunächst in enger Anlehnung an Altphilologen und andere «Schulmänner», die Deutsche Morgenländische Gesellschaft als Verband der deutschsprachigen Orientwissenschaftler.[78]

Mit der Professionalisierung der Asienkenntnisse als Fachwissen verbindet sich ihre Marginalisierung als Bildungswissen. Damit geht ein Prestigeverlust Asiens im europäischen Bewußtsein einher. Er ist um 1830 abgeschlossen. Als Georg Wilhelm Friedrich Hegel in seinen ab 1822 gehaltenen Vorlesungen zur Philosophie der Weltgeschichte den asiatischen Kulturen weltgeschichtliche Bedeutsamkeit nurmehr für längst vergangene frühe Zeitalter zugesteht, schlägt er den neuen Ton an. Auch die Euphorie für eine persische, indische oder chinesische Bildung als Ergänzung oder gar Alternative zur Traditionsstiftung durch das klassische Altertum, die manche Gemüter in den zwei Jahrzehnten um die Jahrhundertwende ergriffen hatte, verbraucht sich um diese Zeit. Im deutschen Gymnasium wird weiter Griechisch, nicht Sanskrit oder Persisch, gelehrt, und Goethes späte Amateur-Begeisterung für eine das Asiatische umschließende «Weltliteratur» findet kaum Nachahmer. Aus Friedrich Rückert, dem Dichter und Übersetzer, spricht schon der Hochmut des professionellen Orientalisten, wenn er über Goethe spottet:

Als der West war durchgekostet,
hat er jetzt den Ost entmostet.[79]

Schließlich verliert in diesen Jahren auch die frühneuzeitliche Art des Reisens ihre Selbstverständlichkeit. Neben den heroischen Individualgelehrten von Chardin bis Humboldt, der bis zur Erschließung von Nord- und Südpol immer noch manche Betätigungsfelder findet, tritt der gewerblich organisierte Fernausflügler: der Tourist.[80] Tourist, so erläutert Brockhaus' *Conversationslexicon*, «nennt man einen Reisenden, der keinen bestimmten, z. B. wissenschaftlichen Zweck mit seiner Reise verbindet, sondern nur reist, um die Reise gemacht zu haben und sie dann beschreiben zu können. Er muß ein Mann von feiner Weltbildung in Sitten, Gewohnheiten und Ansichten sein, außerdem aber in seinen Darstellungen einen möglichst unbegrenzten Subjectivismus walten lassen».[81] «Unbegrenzter Subjectivismus» war bis dahin nach der offenen Lüge der schlimmste Sündenfall des Reisebeschreibers gewesen.

Thomas Cook erfindet 1841 die Pauschalreise. Ein organisierter Türkeitourismus von Frankreich aus – gewiß zu Beginn noch eine langwierige und nicht unabenteuerliche Angelegenheit – beginnt schon 1833.[82] Seit 1839 werden Reiseführer von der Art, wie wir sie heute noch kennen, für orientalische Länder publiziert[83] – eine für den unmittelbaren Nutzen bestimmte Textgattung, die mit der alten Reisebeschreibung, die sich an die daheimgebliebenen Mitgelehrten wandte, wenig gemein hat. Im oberägyptischen Theben registriert Hermann Fürst von Pückler-Muskau bereits um 1840 «greuliche ... Verwüstungen durch Kunstfreunde».[84] Modeländer des Tourismus, so heißt es im Brockhaus von 1847 seien jetzt Skandinavien, Spanien und Portugal «und ganz besonders der Orient bis nach Indien hin».[85] Mehr als zwei Jahrzehnte vor der Eröffnung des Suezkanals liegt Indien schon im Aktionsradius des wagemutigeren Urlaubers.

Wenn man ein Bild sucht, mit dem sich die Epoche eindrücklich beschließen läßt, dann das des sechzigjährigen Alexander von Humboldt im Oktober 1829 auf dem Kaspischen Meer: der einstige Bezwinger von Dschungeln und Andengipfeln als Passagier auf einem Dampfschiff.[86]

WEGE
DES WISSENS

II.
Asien – Europa: Grenzen, Gleichgewichte, Hierarchien

Zum erstenmal betrat ich den Boden Asiens, beim Aussteigen aus dem Kajak warf ich mich zu Boden und küßte die Erde als die meines geistigen Vaterlandes.[1]

So erinnert sich der alte Joseph von Hammer-Purgstall, einer der drei oder vier bedeutendsten Orientgelehrten seiner Zeit, an einen der großen Momente seiner Jugend. Hammers «Asien» ist mehreres zugleich. Es ist zunächst ein geographischer Ort. Hammer überquert den Bosporus. Er ist schon eine Weile durch die Territorien des Großherrn gereist. Aber der Fünfundzwanzigjährige, damals Hilfsdolmetscher des österreichischen Auswärtigen Amtes, geht im September 1799 nicht nur am Ort Hunkiar-Iskelessi an Land, sondern zugleich in «Asien». Das Pathos des kontinentalen Übergangs, des Weltenwechsels, beim jungen Hammer vermutlich tief empfunden, wird später zum Klischee. Es kann dies leicht werden, da sich nirgendwo zwei Kontinente so malerisch berühren wie am Goldenen Horn. Hammers «Asien» ist aber ebenfalls ein «geistiges Vaterland», die Sphäre der Idealität. Hammer findet hier die Erfüllung seiner sehnsuchtsvollen Literaturstudien. Er beschwört dabei einen alten Topos: Asien als Mutterland der Zivilisation.

1. Asien und Europa im Russischen Imperium

Wo hört Europa auf? Wo beginnt Asien? Es ist oft als Ausdruck von Europas Beweglichkeit und Lebendigkeit betrachtet worden, daß sich diese Fragen nicht eindeutig beantworten lassen.[2] Seit dem Ende der Sowjetunion 1991 ist das Problem von Europas Ostgrenze wieder neu und offen gestellt: die größte politische und vielleicht auch kulturelle Herausforderung auf dem eurasischen Kontinent an der Jahrtausendwende.[3] Nun hat eine umfangreiche Literatur nachgewiesen, daß «Europa» eine kulturell konstruierte Größe ist. Die Geschichte von Europaidee und Europabewußtsein zeigt eine lange Reihe ganz unterschiedlicher Versuche, die «Identität» Europas im Spannungsbogen von äußerer Abgrenzung und der Suche nach inneren Gemeinsamkeiten zu bestimmen.[4] Auch «Asien» ist ein europäischer Begriffsentwurf. In keiner Kultur zwischen Bosporus und Japanischem Meer findet sich in der Zeit vor der Aufnahme europäischer Ideen, also vor der Mitte des 19. Jahrhunderts, die Vorstellung von einer zivilisatorischen Supereinheit, die sämtliche Hochreligionen – auch das Christentum ist «asiatischen» Ursprungs – sowie Völker von unterschiedlichster anthropologischer Beschaffenheit umfaßt. «Orient», «Osten» («Ferner» – «Naher» – «Mittlerer» Osten), «East Indies/Indes Orientales»: auch dies sind willkürliche und aus den je besonderen europäischen Ordnungs- und Abgrenzungsbedürfnissen herleitbare Fremdzuschreibungen. Selbst das uns heute geläufige Kontinentalschema ist eine geographische Konvention und ergibt sich keineswegs natürlich aus der physikalischen Gestalt der Erdoberfläche. Warum etwa östlich des Urals und jenseits des Bosporus das geographisch ganz Andere beginnen soll, ist aus Vernunftgründen nicht ohne weiteres einzusehen.[5]

Überraschende Antworten auf die Frage nach den Grenzen Europas sind seit jeher möglich gewesen: Der kulturelle Raum stimmt nicht unbedingt mit dem der Kartographen überein. Kapstadt zum Beispiel, von den Holländern gegründet, 1806 endgültig von den Briten übernommen, der Rastplatz der Asienflotten: Liegt es überhaupt in Afrika? Ein Zweifler unter vielen formuliert einen Reiseeindruck von 1816: «Kapstadt ist so vollkommen europäisch, daß es wenig Interesse hervorruft, jedenfalls bei denen, die von Westen ankommen.»[6] Immer wieder wird dies auch von Batavia gesagt, dem seit 1619 aufgebauten asiatischen Hauptquartier der V.O.C: trotz einer Mehrheit farbiger (besonders chinesischer und malaiischer) Bewohner eine holländische Stadt in den Tropen, so prachtvoll und dabei adrett, «als daß Batavia auch mit den importantesten, reichesten und schönsten Plätzen in Europa kann verglichen, ja gar in gewisser Maaß denselben vorgezogen werden».[7] Wo der Kolonialismus baut, setzt er steinerne Grenzzeichen. Er bringt die Grenzen Europas mit. Asien beginnt, wo der Brückenkopf endet.

Für Seereisende ist der Übergang zwischen den Kontinenten selten ein Wahrnehmungsproblem. Zwischen Abschied und Ankunft liegt die Unbestimmtheit des Meeres. Indem man das Schiff verläßt, betritt man Asien. Schwieriger wird es für Landreisende. Wo politische Grenzen unsichtbar sind, bedarf es anderer Merkzeichen. «Asien» beginnt für manche dort, wo Minarette die Kirchtürme ersetzen und man den Ruf des Muezzin statt des Geläuts der Kirchenglocken hört. Oder es ist die erste kreuzende Kamelkarawane, die ihnen die Ankunft in Asien signalisiert.[8] Umgekehrt merkt der englische Diplomat James Justinian Morier, als er am 5. Oktober 1812 von Persien aus den Grenzfluß Araxes überquert, sogleich, daß er nicht nur in Rußland, sondern in Europa angekommen ist: An Stelle von Kamelen und Maultieren sieht er Karren und Kutschen.[9] Europa ist die Welt der Räder.[10]

Nach Asien reist man zu Lande über den Balkan oder durch Rußland. Seit dem Beginn der Eroberung und Erschließung Sibiriens im frühen 17. Jahrhundert überbrückte das Vielvölkerreich der Zaren die Kontinente. Im 18. Jahrhundert umfaßte es für sich allein Edmund Burkes *Great Map of Mankind* mit ihren zahllosen soziokulturellen Nuancen: von der nach Westen orientierten städtischen Gesellschaft St. Petersburgs, Revals, Rigas und (später) Minsks in zahlreichen Varianten und Abstufungen gesellschaftlicher Verhältnisse bis zu den Jäger- und Sammlervölkern Sibiriens.[11] Welche der vielen internen Kulturgrenzen, die der Reisende überschritt, die große kontinentale Demarkierung zu Asien war, blieb für ihn eine Frage von minderer praktischer Bedeutung. Asien begann sichtbar erst an der politischen Reichsgrenze. Sie war im 18. und frühen 19. Jahrhundert eine militärische Expansionsgrenze, die teils gegen die islamischen Großmächte Iran und Osmanisches Reich, teils gegen die Reiternomaden der kasachischen und kirgisischen Steppe, teils gegen die Bergvölker des Kaukasus verteidigt und immer mehr auch vorangeschoben wurde.

Alexander von Humboldt besuchte im August 1829 als Gast der zaristischen Regierung die befestigte Steppengrenze oder «Linie» gegen die mittlere Horde der Kirgisen.[12] Zuvor hatte er einen ganz anderen Typ von Grenze in Augenschein genommen: die Grenze zum Chinesischen Reich. St. Petersburg und Peking hatten 1693 und 1727 in zwei völkerrechtlichen Verträgen, die ein reales Machtgleichgewicht kodifizierten, den Grenzverlauf und die Gestaltung des Grenzverkehrs festgelegt. Seither (und bis zu den 1850er Jahren) war diese auf beiden Seiten streng bewachte Linie die vielleicht friedlichste und stabilste Großmächtegrenze der Welt.[13] Westeuropäische Reisende freuten sich, wenn sie Qing-Territorium, erreicht hatten: » [...] denn diesseits der Zeichen der Grenzfahnen war die erschreckliche grosse Wüsteney/auf der andern Seite aber wohneten Chinesen in Dörffern und Flecken/und hatten das Land gebauet.»[14] Die Ankunft im wichtigsten Transitort, der Doppelstadt Kjachta/Maimaicheng, verhieß auf chinesischer Seite den Wiedereintritt in die Zivilisation, wurden doch die Straßen und die Höfe der Häuser dort «so reinlich gehalten, wie wenn man es nur in Holländischen Städtchen finden kann».[15] Kjachta lag freilich im mongolischen Teil des Qing-Imperiums, und es war nicht der Rand eines kontinuierlich besiedelten Gebietes. Erst die Große Mauer, vor Jahrhunderten zum Schutz gegen die innerasiatischen «Barbaren» erbaut, kündigte den erschöpften Reisenden die Rückkehr in einen Zivilisations*raum* an – eine besonders willkommene Ausssicht, da man in der letzten Etappe der Reise die Wüste Gobi zu durchqueren hatte. Am 2. November 1720 sichtete, noch aus einer Entfernung von etwa vierzig englischen Meilen, die russische Gesandtschaft unter Graf Leon Vassilevič Izmailov dreizehn Monate nach ihrem Aufbruch in St. Petersburg, die Große Mauer: «Einer unserer Leute rief ‹Land!›, als ob wir die ganze Zeit auf See gewesen wären.»[16]

Der schottische Arzt John Bell, der zur Delegation gehörte, läßt in seiner ausführlichen Beschreibung des weiteren Reiseverlaufs keinen Zweifel daran, daß für ihn das Land jenseits der Großen Mauer den Vergleich mit Westeuropa in keiner Hinsicht zu scheuen brauchte. Schon der Empfang durch die sino-mandschurischen Grenzbeamten war außerordentlich: «Niemals hat mir eine gastliche Aufnahme *(entertainment)* besser gefallen»[17]. Die Ankunft in China war für Bell, einen überaus nüchternen Beobachter, wie für die meisten transsibirischen Reisenden des 18. Jahrhunderts nicht der Eintritt in eine fremde, exotische Welt, sondern die Wiedergewinnung zivilisatorischen Bodens nach den Strapazen der längsten Landreise der Welt. Der Kontrast war besonders deutlich im Vergleich zur Grenze mit Persien. Nach dem Ersten Russisch-Iranischen Krieg von 1804–1813, dem frühesten Zusammenstoß des Iran mit den christlichen Mächten Europas, der zur Einverleibung des Chanate des nördlichen Aserbaidschan in das Russische Reich geführt hatte, wird die Grenzzone als verwüstet und entvölkert beschrieben.[18]

Etwas anderes als die Grenz-Erfahrungen von Reisenden waren die Versuche der Geographen, den eurasischen Kontinent in zwei Teile zu zerlegen. Hinter solchen kartographischen und terminologischen Maßnahmen stand mehr als der Fortschritt erdkundlicher Kenntnisse. Gerade die im 18. Jahrhundert immer präziser werdenden Instrumente der Abbildung von Raum eigneten sich zum Entwurf politischer Visionen. Alle Imperialmächte der Neuzeit – von Spanien bis zur sino-mandschurischen Qing-Dynastie – stellten die Kartographie in den Dienst sowohl der genauen Beschreibung der zu beherrschenden und auszubeutenden Territorien als auch der Projektion imperialer Zukunftsträume.[19] Rußland war keine Ausnahme. Die europäisch-asiatische Janusnatur seines Reiches öffnete weite Chancen der imaginativen Konstruktion.

Peter der Große, der 1719 ein eigenes Kartographisches Amt einrichtete, hatte nach seinem Sieg über Schweden 1721 im Großen Nordischen Krieg den Moskauer Zarenstaat zum Imperium oder Kolonialreich nach dem Vorbild der westeuropäischen Mächte erklärt. Fortan erschien Sibirien nicht länger als offenes Siedlungsland, sondern als symmetrischer Teil des Reiches, dem die Reichsideologie eine Rolle im imperialen Zusammenhang zuzuweisen hatte. Damit stellte sich das Problem der Abgrenzung der asiatischen von den europäischen Reichsteilen zum ersten

Mal als geographisches *und* als politisches Problem. Eine antike Tradition, die in der Frühen Neuzeit weiterwirkte, bestimmte den Fluß Don (den Tanais der antiken Geographen) und das mit dem Schwarzen Meer verbundene Azovsche Meer als Grenze zwischen Europa und Asien.[20] Noch die Europakarte des führenden französischen Geographen Guillaume Delisle übernahm im wesentlichen die Don-Grenze als weit westlich gelegene Trennscheide zwischen «Moscovie Europe» und «Moscovie Asiatique».[21] In den 1730er Jahren rückten dann Philipp von Strahlenberg, ein schwedischer Offizier, der dreizehn Jahre in russischer Kriegsgefangenschaft verbracht hatte, und Vasilij N. Tatiščev, einer von Zar Peters geographischen Beratern und Ideologen der Verwestlichung, diese Grenze weit nach Osten und verlegten sie ins Uralgebirge.[22] Es dauerte eine Weile, bis die Uralgrenze auch von westeuropäischen Geographen übernommen wurde. Nach dem Studium der Literatur kam Voltaire noch 1759 zu dem Schluß, «daß sich die Grenzen von Europa und Asien immer noch verwischen».[23] Aber die Urallösung, 1771 durch Peter Simon Pallas, einen der namhaftesten Geographen und Naturforscher des späten 18. Jahrhunderts, als physikalisch-ökologische Grenze definiert und verfeinert,[24] setzte sich auch in der westlichen Literatur durch. Schließlich wurde die weiterhin offene Frage nach der Fortsetzung der Grenze südlich des Uralgebirges durch die konventionelle Setzung entschieden, die Kontinentalgrenze am Uralfluß entlang zum Kaspischen Meer zu führen.[25]

Für das russische Bewußtsein gewann diese binnenimperiale Grenzziehung ein großes ideologisches Gewicht.[26] Sibirien wurde «asiatisiert» und zum kolonialen Ergänzungsraum eines «europäischen» Rußland stilisiert, das seit Peter dem Großen seine Identität in der Hinwendung zum Westen suchte, genauer in einer Okzidentalisierung der Staatsorganisation, der Herrschaftsideologie und der Elitenkultur. Diese Asiatisierung Sibiriens verband sich damit, daß man nun aus der westlichen geographischen Terminologie den Begriff der «Großen Tartarei» übernahm und in der Beschreibung der Territorien des Nordens das Bild eines russischen Mexiko oder Peru zu beschwören suchte. Gleichzeitig betonte die offizielle zaristische Ideologie die Überlegenheit Europas über Asien, damit das imperiale Bewußtsein der westlichen Kolonialmächte imitierend. Große kommerzielle Hoffnungen schienen sich zeitweise zu erfüllen.

Als dann aber im frühen 19. Jahrhundert der Pelzhandel, auf dem die vorübergehende Prosperität Nordasiens beruht hatte, an Bedeutung verlor, sank auch Sibiriens Prestige. Aus dem Juwel in der kaiserlichen Krone, das zur Regierungszeit Katharinas der Großen am hellsten strahlte, wurde ein nutzloses und barbarisches Anhängsel. Die Verschwisterung von Europa und Asien unter der Romanov-Krone wich in den Augen des russischen Publikums dem Gegensatz zwischen einem aufstrebendem Westen des Reiches und einem primitiven und stagnierenden Osten, der nur noch zur Sträflingskolonie zu taugen schien. Seit Mitte der 1820er Jahre meldeten sich in einer neuerlichen Umwertung in Rußland Stimmen zu Wort, die sich gerade von der unkorrumpierten Einfachheit Sibiriens die – je nach Geschmack und politischer Richtung – radikale Reform oder konservative Erneuerung der russischen Gesellschaft und Zivilisation versprachen.[27] Zur selben Zeit – nach der Niederschlagung des polnischen Novemberaufstandes 1830 – schuf die liberale Publizistik in England, Frankreich und Deutschland das Schreckbild eines expansiven «orientalischen Despotismus» der Zaren.[28] Schon im späten 18. Jahrhundert war vereinzelt gefordert worden, vor Rußland als dem «natürlichen Feind des Occidentes» auf der Hut zu sein[29] oder zumindest der Fassadenrenovierung der Despotie unter Peter dem Großen und seinen Nachfolger(inne)n zu mißtrauen. Montesquieu stellte 1748 das Fehlen einer Zivilgesellschaft im Zarenreich fest und sagte voraus, daß in einem Lande, in dem die Bauern «schollengebundene Sklaven» *(ésclaves attachés aux terres)* seien und der Handel geächtet bleibe, der Despotismus nicht abgeschüttelt werden könne.[30] Zumindest für ihn blieb auch der europäische Teil des Zarenreiches sogar nach den Petrinischen Reformen eine quasi-orientalische Macht. Dieses große Thema der Selbst- und Fremdbestimmung Rußlands als einer «asiatischen» oder «halbasiatischen» Kultur wurde im zweiten Quartal des 19. Jahrhunderts mit großer Vehemenz wiederaufgegriffen.[31]

2. Das Osmanische Reich: Europäische Großmacht oder barbarische Fremdkultur?

Eine ähnliche Debatte war zuvor schon über das Verhältnis des Osmanischen Reiches zu Europa geführt worden. Kartographisch lagen die Dinge hier klar: Wie Europa im Südwesten an der Meerenge von Gibraltar endete, so im Südosten an Bosporus und Hellespont. Ähnlich wie im russischen Fall berührten sich die Erdteile innerhalb eines imperialen Zusammenhangs. Das Osmanische Reich, das seine Kontrolle mit wechselnder Intensität über Ägypten bis nach Algerien ausdehnte, war ein trikontinentales Imperium mit einer multiethnischen Herrschaftselite, die zu einem beträchtlichen Teil auf dem christlichen Balkan und am Schwarzen Meer rekrutiert wurde.[32] Wie nicht nur Edward Gibbon, der große Historiker des spätantiken und mittelalterlichen Mittelmeerraumes, deutlich sah, konnte das Osmanische Reich daher keinesfalls als «türkisches» Staatswesen bezeichnet werden.[33] Dennoch bürgerte sich als kartographische Konvention die Unterscheidung zwischen «Turquie europe» und «Turquie asiatique» ein. Geographische Handbücher behandelten nicht selten die asiatische und die europäische Türkei unabhängig voneinander in verschiedenen Bänden.

Bedeutete die Existenz einer «europäischen Türkei» auf den Landkarten auch schon, daß das Osmanische Reich eine europäische Großmacht war? Seit nach dem Ende des Dreißigjährigen Krieges langsam die Idee und allmählich auch so etwas wie die Wirklichkeit eines europäischen Staatensystems entstand, wurde sich eine wachsende Zahl von Kommentatoren darin einig, im Osmanischen Reich ein Element dieses Systems zu sehen.[34] Die Wende im machtpolitischen Verhältnis zwischen den christlichen Staaten und den Osmanen nach deren verheerenden Niederlagen 1683 vor Wien und 1687 auf dem Schlachtfeld von Mohács in Ungarn, nahe der Stelle, an der Süleyman der Prächtige 1526 die Kontrolle über große Teile Ungarns errungen hatte, entschärfte die Realität der «Türkengefahr», ermöglichte die Entdämonisierung des Türkenbildes und verhalf der europäischen Kunst zu dem langlebigen Motiv des Triumphs über den einstigen Erzwidersacher.[35] Der junge Leibniz hatte bereits die geopolitische Schwäche des Osmanenreiches erkannt, als er 1671/72 für die französische Inbesitznahme Ägyptens warb und nach Paris reiste, um den Minister Colbert persönlich für die Idee eines Angriffs auf das Osmanische Reich zu gewinnen.[36] Wenige Jahre später begann dann tatsächlich die Zurückdrängung der Osmanen auf dem Balkan, ein langwieriger und keineswegs stetiger Prozeß. Er bedurfte nun freilich nicht länger einer christlich verbrämten Kreuzzugsideologie, wie sie der Vatikan mit der Gründung einer «Heiligen Liga» anfangs den Großmächten noch anzudienen versuchte.[37] Seit den 1670er Jahren ist in der politischen Sprache eher «Europa» als die «Christenheit» die Gegengröße zum Osmanischen Reich.[38]

Da das europäische Mächtesystem im 18. Jahrhundert als wertneutraler Mechanismus der Austarierung von Machtbalancen verstanden wurde,[39] maß man der Tatsache, daß die Osmanen Ungläubige waren, nun kaum noch politische Bedeutung bei. Nie spielten Religion und Ideologie in der internationalen Politik eine so geringe Rolle wie im 18. Jahrhundert. Solange die Hohe Pforte ihre Außenpolitik nach den gleichen Prinzipien rationaler – und das hieß egoistischer und moralfreier – Machtpolitik gestaltete, die auch die christlichen Staaten für sich in Anspruch nahmen,[40] bestand kein Anlaß, in den Türken «the Other» der europäischen Politik zu sehen. Edmund Burke sprach eine allgemein geteilte Ansicht aus, als er das Osmanische Reich 1765 *a great power of Europe* nannte.[41] In zahlreichen staatenkundlichen und historiographischen Werken der zweiten Jahrhunderthälfte tauchte das Osmanische Reich als Teil Europas auf. Johann Christoph Gatterer behandelte es in seiner *Allgemeinen Weltstatistik*, einer systematischen Beschreibung des gegenwärtigen Zustandes aller bekannten Völker der Erde, als europäische Macht.[42] Ludwig Timotheus Spittler, ein Kollege Gatterers an der damaligen deutschen Avantgarde-Universität, der Georgia Augusta zu Göttingen, bezog es in seine Geschichte Europas ein.

Zu dieser Zeit waren jedoch bereits neue Tendenzen sichtbar, Europa als exklusive Wertegemeinschaft neu zu definieren. 1774 wurde es den osmanischen Staatsmännern zum Vorwurf gemacht, sie besäßen nicht die mindeste Vorstellung von zwischenstaatlichem Recht.[43] Edmund Burke widerrief 1791 sein früheres Urteil und verkündete nun, das Osmanische Reich sei wegen seiner anderen religiös-zivilisatorischen Gesittung ein Teil Asiens und könne nicht dem europäischen Staatensystem angehören, das nicht nur ein Mechanismus des Machtausgleichs, sondern auch eine Wertegemeinschaft mit einzigartigen historischen Wurzeln sei, die in die Völkerwanderungszeit zurückreichten.[44] Johann Gottfried Herder behandelte zur gleichen Zeit in seinen *Ideen zur Philosophie der Geschichte der Menschheit* (1785–91) die Türken unter der Überschrift «Fremde Völker in Europa». Die Türken, so argumentiert er, gehörten nicht zu den «alten Europäischen Stammvölkern, ... die seit undenklichen Zeiten dahin gehören».[45] Herder dann ausführlich:

> Die *Türken*, ein Volk aus Turkestan, ist Trotz seines mehr als dreihundertjährigen Aufenthalts in Europa diesem Weltteil noch immer fremde. Sie haben das morgenländische Reich, das über tausend Jahre sich selbst und der Erde zur Last war, geendet, und ohne Wissen und Willen die Künste dadurch Westwärts nach Europa getrieben. Durch ihre Anfälle auf die Europäischen Mächte haben sie dieselbe Jahrhunderte lang in Tapferkeit wachend erhalten und jeder fremden Alleinherrschaft in ihren Gegenden vorgebeuget; ein geringes Gute gegen das ungleich-größere Übel, daß sie die schönsten Länder Europa's zu einer Wüste, und die einst sinnreichsten griechischen Völker zu treulosen Sklaven, zu liederlichen Barbaren gemacht haben. Wie viele Werke der Kunst sind durch diese Unwissenden zerstört worden! wie vieles ist durch sie untergegangen, das nie wiederhergestellt werden kann. Ihr Reich ist ein großes Gefängnis für alle Europäer, die darin leben; es wird untergehen, wenn seine Zeit kommt. Denn was sollen Fremdlinge, die noch nach Jahrtausenden asiatische Barbaren sein wollen, was sollen sie in Europa?[46]

Hier wird den Türken – Herder benutzt diesen ethnischen Namen, nicht den politisch-dynastischen der Osmanen – nicht ihre Religion zum Vorwurf gemacht. Ebensowenig plädiert Herder, der die «Vermischung der Völker» geradezu als eine Besonderheit der europäischen Entwicklung ansieht,[47] für einen Ausschluß der Türken aus ethnischen Gründen. Es sind vielmehr ihre mangelnde Bereitschaft und offenbar auch ihre Unfähigkeit zur Assimilation an eine höhere Kultur, die sie in Herders Augen zu unerwünschten Fremdlingen auf europäischem Boden macht. Am «Allgemeingeist Europa's»[48] nehmen sie keinen Anteil. Umgekehrt werden die Balkanvölker unter türkischer Herrschaft bei Herder als «Europäer» klassifiziert, die ebenso wie die Griechen seit Jahrhunderten Opfer osmanischer Tyrannei seien. Damit verbindet sich der Vorwurf, die Osmanen hätten in Kleinasien ebenso wie in Griechenland die Stätten des klassischen Altertums zerstört und verfallen lassen und fruchtbare Landschaften aus vortürkischer Zeit der Verödung preisgegeben. Frevel an dem, was die Herrschaft Europas in der Gestalt von Rom in Kleinasien hinterließ, schien die Fremdheit der Türken zu beweisen.[49]

Seit man den Osmanen nicht mehr den Vorwurf der Aggression nach außen machen konnte und ein ausnahmsweise pro-türkisch eingestellter Autor wie Thomas Thornton, der vierzehn Jahre lang als Kaufmann der britischen Faktorei in Konstantinopel gelebt hatte, mit offensichtlicher Berechtigung darauf hinwies, das Osmanische Reich habe sich vom ruchlosen Imperialisten mittlerweile in ein Objekt rücksichtsloser imperialistischer Politik (vor allem Rußlands) verwandelt,[50] konzentrierte sich die Kritik auf das Un-Europäische der osmanischen Herrschaftspraxis und letzten Endes der türkischen Zivilisation. Der konservative französische Staatstheoretiker Louis de Bonald brachte dies auf die Formel, die Türken seien auf dem Balkan nie heimisch geworden. Sie kampierten nur in Europa.[51]

In einem solchen geistigen Klima wurde eine rettende Intervention im Namen des zivilisierten Europa immer denkbarer. 1795 stellte zum Beispiel Christoph Meiners, einer der publizistisch regsten unter den Göttinger Gelehrten, die rhetorische Frage,

> warum nämlich die grösseren Mächte unsers Erdtheils [...] nie daran gedacht haben, dem menschenfeindlichen Joche der Muselmänner wenigstens die Griechischen Inseln zu entreissen, bevor sie ganz verödet und entvölkert werden? Ein Volk, könnte man sagen, das auf solche Art erobert und geherrscht hat als die Türken, hat durchaus kein gültiges Recht auf Länder, welche es nie glücklich, sondern vom ersten Anbeginn an in höchstem Maße unglücklich machte, und noch immer unglücklicher zu machen fortfährt.[52]

Dies war freilich eine Argumentationsweise, die Kolonialmächten jeder Couleur verdächtig sein mußte, wurde doch hier das Recht zur Intervention von Fremden in die inneren Angelegenheiten einer Großmacht aus dem Grad der Beglückung der Unterworfenen hergeleitet. Ein englischer Autor, die jüngsten Erfolge der britischen Waffen in Indien oder vielleicht die Zustände in Irland vor Augen, beeilte sich denn auch zu präzisieren, nicht jede mit dem Schwert errungene Fremdherrschaft sei illegitim; nur diejenige sei es, die, wie die osmanische, ihre Untertanen unter «das lähmende Joch von Unwissenheit und Sklaverei» beuge und ihnen einen aufklärenden «Austausch von Wissen und Wohltaten» verweigere.[53]

Zum großen Befreiungszug Europas gegen die Osmanen kam es bekanntlich nicht. Das Osmanische Reich wurde aber auch nicht, wie es sich für die sechste «europäische Großmacht» gehört hätte, am Wiener Kongreß (1814/15) beteiligt und in den normativen Grundkonsens innereuropäischer Friedenssicherung einbezogen, der von nun an das rein mechanische Gleichgewichtsprinzip des 18. Jahrhunderts überformte.[54] Dies bedeutete, daß man sich im Ernstfall an der Peripherie Europas größere Handlungsfreiheit gestatten würde als innerhalb des europäischen Staatensystems. Indessen hatte keine der europäischen Mächte außer Rußland ein politisches Interesse daran, die verläßliche und berechenbare Ordnungsmacht, die das Osmanische Reich im Laufe des 18. Jahrhunderts geworden war, destabilisiert oder gar zerstört zu sehen. Als ab 1804 – zuerst im Paschalik Belgrad, dann in den Donaufürstentümern, schließlich auf der Peloponnes – anti-osmanische nationale Erhebungen aufflammten, standen die europäischen Regierungen vor einem Dilemma, das spätestens beim Freiheitskampf der Griechen entschieden werden mußte: Sollten sie die Rebellion von Untertanen gegen eine der ältesten regierenden Dynastien Eurasiens, das Haus Osman, unterstützen und damit dem von allen postnapoleonischen Regierungen geteilten Prinzip der Revolutionsvermeidung zuwiderhandeln? Oder sollten sie dem Druck einer Öffentlichkeit nachgeben, welche die Erhebung freiheitsliebender Hellenen gegen die türkische Tyrannei romantisch heroisierte und die türkischen Greuel grell ausmalte, während sie die griechischen eher bagatellisierte? Der griechische Unabhängigkeitskampf, der 1821 ausbrach, wurde schließlich dadurch ideologisch entschärft, daß man ihn nicht als nationalrevolutionäre Bewegung mit möglicher Signalwirkung nach Europa hinein interpretierte, sondern als konservativ geprägte Wiederherstellung alter, durch jahrhundertelange türkische Usurpation unterdrückter Rechte.[55] Das türkische Massaker an etwa 30 000 Christen auf der Insel Chios im April 1822, das die schlimmsten anti-türkischen Vorurteile bestätigte, später osmanische Verwüstungen auf der Peloponnes, lösten dann einen solchen Sturm der Entrüstung aus, daß sich eine Intervention kaum noch vermeiden ließ. 1827 vernichteten Großbritannien, Frankreich und Rußland in einer gemeinsamen Aktion, die nicht durch die Regeln des Völkerrechts und des Wiener Friedenssystems gedeckt war, eine türkisch-ägyptische Flotte bei Navarino und bewahrten damit die griechischen Aufständischen vor der nahezu sicheren Vernichtung.[56]

Im griechischen Freiheitskampf wurde das Bild einer barbarischen und ihrem Wesen nach un-europäischen Osmanenherrschaft, das Teile der europäischen Intelligenz, zuletzt mit philhellenischer Programmatik, seit Jahren gezeichnet hatten, erstmals politisch bedeutsam. Die griechische Erhebung, der auch ausländische Freiwillige wie Lord Byron zu Hilfe eilten, ließ sich als Analogie zum Widerstand der klassischen Hellenen gegen den persischen Großkönig, als Aufbegehren Europas gegen asiatische Finsternis deuten. Allerdings mischte sich in die Ideologisierung Griechenlands als Frontstaat des Abendlandes auch eine Unsicherheit des Urteils: Hatten die Griechen des frühen 19. Jahrhunderts tatsächlich einen Kern althellenischer Substanz über fast zwei Jahrtausende bewahren können? Waren sie nicht vielleicht doch der Orientalisierung anheimgefallen? Gehörten sie wirklich zu uns?[57]

Erst 1920 verlor die Türkei ihre letzten größeren Terrritorien (außer Istanbul und seiner näheren Umgebung) auf dem europäischen Festland und war damit auf das geographische Asien beschränkt. Doch bereits im frühen 19. Jahrhundert war der «asiatische» Charakter des Osmanischen Reiches und der mit ihm identifizierten türkischen Zivilisation in Europa kaum noch strittig. Ethnische Säuberungen der türkischen Bevölkerung in den Territorien, die das Osmanische Reich verlor, ließen sich ohne Mühe rechtfertigen. Anders als für den jungen Joseph Hammer begann «Asien» für die meisten seiner Zeitgenossen nicht erst am Bosporus, sondern dort, wo sich die Balkangrenze des Osmanischen Reiches gerade befand.

3. Asien: Vornehmster der Kontinente?

Es war eine Pointe Joseph von Hammer-Purgstalls, vielleicht bewußt gegen die antitürkische Hysterie des Philhellenismus gerichtet, 1822 bei seinem souveränen soziologischen Überblick über die Einwohner Konstantinopels die Griechen unter den «Morgenländern» aufzuführen – «in Hinsicht auf ihren, durch die Verwandtschaft ihrer Sprache mit den morgenländischen schon allein hinlänglich bewiesenen Ursprung aus dem Orient».[58] Der große Orientforscher, der aus intimster Landeskenntnis heraus urteilte, warf damit ein kritisches Licht auf Versuche, die «jetztlebenden» Griechen als unmittelbare Nachfahren der klassischen Hellenen und Träger einer «abendländischen» Identität darzustellen. Zugleich zitierte Hammer eine Tradition, die das antike Griechenland als Tochterkultur des alten Orients sah. Dieser Gedanke war unter den Gelehrten des 18. Jahrhunderts allgegenwärtig, wenn auch nicht unumstritten.[59] Große Übereinstimmung herrschte aber darin, Europa im größeren

Rahmen Eurasiens zu betrachten.[60] Paul Valéry hat einmal Europa als westliche Halbinsel Asiens bezeichnet und damit eine zu seiner Zeit triumphierende europazentrische Einstellung provozieren können.[61] Eine solche Vorstellung war indessen im 17. und 18. Jahrhundert und bis hin zu Alexander von Humboldts Bemerkung, Europa verhalte sich (klimatisch) zu Asien wie die Bretagne zum übrigen Frankreich,[62] eine Selbstverständlichkeit.[63]

Der Einfluß kriegerisch expandierender asiatischer Völker – der Hunnen, Araber, Mongolen und Türken – auf die Geschichte vor allem des Mittelmeerraumes bildete ein zentrales, immer wieder erörtertes Thema der Universalgeschichtsschreibung der Frühen Neuzeit.[64] Die Einsicht, daß Europa sich nicht autark, sondern in ständiger Wechselwirkung mit Asien entwickelt habe, trat erst im 19. Jahrhundert zeitweise in den Hintergrund – und wird in der Gegenwart von Historikern neu entdeckt.[65] Hinzu kam der ständig wiederholte Topos von Asien als der Quelle aller Zivilisation. Von den drei Teilen der Alten Welt, so hieß es bei Autoren des späten 17. Jahrhunderts, sei Asien der klimatisch ausgewogenste und fruchtbarste, der Entstehungsort der Religionen, der Künste, der Gesetze, des städtischen Lebens und der monarchischen Staatsform.[66] Asien war auch ein heilsgeschichtlich privilegierter Teil der Welt: Ort der Erschaffung des Menschen im Garten Eden und Schauplatz der irdischen Erscheinung Jesu Christi. Gegen Ende des 18. Jahrhunderts war zwar die Zuversicht in die physische Lokalisierbarkeit des Gartens Edens geschwunden, doch hatte Asiens Prestige die Zweifel des Aufklärungszeitalters weithin unbeschadet überstanden. Nach wie vor wurde das Studium dieses Kontinents, vor allem des Nahen Ostens, dringlich empfohlen, weil er «das Stammland des ganzen menschlichen Geschlechts» sei, von dem alle Kultur sich verbreitet habe,[67] das «Vaterland der vernunftmäßigsten unter den noch fortdauernden positiven Religionen»,[68] in materieller Hinsicht die Weltgegend, welcher Europa «seine edelsten Fruchtbäume» und den Weinstock verdanke.[69] 1793 faßte der Göttinger Historiker Arnold Herrmann Ludwig Heeren in seinen *Ideen über die Politik, den Verkehr und den Handel der vornehmsten Völker der alten Welt* das frühneuzeitliche Urteil über Asien noch einmal zusammen und kam zu dem Schluß:

> Unter den drey Theilen der alten Welt ist keiner, der die Aufmerksamkeit des philosophischen Geschichtforschers der Menschheit, der sich nicht blos auf die Betrachtung einzelner Nationen beschränkt, sondern mit seinem Blicke das Ganze unsers Geschlechts zu umfassen sucht, mehr auf sich zöge und auch befriedigte, als Asien.[70]

Heeren schrieb dies zu einer Zeit, als Europäer glaubten, die Überlegenheit ihrer eigenen Zivilisation über alle anderen vornehmlich auf dem

Gebiete der Wissenschaft sehen zu können, und setzte daher wohlweislich hinzu:

Selbst die Geschichte der wissenschaftlichen Kenntnisse, so viele Mühe sich auch der Occident gegeben hat, sie zu bereichern und zu seinem Eigenthum umzustempeln, führt uns doch endlich auf den Orient zurück, so wie wir in ihm das Vaterland nicht nur unserer eigenen, sondern auch aller übrigen Religionen finden, welche durch ihre Verbreitung sich zu herrschenden Weltreligionen erhoben haben.[71]

Obwohl Heeren sich vor allem für das asiatische Altertum interessiert, rät er zum Studium auch der asiatischen Gegenwart. Die Entwertung des neuzeitlichen Asien gegenüber einer untergegangenen, nur noch in alten Texten und architektonischen Denkmälern faßbaren Klassik, die Edward Said mit guten Gründen als ein Merkmal des westlichen «Orientalismus» identifiziert hat[72], findet sich weder bei ihm noch etwa bei seinem Zeitgenossen Joseph von Hammer-Purgstall, der antiquarische Studien mit Kommentaren zur osmanischen Gegenwart zu verbinden verstand.

Während die Reputation des *alten* Asien sich durch das 18. Jahrhundert erhält, fallen repräsentative Urteile über die jeweilige Gegenwart indessen um 1800 deutlich kritischer aus als um 1700. Die Bewertung der wirtschaftlichen Verhältnisse mag dies zeigen. John Ogilby konnte 1673 in seinem stattlichen Kompendium *Asia* nicht ohne Recht bemerken, die heute größten Imperien und Handelsmächte lägen in Asien; selbst die neugefundenen Goldminen Amerikas könnten die Schätze Asiens nicht aufwiegen.[73] Wyndham Beawes' auch über Außereuropa hervorragend informiertes Kaufmannshandbuch von 1754 malte, gestützt auf die neuesten Berichte von Reisenden, das Bild eines wirtschaftlich blühenden Asien, das nicht bloß passiv seine Schätze für europäische Plünderer und Kolonisatoren bereithielt, sondern sein Wirtschaftsleben aktiv gestaltete und europäischen Kaufleuten und Handelsgesellschaften vorerst nur Nischen überließ – eine Einschätzung, die übrigens von der heutigen Forschung bestätigt wird.[74] Um 1800 erscheint Asien als Ganzes bei einer Mehrheit der Beobachter dann aber als wirtschaftlich rückständig und der Dynamisierung durch Europa bedürftig. Während Heeren am Ende einer Epoche nochmals die Dignität Asiens als vornehmster der Kontinente beschwört, gelangt ein vielgelesener englischer Autor, William Guthrie, schon 1771 zu einem ganz anderen Urteil, wie es ähnlich in der Folgezeit unablässig wiederholt werden wird:

Als nächstes fordert Asien unsere Beachtung. Obwohl es in mancher Hinsicht der berühmteste Teil der Welt ist, bietet es, wenn wir es mit Europa vergleichen, äußerst wenig für unsere Aufmerksamkeit und Belehrung. In Asien drücken eine starke Anhänglichkeit an altertümliche Gebräuche und das Gewicht tyrannischer Macht die Schöpferkraft *(genius)* der Bewohner nieder und verhindern jene Mannigfaltigkeit von Sitten und Charakteren, die die europäischen Nationen auszeichnet.[75]

Europe und Asia zu vergleichen war damals nicht neu. Die Auffassung von Asiens weltgeschichtlicher Privilegierung resultierte gerade aus dem Kontrast zu Europa. Neu war bei einem Schriftsteller wie Guthrie die Vorstellung, Europa und Asien seien in einen Entwicklungswettbewerb eingetreten, und Asien habe ihn verloren. Manch einer sah Grund, darüber zu triumphieren: «Asien hat lange eine führende Rolle in der Welt gespielt; jetzt bleibt ihm davon nichts als die Erinnerung», hieß es 1796 in einer französischen Weltkunde.[76] Ein feinsinnigerer Denker wie der Orientreisende und revolutionäre Politiker Volney registrierte 1791 die trostlose Unfreiheit und Rückständigkeit der Länder des Ostens: «Ganz Asien liegt in dicker Finsternis begraben.»[77] War dies aber eine asiatische Eigentümlichkeit? Volney vermied eine solch primitive Dichotomie zwischen Abend- und Morgenland. Er beklagte ebenso die nicht weniger bedrückenden Zustände in denjenigen europäischen Ländern, in welchen die Leibeigenschaft noch existierte.[78] Asien war nicht länger der vornehmste der Kontinente, aber es hatte immerhin für Volney seine Zukunft noch nicht hinter sich.

4. Charaktertypus und Enzyklopädie

Im 16. und 17. Jahrhundert drückte Europa der Neuen Welt seinen Stempel auf, während es selbst im Schatten einer älteren Welt verharrte. Das kulturelle Prestige des alten Asien, das vor allem ein Asien des Alten Testaments war, blieb ungebrochen. Neue Nachrichten aus China, von den europäischen Intellektuellen begierig aufgenommen, schienen anzudeuten, daß auch das gegenwärtige Morgenland zu großer kultureller Produktivität fähig sei. Die Hoffnungen auf einen interkulturellen Dialog der Intellektuellen, wie sie etwa Leibniz zeitweise hegte, wurden jedoch enttäuscht. Im Laufe der zweiten Hälfte des 18. Jahrhunderts befreite sich das europäische Denken von dem, was man nun in Asien mit erschrockener Distanz als hemmende und niederdrückende Tradition wahrzunehmen glaubte. Dazu gehörte die *eigene* Asienfixierung.

Gewiß, in der Vergangenheit hatte es manche Gemeinsamkeiten gegeben, etwa das Ritterwesen im christlichen und islamischen Mittelalter,[79] aber das Verhältnis Europa-Asien wurde nun immer öfter als Kollektiv-Antagonismus konstruiert. Dazu boten sich besonders gut dramatische Konfliktkonstellationen an. Die Kreuzzüge waren bei den Aufklärungshistorikern überwiegend als Ausdruck von christlichem Fanatismus und irregeleitetem Ruhmesstreben interpretiert worden. William Robertson, der sonst nicht zu heftigen Urteilen neigte, nannte sie 1769 schlichtweg «ein einzigartiges Monument menschlicher Narrheit» *(a singular monument of human folly)*[80] und gab Sultan Saladin, dem Rückeroberer Jerusalems, deutlich bessere Zensuren als den christlichen Invasoren Palästinas. Ganz anders dann 1780 der Akzent in Maillys Geschichte des Ersten Kreuzzugs. Jetzt wird erstmals die Betonung auf den Kampf der Kulturen gelegt: *C'est l'Europe luttant contre l'Asie [...].*[81] Die Schemata vereinfachen sich. «Europa» und «Asien» nehmen Konturen an, rücken auf entgegengesetzte Seiten einer Kluft, die sich öffnet. Es ist kein Zufall, daß gerade der späte Aufklärer Heeren vor allzu pauschalen Verallgemeinerungen für ganz Asien warnt und auf die kulturelle Vielfalt des Kontinents aufmerksam macht.[82] Seine Einleitung in die historisch-ethnographische Betrachtung Asiens balanciert zwischen Verallgemeinerungen vorsichtigster Art und großer Sensibilität für das jeweils Besondere einzelner Landschaften, Länder und Kulturen. Weniger zurückhaltend und bei weitem repräsentativer für den Zeitgeist äußert sich der zeitgenössische Großmeister der französischen Geographie und Lieblingsgeograph Napoleons, Conrad Malte-Brun. Mit großer Selbstsicherheit spricht er 1812 von «dem moralischen Charakter der Völker Asiens», dessen allgemeingültiger Grundzug *l'immobilité* sei.[83]

Zu dieser Zeit haben sich bereits die Stereotypen von «dem Asiaten» und «dem Asiatischen» verbreitet, die das ganze 19. Jahrhundert beherrschen werden. Homogenisierung der Konzepte verbindet sich mit Dichotomisierung. Es entsteht ein neuer Orientbegriff, der «Orient» und Islam identifiziert und zum Beispiel für die nichtislamischen Bewohner Ägyptens (etwa die Kopten) und der Levante keinen Raum mehr vorsieht. Um die Jahrhundertwende nimmt ein neuer Erkenntnisanspruch an Bedeutung zu: die Vorstellung, es sei möglich, durch die exotischen Erscheinungen hindurch das Wesen Asiens und der Asiaten zu ergründen. Schon Hippokrates hatte pauschal von der Weichheit und Faulheit der Asiaten gesprochen.[84] «In Sitte und Denkart weicht *der Asiate* von uns ab,» heißt es 1806 in der programmatischen Vorrede einer neuen Asienzeitschrift.[85] Ein solches Tiefenwissen ermöglicht schnelle Orientierung. Das Besondere wird rasch aufs Allgemeine reduziert. Die Osmanen seien «perfekte Asiaten».[86] Wer die Asiaten kennt, kennt also auch die Osmanen. Der Maßstab bleibt bestehen, auch wenn er falsifiziert zu werden scheint. Hinter den Erscheinungen lauert das Vorurteil. Dieses lautet etwa: «Der Asiate lügt.» Wer daran glaubt, dem fällt die Wahrhaftigkeit der Javaner und Malaien um so mehr auf, als sie der «allgemeinen Schwäche der oriantalischen Nationen in dieser Hinsicht» widerspricht.[87] Ausnahmen bestätigen die Regel.

Schließlich zieht sich ein Kontinent auf einen literarischen Typus zusammen. James Justinian Morier, ein pensionierter englischer Diplomat mit reicher Persienerfahrung, veröffentlicht 1824 sein Buch *The Adventures of Hajji Baba of Isfahan*, das sogleich zum Bestseller wird. Morier ist damit der Schöpfer des ethnologischen Romans. Er will *manners and customs* in einer erzählten Geschichte darstellen, die das Publikum europäischer Schelmenromane formal nicht überrascht. Dieser pikarische Roman, mit beträchtlicher Plausibilität und Könnerschaft lokal koloriert und damit weit entfernt von gleichzeitigen willkürlich exotisierenden Phantasiestücken, ist keineswegs die anti-persische Schmähschrift, als die er in Iran bald nach Erscheinen verstanden wurde. Hajji Baba, ein kleiner Gauner aus armem Handwerkermilieu, wird als durchaus sympathischer Schelm geschildert. Er wurstelt sich von Tag zu Tag durchs Leben, hilft sich mit Lügen und erschwindelten Geschichten, steigt zu hohen Ämtern auf und stürzt rasch wieder ab. Ihm fehlen die rationale Lebensplanung, die charakterliche Festigkeit, der Ernst des modernen Europäers. Leben ist heiter ertragene Fatalität. Hajji Baba versammelt alle Eigenschaften, die sein Schöpfer dem persischen Volkscharakter zuschreiben will. Mehr noch: Hajji Baba ist *der* Orientale, in ihm verkörpert sich *der* Orient.[88]

Der Konzentration des Kontinentaltypischen in einer einzigen Figur am Ende unserer Epoche steht eine völlig andere Organisation von Wissen über «das Andere» entgegen, mit der das 18. Jahrhundert begann. 1697 veröffentlichte Barthélemi d'Herbelot einen Folioband von mehr als tausend Seiten mit dem Titel *Bibliothèque orientale ou dictionnaire universel contenant généralement tout ce qui regarde la connoissance des Peuples de l'Orient.* D'Herbelots Werk zog eine Summe aus einem halben Jahrhundert vor allem französischer Forschung über den Nahen und Mittleren Osten. Schon auf Initiative Kardinal Mazarins, dann Colberts hatten französische Gelehrte in staatlichem Auftrag griechische Manuskripte, römische Münzen und überhaupt alles gesammelt, was Bezug auf das klassische Altertum hatte, daneben auch Manuskripte in den orientalischen Sprachen.[89] Die Königliche Bibliothek zu Paris wurde dadurch zur größten Sammlung orientalischer Handschriften in Europa. D'Herbelot, der Latein, Griechisch, Hebräisch, Chaldäisch, Syrisch, Arabisch, Persisch und Türkisch zu lesen verstand[90] und 1692 zum Professor für Orientalische Sprachen am Collège de France berufen wurde, war der vermutlich beste Kenner dieses Materials. D'Herbelots großes Werk, nahezu ganz auf publizierte Texte und auf Originalmanuskripte in den Sprachen der Region gestützt, wurde nach seinem Tod von seinem Freund Antoine Galland, dem Übersetzer der Geschichten aus 1001 Nacht, mit einer programmatischen Einleitung versehen und für den Druck vorbereitet. Es war eine Enzyklopädie der Landeskunde, Geschichte und Kultur des Nahen und Mittleren Ostens, von der das gesamte 18. Jahrhundert zehrte.[91] Noch Edward Gibbon nennt sie als eine seiner Hauptquellen zur Geschichte der Araber und der Türken.[92]

D'Herbelots und Gallands «Orient» ist nicht die Welt eines schroff dem Abendland entgegengesetzten Islam. Beide, Galland am entschiedensten, verstehen darunter einen Begegnungsraum der Kulturen und berücksichtigen ausführlich die christlichen und jüdischen Minderheiten in der Sphäre des Islam. Sie sehen eine Kontinuität von der Welt des Alten Testaments und der griechisch-römischen Antike über das Byzantinische Reich bis zur Gegenwart. Nicht Kontrast und Kampf der Kulturen werden betont, sondern Komplementarität und gegenseitige Beeinflussung. Die *Bibliothèque Orientale* besteht aus über achttausend alphabetisch angeordneten Artikeln.[93] Indem er dem Material keine eigene Systematik aufprägt und auf ein *master narrative* verzichtet, hält d'Herbelot das diskursive Feld so offen wie möglich.[94] Verallgemeinerungen über «den Orient» werden ausgeschlossen. Die thematische Breite und Streuung vermittelt das Bild einer immensen, unendlich vielfältigen Zivilisation, die sich gegen eine Reduktion auf ihr «Wesen» sperrt. Die evozierte Welt hat die unerschöpflichen Vielfalt der Geschichten aus 1001 Nacht, die sich in Gallands Übersetzung an das gleiche zeitgenössische Publikum richteten. Zahlreiche Ortsartikel verdeutlichen die Erstreckung und Größe des orientalischen Raumes. D'Herbelots Werk steht für eine Wahrnehmung nicht-europäischer Kulturen, die sich dem Drang zur Essentialisierung des Fremden, zu seiner Festlegung auf wenige, leicht durchschaubare Merkmale, verweigert.

5. Europas Primat – transeuropäische Globalisierung

Auch zu Zeiten, als Asien noch mit Respekt betrachtet wurde, fehlte es nicht an Stimmen, die Europa für den wertvollsten Teil der Welt hielten. Schon wenige Jahre nach Vasco da Gamas Entdeckung des Seewegs nach Indien bestritten portugiesische Autoren die Überlegenheit Asiens.[95] In der zweiten Hälfte des 18. Jahrhunderts war die Vorstellung von Europas Wertprimat zum fortwährend wiederholten Topos geronnen. Kurz und bündig verkündet ihn der Geograph Johann Georg Hager: «Europa ist zwar der kleinste, aber der beste Theil der Welt.»[96] Der universal gebildete, der außereuropäischen Welt keineswegs feindselig gesonnene Reisende und Naturforscher Johann Reinhold Forster, Vater des berühmteren Georg Forster, sah Europa 1783 auf einem «vorzüglichen Gipfel der

Vervollkommung», der englische Philosoph und theoretische Begründer des Anarchismus William Godwin bezeichnete es zehn Jahre später als *the most civilized and favoured quarter of the world.*[97] Anton Friedrich Büsching, eher ein Sammler und vorzüglich informierter Synthetisierer als ein origineller Kopf ersten Ranges, faßte 1785 die Argumente der Zeitgenossen folgendermaßen zusammen:

Europa macht zwar den kleinsten Hauptheil des Erdbodens aus, verdienet aber doch der wichtigste genannt zu werden: 1) weil keiner besser angebauet ist als dieser; 2) weil er mächtiger ist als die drey übrigen zusammengenommen; 3) weil sich die Europäer den größten Theil des übrigen Erdbodens unterwürfig oder doch in demselben fruchtbar gemacht haben, so wie auch sie allein durch ihre Schiffahrten, Reise und Handel die Hauptheile der Erde in Verbindung miteinander setzen; 4) weil Europa seit vielen Jahrhunderten der Hauptsitz der Wissenschaften und Künste ist; und 5) weil die Erkenntniß des wahren Gottes und des Heilands der Welt durch die Europäer in die übrigen Hauptheile des Erdbodens ausgebreitet wird.[98]

Büsching schrieb dies zu einer Zeit, als die ersten Anzeichen von Industrialisierung Europa noch keinen Vorsprung vor gewerblich leistungsfähigen Exportökonomien wie Indien und China verschafft hatten. Die wirtschaftlichen Vorzüge Europas wurden noch in der Landwirtschaft, in der Qualität des «Anbaus», gesucht, die politischen – gegen Ende des Ancien régime – noch nicht in einem höheren Maß an Freiheit. Europas wahre Überlegenheit zeigte sich in der Dynamik seiner Expansion: als kriegerische Ausdehnung von Herrschaft, als Siedlungskolonisation, als Fähigkeit, durch «Schiffahrten, Reise und Handel» ein modernes Weltsystem zu schaffen, als missionarische Propagierung des Christentums. Daß Europas Vorsprung biologisch-rassisch begründet sein könnte, glaubte gegen Ende des 18. Jahrhunderts noch fast niemand. Nur der Göttinger Professor Christoph Meiners sah schon 1793 den «Stamm der hellen und schönen [...] Völker» als weltgeschichtlich privilegiert[99] – ein Vorläufer späterer Rassetheorien.

Auch wenn Asien im Urteil des 18. Jahrhunderts der Ursprungsort der Künste und Wissenschaften war, so ist Europa *später*, wie Büsching sagt, deren «Hauptsitz» geworden. Diesen Gedanken hatte, eine Idee von Fontenelle aufgreifend,[100] 1719 der Abbé Dubos, maßgeblich formuliert: Die schönen Künste und die Wissenschaften hätten sich niemals weit von Europa entfernt, außer vorübergehend, um an den Küsten des Südens gleichsam zu lustwandeln *(pour se promener, s'il est permis de parler ainsi, sous les côtes de l'Asie & de l'Afrique).*[101] Zu den Wissenschaften zählte Du Bos auch die des Krieges, deren rationale Vervollkommung bei den Griechen und Römern Edward Gibbon später für einen der großen machtpolitischen Pluspunkte des Westens gegenüber dem Osten hielt,[102] sowie die Wissenschaft von der Politik, die in Asien vernachlässigt worden sei. Mit einer bloßen Gegenüberstellung von europäischer Freiheit und asiatischer Despotie konnte es dabei freilich nicht getan sein.[103] Henry Brougham, der liberale Publizist und spätere britische Lordkanzler, fand einzig in Europa «perfekte Kenntnisse in den Künsten der Verwaltung» und einen langsamen Prozeß in Richtung auf größere Freiheiten der Staatsbürger und öffentlicher Kontrolle von Monarchien selbst in absoluten Systemen, einen Prozeß, den er nicht allein auf die zivilisierenden Wirkungen des Handels, sondern auch auf die allgemeine Verbreitung von Wissen und Bildung durch den Buchdruck zurückführte.[104] Je mehr das 18. Jahrhundert voranschritt, desto offenkundiger wurde es europäischen Kommentatoren, daß Europa Asien vor allem in den Wissenschaften von der Natur überflügelt habe. Doch erst im frühen 19. Jahrhundert verbreitet sich der Gedanke, daß Naturerkenntnis in Europa – und nur dort – erfolgreich in Naturbeherrschung umgesetzt worden sei. Der Geograph Malte-Brun ist einer der ersten, der dies ausspricht und den Triumph der europäischen Zivilisation vor allem als einen der Technologie interpretiert: «Wir allein unterwerfen unserem Willen sogar die furchterregendsten Kräfte der Natur.»[105] Die Epoche der großen kolonialen Ingenieurprojekte wirft ihre Schatten voraus.

Büschings unbezweifelbar richtiges Argument (sein dritter Punkt), das neuzeitliche Europa beweise seine Überlegenheit dadurch, daß es als einzige Zivilisation weltweite Zusammenhänge gestiftet habe, darf nicht als reine Apologie von Imperialismus und Kolonialismus gelesen werden. Autoren des achtzehnten Jahrhunderts waren sensibler als die Imperialtheoretiker des neunzehnten für den Prozeß des Entstehens einer Weltgesellschaft, der vor ihren Augen vonstatten ging. Man merkt vielen ihrer Texte das Staunen angesichts der Dramatik dieser Entwicklung an. Niemand außer Edward Gibbon, dem größten europäischen Historiker der Epoche und einem ihrer besten Prosaschriftsteller, besaß Witz und Kunst genug, den Anfang der Globalisierung in den Auswirkungen von Dschingis Khans Feldzügen auf die englischen Heringspreise aufzuzeigen.[106] Aber an einsichtsvollen Beschreibungen der Zusammenhänge fehlte es nicht. Jean-Jacques Rousseau zufolge führten Handel, Reisen und Eroberungen die Völker näher aneinander heran und verwischten allmählich die Unterschiede ihrer Lebensführung.[107] Die interkontinentalen Wirtschaftsverbindungen waren vielen Zeitgenossen deutlich: Europa hatte einen transatlantischen Handel mit Negersklaven und Zucker organisiert;[108] es konsumierte die Produkte Indiens und Chinas, die es mit Silber aus den Minen Mexikos und Perus bezahlte.[109] Wyndham Beawes fügte 1754 eine Wahrheit hinzu, welche die Historiker erst in den 1970er Jahren wiederentdeckten: Der Welthandel begann keineswegs mit der europäischen Expansion; zuvor hatten bereits die Araber den maritimen Handel zwischen Asien, Afrika und Europa in großem Stile organisiert.[110]

Einige Autoren feierten, übertreibend oder prophetisch, den Aufstieg Europas zur Weltherrschaft. Schon 1801, also ein Dreivierteljahrhundert vor dem Beginn des Zeitalters des Imperialismus, notierte der Abbé de Pradt, ein weltpolitisch sensibler Publizist, Europa sei so etwas wie die Hauptstadt der Welt: es habe das Geheimnis entdeckt, andere für seinen eigenen Profit arbeiten zu lassen und seine Staatskassen mit «den Tributen der Welt» zu füllen.[111] Andere glaubten, weniger zynisch, die weltweite Ausbreitung von Wissen und guten Sitten, kurz von Aufklärung, hervorheben zu müssen: Schon werde europäische Wissenschaft auf neuestem Stande in Kalkutta und Lima betrieben;[112] Ideen und Moden würden zwischen den Kontinenten ausgetauscht; das Fernreisen werde dank besserer Schiffe, der erfolgreichen Bekämpfung der fürchterlichen Seekrankheit Skorbut und der Einrichtung von Herbergen in asiatischen Ländern sicherer und bequemer; weltweit nehme die Qualität der Erziehung zu.[113] Johann Reinhold Forster, der einiges vom Reisen verstand, war er doch, begleitet von seinem Sohn Georg, 1772 bis 1775 mit Kapitän Cook um die Welt gesegelt, hielt die Schiffahrt – aus Handelszwecken wie um der wissenschaftlichen Weltkenntnis willen – für ein die Menschheit verknüpfendes «Band»:

> Das Band der Geselligkeit und Liebe, welches zuweilen anfängt unter den Menschenkindern zu erschlaffen, wird durch die Schiffahrten oft mehr verschränket und genauer verknüpfet. Denn wenn man erst durch dringende Noth gezwungen wird, den stolzen Geist der Entfremdung abzulegen, und die Hülfe und den Diensteifer auch uns fremder Menschen anzunehmen, dann lernt man es erst einsehen, daß ein Mensch und eine Nation nicht allein um ihrer selbst willen, sondern auch um anderer willen da sind und um einander wechselseitige Hülfe zu leisten.[114]

Das Reisen, zumal das ausschließlich «zur Befriedigung der Wißbegier» unternommene, komme allerdings nur «cultivirten Völkern» in den Sinn, und allein Europa betreibe es mittlerweile weltweit. Immanuel Kant sah ebenfalls die wachsende Verknüpfung der Weltteile durch den Handel, beurteilte aber die Folgen des ganzen neuen Verkehrs weitaus skeptischer – und realistischer – als der überschwengliche Menschenfreund Forster. Kant hatte gesehen, wie oft sich Handel in Asien zu Eroberung und Kolonisation ausgeweitet hatte. In seiner späten Schrift *Zum ewigen Frieden* (1795) zeigte er deshalb Verständnis für Regierungen wie diejenigen Japans und Chinas, die sich das Recht nahmen, den Zugang zu ihren Ländern einzuschränken, auch wenn dies der Idee des freien Verkehrs von Menschen, Ideen und Waren widersprach. Wie Montesquieu, Johann Reinhold Forster und viele andere Schriftsteller, die sich zu dieser Frage äußerten, erwartete auch Kant, daß durch Reisen und Handel «entfernte Weltteile mit einander friedlich in Verhältnisse kommen» könnten.[115] Der Philosoph fuhr dann aber warnend fort:

Vergleicht man hiemit das inhospitable Betragen der gesitteten, vornehmlich handeltreibenden Staaten unseres Weltteils, so geht die Ungerechtigkeit, die sie in dem Besuche fremder Länder und Völker (welches ihnen mit dem Erobern derselben für einerlei gilt) beweisen, bis zum Erschrecken weit. Amerika, die Negerländer, die Gewürzinseln, das Kap etc. waren, bei ihrer Entdeckung, für sie Länder, die keinem angehörten; denn die Einwohner rechneten sie für nichts. In Ostindien (Hindustan) brachten sie, unter dem Vorwande bloß beabsichtigter Handelsniederlagen, fremde Kriegsvölker hinein, mit ihnen aber Unterdrückung der Eingebornen, Aufwiegelung der verschiedenen Staaten desselben zu weit ausgebreiteten Kriegen, Hungersnot, Aufruhr, Treulosigkeit, und wie die Litanei aller Übel, die das menschliche Geschlecht drücken, weiter lauten mag. China und Japan (Nippon), die den Versuch mit solchen Gästen gemacht hatten, haben daher weislich, jenes zwar den Zugang, aber nicht den Eingang, dieses auch den ersteren nur einem einzigen europäischen Volk, den Holländern, erlaubt, die sie aber doch dabei, wie Gefangene, von der Gemeinschaft mit den Eingebornen ausschließen.[116]

Kant, von Königsberg aus die Welt betrachtend, erkannte so gut wie irgend jemand sonst die Globalisierungstendenzen seiner Gegenwart. Er sah die Ambivalenz von Aufklärung und Machtpolitik und suchte nach Wegen, die von Europa ausgehende Verdichtung des Weltzusammenhangs durch rechtliche Regelungen allen Menschen und Völkern zugute kommen zu lassen, ohne den Europäern einen Freibrief zur Welteroberung auszustellen. Kant schlug daher ein «Weltbürgerrecht» vor, das als Reise- und Besuchsfreiheit zu verstehen sei, nicht aber als unbeschränkte Freizügigkeit. Den Kolonialismus wollte er – eine radikale Forderung, vor der selbst die Revolutionäre in Frankreich zurückschreckten – rechtlich ächten. Kein anderer Zeitgenosse hat das Dilemma von früher Globalisierung und europäischer Übermacht so tief durchdacht wie Kant.

August Ludwig Schlözer in Göttingen, der scharfsinnigste Systematiker unter den europäischen Historikern der Aufklärung, befaßte sich mit der Frage der Entstehung eines weltweiten Beziehungsgeflechts unter den Völkern nicht – wie Immanuel Kant – in normativer Absicht, sondern unter dem Gesichtspunkt, wie sie in eine zeitgemäße Geschichtsschreibung einzubringen sei. Schlözer hatte dabei keine Geschichtsschreibung im Sinn, die den Aufstieg Europas gegenüber den anderen Zivilisationen feiern sollte. Unter die herrschenden und weltreichsbildenden «HauptVölker» der Geschichte rechnete er neben die Römer und die mittelalterlichen Deutschen auch Chinesen, Araber, Mongolen und Türken, während Griechen und Ägypter für ihn unter dem Aspekt ihrer Wirkungsmächtigkeit nur zu den «bloß wichtigen Völkern» zählten.[117] Schlözers Weltgeschichte ist aus dem Erfahrungshorizont des späten 18. Jahrhunderts entworfen, wird aber nicht teleologisch auf die Europäisierung der Welt hin konstruiert. Sie sucht schon in früheren Epochen nach «Verkettungen durch Länder und Jahrhunderte»[118] und verwendet «geschickte Vergleichung»[119] zwischen historischen Erscheinungen in unterschiedlichen Zivilisationen oder, wie Schlözer neutral sagt, Teilen der Welt, um Konvergenzen und Divergenzen zwischen Entwicklungsverläufen zu entdecken. Die Leistungen des modernen Europa sieht Schlözer weniger – wie Büsching und noch nachdrücklicher der Abbé de Pradt – im Aufstieg zu weltweiter Machtentfaltung als vielmehr in Errungenschaften des Wissens wie «Compaß, Pulver, Papir und Drukkerei, Brillen, Uhren und Posten».[120] «Mit Hülfe jener Erfindungen entdeckten wir 3 neue Welten und unterjochten, plünderten, cultivirten oder verwüsteten sie.»[121] Im Denkhorizont der Spätaufklärung stellte Schlözer weitreichende und selbst noch für die Gegenwart bedenkenswerte Überlegungen darüber an, wie eine nicht europazentrische Weltgeschichtsschreibung aussehen könnte. Daß auch Schlözer unter dem Eindruck der europäischen Zivilisationsfortschritte der letzten drei Jahrhunderte stand, kann nicht verwundern; kein einziger Autor der Epoche hat die vollkommene Gleichrangigkeit aller Länder und Kulturen der Welt behauptet.

Wer im 18. Jahrhundert von der weltgeschichtlichen Überlegenheit des modernen Europa überzeugt war und sich selbst, also den Europäern in Ländern wie Frankreich, Großbritannien, Deutschland, Italien oder den Niederlanden, «einen Grad der Cultur» zuschrieb, «der uns nicht nur über alle unsre ZeitGenossen der übrigen WeltTheile, sondern auch über die aufgeklärtesten Völker der älteren Zeiten hoch erhebt» (Schlözer),[122] der mußte dies nicht zwangsläufig mit der Ablehnung und Abwertung anderer Zivilisationen verbinden. Es war eine wichtige Einsicht Schlözers, daß erst die von Europa aus angestoßene Schaffung eines weltweiten Tausch- und Kommunikationszusammenhangs, eines modernen Weltsystems, eine Weltgeschichtsschreibung ermöglicht, die über die unverbundene Addition von Länder- und Völkergeschichten hinausführt. Erst die europäische Expansion schuf einen globalen Erkenntnisrahmen, in den die Vielfalt historischer Teilprozesse eingeordnet werden konnte. Bei Schlözer ebenso wie zuvor schon bei der *Universal History from the Earliest Account of Time*, einem von einer Gruppe englischer Autoren geschriebenen, zwischen 1736 und 1766 erschienenen Riesenwerk, das die außereuropäische Geschichte ausführlich zu ihrem Recht kommen läßt,[123] wird die Möglichkeit einer *inklusiven Europazentrik* sichtbar.

Auch für Johann Gottfried Herder, den wohlinformierten Geschichtsphilosophen, ließ sich ein Wertprimat des modernen Europa mit einem

Konzept von Menschheitsgeschichte verbinden, das andere Zivilisationen in ihrem Eigensinn ernst nahm.[124] Ähnliches gilt für Sir William Jones, der als Übersetzer und als Anreger von Forschungen zu Literatur, Recht und Geschichte fast aller asiatischen Kulturen einer der erfolgreichsten Fürsprecher des Orients in Europa war. Niemals stand für Jones die Überlegenheit Europas in Zweifel. Während er dessen Errungenschaften für *transcendently majestick* hielt[125] und zeit seines Lebens an der ästhetischen Maßstäblichkeit der griechisch-römischen Literatur festhielt, schätzte und liebte er persische Lyrik oder indische Sanskrit-Epen. Eine solche inklusive Europazentrik charakterisierte die Aufklärung von Anfang bis Ende. Die *exklusive Europazentrik,* die Beschränkung des eigenen Horizonts auf die abendländische «Culturwelt» des weißen Mannes, wurde das Markenzeichen erst des 19. Jahrhunderts.

III.
Perspektivenwechsel: Spielräume europäischer Selbstrelativierung

1. Kulturtransfer und Kolonialismus

Die globale Integration, die Autoren des späten 18. Jahrhunderts so stark beeindruckte, blieb vorerst noch weitgehend auf das Vernetzen von Küstenregionen beschränkt. Dadurch unter anderem unterscheidet sie sich von dem, was heute unter Globalisierung verstanden wird. Von einer Verwestlichung des Lebenstils in nicht kolonial beherrschten asiatischen Gesellschaften konnte noch keine Rede sein.[1] Europäisches, soweit man es in Asien kennenlernte, lud nicht zur Nachahmung ein. Westlicher Kultureinfluß wurde einstweilen nur durch Missionare verbreitet. Daß er größere Bevölkerungsgruppen dauerhaft prägte, war eine große Ausnahme. Nur die Philippinen waren seit dem 16. Jahrhundert wirksamen katholischen Missionsbemühungen ausgesetzt. In Japan, während der letzten Jahrzehnte des 16. Jahrhunderts die große Hoffnung des Jesuitenordens, war die katholische Mission Anfang des 17. Jahrhunderts unter der neuen Dynastie der Tokugawa-Shogune zerschlagen, das Christentum insgesamt kriminalisiert worden. In China hatten zwei Jahrhunderte aufwendiger Missionsarbeit bis 1800 weder zur Bekehrung nennenswerter Bevölkerungsteile noch zu Einbrüchen in die konfuzianisch geprägte Elite der Beamten-Gelehrten geführt. Die muslimische Welt blieb, wie eh und je, gegenüber christlichen Missionsbemühungen resistent. Selbst in den kolonialen Herrschaftsbereichen der Briten und Holländer machte das Christentum nur geringe Fortschritte. Die E.I.C. unterband bis 1813 die Missionstätigkeit in ihren Territorien, um die indische Bevölkerung nicht unnötig zu beunruhigen.[2] Und Besucher Batavias registrierten immer wieder mit Erstaunen oder Empörung, daß den farbigen Untertanen der V.O.C. in Batavia und seinem Umland keinerlei christliche Unterweisung zuteil werde.[3]

Während der frühneuzeitlichen Expansion Europas nach Asien blieb also der unmittelbar sichtbare europäische Kultureinfluß, der primär ein Religionseinfluß hätte sein müssen, ziemlich begrenzt. Kulturtransfer fand, noch in kleinem Rahmen, auf anderen Wegen statt: durch die

Ausstrahlung kolonialer Städte auf ihr Umland, durch die Übernahme mancher westlicher Technologien (vor allem im militärischen Bereich) und künstlerischer Verfahren, in China durch das praktische (astronomische, kartographische und architektonische) Wirken der Jesuiten, in Japan durch die einzigartig zielstrebige Institutionalisierung einer «Hollandwissenschaft» *(rangaku)*, die zur Schleuse für westliches Wissen aller Art wurde.

Europa erreichte Asien vornehmlich in Gestalt von Waren. Die allerdings drangen rasch in die entlegensten Teile des Kontinents vor. Der reisende englische Kaufmann Jonas Hanway stellte in den 1720er Jahren fest, ein Drittel der Armee des persischen Eroberers Nadir Shah sei in europäische Tuche gekleidet.[4] Im für Ausländer nahezu verschlossenen Burma trug man kurz vor 1800 Mäntel und Westen aus europäischen Wolltuchen; das Militär war überwiegend mit französischen und britischen Gewehren ausgerüstet.[5] Gleichzeitig notierte ein erstaunter Diplomat, Samuel Turner, in dem von Europäern fast nie betretenen Tibet die weite Verbreitung englischer Brokatstoffe.[6] In Bhutan hatte er zuvor den Raja und seinen Hofstaat mit Bordeaux und Erdbeermarmelade erfreut und eine potentiell exportfördernde Nachfrage für westliche Delikatessen ins Leben gerufen.[7] So drang von allen europäischen Einflüssen derjenige der Warenwelt am weitesten vor. Europäische Importe wurden in Gegenden, die nie ein Europäer betrat, durch einheimische Handelsnetze verbreitet. Die Begegnung zwischen Europa und Asien war auch eine der wechselseitigen Aneignung von Waren und Objekten.[8]

Einige Autoren ahnten bereits die durchdringende Wirkung einer Expansion, die weit über das Aktionsfeld europäischer Kaufleute, Soldaten, Missionare und Forschungsreisender hinausreichte. Schon 1769 warnte Louis Castilhon in seinen scharfsinnigen *Considérations* davor, daß auch in Übersee vom Handel eine «Korruption» der Sitten drohe. Im Zeitalter des aufblühenden Weltverkehrs und Welthandels gebe es schon jetzt kaum noch reine, von Europa unberührte Verhältnisse; authentische Volkscharaktere seien bereits kaum noch erkennbar; wenige gegenwärtige Völker hätten noch die Stabillität und Beständigkeit der Völker des Altertums.[9] Jean-Nicholas Demeunier, der emsige Sammler völkerkundlichen Materials, sah wenige Jahre später die Menschheit immer einförmiger werden und empfahl unter anderem aus diesem Grunde das Studium der Ethnographie alter und neuer Völker.[10]

Zur gleichen Zeit, in der europäische Waren in entlegene Winkel Asiens vordrangen, eroberten asiatische Produkte europäische Märkte; Tee, Kaffee, Seide, feine Baumwollstoffe, Porzellan.[11] Am Beginn des 18. Jahrhunderts war die wirtschaftliche und kulturelle Wirkung des

Asienhandels auf Europa deutlich größer als umgekehrt, erst gegen Ende des Jahrhunderts neigte sich die Waage zugunsten Europas.[12]

Kulturtransfer von Europa nach Asien und koloniale Herrschaft von Europäern über Asiaten standen in keiner festen Verbindung miteinander. Der Kulturtransfer war vermutlich dort am größten, wo Europäer die geringsten Chancen zu kolonialer Entfaltung besaßen: in Japan. Bevor in den Jahren um 1800 die Idee eines europäischen Zivilisierungsauftrags gegenüber der orientalischen Welt Einfluß gewann und damit Kolonialherrschaft zum wohltätigen Instrument der Verbreitung überlegener Kulturwerte stilisiert werden konnte, war jeder weitere Schritt der Ausweitung europäischer Herrschaft in Asien von heftiger öffentlicher Kritik begleitet. Kritisiert wurde der Kolonialismus der Vorgänger, also derjenige der Spanier und Portugiesen, der sich vor allem aus protestantischer Perspektive als besonders finster darstellte. Angegriffen wurde selbstverständlich auch der Kolonialismus der zeitgenössischen Konkurrenz, etwa der niederländische aus britischer Sicht. Vor den Richterstuhl zog man aber auch den eigene Kolonialismus. Während sich deutsche Kommentatoren wie Immanuel Kant, Johann Gottfried Herder, Georg Forster, Johann Gottlieb Fichte oder Alexander von Humboldt, die nicht unmittelbar in nationale Imperialprojekte eingebunden waren, eine gewisse abgeklärte Distanz leisten konnten, attackierten britische und französische Kritiker die Politik ihrer eigenen Regierungen mit unmittelbarer Vehemenz.

Die Motive konnten dabei ganz unterschiedlich sein. Der Ökonom Adam Smith wies in nüchternen Beweisführungen die Irrationalität macher Aspekte des Kolonialismus, besonders der Handelsmonopole, nach.[13] Der nach modernem Verständnis «konservative» Parlamentspolitiker Edmund Burke entfachte eine sich jahrelang hinziehende Maßregelungskampagne *(impeachment)* gegen Warren Hastings, den ersten Generalgouverneur Indiens, dem er die Förderung oder Billigung von Gewaltexzessen und Rechtsbrüchen gegenüber der friedfertigen indischen Aristokratie vorwarf. Burke fürchtete einen Rückschlag einer solchen Verwilderung der politischen Sitten auf das Mutterland.[14] Der Abbé Raynal, ein radikaler Literat des ausgehenden Ancien régime, schrieb in Zusammenarbeit mit Denis Diderot und anderen einen der größten internationalen Beststeller der Epoche: die *Histoire philosophique et politique des établissements et du commerce des Européens dans les deux Indes* (1770). Im Gewand einer ungemein detailliert mit Schreckensszenen und Analysen aller Art ausgearbeiteten Anklage gegen die Untaten der europäischen Eroberer und Kolonisten in beiden Hemisphären wurde hier ein geschichtsphilosophischer Entwurf vorgelegt, der erstmals die überragende Bedeutung der überseeischen Expansion für das Selbstverständnis des modernen Europa ins Bewußtsein rief.

Anders als im 19. Jahrhundert wurde in der Epoche der Aufklärung die europäische Welteroberung nicht als Selbstverständlichkeit vorausgesetzt. Ein Werk von der anklägerischen Kraft der Raynal-Diderotschen *Histoire philosophique* ist in Europa niemals wieder geschrieben worden. Auch wer im 18. Jahrhundert die Legitimität der europäischen Expansion nicht grundsätzlich bestritt und einen «sanften» Kolonialismus zu dulden bereit war, wachte über Verletzungen eines Rechtsempfindens, dessen Gültigkeit für die gesamte Menschheit außer Frage stand. Nichts traf Warren Hastings härter als Burkes Vorwurf, er huldige einer *geographical morality*: der Vorstellung, man dürfe den Indern bedenkenlos zumuten, was in Europa als Tyrannei und Verbrechen geächtet war.[15] Die aufklärerische Kolonialismuskritik, wie sie Diderot vielleicht am tiefsten formulierte,[16] widerlegt die Behauptung, europäische Intellektuelle seien zu nichts anderem als autistischer Selbstbespiegelung fähig und hätten sich seit dem Beginn des Expansionszeitalters rettungslos in der Komplizenschaft mit der Macht verfangen. Selbstrelativierung in einem allmählich immer asymmetrischer werdenden Kontakt der Zivilisationen mag nicht die vorherrschende Haltung gewesen sein. Aber sie war ein Bestandteil des Repertoires europäischer Hinwendung zum Fremden. Noch 1791 gab William Robertson, der große schottische Historiker, ihr in seinem letzten längeren Werk Ausdruck, der *Historical Disquisition Concerning the Knowledge which the Ancients had of India*.[17] Robertson hatte in seiner *History of America* von 1777 den Nutzen und die Kosten der spanischen und portugiesischen Kolonisation sowohl für die iberischen Mächte und Gesellschaften als auch für die Ureinwohner Amerikas gegeneinander abgewogen. Er hatte dabei die europäischen Greuel in der Neuen Welt weniger farbenkräftig ausgemalt, als Raynal und Diderot dies gleichzeitig taten, und den spanischen Staat ebenso wie die katholische Kirche weitgehend von einer unmittelbaren Schuld an den Brutalitäten der Conquista entlastet. Dennoch ließ er keinen Zweifel daran, daß die Begegnung von Gesellschaften auf unterschiedlichen Stufen der sozialen Evolution zu einer Katastrophe geführt hatte. Sie war nicht das Ergebnis individueller Exzesse, sondern eine zwangsläufige Folge enormer sozialer Distanz und der Unfähigkeit der Spanier, diesen Abstand zu erkennen. Die große Chance der Entdeckungen, die zum Fortschritt *für alle* hätten führen können, wurde verspielt. Robertson verstand, daß sich das zeitgenössische Indien nicht ohne weiteres mit dem Amerika des 16. Jahrhunderts vergleichen ließ, hielt es aber für geboten, der neuen Aggressivität seiner britischen Landsleute in Südasien warnend entgegenzutreten. Er tat dies nicht mit kolonialismuskritischer Tagespolemik, sondern durch eine von großem Respekt getragene Darstellung der kulturellen Leistungen des hinduistischen Indien. Der siebzigjährige Robertson wurde keineswegs zum Indienschwärmer, der bei den Brahmanen am Ufer des Ganges tiefste Weisheiten vermutete; eine solche Haltung fand sich wenige Jahre später vor allem bei einigen deutschen Romantikern, etwa in Friedrich Schlegels Schrift *Über die Sprache und Weisheit der Indier* von 1808. Ähnlich wie gleichzeitig der um zwei Jahrzehnte jüngere Johann Gottfried Herder, der freilich schon stärker die romantische Indienverklärung vorbereitete,[18] begegnete Robertson der indischen Zivilisation mit interessierter Sympathie und toleranter Hinnahme ihrer Andersartigkeit und ihres Eigensinns. Robertson verleugnete seine christlichen Glaubensgrundsätze nicht und ebensowenig seine Begeisterung für die Errungenschaften des modernen Europa, besonders auf dem Gebiet der Wissenschaft. Doch er machte weder Religion noch Fortschrittsenthusiasmus zu absoluten Wertmaßstäben, an denen andere Kulturen gemessen und für zu leicht befunden wurden.[19] Der späte Robertson, Herder und auch der alte Immanuel Kant in seiner Schrift *Zum ewigen Frieden* vertreten in den neunziger Jahren eine Haltung, die bald selten werden und mit dem letzten europäischen Aufklärer, Alexander von Humboldt, verschwinden wird: einen selbst- und kolonialismuskritischen Kosmopolitismus, der das Fremde zu ernst nimmt, um es gönnerhaft zu exotisieren.

2. Theorien des Ethnozentrismus

1717 beginnt Charles-Louis de Montesquieu, Baron de la Brède, ein achtundzwanzigjähriger Jurist und Weingutsbesitzer und neuerdings Richter am Gerichtshof, dem *Parlement*, von Bordeaux, seine *Lettres persanes* zu schreiben, 1721 erscheint das Buch anonym in Form einer Folge von 161 Briefen, die persische Frankreichreisende an ihre Freunde und Frauen adressieren. Der Verfasser nutzte das Orientinteresse, das während der Herrschaft des Sonnenkönigs Frankreich erfaßt hatte. Der Orient, den das Buch aufscheinen läßt, ist keine reine Ausgeburt der Phantasie. Montesquieu hatte einiges an Reiseliteratur studiert, vor allem den 1686 zuerst erschienenen großen Persienbericht von Jean Chardin und Sir Paul Rycauts Werke über das Osmanische Reich, er kannte d'Herbelots *Bibliothèque Orientale* und Gallands *1001 Nuits*.[20] Manches davon war auch seinen Lesern geläufig. Wenn Montesquieu den Perser Rica sich über die Modesucht der Franzosen mokieren läßt, dann wußten viele Leser, daß die Asienliteratur den Orient als einen statischen Raum ohne Modewandel darstellt; nur so erklärt sich Ricas Erstaunen. Montesquieus Perser handeln und urteilen nicht völlig unberechenbar und willkürlich. Sie benehmen sich in etwa so, wie gebildete Leser des frühen 18. Jahrhunderts es von Orientalen erwarten konnten. Anders als mindere Nachahmer des Genres der «fremden Briefe», bei denen beliebige Ansichten, die vor Zensur oder strengem Geschmacksurteil kaschiert werden sollten, von Figuren in dürftigster nicht-westlicher Verkleidung zum besten gegeben werden, gelingt es Montesquieu, sowohl eine plausible Gegenwelt, die Sphäre des Harems als Ort von Machtkämpfen, anschaulich zu machen als auch die satirischen Vorteile des fingierten Außenseiterblicks zu nutzen.

Es geht Montesquieu nicht vorrangig um den Orient, um Persien. Es geht ihm aber *auch* darum, denn seine berühmte Theorie der orientalischen Despotie aus seinem Hauptwerk *De l'esprit des lois* von 1748 findet sich 1721 schon vorgebildet. Ein Orient, der den Zeitgenossen zumindest plausibel vorkommen mußte, wurde zum Hintergrund für ein virtuoses Rollenspiel. Daß darin eine satirische Schilderung von Zuständen im Frankreich der Régence verpackt war, blieb dem Publikum nicht verborgen, ebensowenig die große Ernsthaftigkeit mancher Aussagen – etwa die Kolonialismuskritik im 121. Brief –, aus denen bereits der politische Philosoph Montesquieu spricht. Die literarische Technik der Kontextverfremdung erwies sich als derart attraktiv, daß Dutzende von Folgeschriften sie imitierten. Die *Lettres persanes,* die allerdings die Technik des exotisch verfremdeten Reiseberichts nicht erfanden, wurden zum Vorbild für ein ganzes Genre.[21] Zumindest Oliver Goldsmiths *Citizen of the World, or Letters from a Chinese Philosopher Residing in London to his Friends in the East* (1762) und José Cadalsos *Cartas Marruecas* (geschrieben 1768–74, veröffentlicht 1793), führen es, wenngleich nicht mit der Prismatik und Vielstimmigkeit der *Lettres Persanes,* in der die Korrespondenz auf nicht weniger als einundzwanzig Briefpartner verteilt ist, auf hohem Niveau fort. Bei keinem anderen Werk dieses Typus tritt allerdings der Orient mit solch großem Gewicht und in so scharfer Zeichnung hervor wie bei Montesquieu.

Montesquieu wählt den distanzierend-«ethnographischen» Blick, der sich von kulturellen Selbstverständlichkeiten nicht täuschen läßt. Zu diesen Selbstverständlichkeiten gehört eine ethnozentrische Haltung zur Umwelt. Alles Fremde, schreibt der Perser Rica aus Paris an seinen Landsmann Rhedi in Venedig, komme den Franzosen lächerlich vor.[22] Im 44. Brief bezieht sich Usbek – und wir glauben, die Stimme Montesquieus zu hören – auf einen Reisebericht, vermutlich Frogers *Relation d'un voyage aux côtes d'Afrique* von 1698,[23] und schildert nach dieser Quelle die Begegnung französischer Seeleute mit einem König in Guinea, «der unter einem Baum saß und über seine Untertanen Gericht hielt. Auf seinem Thron, das heißt auf einem Holzblock, saß er so stolz, als ob er auf dem Thron des Großmoguls säße. [...]. Dieser Fürst, der ebenso eitel wie arm war, fragte die Fremden, ob man in Frankreich von ihm spräche. Er glaubte, sein Name müßte von einem Pol zum anderen erklingen [...].»[24]

Gewiß leistet sich Montesquieu einen wohlfeilen Spaß mit den Zeitklischees von «wilder» Herrschaft. Europäische Zustände werden auf den Kopf gestellt: Der afrikanische König sitzt in der Sonne, aber er ist alles andere als ein Sonnenkönig und erst recht als ein Großmogul: für den orientalischen Briefschreiber offenbar – wie sehen die Sorgfalt von Montesquieus Methode – der höchste zivilisatorische Maßstab. Doch nach den Regeln *satirischer* Inversion, die diejenigen der ethnographischen durchkreuzen können, mögen die beiden Sonnenkönige durchaus die Rollen tauschen. Denn hatte nicht Ludwig XIV. aus Ruhmsucht und Eitelkeit Diplomaten und Missionare bis nach Siam und China entsandt?

Im Ethnozentrismus des schwarzen Königs spiegelt Montesquieu denjenigen seiner weißen Amtskollegen, ein literarisches Verfahren, das seit dem Ende des 18. Jahrhunderts durch eine binäre Denkweisen in Okzident-Orient-Kategorien ausgeschlossen sein würde. Wir sehen dies zum Beispiel in den 1790er Jahren an der ernsthaften Empörung westlicher Diplomaten über die Weltherrschaftsrhetorik und die symbolischen Überlegenheitsansprüche des in der Tat noch großmächtigen und zu einer gewissen sonnenkönighaften Arroganz befugten Qianlong-Kaisers in Peking.[25] Der Ethnozentrismus, so scheint es, ist nun die Borniertheit ausschließlich der Anderen geworden, während man zur selben Zeit in Frankreich einen krassen Gallozentrismus und in Großbritannien einen zunehmend exklusiven und selbstzufriedenen anglozentrischen Nationalismus keineswegs relativierender Selbstkritik unterzieht.[26] Wer etwa angesichts der Aufregung über den angeblichen Ethnozentrismus der Türken die Gegenfrage stellte, wie denn wohl Türken in Europa behandelt würden,[27] durfte um die Jahrhundertwende kaum mit Verständnis rechnen.

Im 18. Jahrhundert hingegen lag die Möglichkeit einer allgemeingültigen Kritik des Ethnozentrismus – nicht allein bei Montesquieu – noch im Horizont europäischen Denkens. Johann Christian Adelung, der Pionier der Kulturgeschichtsschreibung in Deutschland, hielt 1768 den Ethnozentrismus der Chinesen, Japaner oder Ägypter für erträglich im Vergleich zu dem der alten Griechen, die sich als den Maßstab der Welt empfanden.[28] Antoine Court de Gebelin, Autor eines großen Werks zur universalen Religionsgeschichte, beklagte eine selbstbezogene Einstellung fast *aller* Völker als «eine der größten Ursachen des Unglücks der Menschheit».[29] Adam Ferguson, lange Jahre Professor für Moralphilosophie an der Universität Edinburgh und neben Adam Smith der wichtigste Gesellschaftstheoretiker der schottischen Aufklärung, kam zu der leidenschaftslosen Einsicht, die Abgrenzung von benachbarten «Barbaren», ja überhaupt die Erschaffung von Gegenwelten sei zur Identitätsbildung von Gesellschaften auf sämtlichen Entwicklungsstufen notwendig. Gesellschaften müßten sich einen «fremden» Widerpart schaffen, um ihre natürliche Zwietracht und Ungeselligkeit durch exklusive Gemeinschaftsbildung, zum Beispiel durch Krieg gegen eine andere Horde oder Nation, überwinden zu können.[30] Dieses soziologische Grundgesetz hinderte Ferguson nicht daran, die neuzeitliche europäische Form des Ethnozentrismus besonders zu mißbilligen. Im Gegensatz zu einem fast überall anzutreffenden gewissermaßen «naiven» Ethnozentrismus habe sich Europa, ähnlich wie China, eine Theorie zivilisatorischer Rangabstufung geschaffen, die in der Praxis schwer zu überwinden sei und als eine Art von sich selbst erfüllender Prophezeiung wirke.[31] «Wir selbst halten uns für Muster an guter Sitte und Zivilisation, und wo nicht unsere eigenen Züge hervortreten, glauben wir, sei auch nichts vorhanden, das überhaupt wissenswert wäre.»[32]

Noch deutlicher widersprach James Dunbar, ein schottischer Zeitgenosse Fergusons, einem Überlegenheitsglauben, der den Anderen letztlich ihre Existenzberechtigung bestreitet. Das heutige Europa, schrieb er in den 1770er Jahren, tut so, als ob es sich auf einer anderen Planetenbahn bewege als der Rest der Menschheit *(affects to move in another orbit from the rest of the species)*.[33] Damit griff er neueste Zweifel an einer gemeinsamen Abstammung des Menschengeschlechts auf, welche die «Einheit des Systems der lebenden Wesen» aufbrächen und durch die Annahme unterschiedlicher Menschenrassen die natürlichen Rechte der angeblich Minderwertigen in Frage stellten. Indem sie die praktischen Auswirkungen des europäischen Überlegenheitsdenkens ausmalt, übertrifft Dunbars prophetische Warnung, lange vor dem großen Durchbruch des Rassedenkens formuliert, an besorgter Voraussicht die Befürchtungen aller Zeitgenossen:

> *According to this theory, the oppression or extermination of a meaner race will no longer be so shocking to humanity. Their distresses will not call upon us so loudly for relief. And public morality, and the laws of nations, will be confined to a few regions peopled with this more exalted species of mankind.*[34]
>
> Dieser Theorie zufolge wird die Unterdrückung oder Vernichtung einer niederen Rasse nicht länger gar so schockierend für die Menschheit sein. Ihre Not wird uns nicht so laut um Hilfe anrufen. Und öffentliche Moral und Völkerrecht werden auf die wenigen Regionen beschränkt sein, in denen das höhere Menschentum lebt.

Schon der Staatsmann, Diplomat und Verfasser philosophischer Essays Sir William Temple hatte 1692 in seiner Betrachtung *Of Heroic Virtue* die Neigung der Europäer beanstandet, *the laws of nature and nations* allein als für sie selbst gültig anzusehen.[35] James Dunbar geht einen Schritt weiter und spekuliert über die voraussichtlichen Folgen eines solchen geteilten Universalismus.

3. Interkultureller Leistungsvergleich

Die Kritik am Ethnozentrismus der Europäer konnte zu verschiedenartigen Konsequenzen führen. Eine davon war, die Wertungsgewichte zu verschieben und fremde Zivilisationen als überlegen oder sogar vorbildlich darzustellen. Dies geschah im 18. Jahrhundert immer wieder. Besonders das chinesische Kaiserreich, über welches die Jesuitenmissionare das europäische Publikum ausführlich unterrichteten, schien Lehren für Europa bereitzuhalten. Ob die Behauptungen über China damaliger und heutiger kritischer Nachprüfung standhalten, ist dabei eine nachgeordnete Frage. Das fremde Ideal spielte seine rhetorischen Rollen in den innereuropäischen Kontroversen der Epoche.

Zu denen, die ihr politisches Ideal, gestützt durch die günstigen Berichte der Jesuiten, auf das ferne China projizierten und es dann als kritischen Maßstab, der an die europäische Gegenwart angelegt wurde, von dort zurückimportierten, gehört der vielseitige politische Philosoph und Ökonom Johann Heinrich Gottlob von Justi, ein heute unterschätzter Autor von beträchtlicher Originalität, der, in mancher Hinsicht dem fast gleichaltrigen Adam Ferguson vergleichbar, die Betrachtung von Staat und Gesellschaft von normativ-naturrechtlichen Diskussionen auf den Boden empirisch-historischer Analyse zu holen versuchte und die staatlichen Einrichtungen pragmatisch unter dem Gesichtspunkt von Gerechtigkeit, Freiheit und Zweckmäßigkeit beurteilte.[36] Justi ist einer unter vielen Autoren, die das Andere und das Eigene miteinander konfrontierten. Was sein umfangreiches Buch *Vergleichungen der europäischen mit den asiatischen und andern vermeintlich barbarischen Regierungen* (1762) besonders auszeichnet, ist, daß es auf einer Kritik europazentrischen Denkens gründet. Justi begriff, daß eine bloße orientalische Utopie wenig Überzeugungskraft beanspruchen durfte, solange nicht das Denken der Europäer darauf eingestellt war, andere als die eigenen gesellschaftlichen und politischen Einrichtung ernst zu nehmen. Vor jedem Vergleich mußte daher die Begründung von Vergleichbarkeit stehen. Justi konnte längst nicht mehr auf den Topos asiatischer Überlegenheit vertrauen. Denn schon 1750 war es zum Beispiel möglich, daß der englische Publizist und Historiker John Campbell aus der neuesten glücklichen Entwicklung Europas den Schluß zog, Europa sei dem Rest der Welt so weit überlegen, daß Vergleiche sinnlos seien:

That Europe is, beyond all Comparison, the most happy and valuable Quarter of the Globe, is a Thing so much taken for granted, that perhaps few would think a Man much in the wrong who should conceive himself under no Obligation to prove it [...].[37]

Daß Europa jenseits allen Vergleichs der glücklichste und wertvollste Teil der Erde ist, wird für so selbstverständlich gehalten, daß wenige es mißbilligen würden, wenn man auf einen Beweis dafür verzichtete.

Justi widerspricht ohne Umschweife:

Unsere Vernunft, unsere Erkenntniß, unsere Einsichten dünken uns so erhaben zu seyn, daß wir auf alle andere Völker des Erdbodens als auf um uns herumkriechende elende Würmgen herabsehen; und in der That betragen wir uns auch nicht anders gegen sie. Wir führen uns als Herren des ganzen Erdbodens auf; wir bemächtigen uns ohne Bedenken der Länder aller Völker in den drey übrigen Welttheilen; wir schreiben ihnen in ihren Landen Gesetze vor, begegnen ihnen als unseren Sklaven; und wenn sie sich im geringsten zu widersetzen unterstehen, so rotten wir sie ganz und gar aus [...].[38]

In den Kapiteln seines Buches zeigt Justi dann systematisch, wie sich Alternativen zur politischen Ordnung und besonders zur politischen Praxis in Europa denken lassen. Er empfiehlt selbstverständlich nicht die unmittelbare Übertragung etwa des chinesischen Systems der staatlichen Beamtenprüfungen auf Europa, und er übersieht die unterschiedlichen kulturellen Voraussetzungen keineswegs. Wenn er das Lobenswerte an den Einrichtungen anderer Völker zeigt, versucht er zuallererst, seine Leser in der Fähigkeit des Perspektivenwechsels zu schulen. Seine Erörterung der Justiz ist dafür ein gutes und für seine Verfahrensweise besonders charakteristisches Beispiel.[39]

Zunächst stellt Justi aus vernünftiger Einsicht gewonnene allgemeine Grundsätze auf. So dürfe vor allem die Freiheit des Bürgers nicht verletzt werden; die Gesetze sollten «gewiß und unzweifelhaftig sein»; und die Gerechtigkeit müsse «mit der strängsten Unpartheylichkeit, ohne alles Ansehn der Persohn und des Interesse», verwaltet werden.[40] Dann weist er darauf hin, daß in unterschiedlichen politischen Systemen auch die Rechtspflege unterschiedlich beschaffen ist – «und doch gleich gut seyn» kann.[41] Im dritten Schritt folgt die Überprüfung der empirisch vorfindlichen Problemlösungen. Hier findet Justi die Kürze der Prozesse in China eher suspekt als vorbildlich. Was es ihm in diesem Falle angetan hat, ist die Justiz der Hottentotten, also, wenn man so will, diejenige von Montesquieus afrikanischem König. Über die Hottentotten, korrekt: die Khoikhoi, wurde in der Frühen Neuzeit viel berichtet; ein Besuch bei ihnen war ein beliebter Abstecher für Besucher am Kap der Guten Hoffnung.[42] Justi brauchte also nichts zusammenzuphantasieren, sondern konnte sich auf Reiseberichte verlassen.[43] Nach einer Beschreibung der

Justiz bei den Hottentotten prüft Justi, inwieweit sie den eingangs aufgestellten allgemeinen Grundsätzen entspricht und kommt zu dem Ergebnis, sie sei von einer Qualität, die «sie über alle Europäische weit hinaus setzet».[44] Wer aber nun glaubt, fährt Justi fort, die afrikanischen Neger als Wilde seien mit uns nicht zu vergleichen, den mag vielleicht der Vergleich mit den Siamesen überzeugen, «die Künste und Commercien treiben und mithin uns mehr ähnlich sind, ob wir sie gleich nichts destoweniger vor Barbaren halten».[45] Eine Prüfung dieses Falles, bei dem Justi sich unter anderem auf den sehr präzisen Siambericht des Simon de La Loubère stützt, führt ihn zu der Überzeugung, daß die siamesische Justiz zwar nicht besser ist als die europäische, aber «doch wenigstens eben so gut».[46]

Was bleibt nach diesen eingehenden Beweisführungen von Europas Sonderbewußtsein? Nur das, was sich als relative Überlegenheit rational demonstrieren läßt. «Denn es ist ohne Zweifel nicht zureichend», sagt Justi, «daß sich ein Volk selbst vor vernünftig und gesittet ausgiebt; es muß Beweise und Zeugnisse davon zu Tage legen.»[47] Das gelingt den Europäern durchaus nicht immer.

> Wenn nun die Europäische Verwaltung der Gerechtigkeit, wo nicht schlechter, doch gewiß nicht besser ist als bey den Hottentotten und Siamesern, mein Gott, worauf gründet sich der eitle Hochmuth, daß wir uns vor die vernünftigsten und gesittetsten Völker des Erdcreyßes halten? Diese Frage will ich hier ein vor allemal aufwerfen, ob sie zwar fast bey allen Vergleichungen nöthig wäre. Wenn diese Völker Barbaren sind, so sind wir es gewiß nicht weniger.[48]

Justis literarisches Verfahren läßt sich mit dem der Montesquieuschen *Lettres persanes* in mancher Hinsicht vergleichen. Montesquieu erlaubt sich trotz solcher Passagen, in denen er seinen persischen Korrespondenten die Gedanken eines französischen Philosophen in die Feder fließen läßt, keinen Standpunkt absoluter Urteilssicherheit. Wenn Rica und Usbek über Europa urteilen, dann spricht die Stimme der Vernunft aus fremden Beobachtern, die aber vielleicht nicht immer ganz begreifen, was sie sehen. Europa erscheint im ethnographisch distanzierenden Blick, aber es gibt keinen Grund anzunehmen, daß eine solche Außensicht stets vor der Innensicht privilegiert sein müsse. Montesquieu treibt also ein Spiel, ein vorsichtiges, nicht in völligen Relativismus ausartendes Spiel, mit der Vielzahl möglicher Perspektiven in der Betrachtung und Beurteilung der Welt. Nichts anderes tut Johann Heinrich Gottlob von Justi. Die Prinzipien des politisch Richtigen lassen sich aus dem Naturrecht und der Kenntnis der menschlichen Natur vernünftig deduzieren. Aber sie manifestieren sich niemals völlig rein in der Wirklichkeit, sondern nur in von Menschen geschaffenen Institutionen, die kulturell spezifisch sind.

Keine Kultur auf der Erde, auch nicht die moderne europäische, hat einen kürzeren Draht zur Vernunft als eine andere. In jeder, unabhängig von ihrem Grad materieller Verfeinerung, sind vernunftgemäße Gesellschafts- und Staatseinrichtungen grundsätzlich möglich. Dies hat den großen Vorteil, daß Kulturen voneinander lernen können. Zu keinem anderen Zweck, als dieses Lernen für Europa denkbar und produktiv zu machen, hat Justi sein Buch geschrieben. Auch bei ihm kreist der Perspektivenwechsel um die feste Achse des Vernünftigen. Doch Vernunft ist nicht nur anthropologisch, sondern auch ethnologisch universal. Sie ist nicht nur allen Menschen individuell angeboren, sondern verteilt sich auch auf Völker und Gesellschaften in allen Kontinenten. Wie Adam Ferguson und Montesquieu vertritt Justi noch nicht die These vom exklusiven Vernunftmonopol des modernen Europa. Deshalb kennt er auch keine Zuschreibung des Gegenteils, der Unvernunft, zum fremdkulturellen Anderen. Eine «wilde Völkerkunde» ist bei diesen Aufklärern reinsten Wassers überflüssig, weil die Kunde der Völker zur Zivilisierung beitragen soll. Der Beitrag von Aufklärung beim Studium von Edmund Burkes *Great Map of Mankind* liegt eben nicht in der mentalen Distanzierung und Exotisierung anderer Völker, sondern in der vernünftigen Konvergenz ihrer Erfahrungen.

4. Diskursive Gerechtigkeit

Justi war durchaus nicht der einzige europäische Schriftsteller, der auf die Relativität interkultureller Wahrnehmungen hinwies. Der Geograph Bernhard Varenius fand 1649, daß den Japanern die Europäer kaum weniger lächerlich vorkämen als umgekehrt.[49] Der Philosoph David Hume beschäftigte sich mit einem ästhetischen Ethnozentrismus, der alles Ungeläufige als barbarisch ablehnt; hilfreiche Selbstzweifel, so Hume, sollten sich aber dann einstellen, wenn *amidst such a contest of sentiment* alle Seiten mit gleichem Recht auf ihren Vorlieben beharrten.[50] Jean-François Marmontel, der spätere Sekretär der Academie Française, wies in der *Encyclopédie* darauf hin, daß Auffassungen vom Komischen kulturell unterschiedlich seien.[51] Jean-Nicholas Demeunier schlug das relativierende Gedankenexperiment vor, europäische Bräuche mit Hilfe der Einbildungskraft nach Afrika zu versetzen: Manches europäische Verhalten würde erstaunen und befremden, wenn wir es bei Afrikanern anträfen.[52] Demeunier, der fleißige Sammler ethnographischer Auskünfte, beschränkte denn auch seine Materialsuche nicht auf Außereuropa. Seine Ethnographie – ebenso wie die Adam Fergusons – war keine Kunde vom Fremden, sondern ein Wissen von der Variationsbreite menschlicher

Vergesellschaftungsformen. Hier schloß Charles-Athanase Walckenaer an, damals ein ehrgeiziger junger Mann, später einer der Mandarine des gelehrten Frankreich, als er 1798 gesellschaftliche Entwicklungsformen mit Weisen der Wahrnehmung zu korrelieren versuchte. Seßhafte Ackerbauvölker betrachteten Hirtenvölker unweigerlich als Barbaren, während sie den fortgeschritteneren Handels- und Gewerbevölkern Weichlichkeit und Korruption durch Luxus vorwürfen.[53] Der Gedanke ist unvollkommen ausgeführt, aber nicht uninteressant. Er verweist auf die Möglichkeit einer Wissenssoziologie der Fremdwahrnehmung.

Es war zweierlei, den Perspektivenwechsel programmatisch einzufordern und ihn in beschreibenden Texten tatsächlich zur Geltung zu bringen. Verfasser von fiktiver Literatur hatten es einfacher, und sie machten es sich oft in der Tat leicht, wenn sie ihre Europa bereisenden Türken oder Chinesen nur karnevalesk kostümierten, ohne ihnen, wie Montesquieu, die Authentizität ihrer eigenen kulturellen Herkunft zu gönnen. Daher sagt ein großer Teil der Literatur vom Typ der *Lettres persanes* nichts über das Orientbild ihrer Urheber aus: Mancher fingierte «Türke» benimmt sich wie der durchschnittliche europäische Libertin.

Wer in Geschichtswerken oder Reiseberichten den Anspruch erhob, Wirklichkeit abzubilden, mußte sich um andere Darstellungsmöglichkeiten bemühen. Historiker zum Beispiel konnten einheimische Dokumente und historiographische Texte einbeziehen. Joseph von Hammer-Purgstall war nicht der erste europäische Geschichtsschreiber, der dies tat, aber ihm gelang öfter als anderen ein kunstvolles Perspektivenspiel, so etwa, wenn er die unterschiedliche Sicht byzantinischer und osmanischer Historiker auf dieselben Ereignisse nicht in einer homogenen Erzählung wegglättet, sondern sie in ihrer jeweiligen Relativität nebeneinander stehenläßt.[54] Etwas später in seiner großen *Geschichte des Osmanischen Reiches* (1827–35) zeigt er, wie vollkommen unterschiedlich Europäer und Osmanen das pharaonische Ägypten wahrnahmen.[55] Hammer hat auch die – teilweise unvermeidlichen – Grenzen einer europäischen oder imperialen Geschichtsschreibung und Ethnographie über Völker jenseits der Grenzen der eigenen Kultursphäre eindrücklich markiert:

> Xenophon und Cäsar, Thucydides und Tacitus haben zwar die Geschichte ihrer Zeit, wovon ihr Leben selbst ein grosser Bestandteil, der Nachwelt überliefert, aber zur richtigen Würdigung ihrer Wahrheit fehlen uns die Erzählungen persischer Reichshistoriographen, die Ueberlieferungen brittischer Barden und gallischer Druiden.[56]

Historiker und die Verfasser von Reiseliteratur konnten auch versuchen, eine Wertbalance und Urteilssymmetrie herzustellen, indem sie die angeblich negativen Eigenschaften der «Anderen» durch Vergleichbares auf der europäischen Seite aufwogen. Alexander Hamilton, ein schottischer Seekapitän, der zwischen 1688 und 1723 Handelsfahrten im Raum zwischen Ostfafrika und China unternahm und dem wir lebenssatte Schilderungen der besuchten Länder verdanken, gestattete sich die Frage, was überhaupt märchenhaft am Orient sei, wenn doch in Rom der schreibende Arm eines Heiligen zur Schau stehe.[57] Ungefähr zur gleichen Zeit wurde daran erinnert, daß die berüchtigten muslimischen Korsaren im Mittelmeer kaum grausamer seien als die christlichen, darunter die besonders brutalen Malteserritter.[58] Justi erinnert 1762 diejenigen unter seinen Lesern, die vielleicht die Araber für Barbaren halten mochten, daran, daß jüngst in Portugal zweiundfünfzig Menschen als Opfer eines «rasenden Religionseifers» bei einem Autodafé lebendig verbrannt worden seien.[59] Das Ausbalancieren von Urteilen ist ein beliebtes Stilmittel bei Edward Gibbon, der zum Beispiel genüßlich schildert, wie Kreuzfahrer und ihre muslimischen Gegner sich gegenseitig als Barbaren bezeichnen. Gibbon macht sich ein Vergnügen daraus, selbst immer wieder von *Western barbarians* zu sprechen,[60] und er schildert den frühen Islam unter anderem deshalb in ungewöhnlich freundlichen Farben, um ihn polemisch gegen das frühmittelalterliche Christentum setzen zu können. Joseph von Hammer-Purgstall, unablässig um Gerechtigkeit für Asien bemüht, verschweigt nicht die «Sündfluth von Gräueln», die 1218 bei der Eroberung Bucharas durch Dschingis Khans Mongolen begangen wurden, doch statt die Schrecken des mörderischen Asien auszumalen, setzt er abwägend hinzu: «Alle Gräuel, welche die byzantinischen Geschichtsschreiber von der Eroberung Constantinopel's durch die Franken [1204] melden, erneuten sich bei der Einnahme Buchara's.»[61]

5. Chinesische Interviews, tamilische Briefe

Perspektivenwechsel kann auch dort sichtbar werden, wo wirkliche Asiaten in europäischen Texten unmittelbar zu Wort kommen. Das ist in der Frühen Neuzeit außerordentlich selten der Fall. Montesquieu hatte gute Gründe, eine Haltung zu verspotten, die den Berichten der Reisenden über den Orient mehr traute als den Aussagen von dessen Bewohnern. Sein Rica trifft in einer Pariser Gesellschaft einen «sehr selbstsicheren Mann», der über alles und jedes ein Urteil hat, so auch über Persien. Der aus Isfahan stammende Rica sieht sich sogleich aus den Schriften der Iranreisenden Chardin und Tavernier «widerlegt».[62] Asiaten hörte man zu, denn jedem Reisenden und Forscher waren einheimische Informanten unentbehrlich. Doch man vernimmt sie selten in europäischen Texten, und fast nie haben sie das letzte Wort.

Am ehesten wird man dort authentische Stimmen erwarten, wo sich Europäer einer asiatischen Zivilisation mit nahezu demütigem Respekt näherten. Dies gilt für Teile der Chinaberichterstattung der Jesuiten. Das Ergebnis ist mager. Zwar sind zum Beispiel die Berichte der Jesuiten aus China mit Übersetzungen chinesischer Schriften gefüllt, doch stellt sich selten der Eindruck lebendiger Rede ein. Eine Ausnahme ist das bemerkenswerte Interview, das der chinesische Kaiser Qianlong 1773, auf der Höhe von Macht und Ruhm, dem Jesuitenpater Michel Benoît gewährte, während er sich von Frater Guiseppe Panzi porträtieren ließ. Wir haben keine Möglichkeit, die Authentizität des Wortlauts zu überprüfen, doch ist das Gespräch so plausibel, daß es sich auf keinen Fall als bloße Erfindung jesuitischer Propaganda bagatellisieren läßt. Das Besondere der Situation ist der Rollentausch, denn die Fragen stellt der Kaiser, und die Antworten gibt der Missionar.[63]

Qianlong, einer der abgefeimtesten und erfolgreichsten Machtpolitiker der Epoche, vergleichbar seinen Zeitgenossen Friedrich II. und Katharina II., horcht den Missionar in größter Ausführlichkeit über die politische Lage in Europa aus. Unter den Kupferstichen, die ihr aus Europa mitgebracht habt – so fragt etwa der Kaiser – gibt es einige, welche die Siege eurer Souveräne feiern: Gegen welche Feinde haben sie diese Siege errungen?[64] Gibt es nicht einen unter diesen Fürsten, der die Macht hätte, für Frieden zu sorgen? Wie groß ist die Chance für einen der europäischen Staaten, sich zum Herrn über alle anderen aufzuschwingen? Wie kommt es, daß in Europa Souveräne, die durch Heiratsbündnisse miteinander verwandt sind, dennoch Kriege untereinander führen? Welche Beziehungen hat Frankreich derzeit zu Rußland? Gibt es zur Zeit französische Gelehrte am Hof zu St. Petersburg? Und so fort. Später wird der mächtigste Monarch Asiens vertraulicher und fragt den französischen Pater, ob die Jesuiten sich aus Europa Wein nach Peking schicken ließen, ob sie sich in China ihren eigenen Alkohol brauten, ob Branntwein aus Trauben der Gesundheit zuträglicher sei als Reisschnaps usw.[65]

Pater Benoîts Text, ohne Zweifel in der Pariser Jesuitenzentrale energisch redigiert, entwirft das Bild eines hochrationalen Staatsmannes, nicht ohne Humor, der zwar wenig über Europa weiß (doch mindestens so viel wie ein damaliger europäischer Herrscher über China), der aber genau die richtigen Fragen stellt, um alles Nötige zu erfahren. Der Text verzichtet auf jede exotische Verfremdung. Qianlong macht keine einzige Bemerkung, welche die kulturellen Grenzen seines Weltverständnisses erkennen läßt. Der Kaiser ist von unbornierter Urbanität. Es ist nichts «typisch Chinesisches» an dem, was er sagt. Keine anthropologische Barriere trennt den Kaiser von China, mit einem seiner Hofjesuiten plaudernd, vom europäischen Leser der *Lettres édifiantes et curieuses*, in denen der Text erschien. Der Effekt ist dennoch derjenige der von außen kommenden Verwunderung und Kritik, wie ihn Montesquieu und Justi mit anderen Mitteln erzielen: Denn, so wird und (vielleicht) soll der Leser reagieren, ist die Frage nicht sehr berechtigt, warum in Europa unentwegt Krieg geführt wird, während in China innerer Frieden herrscht? Hatte nicht der große Leibniz genau dasselbe gefragt?

Der einzige andere Asientext des 18. Jahrhunderts, der es in der Direktheit der Ansprache mit dem Qianlong-Interview aufnehmen kann, ist die *Malabarische Korrespondenz*, die der protestantische Missionar Bartholomäus Ziegenbalg in Europa bekanntmachte.[66] Ziegenbalg wirkte zwischen 1706 und 1719 in der kleinen dänischen Kolonie Tranquebar an der indischen Südwestküste.[67] Zu seinem Werk zählen auch neunundneunzig Briefe von Südindern. Sie wurden zwischen 1712 und 1714 als Antworten auf schriftliche Fragen des Missionars verfaßt, von Ziegenbalgs Mitarbeiter Johann Ernst Gründler aus dem Tamilischen übertragen und kommentiert und – nach einer nicht mehr rekonstruierbaren Bearbeitung in der Missionszentrale des Halleschen Pietismus – 1714 und 1717 in zwei Lieferungen im Rahmen der «Halleschen Berichte» veröffentlicht. Der Verfasser der meisten Briefe scheint Aleppa gewesen zu sein, Oberdolmetscher der Dänischen Handelskompagnie und Tamillehrer Bartholomäus Ziegenbalgs. Alle Versuche, Aleppa zum Christentum zu bekehren, schlugen fehl. Aus seinen Briefen klingt daher durch alle Filterung hindurch die Stimme des hinduistischen «Heidentums» zu uns hinüber.

Es ging in den Briefen vor allen Dingen um religiöse Fragen, sekundär auch um das Zusammenleben in der tamilischen Gesellschaft. Die Missionare suchten Klarheit über die tamilische Götterwelt, über Schöpfungsmythen und Geschichtsvorstellungen, rituelle Praktiken, über das Alltagsleben und über die Ansichten der Einheimischen vom Christentum. In dieser letzten Frage – um nur ein Beispiel aus dem umfangreichen Material zu geben – äußert sich der Korrespondent mit zurückhaltendem Freimut. Im 15. Brief der zweiten Lieferung geht er nach einem Lob der christlichen Lehre kritisch auf die ihm gestellte Frage ein, «was diese Heyden von der Christen Gesetz, Lehren und Wandel halten»:

> Was anlanget, was unter den Christen zu verwerffen ist, so sind viel böse Gebräuche bey ihnen eingeführet. Z. E. Sie reinigen die Zähne nicht. Sie waschen sich nicht, wenn sie auf dem Abtritt gewesen. Sie reinigen sich nicht in heiligen Teichen. Die Weiber halten nach ihrer Zeit keine Reinigung. Sie halten sich mit dem Speichel nicht reinlich. Wenn sie Leute von verachtetem Geschlecht anrühren, reinigen sie sich nicht wieder. Sie schweren und fluchen zu allen Dingen. Wenn sie das Sacrament geben, so sagen sie, daß das Brodt der heilige Leib sey, und trincken Christi heiliges Blut, welches ich nicht recht begreifen kan. Und

weil unter ihnen in vielen Dingen ein Mangel der Reinlichkeit ist, dabey auch Kuh-Fleisch essen, so wäre zu wünschen, daß diese Dinge nicht unter ihnen wären, es würden alle Malabaren zu ihrer Religion treten.[68]

In einem anderen Brief – Nummer 26 der ersten Lieferung – setzt sich der Korrespondent mit dem Unternehmen der Mission grundsätzlich auseinander. Erst zählt er mit deutlicher Empörung auf, was die dänisch-halleschen Missionare an den Tamilen «sündlich und thöricht finden». Dann geht er zum Gegenangriff über:

Nun ist es zwar wahr, daß viele Sachen unter uns zu tadeln seyn; auch gehen allerley Sünden und Ungerechtigkeiten bey uns im Schwange, welches nicht seyn solte, aber gleichwol kan man nicht alles verwerffen. Wären wir Heiden und hätten einen gantz falschen GOttes-Dienst, so würden gantz keine Tugenden und gute Wercke unter uns zu finden seyn. Nun aber sind ja so viel Tugenden unter uns, und werden allenthalben von diesen und ienen gute Wercke ausgeübet: Ja man findet Leute unter uns, die so heilig leben, daß man sie keiner Sünden überzeugen kan. Soll denn nun ein solch Gesetz, das alle Sünden verwirfft und zum Guten führet, ein falsches Gesetz seyn, dadurch man nicht selig werden könne? Eine jedwede Nation hat ihre besondere Tracht, Sitten und Rechte, die der andern Nation ungereimt vorkommen. Also ists auch mit der Religion. Gott ist mannigfältig in seinen Creaturen und mannigfältig in seinen Wercken. Daher will er auch mannigfältig verehret werden. [...]

Hiernebst finden wir gleichfals an den Christen, die aus Europa in unser Land kommen, vieles zu tadeln und sollen wir anders die Religion aus den Wercken urtheilen, so können wir gar wenig Gutes von der christlichen Religion gedencken. Denn wir sehen, daß wenig Gerechtigkeit und Keuschheit unter ihnen sey. Sie üben wenig gute Wercke aus, geben wenig Almosen, haben keine Buße unter sich, nehmen gern Geschencke, trincken sich voll in starckem Getrancke, martern die lebendige Creaturen und gebrauchen sie zu ihrer Speise, halten gar wenig auf die leibliche Reinigkeit, verachten alle andere neben sich, sind sehr geitzig, hoffärtig und zornig.[69]

Ziegenbalg und Gründler, ihre Missionsoberen in Halle und ihre politischen Schirmherren in Kopenhagen sahen solche Texte nicht mit distanzierter Wissenschaftlichkeit als ethnographische Dokumente. Sie waren Auskunftsquellen, welche die Missionsarbeit an der Malabarküste erleichtern, und zugleich Werbematerialien, die dem heimischen Publikum, von dem man sich auch finanzielle Unterstützung erhoffte, Chancen und Schwierigkeiten des noch jungen Missionsprojekts – es war 1706 begonnen worden – vor Augen führen sollten. Lauter noch als ihre katholischen Kollegen in China, Indien oder Kanada ließen Ziegenbalg und Gründler, geniale Propagandisten, zu diesem Zweck einheimische Gegen-Stimmen sprechen. Kein Reisebericht hat dies je mit ähnlicher Großzügigkeit getan.

6. Niebuhrs Affe

Die am häufigsten in europäischen Asientexten des 18. Jahrhunderts auftretende Form des Perspektivenwechsels ist der Bericht über europäische Eindrücke vom Bild, das sich Asiaten von Europäern machen. Das Lesepublikum war stets dankbar für Geschichten über tumbe Asiaten, die absurde Vorstellungen von Europa hegten, also für das genaue Gegenteil des intellektuell souveränen Qianlong-Kaisers oder der ernsthaften tamilischen Briefschreiber. Einerlei, ob es nun wahre Begebenheiten waren oder anekdotische Zutaten der Berichterstatter: Wenn ein cochinchinesischer (also südvietnamesischer) Minister einen französischen Diplomaten am 30. September 1749 fragte, ob es in Europa Frauen gebe (und zufrieden war, als die Frage schelmisch verneint wurde),[70] wenn chinesische Mandarine im Herbst 1793 von weither nach Peking reisten, um eine von der britischen Macartney-Mission mitgeführte Henne zu besichtigen, die angeblich jeden Tag fünfzig Pfund Kohle verzehrte,[71] oder wenn im Dezember 1762 der Emir von Loheia am Roten Meer in freudiges Entzücken geriet, als ihm europäische Naturforscher eine Laus unter der Lupe zeigten, und er zugeben mußte, «daß er niemals eine so große arabische Laus gesehen hätte und daß das Thier, welches unter dem Glase wäre, nothwendig eine europäische Laus seyn müßte»[72] – dann ging die Heiterkeit des Lesers auf Kosten der beschränkten Orientalen. Sie schienen außerstande zu sein, sich ein angemessenes Bild von Europa, den Europäern und ihren technischen Tricks zu machen.

Ob lächerlich, feindselig oder beides: ihre Unkenntnis Europas oder ihr verzerrtes – so schien es vielen Europäern – Bild von ihm charakterisierte, wie man glaubte, die Angehörigen asiatischer Zivilisationen. Nicht alle Reisenden jedoch bedienten dieses wohlfeile Klischee. Gerade Carsten Niebuhr, der Erzähler der Lausgeschichte, versuchte immer wieder, den Sinn hinter anderen Sicht- und Verhaltensweisen zu verstehen. Niebuhr war ein Mitglied der dänischen Arabienexpedition, die am 7. Januar 1761 in Kopenhagen aufbrach und über Ägypten, den Sinai und das Rote Meer Mitte Dezember 1762 ihr eigentliches Reiseziel, den Jemen, erreichten. Nachdem alle seine fünf Reisegefährten nacheinander gestorben waren, reiste Niebuhr allein nach Indien weiter. Im November 1767 traf er, über Persien, das Zweistromland und Syrien kommend, wieder in Kopenhagen ein.[73]

In Niebuhrs ausführlichem, von europäischem Selbstlob ungewöhnlich freien Bericht kommen immer wieder Episoden vor, in denen der Europäer nicht nur die fremdkulturelle Umwelt betrachtet, studiert und nach eigenen Maßstäben aburteilt, sondern sich der Tatsache bewußt ist oder bewußt wird, daß er selbst ein Fremdling ist und mit Recht von den Einheimischen als solcher betrachtet wird. Charakteristisch für Niebuhr ist sein Gespür für Situationen, in denen sich solche Wechselspiele der Fremdwahrnehmung entwickeln. Schon in Kairo, wo sich die sechs Reisenden viel mehr als später in Arabien feindselig behandelt fühlen, gelingt Niebuhr eine bemerkenswerte Beobachtung an den Affen ägyptischer Gaukler:

> Weil die lange morgenländische Kleidung sich nicht wohl für einen Affen schickt, da er die meiste Zeit auf allen vieren geht, so kleidet man in Egypten die zum Tanz abgerichteten Affen oftmals nach europäischer Art. Dieß giebt dem gemeinen Mohammedaner Anlaß, uns mit den Thieren zu vergleichen, vornemlich wenn er einen wohl geputzten Europäer mit bloßem Kopfe und einem horizontal hängenden Degen sieht, der ihm, so wie dem Affen der Schwanz, hinten zwischen den Kleidern heraussteckt.[74]

Niebuhr sieht die europäische Kostümierung der Affen nicht als Bestätigung für eine ohnehin vermutete Europafeindlichkeit verstockter Orientalen. Er findet eine funktionale, aus praktischen Vernunftgründen jedem einleuchtende Erklärung: die Unzweckmäßigkeit von Pluderhosen für Tanzaffen. Daß die «gemeinen», also ungebildeten und wenig mit Ausländern verkehrenden Ägypter dann daraus eine wenig schmeichelhafte Analogie zu Europäern ziehen, will ihnen Niebuhr nicht verdenken.

Auch manche anderen Reisenden hüteten sich vor dem verbreiteten Vorwurf von Borniertheit und Xenophobie, der den Asiaten – vor allem später im 19. Jahrhundert – so gerne pauschal gemacht wurde, und suchten nach Gründen für ein europafeindliches Verhalten. Wenn sich Europäer über die Betrügereien der Chinesen beklagen, so fragt 1777 ein Bericht der Jesuiten, verschweigen sie dann nicht, wer oft mit dem Betrug angefangen hat?[75] Die Siamesen, stellt ein britischer Diplomat 1826 fest, gewännen ihr Europäerbild aus Erfahrungen mit den eigenen Untertanen portugiesischer Herkunft, die keine sehr rühmliche Positionen in der siamesischen Gesellschaft innehätten; diesem Bild würden die übrigen Europäer assimiliert, zumal das Rowdytum englischer Seeleute regelmäßig die schlimmsten siamesischen Vorurteile bestätige.[76] Selbst der keineswegs türkenfreundliche preußische Offizier Helmuth von Moltke (der spätere Generalfeldmarschall), 1835 als Militärberater ins Osmanische Reich entsandt, mußte zugeben, daß die Türken zu Recht eine schlechte Meinung von den Europäern hätten, da sie überwiegend Halunken kennenlernen würden.[77]

Die Japaner, so beobachtete der schwedische Arzt und Naturforscher Carl Peter Thunberg im Herbst 1775 in Nagasaki, dem einzigen für Ausländer zugänglichen Hafen des Landes, seien entsetzt darüber, «wie unfreundschaftlich und unhöflich die Europäer nicht selten mit einander selbst umgehen und wie barbarisch sie ihre Matrosen mit Fluchen, Prügeln und andern Grausamkeiten behandeln».[78] Die Verachtung, welche die Japaner für Europäer hegten, sei daher weder unverständlich noch unverdient, zumal sich die holländischen Herren bis hinauf zum Chef der Faktorei leidenschaftlich dem Schmuggel ergeben hätten. Kurz vor Thunbergs Ankunft war herausgekommen, daß diese «Opperhoofds» und Kapitäne jahrzehntelang in speziell präparierten Leibröcken Konterbande befördert hatten. Nun verwunderten sich die Japaner sehr darüber, die holländischen Herrschaften auf den Körperumfang normaler Menschen geschrumpft zu sehen.[79] Thunberg, ein namhafter Wissenschaftler und Verfasser des neben Engelbert Kaempfers klassischem Werk maßgebenden Japanberichts des 18. Jahrhunderts, dachte nicht daran, den Japanern Fremdenfeindlichkeit vorzuwerfen. Ihr Standpunkt war ihm vollkommen plausibel.

Bei Carsten Niebuhr, um zu ihm zurückzukehren, finden sich immer wieder Versuche, starre Ost-West-Dichotomien aufzulösen und die Sichtweise der Anderen zu würdigen. So weist Niebuhr etwa in einer historischen Notiz darauf hin, daß während der Bombardierung der Hafenstadt Mocha (Mokka) im Jemen durch französische Kriegsschiffe im Jahre 1738 die einheimische Bevölkerung keineswegs eine pauschal europäerfeindliche Abwehrhaltung bezog, sondern Engländer und Holländer unbehelligt in der Stadt leben ließ: von Feindschaft gegen alle «Franken», wie sie den Muslimen gerne unterstellt wurde, also keine Spur![80] Ein anderes Beispiel für Niebuhrs ent-orientalisierenden *common sense*: Dr. John Crawfurd, der 1826 eine britische diplomatische Mission nach Burma anführte, traf dort die Ansicht an, der Reichtum der Engländer müsse auf Alchimie zurückgehen – eine Überzeugung, die ihm selbstverständlich lachhaft und absurd vorkam.[81] Crawfurd urteilte in einer Weise, die für seine Zeit charakteristisch war. Dagegen Niebuhr: Er hörte im März 1763 von Jemeniten, daß die örtliche Bevölkerung den dänisch-deutschen Forschungsreisenden die Fähigkeit zuschrieb, Gold zu machen. Sehr verständlich, sagt Niebuhr, denn es mußte den Arabern, die bisher nur europäische Kaufleute kennengelernt hatten, in der Tat recht merkwürdig vorkommen, «daß wir einen so weiten Weg gekommen wären ohne Handlung zu treiben».[82] Die Fremden gaben viel Geld aus, ohne sichtbar neues zu verdienen. Das verlangte nach einer Erklärung, und die Annahme der Goldmacherei war eine keineswegs unsinnige, vielmehr eine im Kenntnishorizont der Jemeniten naheliegende, sogar einigermaßen rationale Hypothese.

Mit seinem unentwegten Bemühen, die Weltinterpretation der Nichteuropäer, denen er begegnete, aus deren eigenem Denken heraus zu verstehen, war Carsten Niebuhr gewiß nicht typisch für die Reisenden seiner Zeit. Aber er war auch kein Einzelgänger. Der deutsche Weltumsegler Georg Forster, die britischen Gesandtschaftsreisenden Michael Symes (1795 nach Burma), Samuel Turner (1783–84 nach Südtibet) und Mountstuart Elphinstone (1808 nach Afghanistan), der Schwede Thunberg (1775–76 nach Japan), auch Alexander von Humboldt in seiner Amerikareise der Jahre 1799–1804: sie und manche andere vertraten wie Niebuhr eine dialogische Haltung zum Anderen, die es nicht als Axiom voraussetzte, der Europäer habe immer recht. Auch zeigten sie Respekt vor den Europakenntnissen anderer Völker. Während sich ein Teil der Reisenden – vielleicht die Mehrheit – über die Ignoranz der nicht nach Übersee reisenden Asiaten in allen Angelegenheiten Europas mokierte, gab es in dieser Gegentradition immerhin jemanden wie Samuel Turner, der über die guten Geographiekenntnisse der Tibeter staunte: Einige Mönche im Tashilumpo-Kloster besaßen eine ungefähre Vorstellung von der relativen Lage der größeren europäischen Länder.[83] Ihre Ideen waren simpel nach den Maßstäben europäischer Wissenschaft, aber achtenswert angesichts höchst beschränkter Informationsmöglichkeiten und des Fehlens einer dringlichen praktischen Notwendigkeit, sich mit der Geographie Europas zu beschäftigen.

Doch nicht jede Anerkennung des *native point of view* verband sich mit tiefergehender kultureller Sympathie. John Barrow, der 1793 als Zahlmeister der Macartney-Gesandtschaft das chinesische Kaiserreich besuchte, zeigte Verständnis für die Chinesen, die sich über die engen Kleider und die gepuderten Köpfe ihrer Besucher belustigten:

> Wir haben gewiß keinen Grund, die Chinesen oder irgendeine andere Nation deshalb zu verachten oder auszulachen, weil sie sich von uns in Kleinigkeiten von Kleidung und Manieren unterscheidet, vor allem, wenn wir sehen, wie nahe wir ihr mit unseren eigenen ähnlichen Tollheiten und Absurditäten kommen.[84]

Aber Vorsicht! Barrow ist nicht als weitherziger Kulturrelativist zu lesen. Man muß ihn richtig betonen: Daß die Chinesen von den Europäern in Kleinigkeiten abweichen, war für ihn gerade deshalb unerheblich und leicht zu verschmerzen, weil er die chinesische Zivilisation im großen und ganzen als unterlegen betrachtete.

IV.

Reisen

1. Sir John Malcolms Tafelrunde

Am 18. Juni 1825 fand in der Residenz des britischen Botschafters zu Paris, des Herzogs von Northumberland, eine kleines Dinner statt.[1] Der Gastgeber war Sir John Malcolm, der als neugieriger Privatmann zur Krönung Karls X. in Reims nach Frankreich gereist war und sich nun einige Wochen Urlaub in der Metropole gönnte. Sir John, sechsundfünfzig Jahre alt, hatte sich von 1783 bis 1822, von kürzeren Heimataufenthalten unterbrochen, als Bediensteter der East India Company in Indien und Persien aufgehalten. Er befand sich derzeit im Range eines Generalmajors im Ruhestand; 1827 würde er als Gouverneur von Bombay noch einmal für etwas mehr als zwei Jahre nach Indien zurückkehren.[2] Der Ehrengast des Abends war Alexander von Humboldt, damals der berühmteste Naturforscher und Reisende der Welt. Am Tisch saßen außerdem Baron Julius von Klaproth und Sir George Thomas Staunton. Klaproth, ein umtriebiges Sprachgenie von nicht ganz unangefochtenem wissenschaftlichem Ruf und beachtlicher polemischer Energie,[3] hatte sich in der Königlichen Bibliothek zu Berlin im Selbststudium klassisches Chinesisch beigebracht und seit 1802 Goethe als Berater bei seinen Chinastudien geholfen.[4] Er hatte Reisen in die Mongolei, nach Georgien und in den Kaukasus unternommen und zahlreiche Werke zu Geographie, Geschichte und Linguistik Asiens veröffentlicht. Obwohl er seine Karriere in Frankreich und Rußland machte, hatte Klaproth 1823 in einem folgenreichen semantischen Handstreich die neue «indo-europäische» in eine «indo-germanische» Sprachwissenschaft umgetauft.[5] Er galt bei einigen als preußischer Spion und rief Erstaunen hervor, als er eine Inselgruppe, die er auf einer chinesischen Landkarte «entdeckt» hatte, mit dem Namen seines verstorbenen Gönners, des Grafen Jan Potocki, zu versehen versuchte.[6]

Sir George Thomas Staunton schließlich war der erste Brite (die Familie stammte aus Irland), der sich jemals mit einem chinesischen Kaiser auf chinesisch unterhalten hatte. Sein Vater, Sir George Leonard Staunton, war der Stellvertreter des Gesandten bei Lord Macartneys Mission an den Hof in Peking in den Jahren 1793/94 gewesen. Der damals zwölfjährige Thomas hatte auf der langen Hinfahrt von zwei mitreisenden chinesischen Priestern Elemente des Chinesischen gelernt und vermochte damit bei der Audienz am 14. September 1793 den alten Qianlong-Kaiser in Erstaunen zu versetzen. Staunton junior vertrat dann lange Zeit die E.I.C. in Kanton. 1817 kehrte er nach England zurück, wurde Parlamentsabgeordneter und oft von seiner Regierung in Chinaangelegenheiten konsultiert. 1823 war er mit Henry Thomas Colebrooke, dem großen Indologen, einer der beiden Gründer der Royal Asiatic Society.[7]

An jenem Abend scheint Humboldt, wie in fast jeder geselligen Runde, an der er teilnahm, das Gespräch beherrscht zu haben. Es ging um Mexiko und Peru und vor allem um Humboldts Hauptinteresse zur damaligen Zeit, die Temperaturverteilung auf der Erde. Uns interessiert hier nur die biographische Konstellation des illustren Quartetts. Alle vier Herren hatten ausgedehnte Landreisen unternommen. Keiner von ihnen war ein «Entdecker» ganz fremder Gegenden, wie noch Kapitän Cook einer gewesen war, doch die Reisen, die sie selbst organisiert oder an denen sie teilgenommen hatten, führten zu bedeutenden neuen Erkenntnissen über die erkundeten Länder. Alle vier waren respektierte Autoritäten. Alexander von Humboldt kannte Lateinamerika vermutlich besser als jeder lebende Lateinamerikaner und hatte soeben das Herzstück seines riesigen amerikanischen Reisewerkes veröffentlicht: die dreibändige *Relation historique du voyage aux régions équinoxiales du Nouveau Continent* (1814–25), ein Beitrag zur Weltliteratur. Sir John Malcolm besaß intime Kenntnisse Indiens, das er umfassend bereist und über dessen neuere Geschichte er zahlreiche Werke geschrieben hatte; 1815 hatte er seine *History of Persia* vorgelegt, die ihm ein Ehrendoktorat der Universität Oxford eintrug und die fast ein Jahrhundert lang als Gesamtdarstellung der iranischen Geschichte nicht überholt werden sollte. Julius von Klaproth schließlich wurde vor allem als Zentralasienexperte immer wieder zitiert und zu Rate gezogen. Sir George Thomas Staunton war der führende Chinaspezialist im Britischen Empire. Sein wissenschaftliches Ansehen beruhte auf einer Übersetzung der wichtigsten Gesetzestexte der Qing-Dynastie.[8]

Allen vier Koryphäen war gemeinsam, daß ihre Außereuropakenntnisse in imperialen Zusammenhängen standen. Am wenigsten galt dies für Humboldt. Er war zwischen 1799 und 1804 als Privatmann und auf eigene Kosten im spanischen Kolonialreich gereist und hatte mit seiner Kritik an der spanischen Herrschaft nicht hinter dem Berg gehalten; doch auch er war für sein Reiseprojekt auf die Billigung der spanischen Kolonialbehörden angewiesen. 1829 fand er keinen anderen Weg, Rußland und Sibirien kennenzulernen, als eine offizielle Einladung des Zaren anzunehmen.[9] Klaproth war Kaiserlich Russischer Hofrat und reiste in amtlicher Mission zu den Expansionsgrenzen des Zarenreichs im Osten und Südosten. Staunton war schon als Kind in britischen Staatsdiensten unterwegs gewesen. Und Sir John Malcolm war als Feldherr, Diplomat, Administrator und Gelehrter einer der erfolgreichsten *empire-builders* des Zeitalters.

Sir Johns Tafelrunde ist in mehrfacher Hinsicht aufschlußreich: Im frühen 19. Jahrhundert (wie schon in der zweiten Hälfte des 18.) konnten Reisende zu Ruhm gelangen. Sie waren Gelehrte und von ihrem sozialen Status her zugleich *gentlemen*, Angehörige der gesellschaftlichen Elite. Sie reisten nicht aus Abenteuerlust, sondern mit wissenschaftlichen Zielen und unter staatlichem Patronat. Ihr Wissen war nützlich für Imperien; selbst Humboldts Reformvorschläge hätten den spanischen Behörden zugute kommen können, wären sie daran interessiert gewesen. Das Reisen auf dieser Ebene wurde nicht dem Zufall überlassen. Es verlangte umsichtigste Organisation. *High travel* dieser Art war charakteristisch für das Reisen um 1800. Der anonyme Autor in der *Edinburgh Review*, der davon 1815 *low travel* unterschied, begrüßte das nunmehr erreichte Niveau der Berichterstattung durch hochkompetente Experten, bedauerte aber, daß sich solche souveränen Geister durch nichts mehr überraschen ließen, während die schriftstellerenden Kaufleute und Juweliere des 17. Jahrhunderts – er dachte an Leute wie Chardin und Tavernier – ins unbekannte Abenteuer hinein gereist seien und mehr Kontakt mit der einfachen Bevölkerung gesucht hätten.[10]

Was aber bedeutete im «langen» 18. Jahrhundert überhaupt «reisen» in *außereuropäischen* Zusammenhängen? Es war nicht unbedingt eine geographische Verlängerung des Reisens nach und in England, Deutschland, Frankreich oder Italien mit denselben Mitteln. Außereuropäische Reisen waren niemals Lustfahrten, sondern selbst bei sorgfältigster Vorbereitung harte und gefährliche Arbeit: *des travaux pénibles et dangereux.*[11] Dies galt bereits für Reisen östlich von Prag.[12] Auf den Reisenden lastete eine viel größere Berichtspflicht als bei innereuropäischen Reisen. Auftraggeber und Publikum waren weniger auf spannende Erlebnisse und die Befindlichkeiten des ambulanten Gemütes erpicht als auf genaue Nachrichten. Lag nicht in der Erkenntnisgewinnung durch die Empirie von Experiment und Reise ein entscheidender Vorsprung der europäischen Moderne vor der Antike und vor anderen Zivilisationen?[13]

Vor allem waren außereuropäische Reisen eine langwierige Angelegenheit. Zwei Jahre mochte man für eine einigermaßen gründliche Nahostreise veranschlagen, mehr für fernere Gegenden. Für viele Europäer war die Ausreise nach Asien der Auftakt für eine berufliche Tätigkeit, von der sie nie oder erst in einer viel späteren Lebensphase zurückkehren würden. Dies muß bei unserem Begriff des Reisens bedacht werden. Die Jesuitenmissionare zum Beispiel, die nach China entsandt wurden, konnten nicht damit rechnen, Europa wiederzusehen. Pater Antoine Gaubil, ein in ganz Europa geachteter Gelehrter, kam im April 1723 nach Peking, wo er im Juli 1759 starb, ohne die Hauptstadt kaum je wieder verlassen zu haben.[14] Pater Niccolò Longobardi, ein Jahrhundert früher eine gelehrte Stütze der Chinamission, hatte gar achtundfünfzig Jahre in China zugebracht. Gaubil war wegen seines immer schlimmer werdenden französischen und lateinischen Stils berüchtigt – eine Folge intensiven Eintauchens in die chinesische Umgebung.[15] Gaubil war ebensowenig ein Reisender im innereuropäischen Sinne wie etwa der moldawische Fürst Demetrius Cantemir, Verfasser einer einflußreichen Geschichte des Osmanischen Reiches (1734), der 1687 als Fünfzehnjähriger nach Istanbul kam und es bis 1710 nur vorübergehend verließ.[16] Zwischen 1740 und 1755 lebte in Konstantinopel als Kaufmann und Fabrikant Jean-Claude Flachat, der über so gute Beziehungen zum Hofe verfügte, daß er als erster Europäer Zutritt zu den inneren Gemächern des Sultansharems fand.[17] War er ein «Reisender»?

Sir John Malcolm reiste selbstverständlich in Imperialgeschäften kreuz und quer durch Indien, und andere Jesuitenpatres waren weniger seßhaft als Pater Gaubil und wurden von den chinesischen Kaisern auf Reisen in entlegene Teile des Reiches entsandt: Jean-François Gerbillon, einer der Spitzendiplomaten des Kangxi-Kaisers unternahm zum Beispiel zwischen 1688 und 1698 achtmal die gefahrvolle Reise in die Mongolei.[18] Ihre innerasiatischen Reiseerfahrungen machten solche Leute aber nicht von Europa, sondern von Stützpunkten – etwa Kalkutta oder Peking – in Asien aus. «Reisende» waren diese mehr oder minder dauerhaft in Asien ansässigen Europäer nur, wenn man den Begriff sehr weit dehnt. Jedenfalls wurde ein großer Teil der maßgebenden Asienliteratur der Epoche unter solchen Bedingungen quasi-permanenten Kontakts geschrieben: keine Reiseliteratur im strikten Sinne, aber doch Asiendarstellung aus erster Hand.

2. Die Tränen des Mandarins

Unser Bild vom überseeischen Reisen im 18. Jahrhundert ist zu Recht geprägt von den großen Pazifiküberquerungen der Kapitäne Wallis, Cook, Bougainville und Lapérouse, den spektakulärsten Reiseunternehmungen der damaligen Zeit.[19] Tahiti war die große Entdeckung des 18. Jahrhunderts. Asien war hingegen seit langem bekannt und schien kaum noch aufregende Geheimnisse bereitzuhalten. James Cook vermied Asien und segelte etwa bei seiner größten Reise, der zweiten von 1772–75, nach der Umrundung Afrikas sofort in antarktischen Breiten unterhalb des Indischen Ozeans nach Osten weiter. Schon in den 1720er Jahren hatte sich Kapitän Shelvocke für Asien wenig interessiert, «weil uns die asiatischen Meere und Länder bestens bekannt sind».[20] «Die vormahls unbekannte Länder», bemerkt gleichzeitig ein Chinareisender, «sind von den curieusen Europæern so offt besuchet und nach allen Umstände beschrieben, daß sie uns nach gerade eben so bekandt als unser eignes Vaterland werden.»[21] Ost-Indien sei den Deutschen geläufig, heißt es 1730,[22] Istanbul und die kleinasiatische Küste dank zahlreicher Beschreibungen «ziemlich abgedroschene Themen» *(pretty trite subjects)* geworden.[23] Um 1800 ließ sich nicht zu Unrecht sagen, wenige Länder seien öfter besucht worden als Persien,[24] indische Witwenverbrennungen habe man so häufig beschrieben, daß es überflüssig sei, es abermals zu tun,[25] und die Seereise von Europa nach Indien und China, obwohl keineswegs risikolos, sei inzwischen *a beaten track*, keine Herausforderung mehr für den ehrgeizigen Seemann.[26] 1816 fuhr der englische Kapitän Henry Ellis mit der festen Erwartung nach China, es gebe dort nichts Neues mehr zu sehen – und sah natürlich sehr wenig.[27]

Dies war die eine Seite der Medaille. Auf der anderen Seite gab es durchaus noch neue Völker und Lebensformen zu entdecken. Da waren besonders Sibirien, der Kaukasus und die Länder am Kaspischen Meer: ein riesiges ethnologisches Erfahrungsfeld, das erst im 18. Jahrhundert erschlossen wurde. In Indien traten manche Völker, Religionsgemeinschaften und politischen Einheiten erst mit dem Niedergang des Mogulreiches ins Blickfeld der Europäer, etwa die Sikhs und die Marathen.[28] Länder wie der Jemen, die flüchtig und in Umrissen bekannt waren, wurden – der Jemen durch Carsten Niebuhr – nun intensiv bereist und detailliert beschrieben. Reisende, die über die Küstenzonen hinaus vordrangen, machten immer wieder die Erfahrung, daß die Menschen dort noch nie Europäer gesehen hatten: für sie eine wahrhaft umgekehrte kolumbianische Entdeckung. Je weniger es in der Manier von Kolumbus, Magellan oder Cook von See aus zu entdecken gab, desto höher stieg das Prestige von Landreisen. Es sei überhaupt keine Kunst, bemerkte der abenteuerlustige Alexander Hamilton, nach Bombay oder Batavia zu fahren und von dort aus in aller Bequemlichkeit, aber mit dem Etikett des «Ostindienfahrers» über fernere Völker zu schwadronieren.[29] Die Unterschiede zwischen Verhältnissen an der Küste und denen im Landesinneren, hieß es in einem Jesuitenbrief, seien mitunter so groß wie zwischen Europa und der übrigen Welt.[30]

Dennoch gab es auch so etwas wie genuine Erstbegegnungen, sogar vor der Tür des chinesischen Kaiserreiches. Korea war noch vor Tibet im 18. Jahrhundert das verschlossenste Land Asiens. Was man in Europa von dieser sinisierten Monarchie an der Peripherie Chinas wußte, stammte aus zwei Quellen. Zum einen wurde chinesisches Wissen über Korea, den wichtigsten Tributstaat innerhalb der sinozentrischen Weltordnung, in Europa durch jesuitische Enzyklopädien bekannt.[31] Auf dem Wege über Koreaner, die als Gesandte in Peking mit Jesuitenmissionaren in Berührung kamen, gelangten umgekehrt bereits vor 1623 erste Nachrichten über das Christentum in das abgeschottete Königreich. Nicht durch unmittelbare missionarische Bekehrung, sondern durch das Studium christlicher Texte in chinesischer Sprache war um 1790 die Zahl der Koreaner, die sich Katholiken nannten, auf etwa tausend angewachsen. Sie wurden in den folgenden Jahren jedoch scharfen Verfolgungen ausgesetzt.[32] Weltliches Wissen über den Westen erreichte Korea bereits kurz nach 1600, als ein Gesandter aus Peking eine Landkarte Europas mitbrachte. 1631 kehrte ein anderer Diplomat mit einer Muskete, einem Teleskop, einer Uhr, einer Weltkarte und astronomischen Büchern aus Peking zurück. Zur gleichen Zeit wurde eine chinesische Ausgabe der *Weltgeographie* von Frater Giulio Aleni in Korea aufmerksam studiert und kritisch kommentiert.[33] Obwohl Korea weder Missionare noch europäische Kaufleute ins Land ließ, war man dort im frühen 19. Jahrhundert über den Westen nicht gänzlich uninformiert. Die zweite Quelle, aus denen sich Europäer über Korea unterrichten konnten, war das 1668 veröffentlichte Tagebuch Hendrik Hamels, der von 1653 an als Schiffbrüchiger dreizehn Jahre in Korea zugebracht hatte; es wurde jedoch angezweifelt und erst im frühen 19. Jahrhundert als authentisch erkannt.[34]

Als daher im September 1816 die beiden britischen Schiffe *Alceste* und *Lyra*, die zu dem Geschwader gehörten, das Lord Amherst auf seiner unseligen Gesandtschaftsreise nach China begleitete (Mylord fand keine Gelegenheit, ernsthafte Verhandlungen zu führen), zehn Tage lang die Westküste Koreas auskundschafteten, kam so etwas wie ein südseeinsularer Erstkontakt zustande. Koreaner und Europäer hatten in der Tat bis zu diesem Augenblick keine direkte Berührung miteinander gehabt; keine europäische ethnographische Dokumentation hatte je Koreaner und ihre Kleidung abgebildet. Die Berichte von Basil Hall, dem Kapitän der *Lyra*, und Dr. John M'Leod, dem Schiffsarzt der *Alceste*, haben auf europäischer Seite diesen kostbaren Moment festgehalten.[35]

Es konnte allerdings von bougainvillescher Euphorie keine Rede sein. Korea war kein zweites Tahiti. Kapitän Hall kam nicht als Konquistador, aber auch nicht als gut vorbereiteter Ethnologe. Selbstverständlich verstand niemand auf den Schiffen Koreanisch, und ein chinesischer Diener, den man an Bord mitführte, war Analphabet und konnte die chinesischen Schriftzeichen nicht lesen, die ihm die Koreaner aufschrieben. Hall und M'Leod gaben sich unbeholfen Mühe, mit der koreanischen Dorfbevölkerung, die sich zunächst vorsichtig zurückgezogen hatte, ein minimales Einvernehmen herzustellen. Geschenke, darunter Dollargeldscheine, verfehlten ihren Zweck. Zur Überraschung der unwillkommenen Besucher benahmen sich die Koreaner weder panisch noch mit dem kindlich-freudigen Enthusiasmus, der von «Wilden» zu erwarten war:

Diese Leute betragen sich stolz, mit Gefaßtheit, Seelenruhe und einem Mangel an Neugier, der uns höchst bemerkenswert erschien.[36]

Statt dessen machten sie ihre Erwartungen unmißverständlich klar:

Ein Mann brachte den allgemeinen Wunsch, wir möchten uns entfernen, dadurch zum Ausdruck, daß er ein Stück Papier wie ein Segel in die Höhe hielt und es dann in der Richtung des Windes anblies, wobei er auf die Schiffe zeigte. Er schien andeuten zu wollen, daß er Wind günstig sei und wir bloß die Segel setzen zu brauchten, um die Insel zu verlassen.[37]

Als Kapitän Hall und seine Leute drei Tage später, am 3. September, an anderer Stelle mit Booten an Land gehen wollten, waren die koreanischen Signale ähnlich schroff, wenngleich dieses Mal den Europäern rätselhafter:

Sie zogen ihre Fächer über ihre eigenen Kehlen und manchmal über die unsrigen, als ob sie zu erkennen geben wollten, daß bei unserem Dableiben Köpfe rollen würden. Unklar war, ob sie selbst oder wir die Betroffenen sein würden.[38]

Die Feindseligkeit milderte sich etwas, als ein greiser Würdenträger, vermutlich gar ein gelehrter Mandarin, auf der Szene erschien und für Verhandlungen an Bord der *Lyra* gewonnen werden konnte. Erst mußte der würdige Herr – Kapitän Hall taufte ihn den «Chief» – feststellen, daß die Fremden kein gesprochenes Koreanisch verstanden, dann, daß sie sogar unfähig waren, chinesische Schriftzeichen zu lesen – ein unglaublicher Beweis tiefster Barbarei.[39] Basil Hall beschreibt die weitere protokollarische Pantomime zwischen dem ehrenwerten Mandarin und den britischen Seeoffizieren, die ihren Höhepunkt im gemeinsamen Genuß von Cherry Brandy erreichte, mit humoristischer Einfühlung und ohne verächtlichen Spott über die Koreaner. Der Chief ist eine der literarisch anrührendsten asiatischen Figuren in der Literatur des frühen 19. Jahrhunderts, die Szene eines der schönsten Stücke über sprachlose Kommunikation zwischen Angehörigen verschiedener Kulturen.

Daß man es bei den Koreanern durchaus nicht mit tumben Wilden zu tun hatte, merkten die Briten spätestens, als sie entdeckten, wie Begleiter des Mandarins in Windeseile das gesamte Schiff vermaßen und sich Notizen über Takelage und Bewaffnung machten.[40] Nachdem man sich nach mehreren wechselseitigen Besuchen angefreundet zu haben schien, schlug das anfängliche Mißtrauen der Koreaner in das nachdrückliche Bemühen um, westliche Kulturtechniken auszuprobieren. Beim Frühstück auf der *Lyra* zeigte sich der alte Chief unternehmungslustig:

Er aß herzthaft von allem Aufgetischten und benutzte dabei Messer, Gabel und Löffel, die er vermutlich zum ersten Male sah. Er bediente sie anfangs ungeschickt, aber doch mit solchem Erfolg, daß er es ablehnte, sie gegen die Eßstäbchen einzutauschen, die für ihn bereitgelegt wurden. Tatsächlich war er so sehr darauf erpicht, unsere Gebräuche anzunehmen, daß er, als man ihm Tee in der chinesischen Manier angebot, sich unter uns umschaute und dann dem Diener seine Tasse für Milch und Zucker entgegenhielt. Der Genuß schien den alten Herrn vollkommen zufriedenzustellen. Die Höflichkeit und Mühelosigkeit, mit der er sich den Sitten von Leuten anpaßte, die so verschieden von ihm selbst waren, erschien uns als wahrhaft bewundernswürdig. Wenn man bedenkt, daß er bis dahin wahrscheinlich nichts von unserer Existenz gewußt hatte, so schien die Schicklichkeit seines Betragens *(propriety of manners)* nicht nur auf seinen hohen Rang in der Gesellschaft hinzudeuten, sondern auch auf ein Maß an Zivilisiertheit *(a degree of civilization)* in jener Gesellschaft, das uns bis dahin noch nicht aufgefallen war. Sei dem, wie ihm wolle: Der Vorfall ist denkwürdig, weil er zeigt, daß, wie unterschiedlich die Gesellschaft in verschiedenen Ländern auch beschaffen sein mag, die Formen der Höflichkeit überall die gleichen sind. Diese kultivierte Wesensart *(polished character)* verkörperte der alte Chief in trefflicher Weise. Ihm behagten unsere Versuche, ihm gefällig zu sein, und alles, was seine Aufmerksamkeit fand, weckte zugleich auch sein tieferes Interesse. Er war sehr wißbegierig und stets höchst zufrieden, wenn er die Verwendung eines Gegenstandes verstand, der ihn zunächst in Erstaunen versetzt hatte. Es gab keine gespielte Überraschung, keine übertriebenen Bekundungen der Bewunderung. Er würde zweifellos in jedem Teil der Welt als ein Mann von guter Erziehung und scharfer Beobachtungsgabe *(a man of good breeding and keen observation)* gegolten haben.[41]

Zur großen Verblüffung der Briten, die Basil Hall nicht verschweigt, macht sich der Chief zum Herrn des Verfahrens. Weit davon entfernt, von einem Standpunkt zurückgebliebener Barbarei die Errungenschaften des Westens – von *breakfast tea* zur Schiffsartillerie – staunend zu bewundern, legt er ein überaus sachlich-pragmatisches Interesse daran an den Tag. Er ist selbstsicher genug, mit kleinen Rollenwechseln zu experimentieren, ohne die eigene Kultur zu verraten. Am Ende dieser Begegnung fordert er die Briten höflich, aber energisch auf, sein Land schleunigst wieder zu verlassen. Als sie keine Anstalten machen, dies zu tun, bricht er in Tränen und laute Klagen aus und deutet an, sein Kopf sei in Gefahr:

> Nun brach der Chief in heftigste Tränen aus, wandte sich dem Dorfe zu und ging fort, den Kopf an die Schulter eines seiner Leute gelehnt. Als er sich entfernte, schluchzte und weinte er nicht nur, sondern stieß ab und zu brüllende Laute aus *(bellowed aloud)*.[42]

Die beiden Schiffe segeln schließlich ab.

Kapitän Hall gerät durch diese plötzliche Wendung der Dinge in arge Deutungsnöte. Hatte er zunächst in dem Chief den Träger andersartiger Zivilisiertheit gesehen und hatte er ihm das höchste Kompliment gespendet, welches einem Nicht-Briten (auch innerhalb Europas) zuteil werden konnte: daß er nämlich ein *gentleman* sei, so legt der Chief in seiner Fassungslosigkeit plötzlich ein ganz rätselhaftes Verhalten an den Tag.[43] Die Vertrautheit eines suprakulturell anerkannten, gewandten Elitebetragens, kurz: alle Zivilisiertheit *(politeness)*, weicht einer schockierenden, einer vollkommen fremdartigen Emotionalität. Hinter der Oberfläche der Umgangsformen lauern unverständliche Affekte. Basil Hall verläßt die koreanische Küste mit einem überaus gemischten Eindruck, der nicht in die üblichen Kontrastschemata von Zivilisation versus Barbarei zu pressen ist. Daß er seine Verstörung nicht mit Superioritätsphrasen verdeckt und nicht zum Klischee des charakterlich haltlosen Asiaten Zuflucht nimmt, macht die Ehrlichkeit seines Berichts aus:

> Wir verließen die Bucht ohne Bedauern. In der Tat hatte der alte Chief mit seinem langen Bart und seiner prunkvollen Tracht auf uns alle einen starken Eindruck gemacht. Doch sein jämmerlicher und kindischer Kummer *(his pitiable and childish distress)* verminderte den Respekt, mit dem wir ihn zu betrachten geneigt waren. Indessen verlieh dieser Umstand dem Gesamtbild, das dadurch weniger einheitlich wurde, ein zusätzliches Interesse, während alles Lächerliche im Charakter des alten Mannes gleichgültig wird gegenüber der schmerzhaften Ungewißheit, die über seinem Schicksal hängt.[44]

Basil Hall, der nach seinem Ausscheiden aus der Royal Navy so etwas wie ein professioneller Reiseschriftsteller wurde und der zu den Gründern der Royal Geographical Society gehörte, hat auf wenigen Seiten Szenen festgehalten, die im Asien des 18. und frühen 19. Jahrhunderts einer voraussetzungslosen Erstbegegnung am nächsten kommen. *Alceste* und *Lyra* segelten dann zu den Ryûkyû-(Liuqiu-)Inseln weiter, wo man, ebenfalls vom Westen unberührt, ein intelligentes, freundliches und friedfertiges Volk vorfand: endlich doch noch Tahiti im Chinesischen Meer![45] Abermals mochte die konkrete Begegnungssituation die eines reinen Erstkontakts sein. Doch auch in diesem Fall war das Entdeckte in Europa nicht ganz unbekannt: Spanische Berichte hatten die Inseln kurz erwähnt, und Pater Antoine Gaubil, der Botschafter der europäischen Wissenschaft am Hof zu Peking, hatte in den *Lettres édifiantes et curieuses* eine auf chinesischen Quellen beruhende Beschreibung nebst einer detaillierten Karte veröffentlicht.[46]

Korea – *the hermit kingdom*, wie man es bald zu nennen liebte – war bis 1816 auch deshalb vom Westen unbehelligt geblieben, weil man sich dort keine Handelschancen erwartete. Die berühmte koreanische Ginseng-Wurzel, von deren wundersamen Eigenschaften schon der allgelehrte Athanasius Kircher und dann ausführlich 1711 Pater Jartoux geschwärmt hatten,[47] konnte in hinreichenden Mengen auf dem Wege über China bezogen werden. Der britische Flottenbesuch blieb einstweilen ohne Folgen. Korea wurde erst nach 1876 durch einen japanischen Vorstoß für den internationalen Handel einen Spalt breit geöffnet. Erst um diese Zeit gelangten auch ausführlichere Nachrichten über Korea in den Westen. Landeskundlich waren die kurzen Berichte von Hall und M'Leod von geringem Wert und ersetzten Hendrik Hamels alten Text in keiner Weise.

3. Meer und Land[48]

Die Schiffspassage nach Indien und den östlich des Subkontinents gelegenen Ländern wurde im Laufe des Jahrhunderts sicherer und bequemer. Der wichtigste technologische Durchbruch war die Konstruktion eines Chronometers, das exakte Längenbestimmungen auf See ermöglichte. Eine Lösung dieses Problems war lange gesucht und 1714 zu diesem Zwecke in Großbritannien sogar ein hochrangig besetzter *Board of Longitude*, anfangs unter dem Vorsitz Sir Isaac Newtons, geschaffen worden, der fürstliche Belohnungen für wissenschaftliche Ergebnisse auslobte. Nach jahrzehntelangen Versuchen konstruierte schließlich der geniale John Harrison 1770 ein Gerät, das den praktischen Anforderungen von Seefahrern genügte: eine Erfindung, die den Verlust von Menschenleben auf See immens reduzierte, Umwege vermeiden half und eine Schlüsselrolle bei der weltweiten Expansion der britischen Seemacht spielte.[49] Das gleiche galt für die erfolgreiche Bekämpfung des Skorbuts, einer grausigen Vitaminmangelerkrankung, durch Verbesserung der Schiffsverpflegung nach Vorschlägen des Arztes James Lind aus dem Jahre 1753. Admiral Anson hatte bei seiner Weltumsegelung in den Jahren 1740–1744 insgesamt 1410 Mann seiner Flotte (73 Prozent der gesamten Mannschaft) verloren, darunter allein 997 durch Skorbut.[50] In den Weltumsegelungen seit Cook spielte die Krankheit dann so gut wie keine Rolle mehr. Während Otto von Kotzebues zweiter Weltumschiffung, die dreieinhalb Jahre dauerte (1815–18), gab es kein einziges Skorbutopfer.[51] Erst nachdem die wissenschaftliche Navigation das Steuern nach Gefühl und Augenmaß allgemein verdrängt hatte, wurde auch die Perfektionierung von Seekarten, für Großbritannien wie für Frankreich ein imperiales Projekt ersten Ranges, möglich und ihr Gebrauch eine Selbstverständlichkeit.[52]

Trotz dieser «nautischen Revolution» ließ sich die durchschnittliche Passage auf einem Frachtsegler einer der europäischen Ostindienkompanien nicht ohne weiteres mit den perfekt ausgerüsteten, als nationale Prestigeprojekte behandelten See-Expeditionen eines Cook, Lapérouse oder Krusenstern (eines deutschen Kapitäns in russischen Diensten) vergleichen. Besonders die *East Indiamen* der E.I.C., meist von einer Größe zwischen 500 und 1200 Tonnen, waren relativ komfortable Schiffe. Doch noch Jahrzehnte, nachdem sie formuliert worden waren, galten für den einfachen Passagier die Ratschläge, die Johann Wilhelm Vogel, ein bis 1688 für die V.O.C. tätiger deutscher Bergmeister und nachmaliger Rat in Coburg, 1716 dem künftigen Seereisenden ans Herz gelegt hatte: Man flehe fleißig zu Gott und vermeide üble Gesellschaft. Man nehme Proviant mit, darunter reichlich Knoblauch, auch Branntwein, den man aber für Stürme aufheben solle. Zu viel zu trinken sei gefährlich, weil man im Rausch vom Schiff fallen könne. Den Schlafplatz solle man sich in der Mitte des Schiffes suchen.[53] Schon bei der meist chaotischen Einschiffung, bei der man froh sein konnte, seine Habseligkeiten zusammenzuhalten, erinnerte sich mancher an das alte Sprichwort: «Wer Vater und Mutter tod geschlagen, ist noch zu gut, nach Ostindien zu gehen.»[54] Das Leben an Bord hing weithin von Rang und Aufgaben des Seefahrenden ab. Die Matrosen hatten es naturgemäß am schwersten. Sie taten harte körperliche Arbeit, unterstanden strengster Disziplin, schliefen in Hängematten im Zwischendeck und erhielten die dürftigste Nahrung. Soldaten und Handwerkern erging es besser. Charakteristisch für die Reiseberichte von Deutschen, die als Experten bei der V.O.C. angeheuert hatten, war die Distanzierung vom «gotteslästerlichen» und versoffenen Seemanns-«Volk».[55] Man bewahrte die eigenen bürgerlichen Werte.

Feine Herrschaften, die als zahlende oder dienstlich entsandte Passsagiere in den Kabinen auf Achterdeck untergebracht waren, standen unter demselben Damoklesschwert der Schiffskatastrophe, reisten aber in der schwimmenden Klassengesellschaft deutlich bequemer. Ihre Plagen, wie der vielreisende Botaniker, Ökonom und Kolonialagent Pierre Poivre am Ende der 1740er Jahre in einer leidenschaftlichen Diatribe gegen das Reisen zur See klagte, waren der Gestank der Tiere an Bord, der Lärm des rohen Matrosenpöbels, mit dem man Wand an Wand lebte, die Arroganz und Stupidität der Offiziere, die Langeweile.[56] August Ludwig Schlözer, eher ein Theoretiker als ein Praktiker des Reisens, betonte in seinem in Göttingen gehalten Kolleg zur Reisekunst stärker das erzwungene Gemeinschaftserlebnis: «Nirgends lernt man Menschen besser kennen, wenigstens toleriren, als zur See. Man heyrathet sich beinah.»[57] Auch die besseren Herrschaften blieben nicht von den ansteckenden Krankheiten verschont, die sich häufig an Bord ausbreiteten. Auch sie rochen den Gestank des Unrats, der sich bei Windstille innerhalb weniger Tage um die Bordwand sammelte. Wurde es allzu schlimm, mußte das Schiff mit Hilfe von Ruderbooten an eine andere Stelle gezogen werden.[58] Vor Piraten und Kaperschiffen war man auf keinem Meer der Welt sicher. Jede Begegnung mit einem anderen Schiff auf See war ein bange erwartetes Abenteuer. Schiffbruch und Untergang schwebten als Damoklesschwert über jeder Hochseepassage.[59]

Kein technologischer Fortschritt vor der allmählichen Einführung der Eisenbahn in Asien während der zweiten Hälfte des 19. Jahrhunderts verbesserte die Bedingungen des *Land*transports in ähnlicher Weise, wie das Reisen zur See erleichtert und beschleunigt wurde. Immerhin dauerte die Seereise von London um das Kap nach Kalkutta 1825 auf den besten Schiffen und bei optimalem Wind nur noch fünf und nicht länger acht Monate (wie fünfzig Jahre zuvor).[60] Um 1800 bewegte man sich zu Lande noch fast genauso und in demselben Tempo fort wie zu den Zeiten Alexanders des Großen oder Marco Polos. In Persien kam 1808/9 die britische Gesandtschaft von Sir Harford Jones (an der J. J. Morier, der Verfasser des *Hajji Baba of Isfahan,* teilnahm) mit einer Geschwindigkeit von neunzehn Meilen pro Tag voran. Einheimische Kamelkarawanen legten durchschnittlich fünfunddreißig Meilen zurück; Militär ohne Bagage konnte es auf siebzig Meilen bringen.[61] Europäer mußten sich der jeweils örtlichen Verkehrsmittel bedienen. Sie genossen keinerlei technologische Vorteile gegenüber den Einheimischen, wie sie die moderne Segelschiffahrt im Vergleich zum innerasiatischen Schiffsverkehr gewährte.

Anders als Reisen auf dem Wasser, die in Gesellschaft unternommen wurden, konnten Überlandreisen entbehrungsreiche Individualaktionen sein. Henry Blount hatte am Anfang des 17. Jahrhunderts zwischen England und Ägypten sechstausend Meilen zurückgelegt und sich dadurch bei seinen Landsleuten den Beinamen *the great traveller* erworben.[62] Der portugiesische Jesuit Bento Góis unternahm 1602–1605 als erster Europäer die extrem beschwerliche Landreise von Indien aus durch Afghanistan, über das Pamirgebirge nach Turkestan und weiter nach Suzhou in Ostchina, wo er starb.[63] Der Linzer Jesuit Johann Grueber brach im April 1661 von Peking, wo er Mathematiker am kaiserlichen Observatorium gewesen war, in Richtung Indien auf. Am 8. Oktober 1661 erreichte er als erster Europäer die heilige Stadt Lhasa – ohne sie später je beschrieben zu haben. Über den Trans-Himalaya, den er als erster Europäer überquerte, Nepal, die Mogul-Hauptstadt Agra, Persien und Kleinasien kehrte er nach Rom zurück, wo er im Februar 1664 eintraf.[64] Im 18. Jahrhundert wurden Einzeltaten dieser Größenordnung seltener; nur Ippolito Desideri SJ wiederholte zwischen 1712 und 1728 Gruebers Reise.[65] Die erstaunlichste Individualunternehmung der zweiten Jahrhunderthälfte war die Afrikareise des Schotten James Bruce, die ihn zwischen 1763 und 1773 durch Nordafrika, Syrien, Ägypten, das Rote Meer zum Hofe des Kaisers von Äthiopien in Gondar führte; im Oktober 1770 erreichte er die Quelle des Blauen Nil.[66] Er habe, so schrieb Bruce in der Widmung seines Reiseberichts an König Georg III. von England, eine Sphäre durchwandert, *which [...] contained all that is terrible to the feelings, prejudicial to the health, or fatal to the life of man*, und Orte erreicht, «so unglücklich vom Rest der Menschheit abgeschnitten, daß man sogar vom Namen und den Tugenden Eurer Majestät dort noch nichts gehört hat».[67]

Die großen Landreisen werden im Asien des 18. Jahrhunderts nicht mehr auf individuelle Initiative unternommen, auch wenn man mitunter fleißige Marschierer findet, so den Bozener Jesuiten Joseph Tieffenthaler, der sich in drei Jahrzehnten große Teile des indischen Subkontinents erwanderte.[68] Der unter anderem von Leibniz in den 1690er Jahren unterstützte Versuch der Societas Jesu, sich im Verkehr mit China von der Gunst der Ostindienkompanien unabhängig zu machen und einen Landweg von Rom nach Peking zu erschließen, wird 1712 aufgegeben.[69] Die beiden meistfrequentierten eurasischen Fernrouten des 18. Jahrhunderts waren zum einen der Weg von St. Petersburg durch Sibirien und die Mongolei nach Peking, den russische diplomatische Gesandtschaften und Handelskarawanen in etwa sechzehn Monaten zurücklegten,[70] zum anderen die Überlandstrecke vom Mittelmeer über Mesopotamien nach Indien, die oft von Bediensteten der E.I.C. benutzt wurde. Ihre beliebteste Wegführung – die 760 Meilen lange *Great Desert Route* – verlief von Aleppo in Syrien nach Basra am Persischen Golf. Wer seinen Argwohn gegenüber Türken und Arabern überwinde und nicht auf englischer Kost bestehe, so riet 1791 ein Reiseführer für diese Strecke, dem biete die Überlandstrecke eine weniger langweilige Alternative zur Schiffsreise.[71] Sie erreichte den Höhepunkt ihrer Beliebtheit zwischen 1751 und 1798[72] und erhielt einen gewissen politischen Sensationswert in den Jahren, als man über Napoleons mögliche Invasion Indiens spekulierte.[73]

4. Ostasien: Mauerreiche

Umfang und Qualität der Unterrichtung über die verschiedenen Teile Asiens hingen wesentlich von deren Zugänglichkeit für Europäer ab. Im 18. Jahrhundert, anders als in der zweiten Hälfte des 19. Jahrhunderts, waren viele asiatische Regierungen noch imstande, den Eintritt und die Bewegungen von Fremden zu kontrollieren.

Dies war vor allem in Ostasien der Fall. Als vollkommen verschlossenes Land war Korea ein Einzelfall, aber Japan kam ihm nahe. Die Abschließung des Landes wurde während des ganzen 18. Jahrhunderts unnachsichtig durchgesetzt. Allein den Holländern wurde weiterhin erlaubt, ihre winzige Faktorei auf der künstlichen Insel Dejima zu unterhalten.[74] 1708, siebzig Jahre nach der Unterdrückung des Christentums, unternahm der Italiener Giovanni Battista Sidotti als letzter christlicher Missionar vor der Öffnung Japans 1853/54 den selbstmörderischen Versuch, in Japan an Land zu gehen. Er wurde unverzüglich festgenommen und starb, möglicherweise vor Hunger, im November 1714 in dem Erdloch, in das man ihn gesteckt hatte.[75] Die Briten zeigten an Japan wenig Interesse oder besser die Einsicht, daß jeder Vorstoß am gemeinsamen Widerstand von Japanern und Holländern scheitern würde. Als Großbritannien während der napoleonischen Kriege das holländisch kolonisierte Java besetzt hatte, wurden 1813 zwei Schiffe nach Nagasaki entsandt, um das Handelsmonopol der V.O.C. zu brechen. Sie mußten unverrichteter Dinge umkehren und brachten auch das kostbarste von vielen für den Shogun bestimmten Geschenken nach Java zurück: einen lebenden Elefanten, den die an Bord kommenden japanischen Beamten gründlich studiert hatten und der in Japan – als viertes Tier dieser Species, das dort jemals gesehen worden war – einen tiefen Eindruck hinterließ.[76]

Zur aktivsten Seemacht im Nordpazifik entwickelte sich im Laufe des 18. Jahrhunderts das Zarenreich. Auch dadurch ließen sich die Japaner nicht beeindrucken. Als Kapitän Vasilij Michailovič Golovnin im Juli 1811 mit geographischen Vermessungsaufträgen im Gebiet der südlichen Kurilen kreuzte, wurde er von den wachsamen Japanern, die durch brutale Übergriffe einzelner Russen auf die kurilische Bevölkerung beunruhigt worden waren, mit sechs seiner Begleiter festgenommen und sechsundzwanzig Monate lang gefangengehalten. Man behandelte die Russen gut und unterzog sie einem *debriefing* nach allen Regeln geheimdienstlicher Kunst. Obwohl Kapitän Golovnin und sein Begleiter Rikord aufschlußreiche Berichte publizierten, hat die japanische Europawissenschaft aus diesem Zusammentreffen vermutlich mehr Gewinn gezogen als die europäische Asienkunde.[77] Schon der ersten russischen Weltumseglungsexpedition unter Kapitän Adam Johann Krusenstern war 1804/5 alles andere als ein glanzvoller Empfang bereitet worden. Krusenstern konnte die Meere um Japan hydrographisch genau erfassen, sah aber vom Lande selbst, wie fast alle anderen Europäer auch, nur Nagasaki.[78] Die einzige Möglichkeit, ein wenig vom Landesinneren gewahr zu werden, war als offizieller V.O.C.-Vertreter auf einer der etwa neunzig Tage dauernden Hofreisen zum Shogun nach Edo, zu welchen die Holländer als Quasi-Lehensträger regelmäßig verpflichtet waren. Man reiste freilich immer wieder auf derselben Route, die vor allem durch den großartigen Bericht Engelbert Kaempfers aus den Jahren 1691–92 und das schwächere *remake* Carl Peter Thunbergs über die Hofreise von 1776 in Europa wohlbekannt wurde.[79]

In China lagen die Verhältnisse ähnlich und doch vollkommen anders. Auch dort konnte vor 1860 von Freizügigkeit für westliche Ausländer keine Rede sein. Aber es gab bei weitem mehr Reise- und damit Informationsmöglichkeiten. Sie lassen sich in drei Typen scheiden. Zunächst war der maritime Außenhandel des Qing-Imperiums nicht ganz so streng reglementiert wie der japanische. Den chinesischen Behörden war es im Grunde gleichgültig, welche Ausländer das von den Portugiesen verwaltete Macau und die Faktoreien der Europäer in Kanton besuchten. Eine flüchtige Beschreibung Kantons war der Minimalertrag nahezu jeder dokumentierten Chinareise.[80] Wer sich aus der Verlegenheit retten wollte, nicht über Kanton hinausgekommen zu sein, half sich mit der merkwürdigen Hypothese, in China sehe es ohnehin überall gleich aus.[81]

Sodann setzten die Jesuiten im 18. Jahrhundert ihre Chinaberichterstattung fort. Die Stellung der Patres des 17. Jahrhunderts bei Hofe, ihr Ansehen bei den Gelehrten-Beamten und ihr wissenschaftliches Kaliber mochten höher gewesen sein als das ihrer Nachfolger. Und es waren aus der frühen Periode mehrere vorzügliche, auf weiten Reisen durch zahlreiche Provinzen beruhende Landesbeschreibungen überliefert, besonders die Bücher von Álvaro Semedo (erschienen 1642) und Gabriel de Magalhães (1688).[82] Doch erst mit der Ankunft der ersten französischen Jesuiten in Peking im Februar 1688[83] begann die Überflutung des europäischen Publikums mit Chinaliteratur. Um die Mitte des 18. Jahrhunderts war man in Frankreich oder Deutschland besser über China unterrichtet als über manches Land der europäischen Peripherie. Louis Le Comte, wissenschaftlich ein kleineres Licht als manche seiner Ordensbrüder, aber ein geschickter Schriftsteller, veröffentlichte 1696 eine bald vielzitierte Einführung zu Land und Leuten.[84] Seit 1702 erschienen in Paris die *Lettres édifiantes et curieuses* als periodische Sammlungen von Briefen der Missionare u.a. aus Peking und Südostasien. Sie wurden 1776, also nach der Aufhebung des Jesuitenordens 1773, durch die *Mémoires concernant l'histoire, les sciences, les arts, les mœurs, les usages des Chinois* abgelöst, die bis 1814 in sechzehn Bänden herauskamen. Schon 1735 war das Material so umfangreich, daß es dem Pariser Jesuiten Jean-Baptiste Du Halde möglich wurde, eine China-Enzyklopädie in vier schweren Quartbänden vorzulegen, die, bald ins Englische, Deutsche und Russische übersetzt, zum maßgebenden Standardwerk über das Reich der Mitte avancierte.[85] 1742 konnte der *savant* und Schriftsteller Lenglet-Dufresnoy erklären, «daß man heute China so detailliert und genau kennt wie Frankreich und andere Staaten Europas».[86] Der Abbé Grosier brachte fünfzig Jahre später die Informationen auf einen neueren Stand und publizierte zwischen 1818 und 1820 die letzte Summe des jesuitischen Wissens über China.[87] Seit etwa 1710 verschlechterte sich die Stellung der Jesuiten am Hofe in Peking, von dessen Patronage sie vollkommen abhängig waren; seit den 1730er Jahren waren sie wenig mehr als technisches Personal in der Verbotenen Stadt. Nach dem Tode ihres aufgeschlossensten Förderers, des Kangxi-Kaisers, im Jahre 1722, geriet das Christentum in China überhaupt in Bedrängnis; die Mission in den inneren Provinzen wurde immer schwieriger. Daß die Jesuiten zunehmend weniger Gelegenheiten hatten, im Lande herumzureisen, merkte man bald ihren Berichten an. Sie wurden hauptstädtisch verengt und stützten sich weniger auf eigene Erfahrungen als auf die Auswertung chinesischer Texte.[88]

Die dritte Form des Reisens in China war die diplomatische Gesandtschaft. Für Nicht-Missionare gab es keine andere Möglichkeit, das Landesinnere kennenzulernen. Zwischen 1692 und 1795 gelangten drei russische, zwei portugiesische, eine britische und eine niederländische Gesandtschaft nach China.[89] Jede dieser Reisen ist gut dokumentiert, am besten die Macartney-Mission von 1792–94.[90] 1805/06 kehrte eine neuerliche russische Gesandtschaft unter Graf Jurij A. Golovkin, an der auch Sir John Malcolms späterer Tischgenosse Julius von Klaproth teilnahm, an der chinesischen Grenze um, da man sich in Protokollfragen nicht einigen konnte.[91] Aus ähnlichen Gründen scheiterte 1816 die zweite britische Mission unter Lord Amherst, die immerhin bis Peking gelangte und deren Nebenergebnis Kapitän Basil Halls Ausflug nach Korea und zu den Ryûkyû-Inseln war. Da die Delegationen, anders als bei der standardisierten japanischen Hofreise, unterschiedliche Routen nahmen, variieren die beschriebenen Gegenden. Beförderung und Unterbringung wurden von den chinesischen Behörden organisiert, und die westlichen Diplomaten sahen im Grunde nur, was man ihnen zeigen wollte. Trotz mancher Besucher und Berichte war es nicht falsch, wenn noch 1830 behauptet wurde, manche Teile China seien *almost unvisited by modern -*

travellers.[92] Reisebeschreibungen aus allen Provinzen des Landes lagen erst um 1900 vor.

5. Südost- und Südasien: Imperiale Freizügigkeit

Keine anderen Staaten Asiens praktizierten eine solche rigide Fremdenpolitik wie Japan, Korea und China. Das Interesse der Europäer an den Ländern Südostasiens und ihr Zugang zu ihnen hingen von einheimischen politischen Entwicklungen und von wirtschaftlichen Konjunkturen ab.[93] Insgesamt gesehen war das 18. Jahrhundert auf beiden Seiten eher eine Zeit des Rückzugs als der Expansion. Das europäische Wissen über Siam beruhte noch am Ende des 18. Jahrhunderts vorwiegend auf den zahlreichen und zum Teil sehr genauen Berichten, die während des kurzen diplomatischen Flirts (1673–1688) zwischen Ludwig XIV. und König Narai entstanden waren; seither hatte es wenige Reisekontakte gegeben. In Vietnam, das seit den 1610er Jahren in Tongking, also das nördliche Reich des Herrscherhauses der Trinh, und den davon sezessionierten Staat Cochinchina der Nguyen im Süden zerfiel, war die katholische Mission ungewöhnlich stark und erfolgreich, wenngleich immer wieder heftig angefeindet. Alexandre de Rhodes, ein Jesuit aus Avignon, hatte sie seit 1624 aufgebaut und 1650 die erste ethnohistorische Abhandlung über Tongking publiziert, der manche anderen missionarischen Mitteilungen folgten.[94] Eine zweite Quelle waren chinesische Berichte besonders aus dem tributpflichtigen und kulturell sinisierten Tongking; die Jesuiten machten sie in Europa bekannt.[95] Erst gegen Ende des Jahrhunderts wurde Vietnam häufiger von westlichen Kaufleuten besucht. Die Macartney-Mission hielt sich auf ihrem Weg nach China eine Weile in der Bucht von Turon auf und produzierte einige Berichte, allerdings mit enger Küstenperspektive. Burma, Laos und das zwischen Siam und Vietnam zerriebene Kambodscha wurden noch seltener besucht als die anderen Staaten Hinterindiens. Die vermutlich meistzitierte westliche Quelle über das Land der Khmer war lange Zeit der Bericht des abenteuernden Alexander Hamilton aus dem Jahre 1727.

Zu den wenig bereisten Teilen Asiens gehörte selbstverständlich auch der gesamte Himalaya-Raum.[96] Missionarische Individualreisende – vor allem der Jesuit Ippolito Desideri, der als erster Europäer den heiligen Berg Kailas beschrieb – waren die wichtigsten Gewährsleute, bis die Auseinandersetzungen zwischen dem nepalesischen Gurkha-Staat und dem Chinesischen Kaiserreich das Interesse der Briten auf sich zogen. Die Berichte zweier politischer Agenten der East India Company –

William Kirkpatrick und vor allem Francis Hamilton-Buchanan – bestimmten dann das Nepalbild des 19. Jahrhunderts.[97] Über «das große Schweizerland Tibet»,[98] eine Art von Protektorat des Qing-Reiches, wußte man im 17. Jahrhundert kaum etwas und im 18., da Desideris Bericht nicht veröffentlicht worden war, nur unwesentlich mehr. Abermals waren die chinesischen Quellen die relativ zuverlässigsten.[99] Nach Rußland gelangten Gerüchte, welche pilgernde buddhistische Untertanen des Zaren mitgebracht hatten.[100] Warren Hastings, der Generalgouverneur von Britisch-Indien, schickte 1774 George Bogle, dann 1783 Samuel Turner in diplomatischer Mission nach Tibet. Beide schrieben ausführliche, lebendige Berichte; derjenige Turners erschien 1800, der Bogles wurde erst 1876 aus dem Manuskript herausgegeben.[101] Weil es so wenige Texte gibt, stechen die wenigen besonders hervor. Aber Bogles und Turners Berichte verdienen ihren guten Ruf. Dasselbe gilt für den *Account of the Kingdom of Caubul* (1815), ein Werk, das Mountstuart Elphinstone, ein Freund und Kollege Sir John Malcolms, nach der Rückkehr von seiner Gesandtschaftsreise des Jahres 1808 schrieb. Die Afghanen hatten die Bühne der neueren Geschichte schon 1722 mit ihrer Invasion Persiens betreten, aber erst Elphinstone berichtete aus Afghanistan, einem Land, das im imperialen Zeitalter seine Selbständigkeit bewahren sollte und niemals für Europäer leicht zugänglich gewesen ist.

Kein asiatisches Land war im Gegenteil leichter zugänglich als Indien, keines war schon im 17. Jahrhundert dichter und häufiger bereist worden. Die Moguldynastie hatte eine vollkommene Reisefreiheit für Europäer zugelassen, mit anderen Worten: die Fremden ignoriert.[102] In einem polyethnischen Imperium fielen sie wenig auf und gar nicht ins Gewicht. Europäer hatten sich an den kriegerischen Nachfolgestreitigkeiten der Thronprätendeten beteiligt. Sie waren in den Hofdienst getreten und Handelsgeschäften nachgegangen. Im 18. Jahrhundert verdingten sich manche als Offiziere und Waffentechniker indischer Fürsten. Im Vergleich zu China und Vietnam spielte das missionarische Element in Indien eine mindere Rolle; die Indienliteratur wurde nicht von Missionsberichten dominiert. Auch in Indien gab es im 18. Jahrhundert noch den heroischen Einzelreisenden. Niemand verkörpert diesen Typus besser als Abraham-Hyacinthe Anquetil-Duperron, ein Sonderling, Sprachgenie (das die Erforschung der altpersischen Sprache und Literatur begründete), Schwärmer und zugleich präziser Geograph und klarer Analytiker der politischen Gegenwartslage.[103] Unzeitgemäß war Anquetil in seinem Englandhaß: Noch als alter Mann beschwor er Napoleon, Indien von den Briten zu befreien, und erbot sich, die Expedition persönlich zu führen.[104] Damals war England in Indien bereits unanfechtbar, die Indienliteratur eine englische Domäne geworden.

Wo die Briten Territorien erobert und imperiale Autorität errichtet hatten, veränderte sich der Charakter des Reisens von Grund auf. Es wurde vom Abenteuer zur Amtshandlung. Gefährlich waren unter Bedingungen der *Pax britannica* nicht länger die Einheimischen, sondern nur Hitze, Krankheiten und die Tiger, die gelegentlich den Kunstfreund bei der Betrachtung von Hindutempeln und pittoresken Landschaften störten.[105] Die innerindischen Reisen in der Zeit zwischen etwa 1770 und 1830 waren überwiegend Aktionen von Bediensteten der E.I.C. Sie waren von zweierlei Art: Hinter den siegreich errichteten militärischen Linien reisten die Verwalter und Steuereinnehmer, die Landvermesser und Kartographen, auch die Historiker, die nun sine ira et studio die Geschichte der unterworfenen Völker und der triumphierenden britischen Waffen schrieben. So entstanden große Werke: James Rennells historische und gegenwärtige Geographie des Mogulreiches, James Grant Duffs Geschichte der Marathen, das heißt: der gefährlichsten indischen Gegner der britischen Macht, oder Dr. Francis Buchanans – des «scharfsichtigen Pausanias Indiens»[106] – sozio-ökologische Mikrobeschreibung des dörflichen Südindien.[107] Die zweite Form des Reisens war der Vorstoß *transfines*: über die sicheren Grenzen des Imperiums hinaus in Gegenden, die mögliche Kandidaten für spätere Annexionen sein konnten oder auch nichts als widerspenstige Nachbarstaaten. So besuchte und beschrieb man die Sikhs im Panjab, die Belutschen und manch andere. Mit dem Imperium entstand die *Frontier*-Literatur.

6. Der Nahe Osten: Antikenpilgerschaft

Der Iran ist ein anderes Beispiel für die Macht der politischen Verhältnisse. Von allen asiatischen Reichen, so ließ sich 1783 nicht ohne Grund sagen, sei Persien das am besten erforschte.[108] Die Schahs der Safawiden-Dynastie (1501–1722) praktizierten Freizügigkeit, die europäischen Reisenden nutzten sie. Warum Persien so viele gelehrte Reisende anzog, ist schwer zu entscheiden. In der Spätrenaissance, einer Zeit des reisenden Aufbruchs, war Persien, der östliche Feind des Osmanischen Reiches, ein Land, das Europäer offener willkommen hieß als die Türkei, mit der sie in Dauerfehde lagen. Shah Abbas I. (der Große, reg. 1588–1626), der Baumeister des neuzeitlichen iranischen Staates, war der erste Monarch des Ostens, der, ein Jahrhundert vor Peter dem Großen und zweieinhalb Jahrhunderte vor dem japanischen Meiji-Kaiser und seinen Hintermännern, sein Land gegenüber dem Westen zu öffnen und eine politische Modernisierung durchzuführen schien, wie sie ähnlich in Tudor-England oder dem Frankreich Heinrichs IV. vonstatten ging. Als im 17. Jahrhundert der Glanz der Safawiden allmählich verblaßte und einige der Nachfolger Abbas' I. zu den Realmodellen eines blutrünstigen «orientalischen Despotismus» wurden, blieben andere Attraktionen: Persiens geographische Lage am Zugang zum Indischen Ozean und per Land zum indischen Subkontinent, seine Reputation als alte Kulturnation, sein angenehmes Klima, die Ruinen von Persepolis – nach den Worten eines Reiseführers von 1754 *the most magnificent on the face of the earth.*[109]

Wenn die Zahl literarisch dokumentierter Iranreisen im 18. Jahrhundert zurückging und keine einzige neue Reise- und Landesbeschreibung auf der wissenschaftlichen und darstellerischen Höhe des 17. Jahrhunderts stand,[110] dann lag dies nicht – wie in Japan – an der Behinderung durch eine systematische Isolationspolitik, sondern im Gegenteil an einem katastrophalen Zerfall jeder staatlichen Ordnung während und nach der afghanischen Invasion von 1722. Abgesehen von gelegentlichen Besuchern in Persepolis zog Persien, anders als Kleinasien, Ägypten und zunehmend auch Indien, keine Bildungsreisenden und Touristen an. Dieser Zustand dauerte bis zur Jahrhundertwende an. In keinem asiatischen Land war das Reisen so gefährlich wie im anarchischen Persien, kaum ein Land war auch für Handel und Strategie so uninteressant. Erst im Zeitalter der napoleonischen Kriege und des sich anschließenden britisch-russischen *Great Game* gewann Persien neue Bedeutung als Verbündeter oder Puffer im Konflikt der Imperien. Dreimal – 1800/1, 1808 (ein vollkommener Fehlschlag) und 1809/10 – entsandte der Generalgouverneur von Indien Sir John Malcolm an der Spitze diplomatischer Gesandtschaften nach Persien.[111] Diese Erfahrungen flossen in die späteren Kapitel von Malcolms *History of Persia* ein. So wurden die Persienreisen im frühen 19. Jahrhundert politisiert.

Über die Bereisbarkeit und Bereisung des Osmanischen Reiches läßt sich allgemein so gut wie nichts sagen. Zu unterschiedlich waren seine einzelnen Teile. Mit *Barbary/Barbarie*, das heißt dem Korsarenstaat Algerien, dessen Herrscher dem Sultan kaum mehr als nominell untertan waren, machten auch im 18. Jahrhundert noch Tausende von Europäern Erfahrungen als Verschleppte und Lösegeldpfänder. Es entstand eine ganze Literaturgattung der Gefangenschaftsberichte nach dem mozartschen Muster «Im Morgenland gefangen …», daneben aber auch Werke von Diplomaten, Geistlichen und reisenden Naturforschern.[112] Ägypten, dank Herodots Beschreibung Europäern als Land der Pharaonen stets gegenwärtig, lockte im 17. und frühen 18. Jahrhundert trotz seiner Nähe zu Europa kaum mehr Besucher an als zum Beispiel der Iran. Dies war keine Frage der politischen Reisemöglichkeiten. Die Hafenstadt Alexandria wurde besichtigt, vielleicht noch Kairo mit den Pyramiden, Suez von denjenigen, die durch das Rote Meer nach Indien reisten, von Pilgern auch das Katharinenkloster am Berg Sinai.

Es hatte nach etwa 1585 einen ersten neuzeitlichen Schub gelehrter Ägyptenreisen gegeben. Sein wichtigster Ertrag war die *Pyramidographia* (1646) von John Greaves, Professor der Astronomie und Mathematik in Oxford. Sie blieb bis zum 19. Jahrhundert die wissenschaftlich genaueste Beschreibung der Pyramiden.[113] Nahezu gleichzeitig hatte Henry Blount gemahnt, neben dem pharaonischen Altertum das gegenwärtige Ägypten nicht zu vergessen: ein großes und lebendiges Land.[114] Ein zweiter Schub kam um 1740, als zwei große Reisende, der ebenso gelehrte wie wagemutige Richard Pococke, berühmt auch auch Gräzist und Gletscherforscher, und der dänische Kapitän Frederik Norden, unabhängig voneinander nach Oberägypten vordrangen und ihre Reisen in umfangreichen, prächtig illustrierten Werken beschrieben.[115] Weder sie noch andere Reisende, die ihren Spuren folgten, beherzigten allerdings Blounts Empfehlung. Das islamische (und auch teils christlich-koptische) Ägypten der Gegenwart blieb weithin unsichtbar, sieht man von Ausnahmen ab wie den Aufzeichnungen Johann Michael Wanslebens, der im 17. Jahrhundert zweimal nach Ägypten kam.[116] Erst Savarys Reisebriefe von 1785–86 und Volneys epochemachender Bericht von 1787 hoben die «jetztlebenden» Ägypter in das Bewußtsein der europäischen Öffentlichkeit.

Bis dahin gab es Gründe für die Vorherrschaft einer antiquarischen Perspektive in der Ägyptenwahrnehmung.[117] Es fehlte in Ägypten das Gegenwartsinteresse der christlichen Mission (wie in China und Vietnam), des Handels (Japan), der Diplomatie (Siam, Persien) oder des Kolonialismus (Indien, Java). Wer sich für den Islam interessierte, glaubte seine sunnitische Spielart in Istanbul bequemer studieren zu können. Abermals war es der britisch-französische Weltkonflikt, der die Parameter veränderte. Napoleon landete mit seiner Ägypten-Invasion von 1798 einen militärischen Coup und eröffnete zugleich die Epoche imperialer Landeskunde als staatlich gefördertes Kollektivprojekt in einer Dimension, die selbst die britischen Unternehmungen in Indien in den Schatten stellte. Als dann 1822 Champollion das Rätsel der Hieroglyphen löste, wurde eine neue Wissenschaft geboren: die Ägyptologie.

Kleinasien, also die Türkei im engeren Sinne, war die mit Abstand am häufigsten besuchte Gegend Asiens. Selbst in den heißesten Phasen des Dauerkonflikts mit den christlichen Mächten blieb Kleinasien im Prinzip bereisbar.[118] Istanbul war die am besten bekannte Stadt Asiens oder, wie man es auch sehen konnte, *la plus grande ville de l'Europe*, unübertroffen in ihrer Größe und Schönheit: «Wir haben in Frankreich nichts, das man damit vergleichen könnte.»[119] Wie in Rom, Paris oder Wien reisten und schrieben die Betrachter, «einer in des andern Fußstapfen tretend»,[120] und ganz originale Leistungen wurden immer schwieriger; die meisten Beschreibungen stammten von Franzosen.

Trotz des großen Umfangs der Literatur über das Osmanische Reich sind einige Gattungen des Reise- und Berichtsschrifttums schwach vertreten. Wie überall im islamischen Raum fehlen katholische und protestantische Missionare fast völlig. Daß Berichte von Gesandtschaftsreisen – so wichtig für China, Siam, Tibet, Persien und Mogul-Indien – kaum eine Rolle spielen, liegt daran, daß die europäischen Mächte in Istanbul – und in Asien nur dort – permanente Botschafter stationiert hatten. Man hatte es daher nicht nötig, durch das Land zu reisen. Einige dieser Gesandten oder Botschafter waren gelehrte Leute oder förderten zumindest die wissenschaftliche Arbeit anderer.[121] Wenige besaßen genügend Kompetenz und Interesse, um selbst Bücher zu schreiben: etwa Sir James Porter, Botschafter an der Hohen Pforte von 1747 bis 1762, ein ausgesprochener Turkophiler, Freund von Benjamin Franklin und Sir William Jones und wahrscheinlich der beste britische Kenner der Türkei im 18. Jahrhundert,[122] oder der kaiserlich-österreichische Botschafter Graf Andreossy, der ein Werk zur physischen Geographie des Bosporus und den Wasserleitungen Istanbuls verfaßte. Außerordentlich wichtige landeskundliche Arbeiten stammten aber von Diplomaten niederer Ränge. Der umfassend gebildete Sir Paul Rycaut setzte die Erfahrung einer Tätigkeit als englischer Konsul in Smyrna von 1667 bis 1678 in eine (Zeit-)Geschichte des türkischen Reiches um.[123] Der vielseitige und bienenfleißige Joseph von Hammer-Purgstall war zwischen 1799 und 1807 auf verschiedenen österreichischen diplomatischen Posten in der Levante gewesen. Als der beste Kenner des Osmanischen Reiches, vor allem seines Rechtswesens und seiner Kultur, in der Generation zwischen Porter und Hammer-Purgstall galt Ignace Mouradja (oder Mouradgea) d'Ohsson, ein gebürtiger Armenier, zuerst lange Jahre Dragoman (Dolmetscher), seit 1782–84 schwedischer Geschäftsträger, 1795–99 dann Botschafter bei der Hohen Pforte. Sein umfangreiches, auf kritischen Quellenstudien fundiertes *Tableau générale de l'Empire Othoman* (1787–1820) galt noch der Osmanistik des frühen 20. Jahrhunderts als «unentbehrlich».[124]

Große Teile des Osmanischen Reiches wurden von Europäern selten oder nie besucht: das innere Anatolien, manche Gegenden am Schwarzen Meer, die Grenzregion nach Persien hin, Libyen, Mesopotamien abseits der Karawanenstraße oder der Jemen, den erst Carsten Niebuhr genau erkundete. Um so häufiger wurden Griechenland und die kleinasiatische Küste frequentiert. Istanbul, wo es mittlerweile reichlich Hotels gab, wurde im späten 18. Jahrhundert zum östlichen Endpunkt der aristokratischen Kavalierstour: Man reiste von Wien über Budapest, Belgrad, Sofia und Adrianopel (Edirne) an den Bosporus und von dort per Schiff nach Italien oder Marseille.[125] Attika, die Peloponnes und die Ruinen des Altertums an der kleinasiatischen Küste waren durch Abstecher von dieser Route zu erreichen. Das klassische Hellas war *zweimal* neuentdeckt oder neu entworfen worden: durch Johann Joachim Winckelmann seit 1755 in Einbildungskraft und künstlerischer Theorie und bereits 1751 durch die beiden jungen englischen Architekten James Stuart und Nicholas Revett, entsandt von der Society of Dilettanti, mit dem fachmännisch geführten Zeichenstift in der Hand. Ihnen folgten Scharen von Reisenden. Nicht alle waren auf zweckfreie Bildung und Erbauung aus. Manchen ging es hauptsächlich um Souvenirs und Plünderung. Thomas Bruce, der 7. Earl of Elgin, der sich 1801–1803 Teile des Parthenon-Frieses aneignete (und sie 1816 an die britische Nation verkaufte), verkörperte eine Spezies. Steckten Mitglieder diplomatischer Missionen in China Steine aus der Großen Chinesischen Mauer oder der Stadtbefestigung von Peking heimlich in die Tasche und füllten sich Wasser aus dem Gelben Fluß in Flaschen ab,[126] so war die osmanische Regierung so schwach oder so desinteressiert, auf dem Boden des klassischen Altertums private Grabungen großen Stils zu tolerieren. Das gehobene Rowdytum mancher Reisender tritt freilich zurück hinter den Leistungen zahlreicher gelehrter Besucher Griechenlands und der kleinasiatischen Küste, die gemeinsam zu Beginn des 19. Jahrhunderts die beschreibende Länderkunde dieser Gegenden begründeten.[127] Nahezu gleichzeitig mit der wissenschaftlichen Erfassung Südindiens durch Dr. Francis Buchanan und in der methodischen Durchführung nahe mit ihr verwandt, erarbeitete der britische Artillerieoffizier William Martin Leake eine umfassende geographische Beschreibung der hellenisch geprägten Gegenden des Osmanischen Reiches.[128]

Solch strenge Wissenschaftlichkeit, die bei Leake wie bei Buchanan auch den politisch-strategischen Interessen des Empire diente, war nicht nach jedermanns Geschmack. Der literarisch wirkungsvollste eines neuen Typs von subjektivistischem Bildungsreisenden, wie er zunächst nur am Mittelmeer auftrat, war der Dichter Chateaubriand, der 1806/7 eine Rundreise von und nach Paris über Venedig, Athen, Istanbul, Jerusalem, Alexandria und Tunis unternahm. Auch er verschmähte das mehr als gelegentliche Mitbringel nicht – *j'ai toujours dérobé quelque chose aux monuments sur lesquels j'ai passé*[129] –, doch ging es ihm vor allem um das klassische und, im Heiligen Land, um das religiöse Erlebnis. Das war eine höhere Stufe emotionaler Erfahrung als das eher sachliche Interesse eines Reisenden wie Pococke, der nach Ägypten und Palästina reiste, um sich die Geschichten der Bibel besser vorstellen zu können.[130] Chateaubriand kann sich durchaus über den Antikenwahn seiner Mit-Bildungsreisenden belustigen.[131] Aber in Palästina will er sich die Anstrengung durch pausenloses christliches Ergriffensein nicht anmerken lassen.[132]

Man tut all diesen Reisenden sicher nicht Unrecht, wenn man feststellt, daß sie sich für die Gegenwart der Länder, die sie durchquerten, weniger interessierten als für antike Ruinen und biblische Reminiszenzen. Türken und Araber waren lästig oder als Personal nicht zu vermeiden; auch die Phantasie, in einem griechischen Schafhirten den Nachfahren der perikleischen Griechen zu sehen, brachten selbst fanatische Philhellenen nur selten auf. Diesen Typ des Antikenpilgers gab es allein im Osmanischen Reich: Man reiste in den Orient, aber kam nie dort an.

7. Abenteurer und Überläufer

Die Zielgebiete der Reisenden, ihre Absichten sowie die Typen des Reisens können in gewisse Zusammenhänge miteinander gebracht werden. Anders als im politisch und kulturell ziemlich homogenen Europa (westlich der russischen Grenze), war im Asien des 18. Jahrhunderts nicht jede Form von Reise überallhin möglich. Es gab eben keine Missionsreisen nach Japan, keinen Bildungstourismus nach Siam oder China, keine Gesandtschaftsreisen durch das Osmanische Reich.

Dieser Rahmen ausgeschlossener und realisierter Möglichkeiten müßte durch eine differenzierte Sozial- und Kulturgeschichte des Reisens gefüllt werden.[133] Sie könnte bei den Reisezwecken beginnen. Unter den Asienreisenden, deren Fahrten durch ihre eigenen Berichte dokumentiert sind, spielen privat reisende ungebundene Abenteurer im 18. Jahrhundert eine geringere Rolle als in früheren Zeiten. Der Aufschwung des Asienhandels und der Ausbau des Kolonialismus auf Java und in Indien zogen Glücksritter an. Doch nur wenige kehrten als reiche *Nabobs* zurück; fast keiner von ihnen veröffentlichte einen nennenswerten Bericht.[134] Die Erlebnisschilderungen deutscher Ostindienfahrer in den Diensten der V.O.C., meist einfacher Seeleute, Soldaten und niederer Funktionäre, spielen nur bis etwa 1730 eine Rolle innerhalb der deutschen Asienliteratur; an Informationsgehalt stehen sie hinter der gleichzeitigen holländischen Literatur zurück.[135] Manche Reise wurde abenteuerlich wider Willen: Der achtzehnjährige Robert Knox wurde im November 1659 bei einem Schiffbruch gemeinsam mit seinem Vater, dem Kapitän des Schiffes, und sechzehn Besatzungsmitgliedern an die Küste von Ceylon (Sri Lanka) verschlagen und dort vom König von Kandy, Rajasimha II., gefangengenommen. Erst zwanzig Jahre später gelang Knox die Flucht in ein holländisches Fort an der Küste. Im September 1680 traf er wieder in England ein, ein angefangenes Manuskript in der

Tasche, aus dem mit der Hilfe der Royal Society die bemerkenswerte *Historical Relation on the Island of Ceylon* (1681) entstand.[136]

Der Typus des unternehmungslustigen Privatweltenbummlers, der seine Reise aus eigener Tasche finanziert und hinterher ein großes Buch darüber schreibt, erlebt jenseits des mittelmeerischen Nahen Ostens seinen Höhepunkt in der zweiten Hälfte des 17. Jahrhunderts. Er taucht erst wieder im frühen 19. Jahrhundert mit der allmählichen touristischen Erschließung Indiens auf.[137] Um die Wende zum 18. Jahrhundert verkörpert ihn eindrucksvoll der kalabrische Jurist Giovanni Francesco Gemelli Careri, den Überdruß an seinem Richteramt, Familienzwistigkeiten und Abenteuerlust zu einer Reise um die Welt in den Jahren 1693–1698 veranlaßten. Gemelli Careri muß ein ungewöhnlich gewinnender Mensch gewesen sein. Er besaß die Fähigkeit, an Orte vorzudringen, die anderen verschlossen blieben, und die Gabe, sich großzügig einladen zu lassen. Seine Reise führte ihn nach Ägypten, Palästina, Kleinasien, Persien, Indien (wo er das Lager des Mogulkaisers Aurangzeb besuchte) und Malakka. Von China sah er während eines achtmonatigen Aufenthalts nicht nur den Süden, sondern erreichte als einer von ganz wenigen Nicht-Missionaren und Nicht-Diplomaten sogar Peking. Obwohl einige der Jesuiten, die ihn für einen Geheimagenten des Papstes hielten, gegen ihn intrigierten, gelang ihm 1695 sogar der beispiellose Coup einer Audienz beim Kangxi-Kaiser. Auf einer der berühmten Manila-Galleonen überquerte er den Pazifik und hielt sich elf Monate lang in Mexiko auf. Sein in Italien auch wegen des guten Stils geschätzter *Giro del mondo* (1699–1700) wurde zu einem großen Reisebestseller. Lange als Aufschneider unter Verdacht und nur von wenigen verteidigt,[138] hat sich später die Genauigkeit mancher seiner Beschreibungen erwiesen.[139] Gemelli Careri blieb eine singuläre Figur. Als erster, von dem wir wissen, gelang ihm eine Weltumrundung mit den «Linien»-Verkehrsmitteln der damaligen Zeit, besonders den großen transasiatischen Karawanen, die ziemlich regelmäßig verkehrten, und der einmal jährlich den Pazifik hin und her überquerendern Manila-Galleone.[140] Später ist ihm allenfalls noch der schon mehrfach erwähnte Alexander Hamilton vergleichbar: ein Schotte, der 1688 als Kapitän und Händler in östlichen Gewässern auftauchte und in den nächsten fünfunddreißig Jahren im Gebiet zwischen Mocha und Amoy hin- und herschipperte.[141] Sein Bericht, den er als Hilfe für praktisch interessierte Kauf- und Seeleute schrieb,[142] verbirgt aber die Abenteuerlichkeit seiner Existenz.

Ganz und gar nicht ist das der Fall bei Graf Moritz August von Benyowski, einem Ungarn, der 1786 bei einem gescheiterten Versuch ums Leben kam, Madagaskar für die Franzosen zu erobern. 1790 erschien postum auf Englisch sein Reisejournal, eine ganz auf die Erlebnisse und

Taten des Grafen in den Jahren 1770 bis 1772, vorzugsweise in Sibirien, Kamtschatka und Japan, konzentrierte spannende Erzählung, die viele Auflagen in mehreren Sprachen erlebte. Krasse Ungereimtheiten entgingen kritischen Lesern nicht, und Benyowskis Ruhm als wahrheitsliebender Chronist welkte rasch dahin, ohne daß sich das breitere Publikum von ihm abgewandt hätte: Sein Buch erreichte allein in Deutschland binnen acht Jahren neun Auflagen.[143] Auch der Übersetzer des Werkes ins Deutsche, kein geringerer als der große Professor Johann Reinhold Forster, der das Projekt aus finanziellen Gründen angenommen hatte, schöpfte früh einen begrenzten Verdacht und ließ bei seiner deutschen Fassung einfach alles fort, was ihm unglaubwürdig, übertrieben oder sensationalistisch erschien.[144]

Die Zeit der großen Asienabenteurer, der wirklichen wie der erfundenen, war damals schon vorüber. Mit James Bruce, der seinen Bericht 1790 veröffentlichte, verlagerte sich der Schwerpunkt des Abenteuerlichen auf Afrika. Es blieben, abseits des Publikumsinteresses, die kuriosen Ausnahmen und Exzentriker: Giovanni Ghirardini, ein italienischer Maler, den der Pater Bouvet für den chinesischen Hofdienst angeworben hatte und der sich, stets einen Reim auf den Lippen, als simple Frohnatur unter den gravitätischen Jesuiten bewegte;[145] Charles-François Tombe, ein nach dem Frieden von Amiens 1802 demobilisierter französischer Offizier, der aus Existenznot und Verzweiflung nach Ostindien segelte und eine aufschlußreiche Beschreibung Batavias verfaßte;[146] oder John Dundas Cochrane, der als Privatmann zu Fuß durch halb Sibirien wanderte.[147] Ganz kurios ist der Reisebericht eines Alexander Drummond, der in den 1740er Jahren unterwegs war: eher ein griesgrämiger Tourist als ein forscher Abenteurer (und erst recht kein sachlicher Wissenschaftler): In Frankfurt am Main und in Aleppo findet er überhaupt nichts Interessantes; er meckert über das Fehlen von Hotels im Orient, sieht überall nur Schmutz und Verfall. Alle seine Erwartungen werden bitter enttäuscht, nicht einmal orientalische Räuber halten es für wert, ihn zu überfallen und auszuplündern.[148] Der arme Mann kehrt ohne erzählenswerte Geschichten heim.

Das schiere Gegenteil waren kulturelle Überläufer, Leute, von denen es aus europäischer Sicht so aussehen konnte, als hätten sie die Grenze zu einer anderen Zivilisation existentiell überschritten.[149] Der deutlichste Schritt über Europa hinaus war die Konversion zum Islam. Sie konnte aus Bequemlichkeit und praktischen Gründen erfolgen. Im Algier der muslimischen Korsaren gab es nicht wenige christliche Renegaten: teils übergetretene Gefangene, die sich dadurch ihre Freiheit erwarben, teils kriminelle Flüchtlinge aus den christlichen Ländern. Wenn sie von europäischen Schiffen geschnappt wurden, drohte ihnen ein besonders grausames Schicksal.[150] Daß europäische Seeleute zum Islam übertraten, kam recht häufig vor und wurde wenig beachtet.[151] Mehr Aufsehen erregte es, wenn Angehörige der Elite diesen Schritt taten. Nach General Klébers Ermordung im Juni 1800 fiel das Kommando der in Ägypten verbliebenen französischen Expeditionstruppen an General Jacques Abdullah Menou. Sein viel bespöttelter Übertritt zum Islam war teils politisch motiviert, teils durch den Wunsch, eine Ägypterin, noch dazu eine Nachfahrin des Propheten, zu heiraten.[152] Im frühen 19. Jahrhundert traten mehrere konvertierte Europäer in die Dienste des modernisierungsfreudigen Herrschers von Ägypten, Muhammad Ali.[153] Nur ein einziger wissenschaftlich erstrangiger Reisender scheint jedoch Muslim geworden zu sein: Johann Ludwig Burckhardt. Carsten Niebuhr erzählt die Geschichte, die ihm berichtet wurde, eines französischen Arztes und Naturforschers namens Simon, der nach Aleppo reiste, um Untersuchungen anzustellen. Unerfreuliche Erfahrungen mit Europäern veranlaßten ihn zu dem, wie Niebuhr sagt, «verzweifelten Entschluß», Mohammedaner zu werden. Die Türken, die ihm davon abgeraten hatten, lohnten es ihm nicht. Herr Simon war zwar als Arzt weiter gefragt, doch «verachtete man ihn als einen Menschen, der seiner Religion und seinem Vaterlande untreu geworden sei».[154] Der Konvertit nicht als Mittler zwischen den Kulturen, sondern als irrender Wanderer zwischen ihnen.

Bis hin zum Religionswechsel gab es zahlreiche Zwischenstufen. Sympathie zu der fremden Kultur, der man seine wissenschaftliche Arbeit widmete, konnte sich in äußeren Zeichen ausdrücken. 1680 tauchte der Persienreisende Sir John Chardin, ein hugenottischer Emigrant, in London auf, *vêtu à l'oriental*, und als der junge Joseph Hammer den verehrten Mouradja d'Ohsson 1792 in Wien zum ersten Mal sah, trug dieser türkische Gewänder und dazu einen mozartischen Puderzopf![155] Die Jesuiten am Hofe zu Peking, von denen einige, besonders im 17. Jahrhundert, hohe Beamtenränge innehatten, waren in die Roben chinesischer Mandarine gekleidet. Ihren innerkirchlichen Gegnern, denen ihre theologisch-philosophische Anpassung an den Konfuzianismus ohnehin zu weit ging, galt dies als weiterer Beweis für verwerfliche Heterodoxie.

In vieler Hinsicht verköperten die in China tätigen Jesuiten einen modernen Typus des im Ausland lebenden Europäers. Sie waren keine Privatreisenden, sondern führten eine offizielle Doppelexistenz zum einen als Angehörige einer supranationalen Großorganisation, zum anderen als Fachleute im Dienste einer außereuropäischen Regierung. Einige durften sich zusätzlich als diplomatische Repräsentanten der französischen Krone betrachten. Zahlreiche asiatische Staaten beschäftigten europäische Experten, meist im Militär, ohne von ihnen den kulturell-religiösen Bruch mit ihrer Herkunft zu erwarten. Indische Fürsten nahmen Europäer in ihre Dienste, seit 1503 zwei mailändische Kanonenmacher von den Portugiesen zum Zamorin (König) von Calicut desertierten und in drei Jahren 300 Geschütze für ihn gossen.[156] François Bernier beobachtete um die Mitte des 17. Jahrhunderts, daß die Artillerie des Großmoguls von hochbezahlten Europäern betrieben wurde. Allerdings war deren Marktwert bereits gesunken, seit die Mogultruppen selbst geschickter im Umgang mit Geschützen geworden waren.[157] Französische Berater rüsteten die Gegner der Briten, vor allem die Mahraten und die Sultane von Maisur, auf. Insgesamt scheint es zwischen 1750 und 1803 um die 180 europäische Söldner in indischen Diensten gegeben zu haben.[158] Auch das Osmanische Reich engagierte seit dem frühen 18. Jahrhundert europäische Militärexperten. Solche Jobs verpflichteten kulturell zu nichts. Der aus Ungarn stammende Baron de Tott zum Beispiel, der nach 1773 die osmanische Artillerie modernisierte, die Militärausbildung verbesserte und Befestigungsanlagen an der Donaugrenze und den Dardanellen erbaute, war einer der rabiatesten Türkenhasser, während sein Kollege, der Schotte Campbell, als Renegat («Ingiliz Mustafa») seine kulturelle Loyalität gewechselt hatte.[159]

8. Forscher und Funktionäre

Erhebliche Mißverstädnisse stellen sich ein, überträgt man die üblichen Vorstellungen vom innereuropäischen Reisen und seinen unterschiedlichen Spielarten auf das Asien des 18. Jahrhunderts, vor allem jenseits des Mittelmeerraumes. Anders als in Europa war Reisen, sofern es dokumentiert ist,[160] nicht typischerweise ein Individualprojekt. Es wurde dies immer weniger. Man kann die institutionell ungebundenen, sich selbst finanzierenden Reisenden mühelos zählen. Im «langen» 18. Jahrhundert waren dies unter Reiseschriftstellern ersten Ranges nur Gemelli Careri, Volney, Bruce und Alexander von Humboldt[161] – und die letzten beiden reisten vorwiegend in Afrika bzw. Amerika. Der reiche Amateur Joseph Banks, der keinen Bericht, sondern nur lange unveröffentlicht gebliebene Tagebücher schrieb, begleitete Kapitän Cook bei dessen erster Weltumseglung auf eigene Kosten. Alle anderen Reisenden waren Funktionäre großer Organisationen: staatlicher Regierungen, quasi-staatlicher Chartergesellschaften, religiöser Orden und anderer kirchlicher Körperschaften. Einige reisten auch im Auftrag von Einrichtungen privaten Mäzenatentums wie einer wissenschaftlichen Gesellschaft – J. L. Burckhardt war Beauftragter der 1788 von Joseph Banks und anderen gegründeten

African Association – oder einer der Akademien in London, Paris und St. Petersburg. Diese Verstaatlichung oder Offizialisierung des Reisens ist einer der wichtigsten reisegeschichtlichen Prozesse im 18. Jahrhundert. Ein schöne Vignette dazu: Nach der Aufhebung des Jesuitenordens in Frankreich 1773 wurden die in Peking verbliebenen Missionare – vom *Père* zum *Monsieur* herabgestuft – aus der französischen *Staats*schatulle weiterbezahlt.[162]

Entdeckungs- und Forschungsreisen wurden im Laufe des 18. Jahrhunderts immer mehr zu Angelegenheiten nationalen Prestiges und imperialer Rivalität. Zur See war der Pazifik der wichtigste Schauplatz eines britisch-französischen Wettlaufs um Entdeckungen und nautische Erfolge, in den sich später auch Rußland einschaltete. Zu Lande wurden die größten asiatischen Reiseprojekte der Epoche auf Staatsinitiative innerhalb des Zarenreichs realisiert. In den 1760er Jahren trafen sich die Interessen von Politik und Wissenschaft in international abgestimmten Großprojekten.

Der wichtigste Anlaß war die Erwartung eines außergewöhnlichen astronomischen Ereignisses: des Durchgangs des Planeten Venus vor der Sonnenscheibe; dies würde eine präzise Berechnung des Abstands zwischen Erde und Sonne ermöglichen. 1716 hatte der englische Astronom Edmond Halley dieses Ereignis für 1761 und 1769 prognostiziert; es würde sich erst 1872 wiederholten. Wegen des Siebenjährigen Krieges gelang 1761 keine Absprache zwischen den Astronomen der europäischen Länder, und nur die französischen Bemühungen zeitigten gewisse Erfolge. 1769 hingegen koordinierten die europäischen Regierungen, Akademien und wissenschaftlichen Gesellschaften – in England war die Royal Society besonders aktiv – ihre Vorhaben in beispielloser Weise.[163] Zahlreiche Beobachtungsexpeditionen wurden entsandt, um das Ereignis von unterschiedlichen Punkten der Erde aus zu beobachten: Cook und Bougainville in die Südsee, der Abbé Chappe d'Auteroche (der den Venusdurchgang von 1761 in Tobol'sk, der Hauptstadt Westsibiriens, erlebt hatte) nach Kalifornien. Le Gentil hatte die Planetenpassage 1761 im Indischen Ozean verpaßt und wartete dort seitdem – und letzten Endes abermals vergeblich – auf eine zweite Gelegenheit. Ohne Regierungsauftrag stellte der wissenschaftlich geschulte Privatreisende James Bruce im Juni 1769 in Oberägypten astronomische Beobachtungen an. Peter Simon Pallas bezog Station in Sibirien.

Pallas war einer von mehreren deutschen Wissenschaftlern, denen die russische Regierung die wissenschaftliche Erschließung der asiatischen Reichsteile übertragen hatte. Ähnlich den anderen gleichzeitigen Forschungsreisen hatten diese Bemühungen ein gelehrt/imperiales Janusgesicht. Sie dienten sowohl der Erhebung von Daten in verschiedenen

Bereichen der Naturkunde (Geographie, Geologie, Astronomie, Botanik, Zoologie) als auch der Sammlung von ethnographischem und ökonomischem Herrschaftswissen, das die politische Kontrolle und wirtschaftliche Nutzung der riesigen außereuropäischen Gebiete im Zarenreich erleichtern sollte. Pallas war der berühmteste, aber nicht der einzige und erste dieser Reisenden.

Die wissenschaftliche Erschließung Sibiriens[164] war auf Befehl Peters des Großen mit der bescheiden angelegten Forschungsreise des aus Danzig stammenden, in Halle ausgebildeten Mediziners Daniel Gottlieb Messerschmidt während der Jahre 1721 bis 1727 in ein neues Stadium eingetreten. Vierzehn Monate lang wurde Messerschmidt von dem aus russischer Kriegsgefangenschaft entlassenen Schweden Johann Philipp Tabbert begleitet, der sich v. Strahlenberg nannte und später eine wertvolle Landeskunde Nordasiens veröffentlichte.[165] Von Messerschmidts Tagebüchern wurden im 18. Jahrhundert nur einige Fragmente veröffentlicht. Enttäuscht und verarmt starb ihr Verfasser 1735 in St. Petersburg. Schon damals stand der östlichste Teil des Russischen Reiches, die Halbinsel Kamtschatka, im Mittelpunkt des Interesses. Weitaus größere Dimensionen als Messerschmidts Pionierleistung hatte die Erste Kamtschatka-Expedition der Jahre 1725 bis 1730, die Peter der Große am Ende seiner Regierungszeit noch selbst angeregt und geplant hatte. Zu ihren Aufgaben gehörte die Feststellung der Ostgrenze Asiens und die Suche nach einer Verbindung zwischen Asien und Amerika. Ihr Leiter war der dänische Kapitän Vitus Bering. Nach seiner Rückkehr entwickelte Bering Vorstellungen zu einer Zweiten Kamtschatka-Expedition. Dieses als Große Nordische Expedition bekannte Unternehmen, an dem, auf drei regionale Gruppen verteilt, insgesamt 570 Mann beteiligt waren, wurde zwischen 1733 und 1743 durchgeführt. Es war das umfangreichste Asienreiseprojekt des 18. Jahrhunderts. Für die wissenschaftlichen Aspekte war die 1725 gegründete Akademie der Wissenschaften zu St. Petersburg zuständig, eine der größten Wissenschaftsorganisationen im damaligen Europa. Sie bildete für die sibirische Gruppe der Expedition eine Akademische Abteilung, der unteren anderen zwei junge deutsche Professoren angehörten: der aus einer Tübinger Gelehrtenfamilie stammende Chemiker Johann Georg Gmelin und der aus Herford gebürtige Historiker und Ethnograph Gerhard Friedrich Müller. Ihnen wurden zur Unterstützung neben anderen der Naturforscher Georg Wilhelm Steller, der Historiker Johann Eberhard Fischer und der Student Stepan Petrovič Krašeninnikov zugeordnet. Nur dieser und Steller drangen tatsächlich bis nach Kamtschatka vor. Gmelin und Müller legten dennoch insgesamt mehr als 33 000 Kilometer zurück: die vermutlich längste Landreise von Europäern während der ersten Hälfte des 18. Jahrhunderts.[166]

Pallas' Aktivitäten fallen in die nächste Phase der zaristischen Explorationspolitik, geprägt durch die sogenannten Akademie-Expeditionen der Jahre 1768 bis 1774. Äußerer Anlaß war das Bestreben der Zarin Katharina II., bei Gelegenheit des Venusdurchgangs von 1769 dem Ausland das hohe Niveau der Wissenschaften in Rußland vor Augen zu führen. Zugleich und vor allem sollte abermals dem wirtschaftlichen Nutzen des Reiches gedient werden. Die Akademie-Expeditionen waren in kleinerem Maßstab organisiert als die Große Nordische Expedition; vor allem waren sie fast reine Landreisen. Russische und von der Akademie angeworbene deutsche Wissenschaftler teilten sich die Aufgaben. Die deutschen Teilnehmer waren Johann Anton Güldenstädt, der jenseits der damaligen Reichsgrenze den Kaukasus und Georgien bereiste, Samuel Gottlieb Gmelin (ein Neffe von Johann Georg Gmelin), der die Ufer des Kaspischen Meeres erkundete, und Peter Simon Pallas selbst, der Kopf der Expeditionen und Herr ihrer Auswertung. Pallas besuchte die mittlere Wolga, den Ural und gelangte östlich bis nach Irkutsk und ins Bajkalgebiet. Ebenso wie die Schriften der deutschen Gelehrten wurden auch die ihrer ebenfalls beteiligten russischen Kollegen Ivan Ivanovič Lepechin und Nikolaj Petrovič Ryčkov – in deutscher Übersetzung – rasch der westeuropäischen Öffentlichkeit zugänglich gemacht.

Diese Reisen waren *imperiale Forschungsreisen*. Ihre oft außerordentliche «Abenteuerlichkeit» und Gefährlichkeit – auch Bering und Steller waren unterwegs ums Leben gekommen – war erlittener Nebeneffekt und nicht erstrebtes Ziel. Nervenkitzel, Tatendrang, Europamüdigkeit oder naive Neugier gehörten nicht zu den Motiven der Reisenden. Ja, es war ein wichtiger Impuls hinter den wissenschaftlichen Reisen des Aufklärungszeitalters, die Entdeckung und Erschließung der Erde *nicht* leichtfertigen Abenteurern zu überlassen. Für die jungen deutschen Gelehrten boten die zaristischen Reiseprojekte außerordentliche Karrierechancen, wie sie ihnen die Kleinstaaten ihrer Heimat verweigerten: J. G. Gmelin wurde mit kaum zweiundzwanzig Jahren zu attraktiven Bedingungen als ordentlicher Professor nach St. Petersburg berufen, Pallas im Alter von fünfundzwanzig Jahren. Der eine brachte es nach unerfreulichen Erfahrungen im russischen Staatsdienst später zum Rektor der Universität Tübingen, der andere verbrachte seinen Ruhestand als einer der berühmtesten Naturforscher Europas auf einem Landgut auf der Krim, das ihm die Zarin geschenkt hatte.

Eine Methodisierung des Reisens hatte bereits im 16. Jahrhundert in humanistischen Zirkeln, Italiens, Frankreichs und des Oberrheins begonnen.[167] Man überließ sich nicht den Reiselaunen, sondern entwarf Beobachtungsprogramme. Genau und detailliert beobachtende und beschreibende gelehrte Reisende hatte es auch in Asien vor Gmelin und

G. F. Müller schon gegeben, etwa Engelbert Kaempfer in Persien und Japan und Pater Gerbillon ungefähr gleichzeitig in der Mongolei. Aber in den russischen Expeditionen des 18. Jahrhunderts wurden (1) detaillierte Arbeitsprogramme mit (2) generalstabsmäßiger logistischer Planung, (3) sorgfältiger wissenschaftlicher Vorbereitung, (4) routinisierter und schematisierter täglicher Ergebnisdokumentation und (5) systematische Auswertung im Rahmen akademischer Institutionen (6) für wissenschaftliche (und sekundär politische) Zwecke zum ersten Mal miteinander verknüpft. Fast genau gleichzeitig mit der Großen Nordischen Expedition wurde, allerdings in Kolonien fremder Mächte, etwas Ähnliches bei La Condamines Reisen nach Peru und auf dem Amazonas versucht[168]. Damit waren – zumindest in der Theorie, denn es haperte zuweilen in der Ausführung – Elemente miteinander verbunden worden, die das Wesen einer Forschungsreise ausmachen.[169] Eine solche Reise mußte nicht unbedingt als Expedition auftreten, als eine Art von mobiler Kolonie, wie dies auch die Schiffe der Pazifikfahrer und Weltumsegler zum Teil schon waren. Die dänische Arabienreise begann 1761 als kleine Expedition und wurde nach dem Tod der Reisegenossen 1763 zu einer Ein-Mann-Aktion Carsten Niebuhrs, der dank seiner guten Vorbreitung viele Forschungsziele auch allein erreichen konnte – bis zur Heimkehr als pflichtbewußter Dienstreisender der dänischen Krone und nicht als vagabundierender Privatmann.[170] James Bruce und Alexander von Humboldt auf seiner amerikanischen Reise schafften es (fast) ganz aus eigener Kraft. Aber Aufwand und öffentliche Bedeutung machten außereuropäische Forschungsreisen nahezu unabweisbar zu Staatsaktionen und Reisende zu Funktionären oder Patronageempfängern – sehr zum Verdruß etwa eines freien und streitbaren Geistes wie Johann Reinhold Forster.[171]

Den russisch-deutschen Nordasienreisen von 1733–1743 und 1768–74 ließ sich im übrigen Asien einstweilen nichts an die Seite stellen. Europas führende Geographen und Kartographen saßen in Frankreich, aber Frankreich fehlte es in Asien an kolonialen Möglichkeit. Napoleons Besetzung Ägyptens 1798, die auch eine Invasion des Morgenlandes durch die französische Gelehrtenwelt war, wirkte wie ein Ausbruch lange aufgestauter Energien.[172] Sie begründete eine Tradition, militärische Interventionen durch große wissenschaftliche Staatsexpeditionen begleiten zu lassen.[173] Großbritanniens offizielle Reiseambitionen flossen im 18. Jahrhundert ganz überwiegend in die nahezu perfekt organisierten drei Weltumsegelungen James Cooks, an denen auch deutsche und schwedische Wissenschaftler beteiligt waren, allerdings in weniger verantwortlichen Positionen als etwa Bering und Pallas im Zarenreich. Von Indien aus entsandten die Briten zwischen 1774, dem Jahr von George

Bogles Mission nach Tibet, und 1815, als das Ende der napoleonischen Gefahr den weltpolitischen Druck auf das Empire einstweilen verminderte, diplomatische Gesandtschaften in fast alle umliegenden Länder Asiens. Alle diese Gesandtschaften betrieben in irgendeiner Form auch wissenschaftliche Studien, aber keine auch nur annähernd auf dem professionellen Niveau der Sibirienreisen.

Schließlich die direkt britisch kontrollierten Gebiete: Während der Jahre, als die Briten das holländisch kolonisierte Java besetzt hatten (1811–1816), sammelte ihr oberster Vertreter, Lieutenant-Governor Sir Stamford Raffles, Material, das in seine große Landesbeschreibung, die *History of Java* (1817), einfloß. Wieder einmal zeigte sich ein typisch britisches – Julius Caesar nachempfundenes – Diskursmodell: der Eroberer als Historiker und Ethnograph. Wir haben es bei Sir John Malcolm schon kennengelernt. Britisch-Indien selbst wurde recht bald nach der Unterwerfung der jeweiligen Gebiete einer genauen wissenschaftlichen Inspektion unterzogen. Dies begann 1765, als Robert Clive, der Eroberer Bengalens, den jungen Marineoffizier und Feldmesser James Rennell beauftragte, die neu erworbenen Territorien als Surveyor-General eingehend zu untersuchen und zu kartieren.[174] Ebenso wie Katharina die Große oder, wie im folgenden Kapitel am Beispiel des Reisenden Volney gezeigt werden wird, das Frankreich des Direktoriums verfolgte der britische Kolonialstaat seit dem späten 18. Jahrhundert die Vision eines umfassenden, kompletten, systematischen und korrekten Archivs landeskundlicher Informationen über die neu erworbenen Besitzungen. Die präzisesten Instrumente dafür, welche das Europa der Spätaufklärung zur Verfügung stellen konnte, waren Kartographie und Statistik.[175] In Indien stand am Ende eines Jahrhunderts des Datensammelns schließlich 1878 die Errichtung eines zentralen Informationsamtes, der *Survey of India*, das eine ungemein ins einzelne gehende Beschreibung sämtlicher britischer Territorien auf dem Subkontinent hervorbrachte. Seit dem späten 18. Jahrhundert wurde das Land exakt vermessen und kartographisch dargestellt, Daten wurden erhoben über seine Geologie, Botanik, Zoologie, Ethnographie, Ökonomie (einschließlich seiner Steuerkraft), Soziologie und Geschichte. So sammelte sich eine riesige Menge von Texten und Karten an, von quantitativen Daten, Lokalbeschreibungen *(gazetteers)* und Enzyklopädien. Dank rastloser Bemühungen manischer Sammler wie Colin Mackenzie, des 1815 ernannten ersten *Surveyor of India*, entstanden riesige Kollektionen von Manuskripten, Kunstgegenständen und Objekten der materiellen Kultur.[176]

Die Erträge des offiziell forschenden Reisens vom britischen, russischen und französischen Typ mündeten in die großen imperialen Archive und Museen. Pazifizierung und Organisation der peripheren Gebiete machten diese Art des Reisens erst möglich. Es selbst wiederum trug nicht nur zur interesselosen Vermehrung wissenschaftlicher Kenntnisse, sondern ebenso zur erfolgreicheren Beherrschung und Ausbeutung der unterworfenen Völker und Länder Asiens bei.

V.
Begegnungen

Bilder vom Fremden sind keine Reflexe der Wirklichkeit, aber sie gehen auf Beobachtungen von Wirklichkeit zurück. Um Asien beobachten zu können, mußte man sich dorthin begeben. Ein schwacher Ersatz bestand darin, sich reisende Asiaten anzuschauen. Im 18. Jahrhundert war es sehr schwierig, in europäischen Ländern Asiaten zu begegnen. Afrikaner, über den Sklavenhandel aus ihrer Heimat verschleppt, waren öfter anzutreffen als Menschen aus Asien. Afrikaner standen als Diener («Mohren»), Soldaten oder Musiker in den Diensten von Fürstenhöfen und Privatleuten.[1] Asiaten hingegen tauchten nur in Einzelfällen in Europa auf. Immer steht dahinter eine besondere Geschichte. Großes Aufsehen erregten die wenigen Gesandtschaften aus östlichen Ländern, die in Europa eintrafen: zwei siamesische Gesandtschaften in Frankreich (1684/85, 1686/87), persische Gesandtschaften in England (1626, 1809/10, 1819/20) und Frankreich (1715), osmanische Gesandtschaften in Frankreich (1533, 1571, 1581, 1601, 1607, 1669/70, 1720/21[2], 1741), in Wien (1665, 1740) und in Preußen (1763/64).[3]

Sonst waren es einzelne, die auf je eigenem Wege nach Europa gelangten. Um nur von Chinesen zu sprechen: 1650 Zheng Manu, der in Rom ausgebildete erste chinesische Jesuit, ein Arzt namens «Thebitia», der 1668 dem Gesandten Van Hoorn von Peking nach Holland gefolgt war,[4] der unglückliche Jean Hu, der 1722 nach Europa kam,[5] die fünf Chinesen, welche die Jesuiten 1750–54 am Collège Louis-Le-Grand erzogen, die beiden jungen Söhne christlicher Familien Aloys Ko und Étienne Yang, die der Minister Bertin Anfang der 1760er Jahre in Frankreich zu Priestern ausbilden ließ.[6] Oder man erfährt von dem Kalmükkenknaben «Feodor Iwanowitsch»: Ihn hatte die russische Kaiserin der Erbprinzessin von Baden in Karlsruhe geschenkt, die ihn erziehen und als hochbegabten Zeichner nach Rom gehen ließ.[7] Der einzige Platz in Europa, wo man mit einiger Wahrscheinlichkeit regelmäßig guterzogene Chinesen finden konnte, war das Chinesische Kolleg in Neapel, das 1732 von Matteo Ripa, einem Weltgeistlichen, gegründet worden war, um chinesische Missionare auszubilden. Noch 1851 waren Chinesen in London so selten, daß eine Chinesin mit ihren Kindern für zwei Schilling zur Schau gestellt werden konnte.[8] Insgesamt also eine geringe Zahl von Asiaten in Europa im Vergleich zu der großen maritimen Ostwanderung der Europäer. Allein auf Schiffen der V. O. C sind zwischen 1602 und 1795 vermutlich etwa eine Million Menschen nach Asien gelangt.[9]

Kam also Asien nicht nach Europa, so konnten sich europäische Eindrücke nur auf Reisen und langen Aufenthalten in Asien selbst bilden. Wie ging das vonstatten? Nach der Vogelschau auf Reiseräume und Reiseanlässe müssen wir uns das Reisen auf der Mikroebene ansehen. Die Verwandlung von Beobachtungen in Texte ist ein sehr komplizierter und im einzelnen schwer rekonstruierbarer Vorgang. Es genügt nicht, Texte danach zu untersuchen, was sie über das Fremde aussagen, welche «Bilder» sie davon entwerfen. Man muß ebenso nach den ganz konkreten Beobachtungssituationen fragen. Da selten ein Reisender den anderen beobachtet und noch seltener Einheimische ihre Eindrücke von einem Reisenden aufgeschrieben haben, bleiben nur die Texte selbst. Sie aber sind eine reiche Fundgrube.

1. Strapazen, Enttäuschungen, Katastrophen

Einen großen Teil der Zeit waren Reisende mit sich selbst beschäftigt. Transport und Unterbringung wollten organisiert sein, Probleme mit Behörden mußten gelöst werden. In einer Epoche, in der für Europäer in fernen Ländern im allgemeinen noch nicht, wie im imperialen Zeitalter, ein Sonderrecht galt, das sie der jeweils einheimischen Justiz entzog, und über ihnen noch nicht der Schutz von Kanonenbooten und Interventionsdrohungen schwebte, konnte das Reisen zu Lande ein gefährliches, sogar ein mörderisches Unternehmen sein. Von zwanzig seiner Schüler, die der große Naturforscher Linné von Uppsala aus zu Forschungsreisen in die Welt hinaus schickte, verloren acht ihr Leben und einer den Verstand.[10] Der berühmte Tod des Kapitän Cook am 14. Februar 1779 auf Hawaii steht für eine ganze Klasse von Fällen. Samuel Gottlieb Gmelin, der jenseits des Herrschaftsbereichs der Zarin in den noch selbständigen kleinen Staaten am Kaspischen Meer reiste, kam, neunundzwanzig Jahre alt, am 27. Juli 1774 in einem Kerker des Khans von Derbent ums Leben. William George Browne, der zuvor schon drei Jahre lang im Südsudan festgehalten worden war, fiel im Spätsommer 1813 auf dem Weg zwischen Täbriz und Teheran einem Banditenüberfall zum Opfer.[11] Sir Alexander Burnes, einer der schneidigen jungen Leute im Umkreis von Sir John Malcolm und Verfasser der literarisch ansprechenden *Travels into Bochara* (1834), fand 1841 bereits einen der neuen Epoche würdigen imperialen Tod: Er wurde am 2. November 1841 in den Straßen von Kabul gelyncht, als sich die afghanische Bevölkerung gegen einen durch britische Intervention gestützten Marionettentyrannen erhob.[12] Missionare wurden gelegentlich von Christenverfolgungen bedroht. Zwar wiederholten sich im 18. Jahrhundert die Grausamkeiten der schrecklichen japanischen Verfolgungen des frühen 17. Jahrhunderts und die Märtyrerschicksale an kanadischen Marterpfählen nicht in solcher Dimension, doch war zumindest Tongking, der nördliche Teilsstaat Vietnams, ein für christliche Propagandisten lebensgefährliches Land.

Erheblich höher waren die Verluste durch Krankheit. 1667 starb Jean de Thévenot, dem man wertvolle Reiseberichte und die Einführung des Kaffees nach Frankreich verdankt, auf dem Heimweg von Indien nach Europa in Armenien an Erschöpfung. Die dänische Arabienexpedition wurde 1763/64 durch die Malaria fast ausgelöscht. Georg Wilhelm Steller erlag im November 1746 im sibirischen Tjumen einem Fieber. 1770 setzte Johann Peter Falck, ein anderer Sibirienreisender, seinem Leben ein Ende, als medizinische Hilfe ausblieb.[13] Der Tierarzt und Pferdezuchtexperte William Moorcroft starb am 27. August 1825 im Norden Afghanistans an Fieber und Erschöpfung, nachdem er zuvor aus der Gefangenschaft Murad Begs entkommen war, eines Lokaltyrannen und Sklavenhändlers am Oberlauf des Amu-Darya.[14] Einige Gegenden waren besonders gefährlich: Das ganz und gar nicht «wilde» Batavia, anfangs als gesunde Stadt gerühmt, wurde nach der ersten Malariaepidemie von 1733 zu einem der tödlichsten Orte in den Tropen, gefürchtet bei allen Schiffsbesatzungen, die nicht vermeiden konnten, dort Station zu machen.[15] In Bengalen schlug ebenfalls die Natur zurück: Zwischen 1707 und 1775 starben mehr als die Hälfte der aus Großbritannien dorthin entsandten Zivilbediensteten der E.I.C.[16] Nachdem Engelbert Kaempfer nach langem Warten im Juni 1688 endlich das Hitzeloch Bandar Abbas am Persischen Golf per Schiff verlassen konnte, notierte er: «Dem Himmel sei demütig gedankt, der mich in diesem Krank- und Totenhaus so ferne geschützt, daß ich an Seele, Leib und Gut wohl erhalten geblieben.»[17] Tausende hatten in vergleichbaren Situationen ähnliche Gefühle.

Ob weniger fatale Reisestrapazen in den Berichten erwähnt werden, war eine Frage von Temperament und literarischen Absichten ihrer Verfasser. Peter Simon Pallas, der zu Lande so weit herumkam wie kaum ein anderer Reisender des 18. Jahrhunderts, verzichtet in der Regel fast ganz auf Auskünfte über seine Reiseumstände und konzentriert sich in einem geradezu manischen Objektivismus auf die Beschreibung des Gesehenen. Sein Vorgänger als Langstreckenreisender im hohen Norden, Johann Georg Gmelin, der einen weniger strengen Stil pflegte, hätte den Lesern, die dergleichen hören wollten, gern etwas mehr über seine Fährnisse und Abenteuer mitgeteilt, mußte sie und ihre Erwartungen frostigen Schreckens aber enttäuschen:

Man wird finden, daß ich meine Reisen hin und wieder, auch in den entferntesten Ländern, mit großer Bequemlichkeit habe verrichten können. Es ist mir daher unmöglich gewesen, da, wo keine Beschwehrlichkeiten sind, solche anzugeben, und die alte Klage von dem wilden und rauhen Wesen Sibiriens zu erneuern.[18]

Dennoch war auch Gmelins Reise, obwohl ihr die Logistik einer wohlorganisierten, staatlich geförderten Großexpedition zugute kam, alles andere als eine Lustfahrt. Schon bevor es losgeht, kommen am 8. August 1733 ein Student, ein Feldmesser und ein Instrumentenmacher bei einem Unfall ums Leben. Dann eine Kette kleinerer Kalamitäten, die Gmelin *en passant* mitteilt: die Kutsche brennt, weil eine Achse nicht geschmiert wurde; das Schiff läuft auf eine Sandbank auf; man verirrt sich mangels Karten, wird von Flöhen, Schnaken und Bremsen zerbissen, muß in bitterer Kälte oder in verräucherten «Schwarzstuben» (wie später Samuel Turner in Tibet)[19] übernachten. Zweimal verliert Gmelin Aufzeichnungen, Bücher, Instrumente und Bargeld durch Feuer – wie 1824 Sir Stamford Raffles durch einen Schiffsbrand um seine einzigartige Java-Sammlung gebracht werden wird.[20] Daß der junge Tübinger und sein Reisekompagnon G. F. Müller im Auftrage der Allerhöchsten Majestät und mit soldatischer Eskorte reisen, ermöglicht ihnen zwar im Prinzip die behördliche Einquartierung und die Requirierung von Pferden – Alexander von Humboldt wird auf seiner russischen Staatsreise 1829 in dreiundzwanzig Wochen 12 244 Pferde benötigen![21]–, erspart ihnen aber nicht ständigen Ärger mit faulen Bootsleuten, habgierigen Schankwirten und ungehorsamen Starosten. Ernster wird es, als Bauern sich gegen die Requisition von Pferden zur Wehr setzen.[22] Je mehr man sich von den Zentren der russischen Macht entfernte, desto weniger halfen staatliche Schutzbriefe. Im Wilden Osten des Reiches traf Gmelin Rechtlosigkeit und Räuberei an.[23] Wo es keine Bootsleute gibt, kommen übrigens selbst diplomatische Missionen nicht umhin, zuweilen einen Fluß zu durchschwimmen: so Izmailovs China-Gesandtschaft im Jahre 1719.[24]

Wer auf sich allein gestellt war, hatte es schwerer. Auf die berühmte orientalische Gastfreundschaft war keineswegs immer Verlaß. Sie erschloß sich am wenigsten Reisenden, die den Eindruck der Wohlhabenheit erweckten.[25] Wer nicht gerade – wie Niebuhr oder Anquetil-Duperron – den Kontakt mit Europäern geradezu mied, suchte zunächst bei europäischen Konsuln, Kaufleuten oder Missionaren unterzukommen, bevor er sich der Freundlichkeit oder dem Geschäftssinn der Einheimischen anvertraute. Gasthöfe waren in Asien selten. Glücklich konnte sich schätzen, wer auf gut unterhaltene Karawansereien traf, in denen es fast immer Wasser, oft aber nichts zu essen gab.[26] Karawansereien mußten unterhalten werden. Geschah dies nicht, wie in Teilen Persiens im 18. Jahrhundert, dann blieb nichts als unwirtliche Ruinen.[27] Nicht immer schnitt Asien im Vergleich mit dem Westen schlecht ab. Als in großen Teilen Europas befestigte Straßen noch eine Ausnahme waren, fiel Reisenden die hohe Qualität der Überlandstraßen in China auf, auch im Vergleich zu Straßen im Nahen und Mittleren Osten.[28] Der Große Kanal, der Peking mit der Yangzi-Region in Ostmittelchina verband, wurde lange als Wunderwerk der Verkehrstechnik beschrieben, in Europa ohne Beispiel.[29]

Gute und ehrliche einheimische Diener zu finden war vielleicht das größte aller Probleme, der ständige Nachschub, dort wo man sie brauchte, an gesunden und kräftigen Pferden ein kaum geringeres. Esel taten in Arabien gute Dienste, Yaks im Himalaya. Georg Wilhelm Steller schrieb eine liebenswerte Hommage auf den Schlittenhund.[30] Im Mogulreich reisten nur der kaiserliche Hof, die Aristokratie und das Militär per Elefant. Pferde waren insgesamt wohl das wichtigste Fortbewegungsmittel für europäische Reisende in Südasien. Die wohlhabenderen unter ihnen benutzten auch Sänften. Das Ferntransportmittel für die Massen, dessen sich auch fremde *low travellers* nicht selten bedienten, waren Ochsenkarren; zwischen Surat und Agra verkehrten Ochsenkarawanen mit bis zu 20000 Tieren.[31] Der Abbé Perrin, zwischen 1777 und 1784 in Indien unterwegs, sang ein Loblied auf den Ochsen, «das erste und nützlichste vierfüßige Tier in Indien».[32] Gleichmäßigkeit und Ausdauer trösteten über die Langsamkeit dieser Geschöpfe hinweg.

Fast immer waren Reisende erleichtert, wenn sie in Kamelland kamen. Die Literatur ist voll von Lob und Preis des Kamels als des anspruchslosesten, biologisch stabilsten und charakterlich ausgeglichensten Reit- und Lasttiers. Kamelkarawanen verbürgten jedoch keine Sicherheit. Dr. Thomas Shaw, ein erfahrener Orientreisender, der seine Karriere als Kaplan der englischen Faktorei in Algier begann und sie als Regius Professor of Greek in Oxford beendete, erlebte 1722 als Mitglied einer sechstausendköpfigen Karawane von Rama nach Jerusalem, daß eine Eskorte von vierhundert Soldaten unter dem Kommando eines osmanischen Generals sie nicht vor brutalen Übergriffen arabischer Stammeskrieger zu schützen vermochte. Shaw selbst wurde als Geisel genommen, *very barbarously used and insulted all that night* und schließlich nur durch eine schnelle Eingreiftruppe des Aga von Jerusalem befreit.[33] Im allgemeinen war die Karawane (an der neben Kamelen oft auch Pferde teilnahmen) jedoch im Nahen und Mittleren Osten und in Zentralasien die verhältnismäßig angenehmste Fortbewegungsform.[34] Sie stellte alle Beteiligten vor beträchtliche Organisationsaufgaben und konnte nur durch «Ordnung, Wachsamkeit und Solidarität»[35] den Herausforderungen von Natur und Räubern widerstehen. Wer eine Karawane verpaßte, mußte womöglich monatelang auf die nächste warten. Er hatte dann Zeit, über Probleme in der Heimat nachdenken, etwa über habgierige Verwandte, die sich am Besitz des Abwesenden gütlich taten.[36]

Dort, wo europäische Reisende hauptsächlich als Staatsgäste auftraten, genossen sie im besten Falle die kostenlosen Wohltaten östlicher Gastfreundschaft, mußten sich aber den Bedingungen der Gastgeber fügen. Die niederländische Chinagesandtschaft von 1794/95, die mit weniger Respekt und protokollarischer Aufmerksamkeit behandelt wurde als die einige Monate früher empfangene Mission des Lord Macartney, wurde in löcherigen Bruchbuden untergebracht, manchmal nachts von ihren Trägern auf freiem Felde in ihren Bambussänften stehengelassen und so schlecht versorgt, daß der korpulente Gesandte Van Braam, in Batavia an üppiges Wohlleben gewöhnt, «dünn wie ein Laichhering» *(as thin as a shotten herring)* zurückkam.[37] Pater Amiot erlitt 1752 eine für einen wißbegierigen Europäer besonders schmerzliche Schikane: Die chinesischen Behörden ließen ihn fünfundvierzig Tage lang in einer geschlossenen und fensterlosen Sänfte im Schneckentempo von Nanchang (der Hauptstadt der Provinz Jiangxi) nach Peking tragen.[38]

Von den tatsächlichen Strapazen zu den psychischen Belastungen des Reisens war es nur ein kleiner Schritt. Am harmlosesten waren die enttäuschten Erwartungen. Meisterreisende vom Format eines Niebuhr, Gmelin oder Pallas wußten natürlich, daß alle Erwartungen eitel waren und hüteten sich, dem Leser ihre privaten Enttäuschungen zu offenbaren. Man findet bei ihnen nicht oft das Eingeständnis einer Desillusionierung, wie sie René Caillié befiel, als er am 20. April 1828 als einer der ersten Europäer das Ziel seiner Träume, die legendäre Wüstenstadt Timbuktu im heutigen Mali, vor Augen hatte:

> Ich schaute mich um und fand, daß der Anblick vor mir meine Erwartungen enttäuschte. Ich hatte mir den Glanz und den Reichtum Timbuktus vollkommen anders vorgestellt. Auf den ersten Blick präsentierte sich die Stadt als nichts als eine Masse unansehnlicher Lehmhäuser. Nichts war um sie herum zu sehen als immense Sandebenen von weißgelblicher Farbe.[39]

Andere Reisende verloren ihre Illusionen vom märchenhaften Orient, als sie Bagdad, Kabul oder Peking in ihrer ganzen staubigen und schmutzigen Realität sahen oder feststellen mußten, daß China keineswegs ein einziger terrassierter Garten war.[40] Manche münzten dies um in den Topos des abgebrühten Weltenbummlers: die Große Chinesische Mauer sei für den Augenzeugen in Wahrheit gar nicht so imposant, wie immer behauptet werde, usw.[41] In einer kleinen Zahl von Texten klingt eine unaffektierte, existentiell gefühlte Enttäuschung durch – nicht so sehr über touristische Unzulänglichkeiten des Ostens als über das Leben in den Kolonien. So bei Joseph Schrödter, einem sächsischen Handwerker, der sich zufällig in Ägypten aufhielt, als Napoleon einmarschierte. Schrödter suchte sein Glück in Indien, «fand es aber nicht».[42] Er hatte für die E.I.C. als einfacher Soldat gegen Tipu Sultan von Maisur gekämpft und war durch seine Erfahrungen mit der Arroganz der reichen Engländer in Madras und mit den fehlenden Bereicherungschancen in Indien völlig ernüchtert:

> Ohne Vermögen ist es jetzt beynahe unmöglich, in den sonst so gepriesenen Ländern Indiens sein Glück zu machen, die meisten verlassen dieselben, so wie sie dahin gekommen sind; denn von dem gewöhnlichen Solde kann man selten etwas ersparen.[43]

Man bleibe besser daheim.

Selten lassen Reisende durchblicken, was viele gefühlt haben müssen, was aber dem kulturell vorgegebenen Selbstbild des hyperaktiven, stets aufmerksamen Europäers widersprach und als ein typischer Gemütszustand der Wilden gesehen wurde: [44] Langeweile. Samuel Turner wußte, wovon er sprach, wenn er neben Improvisationskunst Geduld als die wichtigste Tugend des Reisenden empfahl: Er hatte 1783 ebenso wie schon 1774 sein Vorgänger George Bogle in tibetischen Klöstern Mühe, die Zeit totzuschlagen.[45] Auch eine Fahrt auf dem Tigris konnte extrem eintönig sein,[46] und zumindest *ein* Sibirienreisender sprach eine Wahrheit aus, die manch anderer gerne stillschweigend unterschrieben hätte:

> Die Reise durch die ewige Steppe ist, ich gestehe es, ziemlich langweilig zu lesen, und ich kann den Leser nur dadurch trösten, indem ich ihn versichere, daß sie in Wirklichkeit ungleich langweiliger ist: hier liest er sie in einer Stunde durch, wir aber hatten zwei Monate und neun Tage gebraucht, um uns hindurch zu arbeiten.[47]

2. Der mysteriöse Mister Manning

Die Leser von Reisebeschreibungen waren, wie etwa Johann Georg Gmelin richtig sah, an Reisepannen, Gefahren und Seelenkrisen durchaus interessiert. Sie wollten aber letzten Endes erfahren, wie der Reisende sie *gemeistert* hatte. Der unverstellte Ausdruck von Frust findet sich daher nur in Aufzeichnungen, die nicht für die Öffentlichkeit bestimmt waren. Von Alexander von Humboldt besitzen wir solche Notizen. Kein Dokument aber ist offenherziger als das Tagebuch des merkwürdigen Thomas Manning. Manning war bis zum Ende des 19. Jahrhunderts der einzige Brite, der jemals Lhasa besucht hatte.[48] Der Pfarrerssohn aus Norfolk, 1772 geboren, hatte trotz akademischer Erfolge eine Karriere als Mathematiker abgebrochen und in Paris bei Joseph Hager, dann in London mit Hilfe eines Chinesen die chinesische Sprache studiert, offenbar zunächst aus Interesse an einem Vergleich mit dem Griechischen, später immer mehr aus Neugier auf die chinesische Kultur. Sein Freund, der Essayist Charles Lamb, riet ihm: *Read no more books of voyages; they are nothing but lies.* Doch Manning hatte es sich in den Kopf gesetzt, China und *Independent Tartary* zu besuchen. Auf Empfehlung von Sir Joseph Banks, dem Präsidenten der Royal Society, gab die E.I.C. Manning die Gelegenheit, mit einem ihrer Schiffe nach Kanton zu fahren und sich dort von 1807 bis 1810 in ihrer Faktorei aufzuhalten. Im November 1807 bewarb er sich beim Vizekönig in Kanton um eine Stelle als Astronom und Arzt am Hofe zu Peking. Da die chinesischen Behörden darauf nicht eingingen und ihm überhaupt die Einreise verwehrten, entschloß er sich zu einem Umweg über das chinesische Protektorat Tibet.

Von Kalkutta brach Manning, ohne offiziellen Auftrag und Paß und ohne die finanzielle Unterstützung der E.I.C., im August 1811 in Begleitung eines chinesischen Dieners nach Bhutan auf. Über Giansu erreichte er Lhasa, dessen berühmte Attraktion, der Potala-Palast, in Europa nur durch ein auf Grueber gestütztes Bild in der *China Illustrata* (1667) von Athanasius Kircher bekannt war. Am 17. Dezember wurde Manning vom 9. Dalai Lama, einem fünfjährigen Knaben, empfangen, dem er – nicht aus Verachtung, sondern mangels wertvollerer Gaben – ein Stück Brokat, zwei Messingkerzenhalter und eine Flasche Lavendelwasser schenkte und von dem er sich als Gegengabe tibetische Bücher erbat. Am 19. April 1812 verließ Manning Lhasa wieder, bedrängt von den Repräsentanten der chinesisch-mandschurischen Protektoratsmacht. In Indien weigerte er sich, mit irgend jemandem über seine Erlebnisse zu sprechen. Er zog sich wieder nach Kanton zurück, um seine Chinesischstudien fortzusetzen. 1817 schloß er sich als Dolmetscher der Gesandtschaft Lord Amhersts nach Peking an. Am 1. Juli desselben Jahres trifft man ihn unversehens auf St. Helena im Gespräch mit Napoleon. Manning, mit einem gürtellangen Bart geziert, galt als Witzbold und Exzentriker. Erst 1829 kehrte er nach England zurück und lebte, von einer großen Sammlung chinesischer Bücher umgeben, in einem Häuschen bei Dartford. Er starb 1840, ohne eine Zeile veröffentlicht zu haben. Seine Reisenotizen wurden erst 1879 aus dem Manuskript publiziert.

Thomas Mannings Aufzeichnungen zeigen ihn als einen freien Geist, der sich von einem britischen Interessenstandpunkt vollkommen frei hielt, als einen genauen Beobachter und ironisch-sarkastischen Kommentator. Manning war nicht daran interessiert, «nützliche» Informationen einzusammeln, wie sie das offizielle Indien von seinen Gesandten und Spionen erwartete; die geopolitische Bedeutung Tibets im beginnenden imperialen *Great Game* war ihm gleichgültig. Das herrische Auftreten der Chinesen in Tibet, das er gerne mit dem von ihm verachteten britischen Kolonialismus in Indien verglich, war eines seiner bevorzugtes Themen. Kaum einem seiner Zeitgenossen – außer dem eine Generation älteren Anquetil-Duperron – waren die negativen wie positiven Asien-Klischees der Epoche so fremd wie ihm. Fremd war ihm auch das pflichtgemäße Staunen vor dem Exotischen. Als er zum ersten Mal den Potala erblickt, verharrt er nicht starr vor Überwältigung, sondern fühlt sich durch Marschland am Fuße des Schloßberges unangenehm an die Pontinischen Sümpfe bei Rom erinnert. Der Potala findet seine beiläufige Billigung *(it seemed perfect enough)*[49], doch gibt er gleich zu, die architektonische Konstruktion sei weder exotisch-fremd noch unmittelbar einsichtig: *[it] eluded my attempts at analysis.*[50] Das folgende Kapitel beginnt nicht mit der in einem Reisebericht der damaligen Zeit geradezu obligatorischen Beschreibung der Stadt Lhasa, sondern mit einem längeren Räsonnement über tibetische Hüte.[51]

Manning war einer der besten, vielleicht *der* beste Schriftsteller unter den britischen Asienreisenden seiner Zeit. Wenn er über die kahlen Berge Südtibets klagt, dann nicht abstrakt, sondern so: *A pot of young growing onions at one corner of the room was the greenest thing I had seen for a long time.*[52] Die Leiden eines Reisenden hat er ohne Larmoyanz mit einzigartiger psychologischer Klarheit und selbstquälerischer Offenheit beschrieben, ohne die Eitelkeit eines sich romantisch in Szene setzenden Touristen wie des beinahe gleichzeitig reisenden Chateaubriand: Einsamkeit, extreme Temperaturen (etwa auch: die Schwierigkeit, bei Kälte mit klammer Hand zu *schreiben)*, die Konsequenzen ungeeigneter Kleidung, die Qual eines rheumatischen Leidens, das Irrewerden an der eigenen Vision, die Scham des Europäers, sich peinigende Flöhe vom Körper fangen zu müssen, die Selbstfinanzierung des bettelarmen Reisenden durch Veräußerung von Teilen des Gepäcks, die Emotionen, die er bei seinen Begegnungen erlebte: von Haß auf die verräterische Umwelt bis zur tiefen Bezauberung durch das heilige Kind auf dem Potala-Thron. Am 18. September 1811 zum Beispiel, kurz hinter der bhutanesischen Grenze, dieser expressive Eintrag, der freilich nicht auch Mannings selbstironische Seite zeigt:

> Der Schnee! Wo bin ich? Wie bin ich hierher gekommen? Keine Seele, zu der ich sprechen kann. Ich weinte aus einem Übermaß an Empfindung *(excess of sensation)*, nicht aus Leid. Ein Spaniel wäre ein besserer Gesellschafter als mein chinesischer Diener. Viele Priester und Mönche, wie in Europa.[53]

Manning war einer der ehrlichsten Europäer in Asien, auch einer der vorurteilslosesten. Weder glaubte er an die Überlegenheit Europas, noch machte er Anstalten, Asien zu glorifizieren. Er hat seine Erfahrungen vielleicht deshalb nicht mitgeteilt, weil er ahnte, daß man ihn nicht verstehen würde. Man wüßte gerne, was er mit Napoleon besprach.

3. Dolmetscher und Dialoge

Aus Thomas Mannings Tagebuch läßt sich viel über das Kommunizieren der Reisenden lernen. Wie waren sie vorbereitet? Wie konnten sie sich mit den Einheimischen verständigen?

Manning war einer der besten Sinologen seiner Zeit, doch in der Audienz mit dem Dalai Lama vermied er taktvoll die Sprache der Protektoratsmacht. Der Dalai Lama sprach tibetisch zu einem chinesischen Dolmetscher, dieser chinesisch zu Mannings chinesischem Diener (dem Munshi), dieser Latein zu Manning:

> Ich antwortete auf Latein, das in derselben Weise umgewandelt und zurückbefördert wurde. Seit langem schon war ich daran gewöhnt, mit meinem Munshi lateinisch zu sprechen. Es gab keine Nuance eines Gefühls, die wir nicht hätten ausdrücken können. Obwohl der Weg umständlich war, verlief die Kommunikation geschwind. Fragen und Antworten wurden mit einer Genauigkeit übermittelt, die man in Asien selten antrifft, wenn Dolmetscher beteiligt sind.[54]

Tibetisch scheint um diese Zeit kein Europäer gekonnt zu haben (allerdings hatte der Jesuit Ippolito Desideri während seines Tibetaufenthalts zwischen 1715 und 1721 vier apologetische Werke in tibetischer Sprache geschrieben).[55] Große polyglotte Gestalten gab es indes durchaus. Dabei ist zu unterscheiden zwischen dem theoretischen Wissen über eine Sprache und ihrer praktischen Benutzung. Diese lief jenem oft weit voraus. Wenn beides, linguistisches Verständnis und engste Vertrautheit mit der lebenden Sprache, zusammenkam, konnten Werke von bleibender Bedeutung entstehen wie die chinesische Grammatik von Pater Joseph de Prémare, die erst 1831, fast ein Jahrhundert nach dem Tode des Autors, veröffentlicht und auch danach lange nicht übertroffen wurde.[56] Die Jesuitenmissionare waren in aller Regel polyglott. Joachim Bouvet, um nur ein Beispiel zu nennen, soll außer Chinesisch auch Lateinisch, Griechisch, Syrisch, Italienisch, Spanisch und Portugiesisch beherrscht haben. Der moldawische Fürst und Historiker des Osmanischen Reiches Demetrius Cantemir sprach und schrieb neben seiner Muttersprache auch Türkisch, Persisch, Arabisch, Lateinisch, Neugriechisch, Italienisch und Russisch und las außerdem Altgriechisch, Slawonisch und Französisch.

Von dem frühverstorbenen John Leyden, einem der ersten Afrikanisten und zeitweiligen engen Mitarbeiter Sir Stamford Raffles' auf Java, hieß es, er habe fünfundvierzig Sprachen gemeistert, während es Johann Reinhold Forster immerhin auf siebzehn gebracht zu haben scheint.[57] Im Alter von fünfundzwanzig Jahren konnte Joseph Hammer aus dem Türkischen oder Arabischen geläufig ins Französische, Italienische oder Englische übersetzen und redete Türkisch wie seine Muttersprache.[58] Sir William Jones, der Begründer der Indologie, mochte Unsicherheiten bei den slawischen Sprachen an den Tag legen, fühlte sich aber sonst in Europa sprachlich nahezu überall zu Hause, war ein Meister des Persischen und hatte am Ende seines kurzen Lebens als einer der ersten Europäer so viel Sanskrit gelernt, daß er sich in dieser reichen Sprache frei bewegen konnte.[59]

Die übrige Welt benötigte Dolmetscher. Sie waren überall im Einsatz. Ihre sichtbarste Rolle spielten sie in der auswärtigen Politik. Der französische Staat ließ seit 1721 in einer École des Jeunes de Langues Knaben im Alter von etwa acht Jahren zu Dolmetschern im Türkischen und Arabischen ausbilden. Erfolgreicher arbeitete die 1754 in Wien eröffnete Orientalische Akademie, die auf den konsularischen und diplomatischen Dienst im Osmanischen Reich vorbereitete.[60] Die große Bedeutung einheimischer Übersetzer wurde dadurch jedoch kaum vermindert. Im Osmanischen Reich waren die sogenannten Dragomane (von türkisch *tercüman)* spezielle Funktionsträger für die Abwicklung interkultureller Beziehungen. Von 1669 bis 1821 lag der Posten des Großdragomans der Hohen Pforte (daher auch «Pfortendolmetscher») in den Händen wohlhabender griechisch-orthodoxer Familien, der Phanarioten. Die Amtsinhaber genossen Privilegien, besonders der symbolischen Selbstdarstellung durch Gewänder, Karossen und luxuriöses Wohnen, wie sie Nicht-Muslimen selten eingeräumt wurden. Der Großdragoman dolmetschte während der Unterredungen des Großwezirs mit ausländischen Botschaftern und der Audienzen des Sultans. Er übersetzte den diplomatischen Schriftverkehr und schrieb Memoranden über seine eigenen Gespräche mit Diplomaten. Aus der Sicht der ausländischen Botschaften war er der zweite Mann des osmanischen Außenamtes; man empfing seine Besuche mit diplomatischem Zeremoniell.[61]

Die europäischen Botschaften beschäftigten ihre eigenen Dragomane als sprachkundige Vermittler mit einer fremden Umwelt. Auch sie waren mehr als bloße Dolmetscher: Landesexperten, Klatschsammler, Spione, Ratgeber, Vertraute. Sie wurden aus den nicht-türkischen Minderheiten des Reiches rekrutiert – die Briten beschäftigten zwei Jahrhunderte lang Dragomane aus der ursprünglich italienischen Familie der Pisani[62] – und blieben in der Regel Untertanen des Sultans; ihre Loyalität konnte nicht unbedingt als gesichert gelten. Das in Asien einzigartige Dragomansystem wurde immer wieder angefeindet. Die Dragomane standen im Rufe, ihre Mittlerstellung zu Eigenmächtigkeiten und Vertrauensbrüchen zu mißbrauchen. Auch warf man ihnen vor, sich den Türken gegenüber zu unterwürfig zu verhalten. Es gehe nicht an, so ereiferte sich 1820 ein britischer Diplomat, daß der Chefdragoman der britischen Botschaft einem osmanischen Minister den Saum seines Gewandes küsse.[63] Als Ortskräfte, so hieß es weiterhin, verstünden sie zu wenig von Europa.[64] Dies mag plausibel sein, wenn man bedenkt, daß die beiden Dragomane des englischen Konsulats im syrischen Aleppo Griechen waren, die keine andere europäische Sprache als Italienisch gelernt hatten.[65] Die Funktion des Dragoman war an die Einrichtung permanenter diplomatischer und konsularischer Niederlassungen gebunden, wie es sie außerhalb des Osmanischen Reiches nirgendwo in Asien gab.

Die mißtrauischen Regierungen Ostasiens erwarteten nicht, daß Ausländer Sprachkenntnisse und eigene Dolmetscher mitbringen würden. Sie legten Wert auf eine Art von Übersetzungsmonopol. Im Japan des 16. und frühen 17. Jahrhunderts hatte es einige Ausländer (portugiesische Missionare, den Engländer Will Adams und den Holländer François Caron) gegeben, die vorzüglich Japanisch konnten. Das änderte sich mit dem Beginn der Landesabschließung. Um den Kontakt mit den Holländern auf Dejima zu organisieren, wurde in Nagasaki eine regelrechte Übersetzerbürokratie ins Leben gerufen. Deren Existenz war bequem für die Holländer, enthob sie sie doch der Mühe, sich selbst um Japanischkenntnisse zu bemühen.[66] Seit etwa 1808 lernten einige Japaner auch Englisch, Französisch und Russisch.[67] Dem russischen Botschafter Rezanov, dem Leiter der meist mit Kapitän Krusensterns Namen verbundenen Expedition, honorierten die Japaner seine Vorbereitung nicht; man gab ihm im Winter 1804/5 kaum Gelegenheit, sein mühsam erlerntes Japanisch zu praktizieren, sondern unterhielt sich auf Russisch mit ihm.[68]

Der chinesische Hof verließ sich auf seine Jesuiten, deren Wohlwollen und Auskunftsbereitschaft auch ausländischen Diplomaten von großem Nutzen sein konnten. Der gelehrte Pater Parennin, von 1698 bis zu seinem Tode 1741 in China tätig, ein besonders enger Vertrauter des Kangxi-Kaisers und gesuchter Briefpartner europäischer Gelehrter, dolmetschte bei vielen diplomatischen Anlässen. Er war berühmt für seine perfekte Kenntnis sowohl des Chinesischen als auch des Mandschurischen, der Muttersprache des Kaiserhauses, und konnte sich außerdem auf lateinisch, französisch, portugiesisch und italienisch verständigen. Die Jesuiten spielten eine große Rolle bei der Aushandlung des Vertrages von Nerčinsk zwischen Rußland und dem Qing-Reich 1689; eine der offiziellen Fassungen des Dokuments ist in Latein gehalten.[69] Auf dem

Höhepunkt ihres Einflusses, als einige von ihnen hohe chinesische Beamtenstellungen bekleideten, traten sie als offizielle Repräsentanten des chinesischen Staates auf. So wurde die erste niederländische Gesandtschaft 1655 in Peking zunächst von dem aus Köln stammenden Missionar Adam Schall von Bell als Vertreter der chinesischen Seite empfangen und verhört.[70] Auch die japanische Diplomatie bediente sich vor der Landesabschließung gelegentlich europäischer Mittelsmänner. In Persien fungierte Raphael Du Mans, das Oberhaupt der Kapuziner zu Isfahan und so etwas wie ein inoffizieller Botschafter Frankreichs, jahrzehntelang als Kontaktmann zwischen der Regierung des Schah und den europäischen Ostindienkompanien.[71]

Als Dolmetscher waren die Missionare in Peking auch dann unentbehrlich, wenn Gesandtschaften den einen oder anderen Sprachkundigen unter sich hatten. Lord Macartney hatte sich vor seiner Abreise aus dem Chinesischen Kolleg der Propaganda Fide zu Neapel den Übersetzer Jacobus Li besorgt, der seine Priesterausbildung beendet hatte und nun für eine Überfahrt in seine Heimat dankbar war.[72] Li scheint seine Aufgabe gut gemeistert zu haben, auch wenn ihm Respekt und Furcht vor hohen Mandarinen zuweilen die Zunge lähmten. Doch nur die (Ex-) Jesuiten waren imstande, zwischen den «hohen» *schrift*sprachlichen Formen des klassischen Amtschinesisch und des europäischen diplomatischen Stils zu vermitteln. Die Macartney-Gesandtschaft von 1793/94 stand vor dem zusätzlichen Problem, daß keiner ihrer Übersetzer – weder Jacobus Li noch die Missionare – Englisch konnte. So wurden offizielle chinesische Schriftstücke erst ins Lateinische gebracht und dann von dem mitreisenden sächsischen Hofmeister Johann Christian Hüttner ins Englische übersetzt.[73] Es war für die europäischen Chinagesandtschaften insgesamt von Nachteil, daß ihnen die sprachliche Unmittelbarkeit fehlte. Lord Macartney selbst, einer der klarsichtigsten und sachlichsten Beobachter Chinas, konnte nur ein einziges Mal die Verständigungsbarriere durchbrechen. Während der Rückreise der Delegation per Boot auf dem Großen Kanal von Peking nach Hangzhou führte er mehrere lange und anscheinend offene und von gegenseitiger Hochschätzung getragene Gespräche mit Song Yun, einem der Spitzenbeamten des Reiches. Da Macartney von 1764 bis 1767 Gesandter in St. Petersburg und Song Yun eine Weile Militärgouverneur an der russisch-chinesischen Grenze gewesen war, konnten sich die beiden ohne Dolmetscher auf russisch unterhalten.[74]

An der Chinaküste, wie überall sonst in den Hafenstädten Asiens, war die Verständigung weniger schwierig. Die europäischen Kaufleute lernten selten die jeweiligen Landessprachen. An der levantinischen Küste diente denen, die kein Arabisch oder Türkisch konnten, Italienisch als Kommunikationsmedium, auch wenn die englischen und französischen Handelsinteressen die der italienischen Städte längst überflügelt hatten.[75] Portugiesisch überlebte bis ins frühe 19. Jahrhundert hinein als *lingua franca* im Raum zwischen dem Persischen Golf und Macau. Der weit reisende Alexander Hamilton scheint allein mit Portugiesisch in den gesamten *East Indies* gut vorangekommen zu sein. Wer zusätzlich die zweite Reisesprache Asiens anwenden konnte, das Persische, der hatte noch weniger Schwierigkeiten. In Indien half sich manch europäischer Kaufmann auch mit einer einfachen Pidgin-Version von Hindustani oder *Moors*.[76] Bis zur Mitte des 18. Jahrhunderts kannte kaum ein Brite in Indien eine der Sprachen des Landes. Seit etwa 1760 förderte die East India Company, inzwischen zur Territorialherrin über Bengalen geworden, bei ihren Beamten das Studium des Persischen, der Sprache der indischen Politik, später auch das indischer Regionalsprachen. Britische Beamte in Indien sollten ohne Dolmetscher mit ihren Untertanen kommunizieren können.[77] Im 18. Jahrhundert wurde dieses Ziel nur bei einer Minderheit erreicht.

Größer als die Chance guter Kenntnisse asiatischer Sprachen bei Europäern war die Wahrscheinlichkeit, daß Asiaten sich in europäischen Sprachen auszudrücken verstanden. Der schwedische Geistliche und Naturforscher Peter Osbeck traf 1750 in Kanton Chinesen, die zumindest rudimentär Portugiesisch, Französisch, Englisch oder Schwedisch sprachen.[78] In der Hafenstadt Surat im Westen Indiens stellte Carsten Niebuhr wenige Jahre später fest, daß kaum noch ein Ausländer einheimische Sprachen lerne, da viele Inder Portugiesisch oder Englisch sprächen; nur zum Ausbilden und Kommandieren indischer Soldaten blieben die jeweiligen Regionalsprachen weiter unerläßlich.[79] John Crawfurd verständigte sich als 1822 als britischer Gesandter in Cochinchina auf Portugiesisch und hoffte, Einheimische zu finden, die damit zurechtkamen. In Siam begegnete die Delegation einem fließend Latein sprechenden Bewohner des Landes.[80] Wie kompliziert die Kommunikation in einem extremen Fall werden konnte, zeigt ein Erlebnis, das der britische Abgesandte Captain Michael Symes 1795 in Rangun hatte, als er dort am Hofe des Königs von Burma (Ava) eine Delegation aus China traf:

> Ich sprach auf Hindustani zu einem Muselmann, der Burmesisch verstand, dieser wandte sich an einen Chinesisch sprechenden Burmesen, welcher auf Chinesisch den chinesischen Bedienten ansprach, der die Nachricht dann für seinen Herrn wiederholte.[81]

Ob Symes mit einer solchen Kettenübersetzung ebenso zufrieden war wie Thomas Manning in Lhasa, ist nicht bekannt. Man beachte, daß es der chinesische Diplomat für unter seiner Würde hielt, sich von einem niedriggestellten Ausländer in der edlen Sprache des Himmlischen Reiches anreden zu lassen.

Welch große Bedeutung einheimische Sprachmakler schließlich in Indien besaßen, kann man in einer Untersuchung von C. A. Bayly nachlesen. Der englische Historiker zeigt, wie die Briten sich im späten 18. Jahrhundert mit beträchtlichem Erfolg in einheimische *hierarchies of transmitters of information* einklinkten.[82] Wichtig waren dabei auch persisch (die Amtssprache des Mogulreiches und zahlreicher seiner Nachfolgestaaten) schreibende Korrespondenten *(newswriters)* an den einzelnen indischen Höfen, deren halbgeheime Berichte großräumig zirkulierten. Diese Korrespondenten waren Agenten des entsendenden Herrschers, oft von regelrechten Geheimdienstministern gesteuert. Sie sammelten Nachrichten über die Gaststaaten, streuten ihrerseits wahre und irreführende Informationen aus und verkörperten zugleich die politische Ausstrahlung ihres Auftraggebers. Je mehr Korrespondenten ein Fürst ohne reziproke Vereinbarungen in anderen Hauptstädten plazieren konnten, desto größer sein zumindest symbolisches Machtkapital.[83] Auch die East India Company, die seit den 1770er Jahren das innerindische Machtspiel immer geschickter und immer skrupelloser mitzuspielen verstand, bediente sich solcher Informanten. ohne sich allzusehr auf sie allein zu verlassen. Um sie zu führen, waren Persischkenntnisse unerläßlich, wie sie inzwischen einige der höheren Funktionäre der E.I.C. besaßen.

Wir sahen, daß Thomas Manning zeitweise mit einem Munshi reiste. Dieser Name oder Titel bezeichnete in einem engen Sinne einen Schreiber, Sekretär oder Übersetzer, konnte aber auch angewandt werden auf *any respectable, well-educated native gentleman.*[84] Munshis waren unter kolonialen Verhältnissen das indische Äquivalent zu den Dragomanen im Osmanischen Reich und den Hofjesuiten in China. Sie spielten jedoch in der einheimischen Gesellschaft eine viel bedeutendere Rolle als jene beiden vornehmlich auf die Reichshauptstadt konzentrierten Gruppen. In vorbritischer Zeit hatten die Munshis als Herren der Feder und Kenner innerindischer Diplomatie eine unabhängige Machtbasis aufbauen können. Unter ihnen bildete sich auch bereits eine abstrakte Auffassung von Staatsdienst jenseits der Loyalität zu einem bestimmten Fürsten heraus.[85] Die Briten begegneten Munshis zuerst als Persischlehrern. Wichtiger wurden sie als Sekretäre im Verwaltungsapparat der Company. Selbst britische Beamte, die einigermaßen Persisch oder Hindustani konnten, beherrschten selten die Feinheiten des elaborierten höfischen Kanzleistils. In den islamischen Reichen ebenso wie in China und dem sinisierten Vietnam mit ihren entwickelten Schriftkulturen war erfolgreiche Diplomatie ohne sprachliche Korrektheit undenkbar. Munshis waren daher unentbehrlich und wurden, wenn sie kompetent und vertrauenswürdig waren, geachtet und ansehnlich bezahlt.[86] Einen historischen Moment lang mochten die feinsinnigsten unter den Munshis gehofft haben, auch ihren neuen britischen Herren den Sinn für das poetische und blumige Hofpersisch zu öffnen, das die gebildeten unter den indischen Fürsten so schätzten. Doch westliches Effizienzdenken rationalisierte den Sprachprunk hinweg, reduzierte Amtspersisch auf seinen schmucklosen Mitteilungsgehalt und schaffte es schließlich als offizielle Sprache in Britisch-Indien ganz ab.[87]

4. Sprachblindheit

Auch wenn die Reiseliteratur nur wenige solcher pantomimischen Szenen überliefert, wie sie sich zwischen den britischen Schiffsbesatzungen und der koreanischen Küstenbevölkerung 1816 zutrugen,[88] so ist doch klar, daß viele Reisende – auch gebildete Leute – aus Mangel an Sprachkenntnissen nicht selten von ihrer Umgebung recht wenig aufnahmen und noch weniger verstanden. Über diesen zentralen Punkt geht das Genre schnell hinweg, und die Versuchung für den Reisebeschreiber ist groß, sich unter der Hand oder manchmal sogar offen Fähigkeiten zuzuschreiben, die er nicht besitzt. Wie viele von den Gesprächen, über die berichtet wird, sind wirklich in solch flüssiger Form geführt worden? So hält es etwa Sir John Barrow, einer der Begleiter Lord Macartneys nach China, an mehreren Stellen seines vielzitierten Berichts fein in der Schwebe, ob er nicht vielleicht doch chinesisch gesprochen haben könnte (was wir ihm nicht glauben wollen). In Vietnam aber, wo Dolmetscher noch schwieriger zu bekommen waren als in China, war es unvermeidlich, das gegenseitige Schweigen einzugestehen:

> Da wegen unserer gegenseitigen Unkenntnis der Sprache des anderen keine Konversation zustandekam, gab es wenig Anreiz, lange bei Tisch zu verweilen.[89]

Barrow macht allerdings die Bemerkung, daß es in Vietnam einfacher sei, sich mittels stummer Pantomine zu verständigen als in China. Chinesische Beamte hielten es für unter ihrer Würde, sich per Gebärden zu unterhalten, vietnamesische nicht.[90] Überhaupt verhielt man sich in Südostasien unkomplizierter als im stolzen und protokollbewußten China. Dr. Crawfurd wurde 1822 von einem siamesischen Gouverneur mit herzlichem Händedruck empfangen und zu einem Bankett geladen, bei dem europäisches Silberbesteck eingedeckt war[91] – undenkbar in China, wo man vom englischen Gesandten Lord Amherst noch 1816 den Kotau, das dreimalige Niederwerfen vor dem Kaiser, verlangt hatte!

Die hohe Theorie des Reisens und der Fremderfahrung verlangte spätestens in der zweite Hälfte des 18. Jahrhunderts, daß sich anspruchsvolle Reisende sogar um das Erlernen schwieriger Sprachen bemühen sollten. Es gebe keine Entschuldigung für linguistische Ignoranz, am wenigsten, wenn sich illiterate Reisende auch noch als Landeskenner aufspielten. Nicht jeder hätte Sir William Jones' Ansicht zugestimmt, daß bei methodischem Vorgehen *almost any language may be learned in six months with ease and pleasure.*[92] Doch von Ausnahmen abgesehen, von denen noch die Rede sein wird, wäre leicht Einigkeit über seinen Grundsatz erzielt worden,

> […] daß kein zufriedenstellender Bericht über eine Nation möglich ist, mit deren Sprache wir nicht vollkommen vertraut sind.[93]

Weniger einig war man sich über die weitergehende Forderung, ein sehr langer Aufenthalt, womöglich sogar eine Beschäftigung im einheimischen Staatsdienst, sei eine notwendige Voraussetzung für die gründliche Kenntnis eines außereuropäischen Landes und seiner Sprache.[94] Viele Beispiele ließen sich für Täuschungen nennen, die durch fehlende oder unzureichende Sprachkenntnis hervorgerufen wurden. Wer nicht in die fremden Sinnwelten eindringen könne, so wurde mit Recht gesagt, dem erscheine leicht als seltsam oder exotisch, was sich sehr wohl vernünftig erklären lasse.[95] Ohne Sprachkenntnisse war es Reisenden in entlegeneren und schlecht kartographierten Gegenden kaum möglich, Ortsnamen zu identifizieren. Der dänische Reisende Frederik Norden, des Arabischen unkundig, hatte dieses Problem 1737 in Ägypten: Er wußte oft nicht, wo er sich gerade befand.[96] Der umsichtige und gut vorbereitete Carsten Niebuhr legte hingegen ganz besonderen Wert darauf, von den Einheimischen die örtlichen geographischen Bezeichnungen zu erfahren. Niebuhr machte auch auf einen Nachteil nahezu sämtlicher einheimischen Dolmetscher im Orient aufmerksam: Diese Leute kannten die wissenschaftliche (etwa die astronomische) Terminologie nicht.[97] Wer die Landessprache nicht versteht, so abermals der erzpragmatische Niebuhr, der ist in seinen Kontakten und Informationsmöglichkeiten auf diejenigen unter den Einheimischen beschränkt, die sich in einer europäischen Sprache ausdrücken können. Das sind nun aber keineswegs immer, sogar ziemlich selten, die gelehrtesten, bestinformierten und ehrlichsten Mitglieder der jeweiligen Gesellschaft, oft vielmehr Leute, welche die arglosen Ausländer ausnutzen wollen, «die ihres Eigennutzes wegen die Bekanntschaft der Fremden suchen»[98] und sich ein Vergnügen daraus machen, ihnen einen Bären aufzubinden. So gelangen die aberwitzigsten Vorstellungen als verbürgte Mitteilungen aus einheimischen Munde in europäische Berichte.

Niebuhr zeigt auch, daß eine gute Vorbereitung einer Reise unerläßlich ist, aber den Kommunikationserfolg noch nicht garantiert. Die akademischen Sprachkenntnisse der europäischen Orientalistik mußten sich nicht unbedingt in Gesprächsfertigkeit umsetzen. Man hatte dies in Dänemark durchaus gesehen und deshalb den *philologus* der Dänischen Arabienexpedition, Professor Frederik Christian von Haven, eigens nach Rom zu den Maroniten geschickt, um ihn *Umgangs*arabisch lernen zu lassen.[99] Leider mit mäßigem Erfolg. Niebuhr, kein Professor oder Magister und hoher Herr, sondern nur ein Landvermesser mit etwas Arabischkenntnissen, welcher der Expedition technische Dienste leisten sollte, eignete sich erst auf der Reise selbst das Arabisch an, das er im Umgang mit der Bevölkerung tatsächlich benötigte. Er kam offenbar gut zurecht, hatte aber zum Beispiel mit der stilisierten Hofsprache von Saana im Jemen seine Probleme.[100] Herr von Haven hatte die Arabienliteratur gut studiert und flocht in seine Reden die Phrasen ein, die er dort gefunden hatte. So wollte er einmal besonders höflich sein und fragte einige Araber, wie er es in den Büchern gelesen hatte: «Wie befinden sich eure Kamele?» Der erhoffte Kommunikationserfolg blieb jedoch aus, und Niebuhr, ein Bauernsohn aus dem Friesischen, konnte mit gesundem Menschenverstand die Grenzen der Buchgelehrsamkeit erklären:

> Die Morgenländer haben keine Zeitungen, sie können daher bey ihren Zusammenkünften nicht so viel von der Politik reden als die Europäer. Das Wetter ist bey ihnen beständiger als bey uns, also können sie auch davon nicht so viel sagen als wir Europäer. Die herumstreifenden Araber reden von ihrem Handwerk. Wenn sich daher zwey Bedouinen, wovon der eine die Kameele oder andere Thiere des andern kennet, sich unter einander fragen, wie sich selbige befinden, so ist dieß nicht mehr außerordentlich, als wenn die Bauern in Europa sich einander fragen, wie das Korn steht, ob das Vieh fett werde, u. d. gl.[101]

Sprachlernen war Erfahrungssache.

5. Mimesis und Täuschung

Die Fähigkeit eines Reisenden, die Menschen in den besuchten Ländern im Gespräch zu verstehen und möglichst auch ihre Texte lesen zu können, ist – wie Sir William Jones und Carsten Niebuhr jeder auf seine Weise deutlich machen – die Voraussetzung für eine würdige Begegnung über kulturelle Grenzen hinweg. Sprachkenntnisse sind aber selten reziprok verteilt. Sie sind akkumulierbares kommunikatives Kapital. Demjenigen, der mehr von ihnen besitzt, können sie Vorteile verschaffen, vielleicht sogar Macht. Der Sprachkundige kann sich für überlegen halten.

Er lebt in zwei Welten, er genießt die Vorteile bewußten Rollenwechsels, die Faszination von List und Vorstellung. Alexander Burnes war ein Geheimagent und freute sich über die Arglosigkeit der Usbeken: «Diese Einfaltspinsel! Sie glauben, ein Spion müsse ihre Wälle und Mauern ausmessen. Sie haben keinen Begriff vom Nutzen des Gesprächs.»[102]

Die Sprache wird hier zur Verkleidung. Sie wird zum Teil eines Kostüms, zu einem Beispiel von *appropriative mimesis,* die Stephen Greenblatt zufolge einer wahren Erfassung des Anderen entgegensteht.[103] Soll man in Asien in Landestracht reisen? Dieses Problem der kostümmäßigen Anpassung an die Umgebung stellt sich weder in Europa noch bei einem Besuch unter den «nackten Wilden». Es ist ein Spezialproblem von Asienreisenden. Die Dramatisierung eines solchen Identitätswechsels läßt sich erst dann richtig ausspielen, wenn die Kluft zwischen den Zivilisationen als dramatisch tief empfunden wird. Das war im 18. Jahrhundert noch nicht der Fall.

Erst im 19. Jahrhundert formt sich auch das Bild des dynamischen Abendländers, der durch eine statische orientalische Kulissenwelt reist. Europäische Asienbesucher des 17. und 18. Jahrhunderts hingegen schildern immer wieder das bewegte Leben auf den Straßen Indiens, Chinas oder Japans. Diese Gesellschaften waren extrem mobil. Monarchen wie die Mogul- und Qingkaiser unternahmen prachtvolle Züge durch ihre Reiche, wie sie in Europa fast verschwunden waren. Unter Händlern, Pilgern, Bauern, die zu Markte gingen, war ein Europäer, zumal ein unauffällig gekleideter, nur ein Reisender unter vielen. Die Gemeinschaft der Mobilen, seit Chaucer eine beliebte literarische Szenerie, ließ sich dankbar beschreiben.

Wer sich orientalisch kleidete, verhielt sich zunächst einmal pragmatisch. Hauptsächlich aus diesem Grunde gewandeten sich fast alle französischen Kaufleute an der Levante im türkischen Stil, allerdings häufig mit gepuderter Perücke unter Hut oder Turban.[104] Eine europäische *culotte* des Ancien régime mußte sich nicht unbedingt auch unter tropischen Bedingungen bewähren. Es gab viele Beweise für das Gegenteil, und manche Mediziner führten die hohe Sterblichkeit unter den Europäern in einigen Gegenden Asiens unter anderem auf unzweckmäßige Kleidung zurück. Durch einheimische Kleidung konnte man sich vor Neugier und Zudringlichkeit schützen, selbst wenn man die eigene Identität als Fremder beim Nahkontakt nicht aufgeben wollte. Auch kam es vor, daß die Einheimischen vom Fremden diese Art der Anpassung erwarteten. Anpassung mußte nicht unbedingt den totalen Identitätswechsel bedeuten. Da die Perser mit Hut aßen, ließen die Engländer bei den Gesandtschaften des napoleonischen Zeitalters ebenfalls bei Tisch ihre *cocked hats* auf dem Kopfe.[105]

Niebuhr ging weiter in der Anpassung als die meisten anderen Reisenden. Er kleidete sich arabisch, weil er die praktischen Vorzüge erkannte und weil er generell der Maxime folgte, sich so weit wie möglich nach den Landessitten zu richten.[106] In Persien, wo er die Sprache nicht beherrschte, verzichtete er aber auf etwas, das ihm als bloßes Kostüm vorgekommen wäre – um den Preis der Einschränkung seiner Bewegungsfreiheit.[107] Es war selten einfach, die Kleidermaskerade glaubwürdig aufrechtzuerhalten. Fremde mußte die hierarchisierenden Kleiderordnungen *(sumptuary laws)* der jeweiligen Gesellschaft beachten. Wo die Verteilung von Kleidungssymbolen Sache zentraler Statuszuweisung war, hatten Fremde wenig Spielraum für eigene Initiative. Eine Inkorporation ins System konnte aber sehr nützlich sein. Für die erste amerikanische Delegation, die Vietnam besuchte, erwies es sich als ein großer Vorteil, daß ihnen die Gewänder von Zivilmandarinen der zweiten Rangklasse gewährt worden waren.[108]

Was im achtzehnten Jahrhundert im Falle Niebuhrs wie eine Maßnahme besonders gründlicher Reisender erschien, wurde im neunzehnten und frühen zwanzigsten zum Zeichen entweder meisterlicher Agentenkunst (Sir Richard Burton, Charles Doughty, T. E. Lawrence) oder exzentrischen kulturellen Renegatentums. Hatten die Jesuiten zweihundert Jahre lang die Gewänder chinesischer Literati getragen, so war dergleichen für Missionare seit etwa den 1830er Jahren undenkbar.[109] In Indien gab es seit dem Beginn kolonialer Herrschaft in den 1760er Jahren «einen kulturellen Imperativ, europäische Kleider zu tragen».[110] Das Tragen indischer Kleidung durch Angestellte der E.I.C. bei öffentlichen Anlässen wurde 1830 verboten. Diese Entscheidung war ursprünglich gegen Frederick John Shore gerichtet gewesen, einen Landrichter, der in indischen Gewändern zu Gericht saß und ein heftiger Kritiker der Zurücksetzung qualifizierter Inder im kolonialen Staatsdienst war.[111] Die Umkostümierung des störrischen Richters klärte die hierarchischen Verhältnisse.

Sowohl Sprachkenntnisse als auch Kleidungsadaptation waren mehrsinnig. Sie konnten kulturelle Distanz vermindern, sie aber auch vergrößern. In der europäischen Reiseliteratur ist eine genuine Nähe zum Anderen selten unaffektiert ausgedrückt worden. Es war dabei ein Problem, die Anderen gleichwertig zum Sprechen zu bringen. Die schönsten Momente in den Texten sind denn auch jene, in denen die Verstrickungen von Semantik und Macht der ganz persönlichen Sympathie und der transkulturellen Regelhaftigkeit des Spiels Platz machen. Eine der schönsten «Entdeckerfreundschaften»[112] war die zwischen George Bogle und dem damals etwa vierzigjährigen Teshoo Lama (oder Panchen Lama). Die beiden trafen sich zum ersten Mal am 8. November 1774 in Audienz und von da an bis zum 7. Dezember bei zahlreichen informellen Begegnungen, bei denen sie sich in hindustani unterhielten, das der Teshoo Lama von seiner Mutter gelernt hatte, einer Verwandten der Rajas von Ladakh.[113] Mit Tibetern, die noch niemals einen Europäer gesehen hatten, kam Bogle am Schachbrett rasch in ein gutes Einvernehmen. Ebenso stellte Samuel Turner, der zweite britische Tibet-Gesandte, durch die kulturübergreifenden Regeln des Schachspiels mit den Lamas eine unverhoffte Begegnungsatmosphäre her.[114] Am Schachbrett waren alle gleich, und die Lamas erwiesen sich als starke Gegner.

6. Soziologie der Wahrnehmungschancen

In welche Interaktionssituationen, aus denen heraus sich eine Wahrnehmung asiatischer Menschen ergeben konnte, gelangten europäische Reisende? Was konnten sie sehen und erfahren? Diese Frage muß von Fall und Fall und von Text zu Text neu gestellt werden, und es sind nur wenige Verallgemeinerungen möglich. Asiatische Länder unterschieden sich nicht nur durch Zugänglichkeit und Einreiseschranken, sondern auch durch die jeweiligen Annäherungsmöglichkeiten der Besucher. Man könnte sich eine vergleichende Soziologie der Sichtbarkeit vorstellen.

Welche Position der Besucher in seiner Heimatgesellschaft innehatte, war von sekundärer Wichtigkeit. Die besuchten Völker konnten die Statuszeichen europäischer Gesellschaften bestenfalls unvollkommen lesen. Die soziale Herkunft von Reisenden sagt daher noch nicht viel über ihr zu erwartendes Perzeptionsverhalten aus, allenfalls einiges über ihre Bildungsvoraussetzungen. Auf Reisen verloren sich soziale Statusmerkmale. Außer in kolonialen Verhältnissen geriet die soziale Identität des Reisenden in die Schwebe. Die hierarchischen Schemata seiner Heimat konnte er nicht mittransportieren. Aus der Sicht der Besuchten war er zunächst wenig mehr als ein schwierig einzuschätzender Fremder.

Koloniale Gesellschaften wie die in Britisch-Indien oder diejenige der prächtigsten europäischen Stadt in Asien, Batavia, schienen mehr Statussicherheit zu bieten, doch sie waren keine Kopien europäischer Verhältnisse, sondern Aufsteigergesellschaften, in denen sich die Rangordnungen Europas nicht unverändert reproduzierten. Vielfach gingen Leute in den Osten, denen die heimischen Verhältnisse ohnehin zu eng waren. Es waren unversorgte und titellose jüngere Söhne des Adels und junge Leute von der Peripherie der britischen Inseln, also aus Schottland und Irland, die in auffallend großer Zahl in der E.I.C. Karriere machten.[115] Reisende trafen in Asien auf sozial unbeständige Verhältnisse.

Wer außerhalb der relativ kleinen kolonialen Enklaven reiste, konnte seinen heimatlichen Status erst recht nicht ohne weiteres in Anerkennung durch die Einheimischen umsetzen. Es mochte Ausnahmen geben. James Bruce, der ein Jurastudium in Edinburgh abgebrochen hatte und durch die Heirat mit einer – dann bald verstorbenen – Tochter eines Weinhändlers zu Geld gekommen war, führte Überleben und Erfolg während seiner ungewöhnlich strapaziösen Reise – Volney, der einiges vom Reisen verstand, nannte sie «die kühnste Reise unseres Jahrhunderts»[116]- darauf zurück, daß er stets als Gentleman aufgetreten war und daher überall die Aufmerksamkeit der Herrscher und der Aristokratie gefunden hatte.[117] Richtige Aristokraten auf Reisen übertrieben zuweilen und hatten fast ausschließlich Interesse am einheimischen Adel: In Indien besuchte man dann nur die Fürsten.

Wenn Ausländer selbst Höflinge waren, verengte sich ihr Beobachtungsfeld. Dies läßt sich für die Jesuiten in China während des 18. Jahrhunderts sagen. Je weniger ihnen noch Missionsarbeit in den Provinzen möglich war und je seltener sie von den Kaisern auf diplomatische oder kartographische Reisen geschickt wurden, desto schwieriger wurde es für sie, Wissen aus erster Hand über das chinesische Alltagsleben zu erlangen «Der schiere Ernst *(gravity)* ihres Characters» hinderte sie daran, chinesische Privathäuser zu betreten.[118] Kaufleuten und eilig Durchreisenden war es etwas leichter, in Kanton und Macau Einblicke in volkstümliche Milieus zu tun; das führte dann aber zu einem ganz anderen und mindestens ebenso einseitigen Bild wie die hochkulturelle Elitenperspektive der späteren Jesuiten. Gesandtschaftsreisende waren in ihrem Beobachtungskreis besonders stark eingeschränkt. Sie waren ständig von Militäreskorten und offiziellen einheimischen Begleitern umgeben, die als Informanten dienen konnten, und hatten Audienzen mit Würdenträgern auf unterschiedlichen Ebenen der einheimischen Hierarchie. Offizielle traten ihnen selten ohne amtliche Charaktermaske entgegen, Gelehrte hatten wenig Interesse an ihnen, und von den städtischen Mittel- und Unterschichten sowie erst recht von der bäuerlichen Bevölkerungsmehrheit nahmen sie kaum mehr wahr als eine kollektive Masse.[119]

Von einer solchen Masse angegafft zu werden, *as if we had been some strange Africk monsters,*[120] sich neugierig bedrängt und vielleicht sogar an der Perücke gezupft zu sehen,[121] irritierte und empörte immer wieder die Gesandtschaftsreisenden, die natürlich besonders spektakulär zur Schau gestellt wurden und sich mehr als andere auf ihre Würde einbildeten. Wenige waren bereit zuzugeben, daß eine asiatische Delegation in Europa genauso so angestarrt werden würde.[122] Aber einige sahen durchaus die Vorteile des Beobachtet*werdens.* Es erleichterte seinerseits die Beobachtung: «Der allgemeine Wunsch, uns zu sehen», fand Mountstuart

Elphinstone 1809 in Afghanistan, «verschaffte uns umgekehrt Gelegenheit, beinahe alle Arten von Menschen zu beobachten.»[123] Und George Bogle, der wohlmeinendste aller Reisenden, war der Ansicht, Neugier sei ein Zeichen von Zivilisiertheit und erhalte ihren Schliff durch Übung; es könne den Tibetern daher nicht übelgenommen werden, wenn sie dem ersten Europäer, den sie zu sehen bekamen, stürmisch zu Leibe rückten.[124]

Eine Rolle gab es, die den Reisenden besonders dicht an die besuchte Bevölkerung heranführte: die des Arztes. Die vornehmste Aufgabe war die des Leibarztes eines Herrschers, die Zugang zum inneren Hofstaat und manchmal sogar zum streng abgeschlossenen Harem brachte. François Bernier übte sie acht Jahre lang bei Aurangzeb aus, den er auf seinen zahlreichen Kriegszügen durch Indien begleitete. Bernier berichtet auch, wie er durch seine ärztliche Kunst aus der Gefangenschaft der räuberischen Koullys entkam.[125] Eine immer wieder erzählte Geschichte ist die der Untersuchung kranker Haremsdamen, die unter den wachsamen Augen von Eunuchen vollkommen verhüllt blieben und denen noch nicht einmal der Puls gefühlt werden durfte.[126] In allen Teilen Asiens wurden europäische Reisende immer wieder aus der Bevölkerung um medizinische Hilfe gebeten. Für umfassend interessierte Naturforscher wie Johann Georg Gmelin war dies eine willkommene Gelegenheit, pathologische und epidemologische Studien anzustellen.[127] Thomas Manning begann in England medizinische Studien bereits mit der Absicht, sich in Asien als Arzt willkommen und nützlich machen zu können. In Tibet wurde ihm der Andrang aber nach einer Weile lästig; die Erhebung eines kleinen Honorars regulierte die Nachfrage.[128] Der Veterinär und zeitweilige Leiter des Gestüts der E.I.C. William Moorcroft fand die gesundheitliche Verfassung der Menschen in Ladakh und Afghanistan so katastrophal, daß er erhebliche Verzögerungen seiner Reise in Kauf nahm, um Hunderte von Staroperationen vorzunehmen.[129] Daß Europäer über heilende Fähigkeiten verfügten, wurde offenbar vielerorts vorausgesetzt. Wer solche Fähigkeiten nicht besaß, meisterte die Situation gelegentlich durch Pantomine.[130] Adelbert von Chamisso, der 1815 bis 1818 als Naturwissenschaftler an Otto von Kotzebues russischer Weltreise teilnahm, riet jedem angehenden Reisenden:

> [...] der Name und Ruf eines Arztes wird ihm, so weit die Erde bewohnt ist, der sicherste Paß und Geleitsbrief sein und wird ihm, sollte er dessen bedürfen, den zuverlässigsten und reichlichsten Erwerb sichern.[131]

Der Reisende als Arzt hatte in Gesellschaften, in denen man sich von westlicher Medizin Hilfe versprach (in China und Japan scheint dies selten der Fall gewesen zu sein), außerordentlich günstige Wahrnehmungschancen. Es fiel ihm leicht, unauffällig Naturalien zu sammeln.[132] Seine soziale Rolle war in allen denkbaren Gastländern einfach zu bestimmen. Er war nicht nur ein schauender und handelnder, sondern, mehr noch, ein helfender Beobachter. In das Verhältnis zwischen durchreisendem oder zugereistem Fremden und der einheimischen Umwelt kam eine Note der Gegenseitigkeit. Der Reisende als Arzt war, anders als der Weltenbummler, der Botaniker oder der Antiquitätensammler, auf eine unmittelbar wirksame Weise nützlich. Er nahm nicht nur, er gab.

VI.
Augenzeugen – Ohrenzeugen: Asien als Erfahrung

1. Riesen und Einhörner

Während des 18. Jahrhunderts wurde Asien für das gebildete Europa immer weniger das Reich des Phantastischen und immer mehr ein riesiges Materialfeld für das Studium des Menschen und der Geschichte seiner Zivilisation. Dieses Studium stand nicht weniger als die anderen Wissenschaften der Zeit unter dem Imperativ des Empirischen. Er ließ auch die fiktionale Literatur nicht unberührt. Je mehr man aus den Berichten von Reisenden über ferne Länder erfuhr, desto größer wurde die Verlockung, literarische Handlungen auf exotischen Schauplätzen anzusiedeln. Aber auch dabei wurde immer nachdrücklicher verlangt, Plausibilität zu beachten. Der literarische Orient, der nicht *wahr* sein konnte, sollte wenigstens *wahrscheinlich* sein. Schon Racine stützte sich für seine im türkischen Hofmilieu angesiedelte Tragödie *Bajazet* von 1672 auf die französische Übersetzung von Sir Paul Rycauts *Present State of the Ottoman Empire*, die kurz zuvor erschienen war.[1] Montesquieu «erfand» nicht einfach den Iran seiner reisenden Perser Rica und Usbek; er benutzte die Nachrichten, die von Reisenden aus der islamischen Welt mitgebracht worden waren. Jahrzehnte später trieb Goethe ausgiebige Studien in den Werken von Adam Olearius, Sir William Jones, Joseph von Hammer-Purgstall, Joseph-Pierre Abel-Rémusat und anderen Orientalisten, um den Gedichten des *West-östlichen Diwan* (1819/1827) ein möglichst authentisches persischen, indisches oder chinesisches Kolorit zu verleihen. Er hielt diese Studien für wichtig genug, um Teile davon in den *Noten und Abhandlungen* zum *West-östlichen Diwan* (1819) zu veröffentlichen. Andere Autoren des frühen 19. Jahrhunderts versahen ihre im Orient angesiedelten Dichtungen mit Fußnoten, in denen sie sich auf die wissenschaftliche Asienliteratur bezogen. Beispiele dafür sind Lord Byrons *Childe Harold's Pilgrimage* (1812–18), Thomas Moores *Lalla Rookh: An Oriental Romance* (1817) oder Alexsandr Puškins *Kavkazkij plennik* (Der Gefangene im Kaukasus, 1822).[2] Diese Literatur sucht einen Schwebezustand zwischen Fiktion und Faktizität. Sie spielt mit der Ambivalenz des Imaginierten und des Authentischen, ohne die Wissenschaft der Kunst zu assimilieren. Der Anspruch der beschreibenden Literatur, etwas über den «wahren» Orient aussagen zu können, wird bekräftigt, indem sie als Erkenntnissphäre eigenen Rechts anerkannt wird. Die Dichter können Asien nicht länger *er*finden, weil die Geographen und Orientalisten versichern, es bereits *ge*funden zu haben.

Seit die großen Weltumsegelungen die alte Hoffnung auf einen Südkontinent, die *Terra australis*, zu Grabe gelegt hatten, war das geographische Weltbild endlich geworden. Umrisse und Verteilung der Kontinente waren nun definitiv bekannt. In dieser endlichen Welt gab es viele Nischen des «Fremden»: In den Inselutopien, den großen Sehnsuchtsprojekten des 18. Jahrhunderts, verflossen Ethnographie und Traum.[3] Doch überall galten die gleichen Naturgesetze und wenn nicht sie, so doch die Regeln einer ungeteilten Plausibilität und die Beweiskraft exakter Datenaufnahme.

Man kann dafür viele Beispiele anführen. In einer anonymen Schrift des Jahres 1679 heißt es von den Chinesen, «daß sie ihren Kindern/die Nasen forn drücken und breit machen».[4] Kein Jesuitenbericht des 17. Jahrhunderts enthielt eine solche Absurdität. Wer noch 1768 auf der Grundlage älterer Reiseberichte an die Existenz von Menschen mit Schwänzen (auf Formosa und den Philippinen) glaubte, tat dies vor allem, um der theoretisch hergeleiteten Erwartung einer geschlossenen «Großen Kette der Geschöpfe» zu entsprechen.[5] Notorisch war ein anderer Fall: Seit den ersten Umschiffungen Südamerikas behauptete ein Reisender nach dem anderen, in Patagonien Riesen von übermenschlicher Statur gesehen oder gar mit ihnen gesprochen zu haben. In den 1760er Jahren wurden diese «Riesen» gemessen und auf ein gemeinmenschliches Normalmaß zurückgestutzt.[6] Damit war die Riesenfabel erledigt. Schwieriger gestaltete sich die Sache mit dem Einhorn, dem berühmten Fabeltier des Mittelalters. Da niemand es beobachtet oder sein Skelett gefunden hatte, ließ sich die Hypothese seiner Existenz nicht ohne weiteres widerlegen. Vielleicht versteckte es sich besonders gut. Der braunschweigische Hofrat Ernst August Wilhelm von Zimmermann, ein Pionier der Tiergeographie und beileibe kein Phantast, diskutierte das Problem 1780 mit größter Ausführlichkeit und warnte davor, ohne eine gründliche Bereisung des Inneren Asiens und Afrikas zu einem endgültig negativen Urteil zu kommen.[7] Samuel Turner hätte das Einhorn 1783 beinahe gefunden. Der Raja von Bhutan behauptete, eines zu besitzen. Hätte daraufhin mancher Reisender des 16. Jahrhunderts nach Europa berichtet, es gebe im Himalaya Einhörner, so begnügte sich Turner mit einem lakonischen Negativbefund: Der Raja erzählte von seinem Wundertier, doch, sagt

Turner, «es wurde mir nie gezeigt».[8] Weitere Spekulationen waren damit ausgeschlossen. Nüchternen Sinnes blickt man in eine entzauberte, eine einhornlose Welt.

Nur das zählte spätestens in der zweiten Hälfte des 18. Jahrhunderts an Nachrichten aus asiatischen Ländern, was durch die Erfahrung der Realität beglaubigt war. Diese Erfahrung hat, wie Joseph von Hammer-Purgstall kurz und bündig formulierte, nur zwei legitime Quellen: «Selbstansicht und Bücherforschung».[9]

2. Vorurteilslosigkeit

Es gibt im 18. Jahrhundert so etwas wie eine relativ einheitliche «große Theorie» des überseeischen Reisens, eine Norm, die sich die anspruchsvollsten Reisenden ständig vor Augen halten. Nicht länger genügt die allgemeine Rechtfertigung durch Wißbegier *(curiositas)*. Vielmehr werden grob zwei Klassen von Reisenden unterschieden: die Reisenden mit niedrigen und die Reisenden mit hohen Motiven.[10] Zur ersten Klasse gehören alle diejenigen, die allein aus egoistischen Beweggründen ihre Heimatländer verlassen: aus Abenteuerlust, Leichtsinn, Langeweile, Gewinnsucht oder Liebeskummer. Die hohen Reisenden dagegen, Leute «mit höherem Ausblick, stärkeren Gesichtspunkten»,[11] verfolgen, opferbereit und vor keiner Strapaze zurückschreckend, idealistische und altruistische Zwecke: Sie wollen, so der allgemeine Eindruck, der europäischen Wissenschaft dienen und ihr neue Gebiete «erobern», moralische Lehren aus der Betrachtung anderer Völker ziehen, das Christentum propagieren sowie durch Verbreitung von Aufklärung zur «Milderung der Sitten» in der Welt beitragen. Ab etwa 1800 heißt es dann zunehmend: Sie wollen ihrer Nation und dem öffentlichen Wohle dienen. Einige Autoren gehen über diesen oft wiederholten Grundkanon hehrer Reisezwecke hinaus: Man will sich als weitgereister und obendrein buchgelehrter Experte zum «Sprecher der Morgenländer unter uns» machen,[12] sieht es als die Pflicht des Reisenden an, entfernte Völker gegen die Vorurteile der Europäer zu verteidigen,[13] und möchte überhaupt zur Überwindung der allen Völkern eigenen Selbstüberschätzung und zum Abbau interkultureller Mißverständnisse beitragen.[14] Claude-Étienne Savary bekennt sich am Beginn seiner *Lettres sur l'Égypte* (1785–86) zum Reisen als der «lehrreichsten Schule des Menschen» *(l'école la plus instructive de l'homme)*: Es helfe, die eigenen Vorurteile zu überwinden, zum eigenen Vaterland kritischen Abstand zu gewinnen und die Fesseln zu sprengen, «mit denen das Herkommen die Vernunft in Banden hält». Der so gestimmte und obendrein noch gründlich vorbereitete Reisende –

Savary selbst konnte sehr gut Arabisch – werde zum Weltbürger, zum *citoyen de l'univers.*[15]

Eine Zusammenfassung des Charakterbildes des hohen Reisenden hat 1789 Anquetil-Duperron gegeben, selber in Indien ein Reisender, der hohe Motive mit einem niederen, volksnahen Reisestil verband:

> *Le vrai Voyageur, c'est-à-dire celui qui, aimant tous les hommes comme ces frères, inaccessible aux plaisirs & aux besoins, au-dessus de la grandeur & de la bassesse, de l'estime & de blame, de la richesse et de la pauvreté, parcourt le monde, sans attache qui le fixe à aucun lieu, spectateur du bien & du mal, sans égard à celui qui le fait, aux motifs propre à telle Nation: ce voyageur, s'il est instruit, s'il a un jugement sain, saisit sur-le-champ le ridicule, le faux d'un procédé, d'un usage, d'une opinion.*[16]

Der wahre Reisende ist jemand, der alle Menschen wie seine Brüder liebt und gegenüber Freuden und Bedürfnissen unempfänglich ist, der jenseits von Größenwahn und Niedertracht steht, von Lob und Tadel, von Reichtum und Armut. Ohne sich an einen Ort zu binden, durcheilt er die Welt als Betrachter des Guten und des Bösen, ohne Rücksicht auf ihre Urheber und auf die einer bestimmten Nationen eigentümlichen Motive. Ist dieser Reisende gebildet, verfügt er über ein klares Urteil, dann erkennt er auf der Stelle das Lächerliche und Unwahre eines Verhaltens, einer Gewohnheit oder einer Ansicht.

Anquetil-Duperron entwirft hier ein Ideal des wohlvorbereiteten, sprachkundigen, ständig den Kontakt zu den Einheimischen suchenden Reisenden,[17] der von seiner Person abstrahiert und sich als Augenzeuge auf seine Umgebung einläßt, ohne das eigene Urteil zu suspendieren. Gerade weil der Reisende in einem Akt der Selbstpurifikation die eigenen niederen Motive unter sich läßt und beobachtetes Verhalten anderer nicht auf deren Motive (und ihren kulturellen Hintergrund) bezieht, gewinnt er eine spontane, gleichsam naive Urteilsfähigkeit. Der Reisende soll in dieser Sicht drei Schritte durchlaufen: Erst soll er sich von Vorurteilen und anderen Trübungen seiner Wahrnehmungsfähigkeit befreien, dann soll er mit seinen eigenen Augen beobachten, schließlich hat er das Recht auf ein Urteil erworben, bei dem aus ihm nicht mehr der kulturgebundene Europäer spricht, sondern die Stimme der Vernunft an sich.

Der erste Schritt unterscheidet den hohen vom vulgären Reisenden. Er unternimmt die Anstrengung, von sich selbst abzusehen. Durch Freiheit von Interesse und Leidenschaften erreicht er Sachlichkeit. Eine der frühesten Formulierungen dieses erkenntnisanthropologischen Ideals findet sich in der Einleitung, die Robert Hooke, der Sekretär der Royal Society, zum Ceylon-Bericht des schiffbrüchigen Kapitänssohnes Robert Knox (1681) schrieb. Nicht nur die Liebhaber von Abenteuern, heißt es dort, kämen bei Knox auf ihre Kosten, sondern auch die ernsthaften Freunde der Wahrheit:

I believe at least all that love Truth will be pleas'd; for from that little Conversation I had with him I conceive him to be in no way prejudiced or byassed by Interest, affection or hatred, fear or hopes, or the vain-glory of telling Strange Things, so as to make him swerve from the truth of matter of fact.[18]

Zumindest glaube ich, daß alle, die die Wahrheit lieben, zufrieden sein werden. Denn nach den wenigen Gesprächen, die ich mit ihm [Knox] geführt habe, finde ich, daß er in keiner Weise durch Interessen, Zuneigung oder Haß, Furcht oder Hoffnung oder auch durch die prahlerische Absicht, Merkwürdigkeiten zu erzählen, in seinem Urteil behindert ist. Nichts läßt ihn von der Wahrheit der Tatsachen abweichen.

Das Gegenteil solcher Sachlichkeit ist Voreingenommenheit. Sie äußert sich vor allem in Urteilen, denen nicht allgemeine Vernunfteinsichten, sondern verabsolutierte subjektive Erfahrungen zugrunde liegen. So bemerkt ein Rezensent ironisch über einen dienstlich Reisenden, der mit der Absicht nach China gefahren war, dort alles schlecht zu finden: «Wenn die Leute zufällig einmal laut sind, hält er es gleich für ihren Nationalcharakter.»[19] Der negativ voreingenommene Reisende findet seine mitgebrachte Einstellung durch jede unerfreuliche Begegnung bestätigt.

Vorurteilslosigkeit wird bei Reisenden des 18. Jahrhunderts vor allem als *Gerechtigkeit* gegenüber dem Fremden und *unparteiliche* Distanz zum Eigenen verstanden, vor allem als das Bemühen, das Andere nicht in naive, vor-«philosophische» europäische Urteilsschemata zu pressen.[20] Wer diesen Gedanken konsequent weiterdenkt, muß sogar auf den Vergleich verzichten. «Bei der Darstellung ausländischer Sitten», heißt es 1809 bei dem unzeitgemäß türkenfreundlichen Thomas Thornton«, habe ich mich von nationalen Vorurteilen freigehalten. Bei der Beschreibung fremder Religionen habe ich darauf verzichtet, sie mit den Ansichten und Praktiken anderer Sekten oder Glaubensrichtungen zu konfrontieren.»[21] Thornton betont auch – wie Anquetil-Duperron – die Anstrengung, die eine solche kognitive Selbstüberwindung kostet:

To describe with impartiality a people among whom every thing is contradictory to our usages, though not perhaps more repugnant to reason, requires a superiority to prejudice, a sobriety of observation, and a patience of inquiry, which few travellers possess.[22]

Will man ein Volk, bei dem alles unseren eigenen Gepflogenheiten – wenn auch vielleicht nicht der Vernunft – widerspricht, unparteiisch beschreiben, dann sind dazu eine Freiheit von Vorurteilen, eine Nüchternheit der Beobachtung und eine Geduld bei der Nachforschung erforderlich, wie sie wenige Reisende besitzen.

Die höchste Form dieser Anstrengung, die sich und ihren Lesern nur wenige Reisende eingestanden, ist die Selbstkorrektur von Vorurteilen:

eine größere moralische Leistung als die fragwürdige Übung, Vorurteilsfreiheit gleichsam a priori zu erreichen. Samuel Turner, der Himalaya-Überquerer, war ein solch selbstkritischer Reisender. Er gab zu, daß er sich durch vorschnelle Schlüsse *(a rash and hasty inference)* ein ungerecht negatives Urteil über die Bhutanesen gebildet hatte, das sich aber noch auf der Reise korrigieren ließ. An einer anderen Stelle bedauerte Turner, daß er sich trotz bester Absichten und mehrerer Versuch nicht an den Genuß von rohem Fleisch gewöhnen könne. Er habe es mit bestem Willen versucht.[23] Und Carsten Niebuhr hatte ohne Zweifel erzieherische Wirkungen auf ein in Vulgärvorstellungen verhaftetes Publikum im Sinn, als er bekannte: «Auch ich hatte bey meinem ersten Aufenthalt zu Constantinopel noch so fürchterliche Begriffe von den Mohammedanern [...]», die dann aber bald berichtigt werden konnten.[24]

Diese Art von Unparteilichkeit war nicht allein in der Beziehung zwischen Ost und West vonnöten. Man täuscht sich, wenn man eine schroff wertende Gegenüberstellung nur zwischen Europa und fremden Zivilisationen annimmt. Scharf profilierte und wertend besetzte nationale Stereotype bildeten sich innerhalb Europas im Zuge der Entstehung national definierter dynastischer Staaten aus.[25] Bevor der Kosmopolitismus der reifen Aufklärung besänftigend wirken konnte, äußerten sich etwa manche englischen Autoren rabiater über die «papistischen» Franzosen als über die Türken, und ein Mann wie Alexander Hamilton, nicht gerade ein schwärmerischer Freund der Asiaten, haßte mit deutlich tieferer Inbrunst Portugiesen, Jesuiten und die East India Company.

Vorurteilslosigkeit bezog sich nicht nur auf das Verhältnis des Betrachters zum Erkenntnisobjekt. Sie konnte auch etwas Zweites bedeuten: Kritik an der angeblichen Verblendung *anderer* Betrachter. Man demonstrierte die eigene überlegene Wahrnehmungsfähigkeit durch eine manchmal geradezu ideologiekritische Demontage von Vorgängern und Konkurrenten. Indem man die Fesseln der anderen aufzeigte, hoffte man, sich selbst zu befreien und den eigenen überlegenen Standort glaubhaft zu machen. Diese Argumentationsstrategie beruhte weniger darauf, anderen sachliche Fehler nachzuweisen, als auf einer Diskreditierung ihrer Motive.

Die in China tätigen Jesuiten hatten schon früh (und nicht ganz zu Unrecht) begonnen, die Berichte von Seefahrern und Kaufleuten pauschal ins Zwielicht zu rücken.[26] Sie selbst gerieten in der zweiten Hälfte des 18. Jahrhunderts in die Schußlinie. Zunächst waren selbst ihre protestantischen Gegner widerwillig bereit, die Überlegenheit der Jesuiten über alle anderen Berichterstatter aus dem Reich der Mitte einzuräumen.[27] Der Holländer Cornelis de Pauw, ein ehemaliger Priester, ritt 1773 eine schwungvolle Attacke gegen die Glaubwürdigkeit der Jesuiten, ohne sich zu scheuen, ihre Befunde dann zu benutzen, wenn sie seine negative Einschätzung Chinas stützten. De Pauw griff die Jesuiten dort an, wo ihre «Voreingenommenheit» *(préjugés)* einem aufgeklärten Publikum am ehesten einleuchten mußte: Sie seien von der Natur ihres geistlichen Standes her für Wundergeschichten besonders anfällig.[28] Seine Polemik traf die Jesuiten in der Tat an empfindlichen Stellen, vor allem manche Schönfärberei und eine eher schwerfällig-pedantische als zeitgemäß elegant daherkommende Gelehrsamkeit. Aber bei seinem Programm, China ungeschminkt, «wie es ist» *(suivant les faits)*, darzustellen, zog de Pauw am Ende doch den Kürzeren. Die jesuitische Gegenkritik hatte verhältnismäßig leichtes Spiel, aber das Problem, nur noch wenig Gehör in der Öffentlichkeit zu finden.[29] De Pauws Reputation geriet erst kurz vor seinem Tode 1799 ins Wanken, als die Berichte der keineswegs unbesehen china- und jesuitenfreundlichen Macartney-Mission die Angaben der Patres zum Teil bestätigten. Zum Beispiel hatte de Pauw die Bevölkerungszahl Chinas auf absurd niedrige 82 Millionen geschätzt; Macartney und seine Begleiter akzeptierten dagegen die um das Vierfache höhere (und heutigen Schätzungen sehr nahekommende) Zahl, die Pater Amiot auf der Grundlage chinesischer Daten ermittelt hatte.[30]

Der französische Naturforscher und Marinekommissar Pierre Sonnerat, ebenfalls ein Autor, der sich seiner Vorurteilslosigkeit rühmte, hatte, anders als de Pauw, immerhin Kanton gesehen, als er die Jesuiten an den Pranger stellte: Ihre christliche Uneigennützigkeit sei ein Vorwand, hinter dem sich das Streben nach theokratischer Weltherrschaft verberge, ihr idealisiertes China die Utopie einer kultisch mystifizierten, sanften Despotie über ein willenloses Volk.[31] Der schärfste China-Kritiker unter den Teilnehmern der Macartney-Mission war John Barrow, der den Jesuiten Taktik und Opportunismus unterstellte: Sie stünden im guten Glauben, die Wahrheit zu sagen, unterdrückten aber viele (nicht alle) negativen Nachrichten, um die Gunst des Kaiserhauses nicht aufs Spiel zu setzen. Die Jesuiten seien der Selbstinterpretation der Chinesen aufgesessen, hätten also deren Vorurteile von sich selbst übernommen. Der klarsichtige Kommentator indessen betrachte fremde Völker «nicht wie sie sich in ihren eigenen moralischen Grundsätzen darstellen, sondern wie sie wirklich sind» *(not as their own moral maxims would represent them, but as they really are)*.[32] Damit war epistemologischer Raum für den «philosophischen» Betrachter erobert. Er definierte sich selbst als den vorurteilsfreien Vernunftmenschen und installierte sich auf einem suprakulturellen Beobachterposten.

Allerdings bedeutet die Beseitigung von Vorurteilen nicht auch Entlastung von Vorwissen. Hier kam ein Dilemma ins Spiel, das die Theorie niemals ganz zu lösen vermochte, auch wenn manche Werke in der darstellerischen Praxis durchaus einen Mittelweg fanden. Einerseits war ein Übermaß an mitgeschlepptem Bildungsgut eine Belastung unbefangener Erkenntnis. Andererseits mußte man bereits wissen, um verstehen zu können. Wer ungebildet und unverbildet in die Welt hinausfährt, sieht viel und begreift wenig.

Unbefangenheitsbeteuerungen konnten auch als Fassade für Plagiate dienen. François Léguat, ein französischer Protestant, der irgendwie auf Inseln im Indischen Ozean geriet, versichert in seinem ziemlich abenteuerlichen Bericht, er habe bewußt auf die Lektüre früherer Beschreibungen verzichtet, um die Unmittelbarkeit der Darstellung nicht zu trüben. Wie sich mit der Zeit herausstellte, war das schiere Gegenteil richtig: Léguat, für seine Naturschilderungen gerühmt, hatte sich literarisch geschickt, aber mit ungewöhnlicher Dreistigkeit bei früheren Autoren bedient.[33] Ein etwas anders gelagerter Fall ist der des Abbé Jean-Antoine Dubois. Der geistliche Herr, vor der Französischen Revolution geflohen, hatte mehr als siebzehn Jahre lang im Süden Indiens, vor allem in Maisur, gelebt. Ein umfangreiches Manuskript, in dem er die Sitten und Gebräuche der Hindus mit beispielloser Genauigkeit beschreibt, verkaufte der Abbé 1808 der E.I.C. in Madras. Es wurde 1817 auf deren Kosten in englischer Übersetzung veröffentlicht; 1825 erschien in der Königlichen Druckerei zu Paris eine erweiterte französische Fassung dieses ethnologischen Klassikers, die wiederum der englischen Neuübersetzung von 1898 zugrundegelegt wurde. Sie ist seitdem immer wieder nachgedruckt worden; nicht zuletzt in Indien genießt der Abbé dank seiner einfühlsamen Beschreibungen andauernde Wertschätzung. Der Abbé hatte sich gerühmt, unbelastet durch hinderliches Buchwissen in seine indischen Umwelt eingetaucht zu sein. Nur die Bibel habe er im Gepäck gehabt, vorher wenig über die Inder gewußt, und ansonsten «machte ich es mir zur Regel, so zu leben wie sie, mich in allem ihren Sitten, ihrem Lebenstil, ihrer Kleidung und sogar ihren Vorurteilen genau anzupassen».[34] Die Herren der E.I.C. würdigten den Wert einer solch ausgedehnten Praxis teilnehmender Beobachtung, zu der offenbar koloniale Briten nicht fähig waren, und erwarben das Manuskript vor allem deswegen, weil «der völlige Rückzug des Autors von der Gesellschaft von Europäern während einer Reihe von Jahren ihn vorzüglich dazu befähigte, in die dunklen und unerforschten Tiefen des indischen Charakters *(the dark and unexplored recesses of the Indian character)* vorzudringen».[35] Die unbefangene Beobachtung schien Abgründe zu erschließen, die dem Vorwissenden unzugänglich waren. Professor Max Müller, der Doyen der englischen Indologie, bescheinigte Dubois noch 1898, er sei als Augenzeuge indischer Bräuche kaum je übertroffen worden und sei wie nahezu kein anderer imstande gewesen, sich die Sichtweise der Einheimischen zu eigen zu machen *(to enter into the views of the natives)*.[36] Dem zeitlosen Ruhm des Abbé stand nichts mehr im Wege. Erst in den achtziger Jahren unseres Jahrhunderts stellte sich heraus, daß Dubois der E.I.C. ein Manuskript unterschoben hatte, das nicht von ihm stammte, sondern von Pater Gaston-Laurent Cœurdoux, einem von 1734 bis 1779 in Indien tätigen Jesuiten.[37]

Daß Unkenntnis als Unbefangenheit eine Tugend des Reisenden sei, behaupteten nur noch wenige, obwohl oft darüber geklagt wurde, ein vorbereitendes Studium der zu bereisenden Gegend schwäche die Frische der Anschauung. Äußerungen wie die folgende des deutschen Orientreisenden Ulrich Jasper Seetzen finden sich immer wieder:

> Dadurch nämlich, das wir durch Beschreibungen, Kupferstiche u. s. w. von den Gegenständen, die uns in einem Orte oder sonst irgendwo unterwegs aufstoßen, vorher eine ziemlich deutliche Vorstellung erlangt haben, verliert der erste Eindruck, den sie auf uns machen, ungemein an seiner Stärke, und ein geringerer Grad von Leben wird in unserer Schreibart anzutreffen seyn; kurz, unsere Beschreibung wird nothwendig an ihrer Natürlichkeit verlieren.[38]

Dennoch hielt Seetzen an dem Konsens seiner Zeit fest, man müsse sich «durch Lectüre mit dem Merkwürdigsten einer Gegend oder eines Landes zuvor bekannt machen und auf eine solche Art seiner Aufmerksamkeit zu Hülfe kommen».[39] Wer dies unterließ, hatte die Konsequenzen zu tragen. Ernst waren die Folgen ungetrübter Ahnungslosigkeit beim Grafen Jurij Golovkin, dem Leiter der russischen Gesandtschaft nach China von 1805. Er hatte sich *bewußt* uninformiert über China gelassen, um den neuen Erfahrungen unbefangen entgegengehen zu können. Prompt war er in eine Reihe protokollarischer Fallen getappt, aus denen ihn auch seine gelehrten Begleiter nicht mehr retten konnten.[40] Daran unter anderem scheiterte sein diplomatischer Auftrag. 1794 war es der katastrophalen holländischen Mission an den Hof zu Peking ähnlich ergangen. Ihr zweiter Mann rühmte sich, seit zwanzig Jahren kein Buch mehr über China gelesen zu haben, und stolperte denn auch in allzu viele Fettnäpfe.[41] Insgesamt gesehen fand die Selbststilisierung als naiver Reisender im 18. Jahrhundert kaum noch öffentlichen Respekt und verschwand in den Niederungen der Kolportage. Der hohe Reisende hatte gelehrt, wohl vorbereitet *und* vorurteilsfrei zu sein.

3. Augenschein

Im *zweiten* Schritt von Anquetil-Duperrons Dreiphasenmodell des anspruchsvollen Reisens sieht sich der geläuterte Reisende vor die Realität gestellt. Er soll sie beobachten und möglichst exakt beschreiben. Die

Aufgabe, die er sich stellt, ist «scharf und genau hinzusehen und klar, leidenschaftslos und wahrhaftig zu beschreiben» *(to see distinctly and accurately, to describe plainly, dispassionately and truly)*.[42] Genaue Beobachter mit weitreichenden Korrektheitsansprüchen hatte es bereits seit dem Beginn der europäischen Überseeberichterstattung gegeben. Der *Wille* zum Realismus ist keine Erfindung der Aufklärung, er findet sich bereits bei manchen Reisenden des frühen 17. Jahrhunderts[43] – schon bevor am Ende des Jahrhunderts die großen Empiriker auftreten: Kaempfer, La Loubère, de Bruin, William Dampier, Tavernier. Niemand habe, befindet Hammer-Purgstall 1822, die Beschreibung Konstantinopels durch Gylles 1632 an nachprüfbarer Genauigkeit übertroffen.[44] Nach etwa 1670 setzt sich eine empirische Erkenntnishaltung nahezu allgemein durch: Gegen die Autorität der Antike und der modernen *erudits* steht der Maßstab der Erfahrung.[45] Ein Höhepunkt des Empirismus ist William Milburns Monumentalwerk *Oriental Commerce* von 1813. Auf der Grundlage von sieben Reisen in zahlreiche Gebiete Asiens zwischen Bombay und Kanton und jahrzehntelangen Materialsammelns werden hier die großen Städte Asiens mit ungemeiner Akribie und ohne die mindeste Exotisierung oder Wertung beschrieben.[46]

Der Kern des «hohen» Reisens auf der Stufe seiner wissenschaftlichen Domestizierung war Methodik, deren Zentrum wiederum die Autopsie: Hammer-Purgstalls «Selbstansicht». Seit Herodot war es Reisenden wichtig, sich auf die Autorität des Augenzeugen zu berufen. Nur das, was der Besucher mit *eigenen* Augen gesehen hatte, schien, wenn nicht dadurch schon wahr, so doch wahrheits*fähig* zu sein: Ob der Beobachter dann übertrieb, mißverstand oder log, war eine andere Frage. Die Bilder, die man aufnahm, sollten ein Weg zu Wahrheit, kein Selbstzweck sein. Die Trennung zwischen Bild und Wahrheit kam erst 1811 mit Chateaubriand: «Ich suchte Bilder, nichts sonst.» *(J'allais chercher des images, voilà tout.)*[47]

Im 18. Jahrhundert stand die Überlegenheit des Augenscheins über Hörensagen und Buchgelehrsamkeit außer Frage. Große Reisende wie Niebuhr, Volney und der Persienforscher James Baillie Fraser bekräftigten sie mit Nachdruck.[48] Mit der bloßen Versicherung, etwas mit eigenen Augen gesehen zu haben, war es in einem postrhetorischen Zeitalter freilich nicht länger getan. Kritiker waren rasch mit Zweifeln bei der Hand. Gemelli Careris verdienter Nachruhm wurde dadurch verdunkelt. Er hatte nichts getan, als einer alten Konvention zu folgen, wenn er seine Leser beruhigte: «Ich behaupte nichts als wahr, das ich nicht selbst gesehen habe.»[49] Aber es war nicht allzu schwer, ihm nachzuweisen, wo er von anderen Reisenden abgeschrieben hatte, und der um 1700 vermutlich am weitesten herumgekommene Bewohner der Erde wurde nach dem Motto «wer einmal lügt, ...» den Schwindlern zugeschlagen. James

Bruce, ein ganz ungewöhnlich integrer und gebildeter Reisender, mußte nach seiner Rückkehr aus Äthiopien und dem Sudan 1773 jahrelang um sein Ansehen kämpfen, da einflußreiche Zeitgenossen und ein Teil der englischen Presse manche seiner Schilderungen afrikanischer Bräuche für implausibel hielten. Erst die Bestätigung durch die Beobachtungen späterer Besucher der gleichen Gegenden rehabilitierte einen der bedeutendsten aller Landreisenden.[50]

Wenn die Rhetorik der Wahrheitsbeglaubigung nicht mehr verschlug, mußten andere Wege gesucht werden. Häufig versuchten Autoren ihre Wahrhaftigkeit dadurch zu demonstrieren, daß sie die Grenzen ihres optischen Horizonts eingestanden. Kapitän Shelvocke lag bei seiner Weltumsegelung im Hafen von Kanton krank in seiner Kabine und sah daher nichts von China; es schien ihm ratsamer, dies offen zuzugeben, als sich Informationen aus zweiter Hand zu beschaffen.[51] Henry Ellis, der Chinadiplomat von 1816, beichtet beiläufig sogar, was für viele Reisende gegolten haben muß und schauerliche Perspektiven auf das gesamte Genre der Reisebeschreibung eröffnet: Er war stark kurzsichtig und hatte Probleme mit seiner Brille.[52] Üblich ist es hingegen zu erwähnen, was man gerne gesehen hätte, aber dann doch nie dazu kam: das Innere eines türkischen Harems, ein Gottesurteil in Siam, das Rhinozeros auf Java, «davon viel Autoren geschrieben».[53] Einige Verfasser, aber nicht sehr viele, gelangten zu tieferen erkenntniskritischen Überlegungen. William Hodges, der ein nachdenklicher Maler war, fragte sich, ob nicht ein zu langer Aufenthalt im Orient, fern davon, die Einsicht zu intensivieren, die Seele ermatten lassen, die Frische früher Eindrücke dämpfe und die Neigung zu wirklichkeitsfernem Tiefsinn verstärke.[54] Der kluge Louis Castilhon äußerte 1769 einen radikal skeptischen Verdacht: Was wäre, wenn die Asiaten den Europäern ein gigantisches Theater vorspielten und vielleicht sogar der ganze «orientalische Despotismus» nichts als eine Inszenierung für sensationslüsterne Fremde sei?[55]

Wieder andere sind ehrlich genug zuzugeben, daß sie das, was sie beobachten und beschreiben, nicht *verstehen*. Thomas Manning, man erinnere sich, stand ratlos vor dem Potala in Lhasa. Frère Jean-Denis Attiret, über die Jesuiten als Hofmaler in Peking engagiert, soll 1754, kurz nach seiner Ankunft in China, einen Zug des Qianlong-Kaisers malen. Der arme Kerl, gewiß in Erwartung gravitätischer chinesischer Zeremonien, sieht aber keine darstellbar strukturierte Szene, etwa einen würdevollen fürstlichen Progreß, sondern nur Leute, die wirr herumrennen: «Alles, was er wahrnahm, erschien ihm als Tumult, Konfusion, Durcheinander. [...] Er sah alles, und er sah doch nichts.»[56] Schließlich war der Kaiser aber doch nicht ganz unzufrieden mit Attirets Gemälde. Warum? Qianlong hatte bereits Erfahrung mit westlichen Bildern und deren fremdartigen Weisen der Repräsentation. Der Kaiser als Hauptakteur des gemalten Geschehens konnte die Inkorrektkeiten der Darstellung kulturalistisch weginterpretieren.

Johann Georg Gmelin wiederum beschreibt ein rituelles Hammelschlachten in einem sibirischen Tatarendorf mit großer Detailfreude und gibt ohne weiteres zu, daß er seinen Sinn nicht begreift: «Die Ceremonie zu beschreiben wäre gut, wenn man wüßte, was der Religion wegen geschiehet. Weil ich aber hievon nicht zugängliche Nachricht habe, so will ich blos erzählen, was ich gesehen habe.»[57] Gmelin erklärt den Ritus weder für primitiven Unsinn («Aberglauben»), noch macht er sich durch eine eigene Theorie einen gewaltsamen Reim darauf. Er stellt jedes Urteil hintan und registriert schmucklos das Geschehen. Nicht alle Europäer fertigten also das Fremde mit besserwisserischen «philosophischen» Kommentaren ab, die beanspruchten, durch die Erscheinungen hindurch zum Wesen der Dinge vorzudringen. Die Autopsie ist dort am ehrlichsten, wo der Betrachter auch das sorgfältig beschreibt, dessen Bedeutung sich ihm verschließt.

4. Vor dem Hochgericht der Philosophie

In Anquetil-Duperrons Portrait des «wahren Reisenden» folgt auf die Selbstreinigung von Vorurteilen und die genaue Beobachtung mit den eigenen unbestechlichen Augen eine dritte Stufe: die des Urteilens. Erst durch die Anwendung seiner Urteilskraft wird der wissenschaftliche zum philosophischen Reisenden. Als solcher bewertet er, was er wahrgenommen hat, mißt er das Gesehene am Maßstab der Vernunft. Der vollendete Reisende kann sich nicht damit begnügen, wie ein scharf zeichnendes Objektiv die Wirklichkeit als solche zu registrieren; mit Gmelins Zurückhaltung im Tatarendorf ist es letztlich nicht getan. Die Zeitgenossen erwarten von dem Reisenden wohlbegründete Einschätzungen fremder Verhältnisse und möglichst auch Lehren daraus für Europa. Er soll nicht schulmeistern und keine europäischen Urteilsmaßstäbe unbesehen auf ferne Länder anwenden. Aber er darf nicht unter allen Umständen neutral bleiben. Er soll Unzweckmäßigkeiten und Ungerechtigkeiten beim Namen nennen, einheimische Gewaltherrscher anprangern und die Untaten der Europäer nicht verschonen. Dieses Ideal des sachverständig und vernünftig urteilenden Beobachters ist ein Ideal der *späten* Aufklärung. Einige Reisende, von denen in den folgenden Kapiteln noch oft die Rede sein wird, wurden von ihren Zeitgenossen für ihre dichte Annäherung an das Ideal eines solchen «philosophischen» Beobachters gelobt: Anquetil-Duperron selbst, der Syrien- und Ägyptenreisende Volney, der

Arabienreisende Carsten Niebuhr, Vater und Sohn Forster, die Kapitän Cook auf seinem Schiff «Resolution» in die Südsee begleitet hatten, William Marsden, der Beschreiber Sumatras, oder Alexander von Humboldt.

Nur wenige erreichten allerdings solch große Nähe zu einem hehren Ideal. Das ganze Programm des vernünftig urteilenden Europäers war auf schwankenden Voraussetzungen errichtet. Wer es mißverstand oder mißbrauchte, konnte zu der Auffassung gelangen, Anquetil-Duperrons Stadien zwei und drei – die Reinigung von Vorurteilen und der präzise Augenschein – seien entbehrlich, es komme allein auf das Urteilen an. Ein Autor wie John Barrow zum Beispiel, der 1793/94 mit Lord Macartney in China gewesen war, ließ das Verhältnis zwischen Beschreibung und Bewertung aus dem Gleichgewicht geraten. Bei ihm folgt das Urteil nicht aus der Darlegung der Tatsachen, sondern geht ihm voraus. Das Anschauungsmaterial dient oft zu nicht mehr als der Illustration apodiktischer Urteile über den Grad der Zivilisiertheit der Chinesen. Diskreditiert wurde ein offen richterliches Gebaren durch «philosophische» Salonreisende wie den bereits erwähnten Cornelis de Pauw, der fast nichts von der Welt gesehen hatte, aber vor drastischen (und vielzitierten) Urteilen über die Chinesen und die einheimischen Bewohner Amerikas nicht zurückschreckte. Überhaupt waren es eher *armchair travellers* als wirkliche Reisende, die das Urteilen auf die Spitze trieben. Beispiele dafür sind der Göttinger Anthropologe Christoph Meiners und vor allem der anglo-schottische Historiker James Mill.

James Mill, der Vater des Philosophen und Ökonomen John Stuart Mill und selbst ein politischer Theoretiker von einiger Bedeutung, veröffentlichte 1817 eine dreibändige *History of British India*. Sie wurde zum einflußreichsten britischen Indienbuch des 19. Jahrhunderts. Jahrzehntelang wurde der Beamtennachwuchs der E.I.C. mit Hilfe von Mills Werk in Geschichte und Politik Indiens eingeführt. Dem Verfasser ermöglichte seine literarische Leistung eine Karriere in der Londoner Verwaltung der E.I.C. Schließlich war er *Chief Examiner*, eine Art von Staatssekretär für Indienfragen.

James Mills *History* ist mehr als eine Geschichtserzählung im Sinne des späteren 19. Jahrhunderts. Ihre ersten fünfhundert Seiten geben eine systematische Darstellung der Zivilisation des vorkolonialen hinduistischen Indien. Mill ist bis heute in Indien berüchtigt für seinen Frontalangriff auf die indische Zivilisation, die er in weiten Teilen für wertlos und nicht reformierbar hielt. Die durchaus diffizilen Hintergründe dieses Urteils sollen uns hier nicht interessieren.[58] Es geht um Mills bemerkenswerte Erkenntnishaltung. Wie Edmund Burke, der große Indienexperte der voraufgegangenen Generation, war James Mill nie in Indien gewesen.

Indische Sprachen oder das für das Studium von Mogul-Quellen unerläßliche Persisch verstand er nicht. Er kannte sich aber in der westlichen Indienliteratur und der schon damals sehr umfangreichen amtlichen Dokumentation hervorragend aus und profitierte von den Forschungsergebnissen des Gelehrtenzirkels um Sir William Jones, der seit 1788 in Kalkutta die *Asiatick Researches* herausgab. Darüber hinaus hatte er viel über andere asiatische Länder gelesen, so daß er in die *History* immer wieder vergleichende Bemerkungen einstreuen konnte. Kurz, James Mill war ein wohlinformierter und gebildeter Autor.

Daß er sein Indienwissen aus zweiter oder dritter Hand bezog, hätte Mill eigentlich zu Vorsicht und Bescheidenheit veranlassen sollen. Ihm fehlten alle Voraussetzungen, die nach den Maßstäben eines Anquetil-Duperron und überhaupt der Reisetheorie der Spätaufklärung zu Urteilen über eine fremde Zivilisation befähigten. Fern jedoch von demütiger Zerknirschung drehte Mill den Spieß herum und bezweifelte die Urteilskompetenz der Reisenden und der Orientalisten. Die Reisenden und Beobachter vor Ort und die Übersetzer orientalischer Chroniken und Manuskripte seien in einer Art von Blindheit der Nähe befangen. Sie sähen nur kleine Ausschnitte der Realität und zögen daraus gern voreilig verallgemeinernde Schlüsse. Selbst wer ein genauer Beobachter sei und im Laufe eines langjährigen Aufenthalts im Lande mittels guter Sprachkenntnisse einen Schatz von Informationen über Indien angesammelt habe, sei dadurch keineswegs für den höheren Standpunkt des Urteilens qualifiziert:

But the mental habits which are acquired in mere observing, and in the acquisition of languages, are almost as different as any mental habits can be, from the powers of combination, discrimination, classification, judgment, comparison, weighing, inferring, inducting, philosophizing in short; which are the powers of most importance for extracting the precious ore from a great mine of rude historical materials.[59]

Die Denkgewohnheiten, die durch bloßes Beobachten und die Aneignung von Sprachen erworben werden, unterscheiden sich so stark wie irgendwelche sonst von den Fähigkeiten der Kombination, Unterscheidung, Klassifikation, Beurteilung, Vergleichung, Abwägung, Schlußfolgerung, Induktion und des philosophischen Kommentierens, kurz: von jenen Fähigkeiten, die am wichtigsten sind, um aus dem großen Bergwerk des historischen Rohmaterials kostbares Erz zu gewinnen.

Der Historiker ist in James Mills Verständnis ein Richter, der die in ihrer Wahrnehmung begrenzten Augen- und Ohrenzeugen, vertreten durch ihre Texte, vor seinen Richterstuhl zitiert und ihren jene *fragments of information* entlockt, die er in sein Mosaik der Daten einfügen will.[60] Nur der «philosophisch» orientierte Historiker, privilegiert durch seine räumliche und intellektuelle Ferne von den Gegenständen seiner Betrachtung, kann den großen Überblick gewinnen. Er allein besitzt die Einsichten in die Natur des Menschen, der Politik und der Gesellschaft, die Erkenntnisse über Ursachen, Wirkungen und anthropologische Gesetzmäßigkeiten, die erforderlich sind, um der einzelnen Information Sinn beizumessen.

Mit James Mills selbstbewußter Verwerfung des Augenscheins löst sich der Anspruch einer «philosophischen» Beurteilung von Zivilisationen von ihren Grundlagen in der Erfahrung. Das Raisonnement der Aufklärung, als deren Schüler Mill sich versteht, verliert ganz am Ende seiner Epoche die Bodenhaftung. Mill hat damit nicht Schule gemacht. Schon zu seiner Zeit trat das Ideal eines theoriefreien Empirismus in den Vordergrund, der Fakten sammelt und sie für sich selbst sprechen läßt. Mountstuart Elphinstone legte seinen bedeutenden Afghanistanbericht, der zwei Jahre vor Mills *History of British India* erschien, bereits so an.[61] Der Vorteil eines solchen Verfahrens war es, ein haltloses Bramarbassieren zu vermeiden, das bei kleineren Geistern als James Mill nur zu Peinlichkeiten führen konnte. Ein Beispiel ist Dr. John Crawfurd. Dieser durchaus weltoffene gelehrte Diplomat teilte sein Siam-Buch von 1828 in einen Reisebericht und eine systematische Landeskunde. Der Bericht zeichnet ein im ganzen freundliches Bild von den Siamesen, mit denen Crawfurd kaum unangenehme Erfahrungen machte und deren kulturtypische Verhaltensweisen er weitgehend zu verstehen bereit war; der systematische Teil hingegen gelangt zu extrem negativen Urteilen, die nichts als einem verselbständigten «Philosophieren» entspringen. Die Einheit des aufklärerischen Ideals des «wahren Reisenden» war zerbrochen.

5. Methoden der fragenden Klasse

Beobachtungen sind flüchtig, Erinnerungen trügerisch. Wer glaubt einem Reisenden, der seine Eindrücke erst viele Jahre später zu Papier bringt und sich dann sogar an den Wortlaut von Gesprächen erinnern will? Je größer der empirische Erwartungsdruck der Öffentlichkeit wird, desto bereitwilliger teilen Reisebeschreiber mit, *wie* sie ihre Beobachtungen festhielten. James Bruce schrieb alles Gesehene möglichst sofort auf. Hammer-Purgstall setzte sich nach jedem Spaziergang durch Istanbul sofort an den Schreibtisch. Osbeck machte sich in China angeblich Notizen mit der Hand in der Tasche, um nicht als Spion aufzufallen. Niebuhr bedauerte es sehr, während der ersten Phase der dänischen Arabienexpedition, als der für die Ethnographie zuständige Professor von Haven noch lebte, keine Aufzeichnungen zu Sitten und Gebräuchen angefertigt zu haben.[62] Im frühen 19. Jahrhundert differenzieren sich die berichtenden Gattungen dann allmählich aus. Andrew Smith brachte in den 1830er Jahren von seiner Expedition ins Innere Südafrikas ein Tagebuch mit

Feldnotizen, ein ausgearbeitetes Itinerar *(journal)* und einen summarischen Bericht mit nach Hause.[63]

Die Optimierung des Beobachtungserfolgs wurde nicht allein dem kognitiven Ordnungssinn der einzelnen Reisenden anheimgestellt. Schon früh begann man in Europa, die Apodemik, eine Kunstlehre des Reisens, auszuarbeiten. Sie suchte in den jungen Gentlemen, die auf die unvermeidliche Grand Tour geschickt wurden, einen Sinn für die Ernsthaftigkeit des Reisens zu wecken und formulierte Ratschläge, wie ein größtmöglicher Erkenntnisertrag zu erzielen sei.[64] Rezepte, die zunächst für innereuropäische Verhältnisse entwickelt wurden, ließen sich auch auf das transkulturelle Reisen anwenden. Bereits der schlesische Adlige Heinrich von Poser hielt sich auf seiner Orientreise von 1620–25, die ihn über Kleinasien und Persien bis ins Innere des südlichen Indien führte, penibel an die reisemethodischen Instruktionen in der Literatur seiner Zeit.[65] Ein gar nicht so neues Mittel zur Systematisierung der Fremdwahrnehmung war der Fragebogen. Papst Innozenz IV. versuchte im 13. Jahrhundert, durch Fragelisten für Gewährsleute die rätselhaften, die Christenheit bedrohenden Mongolen möglichst genau kennenzulernen. «Die moderne Ethnologie», hat ein Historiker darüber geurteilt, «könnte kaum umfassender und präziser fragen; die wesentlichen Kriterien zur Erfassung eines sozialen Großverbandes sind formuliert.»[66] Im 17. Jahrhundert instruierte die V.O.C. einige ihrer Angestellten, Fragebögen über die verschiedenen Länder Asiens zu beantworten. François Caron, zweiundzwanzig Jahre lang für die V.O.C. in Japan tätig, wurde zur Niederschrift des instruktivsten Japanberichts eines nicht-missionarischen Autors im 17. Jahrhundert (geschrieben nach 1636, veröffentlicht 1645) durch einunddreißig landeskundliche Fragen angeregt, die ihm sein Chef Philip Lucas, der Generaldirektor der V.O.C. in Batavia, vorgelegt hatte.[67] Lucas' Fragen sind die eines Mannes, der über das fremde Land gar nichts weiß. Es interessiert ihn zum Beispiel, «wie groß das Land Japan/und ob dasselbige eine Insel sey», wie Missetaten bestraft und Erbfälle geregelt werden und welche Waren das Land ein- und ausführt. Die Allgemeinheit der Fragen ließ Caron großen Spielraum für ausführlich darstellende Antworten.

Seit den 1660er Jahren versorgten die Mitglieder der englischen Royal Society ihre in die Ferne reisenden oder dort bereits weilenden Landsleute, unter ihnen etwa Konsul Paul Rycaut in Smyrna, mit ähnlichen Fragelisten.[68] Diese Tradition wurde das ganze 18. Jahrhundert hindurch fortgesetzt und vor allem durch den langjährigen Präsidenten der Royal Society (1778–1820) Sir Joseph Banks, selbst als Teilnehmer an Cooks erster Weltumsegelung ein erfahrener Globetrotter, kultiviert. Gotttfried Wilhelm Leibniz schickte 1689 dreißig Fragen vor allem zum Stand von Wissenschaften und Technologie bei den Chinesen an den Missionar

Claudio Filippo Grimaldi und ließ sich die Antworten in Rom mündlich erteilen.[69] Der französische Staatsmann, Ökonom und Sozialphilosoph Turgot arbeitete 1766 für die beiden jungen Chinesen Ko und Yang, die von den Jesuiten nach Frankreich geschickt worden waren, ein Formular mit zweiundfünfzig, zum Teil ausführlichen Fragen aus.[70] Sie sprachen vor allem wirtschaftliche Themen an, von denen in der Routineberichterstattung der Jesuiten wenig die Rede war. Turgot erkundigte sich nach dem Bodenmarkt, den Reispreisen, den Zinssätzen und den Arbeitslöhnen in den verschiedenen Provinzen des chinesischen Kaiserreiches.

Ein ganzes Buch füllten die Fragen, die der Göttinger Orientalist und Theologe Johann David Michaelis der dänischen Arabienexpedition mit auf den Weg gab; ein separater Fragenkatalog der Pariser Académie des Inscriptions et des Belles Lettres war dem Buch beigefügt. Michaelis kam es vor allem darauf an, geographisches und ethnographisches Licht auf die Bibel zu werfen. Zu jeder seiner Fragen faßte Michaelis den gegenwärtigen Forschungsstand zusammen, zu einigen formulierte er regelrechte Hypothesen, um deren empirische Überprüfung er die Reisenden bat. Die Pariser Gelehrten waren mehr am Islam, an den politischen Verhältnissen und den Sitten der Araber interessiert und wollten wissen, ob seit der arabischen Hochkultur des Mittelalters «die Wissenschaften daselbst verlohren gegangen» seien.[71] Niebuhr und seine Kollegen hatten allerdings wenig von all diesen Fragen. Als Michaelis' Sendung im August 1764 in Bombay ihren Empfänger erreichte, war von den Teilnehmern der Expedition nur noch Niebuhr am Leben, und er bereitete sich auf die Heimreise vor.[72] Diese postalische Verspätung enthielt den reisenden Gelehrten auch die Instruktionen vor, die ihnen der dänische König erteilte. Dort wird bestimmt, daß jeder der Reisenden ein Diarium zu führen und regelmäßig Abschriften davon nach Kopenhagen zu schicken habe, daß naturhistorische Sammlungen anzulegen und arabische Manuskripte – nur nicht vom Koran, den es nach den Türkenkriegen in Europa reichlich gebe – wohlfeil zu erwerben seien. Den König interessierte besonders die arabische Demographie. Im Interesse der eigenen Sicherheit, aber auch aus Taktgefühl heraus sollten die Reisenden nicht mit dem Schwung wissenschaftlicher Konquistadoren, sondern mit der Sanftmut von Gästen zu Werke gehen:

> Die sämmtliche Reisenden haben sich gegen die Einwohner Arabiens der größten Höflichkeit zu befleißigen. Sie sollen ihrer Religion nicht widersprechen, noch weniger sie auch nur implicite verächtlich machen. Sie sollen sich dessen enthalten, was jenen verdrießlich ist: auch solche Theile ihrer Beschäftigung, die bei den unwissenden Mohammedanern den Verdacht erwecken, als wollte man Schätze aufgraben, Zauberey treiben, oder etwas zum Schaden des Landes auskundschaften, auf die unmerklichste Art vornehmen, und so gefällig einkleiden als möglich ist [...].[73]

Solches Zartgefühl fehlt in den imperialen Aufträgen, die den Expeditionen durch die asiatischen Regionen des Zarenreiches erteilt wurden. Im Rahmen allgemeiner Aufgabenbestimmungen durch die Reichsspitze wurden diese Aufträge als Großforschungsprojekte in einer Reihe von Konferenzen festgelegt. Besonderer Wert wurde dabei der Erhebung ökonomischer Daten beigemessen. Informationen sollten gesammelt werden über die Beschaffenheit der Böden, die Möglichkeiten ihrer Nutzung für Ackerbau und Viehzucht, den Zustand der Bauernwirtschaften und der nomadischen Ökonomie, die Verhältnisse bei Jagd, Fischerei und Imkerei, die Existenz von Gewerben und Manufakturen, die Vorkommen an ausbeutbaren Bodenschätzen.[74] Nicht weniger imperial motiviert waren die in vielem ähnlichen Instruktionen, die Lord Wellesley als Generalgouverneur von Britisch-Indien im Februar 1800 dem Naturforscher Dr. Francis Buchanan für seine *Survey* derjenigen Gebiete Südindiens, die man kurz zuvor erobert hatte, mit auf den Weg gab. Wellesley spezifizierte nicht nur die Anschauungsobjekte, sondern auch die Fragen, zu denen er Buchanans Urteil erwartete.[75]

Ihren Höhepunkt erreichte die methodische Anleitung der Reisenden, einer *classe essentiellement questionneuse*,[76] bei der französischen *Idéologues*, einer Denkrichtung der Jahrhundertwende, die an Motive der klassischen Aufklärung anknüpfte und sie in eine empirische Wissenschaft vom Menschen zu überführen trachtete. Einer der *Idéologues* war Constantin-François Chassebœuf, der unter dem selbstgewählten Namen Volney berühmt wurde. Volney hatte 1783 bis 1785 als junger unabhängiger Privatmann und nebenbei Geheimagent des Ministers Vergennes den Nahen Osten bereist und 1787 eine *Voyage en Égypte et en Syrie* veröffentlicht, die umgehend als Meisterwerk einer Verbindung von empirischer Beobachtung, philosophischem Kommentar und anspruchsvoller Schilderung anerkannt wurde. Noch Jahrzehnte später nannte Alexander von Humboldt Volney «denjenigen philosophischen Reisenden, der es am besten verstand, den Menschen unter verschiedenen Klimaten zu zeichnen».[77] Volney war nicht nur ein Literat, dem eindrucksvolle Sozialgemälde gelangen, einer der Begründer der Soziographie. Er war auch derjenige, der die alte Kunstlehre der Apodemik am konsequentesten in die wissenschaftliche Methodik der empirischen Sozialforschung überführte. Bereits in seinem Nahostbericht, den er als Dreißigjähriger veröffentlicht hatte, legte er die Zweiteilung in *état physique* und *état politique* eines Landes zugrunde. Mit physischem Zustand waren vor allem Bodenbeschaffenheit und Klima gemeint, mit politischem Zustand die dadurch zum Teil bedingten nicht nur politischen, sondern auch ethnischen, gesellschaftlichen und wirtschaftlichen Verhältnisse. Im Unterschied zu früheren empirieorientierten Reisenden verzichtete Volney, in diesen Dingen ungeschult, auf botanische und zoologische Beobachtungen, sofern sie nicht unmittelbar Bedeutung für die Landwirtschaft hatten. Die natürliche Welt war allein interessant als Bedingungsrahmen, als Umwelt, für das gesellschaftliche Leben der Menschen.

Die Selbstverwirklichung des reisenden Gentleman, seine Selbstvervollkommung durch Aufnahme von Bildungswissen spielte für Volney als eingestandenes Reisemotiv keine Rolle mehr. Subjektive Ansichten, die nicht zur Höhe «philosophischer» Aussagen gesteigert waren, sind aus dem Bericht getilgt. Dadurch unterscheidet sich Volney von einem früheren «sachlichen» Reisenden wie Niebuhr. Der Reisende sammelt möglichst viele möglichst exakte Daten und unterzieht sie dann einer «philosophischen» Analyse nach den Prinzipien strenger Wissenschaftlichkeit. Diese Analyse führte zu deutlichen Urteilen, wie sie unerläßlich waren, sollte die Arbeit des Reisens, wie Volney sie sich vorstellte, patriotisch nützlich sein. Volney erkannte dennoch die Relativität dieser Urteile an. Seiner eigenen Bewertung schrieb er keinen allgemeinverbindlichen Rang zu. Geschmacksvorlieben und andere relativierende Voraussetzungen verschonten auch das wissenschaftliche Urteil nicht.[78] Volneys Art des philosophischen Urteilens besonders über den «moralischen Charakter» fremder Völker unterschied sich sehr von der deduzierenden und apodiktischen Art James Mills. Um sich ein solches Urteil bilden zu können, sei eine hohe praktische Identifikation erforderlich:

Man muß mit den Menschen umgehen, die man gründlich erforschen *(approfondir)* will, und muß sich in ihre Situation hineinversetzen, um zu verstehen, welche Kräfte auf sie wirken und welche Vorlieben *(affections)* daraus entstehen. Es ist nötig, in ihrem Lande zu leben, ihre Sprache zu lernen, ihre Gebräuche zu praktizieren.[79]

Man müsse nicht nur die Vorurteile bekämpfen, auf die man treffe, sondern auch die, welche man mitbringe:

[...] le cœur est partial, l'habitude puissante, les faits insidieux, et l'illusion facile. L'observateur doit donc être circonspect sans devenir pusillanime; et le lecteur obligé de voir par des yeux intermédiaires, doit surveiller à la fois la raison de son guide et sa propre raison.[80]

Das Herz ist parteiisch, die Gewohnheit mächtig; Tatsachen sind verfänglich und Illusionen wohlfeil. Der Beobachter muß daher umsichtig sein, ohne ängstlich zu werden. Und der Leser, der nicht umhin kann, mit den Augen eines anderen zu sehen, muß zur gleichen Zeit die Vernunft seines Gewährsmanns und die eigene unter Aufsicht halten.

Die Systematik der Materialerfassung, die Volney bereits bei seiner Orientreise verwendet hatte, arbeitete er im Auftrag der französischen

Regierung des Direktoriums 1795 unter dem Titel *Questions d'économie publique* zu einem Katalog von 135 präzise formulierten Fragen aus. Bei einer Neuauflage 1813 erhielt er den deutlicheren Titel *Questions de statistique à l'usage des voyageurs.* Die Fragen waren für französische Diplomaten, Konsuln und reisende Agenten bestimmt. Im Unterschied zu Michaelis' Fragenbuch, das speziell für die dänischen Arabienreisenden geschrieben worden war, waren Volneys Fragen als allgemeingültige, auf jedes Land der Erde anwendbare Erfassungssystematik gedacht. Nicht nur sollte die Wahrnehmung des einzelnen Reisenden geschult werden; vielmehr stand Volneys Vorhaben im Kontext umfassender Pläne des revolutionären und napoleonischen Frankreich, ein möglichst umfassendes, letztlich politisch verwertbares Wissen über so viele Länder der Erde wie möglich in geordneter und vergleichbarer Form anzuhäufen: ein Archiv der Weltkunde.

Napoleons Ägypteninvasion von 1798 bot eine einzigartige Gelegenheit für solches *intelligence gathering* größten Stils. Napoleon hatte 167 Gelehrte und Künstler mit nach Ägypten genommen, die den dort gesammelten Stoff zu der riesigen *Description d'Égypte* verarbeiteten, die zwischen 1809 und 1823 in neun Text- und vierzehn Tafelbänden erschien. Überall, wo die französische Armee in den folgenden Jahrzehnten intervenierte, entstanden ähnliche datensammelnde Großunternehmungen: auf der Peloponnes 1829–31, in Algerien 1839–42, in Mexiko 1865–67.[81] Auch wenn abseits solcher Projekte Reisende auf sich selbst gestellt waren, sollten sie nach Volneys Intentionen durch Beachtung der Fragesystematik zum Erfolg des großen Ganzen beitragen. In diesem Konzept tritt an die Stelle der Erziehung des reisenden Individuums, die das Ziel der *ars apodemica* gewesen war, seine Funktionalisierung als Rädchen in einem politisch bestimmten Informationsgetriebe. Der Reisende wird heteronom.[82]

Volneys 135 Fragen waren nicht als offene Liste und fortschreibbare Anregung gedacht. Sie sollten ein geschlossenes System darstellen, das der Berichterstatter nicht eigenmächtig erweitern und verändern durfte. In einem Vorwort machte die französische Regierung 1795 unmißverständlich klar, daß sie keine freien Ausarbeitungen *(mémoires)* auf der Grundlage der Fragen erwartete, sondern präzise Antworten *(notes)* auf jede einzelne von ihnen.[83] Volneys Grundschema sah folgendermaßen aus:[84]

A. *Etat physique du pays*
   1. Situation géographique
   2. Climat, c'est-à-dire état du ciel
   3. Etat du sol
   4. Produits naturels

B. Etat politique

1. Populations
2. Agriculture
3. Industrie
4. Commerce
5. Gouvernement et administration

Nicht selten wurden die Fragen durch Erläuterungen noch präzisiert. Im Abschnitt über Landwirtschaft gab Volney etwa den speziellen Hinweis, man solle einen einzelnen bäuerlichen Betrieb exemplarisch und allumfassend studieren und im übrigen zwei oder drei Dörfer unterschiedlicher Art herausgreifen: etwa ein Winzerdorf und ein Dorf von Ackerbauern.

Nicht alle Fragen dieser Art ließen sich stets durch den verläßlichsten Sinneseindruck, den des Auges, beantworten. Das amtliche Vorwort zu Volneys Fragenkatalog ermutigte die Benutzer des Büchleins sogar ausdrücklich, ihre Konversation mit den Einheimischen, mit welcher – mangels anderer Beschäftigungen *(privés de société)* – sie ihre Mußestunden füllen sollten, von den Fragen des Breviers leiten zu lassen. Die Fragen sollten also weitergegeben, es sollte nach-gefragt werden.[85] Wie die derart eingeholten mündlichen Auskünfte indessen auf ihre Verläßlichkeit geprüft werden sollten, erfuhr man bei Volney nicht. Daß diejenigen, die behaupteten, *ausschließlich* ihre visuellen Eindrücke wiederzugeben, eher einer rhetorischen Konvention folgten als ihr tatsächliches Informationssammeln beschrieben, war erfahrenen Berichterstattern durchweg klar. Bei William Marsden zum Beispiel findet sich diese Selbstverständlichkeit deutlich ausgesprochen.

Der Ire Marsden war 1771 als Sechzehnjähriger seinem Bruder in die Dienste der E.I.C. in deren *Presidency* Benkoolen (Ft. Marlborough) in Westsumatra gefolgt.[86] Er lebte dort acht Jahre lang und eignete sich umfassende Sprach- und Landeskenntnisse an. Angeregt durch die Publikationen in der Folge der ersten Cookschen Weltumsegelung und entlastet durch die Förderung durch den einflußreichen Joseph Banks, an dessen berühmtem «philosophischem Frühstück» er seit 1780 teilnehmen durfte, begann Marsden mit der Arbeit an einer Beschreibung Sumatras, das damals als eines der am wenigsten bekannten Gebiete Asiens galt. Sie erschien als *History of Sumatra* 1783, knapp vier Jahre nach Marsdens Rückkehr nach England. Im gleichen Jahr bereits wurde der achtundzwanzigjährige Marsden Fellow der Royal Society. Zwischen 1795 und 1807 hatte er höchste Ämter in der Admiralität inne, etwa einem permanenten Staatssekretär der Marine vergleichbar. Im Ruhestand schrieb er zahlreiche Werke, darunter eine Grammatik und ein Wörterbuch der malaiischen Sprache, die beide sowohl von Wilhelm als auch von Alexander von Humboldt sehr geschätzt wurden. Er war einer der führenden komparativen Linguisten seiner Zeit. Marsden war in macher Hinsicht Volneys britisches Gegenstück: wie dieser ein *self-made man*, der aus dem mittleren Bürgertum zu hohen Staatsämtern aufstieg, ohne jemals Parteipolitik zu betreiben, ein unternehmungslustiger junger Mann, der sich einen Namen durch eine Landesbeschreibung machte, die jahrzehntelang als Muster von Sachlichkeit und Präzision berühmt war, schließlich – wie der späte Volney – ein Förderer und Pionier asiatischer Studien.

Marsden versichert die Leser am Beginn seiner *History of Sumatra* der unangreifbaren Authentizität des Berichteten:

> Der größte Teil des Beschriebenen entstammt dem Bereich meiner eigenen unmittelbaren Beobachtung. Das übrige ist entweder auf der Insel allgemein bekannt *(matter of common notoriety)* oder beruht auf der Autorität von Herren, deren Stellung im Dienste der East India Company, lange Vertrautheit mit den Eingeborenen, gründliche Vertrautheit mit ihren Sprachen, Ideen und Sitten, schließlich charakterliche Achtbarkeit sie das höchste Vertrauen verdienen lassen, das menschlicher Zeugenschaft entgegengebracht werden kann.[87]

Immediate observation ist der optische Eindruck, den Marsden, der das Innere der dschungelbewachsenen Insel nicht kannte, sich in seinem Wahrnehmungsbereich zu bilden vermochte. Anders als Volney, der in Ägypten und Syrien immerhin auf den Spuren zahlreicher Vorgänger reisen konnte, war Marsden, solange er am Ziel einer enzyklopädischen Gesamtbeschreibung der Insel festhielt, auf die Berichte anderer angewiesen. Einige, aber keineswegs alle dieser mündlichen Quellen erwähnt er in seinem Buch.[88] Gegenüber seinen englischen Gewährsleuten bleiben ihm nur die Verifkationsmethoden, auf die auch das Lesepublikum gegenüber Reiseberichten angewiesen ist. Wenn die empirische Überprüfung unmöglich und der Plausibilitätstest bestanden ist, zählt nur eines: *faith*, Vertrauen.[89]

6. Hören und Hörensagen

Literarisch gute Reisebeschreibungen zeichnen sich dadurch aus, daß der Leser nicht nur mit den *yeux intermédiaires* (Volney) des Verfassers sieht, sondern auch mit dessen Ohren hört. Der Eindruck von Asien ist dabei widersprüchlich. Auf der einen Seite lassen sich dort Geräusche vernehmen, die dem Europäer fremd klingen: in den großen Metropolen ein babylonisches Sprachengewirr, ein allgegenwärtiges Gesumm (wie im uzbekischen Buchara), Bronzekessel, Trommeln und Rasseln auf chinesischen und vietnamesischen Straßen, speziell in Saigon das hupenartige Elefantenhorn, auf chinesischen Booten der Gong, mit dem die Treidelschlepper dirigiert werden, in Persien das sommerlich-nächtliche Treiben der Leute auf dem Nachbardach.[90]

Auf der anderen Seite – und dies ist der stärkere Eindruck – Stille. Alexander Hamilton, der in Asien weit herumkam, fühlte sich durch nichts akustisch so gestört wie durch das andauernde nächtliche Glockenschlagen im portugiesischen Goa.[91] Asiatische Städte sind leiser als europäische, weil sie seltener gepflasterte Straßen haben und weil es dort keine oder nur wenige eisenbeschlagene Wagen gibt. Festbankette finden ohne höfliche Konversation statt, weil sich die einheimischen Gastgeber inbrünstig auf das Essen konzentrieren.[92] Hofzeremonien laufen in der Regel in einer stillen Atmosphäre ab, die für Europäer ungewohnt ist. Bei siamesischen und tibetischen Audienzen wird kaum gesprochen. Im Umkreis des chinesischen Kaisers herrscht Ruhe, weil Höflinge und Mandarine auf leisen Filzsohlen hin und her huschen. Am Hof von Kandy in Zentral-Ceylon flüstern alle, um, wie ein englischer Besucher meint, die Staatsgeheimnisse zu bewahren.[93] Und am Hofe Sultan Murads IV. (reg. 1623/32–1640), eines blutrünstigen Tyrannen, war es, wie der Historiker Hammer-Purgstall berichtet, überlebensnotwendig und selbst für Ausländer unerläßlich, sich hinter dem Rücken des Monarchen durch eine ausgefeilte Gebärdensprache zu verständigen.[94] Die feierliche Stille bei diplomatischen Empfängen der Sultane – *that more than Pythagorean silence in the Sultan's court*, wie Cantemir sagt[95] – wird immer wieder beschrieben. Fasziniert waren Europäer von den Taubstummen am Hof, mit denen sich auch der Sultan gestisch unterhielt. Angeblich wurden sie «oft zu Hinrichtungen, welche die größte Verschwiegenheit erfordern, gebraucht.»[96] Niemand im Palast sprach unaufgefordert, Gespräche der Höflinge untereinander in Gegenwart des Großherrn waren undenkbar; «auch traut sich niemand zu niesen oder zu husten, wie dringlich auch immer der Anlaß.»[97]

Von der Evokation eines akustischen Raumes und einer Höratmosphäre zu unterscheiden ist die Herkunft von Nachrichten aus mündlichen Quellen, also der Mitteilungsaspekt des Hörens. Marsden war typisch für Berichterstatter aus der zweiten Hälfte des 18. Jahrhunderts, wenn er Rechenschaft über die Quellen für das ablegte, was er nicht selbst hatte sehen können. Reisende wie Tavernier und Gemelli Careri, die Beobachtetes und Aufgeschnapptes wild durcheinandermischten, galten mittlerweile als abschreckende Beispiele. Bereits 1716 durchlöcherte Johann Wilhelm Vogel auf dem Titelblatt seines Ostindienbuches das übliche strenge Autopsieversprechen durch den Zusatz: «Alles so wohl aus eigener Erfahrung als vielen in Indien geführten Discursen».[98]

Solche Diskurse wurden hauptsächlich mit anderen Europäern geführt, besonders erfolgreich nicht selten unter entspannten Bedingungen – *when a Bottle or two had opened their Breasts.*[99] Kaufleute fühlten sich für den «moralischen Charakter» asiatischer Völker in hohem Maße zuständig, und vor allem mancher Chinareisende scheint die Urteile, mit denen er in den Kontors und Schenken von Kanton und Macau konfrontiert wurde, als die Wahrheit über das Land der Mitte internalisiert zu haben.[100] Eigenständigere Reisende wie Thomas Shaw im Nahen Osten vertrauten immerhin auf die geographischen und metereologischen Auskünfte ortsansässiger Europäer.[101] Die seriösesten europäischen Informanten waren gewöhnlich die Missionare. Die Gesandtschaftsreisenden in China verdanken ihnen manches. Die Jesuiten in China hatten freilich kein Problem, ihre Einsichten über eigene mediale Wege direkt in die Öffentlichkeit zu tragen. Anders lag der Fall bei dem Kapuziner Raphael Du Mans. Er beobachtete jahrzehntelang von Isfahan aus die Geschehnisse in Persien und war als unvergleichlicher Landeskenner eine wichtige, diskrete und nicht immer kenntlich gemachte Auskunftsquelle für die großen Iranreisenden des 17. Jahrhunderts: Thévenot, Chardin, Kaempfer. Sein eigener, um 1660 herum geschriebener Persienbericht war vertraulich für Colbert, den Minister Ludwigs XIV., bestimmt und wurde erst 1890 ediert. Er ermöglicht aufschlußreiche Vergleiche mit den zeitgenössisch veröffentlichten Persienbeschreibungen.[102] Je geringer die eigenen Sprachkenntnisse, je flüchtiger der Aufenthalt, je abweisender die einheimische Umgebung, desto mehr neigten Besucher dazu, sich mit den Auskünften europäischer *expatriates* zu begnügen. Besonders Reisende im Osmanischen Reich auf erweiterter Grand Tour erlagen dieser Versuchung.[103]

Am Willen, *einheimische* Informanten zu befragen, fehlte es gewöhnlich nicht. Manchmal gab es dazu gar keine Alternative: Was sie über die streng geheimen Harems des Sultans und des Großmoguls erfahren konnten, wollen Reisende wie Tavernier und Bernier den Mitteilungen von Eunuchen entnommen haben, während Paul Rycaut sich auf einen aus Polen stammenden Musikpagen berief, der neunzehn Jahre im osmanischen Hofdienst verbracht hatte.[104] Trotz aller Verzerrungen sind die europäischen Texte übrigens die ausführlichsten Quellen, die dazu überliefert sind.[105] Auch wenn ein ganzes Land sich geheim machte, mußte die Neugier Umwege gehen. Johann Gottlieb Georgi traf als Begleiter von Peter Simon Pallas auf der russischen Akademie-Expedition 1772 in Irkutsk japanische Schiffbrüchige, die an der dort 1753 gegründeten staatlichen Japanisch-Schule unterrichteten, und interviewte sie gründlich. So kam es, daß Georgis Sibirienbericht von 1775 einige Nachrichten über Japan enthielt, die der namhafte Orientalist Louis Mathieu Langlès für wichtig genug befand, um sie in den Anhang zur französischen Ausgabe von Thunbergs Japanwerk aufzunehmen.[106]

Gute Absichten waren jedoch keine Garantie für Erfolg. Ein holländischer Kapitän gibt an, «mit Hülfe eines Dollmetschers» in Bengalen Brahmanen über ihre Religion befragt zu haben. «Aber ich kann mich nicht rühmen, je etwas bestimmtes von ihnen heraus gebracht zu haben.»[107] Der Enttäuschte argwöhnt, man habe ihm nichts verraten wollen. Der nüchterne Kunstfreund James Dallaway fand in Istanbul Türken wie Griechen «gleichermaßen zu freiem Umgang unfähig» *(equally incapable of liberal intercourse).*[108] Reisende auf ungebahnten Wegen über Land waren ganz praktisch auf die Lokalkenntnis einheimischer Führer angewiesen. Man sollte ihnen vertrauen, riet der Tibetbesucher Samuel Turner, auch wenn einem ihre Vorschläge zunächst zweifelhaft vorkommen mochten.[109] Bei gewagten und tabubrechenden Aktionen wie dem Besteigen heiliger Berge konnte sich der Europäer aber zuweilen von allen dienstbaren Geistern verlassen sehen. Carsten Niebuhr fand viele Araber unwillig, ihm die richtigen Namen von Orten und Bergen zu verraten – «denn sie konnten nicht begreifen, aus was vor Ursachen wir uns darum bekümmerten».[110] Kleine Geschenke und Leutseligkeiten steigerten die Auskunftsbereitschaft. Allerdings war nicht jeder Einheimische eine glaubwürdige Autorität. Über die Einwohnerzahlen von Städten herrschten zum Beispiel bei ihren Bewohnern die fabelhaftesten Vorstellungen.[111] Man müsse, so der überaus erfahrene Carsten Niebuhr, soweit es eben geht, herauszufinden versuchen, woher der Informant sein Wissen bezieht.[112] Die auskunftswilligsten Gesprächspartner seien Kaufleute, im Umgang mit Fremden geübt, und *arme* Gelehrte, die man durch kleine Zuwendungen erfreuen könne. Selbstverständlich sei es unerläßlich, sich ihnen freundlich zu nähern:

> Wenn man nur sanftmüthig mit den Arabern umgeht, so kann man wieder eben so viele Hoflichkeit von diesen Mohammedanern erwarten, als vernünftige Christen in Europa den Juden erzeigen.[113]

Niebuhr, der ein ungewöhnlich einfühlsamer Fragekünstler gewesen sein muß, fand es schwer, sich wirklich gelehrten Männern zu nähern. Er hatte dafür Verständnis: Warum sollten sie auch ein Vergnügen daran finden, «von einem Fremden mit Fragen überhäuft zu werden».[114] In jedem Fall, so riet er, sollte man mit viel Geduld, indirekt und mehrfach auf unterschiedlichem Wege fragen. Wenn der Morgenländer zuweilen die Unwahrheit sage, dann aus nicht moralischer Unzulänglichkeit, sondern auch begreiflichen Gründen: aus Mißtrauen gegenüber dem Fremden zum Beispiel oder aus der Eitelkeit, Wissenslücken nicht eingestehen zu wollen. In jedem Falle sollte der reisende Geograph und Sozialforscher zu einem Tatbestand möglichst viele Leute befragen – eine Methode, zu der zuvor bereits der umsichtige Johann Georg Gmelin, der Sibirienreisende, geraten hatte.[115] Die Chancen von Oralität waren auch, wie John Crawfurd gut beobachtete, kulturspezifisch veränderlich. In Siam, einer mündlichen Kultur, war über das Ohr mehr zu erfahren als im chinesisch geprägten Vietnam, einer Kultur der Schrift und des Auges.[116]

Während ein nervlich strapazierter Europäer gelegentlich auch schon einmal an der Lügenhaftigkeit seiner orientalischen Umwelt verzweifeln konnte (wie es Pierre Poivre, zusätzlich durch sintflutartigen Dauerregen mürbe gemacht, 1749 als französischem Gesandten in Cochinchina passierte),[117] stellte sich der souveräne Reisende auf das Dauerproblem ein, die Korrektheit mündlich erteilter Auskünfte überprüfen zu müssen. Er war dies auch seinen Lesern schuldig, die sich immer weniger, wie Edward Gibbon anmerkte, mit «Geschichten nach dem Hörensagen» *(hearsay relations)* zufriedengaben.[118] Im Kontakt mit Einheimischen konnte man nicht das Vertrauen in den Charakter des Gentleman mobilisieren, das William Marsden die Glaubwürdigkeit von Berichten aus dem Inneren Sumatras annehmen ließ. Oft kam man über Plausibilitätsvermutungen nicht hinaus. Robert Percival, der einen wichtigen Ceylonbericht schrieb, versicherte, nur solche Informationen aufgenommen zu haben, «die jeder bereitwillig glauben mag» *(that no one could hesitate to believe)*.[119] François Bernier erzählt aus Indien von einer Witwenverbrennung, von der er nur gehört hat, die aber nicht unwahrscheinlicher sei als manches andere «Unwahrscheinliche», das er mit eigenen Augen gesehen habe. Zudem gelte die Geschichte unter Indern allgemein als glaubhaft.[120] Und Johann Georg Gmelin beruhigt den Leser, jede Aussage in seinem Buch, die nicht auf Augenschein beruhe, sei auf ihre Wahrscheinlichkeit hin geprüft worden, «ohngeachtet ich wohl weiß, daß eine Sache wahrscheinlich seyn kan, wann sie auch schon nicht wahr ist».[121]

7. *Local knowledge*: Asiatische Wissenschaft in europäischen Texten

Steckt in vielen Reiseberichten eine Menge an – wohl- oder mißverstandener – einheimischer Information, so sind die Anfänge der europäischen Asienwissenschaften ohne *local knowledge* undenkbar. Auch hier waren mündliche Auskünfte von großer Bedeutung; sie waren allein dadurch unerläßlich, daß Europäer die sprachlich schwierigen Texte oft nur mit Hilfe einheimischer Gelehrter überhaupt verstehen konnten.[122] Wichtiger waren jedoch diese Schriftquellen selbst. Ebenso wie die Theorie des hohen Reisens im späten 18. Jahrhundert auch dem Besucher Asiens den Mangel an Sprachkenntnissen nicht mehr leicht verzieh, so wurde besonders vom Historiker zunehmend die Benutzung asiatischer Geschichtswerke und möglichst sogar Urkunden erwartet. Sir William Jones, der Präsident der 1784 gegründeten Asiatick Society of Bengal und selbst ein Mann, dem die Sprachen zuflogen, formulierte auch hier eine schwungvolle Maxime: «Die asiatischen Nationen wissen mehr über sich selbst und übereinander als wir europäische Gelehrte und Reisende.»[123]

In der Praxis war dieses Prinzip der europäisch-asiatischen Wissenschaftskooperation schon lange zuvor beachtet worden. Ein gutes Beispiel ist die Kartographie Chinas. Der *Novus Atlas Sinensis* (1655) des Südtiroler Jesuitenpaters Martin Martini beruhte zu einem erheblichen Teil auf chinesischen Vorarbeiten. Zwischen 1708 und 1717 führten dann etwa ein Dutzend der Jesuiten, in Meßteams aufgeteilt, im Auftrage des Kangxi-Kaisers eine umfassende kartographische Aufnahme des Reiches durch, an der selbstverständlich auch chinesische Helfer beteiligt waren; besonders die Karten Tibets beruhten auf Informationen landeskundiger Beamter.[124] Zwischen 1717 und 1726 wurden vier verschiedene Fassungen des Jesuitenatlas von Holz- oder Kupferplatten gedruckt. Die Ergebnisse dieses Unternehmens, das auch zu mehreren chinesischen Ausgaben führte,[125] gingen in die fünfzehn Karten ein, die Jean-Baptiste d'Anville, damals bereits vermutlich der beste Kartograph Europas, für den Atlas zu Du Haldes Chinaenzyklopädie von 1735 schuf.[126] Sie blieben für mehr als ein Jahrhundert unübertroffen. Dieser sogenannte Jesuitenatlas war das Ergebnis einer Verschmelzung von chinesischer Lokalkenntnis, wie sie in zahlreichen geographischen Handbüchern niedergelegt war, mit europäischen Meßtechniken und Formen kartographischer Darstellung.[127] Die kartographische Erfassung Indiens folgte einem anderen Muster als die Chinas. Hier waren es die Bedürfnisse der kriegführenden Briten, die zu großen kartographischen Projekten anregten; umgekehrt waren die Kriege selbst ausgezeichnete Möglichkeiten, topographische Daten zu sammeln.[128] *Pandits* waren unentbehrliche Helfer besonders bei der Erfassung von Gebieten außerhalb des britischen Kontrollbereichs.[129]

Auch die besten Historiker unter den Jesuiten in China – zum Beispiel Martin Martini im 17. und Antoine Gaubil im 18. Jahrhundert – hatten sich auf die chinesische Geschichtsschreibung gestützt. Zweifel an der Verläßlichkeit chinesischer Autoritäten hatten die Jesuiten stets abwehren können. Gaubil, «ein Mann, der Schina so gut als sein Vaterland kannte»,[130] hatte mit Recht darauf hingewiesen, daß die chinesische historiographische Tradition in puncto Quellenkritik der europäischen nichts nachgebe.[131] Gelehrte außerhalb der Societas Jesu wie der in ganz Europa hochgeachtete Joseph de Guignes, einer der bedeutendsten Historiker und Asienforscher des Aufklärungszeitalters, hatten den hohen Rang der chinesischen Quellen, ihre Exaktheit und unrhetorische Realitätsnähe, bestätigt und sich bei eigenen Arbeiten auf sie gestützt.[132]

Simon Ockley, lange Zeit ein armer Landpfarrer und von 1711 bis zu seiner Inhaftierung 1717 wegen Überschuldung Professor für Arabisch in Cambridge, ließ in den bedeutenden Vorworten zu den zwei Bänden seiner *History of the Saracens*, einer Geschichte der islamischen Araber bis zum Jahre 705, keinen Zweifel am Primat arabischer Quellen. Obwohl er sich bitter über die Mühen mit den arabischen Handschriften beklagte, die er in der Bodleian Library zu Oxford fand – «staubige Manuskripte ohne Übersetzungen, ohne Index, ohne alle die Hilfen, welche andere Studien erleichtern» [133] –, hielt er sie für die Grundlage jeder europäischen Geschichtsschreibung über den Nahen und Mittleren Osten und den Historiker für verpflichtet, nur soviel narrative und interpretierende Ordnung in das arabische Material zu bringen, daß die Stimme der alten Historiker vernehmlich bleibe: Er habe die Araber ihre Geschichte in ihrer eigenen Weise erzählen lassen.[134] Einige Jahre später bekräftigte George Sale in seiner kommentierten Übersetzung des Korans den Primat indigener Quellen. Sale sah von den europäischen Polemiken gegen den Islam, wie sie seit dem 11. Jahrhundert betrieben worden war, nahezu völlig ab und stützte seine Erläuterung des Korans weitgehend auf islamische exegetische Traditionen.[135]

Die Hochschätzung einheimischer Texte ließ sich zu der Auffassung steigern, die eigentliche Aufgabe europäischer Asienwissenschaftler sei es nicht, Diskurse *über* asiatische Kulturen zu verfertigen, sondern diese durch Übersetzungen zu einer europäischen Leserschaft sprechen zu lassen. Diese Auffassung vertrat zum Beispiel Isaac Titsingh, der beste europäische Japankenner in den Jahren um 1800. Er hielt Übersetzungen aus dem Japanischen für wertvoller als die vorzüglichsten europäischen Japanbeschreibungen und verzichtete folgerichtig darauf, eine eigene zu verfassen, welche die alte Kaempfersche hätte ersetzen können.[136] Er wäre dazu einzigartig qualifiziert gewesen. Sir William Jones ging nicht ganz so weit, erklärte aber 1794 in seinem Vortrag *On the Philosophy of the Asiaticks* vor der Asiatick Society of Bengal, «daß eine korrekte Fassung eines beliebigen der berühmten Hindu-Bücher mehr wert wäre als alle Abhandlungen und Essays, die über dasselbe Thema geschrieben werden».[137]

Wie textnah oder wie frei Übersetzungen gestaltet werden sollten, war fortan eine immer wieder diskutierte Frage. In diesem Dilemma zwischen Vorlagentreue und europäischem ästhetischem Empfinden votierten einige – wie Simon Ockley – für eine Mimesis an den Urtext, andere für stilistische Verwestlichung. Francis Gladwin, der im Auftrag von Generalgouverneur Warren Hastings das *Ayin Akbery* (A'in-i Akbari) des Abu l'Fadl 'Allami übersetzte, eine der wichtigsten Quellen zur Regierung des Großmoguls Akbar, nahm sich vor, den Autor des persischen Textes in der Übersetzung so erscheinen zu lassen, als habe er auf Englisch geschrieben.[138] An Sir William Jones' Übersetzungen gefiel Goethe, wie dem unerfahrenen Leser das Fremde asiatischer Texte durch ihre behutsame Einkleidung in ein antikisierendes Versgewand nahegebracht wurde.[139] Selbstverständlich gab es eine stufenlose Gradierung der «Freiheit» einer Übersetzung von Pedanterie bis zur Straffung, Umorganisation und Paraphrase des Originals oder gar der stillschweigenden Inkorporation eines Kommentars. Im Idealfall ging jeder Übersetzung die textkritische Bewertung der Vorlage voraus.[140]

Immer wieder als fehlerhaft und unlesbar wurde die Übersetzung des *Tongjian gangmu* (Durchgängiger Spiegel in Haupt- und Unterabschnitten), der gegen Ende des 12. Jahrhunderts verfaßten Kurzversion eines Geschichtswerkes des berühmten Sima Guang (1019–1086), getadelt, die Pater de Mailla aus einer Mandschu-Version des Originals angefertigt hatte und die 1737 im Manuskript nach Frankreich gelangt war. Der Abbé Grosier publizierte sie zwischen 1777 und 1780 in zwölf Quartbänden.[141] Das Werk war an annalistischer Eintönigkeit kaum zu übertreffen, aber es gab europäischen Lesern zum ersten Mal einen authentischen Eindruck von der großen Kontinuität der chinesischen Geschichte. Da es selbst für chinesische Verhältnisse die Vorstellung der Statik und Unbeweglichkeit stark betonte, trug es damit in Europa zur Popularisierung der Idee der ewigen Wiederkehr des Gleichen als Grundprinzip des chinesischen Geschichtsverlaufs bei. Die Mandschukaiser förderten seine Kanonisierung, so daß de Mailla das gleichsam offiziellste aller chinesischen Geschichtswerke für die Übersetzung ausgewählt hatte.[142] In den großen Zügen folgte de Mailla seiner Vorlage. Gerade dafür, daß er sie *nicht* korrigiert und verbessert habe, wurde er immer wieder getadelt. Ganz anders ging drei Jahrzehnte später Alexander Dow vor, ein Offizier der E.I.C., der zum ersten britischen Historiker des islamischen Indien wurde. Dow erkannte, daß die Geschichte des Mogulreiches und seiner islamischen Vorgängerstaaten nur auf der Grundlage einheimischer (persischsprachiger) Materialien seriös geschrieben werden könne. Er begann damit, das Geschichtswerk des Firishta *(Gulshan-i Ibrahimi,* 1606/7) zu übersetzen, löste sich aber allmählich immer mehr von seiner Vorlage, so daß am Ende unter dem Titel *History of Hindostan* (1768–72) ein Werk entstand, bei dem in den Übersetzungstext in nahezu unmerklicher Weise die «philosophischen» Betrachtungen des modernen westlichen Autors eingedrungen waren.[143] Edward Gibbon, der feinhörigste Connaisseur historischer Literatur, argwöhnte auch, daß in Dows Händen *the style of Ferishta has been improved by that of Ossian*, Dow sich also an den Ton der kurz zuvor «entdeckten» Bardenpoesie angelehnt habe.[144] Dow selbst freilich versicherte dem Leser, er habe die romantisierenden Exzesse des Originals auf die «knappe und männliche» Diktion zurückgestutzt, die seit den griechischen und römischen Klassikern der herrschende Stil der europäischen Geschichtsschreibung sei.[145]

Übersetzungen aus dem Persischen oder Arabischen wurden nicht selten mit Hilfe von Gelehrten aus den jeweiligen Kulturen verfertigt. Vollkommen unerläßlich aber war einheimisches Wissen bei der Entdekkung der Kultur des hinduistischen Indien. Schon Bernier konsultierte gelegentlich einen *Pandit*, um etwas über die Verhältnisse außerhalb der höfischen Mogulwelt, in der er sich meist bewegte, herauszubekommen.[146] Abraham Rogerius, ein holländischer Missionar mit zehnjähriger Erfahrung in Südwestindien, dessen Buch *De Open Deure tot het verborgen heydendom* (1651) Europa den ersten authentischen, nicht durch religiöse Propaganda entstellten Begriff von indischen Religionsvorstellungen gab, bezog einen großen Teil seines Wissens von Padmanaba, einem brahmanischen Flüchtling aus dem portugiesischen Goa, der ihn mit der vedischen und puranischen Literatur vertraut machte und ihm einiges daraus wörtlich übersetzte. Die beiden unterhielten sich auf portugiesisch.[147] In den 1780er Jahren begann im Umkreis von Sir William Jones und der von ihm 1784 gegründeten Asiatick Society of Bengal das wissenschaftliche Studium des Sanskrit durch westliche Gelehrte.[148] Charles Wilkins, der erste Europäer mit fundierten Sanskrit-Kenntnissen, erregte 1785 in ganz Europa Aufsehen mit seiner Übersetzung der *Bhagavadgita*, Sir William Jones vier Jahre später noch mehr Aufmerksamkeit mit seiner Übersetzung des Dramas *Sakuntala* von Kalidasa (4./5. Jahrhundert).

Mit Henry Thomas Colebrooke, der wie Jones ein hoher Richter in Indien war, setzte dann eine umfassende philologische Erforschung des Sanskrit ein. Diese gesamte «orientalische Renaissance» beruhte auf dem Wissen indischer *Pandits*, die den europäischen Meistern absolut unerläßliche Zuträgerdienste leisteten. Die Annäherung zwischen wißbegierigen Engländern und wissenden Indern verlief zögernd. Mißtrauen auf beiden Seiten verschwand niemals. Jones hatte das Studium des Sanskrit zunächst aus dem praktischen Grunde aufgenommen, um als Richter imstande zu sein, die *Pandits* am Supreme Court kontrollieren zu können und ihr Übersetzungsmonopol zu brechen. Um das koloniale Rechtswesen unter Kontrolle zu bekommen, schien es erforderlich zu sein, erstens im Gerichtssaal eine Art von kommunikativer Kontrolle herzustellen und zweitens das indische Gewohnheitsrecht aufzuzeichnen, nach westlicher Systematik zu ordnen und in englischer Übersetzung öffentlich zu machen. Im Laufe seiner Studien entwickelte Jones zu einigen indischen Gelehrten, namentlich zu dem greisen Jagannatha Tarkapanchanan, eine enge persönliche Freundschaft. Sie blieb aber stets von der Ambivalenz geprägt, daß Jones als Offizieller ein hoher Vertreter des kolonialen Herrschaftspparates war, als Gelehrter aber ein Schüler der *Pandits.* Selbst Jones, der das, was er den *Pandits* verdankte, bereitwilliger anerkannte als andere, hielt es für erstrebenswert, daß britische Gelehrte und Kolonialmachthaber von einheimischen Gelehrten und Dolmetschern möglichst unabhängig sein sollten.

Die britische Vorrangstellung in den Sanskritstudien hielt nicht lange an. Im späteren 19. Jahrhundert wurden die größten Fortschritte in deutschen Studierstuben von Forschern erzielt, die Indien niemals betreten und die niemals mit einem indischen *Pandit* gesprochen hatten. Sie waren nicht an liguistischem Herrschaftswissen, sondern lange Zeit an theoretischen Fragen des Sprachursprungs und des Sprachenvergleichs interessiert.[149] Paradoxerweise führte die Distanz zum Kolonialismus also gleichzeitig zu einer Distanz zu Indien und zu einer Entwertung des einheimischen Wissens. Der wissenschaftliche Orientalismus, der sich die intellektuelle Stellvertretung einer ganzen Zivilisation anmaßte, erreichte seine höchste Reife in einem Land ohne die geringsten kolonialen Interessen. Doch die Autonomie der europäischen bzw. deutschen Indologie war ein Trugbild. Wie Ernst Windisch schon 1917 resümierte, stand das Fach auf den Schultern von Generationen indischer Grammatiker.[150]

Nicht nur an den *kulturellen* Asienwissenschaften im engeren Sinne waren Asiaten maßgeblich beteiligt. Schon kurze Zeit nach näherer Bekanntschaft mit den Zivilisationen des ferneren Asien erkannten einige der klügsten Köpfe Europas die Gleichrangigkeit oder gar Überlegenheit der empirischen Naturkunde in Indien, China oder Japan im Vergleich zur zeitgenössischen europäischen. 1699 formuliert Pater Joachim Bouvet in einem in Peking geschriebenen Brief an Leibniz ein Ziel, in dem sich beide einig waren: «aus dieser Nation [China] alles herauszuziehen, was der Perfektionierung unserer Wissenschaften und Künste dienen kann» *(de tirer de cette nation tout de qui peut servir à la perfection de nos Sciences et de nos* Arts).[151] Bouvet entwickelt sogar den Plan, in China eine Apostolische Akademie zum Studium von Kultur, Religion und Schrift zu gründen, eine Art von religionswissenschaftlich-sinologischem Forschungsinstitut, das mit der Académie des Sciences in Paris Ergebnisse austauschen könnte.[152] Leibniz ging es mehr als Bouvet um Mathematik und Naturwissenschaften. Er sah richtiger als die Jesuiten vor Ort, daß die für die Missionare günstige politische Lage in China ganz von der Person des Kangxi-Kaisers abhing und nicht andauern würde, und er drängte daher zur Eile. Man müsse aus China mit größter Anstrengung so bald wie möglich ein Maximum an Wissen herausholen.[153] Leibniz dachte sich dies nicht als einen Vorgang wissenschaftlichen Parasitentums, sondern als das Zusammenführen komplementärer Vorzüge: Die europäischen Kenntnisse hätten ihre Stärke im *raisonnement*, die chinesischen Tugenden lägen mehr in der praktischen Erfahrung und den ethischen Maximen; das europäische Wissen werde zu einem großen Teil publiziert, das chinesische eher in kleinen Gelehrtenkreisen tradiert.[154]

Stand bei Leibniz noch der Gedanke einer insgesamt doch gegenseitig nutzbringenden Kooperation zwischen zwei gleichrangigen wissenschaftlichen Welten im Vordergrund, so setzen sich am Ende des 18. Jahrhunderts einseitig imperiale Gelüste durch. Der Respekt vor den wissenschaftlichen Leistungen anderer Zivilisationen war in raschem Schwinden begriffen. Für einen mächtigen Wissenschaftsorganisator wie Sir Joseph Banks galt es nur noch, Indern oder Chinesen die wenigen Technologien abzuluchsen, in denen sie weiterhin den Europäern voraus waren, etwa in der Textilweberei oder der Porzellanherstellung.[155]

Besonders deutlich sichtbar ist der asiatische Anteil an europäischem Wissen in der Botanik. Ausgerechnet das verschlossene Japan war hier besonders wichtig. Andreas Cleyer war 1662 im Dienste der V.O.C. nach Batavia gekommen. Von 1682 bis 1686 war er mit Unterbrechungen Oberhaupt *(Opperhoofd)* der Holländer in Nagasaki gewesen. Diese Zeit nutzte er zu botanischen Studien, die zu mehr als dreißig in Deutschland veröffentlichten Aufsätzen führten. Cleyer sandte 1360 von japanischen Künstlern gemalte Pflanzenabbildungen an den Berliner Gelehrten Christian Mentzel, der sie für eine unveröffentlicht gebliebene *Botanica Iaponica* nutzte.[156] Publiziert wurde hingegen 1712 in lateinischer Sprache Engelbert Kaempfers *Flora Japonica*, ein umfassendes Werk über die Pflanzenwelt der japanischen Inseln. Sein Wert lag unter anderem darin, daß Kaempfer von den Leistungen der japanischen Botanik profitieren konnte, die in den 1690er Jahren, der Entstehungszeit des Werkes, vermutlich höher entwickelt war als die europäische.[157] Auch in Indien erkannten aufmerksame Naturforscher die außerordentlich hohe Qualität des einheimischen botanischen Wissens. Hendrik Adriaan Van Reede tot Drakenstein, ein hoher Offizier und Beamter der V.O.C., näherte sich während der 1670er Jahre bei seinem Versuch, die tropische Pflanzenwelt der damals teilweise von den Holländern kontrollierten Malabarküste im Südwesten Indiens zu beschreiben und zu ordnen, immer mehr einheimischen Klassifikationssystemen an, deren Vorzüge vor arabischen und europäischen er allmählich zu schätzen lernte. Bei der Erstellung seines immensen *Hortus Malabaricus* (12 Bände, Amsterdam 1678–93) war er auf die Hilfe mehrerer Brahmanen und noch mehr auf die gärtnerische Pflanzenkenntnis und Praxiserfahrung von Mitarbeitern aus niederen

Kasten, besonders der Ezhava-Kaste, angewiesen. Mangels anderer Dokumentation ist deren außerordentliches Wissen allein in dem asiatisch-europäischen Gemeinschaftsprojekt des *Hortus Malabaricus* überliefert.[158] Die Werke von Van Reede und Kaempfer wurden von den Größen der europäischen Gelehrtenwelt, allen voran Linné, mit viel Beifall aufgenommen. Über sie fand das Wissen asiatischer Pflanzenkundiger Eingang in das Zentralkorpus europäischer Naturbeschreibung.

VII.

Berichten, edieren, lesen: Von der Erfahrung zum Text

Die rohen Vorgänge des Sehens und des Hörens sind für uns nicht rekonstruierbar. Sie waren es ebensowenig für die zeitgenössischen Leser der Asienberichte. Vor dem Zeitalter der Photographie und der technischen Aufzeichenbarkeit von Tönen und Bewegungen besaß der Reisebericht, zumal der illustrierte, ein Mitteilungsmonopol. Es gab keine rivalisierenden Medien, die ihm diesen Rang streitig machten. Die europäischen «Bilder» von asiatischen Zivilisationen waren textliche Evokationen, unterstützt durch Darstellungen mit dem Zeichenstift und – seltener – dem Pinsel. Verglichen mit dem 20. Jahrhundert, in dem die außereuropäische Welt für Europäer eine Welt der Bilder ist, war im 18. Jahrhundert Asien ein literarisches Projekt, eine Welt aus Sprache. Selbst wer heute niemals ein Buch über Asien liest und vielleicht sogar die Zeitungsmeldungen aus Asien überschlägt, glaubt, den Kontinent aus Fernsehen, Film und Fotoreportagen zu kennen. Wer in der Frühen Neuzeit nicht las, wußte nichts.

Neben Texten waren visuelle Eindrücke im allgemeinen sekundär. Aber sie waren in manchen Fällen wichtig. Kaum weniger als Texte haben die Holzschnitte in Sebastian Münsters *Kosmographia* (1554) und die Kupferstiche in Theodor de Brys Reisesammlung (1590–1634), vor allem die immer wieder reproduzierten Kannibalismusszenen, das frühneuzeitliche Amerikabild geprägt. Für Asien fehlte es an ähnlich sensationellen Darstellungen. Aus einer Fülle von Bildmaterial müssen sich aber einige oft wiederkehrende visuelle Repräsentationen, die vor allem in Anthologien immer wieder reproduziert wurden, europäischen Betrachtern tief eingeprägt haben: das Heerlager der erobernden Türken und die minarettverzierten Silhouetten muslimischer Städte, der prachtvolle Hof des Großmoguls mit seinen juwelengeschmückten Parade-Elefanten, vielarmige und tierköpfige indische Götterfiguren, selbstquälerische Fakire, das Konterfei des weisen Konfuzius, das Bild des rituell hinter dem Pflug schreitenden chinesischen Kaisers, die Große Chinesische Mauer und die Porzellanpagode von Nanjing, der Potala-Palast des Dalai Lama, die palmengeschmückte europäische Stadt Batavia, die Buddhatempel Japans und die Schamanen Sibiriens.

Die Asienikonographie des 18. Jahrhunderts verdankt sich noch zu einem beträchtlichen Teil älteren bebilderten Werken wie der *China Illustrata* (1667) des jesuitischen Polyhistors Athanasius Kircher, dem Chinareisebericht von Johan Nieuhof (1665), der Persienreise des Adam Olearius (1647/56), der Indienbeschreibung des Rogerius (1651) und den großen Kompilationen von Olfert Dapper und Arnoldus Montanus aus den Jahren 1669 bis 1681. Reiche Sammlungen von Bildquellen wie die *Histoire générale des voyages* (1746–61) des Abbé Prévost oder Thomas Salmons *The Universal Traveller* (1752–53) bedienten sich aus diesem Fundus und fügten das eine oder andere Stück neu hinzu. Erst als begabte Maler und Aquarellisten an den großen Staatsreisen des späten 18. Jahrhunderts teilnehmen konnten, wurde Asien farbig und traten realistisch beobachtete Landschaften und Volksszenen in den Vordergrund. William Alexander, der Lord Macartney nach China begleitete, und William Hodges, der ebenso wie Forster *père* und *fils* an Cooks zweiter Weltumsegelung teilnahm und sich zwischen 1780 und 1783 in Indien aufhielt, waren die beiden künstlerischen Pioniere einer neuen Asiensicht.[1] Wenige Jahre nach Hodges, zwischen 1786 und 1793, bereisten die Landschaftsmaler Thomas und William Daniell, Onkel und Neffe, große Teile Indiens und schufen ein umfangreiches Œuvre.[2] Kein asiatisches Land außer Indien erreichte aber vor 1800 die Dichte und Kraft malerischer Darstellung, wie sie der Südsee zuteil wurde.

Mochten Bilder die Einbildungskraft besonders packen, so waren es jedoch Texte, die das zu bieten versprachen, was das Publikum des 18. Jahrhunderts als erstes erwartete: Informationen.

1. Der Reisebericht als Erkenntniswerkzeug[3]

Man muß sich das Verfassen eines Reiseberichts nicht immer so vorstellen, daß der Rückkehrer entweder schon an Bord des Schiffes oder unverzüglich nach seiner Ankunft in der Heimat die Feder ergriff und seine Reisenotizen in eine zusammenhängende Schilderung umsetzte. Am ehesten geschah dies, wenn gegenüber Auftraggebern einer dringlich angemahnten Berichtspflicht nachzukommen war oder wenn der Autor so schnell wie möglich das bücherkaufende Publikum mobilisieren wollte – manchmal im Wettstreit mit anderen Teilnehmern derselben Reise oder Expedition. Bei staatlich geförderten Unternehmungen wurde oft erwartet, daß alle Teilnehmer ihre privaten Aufzeichnungen dem Expeditionsleiter oder seinem literarischen Beauftragten als Stoff für einen offiziellen Bericht überließen.[4] Die persönlicher gefärbten Darstellungen privaten Urprungs erschienen dann, wenn überhaupt, erst eine Weile später. Die offiziellen Berichte waren daher oft heimliche Gemeinschaftsarbeiten, Synthesen aus einer verstreuten Dokumentation. Nur wenige Autoren – zum Beispiel Mountstuart Elphinstone – wiesen freimütig und großzügig auf die Beiträge ihrer Begleiter zum Bericht hin und machten ihn als Kollektivprodukt kenntlich.[5] Nach besonders spektakulären Reisen wie Kapitän Cooks drei Westumsegelungen oder der Macartney-Gesandtschaft nach China kam es zu heftigen Kämpfen um den Buchmarkt und Streitigkeiten um Priorität und Originalität.[6] Es ist übrigens bemerkenswert, daß das gedankenreichste Resultat der Chinamission von 1793–94, Lord Macartneys eigene Aufzeichnungen, bis in unsere Zeit unveröffentlicht blieb. Überhaupt waren viele Berichte von Anfang an gar nicht zur Veröffentlichung bestimmt, handelte es sich um diplomatische Vertraulichkeiten oder um «die exotische Variante einer Familienchronik».[7]

Das Wissen über Asien gelangte über zahlreiche Kanäle nach Europa. Ein besonders wichtiger war die Korrespondenz. Als Gruppe wurde der Jesuitenorden von niemandem an brieflichem Mitteilungsdrang übertroffen. In den Händen der Patres in China, Vietnam oder Indien war der Brief ein Propagandainstrument zur Imagepflege des Ordens in Europa, ein Instrument zur Befestigung des weltweiten Kontakts unter den Jesuiten und zugleich ein Medium für den Transfer wissenschaftlicher Kenntnisse. Die besten Gelehrten unter den Jesuitenmissionaren absolvierten nicht nur ihre Routinekorrespondenz mit den Ordenszentralen in Paris und Rom, sondern waren auch als Briefpartner der außerkirchlichen Gelehrtenwelt begehrt. Umgekehrt half es dem Renommee eines Mannes wie Pater Joachim Bouvet, wenn man ihn im quasi-öffentlichen Briefverkehr mit dem großen Leibniz sah. Andere Kontaktnetze liefen bei Voltaire, bei Linné in Uppsala, bei dem Akademiesekretär Nicholas Fréret und dem Minister Henri-Léonard Bertin in Paris, bei Robert Hooke, John Ray, Joseph Banks und anderen Herren der Royal Society in London, bei Peter Simon Pallas und dem Astronomen Jean-Nicholas Delisle in St. Petersburg, bei Michaelis und Schlözer in Göttingen, im frühen 19. Jahrhundert bei Carl Ritter in Berlin zusammen. Nicht nur Briefe wurden verschickt, sondern ebenso Manuskripte. Voltaire sandte eine Rohfassung seiner Geschichte Rußlands unter Peter dem Großen nach St. Petersburg und bat die dortigen Gelehrten um Kommentare und Ergänzungen, vor allem auch zu den Völkerschaften Sibiriens.[8] Manches Wichtige blieb liegen: Die Abhandlung über die Chronologie der Chinesen des großen Gelehrten Antoine Gaubil SJ erreichte Bertin 1749 aus Peking – und wurde erst 1814 veröffentlicht, als die Debatte über das Thema längst verebbt war.

Trotz solcher krypto-öffentlichen Kommunikationsmöglichkeiten blieb der Reisebericht das bei weitem wichtigste Medium der Darstellung Asiens. Einige Berichte wurden zu engen und spezifischen Zwekken geschrieben, etwa um andere Seefahrer und Reisende zu instruieren.[9] Im allgemeinen wandten sich die Autoren aber an ein breites gebildetes Publikum. Dieses erwartete in erster Linie eine sachliche Schilderung ferner Realität. Reiseberichte wurden gattungspoetisch der alten Kategorie der *Historia* als der beschreibenden Literatur schlechthin zugeordnet.[10] Darunter wurde nicht bloß Geschichte im heute üblichen Sinne verstanden, sondern jede Art der nicht-spekulativen Darstellung eines empirischen Gegenstandes. Wenn Engelbert Kaempfer zum Beispiel eine *Historia Palmae Dactyliferae* schrieb, so verbarg sich hinter diesem Titel eine botanisch-ökonomische Monographie über die Dattelpalme.[11] Vom anspruchsvollen Reisebericht wurde bis zum Ende des Jahrhunderts erwartet, daß er die *historia civilis*, also die Beschreibung der Menschenwelt, und die *historia naturalis* gleichermaßen umfassen sollte. Reisende, denen es an naturwissenschaftlichen Kenntnissen fehlte, wiesen oft schon im Vorwort entschuldigend darauf hin. Thomas Shaw, der angesehene Nahostreisende, kürzte in der zweiten Ausgabe seiner *Travels* den botanischen Teil, weil die Wissenschaft inzwischen darüber hinweggegangen sei.[12]

2. Stil und Wahrheit

Die Verfasser von Reiseberichten oder spätestens ihre Verleger kannten die Gattungskonventionen, denen sie sich unterzuordnen hatten. Der Bericht sollte möglichst viele neue Informationen in möglichst systematischer Form vermitteln und damit ohne störenden Subjektivismus zum Wachstum des europäischen Wissens beitragen. Die Ich-Form, wenn man sie überhaupt wählte, mußte, wie es etwa Carsten Niebuhr oder Samuel Turner gelang, mit unaufdringlicher Dezenz gehandhabt werden. Der Bericht sollte unverstellt die Ansicht auf die Gegenstände öffnen. Das höchste Lob, das Linné einem Reisebuch spenden konnte, lautete, er habe nach der Lektüre den Eindruck, selbst dort gewesen zu sein.[13] Allerdings war ein Minimum an Nachrichten über Verlauf und Umstände von Reise und Aufenthalt in der Fremde erforderlich, um dem Berichteten Authentizität zu verleihen.[14] Keineswegs alle Autoren folgten jedoch der von Theoretikern wie Linné und Schlözer empfohlenen, von Pallas und Volney gepflegten kühl-wissenschaftlichen Schreibweise. Der im allgemeinen trockene und sachliche Niebuhr durchbricht sie immer wieder mit seinem feinen Sinn für Humor.

Britische und französische Autoren entfernten sich weniger weit von Idealen der Eleganz und Gefälligkeit als ihre deutschen Kollegen. Einige kokettierten jedoch mit der Stil-Losigkeit des eigenen Schreibens und bekräftigten gerade damit ihren Wahrheitsanspruch: «Nur zu oft», befand Pierre Sonnerat, «dient das Gefällige allein dazu, das Unwahre zu maskieren.»[15] Thomas Shaw hingegen, ein immer wieder für seine Präzision gerühmter Reiseautor, fürchtete, der jahrelange Aufenthalt im orientalischen Sprachraum habe seinen englischen Stil verdorben, und bemühte sich in der zweiten Auflage seines Werkes, die darstellerischen Mängel zu beheben.[16] Schon Jean Chardin hatte seinen 1671 erschienenen Bericht über die Krönung von Schah Suleiman von einem Mitglied der Académie Française sprachlich überarbeiten lassen.[17] Gefälligkeit des Ausdrucks und Anschaulichkeit der Beschreibung sollten aber keinesfalls zu dem ausarten, was Johann Salomo Semler, ein versierter Benutzer überseeischer Reiseliteratur, 1764 nachdrücklich tadelte: eine «unnütze Weitläufigkeit, die durch eingerückte Kleinigkeiten, Fabeln und unfruchtbare Erzählungen sonst in vielen Reisebeschreibungen den Leser unlustig macht».[18] Kleinigkeiten waren indessen dann erwünscht, wenn es sich um neue, nicht-triviale Daten handelte: Ortsnamen, meteorologische Angaben, linguistische Beobachtungen.[19]

Um 1800 war man sich weitgehend darüber einig, wem bei einem Widerspruch zwischen Wahrheit und Stil der Vorzug zu geben sei: «Bloße Stilmängel», heißt es bei Mountstuart Elphinstone, «wären belanglos, würde meine Darstellung von Irrtum frei sein.»[20] Aber das Ziel auch Elphinstones war es, den Widerspruch zu vermeiden. Wissenschaftliche Unanfechtbarkeit und Darstellungskunst verbanden sich am Ende der Epoche bei einigen Autoren, deren Maßstäblichkeit ganz Europa anerkannte, vor allem bei James Bruce, Georg Forster und dessen Freund und, wie man sagen kann, Schüler in der Kunst des Reisebeschreibens, Alexander von Humboldt, der mit seiner *Relation historique du voyage aux régions équinoxiales du Nouveau Continent* (1814–1825) mindestens ebensosehr in französischen wie in deutschen Darstellungstraditionen stand.

Innerhalb des Gattungsrahmens der *Historia*-Tradition gab es zahlreiche Möglichkeiten literarischer Gestaltung: etwa das strenge logbuchartige Itinerar, in dem selbst die Ereignislosigkeit langer Tage auf See oder in Steppe und Wüste verzeichnet wurde,[21] oder das chronologisch alles Gesehene erfassende «Tageregister», wie es von den Teilnehmern der russischen Staats- und Akademie-Expeditionen verlangt und unter ihnen von Samuel Gottlieb Gmelin besonders strikt geführt wurde: «Ich bleibe», erläutert dieser Autor unterwegs, «bey der einmahl erwählten Ordnung, alle natürliche Körper nach der Reihe zu nennen, wie sie mir der

Zeit nach zu Gesichte gekommen sind, denn dieses erfordert die Schuldigkeit eines Tageregisters».[22] Zum Glück ließ sich der begabte Gmelin von solcher Pedanterie nicht tyrannisieren und näherte sich in manchen sehr «dichten» Beschreibungen von Natur und menschlichen Lebensweisen dem Goetheschen Ideal des Naturforschers, «der nur das Fremdeste, Seltsamste mit seiner Lokalität, mit aller Nachbarschaft, jedesmal in dem eigensten Elemente zu schildern und darzustellen weiß».[23] Einige Autoren ordneten ihr Material systematisch oder nach größeren geographischen Einheiten, unabhängig vom Reiseweg. Chardin hatte dies im 17. Jahrhundert mit seiner berühmten Persienreise so gemacht; Volney wurde zum Meister dieser Methode im späten 18. Jahrhundert. Thomas Shaw, der seine Reiseerzählung in ein knappes Vorwort packte, hatte bereits unterwegs kein Tageregister, sondern ein systematisches Tagebuch geführt, das er später in die Ordnung des Berichts transponierte.[24]

Am anderen Ende des Spektrums, eher zur subjektiven Mitteilung neigend, standen Sammlungen von Reisebriefen. Berühmt wurden vor allem die Briefe, die Lady Mary Wortley Montagu zwischen 1716 und 1718 aus der Türkei schrieb.[25] Die Briefe der Mrs. Kindersley aus Indien stehen ihnen an literarischer Qualität bei weitem nach, doch wenig an historischem Wert.[26] Der Brief aus asiatischer Ferne konnte aber auch als Medium wissenschaftlicher Mitteilung dienen, nicht nur in Gestalt der zahlreichen publizierten Jesuitenbriefe. In seiner Zeitschrift *Fundgruben des Orients* (1809–1818) druckte Joseph von Hammer-Purgstall zahlreiche Briefe von Europäern aus orientalischen Ländern ab. Pitton de Tourneforts maßstäbliche Türkeibeschreibung von 1717 war in Briefform gehalten, und landeskundlich wertvoll waren zum Beispiel auch die Briefe des schwedischen Bibliothekars Jacob Jonas Björnstahl und die Ägyptenbriefe Savarys.

Der gelehrte Reisebericht stand selbstverständlich unter dem Autopsiegebot. Daß Reisende voneinander abschrieben, kam jedoch so häufig vor, daß es immer wieder beklagt werden mußte. Feinsinnig bemerkte der französische Sinologe Abel Rémusat anläßlich der Chinaberichterstattung, die alten Berichte verjüngten sich immer wieder in erstaunlicher Weise.[27] Die Toleranz gegenüber Plagiaten schwand vom Beginn bis zum Ende des 18. Jahrhunderts jedoch gegen Null. Der rabiat indienfeindliche anglikanische Geistliche William Tennant konnte nur noch bei ideologischen Gesinnungsgenossen auf Gehör rechnen, nachdem der Rezensent der angesehenen *Edinburgh Review* festgestellt hatte, es gebe in seinen *Indian Recreations* (1803) «kein einziges Faktum von einiger Bedeutung, das nicht einer anderen Person gestohlen worden ist».[28] Etwas anderes war die offen eingestandene, ästhetisch begründete Verbindung von *fact* und *fiction*, wie sie Montesquieu in den *Lettres persanes* oder

der Baron de Lahontan in seinem Nordamerikabericht von 1703 praktizierten.[29] Etwas anderes war auch der Bezug auf frühere Reisende.

In dem Maße, wie die Akkumulation europäischer Kenntnisse über die Länder und Völker Asiens als ein supranationales Kollektivunternehmen verstanden wurde, ordneten sich alle bis auf die individualistischsten Reisenden (wie Thomas Maning) in den Gesamtprozeß kritischer Wissensvermehrung ein. Die Bereisung öfter besuchter Gegenden wie Kleinasiens, der Levante oder von Teilen Indiens wurde bei einigen Forschern als arbeitsteiliges Projekt angelegt: Man setzte die Kenntnis früherer Reisebeschreibungen bei den Lesern voraus und suchte die Vorgänger teils zu ergänzen, teils zu korrigieren. Vom gelehrten Reisenden wurde erwartet, daß er die ältere Literatur bis zurück in die Antike lückenlos kannte, aber kein autoritätshöriges, sondern ein kritisches Verhältnis zu ihr entwickelte. Der Tibetreisende Desideri zum Beispiel sah sich am Beginn des Jahrhunderts noch veranlaßt, umständlich dafür zu werben, daß er ruhmreichen Koryphäen wie Athanasius Kircher und Jean-Baptiste Tavernier widersprechen müsse.[30] Gegen Ende des Jahrhunderts war derlei selbstverständlich. Volney machte die virtuos inszenierte Auseinandersetzung - *au tribunal du public*[31] – mit dem kurz vor ihm in den Druck gegangenen Ägyptenreisenden Savary zu einem der Bauprinzipien seines Nahostberichts. Chateaubriand verweist ständig, manchmal geradezu übertrieben bildungsstolz, auf die ältere Griechenland- und Orientliteratur hin, der er allerdings doch stärker folgte, als dies ein volneyscher Empirismus zugelassen hätte; dem Geschwindreisenden blieb wohl nichts anderes übrig. Die erste Auflage (1811) seines *Itinéraire de Paris à Jérusalem* war noch mit Fußnoten beladen, die er dann im Zuge einer verschlankenden Ästhetisierung in der dritten Auflage vom folgenden Jahr kürzte und in den Anhang verbannte.[32]

Ein Reisender wurde klassikerverdächtig, wenn spätere Kollegen seine Angaben bestätigten, sie gleichsam empirisch verifizierten. Thomas Shaws oder Carsten Niebuhrs Reputation beruhte vor allem darauf, daß sie überprüfbar korrekte topographische Beschreibungen erstellt hatten.[33] Spätere Reisende hatten nichts zu korrigieren und wenig hinzuzufügen. Daß François Berniers Ruhm in Frankreich nie verblich, lag nicht nur an der literarischen Qualität seiner mitreißenden Schilderung der Machtkämpfe im Indien des 17. Jahrhunderts, sondern auch an der Akkuratheit vieler zeitgeschichtlicher Details.[34] Zumindest ein Autor wurde aber trotz oder womöglich sogar wegen seiner zahlreichen Fehler kanonisiert: James Mills *History of British India* von 1817, mittlerweile zum Lehrbuch für die Ausbildung von Kolonialbeamten erhoben, wurde 1858 in einer kuriosen Edition neu herausgebracht, bei welcher der Indienspezialist Horace Hayman Wilson in langen Anmerkungen dem Autor widersprach. Wilson ließ kaum ein gutes Haar an dem alten Mill. So entstand ein Gegentext, der Mills utilitaristische Kampfschrift in ihrer Urform intakt ließ, ihren empirischen Gehalt aber weitgehend entwertete und Mills Version in historiographiegeschichtliche Distanz entrückte.[35]

Weniger einfach als bei der Beobachtung der Natur, der Beschreibung von Gebäuden und dem Kopieren von Inschriften war die empirische Bestätigung oder Korrektur in der *historia civilis.* Hier erwiesen sich alte Voreingenommenheiten als kritikresistent, wie zum Beispiel der Abbé Grosier 1818 beklagen mußte: Er hatte mit Mühe und Geduld die nach seinem Urteil falschen Behauptungen des Herrn de Guignes (junior) über China berichtigt und mußte nun erleben, daß de Guignes weder auf die Einwände reagierte noch die Wiederholung seiner Irrtümer unterließ.[36] Gravierender war das systematische Mißverständnis, das von der Beharrlichkeit «großer» Konzepte ausging. Unter all diesen Ideen war die vom «orientalischen Despotismus» die mächtigste. Sogar ausgesprochen erfahrungswissenschaftlich gestimmte Berichterstatter setzten seine Existenz als selbstverständlich voraus und lieferten erst hinterher das Beweismaterial. Davon wird in Kapitel zehn ausführlich die Rede sein.

3. Anthologien, Collagen, Super-Erzählungen

Zwischen dem berichtenden Beobachter und seinen Lesern stand der literarische Betrieb: Redakteure, Herausgeber, Übersetzer, Verleger. Bis sie beim Leser anlangten, waren die ursprünglichen Perzeptionen des Augenzeugen durch einen Apparat von Filtern hindurchgegangen. Die europäischen Bilder von Asien waren keine einfachen Umsetzungen von Sinneseindrücken in Texte und noch nicht einmal einstufige Repräsentationen. Die Repräsentation selbst durchlief Prozesse medialer Verarbeitung.

Man muß mit den extremsten Befunden beginnen. Einige der bedeutendsten Asienwerke blieben ungeschrieben. Alexander von Humboldt erhielt niemals Gelegenheit zu seiner großen Asienreise, auf die er sich jahrelang vorbereitet hatte und die in der Öffentlichkeit lange erwartet wurde.[37] Als der Sechzigjährige 1829 nach Sibirien und Russisch-Zentralasien fahren konnte, schrieb er den Bericht nicht selbst, sondern überließ ihn seinem Mitarbeiter Gustav Rose, der an der Aufgabe scheiterte.[38] Pater Claude Sicard SJ, der Entdecker Thebens und vielleicht der beste Ägyptenkenner seiner Zeit, schrieb nichts außer verstreuten Miszellen.[39] Andere Werke gingen verloren. Thomas Mannings ausführlicher Bericht von seiner Reise nach Lhasa ist niemals gefunden worden.[40] John Briggs' monumentale Geschichte des muslimischen Indien, von der elf Manuskriptbände in Folio existiert haben sollen, wurde 1817 bei der Plünderung der britischen Residenz in Puna zerstört.[41] Manche Reisenden hatten keine Gelegenheit, ihre Notizen in einen Bericht umzusetzen. Pater Johannes Grueber wurde nach seiner Rückkehr 1664 aus Tibet und dem Himalaya in Rom von mehreren Gelehrten gründlich befragt; er selbst schrieb so gut wie nichts.[42]

Herausgeber schoben sich, zum Teil notgedrungen, zwischen den Reisenden und seine Texte. William Moorcrofts nachgelassene Aufzeichnungen wurden von Horace Hayman Wilson, dem kritischen Kommentator James Mills, lieblos und lückenhaft ediert. Erst der englische Historiker Garry Alder hat das Leben dieses faszinierenden Zentralasienreisenden rekonstruieren können, der vor allem eines suchte: Zuchtpferde.[43] Einige lange als maßgebend betrachtete Landeskunden beruhten auf der nicht näher erläuterten Verwendung von Papieren anonymer Reisender durch Autoren, welche die beschriebenen Länder nie gesehen hatten.[44] Gelehrte Herausgeber bearbeiteten die Manuskripte ungehobelter Skribenten, ebenso wie Jean-Baptiste Du Halde in Paris die Berichte seiner Ordensbrüder aus dem Fernen Osten an Stilempfinden und religionspolitische Sensibilitäten des zeitgenössischen Frankreich anpaßte. Das englischlesende Publikum lernte die Überseebriefe der Jesuiten nur in ideologisch expurgierter Form kennen. Ihr Herausgeber versicherte, sie von allem Jesuitischen gereinigt zu haben, «wie es den meisten englischen Lesern und überhaupt allen Personen von Verstand und Geschmack als geistlos und lächerlich erscheinen muß».[45] Das englische Publikum bevorzugte ohnehin den vehement anti-jesuitischen Chinabericht des Dominikaners Domingo Navarrete von 1676, der seit 1704 in englischer Übersetzung zu lesen war.

Nicht jeder Reisebericht lag von Anfang an in leidlich texttreuer Form vor. Chardins Persienbeschreibung wurde erst 1735, zwölf Jahre nach dem Tode des Autors, einigermaßen vollständig ediert; eine zuverlässige Edition kam erst 1811 heraus. Der italienische Arzt Niccolao Manucci, der mehr als vierzig Jahre lang in Indien lebte und dem Großmogul Aurangzeb als Leibarzt diente, schrieb auf portugiesisch eine Geschichte des Mogulreiches, die noch heute als im allgemeinen zuverlässig gilt.[46] Das von der venezianischen Signoria unter Verschluß gehaltene Manuskript wurde in wenigen übersetzten Auszügen 1705 in Paris herausgebracht und erst im frühen 20. Jahrhundert in englischer Übersetzung komplett publiziert.[47] Das portugiesische Original ist niemals veröffentlicht worden. Auch in anderen Fällen wurde der Urtext nicht zugänglich. Demetrius Cantemirs Geschichte des Osmanischen Reiches gelangte über seinen Sohn als lateinisches Manuskript nach England und wurde dort von dem namhaften Historiker Nicholas Tindal übersetzt.

Diese Version lag dann den deutschen und französischen Ausgaben zugrunde.[48]

Reisebeschreibungen, vor allem umfangreiche und teure, wurden nicht selten in wohlfeilen Kurzfassungen verbreitet. Oft waren sie am leichtesten in den sogenannten Reisesammlungen greifbar, die ganz oder überwiegend Darstellungen aus der nichteuropäischen Welt gewidmet waren. Solche meist mehrbändigen Anthologien entstanden schon während der Frühphase der europäischen Expansion in allen überseeisch engagierten Ländern.[49] Herausgeber wie Richard Eden und Richard Hakluyt setzten bereits um 1600 hohe editorische Standards. Die Reisesammlungen führten verstreutes Material zusammen, machten fremdsprachige Texte in Übersetzungen zugänglich und publizierten im Idealfall unveröffentlichte Manuskripte. Ihr Spektrum reicht von schnell zusammengestellten Buchbindersynthesen über potpourriartige Anthologien, bei denen oft die Grenze zwischen Reisetext und Herausgeberkommentar verfloß, bis zu sorgfältig und textkritisch anspruchsvoll erstellten Großprojekten.

Zu dieser letzten Kategorie gehörte das fast tausendseitige Werk *Noord en Oost Tartarye* (1692), an dem Nicolaas Witsen, dreizehn Jahre lang Bürgermeister von Amsterdam und noch länger Mitglied im Direktorium der V.O.C., ein Vierteljahrhundert lang gearbeitet hatte. Witsen kam bei seinen Reisen nie östlich über Moskau hinaus. Durch seine frühe Prägung als Schüler des berühmten Leidener Orientalisten Jacob Golius, durch seinen Sammeleifer und seine vorzüglichen Kontakte zu Reisenden und Gelehrten in aller Welt wurde er aber zu einem der besten Spezialisten für Nord- und Ostasien und konnte in seinem Werk eine ganze Reihe bis dahin unbekannter Informationen vorstellen. Über Moskauer Briefpartner, russische Informanten, die ihn in Holland besuchten, und die interne Korrespodenz der V.O.C. vermochte er sich Nachrichten zu verschaffen, zu denen sonst niemand Zugang besaß.[50] Kompilation, spätestens seit Pierre Bayles kurz zuvor erschienenem Wörterbuch ein literarisch salonfähiges Verfahren, wurde bei Witsen zu einer Methode, sich der neu entdeckten geographischen und ethnologischen Vielfalt Sibiriens und Ostasiens zu stellen. Ähnlich wie gleichzeitig Barthélémi d'Herbelot mit seiner alphabetisch arrangierten *Bibliothèque Orientale* verzichtete der Amsterdamer Bürgermeister auf eine systematische Durchformung seines Materials. Er inszenierte eine überraschende Polyphonie, ohne sie in das Schema einer eigenen Interpretation zu zwängen.

Etwas anders ging wenig später sein Landsmann François Valentyn vor, ein hochgebildeter Pfarrer, der in den Diensten der V.O.C. 1686–1694 und 1705–1714 auf den Molukken und auf Java gelebt hatte.[51]

In den fünf Foliobänden seines *Oud en Nieuw Oost-Indien* (1724–1726), des mit fast fünftausend Seiten umfangreichsten europäischen Asienwerks vor Carl Ritters *Erdkunde*, bemühte er sich um eine systematische Organisation des Stoffes, wurde aber von der Fülle seines Materials immer wieder übermannt und manchmal im Gegenteil auch durch die Spärlichkeit von Nachrichten über Länder an der Peripherie des holländischen Imperiums zu uncharakteristischer Kürze gezwungen. Auch die Umstände des Verfassens und der Drucklegung trugen dazu bei, statt einer architektonisch ausbalancierten Beschreibung eine Kompilation wider Willen entstehen zu lassen.[52] Daß Valentyn immer wieder Aktenstücke, Tagebücher, Briefe, diplomatische Instruktionen, Memoranden und andere Originaldokumente, manche davon bis dahin unveröffentlicht, abdruckt, unterstreicht den offenen Charakter des riesigen Werkes. Mit Recht hat Jörg Fisch es «eine Art Archiv» genannt, in dem allerdings stets die ordnende Hand eines zielstrebigen Autors zu spüren ist.[53]

Witsens und Valentyns Methoden der Collage von Materialien unterschiedlichster Herkunft wurden von den späteren Herausgebern von Reisesammlungen seltener angewendet. Noch verhältnismäßig quellennah war das originellste Werk des frühen 18. Jahrhunderts: die 1704 in vier Foliobänden erschienene Sammlung der Brüder Awnsham und John Churchill, die in drei folgenden Auflagen stetig erweitert wurde. Sie brachte überwiegend Material, das zumindest in England neu war, aus den Manuskripten ediert oder aus den nicht-englischen Nationalsprachen übersetzt. Die Texte wurden wenig gekürzt und im allgemeinen recht akkurat wiedergegeben; ihre Anordnung war jedoch willkürlich und chaotisch.[54] Als Konkurrenzprodukt auf einem umkämpften Markt erschien 1705 eine von Dr. John Harris herausgegebene Sammlung, die aber wenig Neues enthielt und die Texte erheblich kürzte. Die zweite Ausgabe der Harris-Sammlung (1744–48) wurde von dem vielseitigen Literaten Dr. John Campbell bearbeitet, dessen Name auf dem Titelblatt nicht erscheint. Er führte die Methode ein, Texte nicht im Wortlaut, sondern über lange Strecken in der Paraphrase durch den auktorialen Herausgeber zu bringen. Vermischt mit langen Abhandlungen über Geschichte und Handel, entstand so eine kontinuierliche Darstellung in der Form einer geographischen Weltbeschreibung und streckenweise sogar einer Universalgeschichte, die bereits auf das große Projekt der englischen *Universal History* vorauswies, an dem John Campbell maßgeblich beteiligt war.[55]

Noch einen Schritt weiter ging 1745–47 John Green, der Herausgeber einer immensen Sammlung, die unter dem Namen des Verlegers Thomas Astley bekannt wurde.[56] Green reproduzierte keine Originaltexte und machte sich gar nicht erst die Mühe, die Vorlagen, wie er sagt, zu «kastrieren».[57] Er schrieb alle erzählenden Passagen in die dritte Person um und schied das Material in Reisejournale und landeskundliche Bemerkungen. Diese wurden aus verschiedenen Berichten zusammengeführt und zu darstellenden Kapiteln, sogenannten *digests*, verarbeitet. So sollten dem Leser die Kosten der Wiederholung und der Aufwand des Blätterns und Vergleichens erspart werden: «Anstelle einer großen Zahl separater und unvollkommener Berichte erhält der Leser hier eine komplette Beschreibung, die aus ihnen allen zusammengestellt wurde *(one complete Description, compiled from them all).*»[58] Damit war ein höherer Durchdringungsgrad des Rohmaterials als bei den früheren Anthologien erreicht und die Reisesammlung zu einer Art von deskriptivem Geographielehrbuch weiterentwickelt worden.[59] Zugleich schob sich der allmächtige Herausgeber zwischen die Stimme des beschreibenden Zeugen und den Leser. Die Unmittelbarkeit der Urtexte ging verloren. Nur Seitenbelege, gelegentlich mitgeteilt, wiesen auf die Quellen hin. Wenn sich Green gar, wie weithin im Falle Chinas, selbst wieder auf einen Kompilator – selbstverständlich Du Halde – stützte,[60] legte sich Schicht um Schicht zwischen den Augenzeugen und den Endkonsumenten seiner Nachrichten.

Die *Astley Collection* fand viel Resonanz auf dem Kontinent. Sie inspirierte dort die beiden umfangreichsten Reisesammlungen des Jahrhunderts. Die *Histoire générale des voyages* (1746–59), die der Abbé Prévost in fünfzehn üppig illustrierten Quartbänden von jeweils mehr als sechshundert Seiten vorlegte,[61] war als Übersetzung von Astley begonnen, dann aber ab Band acht von Prévost in gedrängterer, dabei französische Reisende stärker berücksichtigender Form eigenständig weitergeführt worden, nachdem der englische Verleger sein Unternehmen mangels Subskriptionen hatte abbrechen müssen. Der Abbé übersetzte ziemlich getreu aus dem Englischen, ging aber nicht zu den vor allem portugiesischen, spanischen und holländischen Urtexten der Astley/Green-Sammlung zurück. Als er vom englischen Vorbild frei wurde, behielt er dessen Verfahrensweise grundsätzlich bei, kürzte und demontierte die Vorlagen aber noch drastischer. Im gesamten Werk – am konsequentesten in den Bänden 12 bis 15 – finden sich daher die Originaltexte der Reisenden neu geschrieben und in einen gewaltigen narrativen Fluß eingeschmolzen, den Prévost als einer der besten Romanschriftsteller des Zeitalters mit Eleganz und Schwung in Gang zu halten wußte. Es galt um jeden Preis, «unnütze Längen und eintönige Wiederholungen» zu vermeiden.[62]

Prévost betrachtete seine Quellen kritischer als Astley/Green und verabschiedete alles Märchenhafte und Wunderbare, sah aber dennoch seine

Aufgabe noch weniger als seine englischen Vorgänger in bloßer Dokumentation, sondern in der synthetisierenden Leistung des narrativen Historikers.[63] «Historie der Reisen» meinte dabei zweierlei: die Geschichte des Reisens und auch die der bereisten Länder. Prévosts ehrgeizigstes Ziel war «ein vollständiges System der modernen Geschichte und Geographie, das den gegenwärtigen Zustand aller Nationen darstellen wird» *(un système complet d' histoire et de géographie moderne, qui représentera l'état actuel de toutes les nations).*[64] Dazu gehörte auch das «philosophische» Urteil über außereuropäische Verhältnisse und mehr noch über das Auftreten der Europäer in Übersee. Prévosts Interesse war nicht antiquarisch. Er suchte in den späteren Bänden, die er in eigener Regie veranstaltete, nach den jeweils neuesten und besten Relationen, die ein möglichst zeitgemäßes Bild vermitteln sollten. Dadurch unterschied er sich von weniger reflektierenden und anspruchsvollen Kompilatoren, die unbesorgt alte Dauerbrenner aus den Anfangstagen des Entdeckungszeitalters neu abdruckten, ohne ihren eher ungelehrten Lesern Alter und Historizität der Quellen nahezubringen.[65]

Das größte deutsche Reiseprojekt, die von einem Gelehrtenkreis um den Leipziger Gottsched-Schüler Johann Joachim Schwabe zwischen 1747 und 1774 in einundzwanzig Foliobänden herausgegebene *Allgemeine Historie aller merckwürdigen Reisen*, begann ebenfalls als Übertragung der Astley/Green-Sammlung, fügte aber noch eine Menge Eigenes hinzu. Man hatte zunächst nach der «zierlichen Schreib-Art» des Prévost übersetzt,[66] dann aber Fehler und Willkürlichkeiten des Abbé entdeckt und zusätzlich zum englischen Original und einer in Holland erschienenen französischsprachigen Ausgabe gegriffen. Später blieb selbstverständlich nichts anderes übrig, als zur Pariser Edition zurückzukehren. Auch Schwabe und seine Mitarbeiter machten sich im allgemeinen nicht die Mühe der Churchill-Brüder, bei Texten, die in anderen Sprachen als Englisch, Französisch und Deutsch vorlagen, aus den Originalen zu übersetzen, waren aber noch beflissener als Prévost, die Authentizität des Materials zu überprüfen und glaubwürdig zu machen. Sie waren stolz darauf, die «Terminos Technicos oder Kunst-Wörter» besser getroffen zu haben als Prévost. Ein umfangreicher Anmerkungsapparat diente unter anderem diesem Zweck. Widersprüche zwischen den Sachaussagen verschiedener Reisender sollten geklärt, alle Spuren des Fiktiven ausgemerzt werden. Wie bereits bei Astley/Green und dann bei Prévost wurde paraphrasiert, gerafft, zusammengefaßt und systematisiert. Die reflektierenden Bemerkungen der Originale wurden in der Regel gestrichen.[67] Auch dieses gigantische Werk war weniger zum Nachschlagen als zum Durchlesen gedacht. Es war nicht nur Reklame für künftige Bände, wenn Schwabe zu Beginn erklärte:

Das Werck an sich selbsten ist so beschaffen, daß je weiter man darinnen lieset, je lieblicher und angenehmer es wird: Und obschon gleich Anfangs manche Umstände, wegen der angeführten unbekannten Länder und Oerter, sehr dunckel vorkommen, so werden sie in den nachfolgenden Relationen dergestalt erläutert, daß gar kein Zweiffel mehr übrig bleibet. So gehet einem das Licht immer mehr auf, und so vermehret sich alle Augenblicke die Lust, diese Historie weiter einzusehen.[68]

Um die Jahrhundertwende hatten sich die Maßstäbe verschoben. Nun wurde Prévost auf der einen Seite als zu schwerfällig und pedantisch, zu wenig anschaulich – es mangele ihm an «malerischer Kraft» *(une peinture énergique)* – und zu zaghaft im «philosophischen» Urteil getadelt[69] und auf den zeitgemäßen Publikumsgeschmack hin gekürzt und umgeschrieben. Der Preis des großen Werkes, zuletzt nur noch wegen seiner Illustrationen gesucht, sei, so hieß es 1808, im Buchhandel dramatisch gefallen.[70] Auf der anderen Seite kehrten die wissenschaftlich interessierten Kompilatoren zum Ideal schmuckloser und texttreuer Dokumentation zurück, wie es bereits Richard Hakluyt in seiner 1589 erstmals erschienenen Kollektion nach den Maßstäben der Renaissancegelehrsamkeit realisiert hatte. 1807 formulierte einer der besten Kenner der Literatur die gültige Norm so: «Die nutzbarsten Sammlungen würden solche seyn, worin jede Urschrift vollständig, mit critischer Genauigkeit und allenfalls mit Erläuterungen dunkler Stellen geliefert würde.» Er mußte allerdings hinzufügen: «Allein schwerlich würde die Anzahl der Käufer so groß seyn, daß sich die Verleger auch nur schadlos halten könnten.»[71]

Nicht zufällig wurden Hakluyts *Principall Navigations* nun erstmals seit 1600 wiederaufgelegt, allerdings in einer teuren Prachtausgabe von nur 325 Exemplaren.[72] In der Machart eher an Hakluyt als an Astley/Green und Prévost orientiert war die letzte der großen britischen Reisesammlungen. Der schottische Geograph John Pinkerton gab zwischen 1808 und 1814 eine universal ausgreifende Sammlung heraus, in der seit langem zum ersten Mal wieder Europa ein größeres Gewicht – sechs von siebzehn Bänden – eingeräumt wurde.[73] Pinkerton brachte nichts Neues.[74] Er wählte aus der bereits veröffentlichten Literatur mit scharfer Urteilskraft Texte aus, die er für klassisch hielt. Dies reichte in den vier Asienbänden von Marco Polo und Wilhelm von Rubruk aus dem 13. Jahrhundert bis zur neuesten Südindien-*Survey* von Dr. Francis Buchanan. An Prévost tadelte er die willkürliche Auswahl von Auszügen, die Zerstörung der ursprünglichen Textgestalt durch die paraphrasierende Erzählung eines allwissenden Narrators und «das sorglose Paradieren gelehrsamer Anmerkungen»,[75] wie man es übrigens mit noch besseren Gründen auch Schwabe hätte vorwerfen können. Fußnoten seien nicht dazu da, die alten Autoren besserwisserisch vom Kenntnisstand der Gegenwart her zu korrigieren. Sie dürften allein der Erhellung sachlicher und terminologischer Unklarheiten dienen. Pinkerton selbst hielt sich an dieses Rezept und beschränkte sich auf längere Auszüge, die er kaum kommentierte. Seine eigene geographische Weltbeschreibung veröffentlichte er separat.[76]

Mit Pinkerton war, zuerst in Großbritannien, die Rolle des Reisekompilators als des ehrgeizigsten aller *Historia*-Autoren ausgespielt. Die verschiedenen Zwecke, die enzyklopädisch denkende Autoren wie Green und Prévost in einem einzigen Werk vereinigen wollten, drifteten auseinander. Der Geograph wollte nicht länger Universalhistoriker sein. Die Reiseliteratur verlor nun allmählich ihre herausgehobene Rolle als Organon geographisch-ethnographischer Erkenntnis. Sie repräsentierte zunehmend nur sich selbst. Charles-Athanase Walckenaers immens reichhaltige Sammlung von Afrikaberichten (1826–31) diente kaum noch etwas anderem als der Illustration einer Geschichte des Reisens und der geographischen Kenntnisse[77]. Den Prévostschen Anspruch, zugleich eine Geschichte Afrikas zu sein, erhob sie nicht. Die älteren Reiseberichte rückten langsam in die Distanz des Musealen und konnten mehr als zuvor auch als literarische Klassiker goutiert werden. Epochemachend war hier William Marsdens Marco-Polo-Edition von 1818. Der große Asienkenner übersetzte den Text neu und tat dann das, was Pinkerton kurz zuvor verworfen hatte. Er kommentierte ihn mit sehr ausführlichen Anmerkungen, «die dem Zweck dienen, den Inhalt des Textes mit jenen Informationen in einen Vergleich zu setzen, die in späteren Reiseberichten und anderen gut beglaubigten Schriften enthalten sind».[78] Marsden – wie gleichzeitig auf andere Weise Goethe – wollte Marco Polo vom Ruf des Schwindlers befreien und die erstaunliche Akkuratheit seiner Angaben nachweisen. Diese gelungene Rehabilitation war, anders als die Fußnoten in den Sammlungen des 18. Jahrhunderts, nicht als berichtigende Aktualisierung des alten Informationsstandes gemeint, sondern wirkte als massive Kontextualisierung und Historisierung eines nunmehr zu Klassikerehren erhobenen Autors. Erst durch Marsden wurde Marco Polo, was er seitdem in den Augen seiner Leser geblieben ist: ein Schriftsteller des Mittelalters. Fortan war es unmöglich, ihn naiv zu lesen, und es wurde lächerlich, die Frage seiner Wahrhaftigkeit so zu diskutieren, als sei er ein rechenschaftspflichtiger Zeitgenosse.

Waren die Reisekompilatoren von der Renaissance bis zu Prévost und Schwabe für jeden neuen Überseetext dankbar, so brach die Gattung der Reisesammlung nicht zuletzt unter der Last stetig zunehmender Information zusammen. Im letzten Drittel des 18. Jahrhunderts erreichte die internationale geographische Literatur einen solchen Umfang, daß bereits eigene Rezensionszeitschriften Beschäftigung fanden.[79] Pinkerton half sich, indem er einen Kanon arrangierte. Das aber nutzte der Wissenschaft wenig und war dem breiten Publikum nicht pfiffig genug. Andere Lösungen mußten gesucht werden. Conrad Malte-Bruns zuerst in Heften erscheinende *Annales de Voyage* (1807–1814), eine Mischung aus Reisesammlung und Reisejahrbuch, waren der bemerkenswerte Versuch, allerneuestes Material aus der ganzen Welt zugänglich zu machen. Dies war ein extremer Gegenentwurf zu Pinkertons Sammlung von Klassikern der Geographie. Druckte Pinkerton etwa Engelbert Kaempfers ein Jahrhundert alten und weithin präsenten Bericht (und nicht Thunbergs neuere Reise) als das gültige Wort über Japan nach,[80] so unterrichtete Malte-Brun seine Leser als erster über die Sammlung japanischer Bücher, Manuskripte, Zeichnungen und Münzen, die der soeben verstorbene Isaac Titsingh hinterlassen hatte.[81]

Mehrere spezielle Zeitschriften reagierten auf eine Nachfrage nach und ein Angebot an übersee- und asienkundlichen Informationen, die beide gleichzeitig wuchsen. Ihr Urbild waren die *Asiatick Researches*, seit 1788 von Sir William Jones' Asiatic Society of Bengal herausgeben. Zahlreiche der dort erschienen Beiträge wurden rasch in andere europäische Sprachen übersetzt. Für Deutschland sind zu nennen das *Asiatische Magazin* (1806–11) von Johann Adam Bergk und anderen oder das *Magazin für die Kunde und neueste Geschichte der außer-europäischen Länder und Völker* (1817–18), das der Indienexperte Friedrich Herrmann gemeinsam mit einem Amerikafachmann herausgab. Die besten Veröffentlichung dieser Art verdankte das deutschsprachige Publikum der erstaunlichen Familie Forster: Vater Johann Reinhold Forster, Sohn Georg und Schwiegersohn Matthias Christian Sprengel, Schüler Schlözers und seit 1779 Geschichtsprofessor in Halle. Johann Reinhold Forster gründete 1790 das *Magazin von merkwürdigen neuen Reisebeschreibungen*, das über seinen Tod im Jahre 1798 hinaus bis 1828 in siebenunddreißig Bänden erschien. In den ersten sechzehn Bänden, die Forster selbst redigierte, publizierte er, in jedem Fall mit ausgiebig erläuternder und ergänzender Annotation, hauptsächlich neues Material über Afrika und den Pazifik, aus dem asiatischen Bereich in erster Linie über Indien. Die durchweg langen Texte erschienen oft gleichzeitig oder später auch in Buchform. Sprengel, der am Magazin mitwirkte, gab daneben selbst die *Auswahl der besten ausländischen geographischen und statistischen Nachrichten zur Aufklärung der Völker- und Länderkunde* (1794–1800) heraus. Unter Völkerkunde wurde hier noch nicht in einem eingeschränkten Sinne bloß Ethnologie als Wissenschaft von den «Natur»-Völkern verstanden. Sprengel hatte die Zeitschrift noch gemeinsam mit seinem kurz darauf verstorbenen Schwager Georg Forster konzipiert. Der ungemein kenntnisreiche Sprengel druckte, ebenso wie kurz darauf Malte-Brun in Paris, nur die letzten Neuigkeiten, hielt sich aber, anders als dieser, im Stile seines nahezu omnikompetenten Schwiegervaters mit Kommentaren nicht zurück. Schon 1798 brachte er ausführliche Auszüge aus dem im Vorjahr in London erschienen Bericht Sir George L. Stauntons über Lord Macartneys Chinareise.[82] Die Grenzen dieses Berichts werden kritisch diskutiert, und Sprengel kann sich die Bemerkung nicht verkneifen, Sir George habe sich offensichtlich Georg Forsters *Reise um die Welt* zum stilistischen Vorbild erwählt, ohne es auch nur annähernd zu erreichen.[83]

Die Reisesammlungen waren Kompendien der Weltkenntnis. Sie machten ihren Benutzern Wissen zugänglich, das sonst unerreichbar gewesen wäre. Zugleich formten ihre Herausgeber durch Auswahl, Anordnung und Kommentar Welt-Bilder. Der einzelne Reisetext stand niemals allein. Stets war er Teil eines Arrangements von Sinn, das mit der ursprünglichen Beobachtung nurmehr wenig zu tun hatte. Die Auflösung der Reisesammlung in weniger kompakte, weniger monumentale Medien bedeutete auf der einen Seite eine Aktualisierung und Verwissenschaftlichung der Informationsverarbeitung, auf der anderen aber den Zerfall von Edmund Burkes *Great Map of Mankind* in Einzelkarten. Als die enzyklopädische Ordnung und die Stimme des über allem Regie führenden historischen Erzählers à la Prévost verschwunden waren, gab es nichts, das sie als Rahmen des Wissens ersetzen konnte.

4. Verbesserndes Übersetzen

Nicht nur für die großen Reisesammlungen wurden Berichte in bedeutendem Umfang übersetzt. Kaum eine andere Literaturgattung fand im 18. Jahrhunderts soviel Interesse über die Heimatländer ihrer Verfasser hinaus wie Reisebeschreibungen aus exotischen Weltgegenden. Die Übersetzung diente selbstverständlich hauptsächlich der Vermittlung von Texten an Leser, die das Original nicht verstanden oder denen es nicht erreichbar war. Sprachen wie Schwedisch oder Russisch wurden in den europäischen Kernländern nur von wenigen gelesen. Die Kenntnis der Schulsprachen Lateinisch, Französisch, Italienisch, Englisch und Deutsch war indessen unter den Gelehrten und Gebildeten Europas weit verbreitet. Dabei zeigten sich Karrieren der Sprachverwendung. So war Latein für den gelehrten Alltagsgebrauch um 1800 weniger wichtig als ein Jahrhundert zuvor, während Englisch, zumindest in Deutschland, während desselben Zeitraums von einer relativ marginalen Position zur Unentbehrlichkeit aufstieg.[84] Daß fast alle der maßstäblichen Reisebeberichte in der Regel in die europäischen Hauptsprachen übersetzt wurden, hatte nicht nur den Grund, auch ein weniger sprachkundiges bürgerliches

Publikum mit kommerziell vielversprechenden Buchprojekten zu erreichen. Daneben erfüllte die Übersetzung von Sachtexten eine Funktion, die sie heute verloren hat: die verbessernde Kritik. Originale waren nicht sakrosankt; es gab keinen rechtlichen Anspruch auf eine getreue Übertragung des ursprünglichen Textes. Der Übersetzer sah sich als Herr, nicht als Diener seiner Vorlage.

Diese Freiheit konnte ganz unterschiedlich genutzt werden. Kaum ein Übersetzer des 18. Jahrhunderts unterwarf sich einem Imperativ der Texttreue.[85] Keineswegs eine Ausnahme war die besserwisserische Verunstaltung der Vorlage. So kondensierte ein E. W. Cuhn James Bruces *Travels* 1791 zu einem zweibändigen «Auszug» – nicht, wie er erklärte, aus Verlegenheit, sondern deswegen, weil der schottische Afrikareisende wirr und weitschweifig geschrieben habe und es ihm «doch an vielen zu einer solchen Reise nöthigen Vorkenntnissen und vorzüglich an philosophischem Beobachtungsgeist gefehlt habe».[86] Dieser Ansicht war in Deutschland nicht jeder, denn kurz zuvor war bereits eine fünfbändige vollständige Übersetzung des monumentalen Werkes erschienen.[87] Beide deutschen Ausgaben waren durch namhafte Gelehrte mit Anmerkungen und Zusätzen versehen worden. Ein solches Verfahren war gegen Ende des Jahrhunderts weit verbreitet, besonders in Deutschland.

Es kam aber auch vor, daß selbst ein bearbeitungswilliger Übersetzer am Original nichts zu beanstanden hatte. Friedrich Rühs zum Beispiel, der sich bei anderer Gelegenheit durchaus das Recht nahm, «die Auswüchse des Originals, die unerträgliche Weitschweifigkeit desselben, zu beschneiden und abzukürzen»,[88] wagte es nicht, Mountstuart Elphinstones Afghanistanbericht anzutasten, und begnügte sich bei seiner Übersetzung mit einigen respektvollen Erläuterungen. In anderen Fällen war die Zurückhaltung des Übersetzers dem Diktat des Marktes geschuldet. Johann Christian Hüttner, der 1804, noch im Jahr der Drucklegung des Originals, Sir John Barrows Bericht von der Macartney-Expedition nach China auf deutsch erscheinen ließ, klagte: «Um lesbare Anmerkungen zu einer Reise zu machen, muß ein Uebersetzer mehr Muße haben, als ihn die deutschen Büchermessen und die Eilfertigkeit mitbewerbender Uebersetzer gönnen.»[89] Hüttner ließ es bei knappen Erklärungen britischer Besonderheiten für den deutschen Leser. So klärt er über den Londoner Smithfield Market auf, den Barrow erwähnt,[90] kommentiert aber nicht Barrows recht kontroverse Äußerungen über China. Dazu wäre aber kaum jemand befugter gewesen als eben Hüttner selbst, der als einziger Deutscher an der Macartney-Gesandtschaft teilgenommen und bereits 1797 seinen eigenen Bericht darüber publiziert hatte.

In der Idealvorstellung der Aufklärung sollte die Übersetzung durch Ergänzungen und Korrekturen in ein dem Original überlegenes Arbeitswerkzeug verwandelt werden. Ob solche Ansprüche Anerkennung fanden, war ein Thema der wissenschaftlichen Kritik. So wurden die Leistungen von Johann Tobias Köhler als Übersetzer von Reiseliteratur unter den geographischen Experten höher geschätzt als seine oberflächlichen Kommentare, während Johann Reinhold Forster ein hohes Renommee vor allem als wissenschaftlich verbessernder Literaturvermittler genoß. Beide Forsters, Vater und Sohn, waren 1766 nach England gegangen und hatten sich dort zunächst als anspruchsvolle Übersetzer von Reisewerken ins Englische einen Namen gemacht. Georg Forster übersetzte als Helfer seines Vaters gewerblich seit seinem zwölften Lebensjahr, zunächst aus dem Russischen ins Englische. Seine *Reise um die Welt*, ein Hauptwerk der deutschen Literatur des 18. Jahrhunderts, hatte er auf englisch geschrieben, um auf dem Buchmarkt schnell mit anderen Berichten von Kapitän Cooks zweiter Weltumsegelung konkurrieren zu können. Erst danach sorgte er für eine deutsche Ausgabe, die 1778–80 erschien. Die Forsters waren aus Geldnot gezwungen, nahezu jedes ihnen angetragene Übersetzungsprojekt zu übernehmen. Es kam vor, daß Johann Reinhold sich dafür entschuldigte, seinen Namen mit minderwertigen Vorlagen verbinden zu müssen.[91] Ruhmträchtiger – und charakteristischer für sein Œuvre[92] – waren Projekte, bei denen er die Gelegenheit hatte, sein immenses Wissen wissenschaftlich wertvollen Texten zugute kommen zu lassen. Im Extremfall entstand daraus so etwas wie ein neues Werk. Thomas Pennants *Indian Zoology* (1769), eine Studie über die Vogelwelt Ceylons und Javas, wurde unter Forsters Händen so erweitert und verbessert, daß Pennant selbst, einer der namhaftesten Zoologen der Epoche, die Überlegenheit von Forsters 1781 in Halle erscheinender *Indischer Zoologie*, einer zweisprachigen deutsch-lateinischen Ausgabe, anerkannte und für die zweite englische Auflage (1790) Forsters Text übersetzen ließ.[93] Die Redaktionsarbeit eines anerkannten Gelehrten wie Johann Reinhold Forster wurde oft bei weiteren Übersetzungen übernommen. Zu seiner 1798 publizierten Übersetzung einer der wichtigsten nicht-britischen Indienbeschreibungen, Fra Paolino da San Bartolomeos *Viaggio alle Indie Orientali* (Rom 1796), trug er 190 ausführliche Anmerkungen bei, die 1799 in einer dänischen und 1800 in einer englischen Ausgabe verwendet wurden. Ein solcher transnationaler Kumulationseffekt war im Zeitalter der Aufklärung eher die Regel denn die Ausnahme.

Als weiteres Beispiel kann Carl Peter Thunbergs Reisebericht über Südafrika, Java und Japan dienen, der schwedisch 1788 bis 1793 in vier Bänden erschien.[94] Schon 1792 kamen in unmittelbarer Konkurrenz zueinander gleich zwei deutsche Übersetzungen der Bände 1 bis 3 auf den Markt: die eine, von dem jungen Kurt Sprengel in der Redaktion Johann Reinhold Forsters übersetzt, reduzierte das Original auf etwa die

Hälfte des Umfangs, die zweite, von dem Stralsunder Gymnasialdirektor Christian Heinrich Groskurd besorgt und von Thunberg autorisiert, begnügte sich mit einigen kosmetischen Straffungen des zuweilen wuchernden Textes. International wirksam wurde vor allem die großzügig ausgestattete französische Ausgabe von 1796. Für sie war der bekannte Orientalist Louis-Matthieu Langlès verantwortlich. Er stützte sich auf Groscurds Text, scheint daneben auch das Original zu Rate gezogen zu haben und übernahm aus der Forster-Sprengelschen Ausgabe einige der Streichungen und manche Anmerkungen. Langlès fügte seine eigenen Erläuterungen hinzu und konsultierte für die naturkundlichen Teile den berühmten Lamarck. In Japan wurde Thunbergs Bericht im frühen 20. Jahrhundert durch eine Teilübersetzung der französischen Ausgabe bekannt. Thunbergs Text wirkte mithin in Europa in einer Übersetzung zweiter, in Japan in einer solchen dritter Stufe.

Zwischen Berichterstatter und Leser schoben sich also literarische Vermittler, die sich nur ausnahmsweise als Anwälte textlicher Authentizität verstanden. Das, was das Publikum am Ende las, war oft ein «polygraphisches» Gesamtergebnis, das Resultat von Kürzung und Erweiterung, Umstellung und Paraphrase, Kommentar, Übersetzung und Inkorporation von Zusatzmaterial. Offenkundig nutzten die Herausgeber von Reisesammlungen alle diese Techniken redaktioneller Zurichtung, aber auch ein Einzelwerk konnte die Endstufe einer langen Verarbeitungskette sein. Die Kette wurde um eine weitere Stufe ergänzt, wenn eine Kompilation wie Prévosts *Histoire générale des voyages* von einem Kompilator zweiter Ordnung wie dem Abbé Raynal, dem Hauptverfasser der *Histoire philosophique et politique des deux Indes* (1770), ausgeschlachtet wurde.[95] Jeder Bearbeitungsschritt filterte Informationen, verschob Perspektiven, veränderte Wertungen. Durch die bloßen Mechanismen des literarischen Betriebes wurde das, was ein Augenzeugenbericht an Wirklichkeitsgehalt besessen haben mochte, verwässert und fiktionalisiert. Dies ist jedoch nur die eine Seite der Medaille. Auf der anderen Seite konnte in den Händen von kritischen Gelehrten wie den beiden Forsters, Matthias Christian Sprengel, Langlès, Pallas, Walckenaer oder Horace Hayman Wilson der editorische Eingriff und sachkritische Kommentar einen Primärtext wissenschaftlich härten, ihn in das testende Licht vergleichender Abwägung rücken und durch Anreicherung seinen Gebrauchswert steigern. Die Editoren, sofern sie sich nicht gedankenlos bedienten, konnten die sorgfältigsten Leser dieser Texte sein. Manches, was dem Autor verborgen geblieben war, zum Beispiel korrekte geographische Bezeichnungen oder Personennamen, trug der Redakteur nach. Eine solche *réécriture* war im besten Fall das Ergebnis einer kreativen Lektüre, die Lücken füllte und den Text mit dem Zusammenhang des jeweils gültigen Wissens vermittelte. Solange Reisetexte nützlich sein konnten, ließ sich dieses Verfahren rechtfertigen. Als sie nurmehr kulinarisch gelesen wurden, verlor es seinen Sinn.

5. Aktualität und Kanon

Machte sich in den an Asien interessierten Wissenschaften gegen Ende des 18. Jahrhunderts eine Aktualisierung der Informationsbedürfnisse bemerkbar, ein neuer Sinn für das Veralten von Nachrichten über andere Zivilisationen, der dazu führte, daß die großen Reisesammlungen nicht mehr befriedigten und Herausgeber sich Freiheiten der kritischen Fortschreibung nahmen, so hielt sich doch noch in weiten Bereichen zäh ein antiquierter Wissensstand.

In einigen Fällen fehlte es an neuen Nachrichten. Robert Knox' Ceylon-Beschreibung von 1681 etwa blieb drei Generationen lang maßgebend, im Detailreichtum nur durch François Valentyns holländisches Werk (1724–1726) übertroffen, das aber weniger bekannt wurde.[96] Ein deutscher Besucher berichtete vorwiegend von seinen persönlichen Erlebnissen.[97] Ähnliches gilt für Japan. Das ganze 18. Jahrhundert hindurch hielt die Tokugawa-Dynastie an der Politik strenger Selbstisolierung fest. Die V.O.C. ihrerseits, die ihr Kontaktmonopol eifersüchtig hütete, sah sich, anders als ihr britisches Gegenstück, die E.I.C., in der Zeit seit Warren Hastings, nicht als Patron von Gelehrsamkeit und ermutigte Japanstudien wenig. Daher blieb Engelbert Kaempfers Bericht, der auf Beobachtungen in den Jahren 1690 bis 1692 beruhte, nach seiner ersten Veröffentlichung 1727 (in englischer Sprache) für mehr als ein Jahrhundert die wichtigste Quelle europäischer Japankenntnis, Thunberg hatte nach seinem Besuch in den 1770er Jahren die alte Beschreibung des westfälischen Doktors ergänzt, aber nicht als ganze überholt und ersetzt. James Cowles Prichard, ein gründlicher Gelehrter, weiß noch 1844 zum physischen Habitus der Japaner niemand anderen als Kaempfer zu zitieren.[98] Matthew C. Perry, der Kommandant des amerikanischen Flottengeschwaders, das 1853/54 Japan «öffnete», informierte sich vor seiner zweiten Reise aus einer 1853 erschienenen Kurzfassung von Kaempfers altem Bericht.[99] Solcher Anachronismus ist nicht immer ganz unverständlich. Selbst *noch* ältere Literatur, etwa Berichte portugiesischer Jesuitenmissionare, behielt im Falle Japans ihren Wert, denn große Teile des Landesinneren waren von Ausländern zuletzt vor dem Beginn der Abschließung in den 1630er Jahren besucht worden.

Doch auch dort, wo es an neuen Berichten nicht fehlte, behaupteten sich oft die eindrücklichen Bilder früher Darstellungen. François Bernier hatte Kaschmir 1670 als irdisches Paradies beschrieben. Noch Johann Gottfried Herder im späten 18. und Friedrich Schlegel im frühen 19. Jahrhundert verließen sich auf die Schilderungen des französischen Arztes und Philosophen, und Joseph Goerres propagierte noch 1810 den abenteuerlichen Gedanken, Kaschmir sei das politische Zentrum und der «Erdnabel» des Altertums gewesen.[100] In einigen Fällen wurde bewußt der Eindruck eines zeitlosen Orients erweckt. So erschien 1744 in London eine Ausgabe der Türkeibriefe, die der kaiserliche Gesandte Busbeck (Busbequius) knapp zweihundert Jahre früher geschrieben hatte, ohne daß den Lesern der Entstehungszusammenhang erläutert worden wäre.[101] Aus der beigefügten Lebensbeschreibung Busbecks, Pierre Bayles *Dictionnaire* entnommen, wurden sogar sämtliche Jahreszahlen getilgt. So entstand der Eindruck, als beschreibe Busbeck in seinen ungemein lebendigen Briefen, deren Quellenwert noch Hammer-Purgstall für außerordentlich hoch hielt,[102] das *gegenwärtige* Osmanische Reich.

Wer es sich bei seinen Asienstudien nicht allzuschwer machen wollte, der griff weiterhin zu ebenso vertrauten wie veralteten Standardwerken. Bis gegen 1730 galt die *Geographia generalis* (1650) des Bernhard Varenius als das maßgebende Lehrbuch zur Geographie Asiens.[103] Daß eine populäre Chinaschrift noch 1679 so tat, als sei die 1644 gestürzte Ming-Dynastie immer noch an der Macht,[104] verwundert weniger, als daß selbst der gelehrte Abbé Grosier im Jahre 1818 von fünfzehn Provinzen des chinesischen Reiches spricht, wo die Qing-Dynastie doch schon längst das Reich in achtzehn Provinzen gegliedert hatte.[105] Andere Autoren benutzten noch um 1800 Paul Rycaut, die führende englische Autorität des 17. Jahrhunderts, oder gar Richard Knolles, den spätelisabethanischen Verfasser einer immer wieder aufgelegten *Generall Historie of the Turkes* (1603), als verläßliche Gewährsleute für das Osmanische Reich.[106] Hammer-Purgstall wußte, wovon er sprach, wenn er 1815 klagte, die meisten landeskundlich-statistischen Angaben in der westlichen Türkeiliteratur seien ein paar Jahrhunderte alt und «dem Geschichtsschreiber merkwürdiger als dem Statistiker und Politiker».[107] Daß Lord Byron Knolles' dramatische und sprachkräftige Geschichtserzählung zum *Vergnügen* las, bewies dann aber eine neue Rezeptionsweise der alten Texte.[108]

Oft war es das schiere Prestige eines Reisenden, das ihm die Loyalität des Publikums sicherte. Hohes Ansehen genoß im 18. Jahrhundert zum Beispiel Marco Polo. Nachdem man ihn lange als Phantasten abgetan hatte, konnten die frühen Jesuitenberichte aus China manche seiner bis dahin bezweifelten Angaben bestätigen.[109] Noch der Berliner Geograph Carl Ritter, der vielleicht beste Kenner der alteuropäischen Reiseliteratur, den es je gegeben hat, und alles andere als ein unkritischer Leser, lobte Marco Polos «in vielen Theilen noch so sehr bedürftiges, classisches und einziges Werk».[110] Immer wieder wurde versucht, einen Kanon vorbildlicher Reisetexte zusammenzustellen. Es gebe vier Klassen: exzellente, gute, suspekte und fabulöse Reisebeschreibungen, erklärte 1768 der Geograph Bruzen de la Martinière. Zu den exzellenten unter den Asienbeschreibungen zählten nach seiner Ansicht unter anderem die Bücher von Pietro della Valle, Adam Olearius, Jean Chardin, Simon de La Loubère, Martin Martini, Cornelis de Bruin, Nicholas Gervaise, Joseph Pitton de Tournefort, Louis Le Comte und Nicholaas de Graaf – eine Liste, der man auch heute noch gerne zustimmt.[111] Gegen 1800 war die Hitparade, auf die man sich relativ schnell einigen konnte, um Pococke, Shaw, Kaempfer und Steller und die neueren Berichte von Niebuhr, Pallas, Marsden und Volney sowie James Cook und Georg Forster über die Südsee ergänzt worden. Chardins Persienreise, 1811 von Langlès in einer sorgfältigen Edition neu herausgebracht, behauptete in den Augen vieler ihren Rang als «Krone aller Reisebeschreibungen»,[112] die erst von Alexander von Humboldts amerikanischer Reise übertroffen werden sollte. Diese Klassiker wurden zu sozial verbindlichem Bildungsgut, das nicht nur Fachleute zu interessieren hatte. Sie waren, wie sich ein Rezensent 1812 etwas umständlich ausdrückte, *books which men pretending to general knowledge will not well be excused from reading, at some period of their lives, in an unabridged form*: Bücher, die der Bildungsbeflissene irgendwann einmal ungekürzt lesen sollte.[113]

Nicht erst bei Humboldt setzte sich Reiseruhm auch in gesellschaftliche Anerkennung um. Zwar mußte Johann Reinhold Forster erleben, daß ihn König Georg III. zwar empfing, aber nur über England mit ihm redete und die kurz zuvor abgeschlossene Weltreise mit keinem Wort erwähnte,[114] doch öffneten sich zumindest dem jungen Barthold Georg Niebuhr, in dem noch niemand den späteren großen Historiker sehen konnte, alle Türen des gelehrten England und Schottland. «Du kannst es Dir kaum vorstellen», schrieb er im März 1799 aus Edinburgh, «mit welchem Antheil und mit welcher Achtung sie hier allgemein nach Vater fragen und von ihm reden».[115] Der Name des Arabienreisenden wurde spätestens dann geradezu sprichwörtlich, als Leopold von Ranke forderte, man müsse mit der Kühnheit eines Carsten Niebuhr auf Reisen gehen – in die Archive.[116] Für Volney war seine Ägypten- und Syrienreise von 1783–85 ein Weg zu Ruhm, Tantiemen und einer politischen Karriere.[117] Der Erfolg des Reiseberichts übertraf noch seine Erwartungen, doch als er 1796–98 eine Reise durch die Vereinigten Staaten unternahm, verzichtete er auf die Chance, ein Vorläufer Tocquevilles zu werden, und begnügte sich mit etwas *plus sérieux, plus scientifique* als dem umfassenden Orientbericht: einer Abhandlung allein über Klima und Bodenbeschaffenheit der USA.[118] Karriere hatte er bereits gemacht.

6. Lesespuren

In welchem Umfang die «großen» Asienberichte und die zahllosen kleineren um sie herum tatsächlich gelesen und ausgewertet wurden, ist allgemein schwer zu beurteilen. Fraglos bildeten Reisebeschreibungen aus Übersee eine wichtige Abteilung in den großen staatlichen und fürstlichen Bibliotheken, in vielen Leihbüchereien und Lesegesellschaften und in zahlreichen Privatsammlungen. John Locke besaß 195 Reisetitel – eine für das späte 17. Jahrhundert beträchtliche Zahl.[119] Johann Wolfgang Goethe lernte Reiseliteratur bereits in den Sammlungen seines Vaters Johann Kaspar und seines Großvaters Textor kennen.[120] Johann Reinhold Forster, der natürlich ein Profi in diesem Geschäft war, besaß etwa 1500 Reisebeschreibungen, Carl Ritter in seiner riesigen Bibliothek zu Berlin ca. 1200 Werke allein über asiatische Länder, zusätzlich alle wichtigen Reisesammlungen.[121] Repräsentativer war die Berliner Gelehrtenbibliothek Johann Bernoullis, die in der Abteilung «Exotische Geschichte und Reisebeschreibung; allgemeine Reisesammlungen» 159 bibliographische Einheiten umfaßte. Bernoulli schätzte, daß es um 1780 allein in der preußischen Hauptstadt mehr als fünfzig Privatleute gebe, die ähnliche Sammlungen besäßen.[122]

Leichter ist es zu sagen, wer unter den bekannten Gelehrten und Schriftstellern des 18. Jahrhunderts das Material aus Reisebeschreibungen, Geschichtswerken über Asien und Übersetzungen aus asiatischen Texten in großem Umfang für die eigenen Arbeiten nutzte. Montesquieus und Herders umfassende Kenntnisse dieser Literatur sind nachgewiesen worden, Edward Gibbon dokumentiert die eigenen in unzähligen Fußnoten.[123] Voltaire, Turgot, Buffon, Rousseau und Raynal in Frankreich; William Temple, John Locke, Samuel Johnson, Edmund Burke, Adam Smith, Adam Ferguson und Thomas R. Malthus in England und Schottland; Schlözer, Meiners, Blumenbach, Heeren, Goethe, Hegel und die Brüder Humboldt in Deutschland waren hervorragende Kenner dieser Literatur. Andere, zum Beispiel Kant, kannten die Literatur lückenhafter, ließen sich aber immer wieder von ihr inspirieren.

Jeder einzelne dieser Autoren verband besondere Gründe und Zwecke mit seinem Asieninteresse. Keinem von ihnen ging es um Asien allein, keiner strebte danach, spezielle Regionalbeiträge zu Geographie und Asienforschung zu leisten. Gemeinsam war ihnen, daß sie ihre Gedanken universal ausarbeiteten, sie nicht auf Europa beschränkten. Dies war bei Naturforschern wie Buffon, Linné oder Alexander von Humboldt eher zu erwarten als bei Deutern des sozialen und kulturellen Lebens. Immerhin: Voltaire, Gibbon, Schlözer, Herder oder Heeren suchten nach neuen Wegen, Geschichte als Weltgeschichte oder zumindest (Gibbon, Heeren) als Geschichte Eurasiens zu schreiben. Eine Besonderheit Gibbons war dabei seine Technik, neuere Reiseberichte zur genauen Beschreibung und Illustration von Schauplätzen der spätantiken und mittelalterlichen Geschichte zu verwenden. Wo er die Geschichte der Einwirkung asiatischer Völker auf die europäische Geschichte darstellt, stützt er sich auf alles, was er an Übersetzungen aus asiatischen Sprachen erreichen kann. Wilhelm von Humboldt, der einige dieser Sprachen erlernte, fand in Reisewerken wie denen von Marsden oder Pallas linguistisches Rohmaterial für eine weltweit vergleichende Sprachtheorie. Beide Autoren gaben auch Kant Stoff für anthropologische Beobachtungen. Samuel Johnson, jahrzehntelang eine, wenn nicht die zentrale Figur des Londoner literarischen Lebens, besaß «geographische Interessen von wahrhaft imperialer Breite» und nahm nahezu alles an neu erscheinender Reiseliteratur kommentierend auf.[124]

Auch die Wirtschaftstheorie, heute von kulturellen Inhalten fast ganz entleert, nutzte damals die Daten aus Übersee. Adam Smith begründete sie als eine historisch-theoretische Lehre von Erzeugung und Verteilung von Reichtum, die nicht allein die neuere europäische Entwicklung, sondern auch das relative Zurückbleiben Asiens zu erklären suchte.[125] Thomas Robert Malthus arbeitete in seine Untersuchung über das Bevölkerungswachstum von Auflage zu Auflage mehr ethnographisches Material über *checks on population* in allen großen Zivilisationen ein.[126] Auch zahlreiche politisch-historische Autoren dachten universal. Heeren stützte sich in den aufeinanderfolgenden Auflagen seiner *Ideen* (1793 – 1804 – 1815) bei der Darstellung Indiens immer weniger auf antike Autoritäten und immer mehr auf die neuere Reiseliteratur. Edmund Burke erkannte als einer der ersten die große Bedeutung der Eroberung Indiens für die englische Innenpolitik und las sich ein Wissen an, das ihn um die Mitte der 1780er Jahre zu einem der über Indien am besten informierten Briten machte.[127] Montesquieu entwickelte in *De l'esprit des lois* (1748) ein global ausgreifendes System der Beziehungen zwischen Vergesellschaftungsformen, politischen Ordnungen und Umweltbedingungen. Auf seinen Spuren wandelten heute wenig bekannte Autoren wie der englische Arzt William Falconer, der 1781 ein gescheites Buch zur universalen Umweltgeschichte veröffentlichte, oder der als Theoretiker der Gartenkunst bedeutende Christian Cayus Lorenz Hirschfeld, der kurz zuvor eine Weltgeschichte der Gastfreundschaft skizziert hatte.[128]

7. Lesekünste

Wie kein Verfasser sachhaltiger Reiseliteratur dem Problem ausweichen konnte, seine eigene Glaubwürdigkeit unter Beweis zu stellen, so fanden sich seine Leser vor der Schwierigkeit, solche Ansprüche überprüfen zu müssen. Nur bei den allgemein bewunderten Reisezelebritäten meinte man, dieser Pflicht enthoben zu sein. In allen anderen Fällen war es erforderlich, sich ein eigenes Urteil über die Verläßlichkeit eines Textes zu bilden. Je mehr sich das europäische Denken kosmopolitisch ausweitete und je wichtiger das Material aus Übersee als Datengrundlage für eine universale Wissenschaft vom Menschen wurde, desto höher stiegen die Anforderungen an eine kritische Lesekunst.

Selbstverständlich waren nicht alle Leser kritisch gestimmt. Einige – wie etwa Buffon, Meiners und sogar Montesquieu – standen nicht zu Unrecht in dem Ruf, sich aus Texten aller Qualitätsstufen leichtgläubig das herauszunehmen, was ihnen gerade paßte.[129] Dieser Vorwurf wurde am Ende unserer Epoche Arnold Hermann Ludwig Heeren gemacht, einem viel gewissenhafteren Leser seines Materials, der aber dennoch nicht den ganz neuen Kriterien wissenschaftlicher Quellenkritik genügte, wie sie mit vernichtendem Effekt Barthold Georg Niebuhr gegen ihn ins Feld führte.[130] Die Lesewirklichkeit in der zweiten Hälfte des 19. Jahrhunderts hielt sich in der Mitte zwischen diesen beiden Extremen von naiver Vertrauensseligkeit und methodisch disziplinierter Skepsis.

Zu welch außerordentlichen Leistungen schon im frühen 18. Jahrhundert die Quellenkritik fähig war, zeigt besonders deutlich das Beispiel der Geographie. Jean-Baptiste d'Anville bewegte sich kaum je von Paris fort, war aber dennoch imstande, aus den Informationen, die ihn erreichten, durch Vergleich und scharfsinnige Kombinationen Karten von China, dem Zarenreich, dem Osmanischen Reich und anderen Gegenden zu erarbeiten, deren Akkuratheit angesichts einer Fülle neuer Meßdaten jahrzehntelang Staunen erregte.[131] Solche eindrucksvollen Ergebnisse ließen sich bei der Auswertung historischer Quellen zu Asien seltener erzielen. Ein kritisches Quellenstudium, für das es bereits seit dem 16. Jahrhundert brauchbare methodische Regeln gab, war für Europa schwierig genug. Dennoch sah man die Notwendigkeit, auch bei asiatischen Quellen irgendwie zu einem Urteil zu gelangen. Wie sollte man aber zu Wertungen finden, wenn sich bei der Darstellung ein und desselben Sachverhalts zwei oder mehr asiatische Historiker flagrant widersprachen? Wer war verläßlich, wer hatte recht? Man mußte zunächst soviel wie möglich über die Hintergründe der Texte erfahren, ihre Datierung, ihre Autoren und deren Standpunkte – schwierige Aufgaben in den Kindertagen der Orientalistik.[132]

Das Problem sahen auch Siegmund Jacob Baumgarten, Johann Salomo Semler und die um sie versammelten Gelehrten, die zwischen 1744 und 1804 auf der Grundlage der englischen *Universal History* (51 Bde., 1736–66) ihre *Algemeine Welthistorie* in siebzig Bänden erarbeiteten. Dieses Unternehmen, das Schwabes *Allgemeine Geschichte der Reisen* an Aufwand noch in den Schatten stellte, bemühte sich auch in den zahlreichen der außereuropäischen Geschichte gewidmeten Bänden um zumindest ein Minimum an kritischer Evaluation der Quellen. Baumgarten kam in seiner «Vorrede» von 1744 über Forderungen wie die nach Mehrfachdokumentation, Vergleich von Quellen, «Aufmerksamkeit auf anderer Leute Erfahrungen»[133] kaum hinaus. Die Aufgabe mußte von Fall zu Fall gelöst werden. Als es zum Beispiel darum ging, mehrere persische Chroniken zur Geschichte Dschingis Khans gegeneinander abzuwägen, gab man derjenigen den Vorzug, welche die größten Übereinstimmungen mit chinesischen Quellen (wie sie Pater Gaubil übersetzt hatte) an den Tag legte.[134] Die Jesuiten hatten die chinesische Geschichtsschreibung stets gepriesen.[135] Sie galt eine Zeitlang pauschal als die zuverlässigste in ganz Asien, zumal nachdem die chinesischen Angaben über das hohe Alter der eigenen Kultur allmählich Glauben fanden. Deutlich weiter ging bei seiner Quellenkritik Edward Gibbon. Als er sich die Frage nach der Behandlung des 1402 gefangengenommenen Sultans Bayezit I. durch den Eroberer Timur stellte, diskutierte er das halbe Dutzend Quellen, das er dazu gefunden hatte, ausführlich unter den Gesichtspunkten der Interessenstandpunkte der Chronisten und ihrer Nähe oder Ferne zum Geschehen.[136] Er zögerte nicht, am Ende eine eindeutige Antwort zu geben. Neu bei Gibbon gegenüber Baumgarten war der Gedanke, daß man keiner der Quellen ganz trauen könne, da sie *alle* perspektivisch befangen seien. Daß Quellenkritik unentbehrlich sei, war aber bereits seit etwa der Mitte des 18. Jahrhunderts ein weithin akzeptierter Grundsatz. Immer wieder wurde Vorgängern der unkritische Umgang mit dem Material vorgeworfen.[137]

Reiseberichte und historische Quellen waren nahe verwandt. Mit der Beschleunigung der Zeitwahrnehmung im späten 18. Jahrhundert wuchs, wie bereits am Beispiel des Veraltens der Reisesammlungen zu sehen war, das Gefühl für die Historizität von Beschreibungen fremder Länder. Reisebeschreibungen konnten schnell zu Dokumenten des Vergangenen werden. Unter dem Eindruck von Napoleons Ägypteninvasion kam H. E. G. Paulus 1799 die Vermutung,

> daß man die bisherigen Beschreibungen bald als die einzige mögliche Quelle nöthig haben wird, um das ächtorientalische, welches so lange fast ungeändert fortgepflanzt war, von dem modernisierten und europäisierten zu unterscheiden […].[138]

Zur Bewertung von Reiseberichten wurde mit der Zeit so etwas wie eine kritische Kunstlehre entwickelt, die zwischen ästhetischer Literaturdiskussion und wissenschaftlicher Quellenbeurteilung changierte – mit deutlicher Tendenz zu letzterer, wurden Reiseberichte doch vorzugsweise auf ihren weltbeschreibenden Sachgehalt hin ausgewertet. Der Grundimpuls war Mißtrauen. Es konnte sehr weit gehen, etwa bei Rousseau, der nur eine handvoll klassischer Texte – für Asien Chardin, Kaempfer und einige der Jesuiten – von seinem generellen Unwahrheitsverdacht ausnahm.[139] De Pauw, freilich selbst infolge abwegiger Urteile eine fragwürdige Autorität, meinte, von hundert Reisenden würden nur zehn die Wahrheit sagen: sechzig lögen aus Dummheit und dreißig aus Interesse oder Mutwillen.[140] Ganz so weit gingen bedächtigere Leser wie Voltaire, Gibbon oder Schlözer nicht. Sie waren bereit, den Einzelfall zu würdigen. Dafür lagen mehrere kritische Strategien bereit.

Erstens war eine genaue Kenntnis der älteren Literatur die Grundlage jeder Kritik. Nur so war es möglich, Plagiate zu entdecken und jene Texte außer Betracht zu ziehen, «die unter dem Namen von Reisebeschreibungen immer die vorigen Verfasser geradehin abschreiben».[141] Gute Kenner des Genres konnten die Filiationen bestimmter Aussagen und Bilder über eine lange Textkette hinweg verfolgen. Ein zweiter Gesichtspunkt war die Vertrauenswürdigkeit, die sich aus dem sozialen Status eines Berichterstatters ergab. Sie erwies sich freilich als stumpfes Instrument, denn spätestens im 18. Jahrhunderts waren beinahe sämtliche Reisende, um die es in der öffentlichen Diskussion ging, Gelehrte und Gentlemen,[142] die sich im Prinzip dem Ideal akkurat beschreibender, vorurteilsfreier Augenzeugenschaft verpflichtet fühlten. «Strenge Wahrheitsliebe», sagte der Weltreisende Georg Heinrich von Langsdorff und sprach damit für viele, «ist kein Vorzug, sondern Schuldigkeit eines jeden Reisebeschreibers.»[143]

Glaubwürdigkeit war somit ein moralisches, juristisches oder erkenntnistheoretisches, kein gesellschaftliches Problem. Sir John Barrow machte dies deutlich, als er den Bericht Æneas Andersons kritisierte, der wie er selbst an der Macartney-Mission nach China teilgenommen hatte: Es spreche keinesfalls gegen Anderson, daß er nur der Kammerdiener Lord Macartneys gewesen sei, schwer wiege allein die Verballhornung seiner Erinnerungen durch einen vulgären Lohnschreiberling *(hack writer)*.[144] Schon 1742 hatte Samuel Johnson in einer langen Rezension von Pater Du Haldes Chinakompendium die Frage so gestellt, daß die Person des Autors außer Betracht blieb:

> Wenn Autoren von gleicher Reputation Berichte hervorbringen, die sich offenkundig widersprechen und die daher nicht beide wahr sein können, sollen wir dann den Schluß ziehen, daß einer der Berichtenden, seine Geschichte mit der bestimmten Absicht geschrieben hat, die Menschheit zu täuschen?[145]

Dr. Johnson kam zu dem Ergebnis, die Widersprüche zwischen unterschiedlichen Beschreibungen desselben Gegenstandes seien in der Regel nicht auf auf bösen Willen oder ideologische Befangenheiten, sondern auf Irrtümer zurückzuführen, für die man angesichts der oft eingeschränkten Beobachtungsmöglichkeiten der Reisenden Verständnis haben müsse. Man sollte sie «eher als Irrtümer denn als Unwahrheiten» *(rather as Errors than Falsehoods)* betrachten.[146]

Wenn dies so war – und Johnsons Ansicht dürfte breite Zustimmung gefunden haben –, so blieb vor allem eine dritte kritische Strategie: die Suche nach Widerspruchsfreiheit. Am einfachsten war es, wenn mehrere voneinander unabhängige, sich nachweislich nicht plagiierende Beschreiber eines Sachverhaltes übereinstimmten. Dann durfte er als gut bestätigt gelten. Wenn zwei von ihnen erheblich divergierten, blieb dem heimischen Leser, der die Dinge nicht persönlich nachprüfen konnte, nur die Suche nach Indizien für einen allgemeinen Glaubwürdigkeitsüberschuß des einen Textes über den anderen. Daß die Landschaft um Schiraz in Persien Herrn Francklin gut und Herrn Scott Waring gar nicht gefiel, war eine unentscheidbare Geschmacksfrage. Aber der eine behauptete, es werde in Shiraz im Sommer fast nie heißer als 73 Grad Fahrenheit, der andere, es sei dort nie kälter als 90 Grad. Wer hatte recht? Der abwägende Rezensent gab Francklin den Zuschlag, denn Scott Waring ließ sich bei kleinen Widersprüchen ertappen, etwa der Aussage, bei 90 Grad sei eine Nacht «unangenehm kalt» gewesen.[147] Er war daher der *im allgemeinen* weniger vertrauenswürdige der beiden Autoren. Es mußte also zwischen intratextueller und intertextueller Widerspruchsfreiheit unterschieden werden. Allerdings war innere Widerspruchsfreiheit allein noch keine Garantie für den empirischen Wert eines Berichts. Anfang des 18. Jahrhundert präsentierte sich ein vermutlich in Frankreich geborener junger Abenteurer – groß, blond und fließend Latein sprechend – der britischen Öffentlichkeit als ein heidnischer Bewohner Formosas namens «George Psalmanazar». Seine 1704 veröffentlichte *Historical and Geographical Description of Formosa,* eine reine Fiktion, war so plausibel und ingeniös entworfen, daß ihr Verfasser eine Weile unverdienten Ruhm als ethnographische Autorität ernten konnte.[148] Psalmanazars Buch ist eine Art meisterhafter Parodie auf eine landeskundliche Reisebeschreibung. Daß man den Scherz, nachdem er entdeckt worden war, als Betrug wertete, zeigt übrigens, wie ernst es dem 18. Jahrhundert mit seinen Wahrheitsansprüchen an Asientexte war.

Der Vergleich zwischen Texten – die vierte kritische Strategie – war das am häufigsten empfohlene Verfahren. Der schottische Soziologe John Millar etwa sah in der Analyse von Übereinstimmungen und Nichtübereinstimmungen zwischen Texten eine verläßliche Methode, um die

Glaubwürdigkeit von Autoren zu bestimmen, ohne die Frage nach ihrer persönlichen Wahrhaftigkeit stellen zu müssen.[149] Nicht immer aber waren Alternativen so klar zu entscheiden wie der Widerspruch zwischen den beiden Engländern über das Klima in Schiraz. Gab es etwa in China Kindesaussetzungen und wenn ja, in welchem Umfang? Cornelis de Pauw, der anti-chinesische Polemiker, der selbst niemals in Asien gewesen war und wenige Quellen angab, hatte 1773 im Geiste eines aufklärerischen Humanitarismus aus der angeblichen Verbreitung der Kindstötung ein scharfes Argument gegen die Zivilisiertheit Chinas geschmiedet.[150] Nahezu jedes neue Buch über China behandelte nun dieses Thema. Staunton schätzte, daß in Peking pro Jahr zweitausend Kinder armer Eltern ausgesetzt würden, Barrow kam gar auf eine Zahl von neuntausend und wiederholte mit dem ihm eigenen rhetorischen Schwung de Pauws Anklage gegen die Chinesen.[151] Weder Staunton noch Barrow behaupteten aber, während ihrer Chinareise mit Lord Macartney in den Jahren 1793/94 selbst ausgesetzte Kinder gesehen zu haben. Zwei andere, sonst sorgfältig beobachtende Reisende, beide keiner Voreingenommenheit zugunsten Chinas verdächtig, versicherten einige Jahre später, während mehrmonatiger Besuche im Lande kein einziges lebendig ausgesetztes Kind gesehen zu haben.[152] Pierre Sonnerat, der sonst kein gutes Haar an den Chinesen ließ, akzeptierte die Tatsache der Kindesaussetzungen, änderte aber ihre Bewertung, indem er die Kritiker Chinas der Heuchelei bezichtigte und sie aufforderte, sich das Elend in den französischen Findelhäusern anzusehen.[153]

Den Sachverhalt aus der Ferne aufzuklären erwies sich inzwischen als unmöglich, da die im Zweifelsfall doch immer verläßlichsten Jesuiten sich in Widersprüche verwickelten. Alle Berichte von Kindesaussetzungen gingen letzten Endes auf sie zurück. Einerseits hatten sie seit Jahrzehnten diese Praxis als den vielleicht gravierendsten Makel der chinesischen Gesellschaft beklagt, andererseits hatten sie die Chance begrüßt, mangels anderer Konvertiten sterbende Kinder taufen zu dürfen.[154] Nachdem de Pauw das polemische Potential des Themas entdeckt hatte, bemühte man sich aber erschrocken, den Schaden für Chinas Image zu begrenzen: Die Ordensbrüder früherer Generationen hätten die chinesischen Bräuche mißverstanden; sie seien von ihren eigenen Katecheten hinters Licht geführt worden; es habe sich zumeist um unheilbar kranke Kinder gehandelt; die europäischen Redakteure der Jesuitenbriefe hätten die Berichte phantastisch ausgeschmückt, um mit den Tauferfolgen werben zu können. Kurz: Letzten Endes komme Mord an Säuglingen in China nicht häufiger vor als in anderen Teilen der Welt.[155] Am Ende dieser erstaunlichen und geradezu einzigartigen jesuitischen Selbstkritik, die sogar das Zeugnis solch hochangesehener Gelehrter wie Parennin und Gaubil in Zweifel zog, stand die große Konfusion. Jeder redete von «chinesischem Kindermord», niemand wollte ihn gesehen haben. Als Thomas R. Malthus, der bedeutende Bevölkerungstheoretiker, versuchte, sich ein Bild von der Demographie Chinas zu machen, nutzte ihm die von Millar und anderen empfohlene Methode des kritischen Textvergleichs daher wenig. Seine unter diesen Umständen recht vernünftige Lösung bestand darin, erstens *chinesische* Beschreibungen, die er in den *Lettres édifiantes et curieuses* der Jesuiten übersetzt gefunden hatte, zu den authentischsten Dokumenten in dieser Frage zu erklären, und zweitens, unabhängig von der Empirie die Funktionalität (und damit die funktionale Plausibilität) solcher Kindstötungen im größeren Zusammenhang der Soziologie und des Reproduktionsverhaltens der Chinesen zu erörtern.[156] Die Lösung lag hier in der Theorie.

Der Vergleich setzte eine gewisse Dichte der Beobachtungsdaten voraus. Psalmanazar blieb lange unenttarnt, weil er sich ein Land ausgesucht hatte, Formosa, in das kein anderer Europäer hineinkam, noch nicht einmal ein Jesuitenmisionar. Und womit sollte man Kaempfer vergleichen, wo es doch keinen anderen Japanbericht aus seiner Epoche gab? Die europäischen Vorstellungen vom chinesischen Landschaftsgarten beruhten auf den Aussagen eines einzigen angeblichen Augenzeugen, Sir William Chambers.[157] Was er tatsächlich in China sah, wissen wir nicht, denn in keiner anderen europäischen Quelle gibt es vergleichbare Beschreibungen. Ein kluger Zeitgenosse, Christian Cayus Lorenz Hirschfeld, meldete denn auch Zweifel an: Warum hätten frühere Reisende die berühmten Landschaftsgärten nicht beschrieben? Behauptete nicht Du Halde ausdrücklich, die Chinesen verstünden wenig von Gärtnerei? Und fehlt ihnen nicht sogar die Mathematik für ihre Landschaftsplanung? Hirschfeld behauptete nicht, Chambers sei ein Lügner. Ob Chambers die Wirklichkeit korrekt beschrieben habe, war ohnehin eine zweitrangige Frage. Chambers, wie ihn Hirschfeld überzeugend deutet, war ein origineller Kopf und ehrlicher Liebhaber der Gartenkunst, der «in seinem Verstande und in seiner Einbildungskraft» die Vision eines neuen naturnahen Gartens entwickelte.

> Er hatte Klugheit genug, unter diese Ideen Zusätze zu mischen, die dem Naturgeist der Chinesen eigen sind. Kurz, er pflanzte brittische Ideen auf chinesischen Boden, um ihnen ein mehr auffallendes Ansehen zu geben, um sie eindringender zu machen.[158]

Häufig kam man daher über Plausibilitätsannahmen und das Zugeständnis der Wahrscheinlichkeit einer Nachricht nicht hinaus – ein Mangel, aus dem mutige Genies Tugenden zu münzen verstanden. Edward Gibbon, der sorgsam wie wenige andere den Status einer Aussage anzeigt und kein mutmaßender *conjectural historian*, sondern ein Empiriker war, hätte sein großes Geschichtswerk nicht schreiben können, hätte er nicht immer wieder auf die wahrscheinliche Korrektheit *(probability)* von Überlieferungen vertraut. James Bruce erzählt aber eine schöne Geschichte davon, wohin das führen konnte. Der berühmte Orientreisende Dr. Thomas Shaw beobachtete, wie man bei einem nordafrikanischen Araberstamm Löwen verspeiste. Das überstieg den Horizont des Wahrscheinlichen: Europäer, denen er davon erzählte, «hielten es für eine Unterminierung der natürlichen Weltordnung, daß ein Mensch einen Löwen essen sollte, wo es doch seit langem gleichsam als die Spezialität des Löwen galt, Menschen zu verspeisen» *(when it had long passed as almost the peculiar province of the lion to eat man)*.[159] Der vorsichtige Doktor verzichtete daher in seinem Bericht auf diese Episode. Niemand würde ihm glauben. Erst Jahrzehnte später sah James Bruce Ähnliches – und kostete selber Löwenfleisch.

8. Brechungen der Repräsentation

Im 18. Jahrhundert, so kann man zusammenfassend sagen, wurde die überseeische Reisebeschreibung nicht als Gattung der fiktionalen Literatur, sondern als Instrument empirischer Welterfassung im Dienste der Naturkunde und einer transkulturellen «Wissenschaft vom Menschen» verstanden. Trotzdem: Sie war und blieb geschaffene Literatur, kein objektivierendes, kamerahaftes Protokoll des Gesehenen. Zwischen dem unmittelbaren Sinneseindruck des reisenden Beobachters und dem, was der Leser in Europa letzten Endes aus seinem Bücherregal holte, lagen zahlreiche Vermittlungsschritte: *immer* die Niederschrift mit all den literarischen Gattungskonventionen, vorausgenommenen Publiumserwartungen und Erfordernissen des literarischen Marktes, die auf den schreibenden Reisenden einwirkten, sowie die Gestaltung, Produktion und Verbreitung des Buches durch Verleger, Illustratoren, Drucker und Buchhändler. *Oft* ging der Text auch durch weitere Hände: die von Bearbeitern, Redakteuren, Herausgebern, von Übersetzern, die sich noch durch keinen Imperativ der Texttreue gebunden fühlten, von Kompilatoren und Anthologisierern, die teils die offene Form der Collage wählten, teils – man denke an den Abbé Prévost – ihre Vorlagen bedenkenlos umschrieben.

Die «Repräsentation» des Fremden war mithin kein Vorgang direkter Abbildung der Realität. Auf der anderen Seite wäre es übertrieben, den Asientexten des 18. Jahrhunderts jeglichen empirischen Wirklichkeitsbezug zu bestreiten und sie als reine Phantasieprodukte zu betrachten. Die

Zeitgenossen selbst waren hier klüger als manche späteren Theoretiker. Sie strebten nach Wissen über andere Zivilisationen und lasen Asienliteratur in großem Umfang, um historischen, anthropologischen, ökonomischen und gesellschaftstheoretischen Diskursen eine universale Datengrundlage zu geben. Sie wußten, daß es zur Literatur der reisenden Augen- und Ohrenzeugen und zu Übersetzungen aus orientalischen Sprachen keine Alternativen gab. Daher entwickelten sie eine Art von Kunstlehre des kritischen Lesens. Zu deren Methoden gehörten die Einordnung eines Textes in die literarische Tradition und ein vorsorglicher Plagiatsverdacht, die Überprüfung des Textes auf innere logische Konsistenz, der Vergleich mit anderen Berichten, schließlich die Heranziehung von Plausibilitäts- und Wahrscheinlichkeitsüberlegungen. Auch eine Einschätzung der Person des Reisenden war wichtig: Einen reputierlichen Gelehrten, Gentleman oder *honnête homme* hielt man für glaubwürdiger als einen unbekannten Außenseiter. Doch sollte dieser Aspekt der biographischen Taxierung weniger hoch bewertet werden, als dies heute durch Vertreter einer «Sozialgeschichte der Wahrheit» geschieht.[160] Die kritische Durchleuchtung von Texten und die Abwägung ihres Wahrheitsanspruchs war in erster Linie eine Sache von Raisonnement und Kontroverse innerhalb einer Gelehrtenrepublik, die soziale Unterschiede hinter dem Egalitarismus einer kosmopolitischen Philosophenöffentlichkeit verschwinden ließ.

ZEITGENOSSENSCHAFT
UND GESCHICHTE

VIII.
Das Elementarhistorische: Steppenkrieger, Eroberer, Usurpatoren

1. Stammesasien: Attila und die Folgen

Einer der großen Dauerkonflikte in der Weltpolitik des 19. Jahrhunderts war das *Great Game*: ein kalter Krieg, den sich die aggressivsten Imperien der Epoche, das britische und das russische Reich, in Afghanistan, Zentralasien und im Himalaya lieferten. Die Briten suchten den Seeweg nach Indien zu schützen und ihr koloniales Kronjuwel mit einem Ring abhängiger Pufferstaaten von Persien bis Tibet zu umgeben. Bei ihrer wirtschaftlichen Durchdringung Chinas nach dessen Öffnung 1842 brauchten sie freie Entfaltung in einem möglichst großen Gebiet. Das Zarenreich seinerseits vergrößerte seinen Machtbereich durch koloniale Eroberungen im islamischen Innerasien; gegen Ende des Jahrhunderts erschloß es Sibirien durch Eisenbahnen und begann mit der *pénétration pacifique* der Mandschurei, also der drei Nordostprovinzen Chinas. In all diesen imperialen Manövern war das kontinentale Zentrum Asiens wenig mehr als ein Schachbrett; seine Völker waren passive Spielfiguren. Nur an den Afghanen biß man sich die Zähne aus. Sie waren auf Dauer weder direkt zu beherrschen noch indirekt verläßlich zu kontrollieren. Der britisch-russisch Asienkonflikt wurde 1907 durch die Abgrenzung von Interessensphären beilegt. Ein Umbau der Allianzen innerhalb Europas sowie der Aufstieg Japans zu einer Großmacht, die 1905 imstande war, das Zarenreich militärisch in die Knie zu zwingen, hatten dies unabweisbar gemacht. An der passiven Rolle Innerasiens änderte dies alles wenig. Im Gegenteil: Das Ende des *Great Game* beseitigte die letzten Möglichkeiten, zwischen den Giganten zu lavieren. Innerasien befand sich fester denn je im Griff der Imperien. Erst mit dem Zusammenbruch der Sowjetunion 1991 und der Entstehung neuer Staaten im islamischen Teil Innerasiens gewann das «Herzland» Eurasiens, von dem geopolitische Planer geträumt hatten, einen Teil seiner Handlungsfähigkeit zurück. Das letzte große Imperium in Asien, das chinesische, ging freilich aus der Weltkrise von 1990/91 eher gestärkt hervor. Es kontrolliert weiterhin entscheidende Teile Innerasiens: Tibet, Ostturkestan (Xinjiang) und Teile der historischen Mongolei. Randmächte wie der Iran und die Türkei verstärken ihren Einfluß in der Region.

Die heutige Lage läßt die einstige Bedeutung Innerasiens für Politik und Weltbild Europas kaum noch ahnen. Die europäischen Träume von Innerasien waren jahrhundertlang *Alp*träume gewesen. Seit Attilas Hunnen hatten innerasiatische Reitervölker im Osten Europas für Unruhe gesorgt. Hegel sprach vom «Elementarhistorischen»: Völker, denen etwas Urtümlich-Vorhistorisches anhaftete, griffen, gleichsam aus dem undefinierbaren Nichts kommend, verändernd in die Geschichte der Staatenwelt ein.[1] Nur wenige Europäer wagten um 1700 die Prognose, die Gefahr aus dem Osten sei ein für alle Mal gebannt.[2] Immer wieder wurde daran erinnert, daß große Reiche dem Ansturm der Steppenkrieger erlegen waren: Westrom, das Kalifat von Bagdad, die russischen Fürstentümer, Byzanz, das China der Song- und später das der Ming-Dynastie.[3]

Mit der Übernahme der Herrschaft über China durch die aus den Waldgegenden nördlich der Großen Mauer eindringenden Mandschuren im Jahre 1644 war das nord- und zentralasiatische Eroberertum jedoch keineswegs zur Ruhe gekommen. Um 1710 begann ein Ausbruch afghanischer Stammeskrieger in Richtung der muslimischen Imperien. Sie zerstörten 1722 das Reich der persischen Safawiden-Dynastie und stürzten große Teile Irans ins Chaos. Der persische Usurpator Nadir Schah, der seine Macht auf iranische und turkmenische Stammeskrieger stützte, plünderte 1739 Delhi und versetzte damit dem noch wenige Jahrzehnte zuvor glanzvollen Mogulreich den Todesstoß. 1747 und abermals 1759 bis 1761 drangen Afghanen nach Nordindien ein. Diese Invasionen setzten mehrere hundertausend schweifende Stammesreiter frei. Einige Gruppen unter ihnen gründeten eigene Staaten, andere, bis in den Süden Indiens vordringend, eigneten sich Land an und entwickelten als steuereintreibende Militärelite ein parasitäres Herrschaftsverhältnis zur seßhaften Bevölkerung[4] Bis in die 1790er Jahre schwebte über Nordindien die Drohung afghanischer Angriffe, gegen die sich die Briten und ihre indischen Bundesgenossen jedoch meist erfolgreich zur Wehr setzten.[5] Zur gleichen Zeit erstarkte in Arabien die von Stammeszusammenhängen getragene religiöse Bewegung der Wahabiten, der erstmals die Sammlung der Araber gegen die osmanische Herrschaft gelang. 1773 nahmen die Wahabiten die Stadt Riyadh ein, später die heiligen Stätten des Islams, und etablierten sich als die stärkste religiös-politische Kraft auf der Arabischen Halbinsel.[6] Erst 1818 gelang es ägyptischen Truppen im Auftrag des Sultans, den ersten wahabitischen Staat zu zerstören.

Eine solches Wiederaufleben tribaler Dynamik war keineswegs ein in ganz Asien vorherrschender Trend. Ausgerechnet der mandschurischen Qing-Dynastie, die selbst vom Barbarenrand des chinesischen Reiches stammte, gelang es, durch eine Verbindung von Einvernahme und Vernichtungskrieg die unruhigen mongolischen Stämme, ihre alten Rivalen und Verbündeten, militärisch endgültig zu neutralisieren. Nach der fast völligen Ausrottung der Dzungaren, des letzten noch unabhängigen Mongolenvolkes im Jahre 1757, war die von Leibniz beschworene, noch in den 1790er Jahren von Condorcet zumindest angedeutete Gefahr eines neuen Mongolensturms gebannt.[7] Wenig später begann die Vertreibung der Hirtennomaden aus den Steppenrandgebieten des Zarenreiches.[8] Der Zangengriff von russischer und sino-mandschurischer militärischer Kontrolle und landwirtschaftlicher Kolonisation zeigte, daß bereits ein vorindustrieller Imperialismus in der Lage war, den Reiternomaden Innerasiens das politische Rückgrat zu brechen. Gleichzeitig erinnerten die Stammesausbrüche *(tribal breakouts)* im indo-afghanischen Raum an die andauernde Virulenz eines mobilen Kriegertums, das bei Europäern seit jeher naturmetaphorisch als «Flut» oder «Schwarm» erfaßt worden war. Selbst der gelassene Alexander von Humboldt sprach von den Mongolen Dschingis Khans als einem «verpesteten Windhauch».[9]

Wenn europäische Historiker des 18. Jahrhunderts dem Motiv des Barbareneinfalls eine große Bedeutung beimaßen, so durchaus auch aus zeitgeschichtlichen Gründen. Bis in die Gegenwart oder jüngste Vergangenheit hinein war Asien ein Kontinent großer Turbulenzen gewesen; diese Turbulenzen hatten Auswirkungen auf Europa und seine Kolonien. Aus der Sicht eines Europa, dessen Staatensystem sich jüngst so gefestigt zu haben schien, daß ein extravaganter Eroberer wie Karl XII. von Schweden, dem Voltaire ein ganzes Buch widmete, geradezu mit Notwendigkeit scheitern mußte, fiel die Bedeutung militärischer Reichsgründungen in der Geschichte Asiens besonders deutlich auf. Eroberungen, so schien es, ergaben sich aus der Mobilität der nomadischen Lebensweise. «Der Feldzug», schrieb der braunschweigische Hofrat August Ferdinand Lueder, «ist hier nur die Fortsetzung des alltäglichen Lebens [...].»[10] Die Unstetigkeit der Hirten war geradezu das Gegenprinzip zur Stabilität Europas, «sintemal die Tatarischen Völcker darinnen [in Nordasien] herumschweiffen, und derer Chanen Stationes an keiner Stelle beständig bleiben».[11] Am weitesten ging hier Sir William Temple 1692 in seinem Essay *Of Heroic Virtue.* Er sah eine Weltgegend nördlich des Kaspischen und Euxinischen Meeres und im Westen und Osten durch Donau und Oxus begrenzt, die er mit den antiken Kosmographen «Scythien» nannte, als den Ursprung historischer Dynamik seit dem Altertum.[12] Temple stellte auch fest, daß Eroberungen in aller Regel von Norden nach Süden verliefen. Nur die Expansion der frühislamischen Araber sei eine Ausnahme gewesen.[13]

Im Denken des 18. Jahrhunderts findet sich noch kaum eine wertende Entgegensetzung eines zivilisierten Europa und der gegen es anbrandenden «asiatischen Horden». Ein solche dichotomische Vereinfachung des Weltbildes wird erst für das 19. Jahrhundert charakteristisch, wenn etwa Ranke es als ein historisches Prinzip formuliert, daß «die Culturwelt», von denen, die ihr nicht zugehören, unaufhörlich angegriffen und gefährdet wird. Ranke übergeht in seiner *Weltgeschichte* die Hunnen und Mongolen keineswegs ganz, bemüht sich aber, anders als ein Jahrhundert vor ihm Edward Gibbon, nicht um ein Verständnis der inneren Triebkräfte jener Gesellschaften außerhalb der religiös und staatlich gefestigten «Civilisation», die stets «eine barbarische Feindseligkeit gegen die Culturwelt» an den Tag gelegt haben und deren historische Aktionsform die «Überfluthung» gewesen ist.[14] Die Metaphorik ist eine mechanische von Druck und Gegendruck, wenn Ranke etwa am Ende seines Werkes ein Grundprinzip der Geschichte von Altertum und Mittelalter formuliert: «So ergoß sich die rohe Kraft von Asien zerstörend nach Europa herüber. Glücklicherweise fand sich hier Widerstand.»[15] Der «Kampf der verschiedenen Völkersysteme», welcher die Weltgeschichte prägt, wird allein aus der Perspektive der «universalen Entwicklung» betrachtet, wie sie sich in der nachantiken Welt nur in den germanischen und romanischen Völkern ausgeprägt habe.[16] Sie erlangten in Rankes Gegenwart folgerichtig und verdient die «Weltherrschaft».[17]

Ranke verweigerte den Barbaren keineswegs ein Minimum an historischer Gerechtigkeit. Er kam zum Beispiel nicht umhin, die staatsbildende Leistung des Hunnenkönigs Attila über diejenige seiner weströmischen Widersacher zu stellen. Aber schon die Schlacht auf den Katalaunischen Feldern ist ihm dann schon wieder ein «Kampf der idealen Gegensätze» zwischen Kultur und Barbarei.[18] Ignaz Aurelius Fessler hingegen, zu seiner Zeit bekannt vor allem als Theoretiker der Freimaurerei und Verfasser einer Geschichte Ungarns, brachte in seiner glänzend geschriebenen, bereits alle Gebote einer für Deutschland neuen Ästhetisierung der historiographischen Darstellung beachtenden Geschichte der Hunnen unter Attila (1794) viel Verständnis für solche Attacken gegen die «Culturwelt» auf. Fessler wendet sich gegen das seit den frühesten römischen Berichten fest verwurzelte Stereotyp von der Tiernähe und grenzenlosen Wildheit der Hunnen.[19] Attila sei ein durchaus kluger und rationaler Herrscher gewesen. Er habe seinem kulturell herabgesunkenen Volk über die bloße Subsistenzsicherung hinaus neue hohe Ziele des Strebens nach Ruhm und Ehre gesetzt. Die Exzesse der hunnischen Eroberungen seien durch die ungezügelte Soldateska verursacht worden und keineswegs als Ausdruck des Nationalcharakters der Hunnen oder als Ergebnis planvoller Politik zu deuten. Letztlich seien Attila und seine

Kämpfer nicht durch Goldgier und Zerstörungswut, sondern durch einen lange genährten und sehr verständlichen Haß auf die Römer bewegt gewesen:

Nationalstolz vereinigte sich mit muth, und von nun an wurde das schwert in den händen der Hunnen zum schrecklichen werkzeuge der rache über ein volk, das sie barbaren schimpfte, weil sie, redlicher, gerechter und freyer als die Römer, die sclavenketten des lasters und der tyrannei hassten.[20]

Zuvor hatte schon der große schottische Historiker William Robertson davor gewarnt, die «europäischen» Germanen und die «asiatischen» Hunnen gegeneinander auszuspielen: Sie seien *alle* wilde Barbaren gewesen, hätten alle die Freiheit der Nomaden gekannt und hätten sich in ihrer gesellschaftlichen Organisation nicht grundsätzlich voneinander unterschieden.[21] Edward Gibbon schließlich wollte die Grausamkeit der Hunnen nicht beschönigen, würdigte aber Attila als klugen Strategen und guten religiösen Gesetzgeber und wies darauf hin, daß Sklaven bei den Hunnen besser behandelt wurden als bei den Römern.[22]

Ranke, typisch für seine Zeit, bezog den Blickpunkt des «cultivierten» Europa und interessierte sich wenig für die Ursachen von Dynamik in der kulturlosen und chaotischen Außenwelt. An der asiatischen Geschichte waren für ihn nur ihre Auswirkungen auf Europa interessant, an den Nicht-Kultivierten nur ihre dumpfe Feindschaft gegen die Kultur. Schon 1824 beklagte der Zentralasienexperte Isaac Jacob Schmidt, daß man in Europa nurmehr die Folgen der asiatischen Ausbrüche wahrnehme, nicht aber ihre Ursachen.[23] Dies war nicht immer so. Zwei Denkströmungen lassen sich im 18. Jahrhundert unterscheiden. Die eine Richtung geht der Vision nach, daß sich historische Bewegung in ganz Eurasien oder gar generell aus Migrationen und Völkerwanderungen ergibt; Eroberungen erscheinen dann als deren vorübergehendes Extrem.[24] Die andere Richtung fragt nach spezifischen Ursachen für «Barbareneinfälle» in der Geschichte. Nicht jeder machte es sich so einfach wie Volney an einer uncharakteristisch oberflächlichen Stelle und führte die Aggressivität der Nomaden auf Neid und Gier zurück.[25] Charles de Peyssonnel, ein gelehrter französischer Konsul in Smyrna, analysierte das Verhalten der «Barbaren» in seiner Abhängigkeit von der Grenzpolitik der Imperien. Er lehnte die simple Gegenüberstellung von offensiven Barbaren und defensiven Zivilisierten ab und zeigte, manches an heutiger Forschung vorwegnehmend, die Wechselwirkungen über die Grenzen der Reiche hinweg. [26] Und Edward Gibbon entwickelte eine ausgefeilte politische Soziologie des Nomadentums. Sie soll im nächsten Kapitel erörtert werden.

2. Ein Kontinent der Revolutionen

Die Folge dieser Untersuchungen wird es lehren, wie unendlich wichtig für die Asiatische Geschichte nicht nur, sondern auch für die Geschichte der Menschheit überhaupt ist, von diesen Nomadischen Völkern, von ihrer Lebensart und ihren Verfassungen, deutliche und bestimmte Begriffe zu fassen. Die größten Revolutionen unsers Geschlechts, die nicht nur das Schicksal von Asien bestimmten, sondern auch öfters Afrika und Europa erschütterten, gingen von ihnen aus und wurden durch sie gemacht.[27]

Nicht nur Arnold Herrmann Ludwig Heeren, sondern auch zahlreiche andere europäische Autoren des 18. Jahrhunderts wandten auf die Ereignisse in Asien immer wieder den Begriff der Revolution an. Gemeint waren damit politische Umwälzungen jedweden Charakters.[28] Sie waren eine solch allgemeine Erscheinung, daß der Staatswissenschaftler Gottfried Achenwall fordern konnte: «Die Geschichte der Staatsveränderungen oder Revolutionen eines Reiches oder einer Republik sind also das erste, welches in der historischen Staatslehre eines jeden Volkes abgehandelt werden muß.»[29] Der Historiker Johann Christoph Gatterer erklärte 1792, Weltgeschichte überhaupt sei «die Geschichte der größeren Begebenheiten, der Revolutionen».[30] Bereits im Jahr der Französischen Revolution hatte aber Anquetil-Duperron vor einem zu eng ereignisfixierten Revolutionsbegriff gewarnt und den Historikern das Studium längerer Prozesse und konstanter Verhältnisse angeraten.[31] Er hätte sich auf Edward Gibbon berufen können, der den sich über tausend Jahre hinziehenden Niedergang des west- und oströmischen Reiches, die öffentliche Einführung des Christentums und die Etablierung des Feudalismus in Europa gleichermaßen als «Revolutionen» bezeichnete.[32]

In Asien gab es im 17. und 18. Jahrhundert zahlreiche Geschehnisse, die in europäischen Texten als «Revolutionen» vorgestellt wurden:

- Umstürze im Osmanischen Reich wie etwa die Ermordung des reformfreudigen Sultans Osman II. durch das Militär 1622 oder die Hinrichtung des regierungsuntüchtigen Sultans Ibrâhîm 1648;
- die Entmachtung des europafreundlichen Premierministers Phaulkon in Siam 1688;
- der Fall des Staates Golkonda an den Großmogul Aurangzeb im gleichen Jahr;
- den afghanischen Einfall in Persien 1722;
- die Zerschlagung des siamesischen Königreiches von Ayudhya durch eine brutale burmesische Invasion 1767;
- den Griff des Mamluken Ali Bey nach der Alleinherrschaft in dem bis

dahin unter osmanischer Oberhoheit quasi-kollegial regierten Ägypten im Jahre 1768;
- die Neuordnung des siamesischen Staates durch König Rama I. nach 1782.

Eine Umwälzung von der Dramatik und Gewaltsamkeit der Eroberung Chinas durch die Mandschuren 1644 und der Pazifizierung des Reichs der Mitte in den Jahrzehnten danach, wiederholte sich im 18. Jahrhundert aber nicht. Pater Martin Martinis *De bello tartarico* von 1654, rasch in sieben europäische Sprachen übersetzt, ein ungemein spannend geschriebener Augenzeugenbericht und neben François Berniers Beschreibung von Aurangzebs Aufstieg zur Großmogulwürde eines der überzeugendsten Beispiele für Zeitgeschichtsschreibung im 17. Jahrhundert, hielt als oft anthologisiertes Schauerstück die Erinnerung an die «Große Revolution» in China lebendig.[33]

Europäische Beobachter fragten sich nach den Gemeinsamkeiten dieser neuzeitlichen «Revolutionen» Asiens und ihrem Verhältnis zu den gleichzeitigen Systemkrisen in Europa – eine Frage, die übrigens in der heutigen Forschung erneuert worden ist.[34] Sie schienen blutiger zu verlaufen als die Umwälzungen in Europa und auch als die im asiatischen Altertum. Wenn es sich nicht um bloße Palastrevolutionen handelte (wie sie für das Osmanische Reich charakteristisch waren), verbanden sich oft innere Krisen und Invasionen von außen; insofern besaßen die Umstürze eine geradezu therapeutische Reinigungswirkung. Wie ein Vergleich zwischen der Mandschu-Eroberung Chinas und der gleichzeitigen puritanischen Revolution in England zeigte, führte der ungeheure asiatische Tumult in der Regel nicht zur Überwindung des alten politischen Systems, sondern nur zum Neubau auf denselben Fundamenten.[35] Von diesem Muster hob sich die spektakulärste «Revolution» im Asien des 18. Jahrhunderts ab: die schrittweise britische Machteroberung in Indien seit 1757.[36] Ihre Kritiker wie ihre Lobredner spürten, daß sie den ewigen Zyklus asiatischer Politik durchbrach. Edmund Burke bemerkte, Araber, Tataren (= Mogulen) und Perser seien blutig in Indien eingefallen und hätten sich danach rasch angepaßt, die Briten hingegen krempelten alles um: «Die Mogul-Invasion war verderblich, aber unser Schutz zerstört Indien». *(The Tartar invasion was mischievous; but it is our protection that destroys India.)*[37] Den positiven Ton zukunftsweisender Imperialapologetik traf hingegen Thomas Maurice, der in seiner *Modern History of Hindostan* (1802–10) Aufstieg und Fall der Moguldynastie mit sympathieloser Distanz nachzeichnete: Die Geschichte Asiens, besonders unter islamischem Einfluß, so schrieb er in hoher gibbonscher Rhetorik, sei nichts als eine blutige Folge von Kriegen, Massakern und flüchtiger Staatenbildung. Welch ein Kontrast eröffne sich dem reflektierenden Geist, wenn er nach der Betrachtung von solch «finsteren und entsetzlichen Szenen von Heimtücke, Plünderung und Mord [...] sich den Wohltaten einer Regierung zuwendet, die unerschütterlich auf dem diamantharten Fundament von Tugend und Freiheit aufgebaut ist, die das vornehmste Buch der Gerechtigkeit besitzt und von den Strahlen der reinsten Religion durchdrungen wird».[38] Damit war die historische Sendung der neuen Herren bestimmt: Indien wurde durch den britischen Kolonialismus von sich selbst befreit und mit der strengen, aber gerechten Herrschaft des Gesetzes beglückt.

3. Timur: Reichsgründer und Monster

Als Inbegriffe asiatischer Zerstörungswut und Blutgier galten spätestens seit dem 19. Jahrhundert Dschingis Khan, der Gründer des mongolischen Weltreichs im frühen 13. Jahrhundert, und Timur (Tamerlan), der sich zwischen 1380 und seinem Tod im Jahre 1405 in gewaltigen Eroberungszügen den größten Teil Westasiens unterwarf, nach Indien vordrang und einen Angriff auf China vorbereitete.

War Dschingis Khan wirklich, wie der Baron de Tott meinte, «ein Wahnsinniger, der Asien überrannte, um die Welt zu versklaven, die er zuvor verwüstet hatte»?[39] Die Verfasser der *Algemeinen Welthistorie* jedenfalls fanden im Gegenteil, Dschingis werde «mit Recht für den grösten Fürsten gehalten, der jemals den morgenländischen Thron besessen».[40] Er sei zwar grausam und rücksichtslos gewesen, aber von großer Kühnheit, Weisheit und Urteilskraft; er habe in seiner Armee das Leistungsprinzip eingeführt und sei religiös kein primitiver Götzendiener, sondern geradezu ein Deist nach dem Geschmack der Aufklärung gewesen.[41] Edward Gibbon deutete Dschingis als den weisen Gesetzgeber seines Volkes. *A singular conformity may be found*, heißt es in einer von Gibbons kostbaren Fußnoten, *between the religious laws of Zingis Khan and of Mr. Locke.*[42]

Stärker als Dschingis Khan, über den man viel weniger wußte, beschäftigte Timur die Phantasie des 18. Jahrhunderts. Dem Nachruhm beider Herrscher in Europa kam zugute, daß sie Gegner des Hauptfeindes der Christenheit, des Islams, waren. Das hat man ihnen jahrhundertelang nicht vergessen.[43] Schon die Humanisten, deren früheste beinahe noch Zeitgenossen des Eroberers gewesen waren, hatten ein profiliertes Timurbild entworfen. Sie sahen ihn als den ehrgeizigen *selfmade man*, der durch seine Fähigkeiten und Tugenden das Glück, *fortuna*, auf seine Seite zwingt und persönliches Charisma mit höchster Zweckrationalität in der rücksichtslosen Wahl seiner Mittel verbindet. In einer Zeit ohne Helden war eine Figur aufgestanden, die Alexander dem Großen gleichkam oder seine militärischen Erfolge sogar noch übertraf.[44] Christopher Marlowe betonte allerdings in seinem Drama *Tamburlaine the Great* (Uraufführung 1587) auch die orientalische Grausamkeit des Herrschers.

Dem 18. Jahrhundert standen übersetzte persische und arabische Quellen zur Verfügung, über welche orientalische Bewertungen des Eroberers in die europäische Literatur einflossen. Die längere Zeitperspektive des Rückblicks erlaubte es auch, in Timur den Ahnherrn der Mogul-Dynastie zu sehen. Obzwar sein eigenes Großreich seinen Tod nicht überdauerte, so gelang seinem direkten Nachfahren Babur doch die Errichtung eines muslimischen Imperiums in Südasien.[45] Ein gediegen-unrhetorisches Timur-Portrait zeichnete 1697 d'Herbelot in seiner *Bibliothèque Orientale.* Mit der ihm eigenen schmucklosen Sachlichkeit berichtete er vom Leben des Eroberers, dessen Grausamkeit in Europa oft übertrieben worden sei.[46] Obgleich d'Herbelot selbst sich auf Herrschergeschichte beschränkte, so fanden die Leser im vierten Band seines Werkes eine kurze Strukturanalyse des Mongolenreiches, von der aus Analogien zur Beschaffenheit des Timuridischen Imperiums gezogen werden konnten.[47]

Beurteilungen Timurs waren bestimmt von den Vorwertungen der Quellen und von den Deutungsbedürfnissen der Gegenwart. Bis Jean-Baptiste d'Anville ihn 1772 als «Geißel Asiens» bezeichnete,[48] wurde Timur fast ohne Ausnahme als gütige und großzügige Herrschergestalt gesehen. Für ihn sprachen in der Sicht von Autoren der Frühaufklärung sein Aufstieg zur Weltherrschaft aus persönlicher Befähigung allein: ohne dynastisches Erbe, ohne Usurpation einer bereits bestehenden Herrscherposition, ohne einen Lehrer wie Aristoteles: der Schmied seines Glückes *(l'artisan de sa fortune)*, dem man Brutalitäten nachsah.[49] Timurs Charisma faszinierte Autoren des 18. Jahrhunderts, seine Führerpsychologie, seine Fähigkeit, Loyalität und Begeisterung unter seinen Gefolgsleuten zu erzeugen, seine unbeirrbare Entschlußkraft, aber auch seine List und Verschlagenheit.[50] Leistungen als Bauherr schienen die Verheerungen, die er verursachte, aufzuwiegen.[51] Auch in seiner sorgfältigen Gesetzgebung habe er sich als kluger Staatsmann und Einiger der Nationen bewährt.[52] Nur wer, wie Johann Heinrich Gottlob von Justi, radikalaufklärerisch den Kult um die Eroberer nicht mitmachte und in militärischen Helden überhaupt nur verachtenswerte Verderber der Völker sah, meldete Zweifel an Timurs Rang an.[53] Aber auch hier wird Timur nicht das «Asiatische» seines Charakters zum Vorwurf gemacht. Er wird in die Herrschertypologie aller Zeiten und Kulturen unter der Kategorie der «Eroberer» eingefügt. Seine Fehler, Laster und Verbrechen unterscheiden sich nicht grundsätzlich von denen eines Alexander, mit dem er immer wieder verglichen wurde. Noch 1783 hieß es von ihm, Ehrgeiz, «die Schwäche edler Gemüter» *(the infirmity of noble minds)*, sei sein einziges Laster gewesen; Grausamkeiten habe ihm die Heimtücke seiner Feinde aufgezwungen.[54] Dieses vom historischen Kontext weitgehend gelöste Bild des konstruktiven Staatsmanns und Reichsgründers hielt sich bis ins 19. Jahrhundert hinein.[55] Allerdings konnte es in Spannung zur *political correctness* der Zeit geraten. 1810 fand sich ein britischer Timur-Bewunderer der Schwierigkeit konfrontiert, mit seinem Helden womöglich den ihm in vielem ähnlichen Napoleon zu loben – und distanzierte sich maßvoll von ihm.[56]

Eine kritische Bewertung Timurs beginnt nicht, wie man vermuten könnte, mit Voltaire, der offenbar nur wenig Interesse an ihm findet und ihn nur oberflächlich charakterisiert.[57] Es ist gleichzeitig Joseph de Guignes, der in seiner großen, auf Quellenstudien in vielen asiatischen Sprachen gegründeten *Histoire générale des huns, des turcs, des mogols et des autres tartares occidentaux* (1756–58) die dunklen Seiten Timurs stärker hervorkehrt als frühere Autoren seit Marlowe. De Guignes verzichtet auf das vor wie nach ihm übliche zusammenfassende Charakterportrait. Sein Urteil hat er niemals deutlich formuliert. Auch läßt ihn angesichts des nahezu aus dem Nichts, aus einer Existenz als vogelfreier Vagabund, *vagrant and outlaw*,[58] aufsteigenden Weltenherrschers die historische Ursachenforschung im Stich, für die er berühmt war und die Gibbon, ihr größter Meister unter den Aufklärungshistorikern, an ihm bewunderte.[59]

Bei der Erzählung von Timurs Leben begnügt sich de Guignes mit einer nüchternen Schilderung von Massenhinrichtungen, der Zerstörung von Städten und der Verwüstung ganzer Landstriche. Er steht mit kaum versteckter Fassungslosigkeit vor dem Phänomen eines Hirtenkaisers, der alles für seine Truppen tat und seinen Gegnern nichts ersparte. Hatte die ältere Deutungstradition (mit großer Berechtigung) das sorgfältige zweckrationale Kalkül bewundert, mit dem Timur, der in dieser Sicht «modernste» Monarch des Mittelalters, seine Projekte in die Tat umsetzte, so legt de Guignes den Maßstab werthafter Vernünftigkeit an. Mochte sich bis 1380 der Aufstieg Timurs noch im Rahmen eines üblichen regionalen Herrschaftsaufbaus bewegt haben, so signalisierte im folgenden Jahr der Angriff auf Persien eine Wende seines Ehrgeizes ins Grenzenlose: «Tamerlan hatte kein vernünftiges Motiv, um diesen Krieg zu beginnen; der Traum von der Universalmonarchie war die einzige Maxime seines Handelns.»[60] Später erkennt de Guignes mit deutlichem Schaudern eine ziellos verselbständigte Gewaltsamkeit, die von der Vision getrieben wurde, durch Zerstörung allen Widerstandes den Frieden in der Welt herzustellen.[61] Selbstverständlich spricht der führende Asienhistoriker der Epoche nicht von «asiatischer Grausamkeit». De Guignes hat die alten rhetorischen Schemata der universalistischen Fürstenpanegyrik hinter sich gelassen und ist von den neuen, erst kommenden Schemata des Occidens-Oriens-Antagonismus noch nicht infiziert. Seine klare Beschreibung stellt sich dem «Elementarhistorischen» mit großer Direktheit und Aufrichtigkeit.

Edward Gibbon, der Timur fast ein ganzes, wie stets hervorragend recherchiertes Kapitel widmet, fand angesichts dieser widersprüchlichen Deutungslage reiche Möglichkeiten für Paradoxien. Sein Timur ist zugleich skrupelloser Massenmörder und kultivierter Freund der Gelehrten und des Schachspiels,[62] Günstling der Fortuna und unglücklich Getriebener: «[...] nachdem er fünfzig Jahre lang sein Reich gebaut hatte, war die einzige glückliche Zeit in seinem Leben die zwei Monate, in denen er auf die Ausübung der Macht verzichtete.» *(after devoting fifty years to the attainment of empire, the only happy period of his life were the two months in which he ceased to exercise his power.)*[63] Timur trat in einem chaotischen Asien auf und schien zunächst der ersehnte Ordnungsbringer zu sein. Er war keine barbarische Naturkraft, sondern ein Staatsmann mit einem Sinn für das Nötige. Aber die Mittel überwältigten den Zweck, «ganze Nationen wurden unter den Schritten des Reformers zermalmt» *(whole nations were crushed under the footsteps of the reformer)* und auf die Eroberungen folgte kein neuer Aufbau.[64] Gibbons Timur, in der Bilanz eher ein Verwüster als ein Wohltäter, ist fein portraitiert, doch man hat das Gefühl, daß de Guignes' karge Dokumentation dem Maßlosen einer Figur, die nicht nur von Weltmonarchie redete, sondern sie zu verwirklichen versuchte, eher gerecht wird als Gibbons elegantes Raisonnement. Noch Sir John Malcolm folgt in seiner *History of Persia* von 1815 Gibbons Deutung. Auch sein Timur ist nicht ein asiatisches Ungeheuer, sondern eher ein irregeleitetes Genie und ein Beweis dafür, daß Imperien auf Gewalt und Charisma allein nicht aufgebaut werden können.[65] Mit Timur endet aber auch – und so hat Joseph von Hammer-Purgstall seinen historischen Ort bestimmt – in Eurasien die Epoche der offenen Grenzen und der welterobernden Kavallerie. Von nun an konsolidieren sich überall die Territorialstaaten.[66]

4. Nadir Schah: Kriegskomet und Patriot

Noch anderthalb Jahrhunderte nach seinem Tod gruselte man sich vor ihm. George Nathaniel Curzon, der spätere Vizekönig von Indien und britische Außenminister, sah ihn und Dschingis Khan als «die beiden schrecklichsten Erscheinungen, die jemals die Menschheit gegeißelt haben».[67] Was war so entsetzlich an Nadir Schah, «diesem berühmten Landesverwüster des achtzehnten Jahrhunderts, der aus dem Staube sich auf den Thron geschwungen hatte»?[68] Nadir wurde 1688 im Norden der iranischen Provinz Chorasan als Sohn einfacher Eltern aus dem turkmenischen Stamm der Afsharen geboren. Er hat diese Herkunft nie verleugnet und sich während seiner gesamten Laufbahn, die er schon früh am romantischen Vorbild Timurs orientierte, als «Sohn des Schwertes» bezeichnet.[69] In einer Situation politischer Turbulenzen als Folge der Invasion Irans durch die Ghilzai-Afghanen, die 1709 mit der Einnahme Qandahars begann und 1722 mit der Eroberung Isfahans und dem Sturz der Safawiden-Dynastie endete, hatte ein Kriegsherr große Chancen. Die Afghanen erwiesen sich als unfähig, eine stabile Herrschaft in Iran zu errichten und das Land gegen seine osmanischen und russischen Nachbarn zu verteidigen. Nadir, ein Mann des gesetzlosen Grenzlandes, verbreiterte stetig seine Machtbasis, indem er Rivalen entweder ausschaltete oder auf seine Seite zog. 1726 trat er in die Dienste des safawidischen Prätendenten und selbsternannten Schah Tahmasp II. und erhielt den Namen Tahmasp Quli Khan, unter dem er auch in Europa zuerst bekannt wurde. Nadir vor allem war es zu verdanken, daß 1729 die Afghanen vertrieben wurden und sich die schattenhafte Safawidendynastie restauriert fand.

Nadir wandte sich nun gegen Irans äußere Feinde. Er griff die Osmanen in Bagdad und die Russen in Azerbaidschan an und korrigierte die Grenzen zu Persiens Gunsten. 1732 ersetzte er in einem Staatsstreich den schwachen Schah Tahmasp durch dessen Sohn Abbas (III.); dieser war acht Monate alt, und es wunderte niemanden, wer die Regentschaft übernahm. Im März 1736 ließ der Warlord sich selbst zum Schah krönen und proklamierte eine neue, die Afsharen-Dynastie. Jede auch nur vermutete Opposition gegen das neue Regiment wurde unbarmherzig unterdrückt. 1737 begann Nadir seinen lange geplanten Indienfeldzug. Die maßlose Plünderung Delhis und die Massakrierung von Zehntausenden seiner Bewohner im März und April 1739 waren die tragischen Höhepunkte dieser Kampagne.[70] Die Zahl von 225 000 Ermordeten geisterte durch die zeitgenössische europäische Literatur.[71] Nadir Schah raubte den berühmten Pfauenthron der Mogulkaiser und den großen Koh-i-Nor-Diamanten (der 1850 in den Besitz von Queen Victoria gelangte). Uninteressiert an der Herrschaft über größere indische Territorien, kehrte Nadir nach Iran zurück und widmete sich in den folgenden Jahren der Ausdehnung und Sicherung der iranischen Grenzen am Persischen Golf und in Mesopotamien. Währenddessen unterzog der Schah das Land rücksichtsloser Plünderung. Revolten gegen seine Steuereinnehmer wurden häufiger, und sie wurden mit immer größerer Grausamkeit unterdrückt, wobei Nadir, zunehmend als wahnsinnig beschrieben, seinen sadistischen Neigungen freien Lauf ließ. Ein englischer Reisender verwunderte sich darüber, daß die Perser, im Unterschied zu anderen Muslimen, zu Nadir Schahs Zeiten ihre Ohren nicht durch Turbane und Mützen verdeckten: Jeder, dem man sie noch nicht abgeschnitten hatte, wollte sie stolz vorzeigen.[72] Schließlich nahm Nadir auch Timurs Gewohnheit an, Schädeltürme zu errichten. Anders als bei Timur handelte es sich aber um die Köpfe seiner eigenen Landsleute und Untertanen. In der Nacht auf den 1. Juli 1747 wurde der Tyrann, nur noch von seiner afghanischen Leibgarde geschützt, während eines Straffeldzugs gegen aufständische Kurden in seinem Zelt von verschworenen persischen Gefolgsleuten ermordet.

Nadir Schah war um die Mitte des 18. Jahrhunderts neben dem 1722 verstorbenen chinesischen Kaiser Kangxi die in Europa bekannteste Persönlichkeit der jüngeren asiatischen Geschichte. Sein Aufstieg und sein Fall wurden mit größter Aufmerksamkeit verfolgt. Sie wurden als Beispiel dafür genannt, wie lehrreich die Beschäftigung mit aktuellen Ereignissen in fernen Ländern sei.[73] Dank der großen Reiseberichte von Chardin, Tavernier, Kaempfer und anderen war das Interesse am safawidischen Iran nie erloschen.[74] Dem Sturz der Dynastie als Ergebnis der Invasion afghanischer Reiter aus dem wilden und bergigen Norden war Beachtung sicher. Bei der Kontemplation solch traurigen Verfalls fühlte sich Voltaire an das Deutschland des Dreißigjährigen Krieges, das Frankreich der Fronde oder das von den Mongolen verwüstete Rußland erinnert.[75]

In Europa wurde man durch Zeitschriftenkorrespondenten in Istanbul und Moskau aktuell auf dem laufenden gehalten.[76] 1728 erschien eine ausführliche Darstellung und Analyse der persischen Wirren: die *Histoire de la dernière revolution de Perse* des Jesuitenpaters Tadeusz Juda Krusínski, der die Ereignisse von 1707 bis 1725 aus nächster Nähe miterlebt hatte; 1722 entkam er knapp aus dem von den Afghanen belagerten, hungernden Isfahan.[77] Krusínskis offenbar etwas unordentlicher lateinischer Bericht wurde ins Französische übersetzt und von einem anderen Jesuiten, Jean-Antoine du Certeau, gestrafft und in eine spannende Erzählung umgewandelt. Die osmanische Regierung war an der iranischen «Revolution» so stark interessiert, daß sie den Text ins Türkische und diese Fassung wiederum ins Lateinische übertragen ließ.[78]

Krusínski/Certeau eröffnen das Werk mit einer langen Untersuchung des safawidischen Niedergangs. Er beginnt bereits um die Mitte des vorausgehenden Jahrhunderts und ermöglicht es den Afghanen überhaupt erst, im Iran Fuß zu fassen. Die Afghanen, bis dahin sogar in Asien fast unbekannt, sind häßliche, schmutzige und rohe Gesellen, deren Hauptbeschäftigung es ist, andere und auch sich gegenseitig zu berauben.[79] Auf der anderen Seite behandeln sie ihre Kriegsgefangenen und

Sklaven weitaus besser, als dies sonst in Asien üblich ist. Ein genialer Führer, Mir Wais, lenkt ihre kriegerischen Energien auf ein würdiges Ziel. Krunsínski/Certeau spielen nun geschickt mit den narrativen Erwartungen ihrer Leser. Diese dächten sicher sogleich an Timur und würden sich vorstellen, Persien sei «von einer schrecklichen Barbarenflut» überrumpelt worden.[80] Nichts sei falscher. Die dekadenten Safawiden seien durch eine relativ kleine Truppe geschickt operierender Bergkrieger zu Fall gebracht worden. Die Parallele zu der kleinen Zahl von Mandschuren, die 1644 Ming-China erobert hatten, lag auf der Hand. Krusínski, der sein Manuskript 1725 vollendete, glaubte beobachtet zu haben, daß sich die neuen Herrscher in Persien rasch zivilisierten und akklimatisierten und neuestens erfolgreich eine Politik der Versöhnung mit der einheimischen Elite zu betreiben begännen. Die persische Revolution könne dem Rest Asiens, in dem zuviel Stagnation und Verweichlichung vorherrsche, zum Muster dienen.[81] Der Barbareneinfall schien einen providentiellen Sinn zu besitzen: die Zivilisierung der Barbaren und zugleich das Erwecken einer überreifen und kraftlos gewordenen Zivilisation.

Nadirs Aufstieg als «Kriegskomet» und «tollkühnster Soldat des Zeitalters»[82] strafte Krusínskis Prognose Lügen. Nadir hielt andere Lehren bereit. Zuerst hörte man in Europa von ihm nach seinem Staatsstreich von 1732 und seinem Angriff auf das Osmanische Reich.[83] Die Nachrichten über ihn waren bald so umfangreich, daß der emsige Publizist David Fassmann schon 1738 einen 770 Seiten starken Band *Herkunft, Leben und Thaten des Persianischen Monarchens Schach Nadyr* erscheinen lassen konnte, den er freilich mit umständlichen Darstellungen der iranischen Geschichte ausstopfte.[84] Nadir erscheint hier als der tugendhafte, göttlich beglaubigte Retter seiner Nation, der seine «barbarischen» Feinde, nämlich «die Türcken, die Mongolaner [= Mogulen] und die Aghwaner», in ihre Schranken weist und den Iran wieder zu einer Großmacht erhebt. Eines seiner Geheimnisse ist Verwestlichung: Erst die Einführung einer Disziplin europäischen Typs machte Nadirs Truppen ihren Gegnern überlegen.[85] Offenbar kursierten zwischen 1734 und 1736 sogar Gerüchte in Europa, Nadir sei französischer, deutscher oder holländischer Herkunft.[86]

Die Heldengeschichte von Nadirs Aufstieg von einem Robin-Hood-artigen Sozialbanditen zum großen Kriegsherren erzählt 1742 James Fraser in seiner *History of Nadir Shah*. Sie stützt sich zu großen Teilen auf die mündlichen Auskünfte William Cockells, eines Vertreters der East India Company in Persien, den Fraser, ebenfalls bei der E.I.C. beschäftigt, in Indien traf.[87] Fraser/Cockells Nadir ist ein Charismatiker, der sich als Diener des Staates und Wohltäter des Volkes präsentiert, dessen oberste Sorge aber ist, seine Truppen loyal und kampfstark zu halten. Auch der

Indienfeldzug habe dem Hauptzweck gedient, Beute und Ruhm zu erwerben.[88] Fraser schildert die Schrecken der Plünderung Delhis ungeschminkt: Er gibt die Zahl der getöteten Bürger mit 120 000 an und macht eine genaue Statistik der aus Indien weggeschleppten Beute auf: riesige Mengen an Edelsteinen, Gold und Silber, 1000 Elefanten, 7000 Pferde, 10 000 Kamele, 100 Eunuchen, 300 Maurer, 100 Steinmetzen usw.[89] Ein zusammenfassendes Porträt, direkt aus Cockwells Feder, schildert Nadir Schah trotz allem als eine nahezu fleckenlose Heldengestalt: der Truppenführer, der die Entbehrungen seiner Soldaten teilt, strenge, aber gerechte Disziplin hält, über ein perfektes Gedächtnis verfügt und imstande ist, mehrere Dinge gleichzeitig zu tun,[90] kurz, Nadir als Originalgenie, das die Routine der Geschichte aufbricht und den erstarrten Orient in heilsame Bewegung versetzt. Nadir mag hier ein wenig nach Cromwell modelliert sein, und er nimmt in dieser Charakterisierung erstaunlich viele Züge des Eroberers Napoleon vorweg. Nadir-Anhänger ließen sich von den Untaten ihres Idols lange nicht beeindrucken. Man meinte sogar, Nadir habe der Weltwirtschaft einen großen Dienst erwiesen, indem er die gehorteten Schätze des Großmoguls der Zirkulation zuführte.[91] Auch seine indifferent-pragmatische Haltung zur Religion und sein Mißtrauen gegenüber deren offizielle Vertreter trugen ihm den Zuspruch kirchenkritischer Aufklärer ein.

Erst nach Nadirs Tod verdüsterte sich sein europäischer Ruf. Vergleiche zwischen ihm und Alexander dem Großen, einem im Europa der Aufklärung keineswegs unumstrittenen Helden, fielen immer seltener zugunsten des persischen Usurpators aus.[92] Der englische Kaufmann Jonas Hanway, der zwar – anders als William Cockell – Nadir nicht persönlich kannte, aber doch 1743/44 die Folgen seiner Herrschaft im Iran selbst beobachtet hatte und ausführlich davon berichtete, nannte ihn «ein Monster der Grausamkeit und Unterdrückung» und «die Geißel der östlichen Welt».[93] Hanway war bemüht, das Abgleiten von Nadirs Regime in grenzenlose Habgier und blutige Tyrannei nicht nur mit Psychologie, also etwa der Entartung heroischer Leidenschaften, zu erklären. Er sah eine gewisse Konsequenz in Nadirs Herrschaftssystem. Die Militärmaschine war durch die indische Beute verwöhnt und korrumpiert worden. Sie war nun ein unersättlicher Moloch. Nadirs anfängliches Charisma wurde durch sein Mißtrauen und die Notwendigkeit allgegenwärtiger Kontrolle und Bespitzelung aufgezehrt. Seine unbestreitbaren Tugenden als Truppenführer und Stratege, zu denen auch Vorsicht gehörte, machten ihn nicht auch zu einem weisen Gesetzgeber und Zivilverwalter.[94]

Hanways relativ differenziertes Bild, das die Tragödie Persiens nachzeichnet, ohne ihre Ursachen zu mystifizieren, vereinfachte sich mit dem Abstand von den Geschehnissen. Das Wüten des späten Nadir, das an die schlimmsten römischen Cäsaren erinnerte, wurde zudem durch das persische Geschichtswerk des Mirza Mahdi, des ehemaligen Hofhistoriographen Nadirs, in Erinnerung gerufen. Der junge William Jones hatte dieses Werk im Auftrag des dänischen Königs ins Französische übersetzt. Das Manuskript, das der Übersetzung zugrundelag, hatte Carsten Niebuhr 1765 in Shiraz erworben und nach Dänemark mitgebracht.[95] Nicht zuletzt auf der Basis dieser Chronik wurde Nadir Schah nun zum Ungeheuer schlechthin stilisiert. Verbrechen und Terror, so schrieb Jones, säumten seinen Weg.[96] Der Göttinger Professor Christoph Meiners, stets ein Liebhaber exaltierter Urteile, schwelgte 1795 in der primitiven Kriminalität des Regimes und erging sich in Gewaltphantasien:

Schach Nadir und dessen Generale zogen daher beständig mit Horden von wilden Kriegern umher, die nur durch Raub, Verstümmelungen und Mord unterhalten wurden und allenthalben Provinzen, Städte und Dörfer, wohin sie kamen, mit Blut und Zerstörung erfüllten. [...] Die tigerartigen Turcomannischen Horden erzeugten nie ein verderblicheres Ungeheuer, als Schach Nadir war.[97]

Manche providentiell denkenden christlichen Autoren konnten sich zudem mit Nadirs eigenem Anspruch, Gottes Strafrute zu sein,[98] befreunden und damit seiner Monstrosität einen gewissen Sinn abgewinnen. Der Jesuit Joseph Tieffenthaler fand, die Bestrafung durch Nadir sei Delhi, diesem Sündenbabel, recht geschehen:

Sie [die Stadt Delhi] war eine Schandgrube aller Laster, aller Unzucht und Unreinigkeit, und wurde daher mit dem Feuer des Krieges, wie Sodom und Gomorra mit dem feurigen Schwefelregen, heimgesucht, um das mehr als höllische Feuer der Unkeuschheit mit Ströhmen von Blut zu löschen. Und hiezu brauchte Gott den Nader Schah, als eine Geissel seines Zorns über die lasterhaften Einwohner von Delhi.[99]

Der Evangelikale Charles Grant, einer der höchsten Beamten der E.I.C., sah in den 1790er Jahren überhaupt alle muslimischen Eroberer Indiens bis hin zu Nadir Schah als Werkzeuge göttlicher Strafe für die verkommenen Hindus.[100]

Quer zur Dämonisierung Nadir Schahs als eines asiatischen Monsters stand Sir John Malcolms ausführliche Würdigung in seiner *History of Persia* von 1815. Malcolm, der auch einen Teil der persischen Quellen kannte, sah Nadir so ähnlich, wie Gibbon den Hunnenkönig Attila gesehen hatte: als einen in seinen Mitteln etwas harschen patriotischen Erneuerer seines Volkes. Nur war Attila der in seinem Stolz gekränkte Barbar, während Nadir ein zivilisiertes Volk von der schlimmsten Barbarenherrschaft des 18. Jahrhunderts befreite.[101] Die oft berichteten Greuel der Eroberung Delhis hielt Malcolm für weit übertrieben,[102] die Willkürherrschaft der letzten Jahre für verzeihlich; Geisteskrankheit mochte manches daran erklären. Bei Malcolm ist der unmittelbare Schock von Reisenden wie Hanway und Otter (der 1738 den Iran durchquerte) kaum noch zu spüren.[103] Es ist erstaunlich, wie weitgehend er ihre Zeugnisse über Gewalt und Anarchie im Lande ignoriert. Nadirs überragende Leistung sei die Befreiung Persiens vom afghanischen Joch und die Wiedererweckung nationalen Stolzes gewesen, und die Verehrung, die Nadir bis heute bei seinen Landsleuten genieße, sei der beste Beweis für seinen historischen Rang.[104] Malcolm, von Beruf General, ist voller Bewunderung für Nadirs militärische Kunst, die ihn an die Seite der großen europäischen Feldherren der Neuzeit stellt. In gewisser Hinsicht zu den Urteilen von Nadirs europäischen Zeitgenossen zurückkehrend, zieht er die Linie zwischen Zivilisation und Barbarei nicht zwischen «uns» und dem Ungeheuer Nadir, sondern zwischen Persern und den Barbaren Asiens, also den Afghanen und ein wenig sogar den dekadenten Indern des verweichlichten Mogulhofes. Nadir als eine moderne Erneuerergestalt emanzipiert sich von seinem asiatischen Hintergrund und durchbricht die ewigen Zyklen orientalischer Politik. Nachdem er Teile Afghanistan erobert hat, verzichtet er auf blutige Rache und macht sich die Afghanen zu treuen Verbündeten. Am Indienfeldzug falle nach den Maßstäben der Geschichte Asiens weniger die Gewaltsamkeit als die Milde des Eroberers auf.[105]

Malcolms Eloge verdrängte die Perhorreszierung Nadirs nicht.[106] Aber sie war einflußreich als das Urteil des angesehensten britischen Persienhistorikers des 19. Jahrhunderts. Malcolm sprach von der Warte eines erobernden Imperium Britannicum. Im Jahr von Waterloo sah er in Nadir weniger den orientalischen Bonaparte als den Vorläufer der eigenen Taten. Wie hätte er den Eroberer grundsätzlich kritisieren können? Auch die Briten in Indien hatten Erfolg, weil sie unter einheimischen Truppen Disziplin einführten, auch ihre Feldzüge waren keine friedlichen Spaziergänge, auch sie hatten ihre asiatischen Herrscherrollen usurpiert und stürzten bedenkenlos, wie Edmund Burke empört anmerkte, alteingesessene Ancien régimes auf dem gesamten Subkontinent. Im Rahmen der asiatischen Verhältnisse – und oft sogar im gesellschaftlichen Kontext der britischen Inseln – waren die Feldherren und Beamten der East India Company eben solche «Kriegskometen» und Parvenus wie Nadir Schah. Es war nur folgerichtig, in Nadir nicht den elementarhistorischen Dämon aus dem Nichts zu sehen, sondern den charismatischen Erneuerer. Ihm fehlte allerdings das, worauf sich die Briten am meisten zugute hielten: die Fähigkeit zu ziviler Stabilisierung, zur Selbstdomestizierung der Eroberer.

5. Haidar Ali: Tyrann und aufgeklärter Reformer

Das britische Empire hatte in der Tat Gründe, Nadir dankbar zu sein, hatte doch seine Zerstörung der Mogulherrschaft den späteren britischen Siegeszug auf dem Subkontinent sehr erleichtert. Als dieser Siegeszug 1757 mit Robert Clives Erfolg in der Schlacht von Plassey begann, war das Zwischenspiel Nadir Schahs bereits Geschichte, doch unvergessen.[107] Die Briten konnten Nadir gut rühmen, war er doch nie ihr eigener militärischer Gegner gewesen. Dies war anders bei den indischen Mächten während der zweiten Hälfte des 18. Jahrhunderts. Aus dem schnellen Verfall des mogulischen Einheitsstaates waren eine Reihe neuer Herrschaftsbildungen hervorgegangen. In deutlichem Kontrast zur politischen Stabilität Chinas und Japans und sogar der Kernlande des Osmanischen Reiches war Südasien ein Laboratorium staatlicher Neuformierung. Das Zerbrechen des imperialen Rahmens setzte Kräfte frei, die nach dem Tode des Kaisers Aurangzeb 1707 nicht mehr von einer übergeordneten Macht gebändigt werden konnten.[108] Zu ihnen gehörten die Sikhs im Panjab, die sich aus einer Religionsgemeinschaft im Laufe des 18. Jahrhunderts schrittweise politisch formierten und vor allem die Marathen im südindischen Dekkan. In der Mitte des 17. Jahrhunderts hatte Shivaji, einer der großen Staatengründer der Frühen Neuzeit,[109] aus Angehörigen von Krieger- und brahminischen Verwalterkasten eine neue politische Elite geschmiedet, die einen hinduistischen Rebellenstaat innerhalb des islamischen Mogulreiches aufbaute. Der Einheitsstaat zerfiel, und die Marathen traten im 18. Jahrhundert in loseren, sich ständig verändernden Formen eines Gemeinwesens in Erscheinung, für welches die europäische politische Theorie keine Begriffe besaß. Man half sich mit Analogien: Die einen fühlten sich an einen feudalen mittelalterlichen Lehensbann erinnert, die anderen gar an eine Föderation von Germanenstämmen. Doch die besten Kenner mußten einräumen, daß das Marathensystem singulär und unvergleichlich war: eine «barbarische», aber zeitweise recht erfolgreiche Organisationsform.[110] Die Marathen entwickelten sich zu den stärksten militärischen Widersachern der Briten. 1803 wurden sie entscheidend geschlagen, 1818 die Reste ihres Staates aufgehoben.

Keiner der indischen Regionalstaaten erregte in Europa mehr Aufsehen als der Staat Maisur (Mysore) unter seinen Herrschern Haidar Ali und dessen Sohn Tipu Sultan. Zwischen 1767 und 1799 standen die Briten und Maisur viermal im Krieg gegeneinander. 1767–69 bedrohte Haidar die britische Kolonialmetropole Madras und erreichte einen für ihn günstigen Frieden. Im zweiten Maisur-Krieg von 1780–84 fügte

Maisur, jetzt mit den Franzosen verbündet, den Briten mehrere Niederlagen zu und nahm eine größere Zahl britischer Gefangener. 1784 stand Maisur als stärkster der Staaten Südindiens auf dem Höhepunkt seiner Macht. 1789 griff Tipu Sultan den Raja von Travancore, einen Verbündeten der E.I.C., an. Dadurch sahen sich die Briten Anfang 1790 zu einem massiven Gegenschlag veranlaßt. Erst 1792 konnten sie diesen dritten Maisur-Krieg für sich entscheiden. Tipu verlor große Territorien, mußte eine hohe Kriegsentschädigung zahlen und der E.I.C. zwei seiner Söhne als Pfänder für die Einhaltung des Friedensvertrages übergeben. Nachdem 1799 ein winziges französisches Unterstützungskorps in Maisur eingetroffen war, interpretierte Generalgouverneur Lord Wellesley, der aggressivste unter den Erbauern des britischen Empire in Indien, dies als willkommenen casus belli und vernichtete das Sultanat Maisur. Tipu kam bei der Verteidigung seiner Hauptstadt Seringapatam ums Leben.[111]

Anders als im Falle Nadir Schahs, wo sich Europäer in der Rolle von Zuschauern des dramatischen Geschehens befanden, waren die Auseinandersetzungen mit Maisur Anlaß für eine umfangreiche britische Kriegspropaganda. Der dritte und erst recht der vierte Maisur-Krieg, jeder von beiden Seiten sehr brutal geführt, wurden in der Öffentlichkeit zu einem Ringen zwischen finsterer asiatischer Tyrannei und den Mächten des Guten stilisiert. In Augenzeugenberichten und Zeitgeschichtsschreibung, auf der Bühne und im Bild wurden Haidar und Tipu als die Erzfeinde nicht nur des freien Britentums, sondern auch der eigenen Bevölkerung dargestellt. Waren frühere englische Kriege in Indien nur wenig ideologisiert und zumeist mit einem nicht ganz reinen Gewissen hinsichtlich ihrer Rechtmäßigkeit geführt worden, so regte sich am vierten Maisur-Krieg keine Kritik mehr. Die Zerstörung des Sultanats wurde als ruhmreiche nationale Tat interpretiert: nicht als Eroberung (was sie in erster Linie war), sondern als Befreiung der Bewohner Maisurs von muslimischer Tyrannei. Tipus Tod erschien als Triumph der Gerechtigkeit.[112]

Anfang der 1790er Jahre war Maisur für die Briten nach dem revolutionären Frankreich so etwas wie der Reichsfeind Nr. 2. Die Bilder von ihm waren Feindbilder. Interessanter ist es, sich die Beurteilungen des Aufstiegs dieses südindischen Staates anzusehen. Haidar Alis negatives Image als blutrünstiger Tyrann entstand nach seinem Tod 1782 durch Berichte über die entwürdigende und grausame Behandlung, die britische Gefangene des zweiten Maisur-Kriegs erlitten hatten.[113] Briten seien zu dem Schlimmsten gezwungen wurden, das man ihnen antun könne: zur Konversion zum Islam.[114] Dem stand ein günstigeres Haidar-Bild gegenüber. Noch zu Haidars Lebzeiten hieß es bei Maistre de la Tour, einem seiner frühesten Biographen, Haidar sei der berühmteste Eroberer, den Indien seit Nadir Schah gesehen habe, diesem aber durch das Ausmaß seines Genies und sein zivilisierteres Betragen bei weitem überlegen.[115] Mit starker anti-englischer Tendenz werden dann aus der Sicht des französischen Augenzeugen Haidars Leben und die Zustände an seinem Hof geschildert. Despotisch führe sich in Indien nicht etwa Haidar auf, sondern die E.I.C., die ihn dessen bezichtige.[116]

Dem widersprach unverzüglich Francis Robson, der zwanzig Jahre in Indien verbracht hatte und versicherte, bei den meisten Kontakten zwischen den Briten und Maisur zugegen gewesen zu sein. Robson verzichtet noch auf jene blühende Rhetorik, die einige Jahre später die Anti-Tipu-Propaganda bestimmen wird. Er unterstreicht die Grausamkeit Haidars (die aber nicht wesentlich größer war als die anderer indischer Potentaten), kann ihm aber seinen Respekt nicht ganz versagen: Nachdem Haidar sich zwischen 1761 und 1763 zum Oberherrn über eine Reihe regionaler Rajas gemacht und in den Jahren danach seine übermächtigen Nachbarn, die Marathen, aus Maisur verdrängt hatte,[117] kehrten nach langem wieder Frieden und maßvoller Wohlstand in dieser Gegend Indiens ein. Nur solch eine zivile Aufbaupolitik habe es Haidar erlaubt, innerhalb kurzer Zeit ein Eliteheer aufzustellen.[118] Auch daß es sein oberstes Ziel war, «alle Europäer auf der indischen Halbinsel auszumerzen», wollte Robson dem Fürsten nicht allzu übelnehmen.[119]

Colonel William Fullarton, der Edmund Burke und seiner kritischen Beurteilung der britischen Expansionspolitik in Indien nahestand, schildert Haidar Ali in (noch) positiveren Farben. Er lobt seinen nach europäischen Prinzipien und mit Hilfe europäischer, besonders französischer, Berater aufgebauten Militärapparat und schildert, wie Haidar in den Friedensjahren 1769 bis 1780 mit dem Ehrgeiz und der Durchsetzungskraft eines Peters des Großen sein Land zu einem Musterstaat aufbaute:

> Unter seiner meisterlichen Regierung erreichten seine Länder eine Perfektion, die bisher unter indischen Souveränen unbekannt gewesen war. Der Bauer und der Handwerker prosperierten überall, der Anbau nahm zu, neue Gewerbe wurden gegründet, und Wohlstand floß in das Königreich.[120]

Haidar sei gegen Schlamperei und Korruption vorgegangen, habe sich um jedes Detail selbst gekümmert, unablässig Inspektionen vorgenommen und sich Akten vorlesen lassen (er war illiterat) und sei dabei stets für sein Volk zugänglich gewesen.[121] Anders gesagt, Haidar war ein durch Usurpation als *homo novus* zur Macht gelangter Militärdespot vom Schlage Nadir Schahs, anders als dieser aber mehr als nur das: auch ein Reformer und glänzender Ziviladministrator. Fullarton wiederholt einige Geschichten, die sich bereits bei Maistre de la Tour finden, und es ist unklar, ob seine Schilderungen auf Augenschein beruhen. Bemerkenswert ist, daß hier zum ersten Mal seit dem Mogulkaiser Akbar ein indischer Herrscher in einer Weise dargestellt wird, die ihn näher an einen Vertreter des aufgeklärten Absolutismus in Europa als an den Typus des orientalischen Despoten heranrückt.

1801 nimmt sich in Halle Matthias Christian Sprengel, der unermüdliche Verarbeiter von Nachrichten aus Übersee, den wir schon als Schwiegersohn und Mitarbeiter Johann Reinhold Forsters kennengelernt haben, des Themas an. Zehn Jahre zuvor hatte er bereits eine umfangreiche, vorwiegend auf britische amtliche Veröffentlichungen gestützte Geschichte der Marathen publiziert. An den Marathen interessierte ihn ihr dramatischer Aufstieg von einem «rohen räuberischen Bergvolk» zur nach den Engländern stärksten politischen Kraft in Indien.[122] Die Quellenlage erlaubte es ihm noch nicht, ein Bild von der Gesellschaft Marashastras zu zeichnen. Aber er vermochte Bedingungen für den Erfolg der Marathen anzugeben: die visionäre Gründerleistung Shivajis, die systematische Pflege der Kavallerie und die taktische Perfektionierung des Reiterkrieges, das Lernen von europäischen Söldnern und von den Erzfeinden, den Mogulen, die Entwicklung von Plünderei als Lebensform, schließlich die Verachtung von Prunk und Pomp und das Festhalten an den alten Sitten.

Repräsentierten die Marathen das Elementarhistorische gleichsam als Volk, so verkörperte es sich bei Haidar Ali in einer Führerpersönlichkeit. Auch Maisurs Schicksale «zeigen uns ein treffliches Bild gewöhnlicher indischer Revolutionen, daß ein kleines unbedeutendes Gebiet sich schnell zu einem mächtigen Staate erheben kann».[123] Wie Nadir Schah, so begann auch Haidar als «Räuber» oder einfacher Truppenführer im Dienste eines Herrn, den er 1761 durch einen Staatsstreich entmachtete und nur noch als Marionette eine Weile auf dem Thron ließ. Anders als Nadir wandelte sich der Warlord aber in einen weisen Gesetzgeber, der vor allem die Bedeutung der Wirtschaftsförderung erkannte und dabei große Erfolge erzielte.[124] Nicht seine eigenen Unzulänglichkeiten ziehen Haidar Grenzen, sondern nur Aggressivität und Mißgunst seiner mächtigeren Nachbarn, der Marathen und der Engländer. Im Unterschied zu den britischen und französischen Autoren, die über Maisur schreiben, steht Sprengel außerhalb kolonialer Kontroversen und internationaler Rivalitäten. Soweit es ihm seine britischen Quellen erlauben, versucht er, ohne polemische Übertreibungen die Geschichte Maisurs von innen heraus, also aus Haidars und Tipus Perspektive darzustellen. Tipu schneidet dabei schlechter ab als sein Vater: Größenwahn und ein militanter Islam, der viele seiner hinduistischen Untertanen abstieß, schwächten letzten Endes seine Position.[125]

Die Geschichte Maisurs unter Haidar und Tipu fand ein Jahrzehnt nach der Katastrophe von Seringapatam ihren gültigen Historiker in Colonel Mark Wilks, der sieben Jahre lang in Maisur gelebt und ausgiebige Studien in Manuskripten auf marathi und persisch, in Inschriften, Münzen und anderen Quellenarten getrieben hatte.[126] Wilks versagte sich den Gestus des triumphierenden Siegers. Geschult in den olympischen Tonlagen Edward Gibbons, blickte er mit nostalgischen Gefühlen auf Aufstieg und Fall des Moslem-Staates Maisur zurück. Sein Portrait Haidar Alis unterdrückt Brutalität und Doppelzüngigkeit nicht, läßt aber keinen Zweifel daran, daß die Engländer und der Durchschnitt der anderen indischen Fürsten ihm in beidem nicht nachstanden. Auch bei Wilks, unvergleichlich viel besser informiert als Sprengel in seiner Hallenser Studierstube, scheinen Haidars Herrschertugenden durch: ein zweiter, ein geläuterter Nadir Schah, ein patriotischer Militärherrscher, dessen Kriege eher defensive als offensive Aktionen waren, ein Räuber, der sich zum Förderer von Landwirtschaft, Handel und Gewerbe mauserte. «Elementarhistorisch» an Haidar war nur mehr seine Herkunft außerhalb dynastischer Zirkel. Seine Politik war modern, europäisch beeinflußt, ein Beispiel von weitgehend richtig angelegtem *state-building*. Er hätte der Peter der Große ganz Indiens werden können, wäre ihm nicht, wie James Mill die Sache 1817 geschichtsphilosophisch interpretierte, ein Volk entgegengetreten, das an Staats- und Kriegskunst und an Wissen überhaupt jedem indischen überlegen war.[127] War Nadirs Ruf als blutrünstiges Monster sogar durch die Kunst des Historikers Malcolm nicht aus der Welt zu schaffen, so mußte sich im Gegenteil die britische Propaganda anstrengen, um das Bild Haidars und Tipus einzuschwärzen. Vor allem Haidar bestätigte kaum die Klischees von der Barbarei asiatischer Politik. Gerade dies machte ihn verdächtig und gefährlich: ein einheimischer Modernisierer, der – ähnlich wie einige Jahrzehnte später Pascha Muhammad Ali von Ägypten – der europäischen kolonialen Zivilisierungsmission ihre Voraussetzungen und Vorwände zu entziehen drohte.

6. Die Modernisierung vulkanischer Politik

Wer die Berichte las, welche die Jesuitenmissonare während der ersten vier Jahrzehnte des 17. Jahrhunderts und dann wieder zwischen etwa 1690 und 1760 aus China nach Europa übermittelten, gewann den Eindruck einer zeitlosen, unbeweglichen Ordnung. Dieses Bild war nicht charakteristisch für Asien als Ganzes und die europäische Asienwahrnehmung insgesamt. Vielmehr erschien Asien in erster Linie als Kontinent politischer Turbulenzen, «Revolutionen» in der Sprache der Zeit. Selbst

China wurde von ihnen nicht verschont. Zwischen der Mandschu-Eroberung der Hauptstadt Peking 1644 und dem Abschluß der Pazifizierung des Reiches etwa vier Jahrzehnte später war es Schauplatz von Ereignissen, die an Gewaltsamkeit die englische Revolution weit in den Schatten stellten und mit dem Dreißigjährigen Krieg verglichen werden können. Das erkannte man in Europa genau.

1644 und die Folgen: Abermals – wie schon so oft in der Geschichte Asiens – schien hier ein urtümlich «Elementarhistorisches», wie Hegel formulieren würde, durchzubrechen, die entfesselten Kräfte quasi-natürlicher Gewalten, die gegen die Zentren der Zivilisation anbrandeten. Europäische Autoren schenkten dem Gegensatz zwischen Steppe und Acker, Hirtengesellschaften und Bauerngesellschaften, Mobilität und Stabilität ein großes Maß an Aufmerksamkeit. Zu Recht, denn zweifellos handelt es sich dabei um einen der fundamentalen Kontraste der Weltgeschichte. Aber in den europäischen Asienschriften der Frühen Neuzeit liegen die Verhältnisse noch nicht so klar zutage wie später vielfach in der polarisierenden Denkweise und Literatur des 19. Jahrhunderts. Man nimmt keineswegs eindeutig Partei für die «Zivilisation» und gegen die «Barbarei». Dies läßt sich an der ambivalenten Einschätzung der beiden großen mittelalterlichen Reichsgründer Dschingis Khan und Timur zeigen. Beide werden bis hin zu einem angesehenen Autor des frühen 19. Jahrhunderts wie Sir John Malcolm durchaus noch nicht eindeutig als Inbegriffe «asiatischer Grausamkeit» stilisiert. Ihre Leistung als *législateurs* wird ebenso gewürdigt wie die außerordentliche Zweckrationalität ihrer Politik.

Im zeitgenössischen Asien des 18. Jahrhundert waren es vor allem Usurpatoren und kometenhaft aufsteigende Kriegsherren, die ein ähnliches Interesse hervorriefen wie vergleichbare europäische Ausnahmefiguren: Wallenstein, Cromwell, später Napoleon Bonaparte. Sie bewiesen, daß der politische Vulkan Asiens keineswegs erloschen war. Nadir Schah von Persien war eine internationale Zelebrität, ein potentiell welthistorisches Individuum im Sinne Hegels, der mögliche Peter der Große des Iran. Europäische Beobachter verfolgten seine Laufbahn mit geradezu journalistischem Interesse. Was ging schief? Die Degeneration von Nadirs Herrschaft in eine der schlimmsten Tyranneien der neueren Geschichte Asiens gab ein genau beobachtetes Lehrstück ab für moralische Korruption und den zerstörerischen Automatismus des puren Kriegsherrentums.

Sultan Haidar Ali von Maisur war eine bei weitem weniger monströse Gestalt; er war auch kein nationaler Herrscher, sondern einer der wichtigeren indischen Regionalfürsten. Haidar wurde deswegen in Europa – und beileibe nicht nur in Großbritannien, das sich unmittelbar mit ihm auseinanderzusetzen hatte – so stark beachtet, weil er ein für Asien neues historisches Prinzip zu verkörpern schien: den zielbewußt modernisierenden Staatskonstrukteur, also das glatte Gegenteil des altmodischen und dekadenten «orientalischen Despoten». Haidar war der erste politische Führer Asiens, der erkannt zu haben schien, daß die europäischen Invasoren mit ihren eigenen Mitteln und Waffen geschlagen werden mußten. Eben dies machte ihn und seinen weniger weitsichtigen Sohn Tipu Sultan zu besonders gefährlichen Gegnern der aufstrebenden Imperialmacht Großbritannien. Das Experiment Maisur wurde ausgelöscht, doch Haidar Ali verlor nie ganz den Respekt seiner Überwinder. Die sprengende politische Kraft des Elementarhistorischen wurde in ihm zur Kraft der Neubildung auf den Trümmern alter Reiche geläutert. Aus dem bedrohlichen Kriegssturm eines Timur oder Nadir Schah wurde, wenn auch erst in Spuren sichtbar, die stillere Widerständigkeit asiatischer Reform.

IX.
Wilde und Barbaren

Das Elementarhistorische war in den Augen des europäischen 18. Jahrhunderts eine «barbarische» Kraft. Es war die Nicht-Zivilisation, die von außen in die Welt der Zivilisierten einbrach und sie vernichtete. Manchmal war es auch seine Sendung, die Zivilisation durch unverbrauchte Ursprünglichkeit aus Luxus und Lethargie zu befreien. Der Barbar war beides: Zermalmer der *Ver*feinerung und Nemesis der *Über*feinerung zugleich. Dort, wo auf den kathartischen Effekt die Anpassung zivilisationsoffener Barbaren an die unterworfene Kultur folgte, wurden im besten Falle neue Synthesen erreicht. Dies machte für viele die Faszination Chinas aus, hatten doch hier die «barbarischen» Mandschuren unter ihrem Kaiser Kangxi die chinesische Zivilisation zu neuer Blüte geführt. Auch aus diesem Grunde war Kangxi in europäischer Sicht der bemerkenswerteste Monarch Asiens: der Barbarenkönig als Friedenskaiser.[1] Wie der Gote Theoderich bei Edward Gibbon,[2] so ist Kangxi für seine Bewunderer der Inbegriff des Idealfürsten: der geläuterte Barbar.

Nicht alle «Barbaren» wurden jedoch elementarhistorisch wirksam. Die meisten waren längst keine Subjekte weltgeschichtlicher Bewegung mehr. Sie waren politisch harmlos geworden, und es fiel leicht, sie ebenso wie die «Wilden» als Objekte ethnographischer Betrachtung zu behandeln. Die «Anderen» werden der Ethnographie und Ethnologie überlassen, sobald man sie politisch und militärisch nicht mehr zu fürchten braucht. Dieser Prozeß begann für Asien im 18. Jahrhundert.

1. Verlorene Wilde

Die Zeiten, in denen man in Asien monströse Mischwesen zwischen Mensch und Tier erwartete, wie antike Autoren sie beschrieben hatten, waren seit etwa der Mitte des 17. Jahrhunderts unwiderruflich vorbei. Der europäische Asiendiskurs der Aufklärung war von Illusionen und Wunschvorstellungen durchzogen, entbehrte aber jeder Phantastik. Für das aufgeklärte Bewußtsein wirkten die gleichen Naturgesetze überall.

In Asien war vieles möglich, das den europäischen Verstand strapazierte; die asketischen Übungen indischer Heiliger (Fakire) etwa schienen geradezu unfaßbar zu sein. Doch glaubte niemand unter den Gebildeten Europas an die Existenz exotischer Gegenwelten, in denen die Gesetze der Physik aufgehoben waren. Das zauber- und märchenhafte Asien der Elementargeister und fliegenden Teppiche, aber auch der Gewalt und der Ausschweifung, von Antoine Gallands Übersetzung der Märchen aus 1001 Nacht am Beginn des 18. Jahrhunderts für Europa literarisch erschaffen, wurde zuerst von William Beckford in der Novelle *Vathek: An Arabian Tale* (1786), dann in der Romantik als Stoff und Schauplatz neu entdeckt und kräftig mit Schauerelementen angereichert. Dichter wie Byron, Coleridge, Puškin, Wilhelm Hauff, Théophil Gautier, Thomas Moore und Thomas de Quincey lasen Reiseberichte, um ihre Phantasie anzuregen.[3] Die Welten des fiktiven und des als wirklich angenommenen Asien berührten sich vielfältig, doch die meisten Zeitgenossen – nicht zuletzt die Dichter, die ihre Werke mit Fußnotenreferenzen auf Reiseberichte ausstatteten – hielten sie für trennbar.

Wenn das Phantastische in Asien der Entzauberung anheimgefallen war, gab es dann wenigstens «Wilde»: nicht Tiermenschen, sondern Menschen vor ihrer – je nach philosophischem Geschmack des Betrachters – veredelnden oder verderbenden Berührung mit der modernen Zivilisation? Der Edle Wilde war in Amerika entdeckt und in den 1760er Jahren in der Südsee wiedergefunden worden. Der Mythos vom natürlichen Menschen wurde in den Wäldern Kanadas und auf den Inseln des Pazifiks inszeniert.[4] In Europa hatte man Wildheit so weit wegdomestiziert, daß selbst die Entdeckung wilder *Pferde* Verwunderung hervorrief.[5] In Asien hielten sich «wilde» Gesellschaftszustände an den äußeren Rändern der großen Reiche.

Jede der asiatischen Hochkulturen hatte ihre eigenen Vorstellungen von Wildheit und Barbarei. Sie stimmten oft mit den Einschätzungen europäischer Beobachter überein. Die China-Jesuiten etwa berichteten über die kaiserlichen Feldzüge und Unterdrückungskriege gegen ethnische Minderheiten im südchinesischen Bergland ganz aus dem Blickwinkel des Kaiserhofes, der sich für den Mittelpunkt aller Zivilisation hielt.[6] Auch die nicht-hanchinesische Urbevölkerung Formosas und die wilden Bergstämme im Tributstaat Tonking wurden als Wilde dargestellt.[7] Der britische Gesandte Dr. John Crawfurd examinierte im Juni 1822 einen Angehörigen des Volkes der Ka, den ihm seine siamesischen Gastgeber vorstellten:

> Heute brachte man mir ein Individuum aus dem wilden Volk *(wild race)*, das Ka genannt wird. Diese Leute bewohnen das Bergland zwischen Laos und Kambodscha und haben sich ihre ursprüngliche Unabhängigkeit *(rude independence)* bewahrt. Die Siamesen fangen sie ohne Bedenken, sobald sich eine Gelegenheit

dazu bietet. Als Folge dieser Praxis finden sich in der Hauptstadt etliche von ihnen als Sklaven. Mein Besucher war vor etwa drei Jahren geraubt worden. Seine Gesichtszüge unterschieden sich verblüffend von denjenigen eines Vietnamesen. [...] Seine Intelligenz übertraf meine Erwartungen bei weitem.[8]

In Vietnam erfuhr derselbe Reisende, daß man die benachbarten Kambodschaner als Barbaren betrachtete, und in Burma wurde ihm die ethnische Gruppe der Karen als Wilde beschrieben.[9] Schon Chardin hatte berichtet, die Perser sähen die benachbarten Moskowiter und Tataren als Barbaren.[10] Nahezu jeder, der von europäischer Warte aus als Barbar erschien, blickte auf seinerseits auf eigene Barbaren hinab.

Darüber, daß es auch an der Peripherie Europas Völker gab, die von Zivilisiertheit noch weit entfernt waren, herrschte Einigkeit: Lappen, Albaner, Iren, Hochlandschotten und manch andere. Paris hatte lange nichts Erstaunlicheres und für viele Erschreckenderes erlebt als 1813 den Einzug der russischen Armee mit ihren tatarischen und kaukasischen Corps. Besonders die Kaukasier ließen die Ambivalenz der Wildheit erkennen, waren sie doch nur zum kleineren Teil Untertanen und Hilfstruppen des Zaren. Die meisten Kaukasusvölker verteidigtem ihre Freiheit gegen das kriegerisch vorrückende Zarentum und mußten sich daher sagen lassen, sie seien «so wie in Religion und Gesetzen unwissend, so auch in Sitten roh, mehr räuberisch als diebisch, falsch, hinterlistig und gegen sich und andre treulos».[11] In der «Raubkunst», so schrieb einer ihrer wenigen westlichen Besucher, seien besonders die Tschetschenen «große barbarische Meister».[12] Wie nahezu nirgendwo sonst schien im Kaukasus das Faustrecht einer gesetzlosen Un-Gesellschaft zu herrschen. Aufmerksame Betrachter aber erkannten, daß Bräuche wie die Gastfreundschaft oder die Blutrache als funktionale Äquivalente von gefestigten gesellschaftlichen Institutionen dienen konnten.[13]

Als Vertreter der rohesten Abschattierung von Wildheit galten im 18. Jahrhundert die Bewohner Feuerlands, die Neuseeländer und gegen Ende des Jahrhunderts auch die australischen Aborigines sowie die Buschmänner Südafrikas. Solche Zustände extremer Kulturferne ließen sich in Asien sehr selten antreffen. Das sicherste Anzeichen dafür ist die Seltenheit von Anthrophagieberichten, also Beschreibungen des drastischsten Ausdrucks von Kulturferne. William Dampier, dem Sensationellen keineswegs abgeneigt, versicherte, während seiner gesamten dreizehnjährigen Weltumsegelung keinen einzigen Menschenfresser getroffen zu haben.[14] In der gesamten riesigen Asienliteratur des 17. Jahrhunderts gibt es nach Aussagen der besten Kenner nur zwei Autoren, die behaupten, Augenzeugen von Kannibalismus gewesen zu sein, in beiden Fällen auf der indonesischen Insel Amboina.[15] Im 18. Jahrhundert dürften es kaum mehr sein. Gelegentlich ist von Hungerkannibalismus die Rede, etwa in den 1760er Jahren im indischen Patna.[16] Gibbon macht sich ein Vergnügen daraus, die christlichen Ritter des Ersten Kreuzzugs und nicht etwa die Asiaten als die größten und nahezu einzigen Menschenfresser des Mittelalters darzustellen.[17] William Marsden versichert in seiner *History of Sumatra*, das Volk der Batta (Batak), das ansonsten zivilisiert genug sei, um sich in bunte Webstoffe zu kleiden, Orchestermusik zu machen und geschickt mit Musketen umzugehen, huldige einem rituellen Kannibalismus. Aber er hat es selbst nicht gesehen, folgt hauptsächlich einer literarischen Tradition und ist sich am Ende doch nicht sicher.[18] Sir Stamford Raffles weiß 1820 nach gründlichen Nachforschungen zu berichten, unter den Batta sei der Brauch, die arbeitsuntüchtigen Alten zu verspeisen, mittlerweile dem Fortschritt der Zivilisation zum Opfer gefallen. Dennoch traut er einer solchen angeblichen Milderung der Sitten nicht ganz und schreibt vorsorglich an seine Freundin Charlotte, Herzogin von Somerset: «[...] ich bin entschlossen, Lady Raffles mit in das Landesinnere zu nehmen und dort einen Monat oder zwei unter den Battas zu verweilen. Wird man nichts mehr von uns hören, so dürfen Sie annehmen, daß wir gegessen wurden.»[19] Sir Stamford und Lady Sophia kamen wohlbehalten zurück, aber mit schauerlichen Geschichten, die man ihnen erzählt hatte, über den juristischen Kannibalismus der Battas, dem in Friedenszeiten jährlich fünfzig bis sechzig Verurteilte zum Opfer fielen. Raffles fand die Umstände im Prinzip nicht schlimmer als die öffentlichen Leibesstrafen in der jüngeren europäischen Vergangenheit und vertraute auch in diesem Fall auf den allmählichen Fortgang der Zivilisation.[20]

Eine der ganz seltenen Beschreibungen eines asiatischen Volkes im Zustande extremer Rohheit findet sich bei Captain Michael Symes, dem Verfasser zweier detailscharfer Berichte über Burma. Auf der Hinreise während seiner ersten Burmamission, die er im Auftrag der E.I.C. von Kalkutta aus unternahm, besuchten Symes und seine Begleiter im Frühjahr 1795 die Andaman-Inseln im Golf von Bengalen. Hier trafen sie entlang der Küste eine Bevölkerung von mehr als zweitausend Personen, *a degenerate race of Negroes with woolly hair, flat noses and thick lips.*[21] Diese Menschen gingen vollkommen nackt, lebten in einfachsten Baumhütten, ernährten sich fast ausschließlich von gespeerten Fischen und bedeckten sich mit einer in der Sonne gehärteten Schlammschicht, um sich vor Insekten zu schützen. Symes stand entsetzt vor solch halb-menschlicher Primitivität, lobte aber die Tugenden der Andamaner: sie ließen sich von den Fremden nicht zu Alkoholgenuß verführen, strebten in Gefangenschaft stets zu ihrer ursprünglichen Freiheit zurück und trieben einen Sonnen- und Mondkult, der ihm als «die reinste Form der Frömmigkeit eines unaufgeklärten Geistes» *(the purest devotion of an unenlightened mind)* erschien.[22] Symes, ein vorsichtiger Beobachter, hielt es für leichtfertig, diesen Menschen ohne eindeutige Beweise Kannibalismus zu unterstellen. Ebenso sei es unmöglich zu klären, ob sie an ein Jenseits glaubten oder nicht. Seine Befremdung formulierte er zurückhaltend und ohne dramatisierten Abscheu, aber auch umgekehrt findet sich von einer Verklärung dieser Art von *homme naturel* bei ihm keine Spur. Symes brachte die Dinge wohl auf ihren realistischen Punkt, wenn er chronische Unterernährung als Folge einer ungünstigen Flora und Fauna und des Fehlens von Kochgefäßen feststellte. Kurz: der gebildete britische Offizier erwies sich als ein früher Vertreter dessen, was die heutige Ethnologie *cultural materialism* oder Kulturökologie nennt.

Anderes als die armseligen Andamaner hatten die Reisebeschreiber aus Asien der Sehnsucht des späten 18. Jahrhunderts nach unverfälschter Wildheit nicht zu bieten. Allein die Bewohner Kamtschatkas, schwieriger zu erreichen als die Insulaner der Südsee, hätten das Zeug gehabt, so etwas wie die Tahitianer des Nordens zu werden. Im Zuge der Großen Nordischen Expedition wurden sie von zwei der wagemutigsten Reisenden der Epoche besucht und beschrieben: dem jungen Russen Stepan Krašeninnikov, der Kamtschatka, den östlichsten Zipfel des Zarenreiches, von September 1737 bis Juni 1741 erforscht hatte, und Georg Wilhelm Steller, der im September 1740 auf der Halbinsel angekommen war und sie im März 1745 wieder verließ.

Die Frage, welche Eigenschaften ein «wildes» Volk ausmachten, waren seit der Mitte des 16. Jahrhunderts ausgiebig diskutiert worden. Die übliche Antwort war, kurz gesagt, daß ihnen dreierlei fehle: Gesetze, Religion und Sitten.[23] So in etwa blieb der Diskussionsstand, bis nach 1748 Montesquieu, Rousseau und Ferguson eine soziologischere, Fragen von Arbeitsteilung und Technologie in den Vordergrund rückende Idee von Wildheit entwarfen. Krašeninnikov, von solchen Gedanken noch unberührt, verwandte ein handfestes Kriterium, um festzustellen, ob er es mit Wilden zu tun hatte: Wild waren Leute, die noch nie mit Europäern in engere Berührung gekommen waren, was man an ihrer Unkenntnis von Alkohol und Tabak erkennen könne.[24] Dies traf für die meisten Kamtschadalen zu.

> Die Eingebohrnen vom Kamtschatka sind so wild als das Land selbst. Einige derselben haben keine beständige Wohnsitze, sondern wandern von einem Ort zum andern mit ihren Heerden von Rennthieren. [...] Ihre Gemüthsbeschaffenheit und Neigungen sind roh, und sie sind in allen Wissenschaften und der Religion ganz unerfahren.[25]

Krašeninnikovs detaillierte Ethnographie betont die Gegensätze zu Europa. Am anderen Extrem Eurasiens findet sich die perfekte Gegenkultur.

Gemeinsam haben die Europäer und die Kamtschadalen (genauer: Itelmenen) nur, daß sich beide für die glücklichsten Menschen auf der Welt halten. Die Itelmenen besitzen ein ganz anderes Zeitgefühl als die Europäer. Sie kennen kein Privateigentum an Land, da es davon mehr als genug gibt. Ihr Handel untereinander und mit Nachbarvölkern ist eher ein zeremonieller Gabentausch und dient nicht der Bereicherung, sondern nur dem Zweck, sich das Notwendige zu beschaffen. Ihre Begriffe von Laster und Tugend sind vollkommen utilitaristisch und moralfrei: «Sie halten alles für recht und gut, was ihre Wünsche und Begierden befriedigt und halten das nur für Sünde, wodurch sie sich in Gefahr oder gar in den Untergang stürzen.»[26] Ehescheidungen sind ganz einfach; auf Jungfernschaft vor der Ehe geben sie nicht viel. Ihre Toten werden den Hunden zum Futter vorgeworfen – nicht erstaunlich für eine Gesellschaft, in der Hunde der kostbarste Besitz sind: «Diejenigen, welche hier von Hunden gefressen werden, sollen in der andern Welt mit desto schönern Hunden fahren.»[27] Ihr größtes Vergnügen ist der Müßiggang. Sie jagen, fischen und arbeiten nur, wenn es sich überhaupt nicht vermeiden läßt. Sie leben vollkommen in der Gegenwart; Vergangenheit und Zukunft interessieren sie nicht. «Sie haben keinen Begriff von Reichthum, Ruhm und Ehre, daher waren auch Geiz, Stolz und Ehrgeiz unter ihnen unbekannt.»[28]

Steller, ein noch genauerer Beobachter, zeichnet ein ähnliches Bild von den lebenslustigen und materiell bedürfnislosen Itelmenen auf Kamtschatka, die noch dazu durch ihre musikalische Kunstfertigkeit selbst den Zeitgenossen Bachs und Händels zu begeistern verstehen:

> Ausser dem Essen ergötzen sie sich mit Singen. Wie man nun in Wahrheit sagen kan, daß diese fröliche Nation vor allen andern zur Musik angelegt sey, so kan man sich nicht gnug über ihre Gesänge verwundern, welche gar nichts wildes in sich enthalten, sondern cantable und nach denen Regeln der Musik, dem Tacte und Cadenzen, derart wohl eingerichtet sind, daß man sich dergleichen bey diesem Volke nimmermehr vermuthen sollte. Wenn man die Cantaten des großen Orlandi Lassi ansiehet [...], so kommen solche, was die Annehmlichkeit ausser der Kunst betrifft, viel schlechter heraus als die Arien der Itälmenen, welche sie nicht nur alleine einstimmig singen, sondern auch einander mit Mittel-Stimmen zu secundiren wissen.[29]

Sie sind sexuell vollkommen ungehemmt und lassen auch ihrem Besucher aus der Zivilisation keine andere Chance, als sich unter Bedingungen unterentwickelter Geldwirtschaft den örtlichen Freiheiten anzupassen:

> Wer nach Kamtschatka kommt und sich kein Frauenzimmer zuleget oder mit keinem Weib im heimlichen Verständnisse lebet, wird durch die Noth dazu forciret. Niemand wäschet, nehet, dienet ihm, oder thut ihm den geringsten Dienst, wo man nicht die Bezahlung durch den Beyschlaf verrichtet.[30]

Fast zwei Jahrzehnte, bevor der Weltumsegler Bougainville Europa mit den Freuden im irdischen Paradies Tahiti bekanntmachte, beschrieben Steller und Kraševinnikov das naive Glück einer vorzivilisatorischen Gemeinschaft. Aber der erste Eindruck trog. In der Südsee und zuvor schon bei den «wilden» Bewohnern Feuerlands fiel Bougainville jene hierarchielose ursprüngliche Demokratie auf, die andere bereits bei einigen Indianerstämmen Nordamerikas beobachtet hatten.[31] Ähnlich Kraševinnikov:

Einst, lebten die Einwohner [Kamtschatkas] in einer vollkommenen Freyheit, hatten keine Oberherrn, waren keinen Gesetzen unterworfen und bezahlten keine Auflagen. Nur die Greisen und die, so sich durch ihre Tapferkeit hervorgethan hatten, stunden in ihren Dörfern in größerem Ansehen, keiner aber hatte ein Recht, Befehle zu geben oder Strafen aufzuerlegen.[32]

Doch diese Zeiten sind längst vorbei. Als die Forschungsreisenden die Halbinsel besuchen, sind die Spuren der 1697 brutalen begonnenen Eroberung durch Kosaken nicht mehr zu übersehen. Große Teile Kamtschatkas, an dem die Zaren nichts als Zobelfelle interessierte, sind zur russischen Ausbeutungskolonie verkommen.[33] Steller und sein russischer Freund erkennen bereits, daß sich kaum noch Aussagen über die authentische Kultur der Itelmenen machen lassen. Um 1740 sind sie kriegerisch gesinnt; ihre Klans und Dörfer bekämpfen sich bis zur Ausrottung. War dies immer schon so, ist es also ein Ausdruck des Volkscharakters oder nicht vielmehr erst ein Resultat der Brutalisierung aller sozialen Beziehungen durch die russische Invasion?[34] Eine Antwort war den Besuchern unmöglich. Kein Fremder hat je, wie sie bitter feststellen müssen, die «natürlichen» Itelmenen besuchen können. Steller beklagt allgemein, «wie stark die Beraubung der natürlichen Freyheit unsre Neigungen und Sitten verändern könne», und bezieht dies auf die Lage in Kamtschatka:

Aus diesem Grunde kann man sagen, daß sich Kamtschatka ganz und gar in kurzer Zeit unähnlich worden, und viel schlechter beschaffen sey als vorhin. Je mehr die Itälmenen mit denen Cosaken conversiren, je näher sie um die Ostroge[35] wohnen, je größere Freunde sie von denen Cosaken und russischen neuen Sitten sind, desto betrüglicher, lügenhafter, heimtückischer und verstellter sind sie: je entfernter desto mehr natürliche Ehrlichkeit und Tugenden trift man noch unter ihnen an.[36]

Der Traum vom Naturmenschen war in Asien ausgeträumt, bevor er in der Südsee begonnen hatte. Als die ernüchternden Kamtschatkaberichte in Westeuropa bekannt wurden – Kraševinnikov 1764 zuerst in englischer, Steller 1774 in deutscher Sprache – konnten sie aufmerksamen Lesern zumindest zweierlei nahelegen: Zum einen ließen sich «edle» und «unedle» Wilden in der ethnographischen Wirklichkeit nicht eindeutig unterscheiden, zum anderen war die authentische Wahrheit der «Anderen» immer schon durch Kontakte getrübt. Nur eine Minderheit unter den europäischen Intellektuellen folgte dem Zivilisationskritiker Rousseau und projizierte utopische Wünsche auf einen idealisierten *homme naturel*. Die üblichere Frage war, wie aus dem Wilden der Barbar wurde.[37]

2. Viererlei Barbarei

Auch noch im 18. Jahrhundert blieben die europäischen Vorstellungen von Gesellschaften, die anders organisiert waren als die eigenen, von Begriffen aus der Ethnographie der Antike bestimmt. Viele der frühneuzeitlichen Erfassungsformen des Fremden waren bereits von den Griechen vorausgedacht worden: der binäre Kontrast von Zivilisation und ihrem Gegenteil, die vergleichende Beschreibung von Zivilisationen, die Herleitung biologischer und kultureller Unterschiede aus klimatischen und anderen Umweltbedingungen, Theorien der Entstehung und der Evolution von Kultur.[38] Unabhängig davon entwickelten sich in anderen Zivilisationen, etwa der chinesischen und der arabisch-islamischen, ganz ähnliche Weisen der Klassifizierung, Erklärung und praktischen Behandlung des Fremden. In zahlreichen außereuropäischen Sprachen gibt es wertende Bezeichnungen, denen in Europa das Bedeutungsfeld des «Barbarischen» entspricht. Kein Ausdruck aus dem Repertoire der Bezeichnungen des Fremden wurde noch im Europa des 18. Jahrhunderts so ausgiebig verwendet wie der des Barbaren und der Barbarei. Da er mit der Zeit eine kolossale semantische Unbestimmtheit angenommen hatte, bringt seine etymologische Zurückführung auf den griechischen Sprachgebrauch ebensowenig wie der Versuch einer halbwegs exakten Definition. Es gab keinen allgemeinverbindlichen Barbarenbegriff der Aufklärung.

«Barbarei, *Barbarie, Barbary*» war zunächst der übliche Name des «Berberlandes» Nordafrika.[39] Weil die dort ansässigen menschenraubenden Korsaren zu den schlimmeren Störenfrieden im Mittelmeerraum gehörten, stellte sich die Assoziation zur Rohheit ihres Verhaltens schnell ein. Zweitens wurden inhumane Grausamkeiten aller Art als «barbarisch» bezeichnet, mochten sie von Europäern oder von Nicht-Europäern begangen worden sein. Europäer barbarisch zu nennen bedeutete, ihren Anspruch auf Überlegenheit als heuchlerisch zu entlarven. Daß die eigentlichen Barbaren sich barbarisch verhielten, blieb dabei die unausgesprochene Voraussetzung und der letzte Maßstab des Urteils. Alexander von Humboldt wiederholt einen Topos der frühen spanischen Kolonialismuskritik (etwa bei Bartolomé de Las Casas), wenn er die Ansicht vertritt, die Europäer «benehmen sich außerhalb ihrer eigenen Länder barbarischer wie die Türken – und schlimmer, weil sie noch fanatischer sind».[40] Gibt es eine schlimmere Barbarei als die heute übliche Kriegführung in Europa, fragt Justi 1762 und fordert seine Leser auf, sich mehr darüber als über die angeblichen Untaten überseeischer Kannibalen zu empören.[41] Anläßlich der Greuel bei der osmanischen Eroberung Zyperns 1571 erinnert Hammer-Purgstall an die Barbarei «des ganzen Zeitalters» und nennt Ivan den Schrecklichen, die Hugenottenkriege, die Bartholomäusnacht und den Horror bei der Eroberung der estnisch-finnischen Festung Winterstein durch die Russen 1573: «Wenn dies in Frankreich und Finnland geschah, was war anderes zu erwarten in der Türkey?»[42] Gibbon nimmt dem Vorwurf des Barbarischen relativierend seine Spitze, wenn er zeigt, wie Kreuzfahrer und Muslime (denen seine Sympathie eher gehört) sich gegenseitig als Barbaren titulierten.[43]

Eine dritte Verwendung von «barbarisch» tritt dort auf, wo die Lebensweise eines ganzen Kollektivs als unzivilisiert bezeichnet wird. Dies muß kein ausgesprochen grausames Betragen einschließen; Barbaren können auch vitale Naturtalente oder harmlose Tölpel sein. Barbarei ist hier der Gegenbegriff zu Zivilisiertheit, genauer: ein negativer belasteter Defizienzbegriff. Barbaren sind Menschen, die die kulturellen Selbstverständlichkeiten – Sprache, Religion, Rechtsvorstellungen, Geselligkeitsformen – des imperialen Zentrums nicht teilen. Barbarisch im Sinne des Nicht-Zivilisierten können aber auch Regressionsperioden innerhalb des Geschichtszyklus der Reiche und Hochkulturen sein: etwa das europäische Mittelalter (besonders das 7., 11. und 14. Jahrhundert) aus der Sicht der Aufklärung.[44] Besonders Voltaire und Gibbon wiesen gern auf Rebarbarisierungen in der Geschichte der Zivilisiertheit hin.[45]

Über die Bezeichnung fremder Völker als «barbarisch» ließ sich endlos streiten. Barbar ist, so konnte scherzhaft gesagt werden, wer das Bedürfnis verspürt, einen Jesuitenmissionar zu verspeisen.[46] Willkürlich festgelegte Ausgrenzungskriterien, alte Stereotype und neue Erfahrungen mischten sich in diesen Debatten. Niemand in Europa kam auf die Idee, die Japaner als «Barbaren» zu bezeichnen. Japan war das einzige Land Asiens, dessen andersartige Zivilisiertheit stets anerkannt wurde. Bei China konnte man bereits unterschiedlicher Meinung sein, auch wenn die Stimmen, die es als barbarisch bezeichneten, zu jedem Zeitpunkt in der Minderheit geblieben sein dürften. Umgekehrt war es bei den Türken, die unter Europäern eher Respekt vor ihrer militärischen Macht als Bewunderung für ihre Kultur auslösten. Selbst ihr unermüdlicher Verteidiger Joseph von Hammer-Purgstall sah den Konflikt zwischen Österreich und dem Osmanischen Reich letztlich doch als einen solchen «zwischen Cultur und Barbarey».[47] Jedenfalls galt dies für das 17. Jahrhundert; seit etwa 1700 registrierte er eine gewisse Milderung der harten türkischen Sitten.[48] Die Perser wiederum waren seit Herodot als hochzivilisiertes Volk betrachtet worden – eine Einschätzung, die ihre politische Renaissance im 16. und frühen 17. Jahrhundert zu bestätigen schien. Die chaotischen Verhältnisse im 18. Jahrhundert nährten aber Zweifel an diesem Urteil. Persien wurde zu dem einzigen asiatischen Land, in dem sich ein Hobbesscher Naturzustand – der Kampf aller gegen alle – in der Gegenwart realisiert zu haben schien. Viele, die von der Barbarei asiatischer Völker sprachen, erkannten, daß der Begriff viel zu grob war, um Nuancen und Veränderungen zu erfassen. Sollte man nicht, so gab Hammer-Purgstall zu bedenken, bei den Mongolen zwischen ihrer *wilden* Barbarei *vor* dem Gesetzgeber und Reichsgründer Dschingis Khan und einer gleichsam *organisierten* Barbarei *nach* ihm unterscheiden?[49]

Viertens: Die Vorstellung von Barbarei als einem defizienten Anti-Zustand wurde im Laufe des 18. Jahrhunderts allmählich durch die Idee von Barbarei als einem Stadium der Gesellschaftsentwicklung abgelöst. Stadientheorien gab es bereits in der Antike, und sie erreichten den Höhepunkt ihrer differenzierten Ausarbeitung im sogenannten Evolutionismus des 19. Jahrhunderts. Im 17. und 18. Jahrhundert waren sie mit einigen der intellektuell brisantesten Fragen der Epoche verbunden: Fragen nach dem Verhältnis von biblischer *historia sacra* und ihrer Zeitrechnung zu der womöglich noch weiter, vielleicht sogar hinter Adam, zurückreichenden Geschichte heidnischer Nationen wie der Chinesen, der Ägypter und der Chaldäer; nach der Entwicklung religiöser Vorstellungen und insbesondere nach der Entstehung des Monotheismus; nach dem Ursprung der Sprache; nach der Konstituierung von gesellschaftlicher Bindung, sozialer Ungleichheit und herrscherlicher Autorität aus einem ursprünglichen Zustand der Menschheit. In fast allen Theorien, die auf solche Fragen antworteten, spielte eine Phase der «Barbarei» eine Rolle. Damit konnten ganz unterschiedliche Dinge gemeint sein.

Im 18. Jahrhundert verschwand allmählich die Idee eines Goldenen Zeitalters am Beginn der Menschheitsgeschichte, auf welches Zeiten der Barbarei gefolgt seien. Sie hielt sich nur in einer von Jean-Jacques Rousseau neuformulierten Tradition des Primitivismus und in der Vorstellung von der besonders kräftigen künstlerischen Begabung früher Gesellschaften, die Ausdruck in anonymer Volkspoesie und in Figuren wie Homer oder dem keltischen Barden Ossian (der sich dann aber als Erfindung des schottischen Dichters James MacPherson herausstellte) gefunden hätten.[50] Die Auffassung von früher Kulturblüte und folgender Degeneration als menschheitlicher Entwicklungsfolge – auf individuelle Zivilisationen wurden solche Ideen weiter angewandt – wurde abgelöst durch

Theorien vom Aufstieg der Menschheit aus rohen Anfängen zur vollendeten Zivilisiertheit.[51]

Sie traten in zwei Spielarten auf.[52] Zum einen konnte man sich den Übergang von Barbarei zu Zivilisation, vom Naturzustand in den Kulturzustand, als eine bewußte *Stiftung* denken: entweder durch einen weisen Gesetzgeber *(législateur)* oder durch einen vertragsartigen Konsens zwischen den Beteiligten. Zum anderen war ein allmählicher *Prozeß* des Durchgangs durch eine Serie von Stadien denkbar. Waren «Barbaren» etwa bei Denkern des 16. Jahrhunderts, die sich mit der heils- und profangeschichtlichen Verortung der neuentdeckten Indianer Amerikas auseinanderzusetzen hatten, Menschen, an denen die Entwicklung vorbeigegangen war,[53] so sprach man ihnen im späten 18. Jahrhunderts in der Regel das Potential zum Fortschritt zu. Barbaren konnten sich günstigenfalls selbst aus ihren Befangenheiten befreien; ansonsten waren sie erziehbar. Warum ein bestimmtes Volk sich zu einem bestimmten Zeitpunkt in einem bestimmten Entwicklungsstadium befand, bedurfte einer jeweils besonderen empirischen Untersuchung.

«Barbarei» wurde in der späteren Hälfte des 18. Jahrhunderts meist als eine zweite Entwicklungsstufe, die auf das Stadium naturnaher Wildheit folgte, betrachtet. Montesquieu, der im übrigen den Barbarenbegriff eher für das europäische Frühmittelalter als für außereuropäische Kulturen benutzt, grenzte wilde und barbarische Völker so voneinander ab, daß Wilde in kleinen verstreuten Gruppen oder Horden leben, während Barbaren sich zu größeren politischen Verbänden zusammenschließen. Jene sind meist Sammler, diese Hirten. Als Beispiele nennt er auf der einen Seite die Völker Sibiriens, auf der anderen die immerhin zu vorübergehender Reichsbildung fähigen Mongolen.[54] Adam Ferguson sieht Privateigentum als das wichtigste Unterscheidungskriterium: Die Wilden kennen es nicht, die Barbaren kennen es *de facto,* auch wenn es bei ihnen noch nicht, wie im fortgeschrittenen Gesellschaftszustand, rechtlich garantiert wird. Bei den Barbaren geht die relative Gleichheit der ersten Phase außerdem in deutliche Machthierarchien über, die durch ständige Kämpfe fixiert und verändert werden.[55]

Dieser Begriff von Barbarei als Stadium zwischen Wildheit und Zivilisation war deskriptiv und wertfrei gemeint. Er war gehaltvoller als das simple Konzept von Barbarei als Nicht-Zivilisation. Schon Montesquieu und Ferguson benutzten ihn jedoch wenig, und Adam Smith, ein anderer großer Sozialwissenschaftler der Zeit, vermeidet ihn ganz und unterscheidet präzise zwischen vorherrschenden Subsistenzweisen: Jägerei, Viehwirtschaft, Ackerbau, Handel und Manufakturgewerbe. Der soziologische Stadienbegriff von Barbarei erwies sich als ein zu grobes Instrument, umfaßte er doch weltweit alle vormodernen Hochkulturen. Im

19. Jahrhundert findet er sich nur noch bei späten Stufentheoretikern[56] und in einigen Ausprägungen des ethnologischen Evolutionismus. Sein Ende als Kategorie im Zusammenhang einer universalen Theorie der Gesellschaftsentwicklung findet er in den 1830er Jahren in sehr enger Definition: «Barbaren» seien Nomadenvölker im Prozeß der Seßhaftwerdung und Institutionenbildung sowie ackerbautreibende Völker ohne Schrift und höhere Künste und mit nichts als «Rudimenten einer bürgerlichen Gesellschaft *(société civile)* und eines Staates». Dies treffe auf die meisten Schwarzafrikaner, einige malaiische Ethnien und verschiedene Bergvölker Asiens zu.[57] Zu dieser Zeit war der Barbarenbegriff bereits dorthin abgewandert, wo man ihn im 19. Jahrhundert vornehmlich suchen muß: in den Mythos von der Bedrohung Europas durch seine eigenen inneren Dämonen.

3. Dach der Welt

Niemand unter den zeitgenössischen Bewohnern Asiens entsprach dem Bild, das man sich im 18. Jahrhundert von «Barbaren» machte, besser als die Menschen in der Tatarei. Anders als die Wüstenaraber, die konkurrierenden Kandidaten für diese Rolle, erfüllten die Tataren (zeitgenössisch auch oft: Tartaren) nicht nur die Kriterien einer unsteten Lebensweise jenseits primitiver Rohheit, sondern verkörperten auch das erst unlängst beruhigte Elementarhistorische. Aus jenem «erschrecklichen grossen Land in dem hintersten Asia»[58] schienen von Skythen und Hunnen über Türken und Mongolen bis zu den eroberenden Mandschus aus der Zeit des Dreißigjährigen Krieges alle Gottesgeißeln der Geschichte zu stammen. Sir William Jones sprach noch 1788 von dem «großen Bienenkorb der nördlichen Schwärme, der Pflanzschule unwiderstehlicher Legionen» *(the great hive of the northern swarms, the nursery of irresistible legions)*.[59] Die Tatarei war, mit anderen Worten,

> *the great* officina gentium *whence such myriads of barbarians have at different periods poured into the more cultivated regions of the earth.*[60]

> … die große Brutstätte der Völker, aus der sich in unterschiedlichen Perioden Myriaden von Barbaren in die kultivierteren Gegenden der Erde ergossen haben.

Schon im Spätmittelalter war «der Tatar» der bekannteste aller Barbaren.[61] Im Unterschied zu den Arabern, die nicht nur als Beduinen in der Wüste hausten, sondern auch eine verfeinerte Stadtkultur besaßen, schienen die Tataren ausnahmslos auf bescheidenem Existenzniveau zu verharren.[62] Die westlichsten von ihnen, die Krimtataren und die Nogaitataren, lebten in Europa und galten, wie noch 1820 mit leichtem Schaudern bemerkt wurde, als *the wildest people in Europe.*[63] Wer jemanden heftig beleidigen wollte, nannte ihn einen Tataren. Voltaire tat dies mit den Engländern in Indien, Chateaubriand immer wieder mit den Türken.[64]

Wo lag die Tatarei? Die mittelalterlichen Asienreisenden konnten noch ein klares Ziel ansteuern: Der Hof des mongolischen Großkhans in Karakorum war in der ersten Hälfte des 13. Jahrhunderts nicht nur der politische Mittelpunkt Innerasiens, sondern ein Machtzentrum der mittelalterlichen Welt überhaupt.[65] Nach dem Zerfall des mongolischen Weltreiches und mit dem Wiedererstarken Chinas unter der Ming-Dynastie (1368–1644) und dem Beginn der russischen Ostexpansion im späten 16. Jahrhundert wurde Innerasien in westlicher Sicht zu einer Art von Niemandsland zwischen den Imperien: grenzenlose Grassteppen, durchstreift von Horden nomadischer Hirtenkrieger ohne staatlichen Zusammenhalt.

Im 17. Jahrhundert bürgerte sich die Einteilung in Westtataren (= Mongolen) und Osttataren (= Mandschuren) ein. Die Tatarei selbst schien aber bei weitem mehr zu umfassen als die Lebensräume dieser beiden Völker bzw. Völkergruppen. Gerade die unbestimmte Begrenzung dieses Raumes in einer Zeit sich verfestigender Grenzen zwischen den Territorialstaaten öffnete Chancen für exotisierende Phantasien. So heißt es 1670 bei dem englischen Geographen Richard Blome, der unter Tatarei das Land zwischen der Wolga und China, zwischen dem Kaspischen Meer im Süden und dem Eismeer im Norden versteht, über die Bewohner dieser Gegenden:

> *[...] they are very rude, barbarous and revengeful, not sparing their enemies, who in revenge they eate, first letting out their Blood, which they keep, using it as Wine at their Feats.*[66]

> Sie sind sehr roh, barbarisch und rachsüchtig. Ihre Feinde verschonen sie nicht. Sie essen sie aus Rache, nicht bevor sie sie ausbluten lassen, um das Blut als Wein für ihre Feste aufzubewahren.

Das war damals schon eine arg ausschweifende Phantasie, genährt weniger durch verzerrende Reiseberichte als, im Gegenteil, durch den *Mangel* an post-mittelalterlicher Berichterstattung. Neue Nachrichten ließen nicht auf sich warten. Nicholaas Witsen und Pierre Avril stellten unabhängig voneinander 1692 das verstreute Wissen des 17. Jahrhunderts zu Nord- und Innerasien zusammen.[67] Berichte von neueren russischen Überlandreisen nach China wurden bekannt, in den 1730er Jahren auch die Schilderungen schwedischer Kriegsgefangener von ihren Eindrücken in Sibirien.[68] 1735 widmete Jean-Baptiste Du Halde, gestützt auf die Reisen und Forschungen Pater Gerbillons, nahezu den ganzen vierten

Band seiner China-Enzyklopädie einer Beschreibung der mittlerweile dem sino-mandschurischen Imperium unterworfenen Mongolei.[69] Mit Daniel Gottlieb Messerschmidts Reise von 1720–1727 begann die russische Tatarenforschung, die dann in der Großen Nordischen Expedition fortgesetzt wurde.[70]

Der Augenschein entdramatisierte das Tatarenbild. «Wir haben sie», schrieb Johann Georg Gmelin 1733, «überhaupt als leutseelige Leute befunden, und der uns ehemahls fürchterliche Name der Tartaren kam uns nun ganz anders vor.»[71] Aber größere ethnographische Klarheit wurde erst langsam gewonnen. Daß die Tatarei von «einer wundersamen Vielzahl von Nationen» bewohnt werde,[72] war seit Plinius ein literarischer Topos. Doch wer diese waren und wie sie sich von Nicht-Tataren abgrenzen ließen, blieb weiter unklar. Wer einen maximal ausgeweiteten Tatarenbegriff verwendete, behandelte sogar China unter mongolischer (Yuan-Dynastie 1279–1368) und unter mandschurischer Herrschaft (Qing-Dynastie, seit 1644) als Teil der Geschichte der Tatarei.[73] Manchmal wurde Tibet hinzugerechnet, manchmal nicht. Witsens Karte der Tatarei von 1690 machte die Region zum ersten Male mit einer gewissen Akkuratheit sichtbar; sie wurde 1706 durch Delisles Karte übertroffen, die wiederum 1735 durch d'Anvilles Karte abgelöst wurde. Keine dieser Repräsentationen legte sich auf klare Außengrenzen fest. Halbwegs zustimmungsfähig mochte die Angabe sein, die «Große Tatarey» sei das Land zwischen dem 57. und dem 160. Grad östlicher Länge und dem 37. und 55. Grad nördlicher Breite.[74]

Schon 1730 hatte der in Rußland kriegsgefangene schwedische Kapitän Tabbert, der dann als Philipp Johann von Strahlenberg geadelt wurde, die mangelnde Bereitschaft der Europäer kritisiert, zwischen den Völkern «Hochasiens» (wie er als einer der ersten sagte) zu unterscheiden. Er sah eine Symmetrie der Pauschalisierung:

> Und eben so ergehets denen Einwohnern des Hoch-Asiens noch heut zu Tage bey der Benennung unserer Europäer, wenn sie unter unsern Völckern gar keinen Distinct machen, sondern sie durchgehends Frang oder Franck nennen, es mögen Teutsche, Franzosen, Spanier, Schweden, Engelländer oder Holländer seyn.[75]

Mit Recht klagte 1768 der Sibirienforscher Johann Eberhard Fischer, «daß wenn ein Europäer von Tataren redet, man nicht weiß, von wem die rede ist.»[76] Solche Kritik verschlug wenig. Gegen Ende des 18. Jahrhunderts verlor die Bezeichnung sämtlicher Bewohner der Mitte des Kontinents als Tataren zwar an Attraktivität, und ein Begriff von Tataren im engeren Sinne wurde üblicher, der die Mongolen und die Mandschuren ausschloß.[77] Er war jedoch immer noch undifferenziert genug, und noch 1824 sah sich der Zentralasienforscher Isaac Jacob Schmidt genötigt, gegen den «nichtsbesagenden, veralteten [...] Gemeinnamen» zu polemisieren.[78]

4. «Tatarei»: Geographisch, geschichtsphilosophisch, ethnographisch

Es war der erstaunliche Fall eingetreten, daß während der zweiten Hälfte des 18. Jahrhunderts drei «Tatarei»-Diskurse relativ unverbunden nebeneinander herliefen.

Erstens gab es eine Folge physikalisch-*geographischer* Überlegungen, die allmählich über den Tatareibegriff hinausführten. Philippe Buache, der kartesianische Geometriker unter den Geographen des 18. Jahrhunderts, entwickelte um die Jahrhundertmitte ein Verfahren topographischer Beschreibung, das die Zuordnung von Gebirgszügen und Flußsystemen in den Mittelpunkt stellte. Eine solche Analyse machte im Zentrum Asiens ein hochgelegenes, wasserarmes Plateau sichtbar, von dem aus die großen Bergketten Asiens ausstrahlen und an dessen Rändern alle Hauptflüsse des Kontinents entspringen.[79] Nicht endlose Steppen, auf denen berittene Bogenschützen hin und her flitzen, sondern menschenfeindliche Wüsten, Salzseen und kalte Hochländer bildeten die Mitte Asiens.[80] Paradoxerweise waren diese kargen Gegenden der natürliche Ursprung der großen Stromkulturen. Aus einer solchen Raumvision ergab sich eine neue physische Einteilung in Nord-, Mittel- und Südasien, wie sie etwa Gatterer vorschlug.[81] Entscheidend war zum einen, daß nun die vordem einheitliche Tatarei in Zentral- und Nordasien zerteilt wurde; Sibirien wurde also geographisch abgespalten. Zum anderen erfuhr das Bild der «endlosen Weiten der Tatarei» insofern eine Verfeinerung, als im Relief die außerordentliche Höhe des Zentralplateaus sichtbar wurde. Der Geograph August Zeune sprach 1808 vom «hohen Kesseltal Hochasien», Carl Ritter, der beste Asienkenner der Epoche, 1817 von der «erhabenen Mitte» des Kontinents.[82] Nordasien ebenso wie Südasien und vielleicht auch China erschienen damit als Abflachungen zu den Meeren hin. Die in Europa noch kaum bekannten gigantischen Bergmassive von Himalaya und Hindukusch wurden zum Dach der Welt. Peter Simon Pallas, der im Unterschied zu den bloßen Theoretikern immerhin das Altai-Gebirge bereist hatte und dem die bis dahin korrekteste orographische Beschreibung Zentralasiens gelang, sprach von einem Dach Asiens *(le toit de l'Asie)*, das sich inmitten «fürchterlicher Berggruppen im Norden Indiens» befinde, «von denen Tibet und das Königreich Kaschmir ausstrahlen».[83]

Dieses neue Raumbild blieb nicht ohne Auswirkungen auf den *geschichtsphilosophischen* Tatareidiskurs. Seit die strenge biblische Verpflichtung auf den Garten Eden sich gelockert hatte, hatten Theoretiker der Entstehung und Ausbreitung des Menschen und seiner Zivilisation nach deren Ursprungsort gesucht. Ägypten war seit dem 17. Jahrhundert ein eifrig verfochtener Kandidat für die Quelle von Wissen und Weisheit gewesen.[84] Pierre Daniel Huet, ein Bischof von Avranches, hatte die These aufgebracht, daß China eine ägyptische Kolonie sei. Joseph de Guignes versuchte sie ein halbes Jahrhundert später mit seiner ganzen gelehrten Autorität zu beweisen.[85] Romantiker des frühen 19. Jahrhunderts neigten eher zu Indien. Im letzten Drittel des 18. Jahrhunderts fand Jean-Sylvain Baillys Urvolkhypothese viel Interesse.[86] Bailly entwarf wortgewaltig die Vision von den zentralasiatischen Hochplateaus als den Ursprungsorten natürlicher Fruchtbarkeit und kultureller Errungenschaften. 1778 schrieb er zum Beispiel in einem offenen Brief an Voltaire:

Ce grand espace, le lieu du départ de tant de fleuves, est encore semé de hautes montagnes: elles renferment des vastes vallons, où les hommes tranquilles, à l'abri des vents & des conquérans ont pu former des établissemens & fonder des empires.[87]

Dieser große Raum, der Ausgangsort für so viele Flüsse, ist mit hohen Gebirgen übersät. Sie umschließen weite Talmulden, in denen, geschützt vor Winden und Eroberern, stille Menschen sich niederlassen und Reiche gründen konnten.

Im Widerspruch zu den Erkenntnissen der Geographen behauptete Bailly die Fruchtbarkeit Zentralasiens, die von den Nomaden nur nicht genutzt würde. Warum blieben sie Nomaden? Um sich stets für neue erobernde Ausbrüche bereitzuhalten. Dies sei indes nicht immer so gewesen. In den lieblichen und geschützten Hochtälern Tibets hätten «Brahmanen» in frühen Zeiten tiefe Weisheiten ersonnen. Einst seien diese Landstriche landwirtschaftlich wohlgenutzt und dicht bevölkert gewesen. Erst nachdem die Menschen sie infolge einer Klimaverschlechterung verlassen hätten, seien sie verwildert.[88]

Baillys geschichtsphilosophischer Raummythos, einfallsreich erdacht, stützte sich hauptsächlich auf die wenigen Berichte, die der Abbé Prévost zusammengestellt hatte. Nur wenig solider abgesichert war Johann Gottfried Herders Entfaltung ähnlicher Vorstellungen in seinen *Ideen zur Philosophie der Geschichte der Menschheit.* Im Zentrum Asiens, also «im Mittelpunkt der regsten organischen Kräfte», war «die Schöpfung am weitesten gediehen, am längsten und feinsten ausgearbeitet». Gedacht als «ein weites Amphitheater, ein Stern von Gebürgen, die ihre Arme in mancherlei Klimate verteilen», sei Zentralasien der Ursprungssitz höheren Lebens gewesen.[89] Von den «uralten Wanderungen von diesem frühbewohnten höchsten Rücken der Erde»[90] unterscheidet Herder die Eroberungszüge der Mongolen in historischer Zeit. Herders Mongolenbild ist das düsterste des 18. Jahrhunderts. Ihre äußere Erscheinung schildert er auf der Grundlage der Arbeiten von Pallas als das extreme Gegenteil jener «schöngebildeten Völker», die er im irdischen Paradies Kaschmir und in den Ländern westlich davon zu erkennen glaubt. Die Mongolen und Kalmücken hingegen sind vom Rassetypus in Herders Sicht die asiatischsten unter den Asiaten: Sie zeichnen sich durch eine häßliche, animalische Gesichtsbildung aus, die «ein Raubtier unter den Menschen zu charakterisieren scheinet».[91] Obendrein sind sie schwach und «weibisch» und entwickeln Kraft und Macht nicht als Individuen, sondern nur in Horden und Massen. Es ist daher kein Wunder, daß Herder die historische Rolle der Mongolen nicht mit der feinen Ambivalenz eines Edward Gibbon beurteilt und die Leistung Dschingis Khans als Gesetzgeber seines Volkes, dem dieses nicht zuletzt auch eine langfristig zivilisierend wirkende Religion – den Lamaismus – und eine Schriftsprache verdankt, vollkommen übersieht. Die Mongolen seien «leichte Raubgeier» gewesen, «räuberische Wölfe der Asiatischen Erdhöhe», «Verwüster der Welt».[92] Das Elementarhistorische ist kaum je so schauerlich beschworen worden wie in diesen Sätzen Herders.

Es ist interessant, daß Herder von der pauschalisierenden Gleichsetzung von Tataren und Mongolen abrückt, die zu seiner Zeit noch verbreitet und vor der selbst der große Joseph de Guignes, der Meister der Geschichte Innerasiens, nicht immer gefeit war. Bailly verwendete einen solch undifferenzierten Pauschalbegriff von «Tatarei» und «Tataren», ebenso wie 1748 Montesquieu Mongolen und Mandschuren in einen Topf geworfen hatte. Der Abbé Raynal, der wie kein zweiter die Auffassungen breiterer Leserkreise von Außereuropa prägte, beschrieb 1770 die aktuelle politische Lage korrekt, wenn er anmerkte, mittlerweile seien die meisten «Tataren» dem chinesischen und dem russischen Reiche unterworfen.[93] Aber Raynal, nicht selten ein unkritischer Ausbeuter seiner Quellen und nicht immer der widerspruchsfreieste aller Autoren, verstieg sich zu der nur mit genealogischen Beweisführungen begründbaren Behauptung, sogar die indischen Moguldynastie sei tatarisch. Da er in der mandschurischen Eroberung Chinas 1644 nichts als eine Neuauflage der mongolischen Eroberung des 13. Jahrhunderts sah, ließ er sich die Pointe entgehen, daß es ausgerechnet die Mandschuren waren, die die elementarhistorische Kraft der Mongolen gezähmt hatten. Bei der unausweichlichen Frage, was das gemeinsam «Tatarische» ausmache, argumentierte Raynal weder ursprungsmythisch noch ethnographisch oder rassisch. Er verwies auf das einigende Band der «Doktrin des Großlama, der im Potala *(Putola)* residiert», also den Lamaismus, über den solch unvollständige Nachrichten vorlagen, daß man es Raynal nicht verübeln kann, wenn er ihm das phantastische Alter von dreitausend Jahren zuschreibt.[94] Diese Argumentation war nicht ungeschickt und nicht falsch, aber sie hätte das geschichtsphilosophische Stereotyp des «Tatarischen» eigentlich unterminieren müssen. Denn zum einen waren ein großer Teil der sonst von Raynal als tatarisch bezeichneten Völkerschaften Anhänger des Islam oder schamanistischer Kulte; zum anderen wurde den Tibetern nun ein zentraler Platz im imaginären Konstrukt «Tatarei» eingeräumt, also einem – jedenfalls seit dem Zusammenbruch des tibetischen Reiches im 9. Jahrhundert – ganz unexpansiven und friedlichen Volk ohne «elementarhistorische» Gelüste. Nirgendwo zeigen sich die inneren Spannungen des Tatareikonzepts so deutlich wie in Raynals Kapitel mit der Überschrift *Notions générales sur la Tartarie.*

Zurück zu Herder. Als einer von wenigen geschichtsphilosophischen Kommentatoren übernimmt er einige der Feinheiten des ethnographischen Diskurses. Unter Tataren versteht er zum Beispiel Usbeken, Bucharen und Tschirkassen, die er zu den «schöngebildeten Völkern» zählt, wenngleich einige von ihnen «auf den Steppen verwildert sind».[95] Eine kuriose Rassengrenze verläuft bei Herder ausgerechnet zwischen Tataren, die den Russen viel näher stünden, und Mongolen: «Wenn Russen oder Tataren sich mit den Mongolen mischen, sollen schöne Kinder geboren werden.»[96]

Der geschichtsphilosophische Tatareidiskurs endet im wesentlichen mit Hegel. Wir stehen hier allerdings vor der Schwierigkeit einer unzuverlässigen Textüberlieferung. Die Vorlesungen über die Philosophie der Weltgeschichte, die Hegel zwischen 1822/23 und 1830/31 jeweils in den Wintersemestern an der Berliner Universität hielt, sind nur aus Hörernachschriften bekannt. Als einigermaßen kritisch gesichert kann nur die Vorlesung von 1822/23 gelten, von der drei Nachschriften erhalten sind.[97] In dieser Vorlesung sprach Hegel ausführlich über China. Den Anhang über das «mongolische Prinzip» trug er jedoch erst 1824/25 vor. Wir kennen ihn nur aus der ebenfalls auf Kollegheften von Hörern fußenden Ausgabe von Georg Lasson aus dem Jahre 1919.

Hegel war ein solch guter Kenner der Asienliteratur,[98] daß die Fehler, die sich in den seit dem Wintersemester 1822/23 in Berlin gehaltenen Vorlesungen finden, schwer zu erklären sind. Hegel unterscheidet nach unsicheren Kriterien zwischen Tataren und Mongolen und erklärt dann: «Die Mongolen herrschen über China, und ihm ist das andere Mongolische unterworfen. [...] Wir verstehen unter Mongolen auch die Mandschu, die über China herrschen. Sie hängen mit den eigentlichen Mongolen nicht zusammen und gehören zu den Tungusen.»[99] Hegel wiederholt den von den Jesuitenmissionaren bereits mehrfach korrigierten Irrtum, auch die Mandschuren, ein Jägervolk aus den mandschurischen

Wäldern, seien Nomaden. Nur durch solche Vereinfachungen ließ sich der Topos der brausenden Steppenkrieger retten. Hegel ist dank des Tibetberichts von Samuel Turner (1800) besser über den Lamaismus informiert als Raynal; anders als dieser erkennt er in ihm eine Spielart des Buddhismus, die er eingehend analysiert. Er sieht sie aber als Komplement einer nomadischen Lebensweise,[100] die jedoch ausgerechnet für die Tibeter nicht charakteristisch ist. Hegel bündelt die Motive des 18. Jahrhunderts, wenn er auch noch den Hochlandcharakter der zentralasiatischen Landschaft hinzufügt. Für Bewohner von Hochländern seien Hirtentum und patriarchalisches Leben, also das Zerfallen der Gesellschaft in einzelne Familien ohne starke Staatsautorität, kennzeichnend, auch Sorglosigkeit gegenüber der Zukunft und die Abwesenheit eines «Rechtsverhältnisses», die zu den unvermittelten Extremen von Gastfreundschaft und Räuberei führten. Aus unbekannten Gründen oder, wie Hegel sagt, «durch irgendeinen Impuls in eine äußere Bewegung» versetzt, fielen sie hin und wieder «wie ein verwüstender Strom» über die Kulturländer her.[101] Hochebenen und Hochtäler und insbesondere das Innere des asiatischen Kontinents sind für Hegel die Ursprungsorte eines militarisierten Patriarchalismus, der von Zeit zu Zeit mit elementarer Gewalt ausbricht und sich bald wieder beruhigt.

Es ist ein Merkmal des geschichtsphilosophischen Diskurses über Zentralasien, daß er sich, außer bei Herder, gegen die Ergebnisse der neueren Ethnologie weitgehend immunisierte. Die Hinweise auf das Hirtenleben gingen über antike Klischees kaum hinaus. Die Völker Zentralasiens und Sibiriens waren aber im 18. Jahrhundert wichtige Objekte ethnographischer Studien. Eine Geschichte des *ethnographischen* «Tataren»-Diskurses dürfte chinesische Untersuchungen ebensowenig übergehen wie den Bericht des Al-Biruni (973–1048). Ethnographische Studien können mit einem pauschalen Tatarenbegriff wenig anfangen. Sie sind lokal spezifisch, haben es mit besonderen Ethnien zu tun, die sie oft in einen vergleichenden Rahmen einordnen. An Makro-Theorien wie der Urvolkhypothese oder an Aussagen über die Rolle von Reitervölkern in der Weltgeschichte haben sie wenig Interesse.

Im chinesischen Reich und seiner abhängigen Peripherie konnten Europäer solche ethnographischen Beobachtungen nur schwer anstellen. Die gründlichsten unter ihnen, Ippolito Desideris Untersuchungen in Tibet zwischen 1712 und 1733, wurden in Europa nur durch kurze Mitteilungen bekannt.[102] Die Patres Verbiest, Gerbillon und Régis, deren Beschreibungen durch Du Halde bekannt wurden, informierten viel genauer und ausführlicher über Landschaft und Klima der Mongolei als über die Sitten ihrer Bewohner, deren Einteilung in verschiedene Ethnien und Stämme ihnen selbstverständlich bekannt war. In gewisser Weise sahen sie durch die Brille eines siegreichen China, wenn sie sie als harmlose Primitive darstellen. So liest man 1735 bei Du Halde über die Mongolen:

Sie sind zufrieden und ohne Unrast, besitzen eine gutmütige Wesensart *(un beau naturel)* und ein fröhliches Temperament und sind stets zum Lachen aufgelegt. Sie neigen weder zu Träumereien noch zur Melancholie. Welchen Grund hätten sie auch dafür? Im allgemeinen haben sie keine Nachbarn mit Rücksicht zu behandeln, keine Feinde zu fürchten und keine hohen Herrschaften *(grands)* zufriedenzustellen. Sie kennen keine schwierigen Geschäfte und keine unangenehmen Tätigkeiten und geben sich der Jagd, dem Fischfang und körperlichen Übungen hin, bei denen sie sehr geschickt sind.[103]

Man merkt: Die Mongolen haben die historische Initiative verloren. Sie sind Schützlinge oder Untertanen des Kaisers geworden. Niemand fürchtet sie mehr. Die imperiale Ruhe wirkt verharmlosend, geradezu infantilisierend. Hegel steigert 1822/23 die Beschaulichkeit zum Idyll, wie er es in Asien nirgendwo sonst zu erkennen glaubt:

Was nun die Mongolen, Tibetaner betrifft, so werden sie als höchst gutmütig beschrieben, offen, zutraulich, aufmerksam, dienstfertig, entfernt von dem Lügengeist, der Feigheit und Niederträchtigkeit der Inder. Zutraulich und freundlich führen diese Völker ein ruhiges Leben. Die Priester sind für das ganze Land fromm. Jeder der Laien führt ruhig und unbekümmert sein Geschäft. Im ganzen sind sie unkriegerisch. Auch ist Tibet meist von Kriegen verschont geblieben.[104]

Daß Hegel die Nachfahren von Dschingis Khans schrecklichen Reiterheeren als unkriegerisch darstellen und gleichsam den auch nicht immer so friedlichen Tibetern assimilieren kann, hat Gründe, die er nur andeutet und deren Historizität er zu unterschätzen scheint. Über die lakonische Feststellung, die Völker Innerasiens stünden «jetzt meist unter russischer, teils unter chinesischer Herrschaft», gelangt er kaum hinaus.[105] Warum die Mongolen von der sino-mandschurischen Qing-Dynastie bezwungen und gezähmt werden konnten, wieso ihr Abstieg von energischen Welteroberern zu Einfaltspinseln möglich war, erörtert er nicht. Vielleicht hat er *einen* wichtigen Faktoren wenigstens geahnt: die pazifizierende Wirkung der lamaistischen Religion, die von den Qing-Kaisern bewußt als Herrschaftsinstrument eingesetzt wurde.[106]

Die Mongolen wurden indessen in europäischen Augen nun keineswegs zu den edlen Wilden Asiens. Die zivilisatorischen Defizite, die man immer mehr an ihnen wahrzunehmen meinte, sprachen eher gegen als für sie. Mongolen, so behauptet schon Du Halde, seien schmutzig und übelriechend, ihre Manieren grob, ihre Sozialstruktur, die nur Adlige und Gemeine unterscheide, sei primitiv. Die gelebte Nähe zu ihren Tieren schien sie in die Welt zivilisationsferner Ursprünglichkeit zu entrükken.[107] Der jesuitische Primitivismus führt den europäischen und den chinesischen zusammen. Er drückt die Herablassung des Imperialen aus. Über diesen Stand kam man lange nicht hinaus. Erst die Veröffentlichung 1830/31 von Johann Heinrich Plaths großem Werk über die Geschichte Innerasiens, insbesondere der Mandschurei, das, unter dem Einfluß von Heerens universalhistorischer Betrachtungsweise, erstmals seit Joseph de Guignes wieder ein großes Panorama der Völkerbewegungen und Staatsbildungen in Zentral- und Nordasien ausmalte, öffnete ein neues Kapitel in der Erforschung der nicht-hanchinesischen Randvölker des Reiches der Mitte.[108]

5. Ritter und Exoten auf der Krim

Wenn man in Westeuropa in der zweiten Hälfte des 18. Jahrhunderts völkerkundliche Nachrichten über «Tataren» erhielt, dann waren damit in der Regel nicht die Nachfahren Dschingis Khans, sondern Stammesgesellschaften innerhalb des Zarenreiches gemeint. Mit Recht bemerkte Voltaire, es gebe im russischen Reich mehr Menschenarten, mehr menschliche Sonderbarkeiten und eine größere Vielfalt an Sitten als in jedem anderen Lande der Welt *([...] dans l'empire de Russie il y a plus de différentes espèces, plus de singularités, plus de mœurs différentes que dans aucun pays de l'univers)*.[109] Nicht nur aus der Sicht Pekings, auch von der Warte St. Petersburgs konnte längst keine Rede mehr davon sein, wie noch 1737 zu lesen gewesen war, die Tataren seien «die Herren von mehr als einem Drittel Asiens».[110] Johann Gottlieb Georgi faßte seine Eindrücke als Teilnehmer (in den Jahren 1771 bis 1774) an Peter Simon Pallas' großer Akademie-Expedition folgendermaßen zusammen:

> Alle tatarischen Horden sind aber so wenig fürchterlich, daß sie eine bey der andern, oder bey den Nachbarn und bald nach dem Umständen bald hier, bald dort Schutz suchen. Die übrigen Horden stehn theils als Unterthanen, theils als abhängige Schutzverwandte unter Rußland, der ottomanischen Pforte, dem großen Mogul, China und, besonders vor den Unruhen in Persien, auch unter Persien.[111]

Zusammengenommen bildeten die tatarischen Horden nach den Russen die größte «Nation» im Zarenreich. Die völkerkundlichen Nachrichten, die seit der Veröffentlichung von Johann Georg Gmelins Sibirienreise 1751–52 *peu à peu* in westeuropäischen Sprachen zugänglich wurden, brachten eine erhebliche Differenzierung des Tatarenbildes. In ihnen fehlen die Extreme sowohl der Dämonisierung und rassischen Abwertung zentralasiatischer Völker (Herder) als auch ihrer Stilisierung zu treuherzigen guten Wilden (Du Halde). Die Grundhaltung – beim unpersönlich-kühlen Peter Simon Pallas anders nuanciert als beim lebhaft plaudernden Johann Georg Gmelin oder dem detailverliebten Eingeborenenfreund Johann Gottlieb Georgi – ist eine sympathetische Nüchternheit. Auch der Tibetreisende Samuel Turner setzt dem alten Tatarenklischee seine eigene frische Errfahrung entgegen: «Die Tibeter sind ein menschliches und liebenswürdiges Volk [...], ganz ohne jene Grausamkeit *(ferocity)*, die wir mit der Vorstellung von einem Tataren verbinden.»[112]

Die Berichte machen deutlich, daß keineswegs alle Bewohner der östlichen Weiten des Zarenreiches Reiternomaden vom mongolischen Typ waren. Das Spektrum reichte von den seßhaften kasanischen Tataren, die Georgi für bessere Landwirte hielt als viele russische Ackerbauern,[113] bis zu den ungewöhnlich mobilen, Viehzucht mit weiträumiger Jagd verbindenden Tungusen, der Hauptbevölkerung Zentralsibiriens.[114] Die Reisenden zeigten großes Interesse am Schamanismus, dessen Verurteilung als heidnischer Irrglaube einer genauen Beschreibung nicht im Wege stand. Mit einem in der Religionskritik der Aufklärung überhaupt beliebten Motiv wurde vieles ungereimt und überspannt Erscheinende als Priestertrug, in diesem Fall «Blendwerk der Schamane und Zauberer» interpretiert.[115] J. G. Gmelin und G. F. Müller, die wissenschaftlichen Leiter der Großen Nordischen Expedition, liebten das ethnologische Experiment und forderten Schamanen immer wieder auf, ihnen etwas «vorzuhexen». Sie waren überrascht, wenn die häufige Aufdeckung des «Betrugs» keineswegs unverzüglich in den Augen der Einheimischen zur Entzauberung der Zauberer führte.[116] Zumindest Georgi entdeckte selbst im Schamanismus «die allgemeinen Begriffe der natürlichen Religion» und führte dessen Beharrungskraft auf die Armseligkeit der Lebensfristung in einer widrigen Natur und den Mangel der Jugend an Unterricht zurück.[117] Rationale Erklärungen wurden bei den meisten dieser Autoren so weit wie möglich getrieben. Eine klare Zuordnung von Schamanismus und Primitivität, wie sie im 19. Jahrhundert üblich werden würde, findet sich bei diesen frühen Religionsanthropologen noch nicht.

Ethnographische Studien wurden keineswegs auf Völker eines nichteuropäischen Menschentypus beschränkt. Samuel Gottlieb Gmelin, dem mit seiner Beschreibung der Tataren von Astrachan die vielleicht geschlossenste völkerkundliche Skizze in der Reiseliteratur aus dem Zarenreich des 18. Jahrhunderts gelang, wandte ähnliche Untersuchungs- und Darstellungsmethoden auch auf die Donkosaken an, eine Gemeinschaft, die sich aus russischen und ukrainischen Bauern rekrutiert hatte.[118] Die Kosaken waren gleichsam Rußlands «innere Wilde», eine

Truppe, die gerne zur «Zivilisierung» der angeblich noch wilderen asiatischen Völker eingesetzt wurde.[119] Nicht zuletzt wurden Grenzen dadurch verwischt, daß «asiatische» Tataren auch in Europa zu finden waren. Ein Ausflug auf die Krim genügte.

Der holsteinische Gesandtschaftssekretär Adam Olearius beobachtete 1634, wie Abgesandte der Krim-Tataren, «grausamb und feindlich», dem Zaren wie Vertreter einer gleichrangigen Macht trotzig gegenübertraten und Geschenke einforderten: «Ihro Zaare-Mayest. umb den Frieden zuerkauffen, sihet alsdann etwas Unkosten an sie zu wenden nicht an.»[120] Vom einstigen Status des Khanats der Krim als einer eigenständigen Großmacht in der Steppe,[121] die über die Krim hinaus große Gebiete nördlich des Schwarzen Meeres kontrollierte, war ein Jahrhundert später nicht mehr viel übriggeblieben. Es war ein von Rußland immer aggressiver bedrohter osmanischer Klientelstaat, der sich jedoch bis zu seiner Annexion und der Absetzung des letzten Khans 1783 eine in ganz Eurasien einzigartige politische und gesellschaftliche Ordnung bewahren konnte.

Wie Witsen in seiner kurzen Beschreibung von 1692 betont, waren die Krimtataren als Sklavenjäger und Sklavenhändler berüchtigt.[122] Als Menschenräuber, Muslime und ethnisch Fremde auf europäischem Boden schienen sie ideale Kandidaten für ein Superfeindbild des christlichen Okzidents zu sein. Westeuropäer gelangten selten freiwillig in den Tatarenstaat. In den Jahren seiner Überwältigung durch das Zarenreich nahm dann das Interesse zu. Die Krim, eine klimatisch besonders begünstigte Landschaft, lockte Besucher an, die sich ein Bild von den letzten asiatischen Barbaren auf europäischem Boden machen wollten.

Nikolas Ernst Kleemann, ein Kaufmann, der unter anderem mit Kronleuchtern und «Spiegeltafeln» handelte, beschrieb 1771 seine Eindrücke von mehreren Geschäftsreisen auf die Krim. Kleemann mochte die «prahlerischen» Türken nicht und stellte ihnen die Krimtataren als gutherzige und bescheidene Menschen gegenüber, die besser seien als ihr Ruf. Ihn beeindruckte vor allem die Macht des Adels, dessen «Consilium oder Parlament» den dynastischen Herrscher stark beschränke.[123] Anders als dem relativ nüchternen Handlungsreisenden ging es Lady Elizabeth Craven, der wegen ehelicher Untreue verstoßenen Gattin des Earl of Craven, welche die Krim im Frühjahr 1786 besuchte, um ihre «sentimentalen» Eindrücke. Sie fand sich in der undurchschauten Rolle des Versuchskaninchens, denn der neue Alleinherrscher der frisch annektierten Krim, der Fürst Potemkin, testete an der lebenslustigen Lady die verschleiernden Vorkehrungen («potemkinsche Dörfer»), die er veranlaßt hatte, um der Zarin Katharina II. bei ihrem bevorstehenden Krimbesuch das Elend auf der durch Krieg verwüsteten Taurischen Halbinsel zu verbergen.[124]

Daß unter solchen Bedingungen kein Reisebericht von auch nur minimalem Informationswert entstehen konnte, verwundert wenig.

Gründliche Studien hingegen trieb der gelehrte französische Konsul Claude Charles de Peyssonnel *(fils)*. Er hatte das untergegangene Khanat in seiner Spätzeit vor Augen und übergoß es mit dem Goldglanz historischer Nostalgie. Zwischen der orientalischen Despotie der Osmanen und dem despotischen Absolutismus der Romanovs fand er auf der Krim geradezu frühmittelalterlich-feudale Zustände: einen schwachen Monarchen, eine starke, kriegerische Tugenden pflegende Aristokratie, eine (im Gegensatz zur russischen) freie Bauernschaft, darunter eine Unterklasse von zumeist fremdethnischen Sklaven. Die Spitze der Nobilität pflege genau denselben Ehrenkodex wie der europäische Hochadel. Nichts sei den *gentilhommes tartares* wichtiger in Krieg und Frieden als der *point d'honneur* – mit der Ausnahme, daß sie sich nie duellierten.[125] Die feudalen Gesetze auf der Krim des 18. Jahrhunderts seien «in etwa dieselben [...] wie in Frankreich am Beginn der Monarchie».[126]

Peyssonnels tatarische Ritterphantasie vom Vorabend der Französischen Revolution europäisierte die Krimtataren in extremer Weise. Sie schienen der westeuropäischen historischen Tradition bei weitem näher zu stehen als ihren orientalischen Nachbarn und ihren russischen Bezwingern. Von der islamischen Religion der Tataren und ihren asiatischen Gesichtszügen sah der französische Konsul vollkommen ab. War das Bild einer solchen edlen Ritterschaft von der Realität weiter entfernt als die Stereotypen der russischen (und später sowjetischen) Propaganda, die in den Krimtataren kriminelle unedle Wilde sehen wollte?[127] Jedenfalls entsprach der Tatarenstaat auf der Krim nur zum Teil den üblichen Merkmalen des unzivilisierten «Tatarischen»: Die Krimtataren waren keine Schamanisten und «heidnischen Götzendiener», sondern Anhänger einer monotheistischen Hochreligion. Ihr Gemeinwesen, seit den 1440er Jahren von Khanen aus dem dschingiskhanidischen Hause der Giray geführt, war im 16. und 17. Jahrhundert einer der wichtigsten Staaten Osteuropas gewesen. Er besaß noch bis in seine letzten Jahre – in den Worten eines heutigen Historikers – «sämtliche Merkmale frühneuzeitlicher Staatlichkeit»:[128] eine funktionierende Zentralregierung, eine Rechtsordnung (die osmanische und zentralasiatische Komponenten vereinigte), ein hierarchisch differenziertes Gesellschaftssystem mit einem hohen Anteil städtischer Bevölkerung, einen regen Außenhandel, ein Erziehungswesen, das dem osmanischen und dem moskowitisch-russischen nicht nachstand. Die Khane waren Patrone der Künste und eifrige Bauherren; tatarische Chronisten leisteten wichtige Beiträge zur islamischen Historiographie. Der Baron de Tott will sich mit Khan Sahin Giray sogar über Molière unterhalten haben.[129] Peyssonnels Botschaft war daher nicht falsch: Die

Krimtataren waren keinesfalls Wilde. «Barbaren» waren sie nur dann, wenn man strengste Maßstäbe anlegte, die allerdings auch ihre mächtigen Nachbarn, die Russen und die Osmanen, nicht unbedingt als wesentlich zivilisierter hätten erscheinen lassen.

Schon wenige Jahre nach Peyssonnel zeigte sich auf der Krim ein vollkommen anderes Bild. Der englische Mineraloge Edward Daniel Clarke, der die Halbinsel in den Jahren 1800–1801 besuchte, sah in Kefe (Caffa, heute Feodosija), dem einst blühenden Hauptort des tatarischen Sklavenhandels, Szenen der Zerstörung. Mittlerweile waren die Russen einmarschiert:

In der einst glanzvollen Stadt Caffa leben heute nur noch fünfzig Familien. [...] Als wir dort waren, war es den Soldaten erlaubt, die schönen Moscheen dem Erdboden gleich zu machen oder in Magazine zu verwandeln, die Minarette zu sprengen, die öffentlichen Brunnen herauszureißen und alle öffentlichen Aquädukte zu zerstören – nur, um eine kleine Menge Blei zu gewinnen. Einige dieser Brunnen waren von hohem Alter und wundervoll mit Marmorbassins, Reliefs und Inschriften verziert.[...] Die Reste der antiken Skulpturen, die von Griechen in Caffa hinterlassen worden waren, erlitten kein besseres Schicksal. Alles, was sogar die Muslime an Reliefs, Inschriften und Säulen unversehrt gelassen hatten, wurde nun von den Russen zertrümmert und als Bauschutt verkauft, aus dem elende Baracken errichtet werden. [...] In kurzer Zeit werden in Caffa nur noch die Spuren der Verwüstung durch die russischen Eroberer zu sehen sein.[130]

Clarke hörte, wie griechische Kaufleute die Russen als «Skythen» beschimpften.[131] So schloß sich ein Kreis des europäischen Tatareidiskurses. Die Erben der klassischen Antike belegten nicht die Tataren, sondern ihre hellhäutigen Beherrscher mit dem Ur-Namen für asiatische Wildheit.

Als 1811 der Geograph Moritz von Engelhardt und der Botaniker Friedrich Parrott im kaiserlichen Auftrag die Krim besuchten, waren nur noch – wie siebzig Jahre zuvor auf Kamtschatka – koloniale Verhältnisse beschreibbar. Die beiden baltischen Gelehrten setzten sich besonders mit dem Tatarenbild auseinander, das eine der renommiertesten Geistesgrößen des Zarenreiches gezeichnet hatte: der Wirkliche Staatsrat Professor Peter Simon Pallas, der zwischen März und Juli 1794 im kaiserlichen Auftrag die Krim bereist hatte. Von 1795 bis 1810 hatte Pallas dann auf der Halbinsel ein Gut bewohnt, das ihm die dankbare Zarin als Altersruhesitz geschenkt hatte. Sein Bericht über die Krimreise war 1799–1801 in deutscher Sprache erschienen.[132] Pallas war schon in der Periode der Akademieexpeditionen der kühlste und distanzierteste unter den Beobachtern der nicht-russischen Nationalitäten des Zarenreiches gewesen. Auch auf der Krim, die er im Gefolge der russischen Eroberung bereiste, fehlte ihm jeder Sinn für die Romantik des edlen Wilden und die Tragik seines Untergangs. Pallas sah alles unter dem

Gesichtspunkt ökonomischer Verwertung und nutzbringender Naturbeherrschung.

Wie zuvor bereits Pallas, so tadeln auch Parrott und Engelhardt die schlechte Bodennutzung durch die Tataren, doch widersprechen sie der Behauptung ihres illustren Vorgängers, Schuld daran sei die angeborene «Faulheit der arbeitenden Classe, welche sich nur für die nothwendigste Nahrung bewegt und fast gar keine Industrie hat».[133] Pallas' Vorschlag, die Tataren, «welche die ihrer Nation von jeher eigenthümliche Zerstörungs- und Verheerungssucht auch in ihrer Ökonomie zeigen»,[134] zu vertreiben oder sie in Rußland anzusiedeln, halten sie für «ungerecht und unmenschlich».[135] Die Tataren seien nicht faul, sondern bedürfnislos. Pallas, für den als «Statistiker» nur das Produkt der Arbeit den Wert des Menschen bestimme und der allein das Wohl des Staates im Auge habe, fehle dafür jedes Verständnis. Seien daher aber die Tataren moralisch minderwertig und die «Völker der civilisirten Staaten» ihnen überlegen?[136]

Engelhardt und Parrott gehen dann mit der russischen Bodenpolitik auf der Krim scharf ins Gericht. Da ein großer Teil des Landes der Tataren enteignet und fremden Grundherren übertragen wurde (darunter auch dem Professor Pallas), fehle den tatarischen Bauern jeder Anreiz, den Boden fleißig zu kultivieren. Die beliebte Klage über das asiatische Phlegma der Tataren, die bei der Arbeit strengster Aufsicht bedürften, sei daher eine kolonialistische Pseudoanthropologie und im Grunde nichts als eine sich selbst erfüllende Prophezeiung der neuen Herren.[137] Außerdem müsse der Anschwärzung des moralischen Charakters der Tataren lebhaft widersprochen werden. Ihre Gastfreiheit sei keineswegs, wie behauptet werde, Heuchelei, sondern ein ernsthaft befolgtes Gebot des Korans. Die beiden Reisenden hatten damit und mit der Ehrlichkeit der Tataren nur die besten Erfahrungen gemacht. Die Tataren könnten gute Staatsbürger sein, wenn man sie nur gerecht behandele. Sie seien intelligent und gelehrig und daher die besten Träger der wirtschaftlichen Entwicklung der Krim. Ihre Erfahrung mit Gartenbau und Imkerei sollte unbedingt genutzt werden. Viele der neuen kolonialen Grundherren seien hingegen an agrikulturellen Verbesserungen nicht interessiert und verhielten sich zu den neu angeeigneten Ländereien vollkommen parasitär.[138]

Dieses offenherzige und mutige Plädoyer der beiden estnischen Gelehrten für eine freie tatarische Bauernwirtschaft mit nur ergänzender russischer Kolonisation gleicht das Bild der Krimtataren den Erfordernissen der Moderne an. Hatte Peyssonnel sie verteidigen wollen, indem er sie archaisierte, so wollen Engelhardt und Parrott in ähnlicher Absicht zeigen, daß sie bei kluger politischer Behandlung den Anforderungen des zaristischen Spätmerkantilismus vollauf gerecht werden könnten. Die

Exotisierung und mentale Distanzierung der Krimtataren war die Strategie ihrer kolonialen Unterdrücker. Wer ihnen hingegen wohlgesonnen war, suchte nachzuweisen, daß sich hinter ihrem nicht-europäischen Äußeren keine anthropologische Andersartigkeit verbarg, die ihrer gleichberechtigten Eingliederung in eine sich modernisierende Gesellschaft im Wege stehen würde. Freilich: Nach der Massenflucht von Krimtataren ins Osmanische Reich und dem Zustrom russischer Siedler waren die Tataren bereits um 1800 zu einer Minderheit in ihrem eigenen Land geworden. Pallas' Rezepte triumphierten, Parrotts und Engelhardts Vorschläge kamen zu spät.

6. Ethnologie und Politik der arabischen Freiheit

Das Khanat der Krim paßte in keine der Theorien der Zeit. Vor allem widersprach es der Gleichung «Wilde = Tataren = Nomaden». Die nomadische Lebensweise übte auf städtische Intellektuelle des 18. Jahrhunderts eine eigentümliche Anziehungskraft aus. Nicht weniger als der unbeschwerte Naturmensch an palmenumsäumten Inselstränden war der Nomade ein Emblem der Epoche.

Wie in der modernen Anthropologie, so bevorzugte man auch im 18. Jahrhundert einen engen Begriff des Nomaden, der nicht jede Form mobiler Lebensführung einschloß, sondern auf *pastoral mobility* eingeschränkt war.[139] Der Nomade war also in der Regel Hirte. Als solchen glaubte man ihn aus dem Alten Testament, aus antiken ethnographischen Texten und aus der Tradition der bukolischen Literatur zu kennen. Die «jetztlebenden» Hirtennomaden fanden sich unter Völkern, die einst geschichtsmächtig gewesen waren und später von den großen Territorialreichen an den Rand gedrängt worden waren. Neben den Mongolen waren dies vor allem die Araber: einst ebenfalls eine «brausende Nation»,[140] nunmehr überwiegend osmanischer Oberhoheit unterworfen. Genaue Beschreibungen der Lebensweise von Nomaden waren selten. Wenig scheint überhaupt seßhaften Menschen, die in Häusern und Städten wohnen, schwerer zu fallen, als sich in ein ambulantes Leben als Existenzform hineinzuversetzen. Für die Mongolen war seit 1776 Pallas, der selbst nicht viel von ihnen gesehen hatte und der daher auch die Ergebnisse anderer Reisender (G. F. Müller, S. G. Gmelin u. a.) auswertete, die führende und fast sogar die einzige Autorität.[141] Der wunderbar ins einzelne gehende und von größter Sympathie durchdrungene Bericht Benjamin Bergmanns über seinen Aufenthalt unter den Oirat-Mongolen oder Kalmücken an der Wolga wurde außerhalb des deutschen Sprachraums wenig bekannt.[142] Bergmann sah die Lebensart der

Kalmücken als den vollkommenen Gegensatz zur europäischen. Durch seine rousseauistische Voreingenommenheit für das einfache Leben der Hirten ließ er sich nicht zu wolkigen Schwärmereien oder zur «Konstruktion» des «Anderen» als «verkehrter Welt» hinreißen, sondern versuchte, mit genauester Konkretion deutlich zu machen, wie zum Beispiel die Kalmücken mit ihren Pferden und Kamelen umgingen.[143]

Kaum besser war man lange Zeit über die nomadisierenden Bewohner Nordafrikas, Syriens und der Arabischen Halbinsel unterrichtet. Jean de la Roque – oder vielmehr der langjährige Konsul in Aleppo Laurent d'Arvieux, der wahre Verfasser des unter de la Roques Namen erschienenen Berichts – hatte 1715 das Bild des ernsten, bedächtigen, schweigsamen Wüstenbewohners popularisiert, und Dr. Thomas Shaw hatte zwei Jahrzehnte später die Araber, mit denen er bei seinen Reisen einige schlechte Erfahrungen gemacht hatte, als Räuber und Barbaren dargestellt. Ein wohlhabender «philosophischer» Reisender, der Vicomte de Pagès, hatte 1771 am Ende einer Weltreise die Karawane von Basra nach Aleppo begleitet und dabei einige Einblicke in das ihm nicht unsympathische Leben der Araber tun können. Die bis dahin bei weitem genaueste Beschreibung des arabischen Nomadismus fand sich aber 1772 bei Carsten Niebuhr.[144] Volney, der in Syrien Nomaden studiert hatte, bemühte sich später sichtlich – und nach dem Urteil des Publikums mit Erfolg –, Niebuhrs Niveau zu erreichen.[145] Zur führenden Autorität des frühen 19. Jahrhunderts wurde dann der Schweizer Johann Ludwig Burckhardt.[146]

Selbstverständlich wurden die theoretischen Überlegungen von Autoren des 18. Jahrhunderts zum Nomadentum durch Ethnographen wie Pallas und Niebuhr beeinflußt, wie diese ihrerseits von den allgemeineren Vorstellungen der Zeit nicht unberührt blieben. Aber der Nomadendiskurs war nicht unbedingt ein direktes Resultat primärer Beobachtungsquellen. Sein vielleicht wichtigstes Kennzeichen bestand darin, daß er von einer Erörterung der *historischen* Rolle von Völkern wie Mongolen und Arabern weithin absah. Er muß also von den Debatten über das Elementarhistorische getrennt werden. Diese Völker wurden in dem Sinne als *un*-historisch betrachtet, daß sie zugleich *post*-historisch wie *prä*historisch waren: posthistorisch, weil sie ihren großen historischen Auftritt bereits hinter sich hatten, prähistorisch, weil sie in eine Zeitlosigkeit versunken zu sein schienen, die sie zu Zeugen und Relikten einer tiefen Vergangenheit machte. Noch 1820 sah sich ein Reisender beim ersten Anblick mongolischer Nomaden an «das glückliche Zeitalter des patriarchalischen Lebens» erinnert, und bei Begegnungen mit Beduinen, die im biblischen Geschichtsraum lebten, waren derlei Assoziationen nahezu unvermeidlich.[147] Im Falle der Araber fiel solche Archaik besonders auf, konnte man hier doch – anders als bei den ganz nicht-urbanen Mongolen – mit dem Kontrast zwischen urtümlichen Wüstenarabern und modernen Stadtarabern spielen. Die Sympathie der Europäer lag bei den Wüstensöhnen, denn die städtischen Araber, so lautete eine charakteristische Äußerung, «haben alle Laster der civilisirten Gesellschaft, ohne die des rohen Zustandes abgelegt zu haben».[148] Der stets differenzierende Carsten Niebuhr beginnt seine Analyse der Beduinen mit dem Gegensatz Stadt-Wüste, ohne ihn in der groben Dichotomie von Zivilisation und Roheit aufgehen zu lassen:

Die Einwohner der arabischen Städte, und besonders der an der Seeseite und auf der Gränze liegenden, sind wegen ihrer Handlung und Gewerbe dergestalt mit Fremden vermischt worden, daß sie gar vieles von ihren alten Sitten und Gebräuchen verloren haben. Die wahren Araber aber, welche ihre Freyheit jederzeit höher geschätzt haben als Reichthümer und Bequemlichkeit, leben in abgesonderten Stämmen unter Zelten und beobachten noch beständig die uralte Regierungsform, Sitten und Gewohnheiten ihrer Vorfahren.[149]

Für Niebuhr ist das Leben in der Wüste kein Ausdruck zivilisatorischer Rückständigkeit und kein Resultat der «Vorsehung»,[150] sondern Ergebnis eines freien Entschlusses zu Einfachheit, Naturnähe und Freiheit. Die Beduinen haben ihre Lebensform als angemessen und richtig gewählt. Ihre Freiheitsliebe hat zwei Seiten. Zum einen dulden sie unter sich keine stabile autoritäre Unterordnung. Sie leben in einer mosaikartigen Vielzahl von Kleinverbänden – Klans und Stämmen –, die sich immer wieder zu höheren und größeren Einheiten zusammenschließen. Die jeweiligen Führer, die Scheichs, regieren mit patriarchalischer Gewalt über ihre Familien und Bedienten. Nach dem Tod oder der Absetzung eines Scheichs rückt nicht der älteste Sohn nach, sondern es wird der tüchtigste männliche Verwandte gewählt. Alle politische Autorität jenseits der Familie ist rechenschaftspflichtig. Die «kleinen Scheichs» sind keine gefügigen Vasallen der großen:

Der große Schech muß sie also mehr wie seine Bundesgenossen, als wie seine Unterthanen ansehen. Wenn sie gar nicht mit seiner Regierung zufrieden und gleichwohl außer Stande sind, ihn abzusetzen, so treiben sie ihr Vieh zu einem andern Stamm, der gemeiniglich froh ist, seine Parthey verstärken zu können. Es muß sich aber auch ein jeder kleiner Schech bestreben, seine Familie wohl zu regieren, weil sie ihn sonst gleichfals absetzen oder verlassen würde.[151]

Die andere Seite der beduinischen Freiheit ist ihr Gegensatz zur türkischen Despotie in den Städten. Der realistische Niebuhr verabsolutiert diesen Gegensatz nicht so, wie es später Mode wurde. Nur wenige Stämme lebten vollkommen abgeschieden für sich; sie erkauften diese vollkommene Freiheit von äußeren Einwirkungen und Verbindungen mit einer besonders großen Kargheit ihrer Lebensweise.[152] Viel charakteristischer seien Kontakt und Konflikt zwischen türkischer Macht und arabischer Gegenmacht. Dabei sieht es Niebuhr als seine Pflicht an, die Araber gegen den türkischen Vorwurf zu verteidigen, sie seien gesetzlose Räuber. Gewiß würden die Araber Karawanen und einzelne Reisende immer wieder ausplündern, doch würden sie sie selten ermorden und in der Wüste umkommen lassen. Der Widerstand gegen osmanische Aggression könne nur in propagandistisch verfälschender Absicht als Räuberei bezeichnet werden.

Wenn also die Türken alle Jahre mit einer Armee in Arabien erscheinen, so müssen die Araber, vornehmlich bey einem öffentlichen Kriege, ihnen eine Armee entgegen stellen, um ihre Rechte zu behaupten. Diese kann man wohl nicht mit einer Bande Räuber vergleichen, da sie von großen Schechs angeführt wird, welche unstreitig unabhängige Herren von der Wüste sind und also ein Recht haben, sich all denen, welche mit Gewalt durch ihr Gebiet ziehen wollen, zu widersetzen.[153]

Die Beschreibungen von Niebuhr, an die später diejenigen von Volney und Burckhardt anschlossen, bilden die Vision eines, wie Volney zu sagen liebt, unverwechselbaren *genre de vie* und zugleich eine Theorie des beduinischen Nomadentums. Wenn man von den härteren realistischen Akzenten absah wie etwa Hinweisen auf chronischen Hunger unter den Beduinen Syriens oder auf die Versorgung der Belutschen durch den internationalen Waffenhandel,[154] ließ sich aus solchem Material die teils neo-pastorale, teils heroische Idealisierung der Wüstenbewohner konstruieren, die in der orientalistischen Malerei der Romantik und literarisch im frühen 20. Jahrhundert bei T. E. Lawrence ihren Höhepunkt erreichen sollte.[155] Ebenso hat die spätere Islamwissenschaft manche der Konzepte dieser ersten Arabienforscher implizit oder ausdrücklich tradiert.

7. Theorie des Nomadentums

Es gab im 18. Jahrhundert mehrere Versuche einer *allgemeinen* Theorie des Hirtenlebens. Eine besonders aspektreiche, meist auf antike Quelle gestützte entwarf der englische Mediziner William Falconer.[156] Falconer sieht das Hirtenleben als eine Stufe der Kulturentwicklung, die zwischen der Erfindung des Geldes und der allgemeinen Ausbreitung des Ackerbaues liegt. Anders als Adam Smith, Adam Ferguson und andere Denker der schottischen Aufklärung achtet Falconer, einer der frühesten Ökologen, auf die jeweils besonderen Umweltbedingungen, die zu ganz unterschiedlichen Ausprägungen des Pastoralismus führen können: Er ist anders in Ägypten als in Sizilien, anders in Arabien als in der Mongolei.[157]

Allgemein läßt sich folgendes sagen: Im Stadium des Hirtenlebens erwachen die Menschen zu planvoller Tätigkeit; die früher ganz losen Bande der Gesellschaft festigen sich; das weibliche Geschlecht wird erstmals mit Respekt behandelt. Auf der anderen Seite wäre es ein Irrtum, «sich das Hirtenleben als das Muster der Tugend und Einfalt vorzustellen».[158] Die Einführung von Eigentumsrechten führt zu Habgier, Geiz und neuen Formen von Kriminalität. Die Erfindung des Geldes zieht Bestechung und Abhängigkeit durch Schuldverhältnisse nach sich. Krieg ist ein Lebenselement der Hirten, und die Kriegskunst ist diejenige Wissenschaft, in der sie ihre Verstandeskräfte am erfolgreichsten schärfen. Da ihnen aber jedes Gefühl für städtisches Leben fehlt, verstehen sie sich schlecht auf Belagerungen; es fehlt ihnen dazu die Geduld.[159] Weil die Nomaden an keine feste Wohnstatt gebunden sind, kennen sie keine Tempel und immobilen Götterbilder. Sie besitzen als Folge ihrer Lebensweise daher ziemlich abstrakte Gottesvorstellungen, die sie für monotheistische Religionen, insbesondere die bilderfernste unter ihnen, den Islam, empfänglich machen.[160]

Falconers Beispiele vom pastoralen Leben stammten ohne jede dichotomische Klassifikation aus Europa wie aus Asien. Hunnen und Germanen, Skythen und Kelten waren sich in ihrer Lebens- und Denkweise überaus nahe. Edward Gibbon, ebenfalls kein Ideologe des Ost-West-Gegensatzes, interessierte sich, historisch spezifischer, für die Hirtenvölker, die in der Geschichte der Spätantike und des Mittelalters geschichtsprägend auftraten. Er gelangte dabei zu einer umfassenden Interpretation der Nomaden, die als einzige des 18. Jahrhunderts die elementarhistorische mit der ethnographischen Perspektive zu verbinden wußte. J. G. A. Pocock, einer der wichtigsten Ideenhistoriker unserer Zeit, hat ihr einige bedeutende Studien gewidmet.[161] Da Gibbon in den verschiedenen Angriffswellen der Barbaren einen wichtigen Grund für den Untergang sowohl des west- wie des oströmischen Reiches sah, war es nur konsequent, daß er sich um ein Verständnis der Triebkräfte dieses Barbarentums bemühte.

Gibbon beendet das 25. Kapitel seines *Decline and Fall of the Roman Empire* mit dem Tod des Kaisers Valentinian I. im Jahre 375. Er beginnt das 26. Kapitel mit der Schilderung des verheerenden Erd- und Seebebens, das am 21. Juli 376 den größten Teil der römischen Welt erfaßte. Es fiel zusammen mit einer noch viel folgenreicheren Erschütterung: dem Beginn der hunnischen Aggression und damit der Völkerwanderung. Gibbon hält nun inne, bevor er seine große Erzählung fortsetzt, und trägt unter der Überschrift *Manners of the Pastoral Nations* grundsätzliche Überlegungen vor.[162]

Die Realität der Hirtenvölker hat Gibbon zufolge nichts mit den bukolischen Idyllen zu tun, welche die Schäferliteratur der Frühen Neuzeit so liebevoll ausmalte.[163] Alle diese Völker sind sich aufgrund ihrer Lebensweise sehr ähnlich. Da sie nicht den Boden bearbeiten, sondern ihren wandernden Herden folgen, können sie keine kulturellen Identitäten ausbilden. Das Töten von Tieren gehört zum Alltagsleben der «Barbaren» und nährt Brutalität auch gegenüber Menschen. Der Verzehr von Pferdefleisch ist kein Tabu, sondern im Gegenteil eines der Erfolgsgeheimnisse des Reiterkrieges. Die dauernde Bereitschaft zum Krieg ergibt sich nicht aus einem tatarischen oder skythischen «Charakter», sondern aus der pastoralen Lebensweise: Junge Männer leben in mobilen Zeltlagern zusammen und üben sich in kämpferischem Wetteifer. Bei der Suche nach Weideland hemmen keine Vorstellungen von Heimat und Bodenbindung. Das Leben unter härtesten Bedingungen bereitet auf die Strapazen ausgreifender Feldzüge vor. Die Nomaden leben aber nicht allein von ihren Herden. Sie sind auch geübte Jäger und trainieren schon früh Treffsicherheit und Reaktionsschnelligkeit. Die Jagd ist die Vorstufe zum Krieg. So bedarf es nur einer Kombination von äußeren Anstößen und innerer politischer Führerschaft, um die großen elementarhistorischen Vorstöße der Reiternomaden auszulösen. Ihre politischen Ordnungen sind so locker gefügt, daß tüchtige Kriegsfürsten schnell an die Spitze zu gelangen vermögen.

Soweit die Grundlagen. Gibbon übernimmt das Konzept der Subsistenzweise *(mode of subsistance)*, das die schottischen Sozialtheoretiker kurz zuvor eingeführt hatten, und präzisiert es als Instrument historischer Analyse. Die einzelnen Beispiele für kriegerische Bewegung unter den Nomaden werden dann in späteren Kapiteln in ihrer besonderen Verursachung eingehend untersucht: die Hunnen unter Attila, die Araber in den Jahrzehnten nach Muhammad, die Mongolen unter Dschingis Khan. Ein Höhepunkt ist das 50. Kapitel, in dem Gibbon die Ursprünge des Islams diskutiert. Hier spricht er über die besondere Bedeutung des Kamels für das Leben der Wüstenaraber und über seine Vorzüge gegenüber dem weniger belastbaren und weniger vielseitig zu nutzenden Pferd. Er schildert die allmähliche Überwindung des Zustandes ursprünglicher Wildheit, die ihm keineswegs als ein einfacher Sprung von einem Entwicklungsstadium in das nächste erscheint. Im Unterschied zu Hunnen und Mongolen gelang den Arabern bereits in vorislamischer Zeit der Übergang zur Stadtkultur, die freilich niemals in einen antagonistischen Gegensatz zum Beduinenleben geriet. Da wie dort wird die Gesellschaft weniger durch Zwangsinstitutionen von oben als durch freiwillige Gegenseitigkeit auf relativ egalitärer Grundlage zusammengehalten. Die Demokratie der Araber läßt sich in Gibbons Augen durchaus mit derjenigen der Griechen und der Römer vergleichen. Sie beruht aber weniger als diese auf Institutionen *(artificial machinery)*[164] und auf festgelegten Mitwirkungsrechten als auf einer individuellen Freiheitsliebe, die der Gehorsamsbereitschaft Grenzen zieht. Diese politische Form war nicht so instabil, daß sie zu offener Anarchie führte, und wehrte zugleich Tendenzen zu despotischer Alleinherrschaft ab, wie sie sich erst seit dem achten Jahrhundert allmählich unter byzantinischem und persischem Einfluß herausbildeten. Die gesellschaftlichen Entwicklungsprozesse wurden durch eine bardische Poesie begleitet, der die Rolle der Moralisierung der Sozialbeziehungen und der Milderung der Sitten zufiel. Wie Gibbon unter solchen Bedingungen und im Wechselspiel von Offenbarung und Politik den Islam entstehen sah, ist eines der feinsinnigsten Beispiele universalhistorischer Analyse, die je geschrieben wurden. Vielleicht keine andere Figur der Geschichte wird in *Decline und Fall* so sorgfältig interpretiert wie der Gründer jener Weltreligion, die Gibbon nach dem Christentum das zweite große Beispiel für die historische Kraft der Verbindung von Charisma und Organisationskunst bot.

Gibbons Theorie des Nomadentums legt die Grundlagen für seine gesamteurasische Interpretation des Mittelalters. Sie ist materialistisch in ihrem Ausgang von Umwelt und Subsistenzweise, ohne einem klimatischen oder geographischen Determinismus zu verfallen und ohne das Eigengewicht von Ideen und insbesondere religiösen Überzeugungen – die stets prekär zwischen Aberglaube und Fanatismus schwanken – zu bestreiten. Gibbon begnügt sich nicht mit einer historischen Erzählung. Er will die großen Bewegungen der Geschichte, etwa den Aufstieg des Islams, *erklären* und sucht dabei einen Mittelweg zwischen Allgemeinheiten à la Falconer und der Würdigung örtlicher Umstände. Ein solches historiographisches Programm ging weit über Gibbons Quellen und Gewährsleute hinaus; er kann es nur halb spekulativ ausführen. Niemand außer vielleicht Montesquieu in seinem kurzen Buch über Größe und Niedergang der Römer (1734) hatte vor ihm Ähnliches versucht. Bei Gibbon werden die Nomaden, ausgerechnet sie, zum Demonstrationsobjekt für die subtilste historische Analyse des Aufklärungszeitalters.

8. Der Triumph der Seßhaften

Die letzten Jahrzehnte des 18. und die ersten des 19. Jahrhunderts sahen weltweit eine beispiellose Offensive der seßhaften «Zivilisierten» gegen die mobilen «Wilden» oder «Barbaren». Die Furcht vor den Unzivilisierten, *la grande peur du monde sauvage* (Michèle Duchet), war endgültig überwunden.[165] Sozialtheoretiker reflektierten dies, indem sie das Hirtentum nunmehr als instabile Durchgangsphase gesellschaftlicher Evolution auffaßten.[166] Die «Zivilisierten» waren dabei selbstverständlich selber mobil. Durch militärische Eroberung und landwirtschaftliche Kolonisation vergrößerten sie ihre Lebenssphäre auf Kosten derjenigen der Nicht-Ackerbauern. Mobilität war hier nur vorübergehendes Mittel zum Zweck, nicht Lebensform, wenngleich Fälle wie die argentinischen Gauchos oder (seit den 1830er Jahren) die südafrikanischen Trekburen auf der Scheidelinie standen. Nicht nur nordamerikanische Indianer, Kurden, Mongolen und die Völker Sibiriens wurden zurückgedrängt. Im gleichen Zeitraum säuberte die Royal Navy im Zuge ihres Vorgehens gegen den Sklavenhandel die Weltmeere von Seeräubern – zumindest im Persischen Golf und den Meeren um Malaia nicht immer mit dauerndem Erfolg. Piraten sind immer besonders unangenehme Gegner einer maritimen Weltmacht. Das britische Empire, so mußte 1816 eingeräumt werden, hatte die indischen Kriegerstaaten unterworfen oder erschöpft, fand aber die Seeräuber im Persischen Golf ungreifbar.[167] Die hellhäutigen Buccaneers in der Karibik, die im 17. Jahrhundert so etwa wie eine souveräne Terrormacht gewesen waren, wurden bereits im frühen 18. Jahrhundert endgültig ausgeschaltet. Die französische Kriegsmarine räumte im Mittelmer auf; 1830 fiel der seit längerem schon ziemlich harmlose «Piratenstaat» in Algerien nach einer französischen Intervention.

Räuberei und Nichtseßhaftigkeit wurden in der Wahrnehmung der imperialen Zentren nahe aneinander gerückt. Die frühneuzeitlichen Territorialstaaten gingen gegen organisierte Räuberei und Straßenkriminalität, gegen Bettelei und Vagabundentum vor. Sie versuchten, ihre Untertanen stillzustellen, um sie besser kontrollieren und besteuern zu können.[168] Nomadentum wurde, wie Kurt Röttgers formuliert hat, nicht als Selbstorganisation wahrgenommen, «sondern nur als ordnungsbedrohende Organisationsverweigerung».[169] Dies setzte sich in die koloniale Welt fort. Missionare klagten darüber, daß sich Nomaden kaum zivilisieren und christianisieren ließen und drangen auf zwangsweise Ansiedlung. Koloniale Reformer sahen in ihnen schlechtes Material für *improvement*.[170] In Indien wurden – vor allem nach dem großen anti-britischen Aufstand von 1857, der *Indian Mutiny* – Migrantengruppen, die sogenannten *criminal tribes*, gewaltsam unterdrückt.[171] Die Ausgrenzung und Verfolgung des asiatischen Volkes der «Zigeuner», je nachdem als indische oder ägyptische Zuwanderer oder als türkische Spione interpretiert, nahm während der Epoche der Aufklärung zu.[172] Selbst Johann Gottfried Herder vergaß seine berühmte Toleranz, wenn es um die Zigeuner ging:

> Eine verworfne Indische Kaste, die von allem, was sich göttlich, anständig und bürgerlich nennet, ihrer Geburt nach entfernt ist, und dieser erniedrigenden Bestimmung noch nach Jahrhunderten treu bleibt, wozu taugte sie in Europa, als zur militärischen Zucht, die doch alles aufs schnellste disziplinieret?[173]

Ebenso wie die Zigeunerromantik – mysteriöse Findelkinder, rassige Frauen, Freiheit im rollenden Wagen usw. – erst aufkam, als das «Zigeunerproblem» polizeilich gelöst war, und ähnlich wie der nordamerikanische Indianer erst im Untergang winnetouhaft sentimentalisiert wurde, so entdeckten Europäer auch in Asien den edlen Barbaren dort, wo sie ihm nicht begegnen mußten. Die Freiheit, so hatte schon Montesquieu gelehrt, hat ihren letzten Sitz unter den unangreifbaren Völkern der Berge.[174] Afghanen, Kurden, Rif-Kabylen, Gurkhas, Tschetschenen, daneben auch Tiroler, Schweizer und Hochlandschotten wurden seit dem späten 18. Jahrhundert als urtümliche Bewahrer vormoderner Sitten und Freiheiten verklärt.[175] Damit erfuhren die Bergbewohner eine erstaunliche Umwertung. Sie waren nun nicht länger die bedrohlichen Wilden, die ohne erkennbaren Anlaß aus ihren Verstecken hervorbrachen und friedliche Kulturmenschen überfielen. Vergessen waren auch die seit den Erzählungen der Kreuzfahrer und Marco Polos die Europäer beunruhigenden Geschichten vom «Alten Mann vom Berge», dem Oberhaupt der islamischen Isma'iliten-Sekte, der absolute charismatische Führergewalt über seine Anhänger ausübte und jugendliche, mit Drogen gedopte «Assassinen» als mordende Terrorkommandos in die Städte der Ebenen schickte. Sie beschäftigen noch Orientalisten wie Sylvestre de Sacy und Joseph von Hammer-Purgstall, aber kaum noch die allgemeine Phantasie.[176]

Die *neuen* beunruhigenden Wilden und Nomaden wurden allmählich in den europäischen Metropolen sichtbar. Friedrich Engels sah die Iren als moderne Nomaden und beschrieb sie mit dem ganzen Abscheu, mit dem Reisende des 18. Jahrhunderts die rohesten und wurzellosesten unter den Wilden bedachten.[177] Henry Mayhew begann 1851 sein großes Sozialpanorama *London Labour and the London Poor* mit einer Betrachtung über *Wandering Tribes in General* und teilte die Bevölkerung des Erdballs in *two distinct and broadly marked races* ein: die Wandernden und die Seßhaften, *the vagabond and the citizen*.[178] Beide unterschieden sich sogar physisch, etwa durch ihre Schädelformen, voneinander. Die Nomaden sind, so Mayhew, in allen Zivilisationen die Parasiten der behausten Gesellschaft. Dem edlen Barbaren und *homme naturel* an den unwirtlichen Rändern der großen Imperien folgen nun die unedlen Wanderstämme, welche die neuen Industrielandschaften bevölkern. Die Straßenhändler und Lumpenproletarier in den Straßen Londons, so sieht es der frühe Sozialforscher Mayhew, sind den Buschmännern Südafrikas näher verwandt als ihren bürgerlichen Nachbarn. Mayhew beschreibt sie völlig in den Kategorien, die im 18. Jahrhundert auf *ignoble savages* angewandt wurden:

The nomad then is distinguished from the civilized man by his repugnance to regular and continuous labour – by his want of providence in laying up a store for the future – by his inability to perceive consequences ever so slightly removed from immediate apprehension –

by his passion for stupefying herbs and roots, and, when possible, for intoxicating fermented liquors – by his extraordinary powers of enduring privation – by his comparative insensibility to pain – by an immoderate love of gaming, frequently risking his own personal liberty upon a single cast – by his love of libidinous dances – by the pleasure he experiences in witnessing the suffering of sentient creatures – by his delight in warfare and perilous sports – by his desire for vengeance – by the looseness of his notions as to property – by the absence of chastity among his women, and his disregard of female honour – and lastly, by his vague sense of religion – his rude idea of a Creator, and utter absence of all appreciation of the mercy of the Divine Spirit.[179]

Der Nomade unterscheidet sich vom Zivilisierten durch seinen Abscheu vor regelmäßiger und fortgesetzter Arbeit; durch seinen Mangel an Vorsorge in Gestalt von Reserven für die Zukunft; durch seine Unfähigkeit, über die Wahrnehmung des Augenblicks hinaus die Folgen seines Handelns zu ermessen; durch seine Leidenschaft für betäubende Kräuter und Wurzeln und, wenn möglich, für berauschende Alkoholika; durch seine ungewöhnliche Fähigkeit, Entbehrungen zu ertragen; durch seine vergleichweise große Unempfindlichkeit gegen Schmerzen; durch eine maßlose Liebe für das Glücksspiel, bei dem er oft seine persönliche Freiheit riskiert; durch sein Gefallen an lüsternen Tänzen; durch das Vergnügen, das ihm das Leiden fühlender Kreaturen bereitet; durch die Wonne, die er in Krieg und gefährlichen Körperübungen findet; durch seinen Rachedurst; durch eine lockere Auffassung von Eigentum; durch die Unkeuschheit seiner Frauen und seine Mißachtung weiblicher Ehre; schließlich durch seinen nebulösen Sinn für Religion: rohe Vorstellungen von einem Schöpfer und das völlige Fehlen jeder Einsicht in die Gnade des Göttlichen Geistes.

Um die Mitte des 19. Jahrhunderts ist die Hirtenromantik passé. Der Nomade dient nunmehr als Negativfolie zur Profilierung des viktorianischen bürgerlichen Charakters. Er wird zum polizeilichen Problem.

X.
Wirkliche und unwirkliche Despoten

1. Neros und Salomos Erben

In der kulturübergreifenden Herrschertypologie der Frühen Neuzeit wurden Kambyses, Attila, Dschingis Khan, Timur und Nadir Schah, die frühislamischen Kalifen und Sultan Mehmet II. (der Bezwinger von Byzanz) neben Alexander dem Großen, Caesar, Karl XII. von Schweden und manchmal auch Ludwig XIV. von Frankreich der Kategorie der «Eroberer» zugerechnet. Als Kriegsfürsten waren sie natürlich extrem autoritäre Figuren. Doch überdeckte ihr militärisches Charisma die Härte ziviler Herrschaftsausübung. Zu den «Tyrannen», einem zweiten Typus, wurden hingegen jene Monarchen gezählt, deren Regierungspraxis auch in Friedenszeiten als willkürlich, grausam und unrechtmäßig erschien. Auch sie konnten in Ost wie in West auftreten. Heinrich VIII. von England wurde – bis hin zu Tocqueville – häufig als ein solcher Tyrann gesehen, auch Philipp II. von Spanien aus protestantischer Sicht, Iwan IV. (der Schreckliche) gehörte in diese Gruselgalerie, ebenso Peter der Große bei denjenigen, die eher seine Schreckensherrschaft als seine konstruktiven Leistungen betonten. In Indien blieb der Sultan von Delhi Muhammad ibn Tughluq (reg. 1325–1351), der seine Untertanen auf Treibjagden abschlachten ließ, in besonders bitterer Erinnerung.[1] Der schlimmste Staatssadist der Epoche war kein wilder Orientale, sondern ein marginaler christlicher Kleintyrann, der jeden Türken, den er fing, ohne Umschweife aufspießen ließ: der Woiwode der Walachei, Vlad III. («Dracula», «Tepeš»). Hammer-Purgstall nennt ihn den «Pfahlwüterich» und berichtet, sein großer Gegenspieler, der selbst unzimperliche Sultan Mehmet II., habe ihn wegen seiner Tatkraft bewundert.[2] In die Kategorie außerordentlicher «elementarhistorischer» Gewalt fällt das Schreckensregiment, das der Rebell Zhang Xianzhong zwischen 1644 und 1647 in der südwestchinesischen Provinz Sichuan ausübte. Die Zahl von 600 000 massakrierten Bewohnern der Stadt Chengdu, die Pater Martin Martini ihm unterstellt, mag übertrieben sein, doch ist Zhang zweifellos einer der übelsten Massenmörder in der Geschichte Chinas gewesen.[3]

Nicht zufällig war Zhang Xianzhong ein untypischer Parvenu und Aufständischer, dessen Greueltaten in der späteren Chinaliteratur wenig Interesse fanden. Im ganzen fällt auf, wie wenige asiatische Monarchen der Frühen Neuzeit von europäischen Beobachtern als monströse Gewaltherrscher dargestellt wurden: kein einziger der Kaiser der späten Ming- und der Qing-Dynastie; kein einziger der japanischen Shogune; unter den Mogulkaisern am ehesten noch der Brudermörder Aurangzeb (reg. 1658–1707),[4] sonst in Südasien Rajasimha II. (reg. 1635–1687) von Kandy, von dessen grausamen Taten Robert Knox berichtet.[5] Unter den osmanischen Sultanen werden Mehmet II. (reg. 1451–1481) und Selim I. «der Gestrenge» (reg. 1512–1525) als besonders skrupellose Machtpolitiker geschildert, aber nur Murad IV. (reg. 1623–1640), dem Cantemir 14 000 persönlich begangene Morde nachsagt,[6] und, weniger extrem, dessen schwächere Nachfolger, der Psychopath Ibrahim (reg. 1640–1648) und sein Sohn Mehmet IV. (reg. 1648–1687), erscheinen als blutrünstige Monster vom Schlage eines Nero oder Domitian. Mit der Ernennung Köprülü Mehmet Paschas, der seinerseits wiederum in großen Säuberungen Tausende kompromittierter Amtsinhaber hinrichten ließ, zum generalbevollmächtigten Großwesir endete diese «bluttriefendste, lasterhafteste, gräuelvollste Periode der osmanischen Geschichte» bereits 1656.[7] Am meisten schienen in europäischen Augen die Safawiden-Schahs dem Bild des orientalischen Gewaltherrschers zu entsprechen. Aber es waren im Grunde nur Schah Safi I. (reg. 1629–1642), ein Zeitgenosse des grausamen Sultans Murad IV., sowie Schah Safi II. (auch Sulaiman, reg. 1666–1694), von denen in Europa – offenbar nicht ganz zu Unrecht – Geschichten kapriziöser Willkür und ungehemmter Mordlust erzählt wurden.[8] Kein einziger asiatischer Herrscher des 18. Jahrhunderts wurde in ähnlichen Farben beschrieben. Viele asiatische Despoten waren unter den Zeitgenossen der Aufklärung also nicht aufzutreiben.

Häufiger als im Modus der Tyrannei wurden Monarchen Asiens in europäischen Texten, drittens, in der positiv bewerteten Kategorie des Staatengründers, Reichserbauers und weisen Gesetzgebers *(législateur)* gesehen, für die als asiatisches Urbild König Salomo stand. Solchen Gestalten, denen in der neueren europäischen Geschichte unter anderen Heinrich IV., Elisabeth I., Kaiser Karl V., Zar Peter der Große und die Preußenkönige des 18. Jahrhunderts entsprachen, wurde ein hartes Vorgehen gegen Widersacher und ungefügige Untertanen als Staatsklugheit nachgesehen, nicht als Tyrannei nachgetragen. Die philosophischeren unter den europäischen Kolonisatoren Asiens wollten selbst *législateurs* sein: Sir Stamford Raffles sah sich als der Solon Javas, Sir William Jones strebte nach dem Ruhm eines indischen Justinian. Als ein besonderes Zeichen monarchischer Weisheit galt der freiwillige Thronverzicht nach erfolgreicher Regierungsleistung – wie bei Diokletian, Karl V., dem Qianlong-Kaiser und Sultan Murad I.

Selbst in den Augen derjenigen, die das Chinalob der Jesuiten für gewaltig übertrieben hielten, stand der Kangxi-Kaiser über jeder Kritik, und selbst die Persönlichkeit seines gewiß weniger leicht idealisierbaren Enkels Qianlong wurde selten angeschwärzt.[9] Sir William Jones nannte diesen «einen Mann von glänzendster Begabung und gewinnendster Gemütsbeschaffenheit» *(a man of the brightest genius and the most amiable affections)*,[10] und auch die Berichte der nahezu gleichzeitigen Macartney-Mission verkehrten dieses Urteil keineswegs in sein Gegenteil. Joseph de Guignes bewunderte die Weisheit und politische Kunst von Dschingis Khans Enkel Kubilai, dessen Herrschaft über China (1280–1294) er auch nicht andeutungsweise als primitive Mongolentyrannei abqualifizierte.[11] Gibbon bewertete den Ayyubiden-Sultan Saladin, den großen Widersacher der Kreuzritter, ambivalent, aber mit positiver Gesamttendenz, und nannte den Seldschukenherrscher Malik Schah (reg. 1072–1092) den «größten Fürsten seines Zeitalters».[12] Sultan Süleyman «der Prächtige» oder auch «der Gesetzgeber» («*Kânûnî*», reg. 1520–1566) erschien als Idealherrscher.[13] Der Mogulkaiser Akbar (reg. 1556–1605) besaß in Europa viele Verehrer und kaum Kritiker. Selbst James Mill, der gnadenlose Richter alles Indischen, hatte an ihm wenig auszusetzen.[14] Akbars Urenkel Aurangzeb (reg. 1658–1707), brutaler und engstirniger als fast alle seine Vorgänger, fand bereits in François Bernier, der ihn gut kannte, einen einflußreichen zeitgenössischen Fürsprecher. Bernier stellte ihn als eine Art von *aufgeklärtem* Despoten dar, auch wenn dieses Urteil eher auf seinen Vater Schah Jahan (reg. 1628–1658) gepaßt hätte. Robert Orme, der amtliche Historiker der East India Company, hielt Aurangzeb für würdig, «an die Seite der fähigsten Fürsten gestellt zu werden, die jemals irgendwo in der Welt Herrschaft ausübten».[15]

König Narai von Siam (reg. 1656–1688) wurde in Europa generell als aktiver und energischer Autokrat dargestellt. Der weniger bekannte König Alaungpaya, der die bis 1885 herrschende Dynastie gründete, fand Anerkennung als Wiedererwecker Burmas und *a man of great genius and courage.*[16] Ähnliches wurde von Kaiser Gia-Long gesagt, der 1802 das zerrissene Vietnam einte. Besonders interessant ist schließlich der Fall von Schah Abbas I. «dem Großen» (reg. 1588–1629). Daß dieser Schöpfer des neuzeitlichen iranischen Staatswesens sein Land mit größter autokratischer Strenge regierte und daß er – wie etwa auch Süleyman der Prächtige und Peter der Große – den Thronfolger töten und außerdem mehrere andere seiner Söhne und Enkel blenden ließ, verziehen ihm europäische Beobachter seit Pietro della Valle und Adam Olearius angesichts seiner immensen staatsbildenden Leistung. Roubaud, sonst ein vehementer Feind jedes Despotismus, stilisierte ihn 1770 zum Idealherrscher schlechthin, und Sir John Malcolm entlastete ihn 1815 durch eine Art von Theorie des strukturellen Mordes.[17]

Asiatische Herrscher wurden also während des 17. und 18. Jahrhunderts keineswegs ausnahmslos als grausame Tyrannen dargestellt und verurteilt. Im Gegenteil lassen sich nur wenige Beispiele für tatsächlich identifizierbare Gewaltherrscher finden. Viel häufiger war das Lob des salomonischen Reichsvaters und Friedensfürsten (Akbar, Kangxi), von dem auch europäische Staatsoberhäupter etwas lernen könnten. Lord Macartney hatte Grund, mit Kangxis Enkel, dem Qianlong-Kaiser, als Verhandlungspartner unzufrieden zu sein. Doch er schloß seine privaten Aufzeichnungen über ihre denkwürdige Begegnung am 14. September 1793 mit der folgenden Reminiszenz:

Thus, then, have I seen «King Solomon in all his glory». I use this expression, as the scene recalled perfectly to my memory a puppet show of that name which I recollect to have seen in my childhood, and which made so strong an impression on my mind that I then thought it a true representation of the highest pitch of human greatness and felicity.[18]

So habe ich denn «König Salomo in all seinem Glanze» gesehen. Ich drücke mich so aus, weil mich die Szene [die ich bei einer Audienz erlebte] an eine Puppentheatervorstellung dieses Namens erinnerte, die ich als Kind gesehen hatte. Sie hatte mich damals dermaßen beeindruckt, daß ich sie für eine wahre Darstellung des Höchstmaßes an menschlicher Größe und Glückseligkeit hielt.

Noch wichtiger war die Kategorisierung als aus Staatsraison strenger, aber auf das Wohl seines Reiches und seiner Untertanen bedachter Autokrat. In der Epoche der Formierung europäischer Territorialstaaten hatten europäische Beobachter der außereuropäischen Welt Respekt vor vergleichbaren Leistungen in Asien. In der Tat kam es in ganz Eurasien während der Frühen Neuzeit zu Staatsbildung, Zentralisierung und Bürokratisierung. Den europäischen «Großwesiren» Thomas Cromwell, Richelieu und Mazarin lassen sich daher die Köprülü-Premierminister an die Seite stellen, den Tudorkönigen, Ludwig XIII. von Frankreich und dem Großen Kurfürsten ihre asiatischen Kollegen Schah Abbas I., Tokugawa Ieyasu, der Gründer des frühneuzeitlichen japanischen Staates, und Nurhaci, der sein Mandschuvolk durch zielstrebige Modernisierung innerhalb einer Generation auf die Machtübernahme in China vorbereitete. In Europa sah man diese Parallelen und hütete sich vor allzu schroffen West-Ost-Dichotomien. Der monarchische Staat, wie ihn Ludwig XI. in Frankreich geschaffen habe, schrieb William Robertson 1769 in durchaus wertfreier Absicht, sei «kaum weniger absolut oder weniger schrecklich als der östliche Despotismus».[19] Als die Jesuiten um 1700 Kangxi und Ludwig XIV. miteinander verglichen, glaubten sie, *beiden* ihrer großen Patrone ein Kompliment zu erweisen.

2. Montesquieu liest Sir John Chardin

The immemorial despotism of the East is a fact so familiar to every reader, that it seems to be received, as we receive the knowledge of a law of nature, without any troublesome investigation of the causes which produce an effect so wonderful and invariable.[20]

Der uralte Despotismus des Ostens ist in der Tat jedem Leser so vertraut, daß wir ihn ähnlich wie ein Naturgesetz betrachten: Wir fragen nicht nach den Ursachen, die eine solch seltsame und unveränderliche Wirkung hervorbringen.

Die Naturtatsache der Despotie, von welcher der Historiker Mark Wilks 1810 spricht, wurde in einem Diskurs überliefert, der sich nicht ohne weiteres aus der Beobachtung tatsächlicher Herrschaftspraxis ergab. Während wenige asiatische Herrscher persönlich als Despoten dargestellt wurden, schien die Despotie im Osten allgegenwärtig zu sein. Als eine Art von unbefragbarem Axiom war diese Annahme vor empirischer Korrektur weithin gefeit. Was ihr widersprach, ließ sich als Ausnahme interpretieren, welche die Regel bestätigte. So kostete es den Gesandten Dr. John Crawfurd deutliche Überwindung zuzugeben, «daß Siam unter König Ramas II. Regierung prosperierte und er sich selten Grausamkeiten zuschulden kommen ließ».[21]

«Despotie» wurde als Systembegriff verstanden, der weniger das Verhalten individueller Machthaber bezeichnete als eine bestimmte Form politischer Ordnung. Die Zurechnung von System und «Performanz» war dabei variabel. Man konnte erstens von der repressiven Praxis einzelner Selbstherrscher auf die repressiven Eigenschaften des Systems schließen,[22] zweitens beides voneinander trennen und die Möglichkeit einräumen, ein tugendhafter Fürst könne auch einem schlechten System Gutes abgewinnen,[23] und drittens das System als solches darstellen und dann die Praxis an diesem Maßstab messen. Dies tat etwa Mouradja d'Ohsson, wenn er einige unübersehbar tyrannischen Aspekte der türkischen Staatspraxis mit dem Argument entschärfte, die Osmanen seien sich selbst und ihrer ursprünglich guten und gerechten Staatseinrichtung untreu geworden.[24]

Zwei weitere Bedeutungselemente des Despotiebegriffs neben dem Systemcharakter des Phänomens finden sich bereits in der politischen Theorie des antiken Griechenland: Despotie als illegitime, die Gesetze mißachtende Entartungsform monokratischer Herrschaft und deren besondere Zuordnung zu den «Barbaren». Aristoteles entwickelte das entscheidende relativierende Argument, das zu einer Zweiteilung der politischen Normenwelt führte: War die Despotie für die Hellenen die schlechteste aller Verfassungsformen, so konnte sie den «Barbaren» durchaus angemessen sein, da diesen, anthropologisch bedingt, ein Freiheitsbewußtsein fehle: «Denn da die Barbaren sklavischeren Charakters sind als die Griechen und die Asiaten eher als die Europäer, so ertragen sie eine despotische Herrschaft, ohne sich aufzulehnen.»[25] Die gleiche Herrschaftsform konnte also in unterschiedlichen soziokulturellen Zusammenhängen unterschiedlich bewertet werden.[26]

Die Vorstellungen des 18. Jahrhunderts von «orientalischer Despotie» waren zum Teil trivial und dienten nichts anderem als einer polemischen Assoziation von Formen des europäischen Absolutismus mit negativen Stereotypen des Orientalischen, besonders des Türkischen. Es hieß dann zum Beispiel aus englischen Federn, die Tyrannei Ludwigs XIV. sei schlimmer als die des «Großtürken».[27] Waren sie nicht trivial und erhoben Anspruch auf theoretischen Rang, so standen sie im Spannungsfeld von zwei Genealogien: Auf der einen Seite griffen politische Philosophen der Frühen Neuzeit von Machiavelli über Jean Bodin bis zu John Locke die aristotelische Staatsformenlehre auf und bemühten sich um ihre Aktualisierung für die Gegenwart.[28] Auf der anderen Seite suchten europäische Beobachter Asiens nach Wegen zur Beschreibung der dortigen politischen Verhältnisse. Im 16. Jahrhundert gelangten venezianische Gesandte in ihren teilweise öffentlich vorgetragenen und gedruckten «Relazionen» zu realitätsnahen Analysen der Funktionsweise des osmanischen politischen Systems. Diese Berichte blieben von anti-islamischer Polemik weithin frei und waren eine Art von kühler politikwissenschaftlicher Untersuchung der Erfolgsbedingungen und Schwachpunkte einer benachbarten Weltmacht, von deren Verhalten Venedigs Schicksal existentiell abhing. Seit etwa 1575 wurde das Reich der Sultane zunehmend als illegitime Willkürherrschaft gedeutet; zugleich verloren die venezianischen Berichte an empirienaher Beobachtungsschärfe und wurden immer mehr zu Anklagen einer als zunehmend fremd empfundenen Ordnung.[29] Im 17. Jahrhundert richtete sich das europäische Interesse dann stärker auf Persien und Mogul-Indien. Sir Thomas Roe, Bernier, Tavernier, Chardin, Thévenot, Kaempfer und andere Reisende gaben sich mit Anekdoten aus dem orientalischen Hofleben nicht zufrieden, sondern suchten nach Erklärungen für die besonderen Formen der Selbstherrschaft, die sie in den frühneuzeitlichen muslimischen Imperien antrafen.[30]

Montesquieus Bedeutung für die Theorie der orientalischen Despotie liegt darin, in seinem Hauptwerk *De l'esprit des lois* (1748) beide Genealogien, die der politischen Philosophie und die der «philosophischen» Berichtsliteratur, zusammengeführt zu haben. So fand er «die definitive Formel des Despotismus».[31] Montesquieu faßt frühere Motive in einer

Art von «Idealtyp», also einer begrifflichen Konstruktion, zusammen. Er unterscheidet die drei Regierungsformen Republik (in den Varianten Demokratie und Aristokratie), Monarchie und Despotie nach den seelischen Grundstimmungen, welche die jeweilige politische Kultur mit Leben erfüllen. Bei der Republik ist dies die Tugend *(vertu)*, bei der Monarchie die Ehre, bei der Despotie die Furcht. Schon bevor Montesquieu seinen Despotiebegriff entwickelte, hatte er, Tacitus folgend, am Falle der Herrschaft des Tiberius ein eindrucksvolles Psychogramm von Tyrannei und Furcht gezeichnet.[32] Der Idealtyp der Despotie, den man aus zahlreichen verstreuten Ausführungen in *De l'esprit des lois* kombinieren muß, erfaßt zusätzlich die *Strukturen* despotischer Herrschaft. Er zeigt folgende Merkmale, die diese in der Regel von der Fürstenherrschaft monarchischen Charakters unterscheiden:

(1) Der despotische Herrscher steht über dem Gesetz. Sein Wille und seine Launen *sind* Gesetz.

(2) Der Despot wird durch keine von ihm weitgehend unabhängigen Gegenkräfte (Stände, Kirche) eingeschränkt.

(3) Der Despot übt seine Herrschaft mittels einer Verwaltungselite aus, die – im Unterschied zu einer geburtsständischen Aristokratie – völlig von ihm abhängig ist. Selbst die höchsten Würdenträger sind ihrer gesellschaftlichen Stellung und sogar ihres Lebens niemals sicher.

(4) In der Despotie sind die Untertanen so etwas wie «Sklaven» des Oberherrn. Zumindest haben sie ein Sklavenbewußtsein.

(5) In der Despotie gibt es kein Privateigentum an Grund und Boden. Alles Land gehört dem Despoten, der seine Zugriffsrechte in unterschiedlichem Maße nutzt. Meist tritt der Despot auch als Erbe allen Privatvermögens in Erscheinung.

(6) Die in einem despotischen System vorherrschende Leidenschaft, die Furcht, bestimmt nicht nur das Verhältnis zum Herrscher, sondern auch das zwischen den Untertanen, die sich gegenseitig als potentielle Denunzianten sehen und in atomisierte Vereinzelung geraten. Die Entstehung von außerstaatlichen Solidaritätsstrukturen oder von Öffentlichkeit, also einer Bürgergesellschaft, wird ausgeschlossen.

(7) Despotische Verhältnisse reproduzieren sich auch in Mikrobereichen wie dem Haushalt und der Familie.

(8) Das Leben unter der Despotie ist nicht auf Aufbau, Vorsorge und Wachstum eingestellt. Man lebt in der Gegenwart und entwickelt ein kurzfristiges Ausbeutungsverhältnis zur Natur:

> In solchen Staaten wird nichts erneuert oder verbessert: die Häuser werden nur für ein Menschenleben gebaut; man zieht keine Gräben, man pflanzt keine Bäume; man entzieht dem Boden alles und gibt ihm nichts zurück; alles liegt brach und öde.[33]

Montesquieus Konzept der Despotie kann kontextunabhängig als allgemein verwendbare Kategorie verstanden werden. Eben daraus bezog es seine kritische Energie. Eben weil die Monarchie vor einer Degeneration zur Despotie auch in Europa nicht vollkommen sicher war, hatten Europäer keinen Grund, sich selbstgefällig von der Despotie zu distanzieren. Allerdings stand es für Montesquieu wie für die meisten seiner Zeitgenossen außer Frage, daß die despotische Herrschaftsform für Asien charakteristisch war. Sie sei dort «sozusagen zu Hause».[34] Montesquieu begnügte sich nicht damit, dies festzustellen, sondern fragte nach den Gründen dafür. Er fand zwei unabhängige Naturvariabeln. Zum einen verlange eine Großräumigkeit, wie sie insbesondere in Asien mit seinen weiten ungegliederten Ebenen häufig anzutreffen sei, aus logistischen Gründen ein Maß administrativer Zentralisierung, das nur die Despotie ermögliche.[35] Zum anderen begünstige ein heißes Klima bei den Menschen eine Servilität, die sie leichter als die Bewohner milderer Breiten zu Opfern zupackender Gewaltherrschaft werden ließen.[36] Zwischen Maßlosigkeit des Klimas und Unbegrenztheit der Herrschaft bestand eine Analogieverhältnis. Die Despotie war mithin zwar nicht theoretisch, aber in der historischen Wirklichkeit eine charakteristisch *orientalische* politische Form.

Montesquieus Begriff der Despotie lenkte die Aufmerksamkeit von den äußeren Erscheinungsformen von Tyrannei auf deren Strukturen und Ursachen. Das typologische Vorgehen lebte vom ständigen Kontrast zwischen Monarchie und Despotie und zog schon allein aus methodischen Gründen den Entwurf Asiens als einer politischen Gegenwelt zu Europa nach sich. Um den Idealtypus zu profilieren, mußte er trennscharf entwickelt werden.[37] Montesquieus Abscheu vor der Despotie ist unverkennbar: Man könne nicht ohne Schaudern an *ces gouvernements monstrueux* denken.[38] Insofern trug Montesquieu dazu bei, antiasiatische Affekte zu unterstützen. Asien war die Sphäre einer Instabilität ohne *lois fondamentales,*[39] einer primitiven Herrschaftsform, die auf der dumpfen Unwissenheit gleichermaßen von Herrschern wie versklavten Untertanen beruhte. Der Freiheit stand die Knechtschaft gegenüber, der Staatskunst die Politiklosigkeit, dem kunstvollen Gleichgewicht der Kräfte der Despotenbefehl.

Montesquieus vergleichende politische Soziologie entstand auf der Grundlage von so etwas wie früher empirischer Politikwissenschaft. Er selbst hat kein einzelnes politisches System in Asien genau dargestellt. Sein Idealtyp ist eine Kombination einiger Merkmale, die er in der Berichtsliteratur vornehmlich über die muslimischen Imperien fand. Die Analysen des iranischen politischen Systems, wie sie Chardin oder Kaempfer vornahmen, zeigten viel deutlicher die Funktionsweise dieses

Systems und kamen zu einem weniger negativen Gesamturteil als einige Jahrzehnte später Montesquieu. Sir John Chardin, einer der wichtigsten Gewährsleute Montesquieus, der ihn in der Ausgabe von 1735 las, mag als Beispiel dienen. Was übernahm Montesquieu von ihm, was nicht?

Für Chardin ist die Regierung Persiens seit Abbas I. ein despotisches und willkürliches Regiment und das persische Volk «das am stärksten unterjochte Volk der Welt».[40] Doch Abbas I., der Schöpfer dieses Systems, begnügte sich noch damit, die Großen des Reiches zu entmachten. Erst sein Nachfolger Safi I. begann, sie aus Willkür, also ohne Gründe politischer Zweckmäßigkeit, umzubringen. Der Ort des Terrors ist der Hof. Chardin führt eine wichtige Unterscheidung zwischen Hof und Land ein, die bei Montesquieu wieder verlorengeht:

C'est autant en Perse qu'en aucun autre Païs du monde, que la condition des Grands est la plus exposée & celle dont le sort est le plus incertain & souvent le plus funeste; comme au contraire, la condition du Peuple y est beaucoup plus assurée & plus douce, qu'en divers Etats Chrétiens.[41]

In Persien wie in jedem anderen Land der Welt sind die hohen Würdenträger besonders gefährdet. Ihr Los ist überaus ungewiß und oft ein höchst unheilvolles. Die Lage des Volkes hingegen ist sicherer und angenehmer als in manchen christlichen Staaten.

Chardin nimmt hier eine sozial differenzierende Perspektive ein, die bei seinem berühmten Leser fehlt: Die Despotie berührt die Lebensumstände der Mehrheit der Bevölkerung wenig, und wenn sie sie berührt, dann nicht unbedingt zu ihrem Schaden.[42] Die Anklagen gegen dieses System sind Klagen von Sprechern einer bedrohten Aristokratie und einer eingeschüchterten Dienstklasse.

Erscheint die Despotie bei Montesquieu als ein gesichtsloses und hochdeterminiertes System, bei dem Staatskunst keinen großen Spielraum hat, so betont Chardin gerade die außerordentliche Bedeutung, die unter Bedingungen extremer Autokratie der persönlichen Befähigung des Fürsten zukommt. Montesquieus im Harem versumpfender Gottkönig, «träge, dumm und wollüstig» *(paresseux, ignorant, voluptueux)*,[43] ist für den guten Kenner der iranischen Geschichte eher ein Phänomen von Schwäche und dynastischem Niedergang. Die erfolgreichen Herrscher wie Abbas I. und in geringerem Maße auch Abbas II. waren sehr aktive Despoten und entsprachen dem Haremsklischee so wenig wie die Qing-Kaiser, die Sultane des 16. Jahrhunderts und die Mogulherrscher von Akbar bis Aurangzeb. Von keinem von ihnen ließ sich sagen, er sei ein blindes Opfer seiner Leidenschaften.[44] Die Organisationsprobleme despotischer Systeme waren viel eher der Mangel an formalisierter Beratung des Herrschers durch einen Staatsrat oder ein Adelskollegium wie in

Europa, der Einfluß eines Küchenkabinetts aus Königinmutter, Eunuchen und Konkubinen sowie die mangels Primogeniturregeln ungeordnete Nachfolgefrage, die auch bei Montesquieu diskutiert wird.[45] Johann Heinrich Gottlieb von Justi hat 1762 trocken zurückgefragt, ob in Europa wirklich die Günstlinge und Maitressen weniger einflußreich, die Erbprinzen besser erzogen und die dynastischen Nachfolgeprinzipien angesichts von so vielen Narren und Schwachsinnigen auf den Thronen rationaler seien als in den vielgeschmähten «barbarischen» Staaten Asiens und Afrikas.[46] Zumindest China, von vielen ebenfalls als Despotie betrachtet, bewies das Gegenteil. Daß die Kaiser dort den fähigsten unter ihren Söhnen als Nachfolger auswählen konnten, führte dazu, daß das Reich der Mitte zwischen 1661 und 1795 von drei der weltweit tüchtigsten Herrscher der Neuzeit regiert wurde.

Chardin hatte auf einen weiteren bemerkenswerten Zusammenhang hingewiesen, den sein Leser Montesquieu nicht aufgriff: Ein blutiges Tyrannenregiment im Inneren ist oft mit einer friedfertigen, ja, defensiven Außenpolitik verbunden. Tyrannei und Eroberungstrieb sind strukturell getrennt. Warum? Die Mordlust am Hofe erwächst nicht aus soldatischen Tugenden, wie sie etwa Abbas I. kultivierte, sondern aus Luxus, Verweichlichung und Disziplinlosigkeit. Die im Harem aufgewachsenen Prinzen werden die für ihre nähere Umgebung monströsesten Könige, zugleich fehlt ihnen aber der männlich-kriegerische Geist, der zur Verteidigung oder gar Ausdehnung des Reiches erforderlich ist. Die schlimmsten Wüteriche sind daher zugleich Schwächlinge, die das nationale und dynastische Interesse verspielen und den äußeren Feinden Tür und Tor öffnen.[47] Außerdem entwaffnet ein Despot das Volk, vor dem er sich fürchtet, und schwächt damit die militärische Kraft des Staates.[48] Als Chardin 1677 Persien verließ, herrschte dort der fürchterliche Schah Safi II. Das Militär war aber vollkommen verrottet.[49] Dieser Aspekt ist bei Theoretikern des orientalischen Despotismus sehr selten gesehen worden.

Chardin stellt sein soziologisches Differenzierungsvermögen erneut unter Beweis, wenn er auf die Frage des Bodeneigentums zu sprechen kommt. François Bernier hatte 1669 in seinem veröffentlichten und vielgelesenen Brief an den Minister Colbert mit der Autorität des geschätzten Reisenden erklärt, im Mogulreich sei der Kaiser mit der Ausnahme vereinzelter Häuser und Gärten der Eigentümer des gesamten Bodens.[50] Montesquieu hatte – wie manche anderen Autoren über Asien – diese Idee aufgegriffen, sie verallgemeinert und sie ein wenig vorsichtiger formuliert: In vielen – nicht in allen! – despotischen Staaten erkläre sich der Herrscher zum Eigentümer allen Bodens und zum Erben aller Untertanen.[51] Dabei ging er über das hinweg, was er zu diesem Thema bei Chardin gelesen hatte. Chardin zeigt nämlich in einer ausführlichen Analyse, daß es in Persien vier Kategorien des Eigentums an kultiviertem Land gab: Staatsland, königliches Domänenland, das Land religiöser Institutionen und das Land im Besitz von Privatleuten. Nur aus den Krondomänen konnte der König direkte Einkünfte in der Höhe des landesweit üblichen Drittels der Ernteerträge ziehen. Das Staatsland war davon strikt getrennt; es unterlag der Verwaltung durch Provinzgouverneure und diente vor allem dem Unterhalt des Militärs. Das Land der religiösen Institutionen (vor allem der Stiftungen) war durch Schenkungen wachsendes Korporativeigentum und für den Monarchen sakrosankt. Das Privatland unterlag zwar einem nominellen staatlichen Obereigentum, wurde aber zu einer geringfügigen Rente in 99jährigen, routinemäßig erneuerten Pachtverträgen gehalten und befand sich de facto in permanentem Privatbesitz.[52]

Chardins genaue Darstellung stützte also in keiner Weise die These vom Bodenmonopol des Despoten, die spätestens mit Montesquieu ein realitätsfernes, nahezu mythisches Eigenleben entwickelte. Im Gegenteil: sie widersprach dieser These vollkommen. Auch konnte von einer besonders schweren Bedrückung der Bauern keine Rede sei. Chardin betont vielmehr ihre verhältnismäßig geringe Belastung durch Steuern, Zölle, Pachtzins und seigneuriale Leistungen und zeigt sich beeindruckt von ihrem durchschnittlichen Lebensstandard:

Ils vivent assez à leur aise & je puis assurer qu'il y en a d'incomparablement plus misérables dans les plus fertiles Païs de l'Europe.[53]

Sie leben auskömmlich, und ich kann versichern, daß es in den fruchtbarsten Ländern Europas unvergleichlich viel ärmere [Bauern] gibt.

Am Ende seiner Untersuchung des persischen Staats- und Finanzwesens in der Mitte des 17. Jahrhunderts gelangt der keineswegs schwärmerisch und distanzlos iranophil gestimmte Chardin zu einem Gesamturteil, das Montesquieus spätere Despotietheorie nur in wenigen Punkten untermauert.[54] Im Vergleich zu vielen europäischen Staaten weise das System eine Reihe von Vorzügen auf: keine Kopfsteuer und überhaupt eine leichte Steuerbürde, eine wenig erhebliche Belastung der Bevölkerung durch das Militär und die gute Behandlung der Bauern durch die Grundherren, zwischen denen eine, wie man heute sagen würde, funktionierende «moralische Ökonomie» der Gegenseitigkeit wirksam sei:

On peut dire que c'est une véritable Société contractée entre le Seigneur et le Sujet, où la perte comme le profit sont également partagés & dans laquelle les plus pauvres sont toujours ceux qui souffrent le moins.[55]

Man kann sagen, daß zwischen dem Herrn und dem Abhängigen eine wahrhafte Gesellschaft auf Gegenseitigkeit besteht: Verlust und Gewinn werden gleich geteilt, und die Ärmsten werden stets am wenigsten in Mitleidenschaft gezogen.

Der Bevölkerung Persiens gehe es materiell gut, und wenn es nicht die Schreckensherrschaft des Schahs an seinem Hofe zu Isfahan und manche Übergriffe korrupter Minister und Gouverneure gäbe, hätte man keinen Grund, das politische System des safawidischen Iran als barbarisch zu bezeichnen. Ganz unsinnig sei die Behauptung, die Untertanen des Schah seien dessen Sklaven. Im Gegenteil, so setzt der aus Frankreich emigrierte Hugenotte Chardin hinzu, seien die Perser auf angenehme Weise von einem Druck befreit, der auf christlichen Gesellschaften laste: dem der Kirche. Es gebe weder parasitäre Klöster und Kleriker noch eine intolerante Kontrolle der Gedanken.[56]

Der – neben Raphael Du Mans – beste europäische Persienkenner dachte nicht daran, die Übel des Despotismus, die er eindrücklich schilderte, zu verharmlosen. Er hielt sie aber für eine wenig tiefenwirksame Entartungserscheinung, welche die Mehrheit der Perser nur dadurch berührte, daß ein durch unfähige Herrscher geschwächter Zentralstaat nicht in ihrem Interesse liegen könne. Nicht die Kapriolen bei Hofe seien der beste Maßstab für die Qualität einer politischen Ordnung, sondern die Lebensbedingungen der Untertanen und insbesondere der ärmsten unter ihnen. Nach diesen Kriterium habe sich das vom großen A b b a s I. geschaffene System bewährt.[57] Chardin hielt es für falsch, Persien oder gar den gesamten Osten mit dem Begriff des «Despotismus» erschöpfend charakterisieren zu wollen. Anders als Montesquieu arbeitete er mit besonderer Sorgfalt nicht schroffe binäre Kontraste zu Europa heraus, sondern graduelle Abstufungen. Unter Leistungsgesichtspunkten schnitt der safawidische Iran dabei keineswegs immer schlechter ab als die Länder, die Chardin gut kannte: das Frankreich Ludwigs XIV. und das England der Restauration. Nebenbei berichtigte er auch einen anderen Aspekt des Klischees von orientalischer Grausamkeit: Folter im Gerichtsprozeß werde wesentlich seltener angewandt als in Europa, und obwohl das Gesetz fürchterliche Todesstrafen vorsehe, sei er während seiner fünfzehn Jahre in Persien Zeuge keiner einzigen öffentlichen Hinrichtung geworden.[58]

Nicht das chaotische Persien des frühen 18. Jahrhunderts, also das Land der hilflosen letzten Safawidenschahs, der Afghaneninvasion und des Kriegsherren Nadir Schah, sondern das stabile Persien auf dem Höhepunkt der Dynastie interessierte Montesquieu als Anschauungsobjekt für seine Despotismustheorie. Es ging ihm nicht um die Erklärung des Elementarhistorischen, sondern um die idealtypische Modellierung einer besonderen Spezies von politischem System. Reiseberichte lieferten dem großen Denker mehr als bloße Daten: Ein Autor wie Chardin hatte eine wohldurchdachte Beschreibung, Erklärung und Bewertung der iranischen Verhältnisse entwickelt. Er hatte dabei Europa stets im

Auge behalten: weder als idealisierte Norm noch als Gegenstand exotisierender Kritik, sondern als empirischen Maßstab, der es erlaubte, das Leben in Persien mit dem gleichzeitigen in anderen Ländern zu vergleichen. Montesquieu radikalisierte dieses Verfahren zu einer asymmetrischen Typologie. Aus Chardins tiefschürfender Irananalyse übernahm er nur, was sich zur Illustration des konstruierten Typus *le despotisme* eignete.

Chardin erweist sich als der überlegene Soziologe und Politikwissenschaftler, Montesquieu als der kühnere politische Philosoph. Indem Versatzstücke empirischer Analysen in ein einzigartig vielfältiges System einer universalen Soziologie eingebaut werden, erhalten sie einen neuen Sinn und erfahren zugleich eine Dogmatisierung und Trivialisierung. Aus den Widersprüchlichkeiten der realexistierenden Safawidenherrschaft wird die Einheitlichkeit des negativ idealisierenden Klischees, das Merkmale der Totalitarismen des 20. Jahrhunderts visionär vorweggenommen hat und auf sie vielleicht besser anwendbar ist als auf die orientalische Wirklichkeit des Aufklärungszeitalters. Freilich: Montesquieu war sich selbst über den geradezu geometrisch konstruierten Charakter seines Idealtyps des orientalischen Despotismus im klaren. Schon 1734 hatte er in seiner Schrift über Größe und Niedergang der Römer bemerkt:

C'est une erreur de croire qu'il y ait dans le monde une autorité humaine à tous les égards déspotique; il n'y en a jamais eu, et il n'y en aura jamais: le pouvoir le plus immense est toujours borné par quelque coin.[59]

Es ist falsch zu glauben, daß es auf der Welt eine in jeder Hinsicht despotische Staatsmacht geben könne. Es hat sie nie gegeben, und es wird sie niemals geben. Selbst die außerordentlichste Macht ist stets irgendwie begrenzt.

Diese Warnung wiederholte er indessen in seinem Hauptwerk nicht. Obwohl Montesquieu umsichtig genug ist, immer wieder Abweichungen von seinen Verallgemeinerungen zuzulassen, entsteht letzten Endes der Eindruck einer zweigeteilten Welt. Diese Zweiteilung wird nicht aus Volkscharakteren und Rasseeigenschaften hergeleitet. Es gibt bei Montesquieu keine anthropologische Bejubelung des abendländischen Individuums, keine Abwertung asiatischer Kulturen als solcher, keine teleologische Geschichtsphilosophie, die in den angeblich einzigartigen Errungenschaften des Westens gipfelt. Dennoch schwebt über der Knechtschaft der Asiaten ein unausweichliches Verhängnis: das der Determinierung politischer und gesellschaftlicher Verhältnisse durch die Umwelt, also durch Klima und Topographie. Die für den gesamten Despotiediskurs zentrale Frage, wie diese perverse Form von Herrschaft zu überwinden sei, beantwortet Montesquieu pessimistisch. Die Herrschaft des einzelnen Despoten ist in hohem Maße labil, aber die zahlreichen «Revolutionen» in den Ländern Asiens führen zu nichts als der ewigen Wiederkehr des ökologisch bedingten Gleichen.

3. Despotismus und Geschichtsphilosophie

Montesquieu bündelte, konzentrierte, vereinfachte und generalisierte den älteren Despotiediskurs zum komparativ verwendbaren Idealtypus. Aus dem großen Rahmen von *De l'esprit des lois* herausgenommen, gewann dieser Idealtypus ein Eigengewicht, das ihn zu vielfältigen Zwecken tauglich machte. Er konnte polemisch weiter zugespitzt, empirisch überprüft oder geschichtsphilosophisch verortet werden. In keinem Fall blieb der montesquieusche Kontext erhalten. Das große Vergleichstableau wurde demontiert und ausgeschlachtet.

Polemische Überspitzung diente zumeist dem Zweck, das Nachbarland oder gar den Rest der Welt als despotisch zu verunglimpfen und sich im gleichen Zuge der eigenen Ausnahmerolle zu rühmen. Das einzigartige Glück Europas hatte bereits Montesquieu gepriesen. Solcher Rhetorik ließ sich freilich mit Jean-Charles de Lavie entgegenhalten:

> Wenn außer den Europäern alle Völker des Universums ein und derselben Herrschaftsform [dem Despotismus] unterworfen sind, kann man dann sagen, diese sei illegitim?[60]

Eine seriösere Weiterentwicklung über Montesquieu hinaus war die geschichtsphilosophische Interpretation. Sie sah Despotismus als ein besonderes Stadium im Zuge der geschichtlichen Entwicklung. Es gab dazu verschiedene, recht unterschiedliche Ansätze.

Nicholas-Antoine Boulanger, ein Straßenbauingenieur und Bewunderer Montesquieus, der vor allem an der frühen Geschichte der Menschheit interessiert war und nach dem «Geist» der Mythen und Riten forschte,[61] sah in einem 1761, zwei Jahre nach dem frühen Tod des Autors, erschienenen Werk die Despotie als Steigerungsform einer frühen Theokratie. Ihre wichtigsten Kennzeichen waren die Monarchisierung der Gottesidee und ihre Kehrseite, die Vergöttlichung politischer Herrschaft, beides vereint in einem quasi-religiösen Staatskult. Dem Herrscher wurden magische Fähigkeiten zugeschrieben. Religiöse und politische Intoleranz gingen Hand in Hand. Machtmißbrauch führte unter bestimmten Bedingungen – wie im antiken Hellas und Rom – zum Zusammenbruch der Despotie und zu ihrer Ablösung durch eine republikanische Regierung. Boulanger zufolge ging aus der ursprünglichen Theokratie im Okzident die Anarchie und nur im Orient die Despotie hervor; der

Okzident sei aber stets durch seine asiatischen Kolonien despotischer Infektion ausgesetzt gewesen.[62] Die antiken Republiken waren aber auch in sich selbst instabil und vom Erbe des Despotismus befangen; der Übergang zur Kaiserherrschaft in Rom zeigte dies deutlich. Wie die Despotie dann wieder zum Ende kam, diskutiert Boulanger nicht mehr, doch die Implikationen seiner Ideen für Staat und Kirche unter Ludwig XV. wurden verstanden.[63] Ohne Bezug auf Boulanger – und sehr wahrscheinlich ohne Kenntnis seines Werkes – hat übrigens Jahrzehnte später der Indienhistoriker Mark Wilks das Wesen des Despotismus bestimmt: als Verschmelzung des göttlichen mit dem menschlichen Recht.[64]

Boulanger hatte einen bestimmten Übergang in der frühen Evolution religiöser und politischer Institutionen ausführlich untersucht, aber kein generelles Fortschrittsmodell entworfen. Solche Modelle rückten erst nach Boulangers Tod in das Zentrum aufklärerischen Denkens. Ihr erstes eindrucksvolles Beispiel sind Turgots verschiedene Skizzen einer vollkommen innerweltlichen Universalgeschichte, die ungefähr gleichzeitig mit Montesquieus Hauptwerk entstanden.

Der Philosoph, Ökonom und Staatsmann Turgot analysierte den Despotismus zusammenhängender und gründlicher, als Montesquieu dies je getan hatte.[65] Er sieht ihn als die zwangsläufige Begleiterscheinung der Bildung großräumiger Staaten in bevölkerungsreichen Ackerbaukulturen. Dem Klima mißt er keine Bedeutung bei; die Sphäre des Politischen gehorcht überall auf der Erde einheitlichen Gesetzen. Der Unterschied zwischen Asien und Europa liegt vor allem darin, daß sich dort der Despotismus aufgrund von Eroberungen so früh ausprägte, daß er noch keine gefestigten «Sitten» vorfand, während er hier (etwa in der römischen Kaiserzeit) erst zu einem späteren Zeitpunkt auftrat, als er die Gesellschaft nicht mehr völlig durchdringen konnte. Ein despotisches System ist in Turgots Augen herrschaftsorganisatorisch instabil, da es auf einer simplen Hierarchie des Schreckens und der Ausplünderung beruht. Das politische Gebäude ist nicht durch Querverstrebungen befestigt; dem wankelmütigen Militär, meist einer politisch ehrgeizigen Prätorianergarde, kommt eine entscheidende Bedeutung zu. Die Stellung der obersten Exekutive, also des «Großwezirs», ist so prekär, daß ein planvolles Regieren oft unmöglich wird.[66] Dennoch kann ein despotisches System lange bestehen. Es unterdrückt nämlich das gesamte geistige Leben und benutzt die Erziehung zur Brechung der Persönlichkeit; Freiheitsstreben kann nur schwer aufkommen. Despotismus wird schließlich zu einer Frage der Gewöhnung: Die Menschen fügen sich, weil sie nichts anderes kennen. Noch eindringlicher als Montesquieu beschreibt Turgot die Auswirkungen des politischen auf diese Art von gesellschaftlichem Despotismus:

> Ich füge noch hinzu, daß sich in den großen despotischen Staaten auch ein Despotismus herausbildet, der sich auf die privaten Lebensgewohnheiten *(les mœurs civiles)* niederschlägt; er macht die Geister noch empfindungsloser, beraubt die Gesellschaft des größten Teils ihrer Reichtümer und Annehmlichkeiten, verwehrt den Frauen die Teilhabe an der Verwaltung der Familie; er reduziert alles auf ein Gleichmaß, indem er den Verkehr zwischen den Geschlechtern verbietet, und er versetzt die Mitglieder des Staates in einen lethargischen Ruhezustand, der sich jeglicher Veränderung und folglich jedem Fortschritt in den Weg stellt.[67]

Insgesamt hält Turgot den orientalischen Despotismus für ziemlich dauerhaft und für weitgehend immun gegenüber innerem Wandel. Seine strukturelle Schwäche wird durch seine Fähigkeit zur mentalen Selbstverewigung mehr als aufgewogen.[68] Der Osten scheint sich in eine Sackgasse der Weltgeschichte manövriert zu haben.

Auch Condorcet, in vielem von Turgot beeinflußt, beklagt 1793 das «durch nichts zu erschütternde Dasein» der despotischen Systeme Asiens.[69] Einige weniger bekannte Autoren bringen Modifikationen an diesem Bild an. Charles-Athanase Walckenaer, der 1798 Condorcets Zehn-Stadien-Modell der Menschheitsgeschichte eine Abfolge von sechs Stadien entgegenstellt, verabschiedet die schwarze Legende des Despotismus und zieht Schlußfolgerungen aus der offensichtlichen Tatsache, daß die Beschreibungen der Reisenden des 17. Jahrhunderts nicht mehr die asiatische Wirklichkeit des späten 18. Jahrhunderts wiedergeben. Auch Asien sei vom Fortschritt des Handels, der Industrie und der Künste nicht unberührt geblieben. Dieser Fortschritt könne durchaus die Macht eines individuellen Despoten stärken, wenn dieser sich der neuen Möglichkeiten geschickt bediene. Zugleich schwäche der unaufhaltsame Fortschritt aber den Despotismus als System: Ein Herrscher zum Beispiel, der vom expandierenden Welthandel profitieren wolle, müsse den Kaufleuten größere Bewegungsspielräume gewähren. Der Despotismus würde durch solche vom Interesse des Monarchen diktierte Liberalisierung zwar nicht zu Fall gebracht, aber doch gemäßigt und seiner Grausamkeit *(ferocité)* beraubt.[70] Walckenaer nimmt also im Unterschied zu Turgot nicht einen asiatischen Sonderweg in der Geschichte an, sondern erwartet eine gewisse Konvergenz der Systeme.

Eine andere Argumentationsweise führte zu entgegengesetzten Resultaten. Sie schloß an dem bereits bei Lavie angedeuteten Widerspruch zwischen empirischer Beschreibung und normativer Bewertung des Despotismus an. Wenn sich objektive Ursachen, etwa das Klima, für sein Vorkommen angeben lassen, welcher Spielraum bleibt dann für ein kritisches Raisonnement? Julien Joseph Virey zum Beispiel erinnerte an Solons Ausspruch, er habe den Athenern nicht die besten Gesetze gegeben, sondern die für sie geeignetsten. Müsse nicht die politische Verfassung dem jeweiligen Volkscharakter entsprechen, und sei es nicht denkbar, «daß der Despotismus für Asien *(les Indes)* vorzüglich geeignet ist, während eine republikanische Regierung dort nur ein Übermaß an Zerrüttung *(comble des bouleversements)* hervorrufen würde»?[71] Die menschliche Gesellschaft sei nicht, wie Condorcet glaubte, nach einem einheitlichen Modell perfektibel; es gebe nur kulturell spezifische Problemlösungen. Damit war die Despotiediskussion an die große Debatte über Universalismus und Relativismus angeschlossen worden. Eine Ost-West-Dichotomie, wie sie bei Montesquieu im Mittelpunkt stand, spielte dabei keine Rolle mehr.

Waren begriffliche Idealtypen von globalem Geltungsanspruch und abstrakte Phasenmodelle der gesamten Weltgeschichte überhaupt zum Verständnis der Wirklichkeit brauchbar? Wie hoch sollten Verallgemeinerungen sinnvoll angesetzt sein? Einige Autoren schlugen so etwas wie Despotietheorien «mittlerer Reichweite» vor. Dr. John Crawfurd, der Diplomat und Südostasienspezialist, dachte 1820 nur an die indonesische Inselwelt, als er versuchte, historische Gesetzmäßigkeiten zu entdecken. Er ging von zwei Beobachtungen aus. Erstens spielte in diesem Weltteil die Begründung despotischer Herrschaft durch Eroberung längst nicht die Rolle, die ihr einige Geschichtsphilosophen zuschrieben. Despotie müsse also aus den *inneren* Verhältnissen des Landes erklärt werden. Zweitens nehme mit steigendem Zivilisationsgrad das Ausmaß politischer Unfreiheit zu. Hier wird – wie bei Walckenaer – ein Zusammenhang zwischen politischen Systemen und Zivillisationsentwicklung hergestellt, aber ein ganz anderer. Despotie mäßigt sich nicht mit fortschreitender «Modernisierung», sondern gewinnt durch sie erst ihre Daseinsmöglichkeit. Crawfurd entwirft ein Evolutionsmodell von fünf Typen der Vergesellschaftung *(five distinct forms of social union)*: (1) herrschaftsfreier Egalitarismus von Wilden, (2) Wahlkönigtum, (3) durch Aristokratie begrenztes Erbkönigtum, (4) Föderation mit gewählter Spitze, (5) unbegrenzte Despotie.[72] Die letzte Form sei die für Java, die materiell am höchsten entwickelte Insel, charakteristisch. Crawfurd schildert dann die extreme Unterwürfigkeit der Javaner gegenüber ihren Monarchen, merkt aber an, die Errichtung effektiver despotischer Herrschaft sei mit innerer Befriedung, größerer Rechtssicherheit, besserer Verwaltung und der Abschaffung des Sklavenhandels verbunden. Mit dem Verlust *politischer* Freiheit hätten die Javaner einen Zuwachs an *persönlicher* Freiheit gewonnen.[73] Crawfurd vermeidet die rhetorisch übliche Perhorreszierung des Despotismus, ohne in einen zynischen Relativismus zu verfallen, demzufolge der asiatische «Charakter» die Freiheit ohnehin nicht kenne und zu schätzen wisse und daher nichts Besseres als die Despotie verdiene.

Crawfurd greift hier, gewissermaßen im Geiste eines empirisch bestätigten Thomas Hobbes, ein Gegenmotiv auf, das große Teile des Despotiediskurses durchzieht: die Furcht vor der Anarchie, vor Hobbes' Naturzustand, dem Kampf aller gegen alle. In einem Europa, das die Religions- und Bürgerkriege hinter sich gelassen hatte, mochte dies nur eine historische Erinnerung sein, doch in Asien, wo man im 18. Jahrhundert den Zusammenbruch der politischen Ordnung in Persien, Indien, Siam, Vietnam und einigen anderen Ländern erlebt hatte, gab es kaum ein virulenteres politisches Problem. Nichts sei schlimmer für die Menschen, so lautete ein deutlicher Tenor bei europäischen Kommentatoren, als der Zusammenbruch der öffentlichen Ordnung, und ein starker Despot sei allemal besser als eine Meute unkontrollierter und verantwortungsloser «Kleintyrannen» *(petty tyrants)*.[74] Zweifellos war dies ein kaum widerlegbarer Einwand gegen das wohlfeile Wehgeschrei über den Despotismus. Es gab in der Tat Schlimmeres als einen allgewaltigen Selbstherrscher, jedenfalls unter vormodernen Bedingungen, als an die Macht des Totalitarismus noch nicht zu denken war. Vollkommen interesselos war das Argument freilich nicht. Wenn der einheimische Friedensstifter nämlich abhanden gekommen war, dann bot sich mitunter ein neuer an: die pazifizierende Kolonialmacht.[75]

An den Rand ähnlicher Schlußfolgerungen gelangte Volney, der erfahrenste Reisende unter den *philosophes* und der anspruchsvollste Philosoph unter den Reisenden. Seine Äußerungen zur orientalischen Despotie verbanden, was seit Chardin auseinandergetreten war: persönliche Erfahrung und theoretische Perspektiven.[76] Volneys geschichtsphilosophischer Traktat *Les Ruines* folgt Turgot in der Herleitung der Despotie aus Großreichsbildung durch Eroberung und in der psychologisch-kulturellen Erklärung der Beharrungskraft despotischer Systeme.[77] Volney zieht hier verallgemeinernde Schlußfolgerungen aus seinem ersten Buch, der *Voyage en Égypte et en Syrie* von 1787. Hier hatte er Funktionsweise und Folgen des Despotismus buchstäblich unter die Lupe genommen, vor allem die ökonomische Irrationalität einer politischen Ordnung, welche die Menschen an der Produktion von Reichtum hinderte und die Natur verwüstete.[78] Volney war besonders an den *Ursachen* des Despotismus interessiert. Dabei warnte er vor allzu gewagten Spekulationen und Generalisierungen à la Montesquieu und trat eher, wie später Crawfurd, für empirisch abgesicherte Theorien von regionaler Reichweite ein.[79] Eine Determinierung gesellschaftlicher und politischer Verhältnisse durch das Klima lehnte er in offenem Widerspruch zu Montesquieu ebenso ab wie die These von der anthropologisch bedingten Arbeitsscheu der Orientalen.[80] Offenbar seien die Vorfahren der heutigen Bewohner des Nahen Ostens unter nahezu gleichen klimatischen Bedingungen einst zu großen Leistungen fähig gewesen. Der *despotisme militaire* der Osmanen und der ägyptischen Mamluken war für Volney kein objektiv notwendiges, sondern ein politisch zu erklärendes Phänomen. Das Osmanische Reich war eine auf Eroberung gegründete koloniale Ausbeutungsmaschine ohne Legitimität.[81] Der Zivilisationsrückstand des Orients gegenüber Europa, die Kümmerexistenz der Wissenschaften und das Stagnieren der Künste, sei nicht – wie Volneys Konkurrent Savary argumentiert hatte – in nahezu unveränderlichen kulturellen Gegebenheiten wie Sprache und Schrift verankert, sondern darin, daß die politischen Zustände und die mit ihnen engstens verbundene Religion die Menschen in die Fesseln der Ignoranz schlügen: «Die wahre Ursache ist die Schwierigkeit, sich Kenntnisse zu verschaffen *(s'instruire)*. Dazu gehört an erster Stelle die Seltenheit von Büchern.»[82] Die Überlegenheit des Okzidents liege in seinem Überschuß an Wissen, in der Überwindung religiösen Aberglaubens und in gesellschaftlichen Einrichtung, die den Wissenszuwachs förderten. Volney war mithin ein Gegner eines jeden physikalischen oder anthropologischen Determinismus. Da die augenblicklichen Verhältnisse im Orient nicht fatalistisch hingenommen werden mußten, konnten sie politisch verändert werden. Obwohl Volney einer europäischen Intervention im Nahen Osten nicht ausdrücklich das Wort redete, lagen das Recht und vielleicht sogar die Pflicht des fortgeschrittenen Europa zum befreienden Eingreifen in der Fluchtlinie seiner Überlegungen.

4. Zweifel an der «orientalischen Despotie»

Durch Historisierung und Politisierung trug Volney wesentlich zur Entmystifizierung des Despotiebegriffs bei. Despotie war nicht unentrinnbares Schicksal, sondern Ergebnis einer korrigierbaren historischen Fehlentwicklung. Woran Volney jedoch festhielt, was er sogar steigerte, war die Dämonisierung der Despotie. Handfeste Aufklärer einer früheren Generation hatten hingegen vor Hysterie gewarnt. So hatte Adam Ferguson, alles andere als ein serviler Fürstenknecht, 1767 lakonisch angemerkt:

> Eine despotische Regierung hat an sich gewisse Vorteile, wenigstens kann sie in Zeiten der Gesittung und Mäßigung mit ihrem Vorgehen so wenig Ärgernis erregen, daß keine öffentliche Besorgnis daraus entsteht.[83]

Christoph Meiners wies darauf hin, daß es die große Leistung des römisch-byzantinischen Despotismus gewesen sei, die Barbaren in Schranken gehalten zu haben.[84] Und August Hennings, ein früher deutscher

Liberaler, äußerte etwa gleichzeitig mit Volneys Verdammung des türkischen Militärdespotismus anläßlich einer Diskussion der Indienliteratur den bereits im Falle Montesquieus nicht ganz unberechtigten Verdacht, es könne sich bei der Verteufelung des orientalischen Despotismus um eine exotisierende Ablenkungsstrategie handeln:

Die übertriebene Schilderung des Despotismus der Asiaten, die man selbst bey Raynal und bey andern antrift, die Erzehlungen von dem Blutdurste der Regenten und den Unterdrückungen der Omrahs und Rajas[85] sind nichts neues für den, der die Europäische Geschichte kennet, und wenn Bernier als eine schändliche Schmeichelei der Asiaten erzehlt, daß die Großen bey jedem Worte des Großen Mogols Wunder! Wunder! ausrufen, so ist dies weiter nichts als der auch unter uns herrschende Hofton heutiger Zeiten.[86]

Reisende bekundeten mitunter ihre Verblüffung darüber, daß sie den erwarteten Horror nicht antrafen. Barrow sah 1792 in Vietnam nichts von der Tyrannei, über die er zu Hause gelesen hatte; Crawfurd fand in demselben Land drei Jahrzehnte später das einfache Volk lebendig und fröhlich – «als ob sie keinen Grund zur Klage hätten» *(as if they had nothing to complain of)*.[87]

Manche anderen Autoren unterzogen die Theorien Montesquieus, Turgots und ihrer Anhänger einer empirischen Überprüfung, die sich von Volneys detailgenauen Beschreibungen vor allem durch den Verzicht auf eine geschichtsphilosophische Einbettung unterschied. Das völlige Gegenteil von Geschichtsphilosophie war der 1791 erschienene *Publicistical Survey of the Different Forms of Government of all States and Communities in the World* von Thomas Brooke Clarke. In diesem dem Markgrafen von Baden gewidmeten ungemein feingliedrigen Versuch einer Taxonomie aller auf dem Globus vorfindlichen politischen Systeme stellte sich selbstverständlich auch Montesquieus berühmtes Problem der Abgrenzung von (absoluter) Monarchie und Despotie. Clarke definierte diese Formen nicht von ihren inneren Triebkräften, sondern von ihrem beobachtbaren Erscheinungsbild her. Er unterschied begrenzte von unbegrenzten Monarchien. *Sovereign or unlimited monarchies* sind für ihn solche, in denen der Monarch niemandem verantwortlich ist und den Staat nach Gesetzen regiert, die er teils vorfindet, teils selber erläßt. Despotie ist, gut aristotelisch, eine Degenerationsform unbegrenzter Monarchie und tritt dann auf, «wenn der Monarch grenzenlose Gewalt über Leben und Eigentum seiner Untertanen besitzt und, ohne sich an ein Gesetz zu halten, diese willkürlich wie seine Sklaven behandelt».[88] Tyrannei wiederum ist eine Extremform praktizierter Despotie, bei welcher den Untertanen «in böswilliger und unmenschlicher Weise Knechtschaft und Qual *(bondage and torment)*» zugefügt wird.[89]

Diese staatsrechtlich präzisen Definitionen wendet Clarke vollkommen kulturneutral an, wenn er den Globus statistisch überblickt. Er muß ein fleißiger Leser von Reiseliteratur gewesen zu sein, um sich selbst von den allerkleinsten Staaten ein Bild machen zu können. Tyranneien kann er ausschließlich in Afrika entdecken: das Königreich Marokko und daneben vierzehn Königtümer im Inneren Afrikas, unter denen er diejenigen von «Caffange» und «Monoemugi» für die schlimmsten der Welt hält. Despotien finden sich in großer Zahl ebenfalls in Afrika. Nahezu ganz Asien wird despotisch regiert, aber es gibt Ausnahmen: China wird als einziges Land Asiens als unbegrenzte Monarchie klassifiziert und auf eine Stufe mit Rußland, Preußen, Frankreich, den habsburgischen Erblanden und dem Kirchenstaat gestellt. Unter den begrenzten Monarchien listet Clarke Korea auf sowie Tributstaaten oder Protektorate, deren Souveränität durch einen äußeren Oberherrn eingeschränkt ist: Tibet, Cochinchina, Golconda als Vasall des Mogulreiches oder verschiedene Sultanate auf den indonesischen Inseln, die von den Holländern abhängig sind. Demokratische Staaten gibt es nur in Europa (die Freien Reichsstädte, die Kantone und Städte der Schweiz), in Asien jedoch einige «Anarchien»: im Kaukasus, in der Kalmückensteppe, in Arabien.

Clarke verwendet in seinen kurios-pedantischen Tabellen einen sehr weiten und formalen Despotiebegriff, der sich in seinem empirischen Umfang in etwa mit Montesquieus Weltbild decken mochte. Schon früh und lange vor dem radikal vereinfachenden Montesquieu hatte man sich jedoch Gedanken darüber gemacht, daß es Abstufungen despotischer Praxis gebe. So hieß es 1711 in einem genealogischen Handbuch, dessen Autor gar nicht so schlecht informiert war: Der türkische Sultan herrscht absolut, ist aber ständig von Palastrevolten gefährdet. Der König von Marokko herrscht viel absoluter, denn er ist der einzige größere Monarch, der seine Untertanen tatsächlich wie Sklaven behandelt. Der Großmogul ist reicher und prächtiger als der Sultan und hat weniger Widerstand am eigenen Hofe zu befürchten. Der Kaiser von China ist weniger prächtig in seiner Hofhaltung, dafür aber sparsamer und deshalb reicher als alle anderen Despoten; er herrscht weniger durch Gewalt als durch sein perfektes Informationssystem, das ihm Nachrichten von überall her zuträgt und seine Befehle in die entlegensten Provinzen verbreitet.[90] Solche innerasiatischen Vergleiche hörten nicht auf zu faszinieren. Montesquieus zupackende Bündelung zum Supertypus «Despotie» vermochte viele nicht zu überzeugen. Vielleicht war «die Despotie» eine Chimäre, und es gab nur ganz unterschiedliche Despoten?[91]

Daß sein Despotiebegriff vor allem auf China nicht ganz zutraf, hatte schon Montesquieu selber geahnt. Über Japan, das bei ihm nur am Rande als ein Land mit besonders strengen Gesetzen vorkommt und das beim

Abbé Raynal als ein Musterbeispiel für Despotismus geschildert wird,[92] sagten andere, es habe als einzige große asiatische Nation den Despotismus *vermieden,* nirgends legten die Herrschenden, weit entfernt von jeder verlotterten Haremswirtschaft, ein höheres Pflichtbewußtsein an den Tag.[93] Die Dichotomie von Monarchie und Despotie schien in diesem wichtigen Fall überhaupt nicht zu greifen: Handelte es sich vielleicht um eine despotisch-feudal-föderative Mischform?[94] Und wie war es möglich, daß in unmittelbarer Nachbarschaft der Mogul-Despotie, also unter dem gleichen Klima, der Staat der Sikhs entstehen konnte, der republikanisch und vielleicht sogar demokratisch verfaßt war?[95]

Bereits Voltaire hatte gegen Montesquieu den Einwand ins Feld geführt, daß es einen reinen Despotismus im Sinne des Idealtypus niemals gegeben habe. Auch hatte er den Autor von *De l'esprit des lois* bei einem sehr leichtfertigen Umgang mit an sich recht problematischen Quellen ertappt.[96] 1753, also noch zu Lebzeiten Montesquieus, kam Voltaire zu kritischen Einsichten in die Feindbildproduktion: Die politische Theorie habe seit jeher die Möglichkeit der tyrannischen Entartung der monarchischen Regierungsform in Betracht gezogen. Nun sei plötzlich aus gelegentlichen Entgleisungen ein selbständiger Typus von politischem System gemacht worden. Man habe die von Reisenden berichteten Exzesse kurzerhand zum Wesen dieses Systems erklärt und habe von gewissen Absonderlichkeiten im Sultanspalast zu Konstantinopel auf den Charakter des osmanischen Staates und weiter dann auf den gesamten Orient geschlossen. So habe man – Voltaire erwähnt an dieser Stelle Montesquieu nicht namentlich – bewußt ein «gräßliches Phantom» *(un fantôme hideux)* herbeigezaubert, um vor dessen dunklem Hintergrund die Tugenden europäischer absoluter Monarchen als Väter ihrer Völker um so heller erstrahlen zu lassen. Also eine gigantische pro-monarchische Ablenkungsstrategie!

Orientalischer Despotismus als gesetzlose Schreckensherrschaft, so Voltaire weiter, widerspreche jeder historischen Erfahrung. Weder sei es glaubhaft, daß alte Zivilisationen wie die persische oder die chinesische ohne bindende Rechtsordnungen auskämen, noch könne man sich vorstellen, wie die Menschen einem Herrscher absolute Rechte über ihr Eigentum und ihre Körper hätten übertragen können. Es sei kaum plausibel, daß in Konstantinopel der Sohn eines Handwerkers nicht den Laden seines Vaters erben dürfe.[97] Und waren überhaupt, so ergänzte der kluge John Richardson im Geiste Voltaires, vormoderne Staatsapparate schon so kompakt organisiert, daß sie eine zentralisierte Kommandogewalt ermöglichten?[98]

Voltaire ließ sich auf eine theoretische Debatte nicht ein. Für ihn gab es so etwas wie eine Despotismustheorie gar nicht, da das ganze Konzept auf viel zu schwachen Füßen stand. Sein Appell an den gesunden Menschenverstand ermutigte andere zu einer gründlichen Überprüfung der unbezweifelten Annahmen der Theorie. Die Kernfrage war dabei nicht, ob dieser oder jener Grenzfall – China oder Japan zum Beispiel – noch in den Geltungskreis der Theorie einbezogen werden sollte, sondern die, ob sie dort zutraf, wo sie die stärkste Gültigkeit beanspruchte: für die islamischen Imperien der Osmanen, Safawiden und Mogule. Montesquieu hatte sein *worst-case scenario* vor allem unter dem Eindruck einiger Seiten Sir Paul Rycauts entworfen, die dieser am Ende der schlimmsten Schreckensperiode der osmanischen Geschichte geschrieben hatte. Sie paßten ihm genau ins Konzept. Gegenüber dem nüchtern differenzierenden Iranbericht Chardins hatte sich der Gerichtspräsident aber, wie wir sahen, Freiheiten erlaubt, die die Aussagen des Reisenden geradezu in ihr Gegenteil verkehrten.

5. Anquetil-Duperron und die Entdämonisierung des europäischen Asienbildes

Die radikalste Abrechnung mit Montesquieus Theorie unternahm dessen Landsmann Abraham-Hyacinthe Anquetil-Duperron. Er hatte, wie eine Generation später Volney, den Vorteil, Asien – in seinem Fall Indien, wo er beinahe sechs Jahre lang gelebt hatte – zu kennen und asiatische Sprachen zu verstehen.[99] In seinem 1778 veröffentlichten umfangreichen Werk *Législation orientale* setzte er sich das Ziel nachzuweisen, daß es, erstens, in der Türkei, in Persien und in Mogul-Indien geschriebenes Recht gebe, welches den Herrscher ebenso wie seine Untertanen binde, und daß, zweitens, in allen drei Staaten Privatleute Eigentumsrechte an mobilen wie immobilen Gegenständen besäßen, über die sie frei verfügen könnten. Damit sei eine *Sonderform* «(orientalischer) Despotismus» hinfällig, und die politischen Systeme des muslimischen Asien könnten in die *allgemeine* Theorie der monarchischen Regierungsform reintegriert werden.[100]

Anquetil-Duperron war ein hochgelehrter Mann. 1771 hatte er seine epochemachende Übersetzung des altiranischen *Zend Avesta* veröffentlicht: die erste Befassung mit einem asiatischen Text völlig unabhängig von biblischen und mittelmeerisch-antiken Traditionen und damit das Gründungsdokument einer wahrhaft polyphonen Weltgeschichtsschreibung.[101] Zur Beschäftigung mit dem Problem der asiatischen Despotie trieben ihn die Erfahrungen, die er mit der um 1760 vor seinen Augen beginnenden britischen Kolonialherrschaft in Indien gemacht hatte. Anquetil-Duperrons Anti-Kolonialismus war nicht ganz lupenrein, entpuppte er sich doch zunehmend als ein Englandhaß, der den Franzosen gewisse koloniale Vorteile durchaus gönnen wollte; anders als Großbritannien sei das postrevolutionäre Frankreich imstande, mit den indischen Staaten Beziehungen auf der Grundlage von Gleichberechtigung und gegenseitigem Nutzen einzugehen.[102] Doch dies ändert nichts an der Tatsache, daß *Législation orientale* von dem Impuls durchdrungen ist, die muslimischen Völker und Staaten Asiens gegen ihre europäischen Verächter zu verteidigen, ihrer Zurichtung zum großen Gegen- und Feindbild des Westens den Boden zu entziehen und die These von einer qualitativ anderen historischen Entwicklung in Orient und Okzident zu bestreiten. Anquetil betrieb mit einer Energie wie keiner seiner Zeitgenossen die Entexotisierung und Entdämonisierung des europäischen Asienbildes.

Anquetil beginnt sein Werk mit einer Widmung *Aux peuples de l'Indoustan*, in der er prophetisch den Unterschied zwischen den alten Eroberern Indiens, den Mogulen, und den neuen, den Europäern, ausspricht: Waren die grimmigen Mogule aus dem Norden durch das Klima und die sanften Sitten Indiens besiegt worden und hatten sie sich dem Lande angepaßt, so würde dies mit den fanatisch auf Ausbeutung erpichten Fremdherrschern aus Übersee nicht gelingen. Sie erst würden Indien umkrempeln.[103] Anquetils Einleitung ist eine rhetorisch glänzende Abrechnung mit der Karikatur des Orients, die sich in der westlichen Wahrnehmung verfestigt hatte. Die absurden Übertreibungen der *publicistes* hätten Methode besessen, da sie dem europäischen Sonderbewußtsein entgegengekommen seien: «Europa schwelgt in der Weisheit seiner Gesetze, während der Rest der Welt, insbesondere der Orient, angeblich den Launen einiger weniger Individuen ausgeliefert sein soll!»[104] Anquetil schiebt die Schuld nicht auf die vielgeschmähten Reisenden, sondern auf die Mißverständnisse, denen ihre Berichte bei den großen Theoretikern in der Heimat ausgesetzt waren. Im Prinzip hätte man durch eine vorurteilslose und sorgfältige Auswertung seriöser Reiseberichte zu einem realitätsnahen und vernünftiger Plausibilität entsprechenden Bild gelangen können. Eben dies beansprucht Anquetil für seine eigene Untersuchung; sie wird zur triumphalen Rechtfertigung jener Reisenden, bei denen Anquetil – wir lernten ihn bereits als Theoretiker des «hohen» Reisens kennen – Sachlichkeit *(désintéressement)* feststellt.[105]

Seine Methode besteht darin, pauschale Thesen durch Zitate aus der Berichtsliteratur zu falsifizieren. Behauptet Montesquieu, unter dem durch Furcht geprägten Despotismus sei die Ehre, das Merkmal der vom Adel gestützten Monarchie, unbekannt, so bringt Anquetil-Duperron seitenweise Gegenbeispiele. Sagt Montesquieu, Despoten seien ungebildet, faul und öffentlichkeitsscheu, so fällt es Anquetil nicht schwer, das Gegenteil zu beweisen. Selbst wenn die Despotietheoretiker – zuweilen gerät auch Boulanger in die Schußlinie – ausnahmsweise eine Erscheinung richtig beschreiben, so mißverstehen sie deren Wirkungen. Zum Beispiel mag es durchaus das Ziel mancher Despoten sein, ihre Untertanen möglichst intensiv zu kontrollieren. Die von den Theoretikern immer wieder beschworene Abwesenheit fester Gesetze würde diese Absicht aber geradewegs durchkreuzen. Ohne eine umfangreiche Bürokratie könne allein die Durchsetzung eines regelförmigen, für alle erkennbaren Herrscherwillens Erfolg versprechen.[106] Auch könne es kein Despot darauf anlegen, von seinen gesamten Volk gefürchtet zu werden. Er müsse vielmehr den guten Willen mancher Gruppen in der Bevölkerung pflegen, um sich mit ihnen, etwa den Stadtbewohnern, gegen den Machtehrgeiz von Elitegruppen verbünden zu können. Anquetil sah, modern gesprochen, daß kein Regime ohne «Massenloyalität» auf längere Sicht Bestand haben kann. Überhaupt zeigt er, daß ein politisches System des Despotismus, wie Montesquieu es entwarf, in der Wirklichkeit nicht lebensfähig wäre.[107] Der Idealtyp ist also weder die Wiedergabe einer Realität noch die Vision einer plausiblen Möglichkeit. Ähnlich geht es über mehr als dreihundert Seiten fort. Anquetil-Duperron jagt die Thesen der Theorie durch die Mühle einer kommentierten Zitatencollage, bis von ihnen wenig übrigbleibt. Aus der strikten Opposition von Ost und West wird eine Vielzahl fein abgestufter politischer und gesellschaftlicher Möglichkeiten. Die dramatisierende Verfremdung orientalischer Politik wird in die Sphäre von Erfahrung und Triftigkeit zurückgeholt.

Auch die Frage, warum der Despotiediskurs zur scharfen Polarisierung drängte, hat sich Anquetil gestellt. Nicht immer liegen die Dinge so offen auf der Hand wie bei einem Reisenden, von dem es heißt, er habe in den 1680er Jahren seine Attacke auf die Türken im Auftrag des Papstes geschrieben.[108] Anquetil kommt zu dem Ergebnis, die Despotietheorie sei letzten Endes die Ideologie von Eroberern und Plünderern. Wenn man sich einredet, es gehe im Orient politisch rauher zu, wenn man dies noch durch Berufung auf ein unveränderliches Klima untermauert, dann sind die eigenen Brutalitäten leicht zu entschuldigen. Unter der Annahme, die Inder seien nicht an Eigentumsrechte gewöhnt, könne man sie ruhigen Gewissens ausplündern und sich ihres Grundes und Bodens bemächtigen.[109] Die gesamte Despotietheorie ist in den Augen Anquetils, der zur Zeit des frühen britischen Raubimperialismus der «Nabobs» in Indien weilte, nichts als ein Freibrief für europäische Untaten in Indien und später, wie er voraussieht, auch in anderen Teilen der außereuropäischen Welt. Schließlich bemerkt Anquetil bei denen, die aus Asien heimkehren und sich dann lautstark über die Willkür der dortigen Regierungen beklagen, auch einen heuchlerischen doppelten Maßstab: Ein Europäer erwartet, daß ihm *en qualité d'Européen* in Asien alles gestattet werde:

Würde ihm in Europa Zoll abverlangt oder Schmuggelgut beschlagnahmt, käme er nicht auf die Idee, sich aufzuregen. In Asien aber würden solche legitimen Ausübungen staatlicher Souveränität unweigerlich als Ausdruck des «Despotismus» gebrandmarkt.[110]

Anquetil-Duperrons große Polemik aus dem Geiste Voltairescher Aufklärung wurde nicht in andere Sprachen übersetzt und offenbar wenig zitiert; ihre Thesen wurden überwiegend abgelehnt.[111] Wem der Montesquieusche Idealtyp, rasch zum Klischee degeneriert, zupaß kam, der ließ sich nicht beirren. Christoph Meiners zum Beispiel bekräftigte 1793 eine extrem antithetische Auffassung in allen gewohnten Einzelheiten.[112] Lord Brougham beschäftigte sich 1842 in seinem Alterswerk, der *Political Philosophy*, einem der letzten politikwissenschaftlichen Texte des 19. Jahrhunderts, der außereuropäische Verhältnisse überhaupt noch berücksichtigt, ausführlich mit *absolute monarchies of the East*. Obwohl er sich um ein nuanciertes Bild bemühte und etwa China nicht unter die despotischen Staaten einreihte, obsiegten am Ende doch die alten Klischees, so als habe es Anquetil-Duperrons Einwände nie gegeben. Weiterhin werden die Despoten allenfalls durch die Priester und die Gefahr von Volksaufständen gegen Steuererhöhungen und Religionsfrevel in Schranken gehalten, können sie in Augenblickslaune jedem Untertan das Leben nehmen, verhindert die ständig über allem schwebende Enteignungsgefahr jegliches zukunftsorientierte Wirtschaftshandeln.[113]

6. Indien: Translatio despotica

Anquetil-Duperron setzte sich gegen das herrschende Meinungsklima nicht durch. Von manchen wissenschaftlichen Autoritäten konnte er sich aber noch zu Lebzeiten bestätigt sehen. So etwa von Charles Wiliam Boughton Rouse, einem hohen Beamten der E.I.C. in Bengalen und später in London, zeitweiligem Unterhausabgeordneten und Übersetzer aus dem Persischen, der ihm ein Exemplar seiner *Dissertation Concerning the Landed Property of Bengal* (1791) nach Paris schickte. Rouses Beitrag ist nur im Kontext der sehr komplizierten anglo-indischen Debatte verständlich, die seit 1769 um die Frage der Natur von Grundeigentum in Indien ausgetragen wurde. Sie hatte unmittelbare praktische Konsequenzen im sogenannten Permanent Settlement von Bengalen, einer revolutionären Neuordnung des Bodenrechts und der Steuerveranlagung, die 1793 eingeführt wurde und nominell bis zum Ende der britischen Herrschaft 1947 in Kraft blieb.[114] Hier interessiert uns Rouses Ansicht zu einer der zentralen Fragen der Theorie der orientalischen Despotie. Rouse stellte sich auf der Grundlage eigener Untersuchungen an Ort und Stelle ganz auf die Seite derjenigen, welche die Existenz von vererblichem Grundeigentum in Indien annahmen und von der britischen Kolonialmacht verlangten, die einheimischen Besitzverhältnisse anzuerkennen. Da schriftliche Titel überwiegend fehlten, mußte man sich für eine solche Argumentation auf Traditionen *(immemorial usage)*, Gewohnheitsrechte *(constant practice)* und stillschweigende Anerkennung *(universal sense of the people)* stützen.[115] Rouse betont, daß unter der Mogulherrschaft die großen Grundbesitzer und Patrone, die *Zamindare*, nur in Ausnahmefällen ihrer Rechte willkürlich beraubt worden seien. Ihr Landbesitz sei faktisch unantastbar und erblich gewesen.[116] Er verfolgt dann die entgegengesetzte Auffassung ideologiegeschichtlich zurück bis Bernier und Alexander Dow und lobt Voltaire und Anquetil-Duperron dafür, daß sie in den Verdammungschor der orientalischen Despotie nicht eingestimmt hätten.[117] Die Darstellung einer asiatischen Gesellschaft als das ganz Fremde bedeute, so seine wichtigste Erkenntnis, nicht die tolerante Anerkennung von Andersartigkeit, sondern die Verabsolutierung eigener beschränkter Maßstäbe.[118] Differenzkonstruktion schafft nicht Raum für Toleranz, sondern bestätigt die Überlegenheit des Betrachters und Kulturrichters. Rouse konnte in der britischen Indienpolitik seine Auffassung nicht durchsetzen. Man wundert sich nicht.

Rouses erklärter Empirismus war keine interesselose wissenschaftliche Haltung. Er diente politischen Zwecken. Dies läßt sich für nahezu den gesamten Despotiediskurs gegen Ende des 18. Jahrhunderts sagen. Das politische Kampffeld verlagerte sich immer mehr von Kritik und Verteidigung europäischer Absolutismen zur Frage der Legitimität des imperialen Vorgehens der Europäer in Übersee. Wenn um 1750 von orientalischem Despotismus die Rede war, meinte man damit im Grunde Europa. Wer um 1800 von Despotismus sprach, hatte hingegen Asien im Sinn: ein Asien, das Europäern die Versuchung eröffnete, selbst in die Rolle orientalischer Despoten zu schlüpfen.

Nirgendwo war dies deutlicher als in Indien. Die «orientalische Despotie» der Mogulkaiser, wie sie durch Sir Thomas Roe, François Bernier und Jean-Baptiste Tavernier popularisiert worden war, hatte im Grunde mit dem Tode Aurangzebs 1707 und spätestens mit Nadir Schahs Invasion von 1737 aufgehört zu bestehen. Es gab keinen «Großmogul» mehr – jene mythische Figur des Reichtums und der Macht, die man sich zuerst nach dem Bilde Akbars geformt hatte und die Johann Melchior Dinglinger für August den Starken von Sachsen in eine opulente Phantasie aus Gold und Edelsteinen verwandelt hatte; man kann sie heute im Grünen Gewölbe zu Dresden besichtigen.[119] Die Briten in Gestalt der E.I.C., einer bewaffneten und quasi-souveränen Handelsgesellschaft, hatten sein Erbe angetreten. Dagegen richtete sich eine Kritik, die sich des

Schlagworts der «Despotie» bediente. Sie kam zunächst von der Seite imperialer Konkurrenten. Britische, französische und deutsche Autoren brandmarkten die Niederländer auf Java und Ceylon – zweifellos nicht ohne Grund – als brutale Despoten. Freiheit und Reichtum Hollands ruhten, so Johann Traugott Plant 1793 in seinem großen Werk über Asiens Inselwelt, auf Schweiß und Tränen der geknechteten Indonesier.[120] Französische Beobachter deuteten die britische Herrschaft vor allem in Bengalen, wo die E.I.C. am frühesten und am festesten im Sattel saß, als eine *modernisierte* Form von Despotismus. Die Bengalen, meinte der Abbé Raynal bereits 1770, wenige Jahre nach dem Beginn der britischen Herrschaft an der Gangesmündung, hätten Grund, den Despotismus ihrer alten Herren zu betrauern.

Eine planvolle Tyrannei *(une tyrannie méthodique)* hat eine willkürliche abgelöst. Die Geldeintreibung ist allgemein und regelmäßig geworden, die Unterdrükkung immerwährend und absolut. Man hat die destruktive Kraft der bestehenden Monopole vervollkommnet und neue hinzuerfunden. Mit einem Wort, man hat alle Quellen des Vertrauens *(la confiance)* und der allgemeinen Glückseligkeit *(la félicité publique)* vergiftet.[121]

Auch andere französische Kritiker sprachen von einer neuen Despotie Englands in Südasien.[122] Hatte Raynal immerhin die Mogulherrschaft als finsteres Gewaltregime geschildert, das von der methodischen Tyrannei der Briten noch überboten worden sei,[123] so reservierte Edmund Burke in seinem parlamentarischen Anklageverfahren gegen Generalgouverneur Warren Hastings den Begriff der Despotie für das Vorgehen der Briten, die in ein System eingebrochen seien, dem man eine gewisse Legitimität und Gesetzesförmigkeit nicht absprechen könne.[124] In einer Analyse der indischen politischen Tradition, die in vielem an Anquetil-Duperron erinnert (dessen Werk Burke aber nicht gekannt zu haben scheint), demontiert Burke Punkt für Punkt Montesquieus Despotietheorie in ihrer Anwendung auf Indien; selbstverständlich hatte sich Hastings bei der Verteidigung seiner umstrittenen Herrschaftsmethoden auf Montesqiueu berufen.[125]

Burkes Gönner und Mitstreiter, der führende Oppositionspolitiker Charles James Fox, nannte 1783 die Politik der E.I.C. unter Hastings gar eine «weltgeschichtlich beispiellose Despotie» *(a despotism unmatched in all the histories of the world).*[126] Britische Äußerungen zur Struktur des Mogulreiches wurden fortan von der Frage bestimmt, wie sich die Briten zu der letzten Macht verhielten, die vor ihnen den größten Teil des Subkontinents geeint hatte. Je weiter die Herrschaft der großen Mogulkaiser in die Vergangenheit entschwand, desto gelassener ließ sie sich betrachten. Dabei standen zwei Tendenzen im Widerstreit. Auf der einen

Seite wurden die Schrecken des alten Despotismus aus pädagogischen Gründen wachgehalten, um den Indern Dankbarkeit für die freudenreiche Gegenwart einzuflößen.[127] Auf der anderen Seite konzentrierten sich die negativen Urteile auf die *petty tyrants* jüngeren Datums – darunter die Sultane von Maisur und die Mahraten-Peschwas –, gegen die man während der Eroberungsphase militärisch vorging. Je negativer das Feindbild, desto eher ließen sich (wie bereits am Beispiel Tipu Sultans zu zeigen war) präventive Gewaltmaßnahmen rechtfertigen. Die Glanzzeit des Moguldynastie verschwand dahinter im Nebel der Nostalgie. Daß Lord Wellesley, der aggressive Eroberer, als Generalgouverneur in Kalkutta pompöse und extrem teure Regierungsbauten errichten ließ, war zum Teil durch den Wunsch motiviert, architektonische Prachtentfaltung in imperialem Maßstab zu betreiben.[128]

Es dauerte allerdings noch einige Jahrzehnte, bis die Briten auch symbolisch die Nachfolge der Mogule antraten. Dies geschah erst mit der Annahme des indischen Kaisertitels durch Queen Victoria im Jahre 1877. In der Zeit zwischen etwa 1790 und 1830 standen vielmehr drei Konzepte nebeneinander:

(1) die spätaufklärerische Idee, vertreten durch Generalgouverneur Lord Cornwallis (1786–93 im Amt), den Schöpfer des Permanent Settlement und der kolonialen Bürokratie, man müsse in Indien die persönliche Despotie durch eine überpersönliche Herrschaft der Gesetze ablösen;[129]

(2) die entgegengesetzte romantische Vorstellung, die im Umkreis Lord Wellesleys bei Leuten wie Sir John Malcolm, Sir Thomas Munro und Mountstuart Elphinstone entstand, charismatische weiße Führer und *uncrowned kings* müßten sich an die Spitze loyaler einheimischer Gefolgschaften setzen und durch eine Art von dynamischer Despotie die Staatsbildungsprozesse nachholen, die im frühneuzeitlichen Europa vonstatten gegangen waren;[130]

(3) das Konzept des Historikers und E.I.C.-Beamten James Mill und anderer Programmatiker aus der philosophischen Richtung des Utilitarismus bzw. «philosophischen Radikalismus», sämtliche Überreste der einheimischen Despotie müßten so schnell wie möglich beseitigt werden; eine befristete britische Erziehungsdiktatur solle auf dem Wege einer «von fähigen Verwaltern ersonnenen und bewerkstelligten Revolution» *(a revolution masterminded by skilfull administrators)* zum Wohle der Inder die wertvollen (d. h. nicht alle) Errungenschaften der westlichen Zivilisation einführen.[131] Jedes dieser drei Herrschaftsmodelle wurde zeitweise in bestimmten Regionen Indiens ausprobiert.

7. China: Bürokratisches Management

Die Rolle *Chinas* im europäischen Despotiediskurs des späten 18. Jahrhunderts war eine ganz andere. Im Unterschied zu Indien war hier das Ancien régime noch intakt. In Vergleich zu dem des Osmanischen Reiches war es viel weniger von Einflüssen aus dem Westen berührt. An eine militärische Intervention in China oder gar an seine koloniale Unterwerfung dachte damals noch niemand. Die politische Dimension der Chinadiskussionen lag darin, daß hier ein «östliches» politisches System noch im frühen 19. Jahrhundert weder von innen noch durch militärische Bedrohung von außen destabilisiert zu werden schien. Unübersehbar waren zwei Besonderheiten Chinas: Zum einen ging die dortige Kaiserherrschaft nicht auf Eroberung zurück, sondern war ein zweitausend Jahre altes Produkt der indigenen Kultur; die Mandschus hatten nach 1644 durch Beseitigung von Mißbräuchen wie der Machtstellung der Eunuchen das System reformerisch stabilisiert.[132] Zum anderen führte diese lange Geschichte einer politischen Ordnung dazu, daß ins Kompositbild des Kaisers eine ganze Reihe realer Herrscher (bzw. deren Darstellung in der konfuzianischen Geschichtsschreibung) eingingen: die mythischen Idealkaiser der Frühzeit, dekadente Monster,[133] gewalttätige Dynastiegründer und Tyrannen wie die ersten Kaiser der Qin (Qin Shi Huangdi, reg. 221–210 v. Chr.) und der Ming (Hongwu, reg. 1368–1398) ebenso wie der weise Tang-Kaiser Taizong (reg. 626–649), der Johann Heinrich Gottlob von Justi als das Ideal monarchischer «Mäßigung» erschien – und natürlich die aktiven Autokraten der Qing-Dynastie: Kangxi, Yongzheng und Qianlong.[134]

Immer wieder ist in der neueren westlichen Chinaliteratur der Weg von der «Sinophilie» zu Beginn hin zur «Sinophobie» am Ende des 18. Jahrhunderts beschrieben worden.[135] Auch wenn sich aus den Texten diese Bewegung nicht ganz eindeutig rekonstruieren läßt, mag etwas daran sein. Es kann auch nicht verwundern. Allein die Jesuiten (und ihr scharfer Kritiker, der Dominikaner Domingo Fernández Navarrete) hatten umfassende Beschreibungen des chinesischen politischen Systems vorgelegt. Du Haldes China-Enzyklopädie von 1735 blieb für den Rest des Jahrhunderts die maßgebende Quelle. Alle positiven wie negativen Urteile stützten sich überwiegend auf das dort ausgebreitete Material. Mit Ausnahme Gemelli Careris berichteten keine Privatreisenden aus dem Reich der Mitte, und die Teilnehmer an diplomatischen Missionen sahen doch meist nur die Äußerlichkeiten des Hoflebens und verließen sich ansonsten darauf, was die Jesuiten ihnen erzählten. Die Jesuiten der späten Ming-Zeit hatten ein eher anonymes Bild eines statischen Systems gezeichnet. Während des turbulenten und blutigen Dynastiewechsels um die Jahrhundertmitte war in diese hieratische Wahrnehmung das Elementarhistorische eingebrochen. Nach dessen Beruhigung waren es die drei großen Mandschukaiser Kangxi, Yongzheng und Qianlong, die eine Verbindung von perfektionierter Bürokratie und persönlich profiliertem Amtscharisma herbeiführten.

Diese Verbindung spiegelt sich bei Du Halde. In seiner Darstellung ist das politische System der Qing-Zeit weder eine schrankenlose Despotie noch eine Art von autoritärer Beamtenherrschaft, wo der Kaiser als eine Art von *king in council* amtiert.[136] Du Halde, teilweise Le Comte folgend,[137] entwickelt folgende Thesen zur politischen Ordnung und politischen Kultur im China der Kaiser Kangxi und Yongzheng:

(1) Die Macht des Kaisers ist «absolut und nahezu schrankenlos»; er übt sie als aktiver Selbstherrscher persönlich aus. Es gibt keine potentiell oppositionellen Regionalmachthaber; das Unabhängigkeitsstreben der kaiserlichen Prinzen ist (im offenkundigen Gegensatz zum Mogulreich) gebändigt.[138]

(2) Die Macht des Kaisers wird in ihrer Ausübung eingeschränkt durch:
- geschriebene Gesetze;
- die Sorge des Kaisers um sein Ansehen in der Öffentlichkeit und seine Beurteilung in der Geschichte;
- die Ideologie des Paternalismus, die vom Kaiser gegenüber seinen Untertanen die Fürsorglichkeit eines Hausvaters erwartet;[139]
- die unabhängige Institution des Zensorats: eines bürokratischen Amtes, dessen Inhaber im Namen des öffentlichen Wohls ihre Kollegen und sogar den Kaiser und seinen Hofstaat kritisieren dürfen;[140]
- die Tradition von erfolgreichen Volksaufständen gegen schlechte Kaiser.

(3) Die überwiegend nach Leistungskriterien durchgeführten Prüfungen zur Aufnahme in den Staatsdienst gewährleisten die hohe Qualität der Bürokratie.[141]

(4) Die Beamten besitzen eine nahezu absolute Gewalt über die Bevölkerung in der zivilen Gerichtsbarkeit. Ein Schutzmechanismus gegen Amtsmißbrauch und Inkompetenz besteht jedoch darin, daß Unruhen vorab dem Beamten zur Last gelegen werden, in dessen Amtsbezirk sie ausbrechen.[142] Er ist also gut beraten, sie erst gar nicht entstehen zu lassen.

Es fehlte bei Du Halde wie in der gesamten übrigen Chinaliteratur an bildkräftigen Evokationen von Cäsarenwahn. (Auch in Südostasien hat es übrigens nach der Mitte des 18. Jahrhunderts nur einen wirklichen mörderischen Wüterich auf einem Thron gegeben: König Bodawpaya von Burma, der von 1782 bis 1819 regierte.)[143] Die chinesische Despotie hat deshalb niemals in der Weise der persischen oder der osmanischen die europäische Einbildungskraft beschäftigt. Man mußte sich mit eher amüsanten als schauerlichen Geschichten begnügen wie der 1752 von Pater Amiot erzählten: Als der Qianlong-Kaiser den 60. Geburtstag seiner Mutter feiern wollte und bei klirrender Kälte eine Bootsfahrt auf einem Kanal vorgesehen war, wurde Tausende von Chinesen abkommandiert, um durch pausenloses Umrühren das Wasser am Zufrieren zu hindern.[144]

Du Haldes solides Kompendium inspirierte einige europäische Autoren, vor allem aus dem Kreis der französischen Ökonomieschule der Physiokraten um François Quesnay, zu extravaganten Idealisierungen des dort beschriebenen Systems. Ihre Schwärmerei entbehrte so stark jeder Plausibilität, daß chinafeindliche Reaktionen nicht ausbleiben konnten, etwa bei Cornelis de Pauw, der schlichtweg das Gegenteil behauptete. Wenn Christoph Meiners 1796 aber versicherte, nirgendwo sei die Despotie schlimmer als in China,[145] dann war dies genauso absurd wie frühere Behauptungen, im zeitgenössischen China sei die Utopie weiser Philosophenkönige verwirklicht worden.[146] Die vor allem in Frankreich ausgetragene Chinadebatte der zweiten Hälfte des 18. Jahrhunderts war realitätsferner und weniger konkret als die europäische Diskussion über Indien oder das Osmanische Reich. Eine empirisch behandelbare Frage von größter politischer Bedeutung wie das Problem des Grundeigentums in Indien gab es im chinesischen Zusammenhang nicht.[147] Während es in Indien um das Thema ging, was man aus der Kenntnis des Landes für dessen *eigene* koloniale Verwaltung lernen könne, führte bei China kein Weg über die alte Frage hinaus, ob *Europa* vom Reich der Mitte etwas zu lernen habe. Diese Frage wurde auch im 19. Jahrhundert nicht rundweg verneint, als etwa das Vorbild Chinas bei der Einführung von Beamtenprüfung in Großbritannien eine gewisse Rolle spielte.[148] Doch nach der «Mäßigung» europäischer Monarchien in der Phase des «aufgeklärten Absolutismus» und mit dem Bedeutungsverlust patriarchalischer Ideale in der europäischen politischen Theorie schien man das chinesische Vorbild allenfalls noch in Bereichen wie der Kunst der Landwirtschaft und der moralphilosophischen Begründung von Politik zu benötigen.

Am Ende der großen Chinadebatte des 18. Jahrhunderts steht das Übereinkommen, daß es sich in China nicht um einen klaren Fall von Despotismus handele; bereits Montesquieu selbst hatte hier Vorbehalte angemeldet.[149] Worum aber handelte es sich sonst? Das nahezu letzte Wort der Jesuiten war Grosiers genaue Beschreibung der inneren Staatsverwaltung, die weit über alte Despotismus-Schemata hinausführte und auf die großen Typenbegriffe der politischen Theorie ganz verzichtete.[150]

Die beiden diplomatischen Missionen der 1790er Jahre brachten auf dem Gebiet des politischen Systems keine grundlegend neuen Erkenntnisse.

Sir John Barrow, der sonst keine Gelegenheit ausließ, um den Chinesen ihre Unzivilisiertheit vorzuhalten, fand außer den üblichen Mißbräuchen (vor allem der Korruption) an der politischen Ordnung, die er konventionell als Despotismus bezeichnete, nicht viel auszusetzen. Er machte ihr sogar überraschende Komplimente: Die Presse sei in China ebenso frei wie in England, und es gebe keine Zensur. Die Despotie habe zwar die Solidarität unter den Menschen zerstört, aber dem Lande eine lange Friedenszeit beschert. Obwohl der Kaiser nominell als Eigentümer allen Bodens betrachtet werde, sei der chinesische Eigentumsbauer und Pächter *de facto* im sicheren Besitz seines Ackerlandes. Die Märkte seien frei; es gebe kaum Monopole. Keine feudalen Jagd- und Fischereiprivilegien, keine herrschaftlichen Rechte würden den Zugang zu Meer, Seen und Flüsse versperren. Die Steuern seien niedrig und vollkommen frei von jeder Willkür.[151] Eigentlich hatte Barrow an der chinesischen Staatsordnung wenig zu beanstanden; er hielt sie für im wesentlichen rational. Es kam ihm zwar nicht in den Sinn, daß irgend etwas an ihr für Europa vorbildlich sein könne, doch fand er sie auch nicht besonders fremdartig und «orientalisch» und sogar aus der Sicht der Mehrheit des einfachen Volkes recht erträglich. Barrows Chef, Lord Macartney, gelangte zu einem ähnlich gelassenen Urteil. Er spürte aber deutlicher – und zu Recht – die Risse im System, und er sah, daß die Konzentration aller Macht beim Monarchen dann vom Segen in einen Fluch umschlagen werde, wenn das Reich in die Hände Kaiser minderen Kalibers geriete.[152]

Die letzte große politische Analyse Chinas, die noch unter dem Eindruck der hohen Qing-Zeit steht, stammt von einem Autor, der ähnlich wie Barrow in der Grundstimmung chinakritisch eingestellt ist und der, Barrow an Landes- und Sprachkenntnissen weit überlegen, den (Ex-)Jesuiten als der gefährlichste Verleumder Chinas erschien: Chrétien Louis Joseph de Guignes.[153] Der Sohn des berühmten Orientalisten war 1784 erstmals mit den Lazaristen, den Nachfolgern der Jesuiten in der Chinamission, nach Peking gelangt und hatte dann mehrere Jahre lang Frankreich in Kanton vertreten. Er begleitete die holländische Titsingh/Van Braam-Gesandtschaft von 1794/95 als Dolmetscher und kehrte 1800 nach Frankreich zurück. Als Sinologe – er veröffentlichte 1813 ein von Napoleon in Auftrag gegebenes chinesisches Wörterbuch – und Chinadiplomat war er so etwas wie das französische Gegenstück zu Sir George Thomas Staunton.

De Guignes verwendet den Despotismusbegriff nicht. Ihm geht es in seinem Kapitel über die Regierung Chinas vornehmlich darum, deren auffälligste Besonderheit zu analysieren: die Beamtenherrschaft. Nicht der

Kaiser steht im Mittelpunkt seiner Analyse, sondern das Corps von vielleicht zweitausend hohen Mandarinen, die das Reich verwalteten und zusammenhielten. Die von den Jesuiten stets für bare Münze genommene paternalistische Rhetorik interessiert diesen ganz un-normativen Autor nur in ihrer Funktionalität: Die Verehrung der Untertanen für den *chef de l'empire* müsse durch ständige Indoktrination und Propaganda am Leben erhalten werden.[154] Die Leistungen des chinesischen politischen Systems – Sicherung von Frieden und Wohlfahrt und Reichszusammenhalt – hingen völlig von der Qualität der Beamtenschaft ab, und die Hauptaufgabe der imperialen Zentrale sei die Gewährleistung dieser Qualität. De Guignes sprach deutlicher aus als jeder vor ihm, daß es mit guten Gesetzen und der von einigen Autoren vermuteten *ancient constitution* Chinas nicht getan, daß die Regierung Chinas eine gigantische Managementaufgabe sei, die ständige Wachsamkeit erfordere. Trotz aller hehren konfuzianischen Maximen seien die Beamten strukturell korrupt und gegenüber der ihnen ausgelieferten Bevölkerung tyrannisch eingestellt. Eine starke Zentralgewalt sei unerläßlich, um den Apparat in ordentlicher Tätigkeit zu erhalten. So wie schon Barrow und Macartney vor einer «Revolution» in China gewarnt hatten, so empfahl auch de Guignes, China nicht zu Reformen westlichen Stils zu drängen, die ihm nicht gemäß seien. Denn «es ist unmöglich, Asiaten so zu regieren wie Europäer».[155] Wer dies über das nichtkoloniale China sagte, plädierte für die Fortdauer der einheimischen Despotie, wer es auf das koloniale Indien anwandte, für die Übernahme alter Despotenrollen durch die neuen aufgeklärten Herren.

8. Osmanisches Reich: Prätorianer und Papiertiger

Gegenüber dem politischen System des Osmanischen Reiches war um 1800 weder eine Haltung des nostalgischen Rückblicks wie im Falle Mogul-Indiens noch ein Verwundern über die Beharrungskraft einer einzigartigen vormodernen Ordnung wie im chinesischen Fall möglich. Die Legitimität und die Stabilität der osmanischen Herrschaft betrafen die Außenpolitik der europäischen Großmächte im Raum zwischen Nordafrika und dem Persischen Golf in handgreiflicher Weise. Der osmanisch-russische Krieg von 1768–1774 hatte für die Hohe Pforte mit einer schweren Niederlage geendet. Die im Friedensvertrag von Küçük Kaynarca 1774 vereinbarten Gebietsabtretungen und russischen Sonderrechte waren so erheblich, daß die Geschichtsschreibung von da an den Beginn des Abstiegs des Osmanischen Reiches von einer Großmacht zum nur mehr defensiv handlungsfähigen Rumpfimperium datiert. Im

Prozeß der mentalen Distanzierung alles Türkischen und seiner Ausgrenzung aus einem jetzt als Wertegemeinschaft interpretierten Europa spielte die Frage, ob im Osmanischen Reich der Despotismus herrsche, keine erstrangige Rolle mehr. Nicht die Unfreiheit im Reiche des Großherrn wurde als wichtigstes Differenzkriterium herangezogen, sondern eher der «zivilisatorische», technologische und wirtschaftliche Rückstand gegenüber Ländern wie Frankreich und England. Volney zum Beispiel war dieser Ansicht.

Volney glaubte allerdings, die Despotie sei eine wesentliche *Ursache* dieser Zustände. In seinem Pamphlet *Considérations sur la guerre des Turcs et des Russes* (1788), einer Art von Nachlieferung zu seinem Reisebericht des Vorjahres, stellte er das alte, dekadente und kraftlose Osmanische Reich der dynamischen, jungen Großmacht Rußland gegenüber und riet der französischen Außenpolitik, ihre traditionelle pro osmanische Haltung zugunsten eines Beharrens auf Freihandel und einer diplomatischen (nicht aber militärischen) Unterstützung des Zarenreiches aufzugeben. Die Zarin schickte ihm als Anerkennung eine Medaille, die er nach seiner Wandlung zum Revolutionär 1791 zurückgab.[156]

Volney interessierte sich für die formale Organisation von Herrschaft viel weniger als für die konkreten Auswirkungen eines Regimes auf die ihm unterworfenen Menschen. Er hatte 1787 in seinem Reisebericht Despotismus, am Beispiel der türkischen Herrschaft in Syrien, als eine Situation definiert, in der «die Masse der Bewohner dem Willen einer Gruppe von Bewaffneten unterworfen ist, die über alles willkürlich und gemäß ihren eigenen Interessen verfügen» *(la foule des habitans y est soumise aux volontés d'une faction d'hommes armés, qui disposent de tout selon leur interêt et leur gré).*[157] Auch in den *Considérations* sprach er wie selbstverständlich vom türkischen Despotismus und räumte ein, daß das Zarenreich ebenfalls despotische Züge aufweise, die aber wesentlich weniger verheerende Folgen hätten. Damit ignorierte er die juristische Argumentationsweise, die spätestens seit Anquetil-Duperron im Despotiediskurs eine wachsende Rolle spielte. Auf die *Considérations* antwortete denn auch sogleich ein Vertreter dieses Denkens, der Konsul Charles de Peyssonnel (fils), den wir bereits als ritterlichen Verteidiger der Krimtataren kennen. Er beharrte darauf, es gebe in Rußland einen vollentfalteten Despotismus, da der Souverän dort über den Gesetzen stehe, während im Osmanischen Reich sogar der Sultan einem *code des loix théocratiques* unterworfen sei, und er bemerkte nebenbei zum Thema Unfreiheit, daß der türkische Soldat im Prinzip ein freier Mann, der russische aber ein unterjochter Leibeigener sei.[158] Der Konsul nutzte die Gelegenheit, auch Volneys scharfe Angriffe gegen die «Barbarei» der Türken zu parieren. Wenn Volney etwa, wie viele vor ihm, den Türken die Zerstörung der

Monumente des klassischen Altertums anlastet, so kontert Peyssonnel: die Kreuzritter, die Venezianer, die Genuesen und die späteren Griechen hätten auch ihren Beitrag dazu geleistet. Hätten die Türken etwa die Hagia Sophia zerstört? Und würde man die heutigen Franzosen für den ruinösen Zustand der Arena von Nîmes verantwortlich machen?[159]

Peyssonnels ausführlicher Versuch einer Ehrenerklärung für die osmanische Kultur und den Nationalcharakter der Türken war damals bereits unzeitgemäß und chancenlos; er sollte bald im Chor eines polarisierenden Philhellenismus untergehen. Auf der anderen Seite setzte sich die Korrektur am Bilde einer gesetzlosen und uneingeschränkten Sultansherrschaft aber weitgehend durch. Montesquieu hatte das Osmanische Reich als ein extremes Beispiel für die Vereinigung aller staatlichen Gewalten in einer Person und die dadurch begründete Recht- und Schutzlosigkeit der Untertanen dargestellt.[160] Auch galt nach der klassischen Theorie der Despotie für das Osmanische Reich in besonderem Maße die Monolith-These vom Fehlen ausgleichender Gegenkräfte. Sie wurde aber durch einen Vergleich konkreter Herrschaftssysteme in Zweifel gezogen. Das einheitliche Bild des Montesquieuschen Idealtypus zeigte Risse.

Nirgendwo waren, wie Hegel besonders deutlich erkannte,[161] die Gegenkräfte gegen die Allmacht des Souveräns schwächer als im China des 18. Jahrhunderts, wo es weder eine Kirche noch semi-autonome Provinzialmachthaber gab und die berühmte Zensoratsbehörde im Zweifelsfalle immer am kürzeren Hebel saß. Dennoch war gerade China nach dem Urteil der meisten Beobachter ein ungewöhnlich gut regiertes, im Innern friedliches Land. Der Mogulkaiser hatte zwar nicht mit einem starken islamischen Klerus, aber doch – wie Voltaire zu Recht gegen Montesquieu einwandte – mit den Großen seines Reiches zu rechnen, mit denen mancher Kompromiß geschlossen werden mußte; auch war die Prinzenrevolte ein Strukturelement des Systems. Verglichen damit war der Großherr zu Istanbul noch stärker eingeschränkt.

Voltaire war nicht der erste, der darauf hinwies, daß kaum einer der Sultane die hauptstädtische Infanterietruppe der Janitscharen (Yeniçeri) unter seine völlige Kontrolle bekommen habe; tatsächlich wurden zahlreiche Herrscher durch diese Elitegarde abgesetzt oder gar ums Leben gebracht.[162] Die Position eines Sultans war also durchaus prekärer als die eines europäischen Monarchen. «Darin, die Treue und Loyalität der Janitscharen zu gewährleisten», sagt William Robertson 1769 in seiner klaren Analyse des osmanischen Systems, «bestand die höchste Regierungskunst [...] am osmanischen Hof.»[163] Über weite Strecken herrschte Aufruhr als Regierungsform.[164] Neben dem Militär setzte die Religion dem Sultan Grenzen. Lange hatte der Islam als Stütze der Despotie gegolten, bis Sir James Porter seine These erläuterte, der Sultan sei durch Religion und Gesetz in seiner Macht beschränkt.[165] Einerseits besitze die islamische Hierarchie der *ulama'*, der religiösen Rechtsgelehrten, eine beträchtliche Verhinderungsmacht, andererseits werde das religiöse und das weltliche Recht, das unter anderem auch das Privateigentum an Grund und Boden garantiere, von einem starken Rechtsbewußtsein in allen Teilen der Bevölkerung getragen und selbst vom Großherrn nicht ungestraft verletzt. Auch dürfe man sich das Volk im Osmanischen Reich nicht als niedergedrückte, stumme Sklavenherde vorstellen. Vielmehr sei es ein Faktor der Politik:

Notwithstanding the transcendant expressions the Turks use when speaking of their Sovereign, they will frequently murmur, talk freely, abuse him and his ministers, throw anonymous scurrilous papers into the moschees, and seem ever ripe for rebellion, if outraged by frequent und unusual oppression and tyranny.[166]

Einerlei, welche übertreibenden Ausdrücke die Türken benutzen mögen, wenn sie von ihrem Herrscher sprechen, so murren sie doch oft über ihn, äußern sich freimütig, beschimpfen ihn und seine Minister, werfen anonym unflätige Zettel in die Moscheen und scheinen stets zum Aufruhr bereit zu sein, wenn man sie durch häufige und übermäßige Unterdrückung und Tyrannei reizt.

Die größten europäischen Autoritäten der beiden folgenden Generationen betonten wie Porter die Wichtigkeit des Rechts als Ordnungsfaktor. Weder Mouradja d'Ohsson (auf den sich Peyssonnel bereits 1788 bei seiner Kritik an Volney gestützt hatte) noch Joseph von Hammer-Purgstall behaupteten, das Osmanische Reich sei ein Rechtsstaat mit Habeas-Corpus-Garantie und einklagbaren Ansprüchen des Bürgers gegenüber dem Staat. In eingehenden Darstellungen machten sie aber europäischen Lesern die osmanische Rechtsordnung zugänglich und zerstörten damit das Klischee von der entfesselten orientalischen Willkürherrschaft.[167] Der sachkundige Istanbuler Kaufmann Thomas Thornton, der ähnlich argumentierte, nannte Montesquieus «reinen» Despotismus ein interessantes Konstrukt der politischen Theorie, *a metaphysical abstraction* ohne Entsprechung in der Wirklichkeit.[168]

So war denn Montesquieus Gespenst des osmanischen Despotismus zur Zeit Sultan Selims III. (reg. 1789–1807), eines kultivierten Mannes und vorsichtigen Reformers, zur Ruhe gekommen. Von Despotie als *System* war nur noch wenig die Rede. Wer von türkischem Despotismus sprach, tat dies eher im Sinne Volneys als einer von Fall zu Fall terroristischen und fortschrittsverhindernden Herrschafts*praxis.* Das Problem der Türkei, so schien es einigen der besten Kennern des Landes, war weniger ein Übermaß an Autokratie als das Fehlen eines wahrhaft *aufgeklärten* Despoten. Mouradja d'Ohsson, der große Kenner der türkischen

Verhältnisse, ersehnte sich 1787, was Feinde der Osmanen seit langem gefürchtet hatten: «einen überlegenen Geist, einen weisen Sultan, aufgeklärt und tatkräftig», der das Land in die Neuzeit stoßen würde.[169] 1798 glaubte Napoleon Bonaparte, zumindest in Ägypten könne dies seine eigene Rolle sein.

9. Ex Occidente lux

Die Theorie des Despotismus als einer entarteten Regierungform besitzt eine ins antike Griechenland zurückreichende Ahnenreihe. Schon bei hellenischen Autoren war auch der Gedanke aufgetaucht, eine gewaltförmige, ganz vom Eigeninteresse des obersten Machthabers bestimmte Regierungsform sei Asiaten eher gemäß als Europäern. In der Frühen Neuzeit, etwa bei Jean Bodin, diente der Begriff der Despotie dann eher einer universalen Taxonomie von Herrschaftsformen, die nicht durch einen binären Ost-West-Gegensatz überlagert wurde. Eine solche Dichotomie wurde erst durch Montesquieus idealtypische Gegenüberstellung von Monarchie und Despotie vorherrschend. Sie ließ sich mit noch schärferer Normativität als bei Montesquieu selbst als Opposition zwischen legitimer und illegitimer Herrschaft deuten. Dagegen traten Stimmen auf, die im Namen von historischer Erfahrung und praktischer Vernunft vor einer übertriebenen Ideologisierung warnten, so etwa Voltaire, Burke und Gibbon.[170] Sie erhielten Unterstützung durch Orientfachleute, die – zu einer Zeit, als kaum noch lebende Exemplare von monströsen Tyrannen aufzutreiben waren – die Thesen der Despotietheoretiker im Detail zu widerlegen suchten: Sir James Porter, A.-H. Anquetil-Duperron, C. de Peyssonnel, I. de Mouradja d'Ohsson, C. W. Boughton Rouse, Abbé Grosier u. a. Diese Konterattacke war zwar wissenschaftlich kaum zu widerlegen, zielte aber seit etwa den 1780er Jahren an den politischen Kernproblemen und der intellektuellen Großwetterlage vorbei. Nun ging es um die Organisation des kolonialen Indien, die zu erwartende Aufteilung des Osmanischen Reiches und die schleichende Systemerosion in China. Rechts- und Verfassungsfragen traten in den Hintergrund. Wichtiger wurde die angebliche *zivilisatorische* Kluft zwischen Ost und West.

Dazu paßte ein polemisch verschlankter Despotismusbegriff, wie ihn Volney in die Debatte warf: Willkürherrschaft, Ignoranz und administrativ-ökonomisches Mißmanagement wurden zu einem wenig theoriefähigen, aber propagandistisch nützlichen modernisierten Barbarenklischee zusammengepackt. Es war die Grundlage für die Befreiungsrhetorik, die seit dem letzten Krieg gegen Tipu Sultan und der französischen Ägypteninvasion von 1798 alle Interventionen der europäischen Großmächte in Asien und Afrika begleitete. Dies setzte voraus, daß man den alten montesquieuschen Umwelt- und Klimadeterminismus aufgab und auf einen neuen anthropologisch-rassischen Reduktionismus verzichtete. Keineswegs war der Orient durch Hitze und die Schwäche des «orientalischen Charakters» zu ewiger Knechtschaft verurteilt. Despotismus, erklärte Sir William Jones 1792, sei der entscheidende Unterschied zwischen Asien und Europa, und mit seiner Beseitigung würde ein neuer Aufstieg der asiatischen Nationen beginnen.[171] Die Völker des Orients waren zur Freiheit fähig, nicht indessen zur Selbstbefreiung. Die Freiheit mußte von außen kommen. Europäer sahen sich sogar, zuerst in Indien, zu vorübergehenden Modernisierungsdespoten und *législateurs* berufen. So mündete der Despotiediskurs der Aufklärung im Zeitalter Napoleons in die Rechtfertigung eines Befreiungsimperialismus, der einstweilen an seine eigene Vorläufigkeit glaubte und noch ein gutes Stück von der späteren Lehre entfernt war, europäische Übermenschen hätten ein unbezweifelbares Mandat zur ewigen Herrschaft über die *lower races* der Erde.

XI.
Gesellschaften: Ordnungen und Lebensformen

1. Die Solidarität der Zivilisierten

Mit Montesquieus Idee, politische Verhältnisse nicht nur nach ihrer organisatorischen Gestalt – ihrer «Form», wie es bei ihm heißt – zu beschreiben, sondern auch ein einheitliches «Prinzip» anzunehmen, das als vorherrschende mentale Orientierung das gesamte Gemeinwesen durchdringt, war der Schritt von der Staatsformenlehre der aristotelischen Tradition zur politischen Soziologie getan. In der Monarchie ist es die Ehre, in der Despotie die Furcht, die das moralische Klima einer Gesellschaft bestimmt und auch die Verhältnisse der Menschen im vorpolitischen Raum prägt. Montesquieu und andere Autoren nahmen außerdem an, daß sich unter der Despotie die absoluten Herrschafts- und Unterordnungsbeziehungen auf allen Ebenen des gesellschaftlichen Lebens reproduzieren. Daher war zum Beispiel der Harem mit seinem Spannungsfeld von Herrn, wachhabenden Eunuchen und unter sich wiederum hierarchisch gestaffelten, abhängigen Frauen ein Mikrokosmos der politischen Verfassung. In der Struktur des Serails wiederholte sich die Struktur des Staates.

Das waren wichtige Einsichten, aber sie waren ein noch sehr grobes Instrumentarium zur Beschreibung tatsächlicher gesellschaftlicher Verhältnisse. Montesquieu selbst entwickelt in anderen Teilen von *De l'esprit des lois* Begriffe und Hypothesen, die näher an eine beschreibende Erfassung von Formen der Vergesellschaftung heranführen. Sein allgemeinster Oberbegriff dafür ist derjenige des *esprit général d'une nation*. Dieses allgemeinste Merkmalsprofil einer Nation setzt sich zusammen aus «Klima, Religion, Gesetzen, Regierungsgrundsätzen, Vorbildern der Vergangenheit, Sitten und Gebräuchen».[1] Der jeweilige Einfluß dieser Faktoren ist von Fall zu Fall unterschiedlich zu gewichten. *Mœurs* (Sitten) und *manières* (Gebräuche) sind «allgemeine», auf keinen erkennbaren Gründerwillen zurückgehende, also sozusagen «gewachsene» Institutionen, während die *lois* (Gesetze) auf den Willen eines Gesetzgebers zurückgehen.

Zwischen Sitten und Gesetzen besteht der Unterschied, daß die Gesetze mehr das Handeln des Bürgers, die Sitten das Handeln des Menschen regeln. Der Unterschied zwischen Sitten und Gebräuchen ist der, daß die ersteren sich auf das innere, die letzteren auf das äußere Verhalten des Menschen beziehen.[2]

Montesquieu stellt dann Überlegungen zum Verhältnis von Gesetzen, Sitten und Manieren an. Die chinesische Zivilisation erscheint ihm darin als einzigartig, daß dort alle drei Aspekte zur Deckung kommen und die Religion noch obendrein. Dieses mehrschichtig kompakte Wertesystem, das von außen kaum angreifbar ist und sich bisher noch alle Eroberer anglich, verhindere auch, wie Montesquieu klarsichtig erkennt, eine christliche Missionierung des Landes.[3]

Für so etwas wie eine «soziologische» Perspektive ist keine der Kategorien so wichtig wie die der *mœurs*. Sie sind der soziale Code des *privaten* Lebens (der Individuen als *hommes*, nicht als staatsbürgerlich handelnde *citoyens)* und unterscheiden sich von den konventionell verlangten Umgangsformen, den *manières*, dadurch, daß sie die innere Motivation der Menschen steuern.[4] Obwohl sich nur wenige Autoren in der zweiten Hälfte des 18. Jahrhunderts an Montesquieus engen und präzisen Begriff der *mœurs* hielten, war durch seine terminologischen Vorschläge die Möglichkeit der Erfassung von so etwas wie einer «Gesamtgesellschaft» eröffnet worden. Es ist dabei wichtig zu sehen, daß Montesquieu seinen Kategorien universale Geltung beilegte. Die Trennung zwischen Europa und dem Orient, die in seiner Despotietheorie eine solch große Rolle spielt, gilt für seine Gesellschaftslehre nicht. Er spricht nicht pauschal von einer «asiatischen Gesellschaft», wie es im 19. Jahrhundert üblich wurde. Man findet bei ihm auch keinen besonderen Begriff der Ethnologie als der Wissenschaft von den «Anderen» oder «dem Fremden», der so etwas wie «Soziologie» als die Wissenschaft von «uns» entgegenstünde. Die Montesquieusche Gesellschaftslehre ist kulturübergreifend und universal, komparativ und anti-geschichtsphilosophisch, empirisch und nicht normativ. Gesellschaften in allen Zivilisationen werden betrachtet, wie sie sind oder zu sein scheinen; sie werden nicht in das Stadienkontinuum einer Fortschrittsphilosophie eingeordnet.

Montesquieu ist ebenso Mit-Urheber wie Symptom einer Denkbewegung im 18. Jahrhundert, die über das Sammeln und Ordnen ethnographischer Einzelheiten hinausgeht und nach den jeweils spezifischen Regeln des menschlichen Zusammenlebens in Gemeinschaften fragt. Mit einem Zusammentragen von Kuriositäten und *variétes d'hommes* aus allen Kulturen, wie es im 17. Jahrhundert der Nürnberger Enzyklopädist Erasmus Francisci in größtem Stile betrieb und wie es sich noch 1778 bei dem schottischen Polyhistor Lord Kames findet, ist es nicht länger getan.[5] Auf der anderen Seite liegt die konstitutive Idee der modernen Ethnologie noch in der Zukunft: die Vorstellung, daß menschliche Gemeinschaften, zumal solche «primitiven» Charakters, sich durch ihre Systeme von Verwandtschaftsbeziehungen charakterisieren lassen. Montesquieu verwendet noch nicht einen Gesellschaftsbegriff, wie ihn die Soziologie des 19. Jahrhunderts entwirft und wie er uns heute selbstverständlich ist. An den wenigen Stellen, an denen er von *société* spricht, meint er im Einklang mit dem allgemeinen Umgangsgebrauch der Frühen Neuzeit «den Tatbestand des Verbundenseins von Menschen überhaupt»,[6] also das Gegenteil der *vita solitaria*, des unsozialen Einzelgängertums. Dies ändert nichts daran, daß bei ihm – und nach ihm bei anderen – der Gedanke heranreift, die materielle Kultur und das regelhaft geordnete Zusammenleben in Einheiten wie «Völkern» oder «Nationen» ließen sich synthetisierend erfassen.

Eine solche Erfassung auch nicht-okzidentaler Gesellschaften ist im 18. Jahrhundert immer wieder versucht worden. Man kann das nicht durchweg «wilde Völkerkunde» nennen.[7] Mag derlei zum Beispiel für Stellers Beschreibung der Itelmenen auf Kamtschatka zutreffen, so haben europäische Kommentare etwa zur gesellschaftlichen Hierarchie in China oder zum indischen Kastenwesen nichts spezifisch Völkerkundliches an sich. Im Raum der schriftbesitzenden und seßhaften Hochkulturen galt so etwas wie die Solidarität der Zivilisierten. Nicht-europäische Gesellschaften wurden in den Deutungshorizont des prinzipiell Vertrauten einbezogen. Sie waren fremd, aber dem Eigenen vergleichbar. Erst um die Mitte des 19. Jahrhunderts kamen Theorien einer besonderen «orientalischen Gesellschaft» oder «asiatischen Produktionsweise» auf.

2. Städte

Am vertrautesten waren Europäern überall die Städte. Sie waren das erste, das die meisten europäischen Besucher von Asien sahen: vor allem Hafenstädte wie Istanbul/Konstantinopel, Alexandria, Goa, Surat, Kalkutta, Batavia, Macau, Kanton oder Nagasaki. Wenn diese Städte etwas gemeinsam hatten, dann nicht einen abweisend asiatischen Charakter, sondern eine ethnische und kulturelle Heterogenität, wie man sie in Europa nirgends antraf. Außer in Kanton und erst recht in Nagasaki, wo die Europäer von der einheimischen Bevölkerung ferngehalten wurden, bildeten sie nur ein Element in einem Gemisch der Hautfarben, Sitten und Religionen. Viele dieser Handelsplätze waren Zuwandererstädte. Ihr Handel lag weniger in den Händen einer alteinsässigen Lokalbevölkerung als in denen von Diasporagruppen. Sogar in Kanton, wo sich die örtlichen Chinesen durch ein großes Handelstalent auszeichneten und zumindest den Außenhandel nach Südostasien in eigener Regie betrieben, konnte Kapitän Krusenstern dies 1805 beobachten:

Canton ist als eine große Handelsstadt für Fremde vorzüglich deswegen interessant, weil man hier Menschen von fast allen Nationen der Welt versammelt sieht. Außer Europäern aus fast allen Ländern Europa's findet man daselbst auch Eingeborene der meisten Länder des handelnden Asiens, als: Armenier, Mohammetaner, Hindostaner, Bengalesen, Parsis (Abkömmlinge von den alten Persern, welche zu der Zeit, als die mohammetanische Religion in Persien eingeführt wurde, aus ihrem Vaterland gingen und sich in Bombay niederließen). Die meisten von ihnen kommen zur See aus Indien nach Canton und kehren auch auf diese Art wieder dahin zurück.[8]

Ähnliches ließ sich für die meisten großen Handelsstädte Asiens sagen, nicht zuletzt auch für Zentren im Inneren des Kontinents wie zum Beispiel Peschawar, dessen buntes Straßenbild Mountstuart Elphinstone nach seinem Besuch im Jahre 1809 unvergeßlich beschrieben hat.[9] Religiöse Toleranz war in asiatischen Städten eher die Regel als die Ausnahme. Sie übertraf das in Europa als erträglich Empfundene. In den 1670er Jahren, also bevor John Locke seinen *Essay on Toleration* verfaßte (1689), gab es im türkischen Izmir (Smyrna) neben etwa fünfzehn Moscheen sieben Synagogen, drei katholische, drei griechisch-orthodoxe und zwei armenische Kirchen sowie je eine Kapelle in den englischen, holländischen und genuesischen Konsulaten.[10] Handelsgeist und religiöse Offenheit förderten die Tugend der Urbanität, die Europäer keineswegs nur sich selber bescheinigten. Alexander Hamilton zum Beispiel hielt sie für ein besonderes Merkmal der Araber in Muskat, und Samuel Turner fand sie sogar bei einem vom Westen vollkommen unberührten Lama in Bhutan.[11]

Außer der Multikulturalität gab es wenige Kennzeichen orientalischer Städte, die ihnen gemeinsam waren und die sie von europäischen Städten unterschieden. Unverkennbar waren die größten Städte Asiens – Istanbul, Kairo, Peking und Edo (Tokyo) – im 18. Jahrhundert ausgedehnter und bevölkerungsreicher als die größten Städte Europas. Noch bemerkenswerter war, daß es, vor allem in China, Japan und Teilen Indiens, unterhalb der Ebene der Metropolen eine erhebliche Anzahl von Großstädten gab. In China zähle man, so meinte Pater Le Comte, mehr als achtzig Städte in der Größenordnung von Lyon oder Bordeaux, und er beschrieb schon 1696, was es in Europa nirgendwo gab: einen urbanen Ballungsraum, nämlich am Unterlauf des Yangzi-Flusses.[12] Der Verkehr wurde in asiatischen Städten in einem geringeren Maße mit geräuschvollen Pferdefuhrwerken abgewickelt, Straßen waren – zum Teil aus eben diesem Grunde – seltener gepflastert. Während europäische Städte vor dem Zeitalter großräumiger Planung eher wild zu wachsen schienen, machten zahlreiche asiatische Städte den Eindruck planvoller Anlage. Dies traf insbesondere auf Peking zu, das mit seinem quadratischen Grundriß das Vorbild für die meisten anderen chinesischen Städte abgab. Habe man eine von ihnen gesehen, befand Du Halde, kenne man sie alle.[13] An Ayudhya, der Hauptstadt Siams, fiel sein schachbrettartiges Gitter von Straßen und Kanälen auf.[14] Die Städte im Osmanischen Reich waren in der Theorie, aber nicht immer auch in der Praxis in konzentrischen Kreisen um Hauptmarkt und Große Moschee angelegt. Im islamischen Orient stach gelegentlich die Harmonie von Architektur, Gärten und Wasserspielen ins Auge. Sie verhalf Orten wie Damaskus, Agra oder Isfahan (vor seiner Verwüstung durch die Afghanen 1722) zu Ruhm als irdischen Paradiesen. Ein größerer Teil des Lebens spielte sich im Orient auf den Straßen ab als in Europa, zumindest nördlich der Alpen. Die Öffentlichkeit der Straßen und Plätze als sozialer Raum wurde von Reisenden immer wieder gesehen und beschrieben, ebenso auch das seltene Auftreten von Frauen in diesem Raum. Schließlich gab es zahlreiche Bemerkungen über die gute «Polizei» in den Städten des Ostens.[15]

Die meisten Stadtbeschreibungen waren impressionistisch. Manchmal wurde daraus eine solide topographische und architektonische Beschreibung, wie sie etwa Chardin für Isfahan und die Geographen Delisle und Pingré auf der Grundlage von Jesuitenberichten über Peking verfaßten.[16] Reisende wie Thevenot oder Niebuhr, die eine besondere Neugier für das Alltags- und Volksleben besaßen, machten viele lebenssatte Beobachtungen in Gassen und auf Märkten. Hinter die Fassaden blickten allerdings nur wenige Europäer mit langer Residenzerfahrung in einer bestimmten Stadt. Soziologische Analysen einer spezifischen städtischen Gesellschaft sind daher selten. Noch seltener sind Untersuchungen, die einem Rat folgen, den schon Bernier gegeben hatte: Städte nicht an und für sich, sondern im Zusammenhang mit ihrer Umgebung zu betrachten.[17] Samuel Gottlieb Gmelin gelang dies vorbildlich mit seiner Beschreibung Astrachans.[18]

3. Batavische Kolonialsoziologie

Eine Soziologie städtischen Lebens ließ sich am ehesten dort entwickeln, wo eine größere europäische Einwohnergruppe die Zugänglichkeit erleichterte. Dies war vor allem in Batavia der Fall. Die Hauptstadt des Asienimperiums der V.O.C. war wegen ihrer Janusköpfigkeit besonders interessant: Einerseits war der Versuch gemacht worden, ein holländisches Stadtbild in den Tropen zu imitieren. So entstand, wie Raynal aus Reiseberichten herauslas, «eine der schönsten Städte der Welt».[19] Andererseits aber war der Lebensstil der Kolonialholländer unter den, wie viele es – sahen, korrumpierenden Einfluß von Äquatorklima und javanischer Umwelt geraten. Von den zehntausend Europäern in Batavia seien viertausend, so abermals der Abbé, «bis zu einem kaum glaublichen Punkt degeneriert».[20] Sittenstrenge Besucher aus dem Mutterland wie etwa der Arzt Nicolaas de Graaff, der zwischen 1640 und 1687 mehrmals nach Batavia kam und die batavische Gesellschaft eingehend beschrieben hat, empörten sich über Pracht und Verschwendung, das Maitressenwesen und die zahlreichen eurasischen Kinder, die aus ihm hervorgingen, über die Annahme asiatischer Sitten wie des Betelkauens durch holländische Damen, über Müßiggang und Unwissenheit der Frauen und über eine exzessive Grausamkeit gegenüber Sklaven, denen sämtliche körperlichen Arbeiten überlassen blieben.[21]

De Graaffs Klassiker der Kolonialsoziologie faßt die Eindrücke früherer Reisender zu einem Gesamtbild zusammen. Besucher im 18. Jahrhundert bestätigen im wesentlichen den Eindruck einer von europäischen Vorbildern weit entfernten Mestizengesellschaft, das der Doktor gezeichnet hatte. Durch ihre Fremdartigkeit schienen die gesellschaftlichen Verhältnisse Batavias besonders geeignet zu sein, ein soziographisches Bedürfnis zu wecken. Wer direkt aus Europa kam, traf hier nicht die erwartete Fremde eines authentischen Asien, sondern die oft schockierend unerwartete Verfremdung einer ethnisch gemischten Klassengesellschaft, die im Bühnenbild des holländischen Spätbarock agierte. Im späten 18. Jahrhundert hatten die Malaria und der Niedergang des Asienhandels der V.O.C. die Vitalität des europäischen Bevölkerungselements so weit geschwächt, daß die Weißen in Batavia, das Kapitän Cook 1770 nurmehr als ein dreckiges, stinkendes Fiebernest erschien,[22] den Eindruck machten, allesamt vom Tode geküßt zu sein.[23] Die Mitglieder der Macartney-Mission, die im März 1793 auf dem Weg nach China in Batavia Zwischenstation einlegten, sahen schon zum Frühstück Madeira, Port, Bordeaux und holländisches Bier in Strömen fließen und zweifelten am Überlebenswillen eines geradezu spätrömisch dekadenten Kolonistentums.[24] Sir George L. Staunton beschrieb diese gründlich mestizisierte Klasse mit der verächtlichen Herablassung einer kriegerisch aufstrebenden, die Zivilisation verbreitenden Imperialmacht gegenüber dem Kultur- und Rassenverrat von Leuten, deren fortwährende Herrschaft ausschließlich auf Gewohnheit, Bluff und der ethnischen und daher politischen Zersplitterung ihrer kolonialen Untertanen beruhe: «Ihre Gesichtszüge sind europäisch, aber Hautfarbe, Charakter und Lebensweise ähnlich mehr denen der Eingeborenen Javas.»[25]

Die Sympathie der britischen Beobachter lag viel eher bei den örtlichen Chinesen, die, obwohl nahezu rechtlos und ständig der Drohung einer Wiederholung der großen Massaker von 1740 ausgesetzt, das Wirtschaftsleben der Kolonie und einen Teil ihrer Außenhandelsbeziehungen in die Hand genommen hatten. Die Chinesen waren fleißig, genügsam, sparsam und familiensinnig, Träger einer proto-kapitalistischen Mentalität und Moralität, die trotz einer Neigung zu Opium und Glücksspiel britischen Bürgern und Aristokraten mehr zusagte als das Lotterleben der kolonialholländischen *burgher class.*

4. Nahsicht: Städtisches Leben in Aleppo

Keine asiatische Kolonialmetropole, auch nicht Kalkutta, Bombay oder Madras, zog im 18. Jahrhundert mehr soziologisches Interesse auf sich als Batavia. Außerhalb des kolonialen Raumes gewannen nur wenige Europäer hinreichende Einblicke in das Alltagsleben verschiedener Gruppen einer städtischen Bevölkerung, um ein urbanes Sozialportrait entwerfen zu können.[26] Ohnehin fehlten statistische Daten und soziologische Konzepte, wie sie die heutige historische Städteforschung benutzen kann.[27] Um so bemerkenswerter sind die zwei Bände einer *Natural History of Aleppo,* die Alexander Russell 1756 veröffentlichte. 1794 erschien eine von seinem Halbbruder Patrick Russell, der 1753 Alexanders Nachfolger als Arzt der britischen Faktorei in der syrischen Stadt geworden war, publizierte wesentlich erweiterte zweite Ausgabe.[28] Das Projekt fand viel Hilfe und Interesse. Samuel Johnson lobte die erste Ausgabe, und Johann Georg Gmelin übersetzte sie ins Deutsche; Niebuhr, Banks und Solander unterstützten Patrick Russell, den Freund Sir William Jones', William Robertsons und Adam Smiths, bei seiner Revision von Alexanders Text.

Die Russell-Brüder gehörten zu den methodisch umsichtigsten Asienschriftstellern der Zeit. Alexander war zwischen 1734 und 1740 ausgiebig im Osmanischen Reich gereist und hatte danach von 1740 bis 1753 in Aleppo gelebt, Patrick von 1753 bis 1771. Ihre reiche Erfahrung verleitete sie keineswegs zu Verallgemeinerungen über das Osmanische Reich oder gar über den Orient an sich. Vielmehr betonte Alexander im Vorwort zur ersten Ausgabe, die Erkenntnisse des Autors seien «auf eine einzige Stadt und ihre Umgebung beschränkt».[29] Bei aller Anerkennung einiger älterer Reisender sahen beide Brüder den Mangel eines großen Teils der früheren Literatur darin, daß den Beobachtungen an einem Ort, etwa Istanbul, leichtfertig eine allgemeinere Gültigkeit zugeschrieben wurde. Außerdem seien weder die Unterschiede zwischen den einzelnen Schichten und Gruppen der Gesellschaft *(the different orders of society)* hinreichend beachtet noch die Veränderungen von *national manners* in der

Zeit berücksichtigt worden. Die verbreitete Ansicht, im Orient ändere sich nichts, verhindere eine vorurteilslose Wahrnehmung der Realität.[30] Ein solches Bewußtsein von der räumlichen, zeitlichen und sozialen Spezifik aller Beobachtungen stand im Gegensatz zu den modischen Pauschaltheorien über den Orient.

Die Russells besaßen ein scharfes Auge für die begrenzten Blickpunkte und die Vorurteile reisender Europäer. Besonders mißtrauisch waren sie gegenüber den zahlreichen christlichen Mönchen und Pilgern, die auf dem Weg ins Heilige Land durch Syrien eilten. Sie wußten genau, daß nur ihr Beruf als Ärzte ihnen selbst jene Einblicke in zahlreiche Milieus öffnete, der es erlaubte, eine Abhandlung über Flora, Fauna und die epidemologischen Verhältnisse in der mehrfach von der Pest heimgesuchten Stadt Aleppo – dies war Alexanders ursprünglicher Plan gewesen[31] – zu einem breit ausgemalten Sozialpanorama auszuweiten. Unter den von Russell geschätzten 235000 Einwohnern der Stadt um die Jahrhundertmitte – die heutige Forschung halbiert diese Zahl[32] – gab es 1753 neben fünfzehn Mitarbeitern der englischen Faktorei nur acht britische Privathaushalte (1772 nur noch vier), so daß dem Faktoreiarzt reichlich Zeit blieb, einheimische Patienten zu betreuen.[33] Vor allem fanden die Doktoren Zugang zu zahlreichen Harems, einer Sphäre, die anderen Ausländern verschlossen blieb.

Das Werk beginnt mit einer überaus sorgfältigen Beschreibung der Stadt: ihrer Straßen und Plätze, ihrer Bauwerke und Gärten, ihres Klimas und ihrer Versorgung mit Nahrungsmitteln aus dem Umland. Die Leser werden behutsam durch den städtischen und ländlichen Raum geführt; sie sollen sich Aleppo vorstellen können. Die sich anschließenden soziographischen Kapitel handeln zunächst *of the inhabitants in general* (numerische Verteilung, Sprachen, Aussehen, Kleidung, geselliges Leben) und betrachten dann eingehend die einzelnen ethnisch-religiösen Gruppen: Muslime, «Franken», einheimische Christen und Juden. Die Russells bleiben nicht bei Sittenbildern stehen, obwohl sie dies am meisten interessiert, sondern unterrichten auch über die wirtschaftlichen Hintergründe und widmen der türkischen Stadtregierung ein langes Kapitel. Die Abschnitte über die Europäer in Aleppo ähneln in der Dichte der Beschreibung den besten Versuchen einer Kolonialsoziologie Batavias von de Graaff bis Thunberg. Die Kapitel über die einheimischen Milieus sind in der Asienliteratur des 18. Jahrhunderts einzigartig. Nur der unvergleichliche Chardin reicht an sie heran, und Kaempfer hätte vielleicht Ähnliches zu Japan geleistet, hätte er mehr von dem Lande sehen dürfen. Erst Sir Stamford Raffles' Beschreibung Javas von 1817 und das Indienbuch des Abbé Dubois aus dem gleichen Jahr erreichen eine vergleichbare Detailschärfe.

Auch wenn die Russells ihre Abneigung gegen eine Reihe aleppinischer Eigenarten – von der Barttracht über die Obzönität des Puppentheaters bis zur Unterdrückung der Bauern[34] – nicht verbergen, halten sie an einer um Sachlichkeit und Kontrolle von Vorurteilen bemühten Erkenntnishaltung fest. Von einer verfremdenden Stereotypisierung der arabisch-muslimischen Bevölkerung als «Barbaren» ist kaum etwas zu spüren. Immer wieder wird der Orient gegen europäische Kritiker und Simplifikateure in Schutz genommen: Die offizielle Verachtung für Nicht-Muslime verhindere nicht eine große Religions- und Gewissensfreiheit und eine respektvolle Behandlung christlicher Europäer.[35] Es sei in der Theorie, aber nicht in der Praxis richtig, daß Frauen im Harem gefangen seien.[36] Die Männer in Aleppo redeten von ihren Frauen mit größerer Dezenz und Zurückhaltung, als man dies aus Europa gewöhnt sei.[37] Das Opiumrauchen sei keineswegs so verbreitet, wie man glaube. Und die Autoren fahren dann in einer für ihre Differenzierungskunst charakteristischen Weise fort:

> Das Opiumrauchen ist in Konstantinopel üblicher als in Aleppo, wo man es glücklicherweise bis jetzt für ebenso anstößig hält wie das Weintrinken und wo es nur wenige offen praktizieren, meist Leute, denen ihr Ruf gleichgültig ist. Die beim Opiumgenuß leichtfertigsten Bewohner Aleppos sind diejenigen, die mit der Rechtsprechung zu tun haben. Vermutlich ist dafür das schlechte Beispiel verantwortlich. Denn alljährlich kommt ein neuer Kadi aus Konstantinopel, und es ist selten, daß nicht er selbst oder einige seiner Untergebenen durch ihr Verhalten einer Gewohnheit neue Anerkennung verschaffen, die sie in der Hauptstadt angenommen haben. Dort gilt das Delikt als verzeihlich und steht der Karriere kaum im Wege.[38]

Wer in Aleppo Opium konsumiere, bekenne sich niemals dazu, sondern schiebe stets medizinische Gründe vor.

Betont wird immer wieder die zweckmäßige Anpassung der *mœurs* an die konkreten Umstände Syriens. Beschreibung und Lob der öffentlichen Bäder unterstreichen diesen Punkt.[39] Die Darstellung des Badelebens erlaubt den Russells auch auf einen Punkt zu sprechen zu kommen, der sie immer wieder interessiert: die Abgrenzung von privaten und öffentlichen Räumen. Die Theorie des orientalischen Despotismus hatte eine solche Trennung ausdrücklich bestritten, durchdrang ihr zufolge die Macht des Despoten doch alle Lebensbereiche, wie es umgekehrt auch keine Entfaltungsmöglichkeiten für ein gesellschaftliches Leben zwischen Haushalt und Hof geben könne. In Aleppo aber, so wird nun gezeigt, bildet das gemeinsame Bad, zu dem Frauen aus allen sozialen Lagen zusammenkommen, eine Sphäre weiblicher Öffentlichkeit. Was bereits 1717 Lady Mary Wortley Montagu beobachtet hatte,[40] wird nun noch deutlicher ausgesprochen:

Das Bad *(the Bagnio)* ist nahezu die einzige Möglichkeit für Frauen, sich öffentlich zu versammeln *(the only public female assembly)*. Es gibt ihnen Gelegenheit, ihre Juwelen und schönen Kleider zur Schau zu stellen, ihre Bekannten zu treffen und häusliche Geschichten auszutauschen. Besonders zu den jeweils beliebtesten Bädern reisen die Damen von weither an. Finden sie sich dann zufälligerweise nebeneinander auf einem Diwan, so kommen sie rasch auch dann in ein vertrautes Gespräch, wenn sie sich vorher nicht kannten.[41]

Das Bad ist ein gesellschaftlicher Mikrokosmos. Es hat seine eigenen Regeln, Symbole, Hierarchien, arbeitsteiligen Funktionen und Tabus. Die öffentlichen Räume der Männer sind bei den niederen Ständen die Kaffehäuser, bei der gesellschaftlichen Elite die Empfangssäle ihrer Residenzen, in denen sie sich gegenseitig besuchen und politische wie geschäftliche Angelegenheiten besprechen. Der Harem ist die reservierte Privatsphäre nicht nur für die Frauen, sondern auch für den Herrn des Hauses. Er ist in seiner Hauptfunktion nicht so sehr der Ort enthemmter Sexualität, wie die europäische Phantasie ihn sich ausmalte, sondern «eine geheiligte Zufluchtsstätte *(a sanctuary)*, in die nur die allerdringendsten Geschäfte Einlaß finden».[42] Die Öffentlichkeit endet also nicht, wie in europäischen bürgerlichen Verhältnissen, am Haustor, sondern erst an der Schwelle der inneren Gemächer.

Bedeutend ist *The Natural History of Aleppo* auch wegen der Skizze einer Natur- und Sozialgeschichte der Leidenschaften, die sich dort findet. Im Gegensatz zur Annahme statischer Nationalcharaktere – *des* Türken, *des* Arabers, *des* Juden usw. –, wie sie in der Literatur über fremde Völker gang und gäbe war, beharren Alexander und Patrick Russell auf einem Prozeß der Zivilisation, der auch innerhalb eines Volkes die Geschlechter und die einzelnen sozialen Gruppen unterschiedlich berührt. So sind osmanische Würdenträger *(the Osmanli)* im Normalzustand «höflich und kultiviert» *(courteous and polite)*, also gar nicht so herrisch und ungehobelt, wie man immer wieder lesen und auf europäischen Bühnen sehen konnte. Mit gesellschaftlich Tiefergestellten gehen sie meist leutselig um; nur Widerspruch kann ihren ungezügelten Zorn erregen. Vor Leuten höheren Ranges legen sie indessen ein devotes und beflissenes Verhalten an den Tag. Erklärt die Vulgärpsychologie des Despotismus dies durch die Furcht des Herrn, so wissen die Russells, als hätten sie Norbert Elias gelesen, daß es sich um Affektkontrolle handelt:

[...] they feel, but conceal their emotion. It is an habitual power of controlling the passions, to be acquired only by practice, and consequently is possessed in different degrees, proportionate to the occasions which individuals, in the progress of life, may have for exercising it. The Osmanli of middle age, who have risen slowly from obscurity, to eminent stations, possess this talent in a high degree.[43]

Sie erleben ihre Gefühle, aber verbergen sie. Dies ist eine gewohnheitsmäßige Fähigkeit, die Leidenschaften zu beherrschen, die nur durch Übung erworben werden kann. Man besitzt sie daher in unterschiedlichem Maße, abhängig von den Gelegenheiten, die sich im Laufe eines Lebens ergeben, sie anzuwenden. Die osmanischen Würdenträger mittleren Alters, die aus kleinsten Verhältnissen langsam zu vornehmen Stellungen aufgestiegen sind, besitzen dieses Talent in einem hohen Grade.

Dies ist das Affektkostüm des Höflings, trete er beim Sultan in Istanbul auf oder am Hofe von dessen Vertreter, dem Pascha von Aleppo. Kaufleute oder ländliche Araber verhalten sich ganz anders. Der gewöhnliche Habitus der einfachen Stadtbevölkerung ist ein «bemühter Ernst» *(an affected gravity)*, stets an der Grenze zu Temperamentsausbrüchen und der Bereitschaft zum Tumult. Was ist daran aleppinisch, osmanisch oder gar orientalisch? Auch hier erhält man eine soziologische, keine ethnologische Antwort: im Grunde wenig, denn der höfische Charaktertypus dürfte in verschiedenen Gesellschaften und Zivilisationen im Prinzip ebenso ein ähnlicher sein wie der kommerzielle Habitus.[44] Würden zum Beispiel die muslimischen und die «fränkischen» Kaufleute in Aleppo ihr gegenseitiges Mißtrauen ablegen und die soziale Distanz überbrücken, die von beiden Seiten aufgebaut worden sei, so würden sie bald dazu kommen, «voneinander vorurteilsloser *(in a more liberal manner)* zu denken». Aber dies, das wissen die nüchternen Mediziner, wird niemals geschehen, vor allem deswegen nicht, weil die Juden und die einheimischen Christen, die heftigsten Feinde der Muslime (und sie seien dies nicht ohne Grund), die Europäer ständig gegen diese aufhetzten.[45] Kulturelle Mißverständnisse durchkreuzen die an sich nicht unmögliche Solidarität von Funktion und Klassenlage.

Widersprechen die Russells allzu simplen Klischees vom orientalischen Despotismus, so verweigern sie nicht grundsätzlich die Erweiterung ihrer Sittenschilderung zu einer *politischen* Soziologie. Das Hauptmerkmal der politischen Situation im Osmanischen Reich sei die Verschachtelung einer ganzen Hierarchie von Tyranneien. Unter dem Sultan agierten die Paschas oder Gouverneure wie absolute Souveräne, unter diesen die Agas, und so fort. Der repressiv-servile Charaktertypus des Hofmenschen reproduziere sich auf allen Ebenen. Konzentrierten sich in den europäischen Monarchien die «höfischen Laster» *(courtly vices)* auf die Hauptstadt, so fänden sie sich im Osmanischen Reich in jedem kleinen Verwaltungsnest. Da sich während des 18. Jahrhunderts der Luxusbedarf der osmanischen Oberschicht gesteigert habe, seien auch Besitzaneignungen durch Korruption, genauer: Schutzgelderpressung von reichen Untertanen, angewachsen.[46]

Soweit einige recht allgemeine Aussagen. In einem späteren Kapitel über die Regierung Aleppos wird dieses Bild aber dann relativiert: Ganz so unkontrolliert sind die Paschas nicht; sie dürfen keine Todesstrafen verhängen und keinen Privatbesitz beschlagnahmen; und man kann sich, durchaus mit Erfolgschancen, in Istanbul über sie beschweren.[47] Die Russells lassen sich ihre Urteilsfreiheit von den ideologischen Moden Europas nicht abkaufen und vermeiden durch ihren strikten Empirismus auch das Dilemma von Beobachtung und hohem Raisonnement, in das sich der große Volney hineinmanövrierte. Kategorien wie Tyrannei und Despotismus, aufgeladen durch lange abendländische Bedeutungsgeschichten und viel orientalisierendes Phantasieren, erfassen zum Beispiel nicht die Realitäten *gesellschaftlicher* Macht, etwa die Position von Notablen, Patronen und anderen lokalen Führern im vorstaatlichen Raum. Sie sind zugleich Ausbeuter und Wortführer des Volkes und besetzen prekäre Mittelstellungen, die sie sowohl zum eigenen Nutzen als auch «zum allgemeinen Vorteil» nutzen können.[48] Eine Analyse in Kategorien wie «Interessen» und «Koalitionen», über die auch die moderne Politikwissenschaft noch nicht wesentlich hinausgekommen ist, ermöglicht es den Russells, noch erfolgreicher, als es Anquetil-Duperron oder Mouradja d'Ohsson mit ihrer juristischen Argumentation gelang, die Schimäre des orientalischen Despotismus zu vertreiben. Selbst wenn die hehren Prinzipien des islamisch-osmanischen Rechts oft verletzt werden, so führt doch der reale Antagonismus der machttragenden Kräfte dazu, daß

> es trotz häufiger Verletzungen der Rechte des Volkes in Wirklichkeit weitaus gerechter zugeht, als man es unter einer Regierung erwarten mag, wo die Leute, wie man gemeinhin annimmt, nichts als Sklaven der despotischen Macht sind.[49]

Letzten Endes hatte Unruhe unter der Bevölkerung immer wieder eine korrigierende Wirkung. Hungerrevolten oder Steuerproteste trugen in den Augen des Sultans unweigerlich zum Mißkredit des Paschas bei, in dessen Provinz sie ausbrachen.

Alexander und Patrick Russell betrachteten die Verhältnisse in Syrien und – obwohl sie das Generelle weise vermieden – im Osmanischen Reich überhaupt mit einer beispiellosen Gelassenheit, die niemals die Grenze zu Zynismus und Indifferenz überschreitet. Keiner hat so erfolgreich wie sie kurzschlüssige Identifikationen von Staat, Gesellschaft, Religion, Ethnizität und Nationalcharakter vermieden. Die Differenziertheit, die Montesquieu theoretisch entwickelt, aber dann durch die Grobschlächtigkeit seines Despotiekonzepts zu einem großen Teil wieder zurücknimmt, bleibt in *The Natural History of Aleppo* bewahrt. Der Text, von den einfältigen Verfremdungen einer «wilden Völkerkunde» weit entfernt, gehört zu den ungewürdigten Gründungsdokumenten der europäischen Soziologie. Ob die Befunde im einzelnen durch die heutige Orientforschung bestätigt werden oder nicht, tut dabei ebensowenig zur

Sache wie die Frage, ob etwa Tocquevilles Analysen Amerikas «richtig» sind. Die Stimme der Russell-Brüder trägt auch deshalb über zwei Jahrhunderte hinweg, weil sie, ähnlich wie die Carsten Niebuhrs oder diejenige Lady Mary Wortley Montagus in ihren viel impressionistischeren Briefen aus Konstantinopel,[50] von großer menschlicher Generösität getragen ist. Am Ende einiger kritischer Bemerkungen über die Schattenseiten der Charakterformung in der osmanischen Oberschicht versichern die Russells, nichts liege ihnen ferner, als Kollektivstereotype von Türken und Arabern zu propagieren. Während der drei Jahrzehnte ihres Aufenthalts in Aleppo hätten sie in allen Schichten der Bevölkerung immer wieder «Menschen von größter Ehrbarkeit und Rechtschaffenheit» *(persons of the utmost honour and integrity)* angetroffen.[51]

5. Sklaven

Im Jahre 1720 reiste Mehmed Efendi als Botschafter der Hohen Pforte nach Frankreich. Zu seinen Aufträgen gehörte es, die Freilassung osmanischer Sklaven zu erwirken, die unter Verletzung völkerrechtlicher Verträge in französischen Staatsgaleeren festgehalten wurden.[52] Diese Leute, von denen schließlich achtzig befreit wurden, waren in Konstantinopel Sklaven gewesen und von französischen Kriegsschiffen gefangen worden. Einige Jahrzehnte später war die Rede davon, daß in Italien und anderen europäischen Ländern türkische Kriegsgefangene als Sklaven gehalten würden.[53] Adam Smith mußte 1763 feststellen, in Schottland lebten noch manche Bergleute und Salinenarbeiter in sklavereiähnlichen Verhältnissen.[54] *Ganz* war Europa zwischen der Elbe und den Pyrenäen im Zeitalter der Aufklärung also nicht von der Institution der Sklaverei, das heißt, wie John Millar 1771 definierte, von legaler absoluter Unfreiheit,[55] verschont geblieben, aber es ist doch bemerkenswert, daß weltweit nahezu nur in Westeuropa Sklaverei keine Lebenssituation eines nennenswerten Teils der Bevölkerung war. In einem erstaunlichen Kontrast dazu erreichten der transatlantische Sklavenhandel und die Sklavenwirtschaft in den amerikanischen Kolonien der Europäer zur selben Zeit den Höhepunkt ihrer Vitalität. Auf den Zuckerinseln der Karibik, besonders den französischen und britischen, gab es Sklavenhalterregime von einer Brutalität, wie sie zuvor nur in der Spätphase der Römischen Republik erreicht worden war. Die Philosophen der Aufklärung von Montesquieu bis Condorcet hatten diese Zustände kritisiert, ohne mit ihrem Widerspruch etwas an ihnen ändern zu können. Erst die Bewegung des Abolitionismus, die von Quäkern geschaffen worden war, löste einen Bewußtseinswandel aus, der zur langsamen Diskreditierung der Sklaverei beitrug und vom politischen Prozeß der Emanzipation begleitet war. Dessen erste wichtige Marksteine waren das Verbot des afrikanischen Sklavenhandels durch das Parlament zu London 1807 und die Freilassung von 780 000 Sklaven im britischen Empire im Jahre 1834.

Vor diesem Hintergrund bleibt wenig mehr zu vermelden, als daß die Sklaverei, die es spurenweise fast überall in Asien gab, *nicht* als ein besonders fremder und abstoßender Aspekt asiatischer Gesellschaften betrachtet wurde. Die ablehnendsten Kommentare zogen zwei Erscheinungen auf sich: zum einen die für asiatische Verhältnisse außergewöhnliche harte Sklaverei, welcher Menschen von den ferneren indonesischen Inseln – aber niemals Javaner – im holländischen Batavia unterworfen waren,[56] zum anderen der sogenannte orientalische Sklavenhandel, durch den arabische Händler die Harems der gesamten islamischen Welt mit «schwarzen Eunuchen», vorzugsweise aus Äthiopien, belieferten.[57] (Länder wie China oder Cochinchina befriedigten die Nachfrage, die sich hier weitgehend auf den Herrscherhof konzentrierte, durch die Kastration eigener Untertanen.)

Von der Kirgisensteppe bis Burma, von der Türkei bis Japan registrierten Reisende immer wieder sklavereiartige Abhängigkeitsverhältnisse, die aber nirgendwo – vielleicht mit Ausnahme kleiner Regionen Zentralasiens – als sozialökonomisch prägend angesehen wurden. Daß weltweit nur die Europäer Sklavenhaltergesellschaften betrieben, konnte selbst der schärfste Kritiker des Orients nicht bestreiten. Plantagensklaverei gab es in Asien nicht. Die meisten Sklaven waren, so wurde berichtet, Haussklaven, oft in zeitlich befristeter Schuldknechtschaft. Insgesamt war der Tenor der Kommentare, Sklaven würden in Asien besser behandelt als unter europäischen Kolonialregimen. Sie seien Mitglieder des Haushalts und würden häufig als sorgsam zu pflegende Prestigeobjekte betrachtet. Mit den Erfolgen des Abolitionismus, der die Weste der Europäer allmählich wieder weißwusch, verdunkelten sich dann, nicht überraschend, die Urteile über die Restformen von Sklaverei in Asien.[58]

Hielt die allmählich vulgarisierte Despotietheorie an der Vorstellung fest, in den meisten asiatischen Ländern seien die Untertanen «Sklaven», also das Gegenteil von Staatsbürgern, so ließ die Anwendung eines engeren juristischen oder soziologischen Sklavereibegriffs die geringe Bedeutung von sklavereiartigen Beziehungen in Asien sichtbar werden. Christoph Meiners suchte diesen Widerspruch durch die universalhistorische These zu entschärfen, je grimmiger der Despotismus sei, desto besser würden Sklaven (im engeren Sinne) behandelt, da sie ideale Werkzeuge des Despoten zur Unterdrückung der Bevölkerung seien.[59] «Große» Theorien der Sklaverei, wie sie etwa Turgot, Adam Smith und John Millar aufstellten, konnten sich denn auch wenig auf asiatische

Beispiele beziehen. Mittelbar mochten sie aber Licht auf die Verhältnisse in Asien werfen. So vertrat Turgot 1766 die Ansicht, Landbau durch Sklavenarbeit werde mit der Bildung großer Flächenstaaten unwirtschaftlich.[60] Adam Smith bewies 1763, daß Pachtbauerntum der Sklaverei ökonomisch stets überlegen sei, und machte darauf aufmerksam, absolute Monarchien – er nennt das Mogulreich, Persien und die Türkei als Beispiele – müßten strukturell gegen Agrarsklaverei vorgehen, um die von dieser profitierende Elite zu schwächen; gerade in Maßnahmen gegen das Privateigentum an Menschen zeige sich hier der willkürliche *(arbitrary)* Charakter der Herrschaft. Sklaven ergehe es am schlimmsten unter einer Demokratie der Sklavenhalter.[61] Dr. John Crawfurd, ein später Schüler der schottischen Aufklärung, argumentierte, die vollentwickelte Despotie gewährleiste ihre Sicherheit und ihren Steuerbedarf am besten durch eine persönlich freie Kleinbauernschaft.[62] Das augenfälligste Beispiel dafür war ihm Java.

Wie immer die Erklärungsversuche auch lauten mochten: Asien, in den Augen vieler die Sphäre *politischer* Unfreiheit schlechthin, war kein Kontinent *persönlicher* Unfreiheit. Selbst in Siam, wo der König – was im frühneuzeitlichen China undenkbar war – Arbeitsdienste seiner Untertanen erzwang, ließ sich diese Unterscheidung treffen und damit die Rede grobschlächtiger Despotietheoretiker von der universalen Sklaverei widerlegen. Die Bewohner Siams, erläuterte Simon de La Loubère 1691, seien entweder Freie oder Sklaven:

> Der Unterschied zwischen den Sklaven des Königs von Siam und seinen freien Untertanen besteht darin, daß er die Sklaven für persönliche Arbeiten einsetzt und ihren Lebensunterhalt sichert, während seine freien Untertanen ihm jährlich sechs Monate Arbeitsdienst schulden, für den sie keinerlei Vergütung erhalten.[63]

Trotz harter Belastungen in Ländern wie Siam und Burma gab es nirgendwo in Asien solche Regime extremer Rechtlosigkeit und Abhängigkeit wie auf den karibischen Zuckerinseln oder im Zarenreich. Sklaven machten in keinem asiatischen Land die Mehrheit der Bevölkerung aus.

Die scharfsinnigsten «philosophischen» Betrachter der Geschichte interessierten sich für ein ganz anderes Phänomen: den Aufstieg von Sklaven zu politischer Macht. Die Mamluken in Ägypten boten dafür das markanteste Beispiel.[64] Seit dem 9. Jahrhundert waren versklavte Angehörige türkischer Stämme, die auf den Ebenen Zentralasiens nomadisierten, als Prätorianergarde der abbasidischen Kalifen eingesetzt worden. Sie bauten ihre Machtposition mit der Zeit aus und errichteten 1250 in Ägypten ihren eigenen Staat. Er brach 1516–17 unter einer osmanischen Invasion zusammen. Im frühen 18. Jahrhundert begann ein politischer

Wiederaufstieg der Mamluken. Um die Mitte des Jahrhunderts gab es in Ägypten so etwas wie eine neo-mamlukische Militärkaste, die das Land unter weithin nomineller osmanischer Oberherrschaft regierte und gesellschaftlich dominierte. Europäische Betrachter waren von einer sozialen Gruppe fasziniert, die sich über Jahrhunderte hinweg nicht durch natürliche Fortpflanzung und aristokratische Familienkontinuität reproduzierte, sondern durch die ständige frische Zufuhr junger Christensklaven aus Georgien, dem Kaukasus und vom Balkan.[65] Entwurzelte und landfremde junge Sklaven herrschten in einer Situation der permanenten Usurpation: Sie usurpierten ebenso die legitime Macht des Sultans wie den sozialen Rang einer gewachsenen Nobilität. Volney, der sie auf seiner Reise genau studiert hatte, nannte sie eine «zu Despoten gewordene Sklavenmiliz» und sah in ihren beständigen Kämpfen untereinander so etwas wie einen Hobbesschen Naturzustand der vollkommenen Anarchie verwirklicht.[66] Das Mamluken-Regime in Ägypten, das 1805 von Muhammad Ali, dem neuen Selbstherrscher am Nil, vernichtet wurde, erschien als ein kurioses Relikt eines finsteren Mittelalters, aber auch als Beispiel für das dichte Nebeneinander von tyrannischster Ordnung und vollkommener Ordnungslosigkeit.

6. Doktoren an der Macht

Die Mamlukenherrschaft machte sich in europäischen Augen dadurch als orientalisch kenntlich, daß sie nicht auf dem Prinzip der Erbaristokratie beruhte. Der Sohn eines Mamluken erbte – so verstand man es – den politischen und gesellschaftlichen Rang seines Vaters nicht, sondern wurde als Abkömmling der herrschenden Klasse nur materiell versorgt. Ständig stiegen neu als Sklaven importierte junge Männer, die nach ihrer Ankunft in Ägypten in die islamische Gemeinschaft aufgenommen und im Waffenhandwerk ausgebildet wurden, in hohe Machtpositionen auf. War dies nicht ein neuerlicher Beweis dafür, daß in orientalischen Gesellschaften das stabilisierende und zivilisierende Element des Adels ganz fehlte oder auf die Nachkommen religiöser Stifter wie Konfuzius und Muhammad beschränkt war? Schon Francis Bacon und Niccolò Machiavelli hatten in der Abwesenheit einer Nobilität ein Hauptmerkmal despotischer Staaten gesehen.

Wenn es jemals einen kognitiven Begegnungsschock gegeben hat, der zu einer vergleichenden soziologischen Relativierung europäischer Gesellschaftseinrichtungen führte, dann war es die Einsicht des 17. Jahrhunderts, daß in Asien hochentwickelte Zivilisationen ohne die in Europa selbstverständliche Aristokratie recht gut «funktionierten». Das deutlichste Beispiel dafür war das China der Dynastien Ming und Qing. Hier war der Tatbestand einfach beschrieben: Abgesehen von einem politisch machtlosen, im Laufe des 18. Jahrhunderts immer bedeutungsloser werdenden Mandschuadel, der sich nicht aus eigenem Vermögen, sondern durch kaiserliche Apanagen am Leben erhielt, gab es in China keine Aristokratie. Es gab keine Magnatendynastien, kein Lehnswesen, keine herrschaftliche Patrimonialgerichtsbarkeit, keine Feudallasten, keinen Großgrundbesitz, keine höfische Gesellschaft außerhalb des kaiserlichen Machtzentrums, keine ritterliche Kultur, keine Organe ständischer Repräsentation. Wenn es in einem englischen Jugendbuch von 1817 hieß, in China existierten *nine orders of nobility*,[67] so war dies dennoch nicht ganz aus der Luft gegriffen, denn die Beamtenhierarchie, die in der Tat in neun Rangklassen eingeteilt war, erfüllte manche Funktionen, die in europäischen Gesellschaften die Aristokratie – oder jedenfalls die *noblesse de robe* des französischen Ancien régime – wahrnahm.

So hatten es auch einige der Jesuitenpatres gesehen, welche die eigentümliche Gesellschaftsordnung Chinas in Europa bekanntgemacht hatten. Die Berichte der Jesuiten dämpfen freilich den Schock der Entdeckung einer adelslosen Hochkultur und lassen viel weniger befremdetes Erstaunen verspüren, als andere Reisende es vermutlich aufgebracht hätten. Die Jesuiten waren eine postfeudale Leistungselite, die Selbstgefühl und Statusansprüche aus ihren intellektuellen Fähigkeiten bezog. Die chinesischen «Literati», für die das gleiche galt, mußten als kongeniale Kollegen erscheinen. Sie hatten in jahrelanger harter Arbeit die klassischen Schriften gemeistert und hatten sich dann den strapaziösen und scharf kompetitiven Staatsprüfungen unterzogen, die auf drei Niveaus (regional, provinzial, hauptstädtisch) durchgeführt wurden. Wer die niederste dieser Prüfungen bestand, erhielt den untersten Ranggrad, also das, was einige europäische Kommentatoren den Baccalaureus nannten, und durfte sich damit zur rechtlich privilegierten Elitegruppe der *shenshi* oder «Gentry» rechnen. Doch nur, wer auch in der Zentralprüfung vor dem Kaiser Erfolg hatte und sein «Doktorendiplom» erwarb, besaß damit die Qualifikation – aber noch keineswegs die Garantie – für eines der wenigen bürokratischen Ämter, die in der Territorialverwaltung des riesigen Landes und am kaiserlichen Hof zu vergeben waren. Diese Ämter waren ebensowenig erblich wie die «Gentry»-Titel. Jede Generation mußte sich aufs neue im Durchlauf durch den gigantischen Apparat der Staatsprüfungen bewähren.[68]

Diese Verhältnisse, für die es in Europa keine Parallele gab und die allenfalls an Karrierechancen innerhalb der Kirche erinnerten,[69] waren bereits in den großartig konkreten Landeskunden des Gründers der Chinamission, Matteo Ricci (1615), und des portugiesischen Missionars

Álvaro Semedo (1642), der zwischen 1613 und 1637 große Teile des Reiches kennengelernt hatte, verständnisvoll beschrieben worden.[70] Semedo beharrte darauf, die meritokratische Leistungselite der Mandarine als «Adel» zu bezeichnen, einen Adel des Wissens und der schöngeistigen Tugenden.[71] Ein anoymer deutscher Autor brachte die Dinge 1679 auf den Punkt: «Also verknüpfen sie [die Chinesen] den Adel mit der Person und nicht mit dem Geblüt.»[72] Und schon Mendoza hatte 1585 in dem ersten großen neuzeitlichen Buch über China erkannt, daß keine westliche Analogie die Besonderheit Chinas vollständig erfaßte: Die Mandarine seien *für die Chinesen* so etwas wie Edelleute, obwohl *wir* sie eher für Doktoren halten würden.[73] Zwei in Europa getrennte soziale Habitus waren im China der Ming-Zeit übereinanderprojiziert.

Wer vom Mandarinat als der «Nobilität» Chinas sprach, tat dies aus didaktischen Gründen, also um seinen Lesern das Fremde näherzubringen, oder er tat es, weil er die chinesische Gesellschaft tatsächlich als eine Variante einer universell gültigen Normalform betrachtete und sich eine adelslose Ordnung schlechterdings nicht vorstellen konnte. Im 18. Jahrhundert wurden solche Bedenken schwächer. Mehr und mehr Autoren würdigten die eigenständige Andersartigkeit der chinesischen Sozialverfassung. Wer auf der Suche nach dem idealen Gemeinwesen war, fand besonderen Gefallen an der Einheit von gesellschaftlicher Oberschicht und staatlichen Spitzenkadern. Es gab, anders als in Europa, keine Differenz zwischen altständischem Landadel und den neuen städtischen Funktionseliten, die im Zuge des Ausbaus des frühmodernen europäischen Staates entstanden. Anders gesagt: in China fehlte Erbeigentum als außerstaatliche Quelle von Status und Macht. Das System war außerordentlich elegant und geradezu geometrisch befriedigend: Es war, zumal nach der Ausschaltung eines irrationalen Störfaktors wie der Eunuchentyrannei der späten Ming-Zeit, vollkommen durch die Polarität von Prüfungsmaschinerie und Kaiserwillen bestimmt.

Beobachter des 17. Jahrhunderts waren vor allem von der Vorstellung angetan, in China würden Gelehrsamkeit und lebenslanges Lernen durch gesellschaftlichen Erfolg belohnt. Nur naive Enthusiasten konnten allerdings glauben, uneigennütziger Wissensdurst beflügele den Lerneifer. Die Gesellschaftsordnung war vielmehr so konstruiert, daß Lernen die einzige Aufstiegschance war: «Da das Schicksal der Chinesen», schrieb Le Comte 1696, «vollkommen von ihren Fähigkeiten abhängt, widmen sie ihr ganzes Leben dem Studium.»[74] Im 18. Jahrhundert faszinierte die Idee einer kompetenten, korruptionsfreien und gemeinwohlorientierten Staatsverwaltung. Sie zog Autoren wie Justi und Quesnay an, die sich, wie die meisten ihrer Zeitgenossen, hauptsächlich aus Du Halde informierten.[75] Der Vorwurf, China sei in diesen Texten «sinophil» idealisiert worden, mag richtig sein, zielt aber am Wesentlichen vorbei. Zum einen war die chinesische Bürokratie in der ersten Hälfte des 18. Jahrhunderts vielleicht tatsächlich die am besten funktionierende der Welt; die Idealisierung war daher keine haltlose Umwertung, sondern nur eine Linienverlängerung der Realität. Zum anderen erlaubten die 1735 bei Du Halde zusammengefaßten und 1749 im achten Band von Prévosts Reisesammlung weiter popularisierten Berichte aus dem Reich der Mitte europäischen Theoretikern, die (wie die französischen Physiokraten und die deutschen Polizey- und Staatswissenschaftler) stärker an der Leistung als an der Legitimität eines politischen Systems interessiert waren, die Probleme von Administration und Regierungskunst (*governance* im Sinne der heutigen Politikwissenschaft) überhaupt erst präzise zu fassen. China schien zu zeigen, wozu ein wohleingerichteter paternalistischer Staat fähig war, und die konfuzianische Staatsethik, deren Haupttexte seit den 1680er Jahren in Übersetzungen gelesen werden konnten, bot eine überraschende und unabhängige Unterstützung für die alte europäische Idee vom Monarchen als dem guten Hirten seiner Untertanen.

Nachdem es kaum noch umstritten war, daß in China eine Aristokratie fehlte, hing es weitgehend von der Haltung der einzelnen Kommentatoren zum *europäischen* Adel ab, ob man dieses Fehlen bedauerte oder nicht. Wer in der Tradition Edmund Burkes argumentierte, sah *Groß*grundbesitz als ein Zeichen fortgeschrittener Zivilisation und unerläßliche Garantie von Stabilität und sozialer Harmonie.[76] Wer hingegen mit James Mill und anderen Vertretern des von Jeremy Bentham begründeten Utilitarismus den Adel für eine parasitäre Klasse hielt, beurteilte sein Fehlen als einen Vorsprung an Modernität. Im Hintergrund stand die allgemeinere Frage, ob es gerechtfertigt war, Macht und Ansehen von ererbtem Eigentum zu lösen und an Wissen und Gelehrsamkeit zu binden.[77] Sie wurde zunehmend positiv beantwortet.

Gleichzeitig häuften sich aber Berichte (die nicht grundlos waren) von einer zunehmenden Korruption chinesischer Beamter.[78] Solange das in ganz Europa mit Spannung beobachtete Verfahren gegen den indischen Generalgouverneur Warren Hastings die Frage der *britischen* Korruption in Indien auf der Tagesordnung hielt, ließen sich die chinesischen Zustände kaum ohne Heuchelei rügen.[79] Nach Säuberung und Neuaufbau der britischen Kolonialadministration unter Lord Cornwallis in den 1790er Jahren schien der längst ihren Idealen untreu gewordenen chinesischen Beamtenherrschaft dann aber eine neue und überlegene Form rationaler Staatsorganisation in Asien entgegenzutreten. Ihre treibenden Kräfte waren unbemittelte jüngere Söhne des schottischen, englischen und irischen Landadels. Als vernunftgemäß organisierte und gerecht handelnde Verwaltung unter aristokratischer Führung wurde sie ein Gegenbild zur irrationalen, in Korruption und Inkompetenz verkommenden Verwaltung durch unkriegerische Männer des Schreibpinsels. Nicht die *Idee* der chinesischen Bürokratie, die kaum je prinzipiell kritisiert wurde, wurde dabei als das minderwertig Fremdartige gesehen, sondern ihre tatsächliche Degeneration.

Die bildungsaristokratische Eliteschicht der «Literati» war die auffälligste Besonderheit der chinesischen Sozialorganisation. Was aber ließ sich über den Rest der Gesellschaft sagen? Die *Universal History* fand in China drei Klassen: die Mandarine, die Literati und die Plebejer.[80] Der Unterschied zwischen den Beamten (den Mandarinen) und ihrer viel umfangreicheren Rekrutierungsbasis (den «Literati») war hier klar gesehen und vielleicht sogar etwas überbetont. Was aber hatte es mit den «Plebejern» auf sich? Daß sie nicht in dicht abgeschottete Kasten segmentiert waren, wie manche Betrachter von ihrer Kenntnis Indiens her vermutet hatten, wurde im September 1735 durch einen langen Brief des Paters Parennin aus Peking auf das deutlichste klargestellt.[81] Er kam leider zu spät, um noch Du Haldes im gleichen Jahr erschienener China-Enzyklopädie etwas mehr soziologische Substanz zu verleihen. Parennin warnte vor der unbesehenen Übertragung von Kategorien wie «Kaste» oder «Stamm» von einem asiatischen Land auf das andere, betonte aber den Erkenntniswert des Vergleichens. Gerade der Vergleich mit Europa zeige, daß, abgesehen vom Mandarinat, die chinesische Gesellschaft, ebenso wie die europäischen Gesellschaften, in Kaufleute, Landwirte, Handwerker und eine Unterschicht von Asozialen, Ausgestoßenen und Infamen gegliedert sei.[82] Eine Erblichkeit von Berufen gebe es kaum. Kein Chinese würde durch Gesetz oder Sitte gezwungen, das Metier seines Vaters zu ergreifen, und nur wenige täten dies aus freien Stücken. Ein Arbeiter oder Handwerker, der etwas Geld gespart habe, trachte danach, Kaufmann zu werden und später seine im Handel möglicherweise erworbenen Reichtümer in die Vorbereitung seiner Söhne für die Staatsprüfungen zu investieren.[83] Daß die Chinesen emsige Händler seien, fiel jedem auf, der sie in Südostasien, Macau oder Kanton beobachten konnte. In China könne sich der Handel frei entfalten. Die Wirtschaft insgesamt werde nicht durch eine faulenzende und unproduktive Aristokratie belastet.[84]

Der Botaniker Pierre Poivre, einer der wenigen Reisenden des 18. Jahrhunderts, der sich für die Realitäten der chinesischen Landwirtschaft interessierte, bewunderte in Vorträgen, die er 1763 und 1764 in Lyon hielt, deren Leistungsfähigkeit und, wie man sagen könnte, Modernität. China und in geringem Maße auch Cochinchina seien erfolgreiche, ja für Europa in vielem vorbildliche Agrargesellschaften, die eine wachsende Bevölkerung auskömmlich zu ernähren vermöchten. Der Staat fördere den Landbau. Es gebe in China keine Sklaverei (wie in Siam,

Malaia und den europäischen Kolonien) und kein despotisches Obereigentum am Boden, sondern nur freie Arbeit auf der Grundlage gesicherten privaten Eigentums. Müßiggang sei bis in die höchsten Kreise geächtet; Frauen leisteten einen großen produktiven Beitrag und würden nicht in Harems versteckt; die Steuerlast sei erträglich und berechenbar; sozialer Aufstieg werde durch geburtsständische Fesseln der einen und Privilegien der anderen kaum behindert; kein kostbares Land gehe, wie in Europa, durch adlige Jagdreviere und eine mehr als ökonomisch notwendige Pferdehaltung verloren.[85] Poivre teilte offensichtlich die China-Idealisierung Quesnays, zu dessen physiokratischen Anhängern er gehörte. Dennoch ist die Tendenz seiner Analyse nicht abwegig. Er überzeichnet nur das Profil einer Gesellschaft, die sich durch nicht-feudale Agrarbeziehungen, eine hohe vertikale soziale Mobilität und ein allgemein verbreitetes Arbeitsethos auszeichnete: China als die Utopie einer bürgerlichen Erwerbsgesellschaft in Asien. Goethe nahm auf seine Weise ähnliches wahr, wenn er am 31. Januar 1827 nach der Lektüre eines kurz zuvor von Joseph-Pierre Abel-Rémusat übersetzten chinesischen Romans zu Eckermann bemerkte, das Handeln und Empfinden der Figuren erscheine uns ganz verständlich und vertraut: «Es ist bei ihnen alles verständig, bürgerlich, ohne große Leidenschaft und poetischen Schwung und hat dadurch viele Ähnlichkeit mit meinem ‹Hermann und Dorothea› sowie mit den englischen Romanen des Richardson.»[86]

7. Kasten: Religionszwang oder Sozialutopie?

Ob es eine Aristokratie gebe oder nicht und was davon zu halten sei, wurde auch für andere Länder Asiens eifrig diskutiert. Die Ergebnisse waren niemals eindeutig, und einige Kostproben mögen genügen. Das System von Tonking schien dem chinesischen am ähnlichsten zu sein; allenfalls die erblichen Militärmandarine bildeten so etwas wie einen Adel. Es gebe dort, so hieß es 1807, eine strikte Zweiteilung der Gesellschaft in Mandarine und Untertanen.[87] In Burma fand man innerhalb eines despotischen Systems Räume für aristokratische Selbstregierung *(aristocratic commonwealths)*.[88] Siam galt allgemein als der neben Persien despotischste Staat Asiens. Hier fehlte die soziale Formierungsmaschinerie von Prüfungswesen und Mandarinat, so daß, wie einer der besten Landeskenner es sah, bei gleichzeitiger Abwesenheit eines Adelsstandes solch unstete Kräfte wie Geschäftsglück und Königslaune über den sozialen Auf- und Abstieg entschieden: «Der Reichste wird dort als der Edelste geachtet, und wahre Bedeutung bemißt sich an der Höhe des Vermögens und dem Ausmaß herrscherlicher Gunst.»[89] Daß es in Persien keine Aristokratie, sondern nur Parvenus gebe, wurde immer wieder der unanfechtbaren Autorität Chardins nachgeredet. Fryer meinte, sozialer Aufstieg sei dort nicht durch Leistung, nur durch Wunder möglich.[90] In Indonesien war Adel zwar nach der Theorie des Despotismus nicht zu erwarten, doch beschrieb Crawfurd ihn trotzdem.[91]

Ausgiebig wurde die Frage der Aristokratie im Osmanischen Reich debattiert. Man war sich einig, daß es dort keinen Erbadel gebe. Hammer-Purgstall war bereit, eine Art von Verdienstadel anzuerkennen, mehr nicht.[92] Eine Untersuchung der soziologischen Literatur über das Osmanische Reich fördert eine Einsicht zutage, die durch die Konzentration auf das Despotieproblem verdeckt worden ist. Selbst wer die bleierne Hand des Despoten beschwor, kam nicht umhin, die vergleichsweise hohe vertikale Mobilität im Osmanenreich anzuerkennen. Schon der kaiserliche Gesandte Busbeck, die einflußreichste europäische Autorität über die Glanzzeit der Osmanen, hatte in der Mitte des 16. Jahrhunderts das Bild einer Leistungsgesellschaft entworfen, in der dem Tüchtigen der Weg zu hohen Positionen offenstand.[93] Diese Analyse wurde immer wieder bestätigt. Das Osmanische Reich besitze eine mobile, kompetitive Gesellschaft, in welcher der «tugendhafte Bürger» *(le bourgeois vertueux)* gut angesehen sei.[94] Kaufleute, darunter zahlreiche Angehörige von Minderheiten wie Griechen, Juden und Armenier, besäßen günstige Bereicherungschancen. Gibbon und andere priesen das Janitscharenkorps, zumindest auf dem Höhepunkt seiner Entwicklung, als postfeudale Leistungstruppe.[95] Obwohl vollkommen anders organisiert als China, zeigte das Osmanische Reich ähnliche Kennzeichen einer meritokratischen Beweglichkeit, welche beide Systeme von der strikteren sozialen Hierarchie in großen Teilen Europas abhob.

Doch auch das andere Extrem ließ sich in Asien finden: eine streng hierarchisierte Gesellschaft, in der den Menschen schon durch ihre Geburt Positionen zugewiesen wurden, an die sie zeitlebens gefesselt waren. Vertikale soziale Mobilität, wie sie zahlreichen Europäern an China und dem Osmanischen Reich auffiel, gab es hier nicht. So jedenfalls sah man die Gesellschaft des hinduistischen Indien, dem in großen Teilen des Landes die Gesellschaft muslimischer Eroberer übergestülpt worden war, ohne daß sich die beiden Sphären aneinander angeglichen hätten.

Im 17. Jahrhundert waren aus der Sicht eines ständisch geordneten Europa die beweglicheren und offeneren Verhältnisse in China und im Osmanischen Reich erstaunlich und unvertraut. Im Verlaufe des 18. Jahrhunderts, als sich in den zentralen Ländern Europas die Sozialstruktur aufzulockern begann, erschien umgekehrt die rigide Schichtung des indischen Kastenwesens als zunehmend fremdartig und immer mehr auch als anstößig. Die konstruierende Komponente der europäischen Weltauffassung verstärkte diese Kontrastwahrnehmung. In kaum einem Fall läßt sich das besser zeigen als im Falle Indiens.

Frühe europäische Versuche, die gesellschaftliche Wirklichkeit nichteuropäischer Zivilisationen zu beschreiben und zu verstehen, bedienten sich bis hin zu Montesquieu und den schottischen und Göttinger Aufklärern der Begriffe, die man auch auf Europa anwandte: Stand, Ordnung, Adel, Bauern, *état*, *rank* usw. Am Beispiel Chinas ließ sich zeigen, daß solche Begriffe zwar die fremde Wirklichkeit mitunter zu stark an das Vertraute anglichen, daß aufmerksame Beobachter aber spätestens seit den ersten Berichten der Jesuiten sehr wohl imstande waren, die *differentia specifica* einer nichteuropäischen Gesellschaft in der modifizierten Anwendung europäischer Begriffe zu bestimmen. Daneben entstanden auf einer zweiten semantischen Ebene Begriffe europäischen Ursprungs, die aber eindeutig nur auf asiatische Verhältnisse bezogen waren und kein Signifikat in der europäischen Wirklichkeit hatten, etwa «Mandarin». Viele davon gingen auf die frühesten europäischen Beobachter Asiens in der Neuzeit zurück, die Portugiesen.

Ein solches Konzept war das der «Kaste». Dieses Wort wurde zunächst weit und flexibel zur Bezeichnung vieler möglicher menschlicher Kollektive in asiatischen Gesellschaften benutzt. Erst im 18. Jahrhundert schoben sich die Bedeutungselemente der Abgeschlossenheit und der inneren Homogenität oder gar biologischen Reinheit verengend und dabei präzisierend in den Vordergrund. Auch dies bedeutete noch nicht, Kasten als etwas typisch und ausschließlich Indisches zu sehen. Bis hin zu Max Weber und über ihn hinaus konnte «Kaste» als eine kulturneutrale soziologische Kategorie definiert werden, etwa als Spezialfall des Begriffs der «Klasse». So sprach Conrad Malte-Brun 1812 von Kaste als «einer erblichen Klasse, der ausschließlich eine bestimmte Beschäftigungsart zugeordnet ist» *(une classe héréditaire qui est chargé exclusivement d'un genre d'occupation)*.[96] Dieses Phänomen hielt er in der Neuzeit für auf Asien beschränkt, glaubte es aber nicht nur in Indien, sondern auch in Persien, Arabien und Ägypten zu erkennen. 1835 definierte Frédéric de Rougemont, ein historischer Geograph von außergewöhnlich überlegter Begriffsbildung: «Eine Klasse ist dann eine Kaste, wenn die Geburt unkorrigierbar über Lebensumstände *(le genre de vie)* und gesellschaftlichen Rang eines jeden Individuums entscheidet.»[97] Solche Kasten konnten prinzipiell in ganz unterschiedlichen Gesellschaftstypen vorkommen.

Zur Zeit de Rougemonts hatte sich indessen bereits die Auffassung durchgesetzt, «Kaste» sei erstens etwas typisch Indisches, und das Phänomen sei zweitens auf das engste mit der einheimischen Religion verknüpft, die man nun mit einem von außen geprägten Sammelbegriff, dem kein indigenes Einheitskonzept entsprach, «Hinduismus» nannte.[98]

Diese Exotisierung oder, wenn man so will, Anthropologisierung der Soziologie Indiens vollzog sich allmählich während des 18. Jahrhunderts.

Die erste auf langjährigen eigenen Beobachtungen gründende Beschreibung der Gesellschaft in einer Region Indiens stammt von Bartholomäus Ziegenbalg. Er war von 1706 bis zu seinem Tod 1719 (im Alter von sechsunddreißig Jahren) als Missionar des Pietismus hallescher Prägung in der kleinen dänischen Kolonie Tranquebar (südlich von Madras) tätig.[99] Ziegenbalg lernte die örtliche Sprache, das Tamilische, mit großer Sicherheit zu sprechen und zu lesen. Im engen Kontakt mit den Einheimischen betrieb er Sozial- und Kulturforschung als teilnehmende Beobachtung. Von den Berichten, die er darüber nach Europa schickte, wurden nur wenige zur damaligen Zeit publiziert. Die Redakteure in der Missionszentrale zu Halle sorgten dafür, daß Ziegenbalgs übergroßes Verständnis für die Inder und ihr soziales und religiöses Leben das Publikum nicht unzensiert erreichte. Ziegenbalgs Hauptwerk, die große Monographie *Malabarisches Heidentum*, die er 1711 im Manuskript nach Halle geschickt hatte, wurde überhaupt erst 1926 gedruckt. Für die gesellschaftliche Organisation der Tamilen interessierte sich Ziegenbalg weniger als für andere Seiten ihres Lebens und ihrer Vorstellungen. Immerhin läßt sich aus seinen knappen Bemerkungen aber so etwas wie eine Soziologie Südwestindiens herausdestillieren.[100] Ziegenbalg fand den sozialen Kosmos, den er studierte, vor allem durch eine Vielzahl von Berufsgruppen geordnet. Er war fasziniert von den «gleichberechtigten Mitwirkungsmöglichkeiten aller Gruppen am öffentlich-politischen Geschehen»[101] und betonte eher die Offenheit und Flexibilität der tamilischen Gesellschaft als ihren Charakter als streng segmentierte und das Individuum fesselnde Zwangsordnung. Von «Kasten» ist bei ihm wenig, von einem «Kastensystem» gar nicht die Rede. Das (Süd-)Indien Ziegenbalgs war also eine Art von «offener» Gesellschaft, die sich von der chinesischen oder der osmanischen Sozialordnung, wie sie etwa zur gleichen Zeit beschrieben wurden, nicht grundsätzlich unterschied und der gegenüber das durch Zünfte und Gilden in sich geschlossene Europa keinen Modernitätsvorsprung aufwies.[102]

Das idealtypisch einfache Bild Indiens als einer Welt in sich abgekapselter Kasten entstand auf der Grundlage von Berichtsliteratur, deren Autoren sich selten die lange Erfahrung und die Sprachkenntnisse Bartholomäus Ziegenbalgs zugute halten konnten. Montesquieu gab diesem Bild in einer kurzen Bemerkung zu Indien kraftvollen Ausdruck: In Indien präge, anders als in Europa, die Religion die Gesellschaftsordnung. Dies führe dazu, daß die einzelnen Kasten untereinander eine Art von Ehre des Schreckens empfänden (Montesquieu spielt mit den Worten *honneur* und *horreur*). Dadurch werde die in anderen Gesellschaften natürliche Rangordnung außer Kraft gesetzt: Es gebe Inder, die sich aus Gründen der Kastenzugehörigkeit entehrt fühlten, wenn sie mit ihrem König speisen müßten. Auch fehle die in Europa selbstverständliche paternalistische Fürsorge Höhergestellter für die Ärmeren.[103] Voltaire ist, wie meist, vorsichtiger und betont, wie schwierig es sei, zu Verallgemeinerungen über das nicht-muslimische Indien zu gelangen. Der Subkontinent sei «von zwanzig verschiedenen Nationen bevölkert, deren Sitten und Religionen sich nicht ähnlich sind».[104] Zwischen beiden Arten von Stellungnahmen pendelte man während der folgenden Jahrzehnte hin und her: Voltaire stand für die differenzierende Sicht auf Regionalkulturen, die in Indien nicht das «ganz Andere» Europas sehen wollte, Montesquieu für den energischen generalisierenden Zugriff, der die Existenz einer homogenen indischen Zivilisation mit dem Kastenwesen, der eigentümlichsten Institution des Subkontinents, als Zentrum annahm.[105]

Die Nachrichten über die Lebenswelt der nicht-muslimischen Bevölkerungsmehrheit Indiens waren über eine große Zahl europäischer Berichtsquellen verstreut. Während des 18. Jahrhunderts erschien kein zusammenfassendes Großwerk wie Chardin über Persien, Du Halde über China, La Loubère über Siam oder selbst der weniger systematische und eher narrative Bernier über die Sphäre der muslimischen Mogule. Nicht nur das große Indienmanuskript des Protestanten Ziegenbalg blieb unter Verschluß, sondern auch die Originalversion der *Mœurs et coutumes des Indiens* (1777) des Jesuitenpaters Gaston-Laurent Cœurdoux, das dann 1817 von dem Plagiator Abbé Dubois ausgeschlachtet wurde. Die aus Indien gesandten *Lettres édifiantes et curieuses* der Jesuiten mußten, mangels handlicher Zusammenfassungen, daher einzeln studiert und durch holländische, englische und französische Quellen ergänzt werden.[106] Nur so ließ sich in europäischen Studierstuben ein auch nur minimal zureichendes Bild der indischen Gesellschaft gewinnen. In Jesuitenbriefen und Reiseberichten wurden zahlreiche derjenigen indischen Kasten, von denen auch die Ethnologie und Soziologie des 20. Jahrhunderts ausgeht, beschrieben oder zumindest erwähnt.[107]

Wer allerdings ein anschauliches Bild von der Gesellschaft Indiens entwerfen wollte, dem genügte oft die Einteilung in die vier Hauptgruppen von Kasten oder Stände *(varna)*: Brahmanen, Krieger, Händler und Diener/Handwerker/Arbeiter. Der Abbé Raynal schilderte in seinem Porträt Indiens eine solche Vierkastengesellschaft sehr einprägsam. Er informierte seine zahlreichen Leser, die Kasten seien von unermeßlichem Alter und hätten sich seit ihrer Entstehung unverändert perpetuiert. Sie bewiesen die unvergleichliche Frühreife der indischen Hochkultur, seien aber das größtmögliche Hindernis für den «natürlichen Fortschritt der Gesellschaft».[108] Raynal, der die Kasten (was für die *varna* nicht ganz falsch ist) auch oft «Klassen» nennt, betont die von der Religion sanktionierte vollkommene Undurchlässigkeit der gesellschaftlichen Hierarchie, weist aber auch auf Möglichkeiten hin, diese zu umgehen: vorübergehend auf Pilgerreisen und dauerhaft durch die Annahme des «mönchischen» Status eines Fakirs.[109]

Raynal, der ebenso radikale wie in seinen Urteilen unberechenbare Aufklärer, ist 1770 noch erstaunlich maßvoll in seiner Kritik am Kastenwesen, das er als eine Art von übertriebener Ständegesellschaft darstellt. Schärfer urteilen wenige Jahre später der Ökonom Adam Smith und der Naturforscher und Reisende Pierre Sonnerat. Smith hält die Kasten für einen wichtigen (aber keineswegs den entscheidenden) Hemmfaktor der wirtschaftlichen Entwicklung Indiens; sie seien eine Zwangseinrichtung, die den natürlichen Kapitalertrag und den marktmäßigen Preis der Arbeitskraft verfälsche.[110] Sonnerat, der bei seiner Indienreise vom Lande selbst wenig gesehen zu haben scheint, bewertet Kasten als Ausdruck kollektiver Unvernunft und illegitime Verschleierung einer *égalité naturelle* der Menschen.[111] Eine bemerkenswerte Verbindung beider Einwände, des ökonomischen und des philosophischen, findet sich bei August Hennings, einem Anhänger Raynals und Freund Moses Mendelssohns, der als dänischer Staatsdiener Zugang zu ungedruckten oder nur auf Dänisch publizierten Berichten der Dänisch-Halleschen Mission in Tranquebar besaß. Hennings war des Lobes voll über die natürliche Begabung der Inder, insbesondere der Tamilen, in Wissenschaften, Künsten und Handwerken. Sie trete noch da und dort zutage, verwirkliche sich aber immer unvollkommener. Dies habe keine anthropologischen, sondern ausschließlich von Menschen hervorgebrachte Gründe. Die Kasten, die Hennings nicht als zeitlose religiöse Institutionen, sondern als historisch entstandene Instrumente von Klassenherrschaft deutet, segmentierten die Gesellschaft, und der Despotismus, wie er in großen Teilen Indiens durch die muslimischen und später die europäischen Eroberer verschärft worden sei, steigere die Atomisierung unter den Individuen noch weiter. Die Folge sei die Erschlaffung von Geist und Seele und die Lähmung gesellschaftlicher Produktivität. Einzig und allein die «Barbarei der Regierung» sei daran schuld:

> welche statt das Gesellige zu ermuntern, die Bande der Gesellschaft gänzlich trennet, und anstatt zum gemeinschaftlichen Nachdenken zu erwecken, die Menschen gleichsam isoliret oder vereinzelt. Daher kommt es, daß dreyßig Indianer nicht das zu verfertigen fähig sind, wozu zehn Europäer hinreichen, daß sie fast keine Geräthe, Maschinen und dergleichen haben und daß Geschmack und Erfindungskunst ganz erliegen.[112]

Hennings sah das Kastenwesen also nicht – wie sein sonst wegen seiner antikolonialen Haltung bewundertes Vorbild Raynal – als unerschütterlich tradiertes Wesenselement der indischen Zivilisation, das diese zu immerwährender Erstarrung verdamme, sondern als sozialpathologische Fehlentwicklung, die durch Reform oder gar Revolution beseitigt werden müsse. Der hohe E.I.C.-Beamte Charles Grant kam 1792, weniger von einem naturrechtlichen als von einem christlichen Gleichheitsgrundsatz ausgehend, zu einem ähnlichen Ergebnis: Das Kastenwesen sei ein Instrument extremer Sklaverei.[113]

Es ist erstaunlich, wie viele Verteidiger die indischen Kasten trotz solcher Urteile im Zeitalter der Aufklärung dennoch fanden. Edmund Burke bewunderte die, modern gesprochen, Stärke der Identitätsbildung, welche die Zugehörigkeit zu einer Kaste ermöglichte.[114] Der Abbé Perrin, ein vorzüglicher Landeskenner, sah es als einen Vorteil an, daß, weit entfernt, die Seele zu lähmen (wie August Hennings meinte), alle Kasten, selbst die am wenigsten geachteten, ihren Angehörigen das Gefühl des Stolzes auf die eigene Gruppe, ihre Traditionen und ihr Alter, vermittelten.[115] Pater Cœurdoux lobte sie für die erfolgreiche soziale Kontrolle, die sie durch eigene Gesetze, Sitten und Ordnungsinstitutionen über ihre Mitglieder ausübten; so würden die Inder durch eine Art von interner Selbstdisziplinierung immer wieder am Rückfall in die Barbarei gehindert. Dadurch milderten die Kasten auch die Wirkungen des Despotismus, denn der Staat finde keine Anlässe in das sich selbst regelnde gesellschaftliche Leben einzugreifen.[116] Schließlich seien die hohen Brahmanenkasten die indische Ausprägung einer Aristokratie, die sich, anders als die französische, durch ein strenges Endogamiegebot vor Mesalliancen und Verbürgerlichung schütze.[117]

Cœurdoux brachte dann in einer allgemeinen Überlegung den Sinn seiner sozialkonservativen Deutung auf den Punkt: Die Bande des Blutes vereinigten nur die Mitglieder von Familien, reichten aber nicht aus, um «den gegenseitigen Beistand und die Unterstützung herzustellen, deren man in der bürgerlichen Gesellschaft *(la société civile)* bedarf».[118] Die Menschen müßten deshalb in größeren Verbänden *(corps)* vereinigt werden, in denen eine Entwicklung und Verteidigung gemeinsamer Interessen möglich sei. Die Bande *(les liens)* zwischen den Menschen müßten unzerreißbar fest geknüpft sein. Dies sei den «alten Gesetzgebern der Inder» in beispielhafter Weise gelungen. In der Dauerhaftigkeit des Kastenwesens sahen Cœurdoux und sein Redakteur Desvaulx 1777 kein Symptom indischer Rückständigkeit, sondern ganz im Gegenteil den Beweis einer guten Ordnung.[119] Sie stifte die für das «zivile» Leben unerläßliche Solidarität. Diese Interpretation war derjenigen von Hennings also genau entgegengesetzt. Kasten schienen die beste Garantie gegen gesellschaftliche Atomisierung zu sein. Herder und der Abbé Dubois fügten schließlich noch den Gedanken hinzu, zwischen den einzelnen Kasten herrsche ein Geist größter Toleranz. Die Angehörigen jeder Kaste könnten in Lebensführung, Sitten und Religion nach ihrer je eigenen Façon selig werden.[120]

Das Lob der Kasten wäre wenig interessant, handelte es sich um nichts als das Sentiment konservativer französischer Priester. Doch William Robertson, einer der am höchsten respektierten Historiker der Aufklärung, kam 1791 in seinem späten Indienbuch zu ähnlichen Ergebnissen. Gewiß, so nahm Robertson das voraussehbare aufklärerische Argument auf, errichte die Kastenordnung «künstliche Schranken» zwischen den Menschen und grenze damit die natürlichen «Tätigkeiten des menschlichen Geistes» *(operations of the human mind)* ein.[121] Genies hätten es in einem solchen System schwer, doch sei die Förderung von Genies nicht der Hauptzweck von Gesellschaften. Den Durchschnittsmenschen werde durch die Kastengliederung eine sinnvolle Arbeitsteilung vorgegeben, ihre Fähigkeit würden auf besondere Metiers festgelegt, in denen sie Höchstleistungen erbringen könnten. So sei die außerordentliche handwerkliche Perfektion Indiens zu erklären, ebenso der große Reichtum des Warenangebots für den heimischen Konsum wie für den Export.[122]

Es gibt indessen einen wesentlichen Unterschied zwischen dem Kastenlob bei Robertson und bei einem Autor wie Cœurdoux: Während der französische Jesuit dem Kastenwesen eine Art von universaler Vorbildlichkeit zuschreibt, ist es für den schottischen Historiker unstrittig, daß es nur dem vorindustriellen Indien angemessen sei, während heutige Europäer, die in einer ganz anderen Gesellschaftsordnung lebten, es aus verständlichen Gründen mit größtem Widerwillen betrachteten.

Einen solchen Relativismus mochte man im frühen 19. Jahrhundert kaum noch ertragen. Auf der Grundlage neuer Indienstudien, wie sie seit 1784 von den gelehrten Mitgliedern der Asiatick Society in Kalkutta um Sir William Jones getrieben wurden,[123] gelangten zwei recht unterschiedliche philosophische Kritiker zu einer lange fortwirkenden Verdammung des Kastenwesens. In James Mills *History of British India* (1817), deren erster Band überwiegend mit einer systematischen Untersuchung der indischen Zivilisation gefüllt ist, tritt die Kaste als das Hassenswerte schlechthin auf: «jene Institution, die dem Wohle der menschlichen Natur erfolgreicher entgegensteht als jede andere Institution, die jemals von Laune und Egoismus ersonnen wurde».[124] Sahen die Verteidiger der Kastenordnung die muslimischen Eroberer Indiens im allgemeinen als Barbaren, die sich an der Widerständigkeit der «Hindu»-Gesellschaft die Zähne ausbissen, so fand James Mill, sonst kein besonderer Freund des Islams, umgekehrt bei den Muslimen eine höhere Zivilisation: Das Fehlen von Kastenschranken und selbst einer geburtsständisch privilegierten Aristokratie europäischer Art empfahl islamische Systeme in seinen Augen trotz des mit ihnen verbundenen Despotismus als Chancenträger von Aufstieg durch Leistung. Es war daher ganz konsequent, daß er an britischen Versuchen – vor allem im Permanent Settlement von 1793 – Anstoß nahm, in Indien neben dem Kastensystem so etwas wie eine von einer neuen grundbesitzenden Aristokratie dominierte Klassenstruktur zu schaffen.[125]

Mill nahm sich die Freiheit, die Brahmanen pauschal als «Priester» zu interpretieren. Dies erlaubte ihm, die ganze Priestertrugsrhetorik der Aufklärung ins Feld zu führen. Niemals und nirgendwo sonst in der Geschichte hätten Priester eine solche Macht über Denken und Handeln der Bevölkerungsmehrheit erlangt wie in Indien und diese immer anachronistischer werdende Macht bis in die Gegenwart bewahrt.[126] Die Kasten waren für Mill ein weiteres Indiz neben vielen anderen für die Fortschrittsresistenz einer antiquierten Sozialordnung. Die romantische Idee, die weisen brahmanischen «Gesetzgeber» Indiens hätten in den Kindertagen der Menschheit eine perfekte Ordnung entworfen, die später degeneriert sei, interessierte James Mill, den gegenwartsorientierten Reformer und Feind des Antiquarischen, nicht.

Hegel setzte sich kurze Zeit nach dem Erscheinen von Mills Buch viel ausführlicher mit dem Phänomen der Kasten auseinander. Er bemühte sich vor jeder Kritik um eine sachliche Beschreibung auf breitester und aktuellster Quellengrundlage; so hat er nicht nur Mills *History of British India* gekannt, sondern auch die neuesten Arbeiten etwa des Abbé Dubois und des Indologen Henry Thomas Colebrooke.[127] Von vollkommen anderen Interessen und Voraussetzungen her gelangte Hegel am Ende zu ähnlichen Ergebnissen wie James Mill. Während man in China von der Gleichheit aller Untertanen vor dem grenzenlosen Kaiserwillen ausgehe, sei die indische Welt von einer als natürlich empfundenen elementaren Ungleichheit her aufgebaut. In der unverrückbaren Festigkeit der Kasteneinteilung verhielten sich die Menschen zu anderen Menschen «wie zu Naturdingen».[128] Gesellschaft bleibt undurchschaut und damit ungestaltbar. Hegel argumentiert gegen das Kastenwesen nicht von naturrechtlichen oder christlichen Gleichheitsvorstellungen her. Auch stört es ihn wenig, daß es, wie Adam Smith und August Hennings meinten, die wirtschaftliche Entwicklung behindere. Ihm mißfällt erstens die «natürliche», nicht aus «sittlicher» Entscheidung hervorgehende Vergesellschaftung durch eine Gruppe, in die das Individuum alternativlos hineingeboren wird und die es aus eigenem Entschluß nicht verlassen kann.[129] Das gesamte Leben ist von Vorschriften geregelt, die niemand an der Vernunft zu messen wagt: «Geboten ist dem Inder das Sinnloseste. Alles, was auf eigenem, freien Willen beruht, ist von den indischen Institutionen ausgeschlossen.»[130] Subjektive Freiheit der Person und ein individuelles Gewissen könnten unter solchen Umständen nicht entstehen. Zweitens vermißt Hegel in Indien (vor der britischen Kolonialzeit) eine die partikularen Lebensgemeinschaften überwölbende Rechtsordnung.[131] Erscheint ihm China als eine Zivilisation des haltlosen und unstrukturierten Allgemeinen, das sich im Kaiserwillen und einigen ganz generellen ethischen Maximen erschöpft, so Indien als eine der Überstrukturierung und der Verabsolutierung von Unterschieden und Besonderheiten. Nirgends werde dies so sichtbar wie im Kastenwesen.

Kasten waren, um zusammenzufassen, schon den ersten neuzeitlichen Besuchern Indiens aufgefallen. Sie blieben ein Standardthema der Reiseliteratur und wurden bei einigen Autoren – besonders Ziegenbalg und Cœurdoux – zum Gegenstand soziologischer oder ethnographischer Untersuchungen. Waren sie anfangs ein Element unter mehreren in der indischen Soziallandschaft, so rückten sie im Laufe der zweiten Hälfte des 18. Jahrhunderts immer mehr ins Zentrum westlicher Indienbilder. Der Niedergang des Mogulreiches und der es tragenden gesellschaftlichen Gruppen trug dazu bei, Indien immer «hinduistischer» erscheinen zu lassen. Die soziologische Quintessenz dieses hinduistischen Indien schien das weltweit einmalige Phänomen der Kaste zu sein, das die europäische Wahrnehmung im frühen 19. Jahrhundert zu einem Kasten*system* schematisierte.

Die Bewertung des Kastenwesens durchlief mehrere Phasen. Missionaren wie Ziegenbalg war es nur dann suspekt, wenn es ihren Bekehrungsbemühungen im Wege zu stehen schien. Mit Montesquieus kurzer Bemerkung von 1748 begann eine Linie der Kritik, die in der Fesselung der Individuen durch Geburtslage, Tradition und geistigen Partikularismus und in der Grundannahme einer natürlichen Ungleichheit der Menschen die schroffste aller möglichen Antithesen zu einer freiheitlichen Organisation des gesellschaftlichen Lebens sah. Im Widerspruch dazu wurden bis zur Jahrhundertwende Stimmen laut, die dem Kastenwesen einen positiven Ordnungswert abgewinnen konnten. Ähnliche Ansichten hielten sich später noch in romantischen Idealisierungen kleinräumiger, hierarchischer Verhältnisse, ohne aber den Verdikten Hegels und des philosophisch gröberen, aber in den englischen Kolonial- und Wissenschaftsmilieus überaus einflußreichen James Mill etwas anhaben zu können. Das Kastensystem wurde zum Emblem eines perversen indischen Sonderwegs in der neueren Weltgeschichte.[132]

Das letzte Wort soll der Abbé Dubois haben. Man wird ihm nicht verzeihen, daß er seine Kapitel über die Brahmanen bei Pater Cœurdoux abgeschrieben hat. Aber man sollte dabei nicht vergessen, daß die 1825 erschienene Fassung von *Mœurs, institutions et cérémonies des peuples de l'Inde* daneben viel Material enthält, das auf die persönlichen Beobachtungen des Abbé zurückzugehen scheint. Dazu gehört ein Kapitel *De la condition misérable des Indiens.*[133] Dubois löst sich hier völlig von der Kastenperspektive, die sein Werk sonst bestimmt. Er beschreibt mit einer unpolemischen Präzision, die in der Asienliteratur der damaligen Zeit einzigartig ist, Armut und Elend in Indien. Viele Europäer bewunderten, so beginnt er, die feinen Stoffe und kunstgewerblichen Objekte, die aus Indien exportiert würden. Sie ahnten nicht, daß die meisten davon in elenden Lehmhütten hergestellt worden seien. Dubois entwickelt aus solchen Betrachtungen dann ein Schichtungsmodell von acht *Einkommens*klassen, denen er jeweils sehr anschaulich Wirtschafts- und Lebensweisen zuordnet. Er beginnt mit der Klasse der Ärmsten, deren Eigentum den Wert von 120 Francs nicht überschreitet und die seiner Schätzung nach etwa die Hälfte der indischen Bevölkerung ausmachen. Sie erledigen die unangenehmsten Arbeiten in der Landwirtschaft. Pariahs außerhalb der Kastenordnung gehören ebenso zu dieser Klasse wie Angehörige nahezu aller Kasten sowie solche von nomadischen Stämmen. An der Spitze dieser Gesellschaftspyramide, die quer zur Kastenordnung liegt, stehen die reichsten städtischen Kaufleute sowie Männer, die im langjährigen Regierungsdienst große Vermögen anhäufen konnten. Dubois' vollkommen modern klingende Soziologie des zeitgenössischen Indien, die auf jede exotisierende Verfremdung verzichtet, findet sich ausgerechnet in ein Werk eingesprengt, das mit seinen ausführlichen Schilderungen der Kastenpraktiken wie kaum ein anderes den Eindruck von Indien als einer fremden Welt geschaffen hat.

8. Feudalismus

Die Urteile europäischer Beobachter über Gesellschaftszustände in Asien waren nicht nur durch die Umstände der Beobachtung und das Ausmaß der erworbenen Kenntnisse bestimmt, sondern selbstverständlich auch durch normative Vorstellungen. Ein konservativer katholischer Priester wie Cœurdoux, der sich eine gute Gesellschaft nur als ständisch und hierarchisch wohlgeordnet denken konnte, vermochte dem Kastenwesen mehr abzugewinnen als ein *philosophic radical* und egalitärer Liberaler wie James Mill, der die Erblichkeit von sozialem Status und politischen Rechten grundsätzlich für illegitim hielt und deshalb auch die Privilegien der englischen Aristokratie bekämpfte. Ähnlich gespaltene Reaktionen löste das aus, was man als asiatischen Feudalismus interpretierte. Am einen Ende des Spektrums bewunderte ein Sozialromantiker wie Edmund Burke die indischen Fürsten, die für ihn Stabilitätsgaranten nach der Art des englischen Hochadels waren. Am anderen Ende hielt ein frühbürgerlicher Wirtschaftstheoretiker wie Pierre Poivre das kriegerische Treiben einer archaisch-parasitären Aristokratie in Malaia für die Hauptursache von wirtschaftlicher Rückständigkeit und stellte ihm die vorbildliche Ordnung im ganz und gar unfeudalen China gegenüber.[134]

Der Begriff «feudal» hatte sich in der Frühen Neuzeit zunächst auf das adelige Lehnsrecht beschränkt. Montesquieu erweiterte ihn 1748 auf das seigneuriale System, verstanden als Herrschaft lokaler Herren über in ihrer Freiheit beschränkte Untertanen. Voltaire sprach von einem *système féodale*, den er als die Teilung der staatlichen Gewalt durch unzählige kleine Tyrannen charakterisierte. Diese Art der «Anarchie» sei für ganz Europa charakteristisch gewesen; in einigen Ländern, etwa Frankreich und England, sei sie durch eine starke Monarchie oder eine Mischverfassung abgelöst worden, aber in Deutschland existiere sie noch in der Gegenwart.[135] Während Montesquieu den Feudalismus vorwiegend als eine Besonderheit Europas betrachtete, ebenso wie er sein Gegenteil, den Despotismus, als eine Spezialität Asiens, begriff, meinte Voltaire, das Phänomen auch in Asien nachweisen zu können. Damit tat er den «ersten Schritt zum universalgeschichtlichen Typenbegriff».[136]

Reisende erkannten feudale Zustände an einer starken Aristokratie, die von einer vergleichsweise machtlosen Zentralgewalt kaum gebändigt werden konnte oder gar in einer *république féodale* herrscherlos lebte,[137] sowie an einem militärischen «Rittergeist», welcher der ganzen Gesellschaft oder zumindest ihrer Oberschicht den Stempel aufprägte. Solche Verhältnisse glaubte man nicht nur bei den Malaien, sondern auch bei den Afghanen, den Ceylonesen, den Sikhs, den Mahraten, den Kurden, den Tscherkessen, den Krimtataren und sogar auf Tahiti zu entdecken.[138] Wunderten sich europäische Beobachter des frühen 17. Jahrhunderts immer wieder über Länder wie China und Vietnam, in denen es despotisch-bürokratisch und nicht feudal-ritterlich zuging, so erschien orientalischer Feudalismus um 1800 umgekehrt als ein kurioses Relikt des Mittelalters oder als Reminiszenz an beharrlich andauernde archaische Zustände an der Peripherie Europas. James Baillie Fraser fühlte sich in Nepal, das er genau studiert hatte, an seine schottische Heimat erinnert: an

> jenen Zustand, der im schottischen Hochland auf dem Höhepunkt des feudalen Systems vorherrschte, als jeder Besitzer eines Landgutes die Funktionen eines Souveräns ausübte und seine Nachbarn gerade so überfiel, wie es ihm ein rastloser Geist des Ehrgeizes oder der Habsucht eingab.[139]

Wie die Schotten, so unterlagen auch die indischen Marathen mit ihrer dezentralen Kommandostruktur schließlich den strikter organisierten englischen Heeren. Zeitgenössische Beobachter beschrieben die Marathen als «eine militärische Republik, die sich aus voneinander unabhängigen Anführern zusammensetzt»,[140] und zogen Parallelen zum europäischen Mittelalter oder zum Heiligen Römischen Reich der Neuzeit. Hegel faßte dieses Bild zusammen, als er 1822/23 den anarchischen und instabilen «Feudalzustand» in Indien vor der Errichtung der Pax Britannica beschrieb: eine in sich zerstrittene Kriegerkaste nebst anhängendem «Raubgesindel», die in ständiger blutiger Fehde sowohl mit den Fürsten wie mit der Untertanenbevölkerung lag.[141]

Feudalismus wurde in solchen Äußerungen als eine weltweit vorkommende Gesellschaftsform behandelt. John Richardson, stets zu kühnen Thesen aufgelegt, vertrat sogar die Ansicht, Feudalismus sei in Asien entstanden und erst später nach Europa eingeführt worden.[142] Im einzelnen war manche Klassifikation umstritten. Waren die indischen Fürsten, besonders nach dem Zerfall der «despotischen» Mogul-Übermacht, eine «feudale» Elite, wie Voltaire meinte (Indien werde von «dreißig Tyrannen» beherrscht) und James Mill bestritt?[143] Später im 19. Jahrhundert, als sich diese Frage real gar nicht mehr stellte, gaben sich die britischen Kolonialherren der romantischen Illusion hin, die unter ihrer Oberhoheit verbliebenen indischen Fürsten seien eine feudale Nobilität.[144]

In *einem* Land aber schien sich ein lebensfähiges Feudalsystem bis in die Gegenwart erhalten zu haben: Japan. François Caron, der hervorragende Kenner des Landes, hatte bereits in den 1660er Jahren eine Ordnung beschrieben, in der es zwar ein effektiv kontrollierendes Machtzentrum gab, den Shogun in Edo, unter ihm aber eine Schicht von herrschenden Fürsten (den *daimyo)*, die selbst wiederum jeweils von Vasallen umgeben waren.[145] Der Shogun war keineswegs allmächtig, er war selber an Gesetze gebunden, konnte nicht willkürlich über das Eigentum der Fürsten verfügen und nur begrenzt in deren Territorien hineinregieren. Er wurde auch nicht, wie der Kaiser von China, durch eine zentralisierte Bürokratie unterstützt. Bei Montesquieu und in der durch seine Autorität gestützten Despotismustheorie, etwa beim Abbé Raynal, erscheint Japan dann als ein weiteres Beispiel für despotische Verhältnisse. Engelbert Kaempfer, die maßgebende und lange nahezu einzige Autorität zu Japan, hatte das japanische politische System nicht so gründlich dargestellt wie das iranische. Daher war dieses despotische Mißverständnis möglich; man konnte Kaempfers Material in dieser Weise interpretieren.

Ein unabhängiger Geist wie Louis Castilhon wies indessen schon 1769 auf die für despotische Verhältnis ganz uncharakteristisch große Rolle der Territorialfürsten und des Adels in Japan hin. Er kommt zu ganz erstaunlichen Aussagen, die im völligen Widerspruch zur Tendenz der Zeit stehen: Nahezu ganz Asien vom Mittelmeer bis zur Chinesischen See schmachte unter dem Joch des Despotismus, nur Japan besäße zwar nicht die Wissenschaften und die Sitten der Europäer, aber doch *nos droits & notre liberté.*[146] In Japan, so Castilhon, gibt es einen Erbadel, es gibt einen kriegerischen Geist. Ehrgeiz und Ehrgefühl – laut Montesquieu dem Wesen des Despotismus fremd[147] – treiben die Menschen an. Kurz: Die Japaner sind *les Anglais de l'Asie.*[148] Von allen Nationen Asiens sei allein Japan den Völkern Europas in seinen Institutionen und seinem Nationalcharakter ähnlich. Die Figur des japanischen Ritters faszinierte Europa erst in ihrem Untergang; das Interesse des 19. Jahrhunderts an den schwerttragenden Samurai übertraf das früherer Zeiten. Doch die Ausnahmerolle Japans als eines Landes, das in manchem Europa näher verwandt war als die übrigen Zivilisationen Asiens, war im 18. Jahrhundert bereits erkennbar.

9. Masken und Gefühle

Soziologische Analyse muß nicht unbedingt die Analyse von Gruppen, Schichten und Klassen sein, also so etwas wie «Makrosoziologie». Im 18. Jahrhundert war man empfänglich für Geselligkeit, Formen des Umgangs, Bewegungen der Seele im menschlichen Mit- und Gegeneinander.[149] Die «bürgerliche Gesellschaft» *(civil society, société civile)*, von der seit der Jahrhundertmitte vor allem bei französischen und schottischen Denkern die Rede war, wurde nicht nur als staatsfreier Raum gedacht, in dem die Interessen der privaten Subjekte ungehindert miteinander in Wettstreit traten,[150] sondern auch als Sphäre gebändigter Leidenschaften und verfeinerter Gefühle jenseits schematischen Rollenverhaltens. Um 1800 war häufig die Ansicht zu hören, einer der Vorzüge des modernen Europa gegenüber dem Rest der Welt – und auch gegenüber dem eigenen Altertum – liege in der Sanftheit und Verbindlichkeit der Umgangsformen. Der Europäer sei der einfühlsamere Gesellschaftsmensch. Die europäische Gesellschaft werde eher durch die Feinabstimmung der Charaktere zusammengehalten als durch die äußerlichen Zwänge der Konvention. Europäer hätten einen höheren Grad der Individualisierung erreicht. Dadurch war eine anthropologische Differenz bestimmt, die bis heute unsere Sicht der Asiaten prägt und die der Sozialanthropologe Jack Goody prägnant referierend auf die Formel gebracht hat: «Jene haben Sitten, wir haben Gefühle.»[151]

Diese Sichtweise hing mit einer wichtigen Verschiebung leitender Hinsichten zusammen. Die ältere Aufmerksamkeit für *mœurs* oder, wie Demeuniers Buchtitel verheißt, für *usages et coutumes*, Gewohnheiten und Bräuche, setzte voraus, daß jede Gesellschaft von Regeln gesteuert wird, die ihr eigentümlich sind. Die Bräuche sind die immer wiederkehrenden

Abläufe des Alltagslebens, vor allem des Zubereitens und des Verzehrs von Nahrung, und die zeremoniellen Gestaltungen herausgehobener Festlichkeiten: Hochzeiten, Begräbnisse, Kulthandlungen. Reisebeschreibungen des 16. und 17. Jahrhunderts verweilen bei dieser regelhaften und rituellen Seite fremder Gesellschaften oft mit großer Sorgfalt und Ausführlichkeit.[152] Der im späten 18. Jahrhundert aufkommende Begriff der *sociabilité* reflektierte dieses schematisierte Verhalten auf einer höheren Ebene und beleuchtete es von außen. Gefragt wurde nun nicht allein nach den Regeln, sondern auch danach, in welchem *Maße* unterschiedliche Gesellschaften überhaupt von Regeln gesteuert seien. Daß es solche Unterschiede gab, war an sich bereits eine neue Erkenntnis.

Dieser Wandel läßt sich zum Beispiel daran zeigen, wie sich die Beurteilung der Höflichkeit der Chinesen änderte. Seit den ersten frühneuzeitlichen Chinaberichten bestand kein Zweifel daran, daß Höflichkeit, abgeklärte Ruhe und überhaupt das, was man heute als ein hohes Maß an Affektkontrolle bezeichnen würde, kennzeichnende Merkmale der Chinesen oder jedenfalls der Klasse der Literati seien. Daher sollten sich auch europäische Besucher, so jedenfalls riet Pater Du Halde 1735, vor Temperamentsausbrüchen und Wutanfällen hüten, die ihrem Ansehen bei den Chinesen sehr schadeten.[153] Für alles gebe es in China Verhaltensregeln, hatte um 1670 schon der Dominikaner Navarrete bemerkt, nichts bleibe der Spontaneität überlassen, und wegen der Eindeutigkeit der Vorschriften erhebe sich selten Streit.[154] Du Halde betonte, daß die Gemessenheit und Umgänglichkeit *(affabilité)* der Chinesen keineswegs Ausdruck eines natürlich gegebenen Volkscharakters, sondern Ergebnis einer langen Sozialisation sei, «denn es mangelt ihnen keineswegs an Temperament und Lebhaftigkeit, doch lernen sie früh, zu Herren ihrer selbst zu werden».[155] Wenn man einen Chinesen aber näher kennenlerne und sich eine gewisse Vertrautheit entwickelt habe, dann vollziehe sich der gesellige Kontakt «mit derselben Vertrautheit und Ungezwungenheit *(aisance)*, wie dies in Europa der Fall ist».[156] Das unaufgeregte und höfliche Betragen von Chinesen der Oberschicht sei also so etwas wie eine öffentliche Maske. Du Halde hatte dagegen nichts einzuwenden und bemerkte, dies sei eben der chinesische Begriff von Zivilisation.

John Barrow besuchte China 1793/94 mit der Macartney-Mission und schrieb danach ein Buch, das bei all seiner Großmäuligkeit und Voreingenommenheit bemerkenswerte Äußerungen zu einer Soziologie des chinesischen Menschen enthält. Viel stärker noch als den Jesuiten, deren Berichte Du Halde zu seiner Chinaenzyklopädie verarbeitet hatte, fiel Barrow die Kluft zwischen dem Wesen der Menschen in China und ihren gesellschaftlichen Masken auf. Damit sei eine extreme Differenz zwischen öffentlichem und privatem Betragen verknüpft. Nahezu alle Würdenträger des Qing-Imperiums,

with whom we had any concern, whether Tartars or Chinese, when in our private society, were easy, affable and familiar, extremely good-humoured, loquacious, communicative. It was in public only, and towards each other, that they assumed their ceremonious gravity, and practiced all the tricks of demeanour which custom requires of them.[157]

mit denen wir zu tun hatten, ob nun Mandschus oder Chinesen, waren in unserer privaten Gesellschaft ungezwungen, umgänglich und leutselig, meist gut gelaunt, redefreudig und mitteilsam. Nur in der Öffentlichkeit und im Umgang untereinander nahmen sie einen würdenvollen Ernst an und spielten jene Komödie des Auftretens, welche die Gewohnheit ihnen abverlangt.

Die Beobachtungen ähneln denen, die Du Halde wiedergibt, doch hat sich die Bewertung mittlerweile verschoben. Die Ritualisierung des gesellschaftlichen Lebens (oder jedenfalls seines öffentlich sichtbaren Teils) erscheint nun nicht länger neutral als eine chinesische Besonderheit oder gar lobend als eine hohe Kulturleistung, sondern als Indiz für gesellschaftliche Versteinerung. «Ungesellige Distanz» *(unsociable distance)* bestimme nicht nur das Verhältnis zwischen den Geschlechtern und zwischen Eltern und Kindern, sondern das gesamte gesellschaftliche Leben.[158] Es fehlt Barrows Analyse zufolge in China an dem, was Tocqueville später die gesellschaftlichen Bande, *les liens*, nennen würde. Auch im öffentlichen Leben gebe es kaum Zusammenschlüsse, Vereine oder religiöse Gemeinden, welche die Solidarität fördern und die Artikulation von Interessen erleichtern würden. Besonders die Jugend leide darunter sehr.

Die jungen Leute haben keine Gelegenheit, sich zwanglos zu versammeln, um miteinander zu tanzen oder andere gesellige Dinge zu treiben, wie sie in Europa dem Zweck dienen, die Trübsal und Melancholoie eines Lebens in ständiger Arbeit oder in der Zurückgezogenheit von der Gesellschaft abzuschütteln. Sie kennen noch nicht einmal einen Ruhetag, der für dem Gottesdienst reserviert wäre. Ihre religiösen Handlungen vollziehen sie in derselben einsamen Beschränkung, die auch ihr häusliches Leben bestimmt.[159]

Barrow sieht die Isolation der Individuen in China, eine soziale Atomisierung größten Ausmaßes, hauptsächlich als das Ergebnis einer Kontrolle der Gesellschaft durch einen despotischen Staatsapparat. Er stellt sich damit in die Montesquieusche Denklinie, die in der Furcht das «Prinzip» der Despotie sieht. Doch hat er ein halbes Jahrhundert nach Montesquieu einen deutlicheren Begriff von einer *civil society,* die mehr ist als die bloße Abwesenheit obrigkeitlicher Lenkung. China ist für ihn eine

Gesellschaft der einsamen und mißtrauischen Maskenträger, zu Stagnation und geistiger Sterilität verdammt.[160]

Die unvergleichliche Zivilisiertheit des Westens, von der im späten 18. Jahrhundert so oft die Rede ist, wurde weithin als ein Überschuß an *politeness* und an *refinement* verstanden, also an den Künsten des gesellschaftlichen Umgangs. Zu ihnen gehörte die Kunst der Konversation, wie sie in englischen Kaffeehäusern und Landsitzen und in Pariser Salons gepflegt wurde. David Hume war ihr erster großer Theoretiker. Ihm erscheinen die bis dahin studierten und geachteten Redemeister der Antike als fremd und ungeschlacht. Das griechisch-römische Altertum ist für ihn eine laute und oratorische Zivilisation, eine Kultur des Deklamierens und der gestanzten Redeweisen, das moderne Europa hingegen eine Zivilisation des geistreichen Gesprächs im Kammerton, die eine bestimmt vom Monolog, die andere vom Dialog.[161] Auch für die außereuropäischen Kulturen ist, wie andere registrierten, die förmliche Rede charakteristisch, für China allerdings noch nicht einmal sie, habe dort doch eine allumfassende Schriftlichkeit die Beredsamkeit in den Hintergrund treten lassen.[162] Bei den Arabern sei die Redekunst hoch entwickelt und stehe, wie Sir William Jones erläuterte, in engen Zusammenhang mit mündlich tradierter Volkspoesie.[163] Der Missionar Bissachère machte die erstaunliche Beobachtung, daß in Tonking nahezu die einzige Möglichkeit, die drückende staatliche Arbeitspflicht zu umgehen, darin bestehe, die Mandarine durch wohlgesetzte Reden für sich einzunehmen. Deswegen übten die Tonkinesen von früher Jugend an das öffentliche Wort.[164]

Die europäischen Beobachter verhalten sich angesichts solcher Leistungen ambivalent. Die Kunst der Rede, etwa vor einem malaiischen Gericht, weckt einerseits ihre Bewunderung und spricht in ihren Augen für die zivilisatorischen Fähigkeiten derer, die sie praktizieren.[165] Andererseits gehört sie einer Stufe der gesellschaftlichen Entwicklung an, die Westeuropa hinter sich gelassen hat: Die Kommunikation ist dort großenteils verschriftlich worden, der mündliche Vortrag von Literatur außerhalb des Theaters verschwunden, das Reden vor Gericht haben spezielle Advokaten übernommen. Die Intimität der Rede, ihre Veredelung von schematisierter Rhetorik zu freier Konversation, beweise, so heißt es, ein weiteres Mal den Vorsprung der europäischen Moderne.

Nicht alle Reisenden und Asienkommentatoren stimmten allerdings in den Chor derer ein, die das Leben im Okzident für deutlich erträglicher hielten als eine Durchschnittsexistenz im Orient. William George Browne, ein bedeutender Afrika- und Vorderasienforscher, der von 1792 bis 1796 zwischen dem Sudan und Kleinasien weit herumgekommen war, schloß seinen 1799 veröffentlichten Reisebericht mit einem Kapitel, das in der deutschen Übersetzung von 1800 den Titel trägt «Vergleichende Uebersicht der Lebensart und der Glückseligkeit im Morgenlande und in Europa».[166] Browne kontrastiert zunächst die Völkertypen: Der Europäer ist unruhig, tatendurstig, sanguinisch, der Orientale hingegen träge, ernsthaft und phantasiearm. Diese Unterschiede ergäben sich nicht aus natürlichen anthropologischen Befindlichkeiten, sondern aus der verschiedenartigen Erziehung. Beide hätten ihre Vorteile. Gleiches gelte für die Behandlung der Frauen. Sie in einen Harem zu sperren, gestalte zwar die «gesellschaftlichen Unterhaltungen», bei denen die Männer unter sich blieben, ärmer als in Europa, aber man erspare sich viel Ärger. So gebe es im Morgenlande keinen Ehebruch, wie er in Europa den Ehemann lächerlich, die Frau verächtlich und den Liebhaber arm mache.[167] Die Gelassenheit, die den Umgang der Menschen im Morgenland auszeichne, habe gegenüber der europäischen Unrast ebenfalls zahlreiche Vorteile. Man streite weniger, halte sich weniger mit Formalitäten auf und sei einem schwächeren Profilierungsdruck ausgesetzt als in der vom Wetteifer der Schöngeister beherrschten Salonkultur. Die übliche Enthaltsamkeit der Orientalen im Essen und im Trinken verhüte die für Europa typischen Exzesse der Tafel. Browne ist kein schwärmerischer Verklärer von Einfachheit und natürlichen Sitten. Er ist ein offener Beobachter zweier unterschiedlicher Lebensformen, deren jeweilige Vorzüge er pragmatisch einzuschätzen versucht.

10. Die Geburt der Soziologie aus dem Geiste kultureller Differenz

Es gibt in der Asienliteratur des 18. Jahrhunderts immer wieder Texte von hoher soziologischer Qualität. Die Auseinandersetzung mit dem Fremden führt bei ihren Autoren statt zu vereinfachenden Dichotomien zu Versuchen, fremde Lebensweisen, die man selbst oft teilnehmend erfahren hat, wirklichkeitsnah zu beschreiben. Wer sind die besten dieser frühen Soziologen? Als Vorläufer können die großen Reisenden des 17. Jahrhundert gelten: Bernier über das Mogulreich, Chardin über Persien, Semedo über China. Im 18. und frühen 19. Jahrhundert übertrifft kein europäischer Text aus den Federn von Augenzeugen die soziographische Dichte des Aleppobuches der Brüder Alexander und Patrick Russell. Aber einige kommen nahe an diesen Standard heran: Desideri über Tibet, Marsden über Sumatra, Elphinstone über Afghanistan, Kirkpatrick über Nepal, Cœurdoux, Dubois und Buchanan über Indien, Koffler über Cochinchina, Malcolm über Persien, Niebuhr, Jaubert und Volney über den arabischen Nahen Osten.

Unter ihnen allen ist Volney, das Mitglied der Gruppe der spätaufklärerischen Intellektuellengruppe der *Idéologues*, der beste Theoretiker. Sein theoretischer Beitrag liegt im Konzept des *genre de vie*, der gesellschaftlichen Lebensweise. Dieser Begriff hat in Frankreich große Bedeutung erlangt. In der Humangeographie des frühen 20. Jahrhunderts, vor allem bei Paul Vidal de la Blache und seiner Schule, ist er außerordentlich wichtig geworden. Volney verwendet ihn mehrfach in offensichtlich wohlerwogener Weise, ohne ihn freilich jemals abstrakt zu definieren.[168] *Genre de vie* ist eine Größe, die zwischen der Ebene der Gesamtgesellschaft und ihrer Strukturen einerseits und der Mikroperspektive der Betrachtung von Geselligkeit andererseits vermittelt. Der Begriff zieht die Konsequenz aus einer Einsicht, die sich nur durch das Studium nicht-okzidentaler Gesellschaften deutlich gewinnen ließ: daß sich nämlich Gesellschaften nicht nur hierarchisch – *états* oder *ranks*, also nach Ständen, Klassen und Schichten –, sondern auch räumlich, ethnisch und nach Lebensstilen differenzieren. Von *genres de vie* zu reden, erlaubt es, das zu beschreiben, was später *milieu* genannt werden würde. Für Volney liegt der Begriff im Schnittfeld seiner beiden großen, stets zusammengehörigen Betrachtungsweisen: dem *état physique*, also der natürlichen Umwelt, und dem *état politique*, also den politisch-gesellschaftlichen Verhältnissen eines Landes. Innerhalb eines Landes kann es eine Vielzahl höchst verschiedenartiger *genres de vie* geben: die Lebensweise der städtischen Honoratioren Syriens und der ländlichen Beduinen, der Mamlukenelite Ägyptens und der Fellachen. Volney schreckte, wenn es ihm auf eine Pointe ankam, vor allgemeinsten geschichtsphilosophischen Betrachtungen und vor einer schroffen Entgegensetzung zwischen Ost und West nicht zurück. Doch das Konzept der *genres de vie* erlaubte ihm *als Empiriker*, der er vor allem war, eine Konzentration auf beobachtbare Gesellschaftszusammenhänge. Den «Orient» kann man nicht sehen, nur konstruieren. Eine Lebensweise hingegen studiert man durch Augenschein. Die Überseereisenden des späten 18. und frühen 19. Jahrhunderts waren die Pioniere einer solchen Erfahrungswissenschaft von den Lebenstilen und ihren materiellen Voraussetzungen. Alexander von Humboldt und Alexis de Tocqueville waren unter ihnen die großen Meister.[169] Durch sie wurde die Neue Welt zum soziologisch am besten beschriebenen und analysierten Teil der Erde, jedenfalls bis zur Mitte des 19. Jahrhunderts. Daneben sollten die besten Asienstudien nicht vergessen werden. Auch sie trugen bei zur Geburt der Soziologie aus dem Geiste kultureller Differenz.

XII.
Frauen

1. Der größte Unterschied

Über wenig anderes staunten Besucher aus dem Orient mehr als über die Stellung der Frauen in Europa. Mehmed Efendi hielt sich 1720–21 als osmanischer Sonderbotschafter in Frankreich auf und schilderte seine Erfahrungen in einem Bericht, der als das erste Dokument gilt, in dem sich ein türkischer Würdenträger um das Verständnis des Westens bemüht. Mehmed Efendi wunderte sich darüber, daß sich ein großer Teil des persönlichen Lebens in der Öffentlichkeit abspielte und die Privatsphäre wenig geachtet wurde. Nicht nur im Haushalt, sondern sogar bei öffentlichen Diners aßen Männer und Frauen zusammen. Frauen besuchten Theater und Opernhäuser, sie nahmen an Tanzveranstaltungen teil und empfingen männliche Gäste in ihren privaten Gemächern. Weibliche Darstellerinnen stellten auf der Bühne eine ungehemmte Emotionalität zur Schau. Bei allen öffentlichen Anlässen wurden Frauen Respekt und Verehrung entgegengebracht; selbst der König behandelte sie mit großer Höflichkeit. Paris erschien ihm vor allem deswegen als eine viel belebtere Stadt als Istanbul, weil sich Frauen aller Stände auf den Straßen sehen ließen.[1] In kaum einem anderen Bereich wurden kulturelle Unterschiede so eindrucksvoll sichtbar.

Europäische Beobachter Asiens sahen dies ähnlich. «Der größte aller Unterschiede zwischen uns und den Orientalen besteht in der Art, wie wir die Frauen behandeln», schrieb Voltaire in der Schlußbetrachtung des *Essai sur les mœurs.*[2] Reisebeschreiber konnten auf das Interesse des Publikums rechnen, wenn sie in ihre Berichte das nahezu obligatorische Kapitel über Frauen einfügten. Die Beobachter waren fast ausschließlich Männer. In der Zeit vor 1830 wurden nur sehr wenige Texte weiblicher Asienreisender veröffentlicht. Keiner der großen wissenschaftlichen Berichte stammte von einer Frau. Ost- und Zentralasien, Sibirien und Persien waren reine Männerdomänen. Aus Indien berichteten Jemina Kindersley, deren Briefe eine enge Kolonistenmentalität ausstrahlen,[3] und als ihr schieres Gegenteil die unkonventionelle Eliza Fay. Sie stammte aus einfachen Verhältnissen und heiratete einen Anwalt, der seit 1780 am Obergericht in Kalkutta praktizierte, dann aber in Schulden, Intrigen und Liebeshändel verstrickt wurde. Eliza verließ ihn, ging nach London zurück, stieg in den Textilhandel ein, kaufte sich ein Schiff, das explodierte, und ein zweitens, das beinahe unterging. Über die letzten Jahre vor ihrem Tod im Alter von sechzig Jahren 1816 in Kalkutta wissen wir fast nichts. Anscheinend erkannte sie gegen Ende ihres Lebens, daß mit Reiseliteratur ein gutes Geschäft zu machen sei. Ihre Reisebriefe wurden postum an die Calcutta Gazette verkauft, um ihre hinterlassenen Schulden zu bezahlen.[4] Eliza Fays Briefe sind an kein literarisches Schema der Reiseliteratur gebunden und erheben keinerlei Anspruch auf wissenschaftliche Akkuratheit oder philosophische Tiefsicht. Sie stellen eine ungewöhnlich vitale Persönlichkeit vor. «Ihr Zeitalter hat viele bedeutendere Briefe hervorgebracht», schrieb der Romancier E. M. Forster in einer Würdigung, «aber wenige, die so getreu den Charakter ihrer Verfasser widerspiegeln».[5]

Im Vorderen Orient blieb die resolut-unbefangene Lady Mary Wortley Montagu, die 1717–18 als Gattin des britischen Botschafters Istanbul kennenlernte (und von der bald mehr zu berichten sein wird), eine einzigartige Erscheinung. Lady Elizabeth Craven, die einfältige Touristin auf der Krim,[6] erreicht bei weitem nicht ihren Rang. Frauen sind also in der Asienreiseliteratur des Aufklärungszeitalters nahezu stumm. Auch in den Texten kommen sie höchst selten zu Wort. Carsten Niebuhr, der humorvolle und sachliche Registrator des sprechenden Details, macht an einer kurzen Stelle eine der seltenen Ausnahmen von dieser Regel. Im September 1762 erlebt er dies in der Nähe von Suez:

Es ist bekannt, daß den Arabern erlaubt ist, bis vier Frauen zugleich zu haben. Indes begnügen sich die meisten mit einer und behalten selbige Zeit Lebens, wenn sie sich nur einigermaßen nach dem Willen des Mannes bequemt. Unser Schech von Beni Saiid hatte zwey Frauen, wovon die eine, welche da wohnte, wo wir unser Zelt aufgeschlagen hatten, auf die Bedienten Achtung geben mußte, die das Vieh hüteten. Die andere wohnte in einer andern Gegend und hatte die Aufsicht über einen Garten mit Dattelbäumen. Seine häuslichen Geschäfte wurden also von seynen beiden Frauen besorgt, wenn er seine Freunde besuchte oder wenn er zu Sués war, um Geld mit Wasserholen zu verdienen, oder wenn er Waaren nach Sués oder Kâhira [Kairo] brachte. Unsre Frau Nachbarinn, die vornehmste Dame im Lager, beehrte uns des Nachmittags in Gesellschaft von einigen andern Araberinnen mit einem Besuch und schenkte uns ein Huhn und einige Eyer. Nun war ich schon eine ziemliche Zeit in den Morgenländern gewesen, aber dieß war doch das erste mal, daß ich mit einer Mohammedanerin redete, wenn ich die Tänzerinnen zu Kâhira davon ausnehme. Die Araberinnen wollten nicht in unser Zelt kommen, sondern setzten sich alle außerhalb, doch so nahe, daß sie im Schatten saßen und wir bequem miteinander reden konnten. Ihnen gefiel von allem, was wir von Europa erzählten, nichts so gut, als daß ein Christ nicht mehr als eine Frau nehmen dürfe. Die Frau unsers Schechs beklagte es, daß sie eine Nebenbuhlerinn hätte; sie beschwerte sich vornemlich darüber, daß ihr Mann jene mehr liebte, da sie ihn doch zuerst geheyrathet und sich jederzeit wohl aufgeführt hätte.[7]

Niebuhr schlägt an dieser kurzen Stelle verschiedene Motive an, welche die Wahrnehmung orientalischer Frauen bestimmen: Polygamie, Liebe, Dienerrolle, aber auch Selbständigkeit im Arbeitsleben. Wie immer verzichtet er auf hochtrabende «philosophische» Kommentare, damit auch auf die aufdringliche Propagierung der christlichen Einehe, in der sich manch andrer Reisende gefiel.

2. Reiche der Sinne

Es gab unter den Reisenden langwierige Diskussionen darüber, in welchem Maße Frauen in asiatischen Ländern tatsächlich eingesperrt würden oder im Straßenbild der Städte sichtbar seien. An dramatischen Beispielen fehlte es nicht. So berichtete Mrs. Kindersley 1766 aus Patna, dort seien vor kurzem Frauen und Kinder in einem brennenden Harem umgekommen, weil sie aus Furcht vor Schande und dem Herrn des Hauses nicht zu flüchten gewagt hätten.[8] Immer wieder wurde die Geschichte erzählt, zunächst auf den Schah von Persien bezogen und dann auch in andere Kontexte versetzt, daß sich bei einem Ausflug des herrscherlichen Harems die örtliche männliche Bevölkerung über dem Alter von sechs Jahren aus den Straßen zurückziehen müsse – jeder flieht, sagt Chardin, als ob ein Löwe los sei – und jeder neugierige Späher die Peitsche oder gar das Henkersschwert zu spüren bekomme.[9] Dieses strafbewehrte Blicktabu (persisch *qoruq*) bewies mit umgekehrten Vorzeichen dasselbe: Entweder werden die Frauen versteckt, oder das Verhältnis von Privatheit und Öffentlichkeit wird umgedreht, und die Untertanen werden gezwungen, sich zu verbergen. Nun haben europäische Zeugen weder die im Harem verschlossenen noch die in ihren Sänften ausschwärmenden Frauen sehen können. Die Kontroverse vermochte sich also höchstens um das Ausmaß der unsichtbaren Häuslichkeit asiatischer Frauen drehen: Wie viele von ihnen sah man unter welchen Umständen in der Öffentlichkeit der Straße? Daß Zwang ausgeübt wurde, um sie hinter Mauern «gefangen» zu halten, war eine ständig wiederholte, aber kaum je bewiesene Behauptung. Die kluge Antwort Alexander Russells, die Unsichtbarkeit der Frauen in der muslimischen Welt habe nichts mit Gewaltverhältnissen zu tun, sondern sei das Ergebnis einer von Europa abweichenden Grenzziehung zwischen öffentlichem und privatem Raum, fand wenig Beachtung.[10]

Daß man über die Interna von Harems und Serails[11] so wenig in Erfahrung zu bringen vermochte und bestenfalls Frauen wie Lady Mary Wortley Montagu oder die Schwiegermutter des Baron de Tott gewisse Einblicke erlangten, öffnete der Imagination weite Möglichkeiten. Engelbert Kaempfer war von einem europäischen Baumeister für kurze Zeit als Handwerker in die unverfänglicheren Außentrakte des königlichen Serails zu Isfahan eingeschmuggelt worden[12] und nutzte dies vor allem zur Beobachtung der Baulichkeiten. Selbst der detektivische Chardin brachte über das Serail wenig in Erfahrung und erlaubte sich uncharakteristisch kühne Spekulationen.[13] Am ehesten ließ sich noch etwas über kleine Privatharems herausfinden. Schon Montesquieus *Lettres persanes* hatten die Aufmerksamkeit von den herrscherlichen Serails am Hofe, die als Orte von Prinzenerziehung, Eunuchenintrigen und der Macht von Sultansmüttern *politische* Institutionen mit ausgeprägten hierarchischen Ordnungen waren, auf den Normalharem des orientalischen Durchschnittsherrn gelenkt.[14]

Dort war nicht die Rede von 2000 Frauen, wie sie Sultan Selim I. und der Großmogul Aurangzeb besessen haben sollen, oder gar von den 3000, die den letzten Mingkaisern zugeschrieben wurden, noch nicht einmal von den 400 Gespielinnen von Schah Safi II. oder den etwa 300 Damen, welche die Sultane des 18. Jahrhunderts im Serail hielten.[15] Jede der Frauen des Monarchen hatte ihre eigenen Dienerinnen, so daß den Höfen mitunter große feminine Welten inkorporiert waren. Die Zahl der Eunuchen kann den Abstand zwischen dem Königsharem und dem polygamen Privathaushalt verdeutlichen: Während zu Chardins Zeit der Schah 3000 Eunuchen beschäftigte, dienten in den großen Privathäusern sechs bis acht, bei einfacheren Leuten selten mehr als zwei.[16]

Aber gerade die überschaubare Ménage mit einem halben Dutzend Frauen und ein paar aufpassenden Eunuchen schien verborgene Laster reifen zu lassen. Die Literatur von seriösen Reisebeschreibungen bis hin zu nur schwach exotisch kaschierter Pornographie ist voll von Phantasien über das lustvolle Leben in Harems und Frauenbädern, über lesbische Beziehungen, das Treiben der Eunuchen und die Grausamkeiten, die man aus der ungestillten Sexualität junger Frauen entstehen sah.[17] Dahinter stand die Auffassung, die Asiaten seien durch Klima, Trieb und Charakterschwäche zu hemmungsloser Sinnlichkeit verdammt. Selbst der allmächtige Despot sei ein Sklave seiner Triebe und Leidenschaften. Besonders die Perser galten als schrankenlose Libertins. Wie John Fryer an einer Stelle schrieb, die ebensogut bei vielen anderen Autoren hätte stehen können: «Sie übertreffen die Sinnlichkeit der brünstigsten Tiere» *(the sensuality of the hottest beasts)*.[18] Später wandte William Marsden dagegen trocken ein, hohe Außentemperaturen weckten zwar das Begehren, schwächten aber zugleich die Konstitution, so daß die bedauernswerten Männer Asiens rettungslos in einer Falle zwischen Lust und den physischen Möglichkeiten ihrer Erfüllung gefangensäßen.[19]

Als *beastly* erschien auch die unversteckt praktizierte Homosexualität («Sodomie» in der Sprache der Zeit), die man besonders unter der osmanischen Oberschicht (etwa unter den Janitscharen), bei den Mamluken Ägyptens, im Algerien der Korsaren, in Buchara,[20] in Japan und überall unter buddhistischen Priestern verbreitet glaubte, während Marsden das unaussprechliche Laster in Sumatra für dermaßen unbekannt hielt, daß dort sogar ein Wort dafür fehle.[21] Von Joost Schouten, einem erfolgreichen Siam-Unterhändler der V.O.C., hieß es, er habe an der «Sodomie» in Siam, wo sie ganz normal sei, Gefallen gefunden und sie sich angewöhnt. 1653 wurde er dafür in Batavia hingerichtet.[22] Sonnini berichtete, in Ägypten treibe man in aller Öffentlichkeit Geschlechtsverkehr mit Tieren.[23]

Für die Auffassung des Orients als einer sexuell enthemmten und perversen Gegenwelt, die auch – ein recht offensichtlicher Zusammenhang – als Projektionsfläche für eigene unterdrückte Triebregungen dienen mochte, finden sich zahlreiche Belege. Robert Knox, der Schiffbrüchige auf Ceylon, meinte, es gebe dort keine Prostitution, weil *alle* Frauen Huren seien.[24] William Marsden, der die Frauen auf Sumatra für die keuschesten der Welt hielt, beklagte (was sicher nicht für Knox, aber für viele andere zutraf), daß Reisende sich ihr Bild von asiatischen Frauen in den Bordellen der Hafenstädte formten.[25] So wird es vielfach gewesen sein.

Dieses Bild hatte indes im 18. Jahrhundert noch nicht den überragenden Stellenwert, den es im Exotismus des späteren 19. Jahrhunderts gewinnen sollte. Neben lüsternem Voyeurismus standen kühle funktionale Erklärungen. Hammer-Purgstalls politische Soziologie der Knabenliebe ist ein schönes Beispiel dafür. Ihr zufolge hatte die Lustknabenrolle der Hofpagen bei den Osmanen mit Sexualität wenig zu tun, sondern war seit dem späten 14. Jahrhundert ein Weg zu einträglichen Lehen und höchsten Staatsämtern, das «wirksamste Mittel der Beförderung zu Ehre und Reichthum».[26] Christenkriege seien zuweilen nur deswegen angezettelt worden, um Nachschub für den Pagendienst zu beschaffen. «Aus diesen Pflanzschulen», sagt Hammer fast ganz ohne Ironie und Entrüstung, «gingen die größten Männer des osmanischen Reichs hervor.»[27]

Die Einschließung der Frauen in Harems rief die verschiedenartigsten Kommentare hervor. Es gab drei Grundlinien der Beurteilung. Erstens legten manche europäische Reisende ein maskulin-solidarisches Verständnis für Polygamie, Mädchenhandel und die Verwahrung der Frauen im Hause an den Tag, welkten doch, so hieß es, morgenländische Schönheiten rasch dahin – Montesquieu hielt sie mit acht für geschlechtsreif und mit zwanzig für alt[28] – und müßten im Interesse der verständlichen sexuellen Bedürfnisse des Herrn durch frisches Blut ersetzt werden.[29] Zweitens war häufig eine sich anspruchsvoller, ja theoretisch gebende Idee zu hören, der vor allem Montesquieu Verbreitung verschaffte: In heißen Klimaten neige das weibliche Geschlecht zu unsittlicher Zügellosigkeit. Man habe es einsperren müssen, um die Männer vor den Frauen und diese vor ihrer eigenen Triebnatur zu schützen. «In diesen Ländern», sagt Montesquieu, «braucht man nicht Vorschriften, sondern Riegel.»[30] Im mittelalterlichen Europa, so spekulierte W. G. Browne, habe Sublimierung durch Ritterromantik vorübergehend einen vergleichbaren Zweck erfüllt. Diese nicht institutionalisierte Lösung sei aber mit der Zeit zusammengebrochen, und es zeige sich in neueren Zeit, daß die christliche Ehe keineswegs genüge, um die Frauen zu zähmen.[31] Montesquieu glaubte, in Asien seien die Sitten der Frauen dort am reinsten, wo man die Geschlechter am erfolgreichsten trenne.[32] Der Gerichtspräsident, der den Frauen generell mißtraute und ihnen keinen Einfluß auf Politik und Zeitgeist einräumen wollte, fand an Segregierung und *servitude* von Frauen nichts Grundsätzliches auszusetzen. Er interpretierte derlei als eine vernünftige Ordnungsmaßnahme und folgerichtige Ergänzung der in Asien unvermeidlichen Despotie. Unkontrollierte Frauen, wie Montesquieu sie bereits in den *Lettres persanes* literarisch geschildert hatte, unterminierten die sexuelle ebenso wie die politische Autorität des Herrn.

Andere europäische Kommentatoren sahen, drittens, die Funktion des Harems eher darin, die Frauen vor männlichen Übergriffen zu bewahren. Der Harem biete Frauen, die niemals gelernt hätten, selbständig zu sein, zumindest ein Minimum an Versorgung sowie einen überschaubaren und geschützten Lebensraum.[33] Die sozialen Kosten, so wandte Mouradja d'Ohsson, der große Verteidiger der Osmanen, allerdings dagegen ein, bestünden in der Segregation der Geschlechter innerhalb eines Haushalts und ebenso in der Distanz zwischen den einzelnen Haushalten (um nicht zu sagen Familien), die kaum Möglichkeiten hätten, sich privat zu treffen. Auch der Austausch von Besuchen zwischen einzelnen Harems sei unüblich. All dies stehe der Entfaltung einer bürgerlichen Gesellschaft im Orient entgegen. Die Öffentlichkeit sei eine fast vollkommen männliche, die einer lebhaften Verbindung von Familien untereinander als privater Grundlage entbehre.[34]

Die ungewöhnlichste Deutung des Harems stammte von Lady Mary Wortley Montagu. Ihre Reisebriefe aus der Türkei, zwischen 1717 und 1718 geschrieben und erst 1763 postum veröffentlicht, berichten von ihren eigenen Besuchen in verschiedenen Harems und Frauenbädern.

Diese einzigartig privilegierte Beobachtungsposition verlieh ihren Schilderungen ein besonderes Gewicht, ihr lebhafter Stil sorgte für eine große Wirkung. Wie verläßlich die englische Aristokratin als Berichterstatterin freilich ist, bleibt eine offene Frage. Die Authentizität, die aus ihren Briefen zu sprechen scheint und die durch mannigfache Beglaubigungsstrategien gestützt wird, sollte nicht ohne Zusammenhang mit einem bewußten Selbstentwurf als emanzipierte Frau gesehen werden. Was sie aus Adrianopel (heute Edirne) und Istanbul berichtete, paßte auffällig gut zu diesem Selbstbild.

Lady Mary, die sich mit großer Lebenslust in fremde Umgebungen stürzte und sich gerne über die Vorsicht und Distanz gerade auch europäischer Frauen im Orient belustigte, war eine energische Kritikerin aller Konstruktionen der osmanisch-türkischen Kultur als «des Anderen». Besonders gerne widersprach sie den ambivalent angewidert-lustvollen (männlichen) Phantasien von orientalischen Frauen als Sklavinnen ihrer Herren. Lady Mary war davon überzeugt, daß die türkischen Damen sich vor den europäischen nicht zu verstecken brauchten: *[...] the Turkish Ladys have at least as much wit and Civility, nay, Liberty, als Ladys Amongst us.*[35] Die Frauen höchster osmanischer Kreise, zu denen Lady Mary als Botschaftersgattin Zugang fand, stünden an *civility*, also Höflichkeit, Erziehung und Geschmack, europäischen Frauen nicht nach. Ihre Abhängigkeit und Hilflosigkeit sei in den früheren europäischen Berichten meist übertrieben worden. Auch im Harem gebe es Regeln. Der Herr dürfe ihn nicht unter allen Umständen betreten. Der Harem sei im Grunde die Domäne machtvoller Hauptfrauen und der Mutter des Herrn, die uneingeschränkt über ihre eigenen Sklaven und Diener herrschten. Durch rechtlich garantiertes Eigentum seien reiche Frauen auch materiell unabhängig.[36] *Liberty* bedeute für die Damen, trotz nominell strenger Bewachung Seitensprünge recht einfach bewerkstelligen zu können.

Joseph Pitton de Tournefort, einer der kenntnisreichsten Beschreiber der Türkei im frühen 18. Jahrhundert, hatte bereits darauf hingewiesen, daß die Todesstrafe für Ehebruch die türkischen Frauen keineswegs davon abhalte, ausgiebig Affären nachzugehen.[37] Lady Mary steigerte dies zu der These, die türkischen Damen besäßen mehr erotische Freiheiten als die englischen oder europäischen. Der Hauptgrund dafür sei ihre vollständige Verschleierung und Verhüllung außerhalb der innersten Frauengemächer, die eine einzigartige Anonymität garantiere. Sex mit den Liebhabern, zu denen man heimlich entweiche, sei die einfachste Sache von der Welt:

> *The Great Ladys seldom let their Gallants know who they are, and 'tis so difficult to find it out that they can very seldom guess at her name they have corresponded with above halfe a year together. You may easily imagine the number of faithful Wives very small in a country where they have nothing to fear from their Lovers' Indiscretion [...].*[38]

Die hohen Damen offenbaren ihren Liebhabern selten, wer sie sind, und es ist derart schwierig, dies herauszufinden, daß diese oft nach einem halben Jahr noch nicht raten können, mit wem sie es zu tun haben. Sie können sich vorstellen, wie klein die Zahl treuer Ehefrauen in einem Lande ist, wo man die Indiskretion von Geliebtem nicht zu fürchten braucht [...].

Lady Mary kam zu dem Ergebnis, die türkischen Frauen seien im Grunde die einzigen freien Menschen im Osmanischen Reich: *Upon the Whole, I look upon the Turkish Women as the only free people in the Empire.*[39] Das war, wohlgemerkt, geschrieben worden, bevor Montesquieu den berühmten Zusammenhang zwischen Hörigkeit der Frauen und politischem Despotismus herstellte. Lady Mary Wortley Montagus Freiheitsbegriff ist in diesem Sinne ein vorpolitischer.

3. Sphären der Häuslichkeit

Lady Marys Schilderung des türkischen Frauenlebens, die sich übrigens auf wenige Stellen in ihren Briefen beschränkt, hinterließ zwiespältige Wirkungen. Auf der einen Seite wirkte sie als Gegengewicht gegen die verbreitete sensationalistische Exotisierung der mysteriösen Vorgänge hinter Haremsmauern, auf der anderen Seite schuf sie mit den hinreißenden Beschreibungen schöner Frauen, kostbarer Gewänder und prächtiger Interieurs[40] ein visuelles Stoffreservoir, aus dem sich noch die orientalistische Malerei des 19. Jahrhunderts gerne bediente. Die Odalisken eines Ingres oder Delacroix, heute oft als anstößige Beispiele eines den weiblichen Körper «kolonisierenden» männlichen Starrens verurteilt, verdanken sich paradoxerweise *auch* der entschleiernden Neugier, um nicht zu sagen: dem weiblichen Voyeurismus, einer achtundzwanzigjährigen englischen Politikertochter.[41]

Die bei weitem ausführlichste und tiefste Analyse des Harems in der europäischen Literatur des 18. Jahrhunderts ist nun freilich das Ergebnis *männlicher* Blicke. Sie stammt von Alexander Russell und seinem Bruder Patrick, den Konsulatsärzten von Aleppo. Ihre Bemerkungen über den Harem als Sphäre der Privatheit erweiterten sie zu zwei umfassenden Kapiteln im ersten Band der *Natural History of Aleppo* (1794).[42] Dieser Text widerspricht aller «postkolonialen» Theorie des späten 20. Jahrhunderts; er entzieht sich dem Stereotyp, dem angeblich die europäische Welterfassung nicht entgehen kann. Wir lernten die Russells bereits als einfühlsame und scharfsichtige Soziologen kennen. Auch den Harem deuten sie nicht als einen erotischen, sondern als einen gesellschaftlichen Ort. Sie tun dies mit der Autorität von Ärzten, deren Beobachtungsmöglichkeiten in den Frauengemächern von Aleppo sie ganz anschaulich schildern. Der europäische Doktor, nach mehreren Jahren regelmäßiger Besuche ein vertrauter Bekannter, wird zu seiner verhüllten Patientin geführt, aber auch von anderen Frauen umschwärmt, die ihm von ihren kleinen Gebrechen erzählen wollen. Überhaupt: Er kommt mit den Damen ins Gespräch, wird von seinen Stammpatientinnen mitunter zum Kaffee zurückgehalten und muß dann aus dem «Frankenland» berichten, besonders vom Leben der Frauen dort. Die Russells teilen die übliche Ansicht von der Unbildung und dumpfen Sinnlichkeit der Haremsbewohnerinnen nicht, sondern spenden ihrer Intelligenz und ihrer Aufmerksamkeit ein hohes Lob: «Ihre Fragen treffen in aller Regel den Kern der Sache *(are generally pertinent)*, und ihre Bemerkungen zu Sitten, die sich von den eigenen sehr unterscheiden, sind oft klug und originell.»[43]

Ohne Polemik gegen frühere Beschreiber des Haremslebens berichtigen die Russells deren exzessive Urteile. Grausamkeiten und gar Mordtaten im Harem, wie sie das europäische Publikum seit Montesquieus *Lettres persanes* erwartete, kämen selten vor. Die heimlichen und anonymen Liebschaften, von denen Lady Mary Wortley Montagu so schwärmte, seien ebenso uncharakteristisch. In zwanzig Jahren sei in Aleppo, damals einer großen Metropolen des Nahen Ostens, kaum je ein Seitensprung öffentlich bekannt geworden; die meist sehr wirkungsvolle Bewachung der Frauen und ihre gegenseitige Kontrolle machten erotische Heimlichkeiten nahezu unmöglich. Auch würden sich höhergestellte Personen der Gefahr von Erpressung aussetzen.[44]

Es ist charakteristisch für das Bestreben der Russells, den Dingen auf den Grund zu gehen, daß sie sich mit solchen pragmatischen Äußerlichkeiten nicht begnügen. Sie bezweifeln vielmehr die unausgesprochene Grundannahme fast aller europäischer Autoren bis hin zu Lady Mary Wortley Montagu und Montesquieu, es dränge die Menschen des Orients, *oversexed* unter heißer Sonne, zu unablässigen sinnlichen Exzessen, und nur äußerer Zwang könne dies verhindern. Nein, im Falle der Frauen «sorgt angeborene Sittsamkeit, von früh an mit mütterlicher Sorge gepflegt und später vor heimtückischer Galanterie abgeschirmt, nicht unerheblich für den Schutz des weiblichen Geschlechts vor Ungehörigkeiten *(irregularities)*».[45] Auch seien die türkischen Männer weniger heißblütig und weniger geübt in den Künsten der Verführung, als ihnen westliche Phantasie dies unterstelle.

Alexander und Patrick Russell schildern die Harems der städtischen Oberschicht von Aleppo – das Serail des Sultans in Istanbul ist nicht ihr Thema – als einen behaglichen, manchmal sogar idyllischen Raum der Häuslichkeit. Als einzige unter den europäischen Beobachtern räumen sie das menschlich und bürgerlich Naheliegende ein, zum Beispiel, daß der Herr manchmal auch deshalb den Harem aufsuche, um mit seinen

Kindern zu spielen.[46] Eine weitere nicht-sexuelle Attraktion der Frauengemächer ist die Unterhaltung mit den – oft jüdischen oder christlichen – Stoffverkäuferinnen, die im Harem ein- und ausgehen, sowie den häufig aus der Wüste stammenden Ammen. Von ihnen, die nicht den strengen Verschleierungsgeboten unterliegen, erfahren die Bewohnerinnen des Harems und manchmal auch ihr Herr den politisch und geschäftlich interessanten Klatsch der Stadt. Besonders die Ammen besitzen zudem «ein traditionelles Privileg, sich vor Männern freimütig zu äußern».[47] Den Wüterich im Harem, vor dem alles erzittert, gibt es durchaus, und einen herablassenden Ton gegenüber Frauen schauen bereits die Knaben ihren Vätern ab, doch beobachten die Russells mit feiner Psychologie, wie durch herrisches Gepoltere nur die männliche Autorität in einer Umgebung behauptet werden soll, wo sie keineswegs unangefochten ist:

> Die Männer halten es vielleicht für ratsam, dieses Auftreten in einer Situation an den Tag zu legen, in der Herrschaft *(dominion)* vermutlich schwieriger zu behaupten ist als unter den von ihnen Abhängigen männlichen Geschlechts. Nur in Stunden der Zurückgezogenheit wagen sie es daher, sich jener Sanftmut *(gentleness)* zu überlassen, die sie, weil ihrer Würde abträglich, vor Personen zu verbergen pflegen, deren Gehorsam – wie sie jedenfalls glauben – nur durch den Anschein strenger Autorität gewährleistet werden kann.[48]

Hier gelangt der soziologische Beobachter an eine Grenze. Zu den intimen Stunden der Zurückgezogenheit hat selbst der Arzt keinen Zugang, und so wird er die Menschen einer anderen Kultur immer nur als Gesellschaftswesen wahrnehmen und niemals in jener Natürlichkeit, die allein ihr wahres Wesen offenbart. Daher sind denn auch die Russells äußerst zurückhaltend mit den sonst allseits beliebten Aussagen über den «Charakter» *der* Araber oder *der* Türken. Wie kann man ihn erkennen? Die interkulturelle Stereotypenbildung wird erkenntniskritisch unterlaufen.

Wie beurteilen die Russells die «Einsperrung» der Frauen? Erstens sei diese gar nicht so streng, wie man vermute, weil sich den Haremsdamen mannigfache Möglichkeiten für Ausflüge böten. Zweitens litten sie nicht so sehr, weil sie ja nicht anderes kennen würden.[49] Drittens werde das Haremsleben durch ungeschriebene Regeln regiert, welche die Frauen keineswegs zu willenlosen Opfern und Werkzeugen degradierten. Viertens würden auch alternde Frauen nicht verstoßen, sondern hätten eine gesicherte Versorgung und im besten Falle sogar die Chance, zur respektierten Matrone aufzusteigen.[50] Schließlich lebten die allermeisten Männer in Aleppo monogam und könnten sich einen Harem gar nicht leisten. Kurzum, mit den so oft beschworenen Kulturunterschieden sei es nicht weit her, und Ehe und Familienleben hielten im Osmanischen Reich nicht weniger Glück bereit als in anderen Ländern: *The conjugal state may perhaps in general be deemed not less happy in Turkey than in other countries.*[51]

Alexander und Patrick Russell sind nicht repräsentativ für den europäischen Diskurs über den Harem. Charakteristischer waren die eingangs dieses Kapitels zitierten Stimmen. Weitere Varianten kamen hinzu, etwa ein geradezu eugenischer Gesichtspunkt: In den Harem, besonders den türkischen, würden «Weiber aus allen Ländern» aufgenommen. Unter dem Gesichtspunkt der Zuchtwahl sei dies viel besser als die Vermehrung in der eigenen Gruppe. Deshalb seien die Türken heute viel schönere Menschen als die ethnisch reinen Griechen.[52] Die eingehende Erörterung des Harems als gesellschaftlichem Ort, die *The Natural History of Aleppo* für ihre Zeit so einzigartig macht, zeigt aber, daß die sensationslüsterne Exotisierung orientalischer Frauen nicht unausweichlich und nicht durch epochale Diskursmuster vorbestimmt war. Türkische Frauen kannten, so die Einsicht der Russells, durchaus das, was in den Augen vieler Europäer den höheren Wert der westlichen *polished society* ausmachte: Häuslichkeit.[53]

4. «Vielweiberey»

Rankte sich um den Harem ein Diskurs über Sexualität und Macht, Öffentlichkeit und Geheimnis, so wurde seine anthropologische Grundlage, die Polygamie, vorwiegend als demographische Frage behandelt. «Vielweiberei» war seit langem als ein Makel des Islam und der «heidnischen» Religionen und ihr Fehlen als ein Zeichen der sittlichen Überlegenheit des christlichen Europa betrachtet worden. Sie schien ein allgemeines Merkmal des Orients zu sein, denn selbst Salomo, das Vorbild aller Monarchen, hatte, wie die Bibel mitteilt, siebenhundert Haupt- und dreihundert Nebenfrauen besessen.[54] Man fand Polygamie überall in Asien. Interessant für die Reisenden waren besonders Abweichungen zwischen Theorie und Praxis. In China zum Beispiel förderten die Gesetze und die ethischen Maximen des Konfuzianismus die Einehe, doch war das Zusammenleben der legitimen Dame des Hauses mit etlichen Frauen zweiten Ranges, von den Europäern «Konkubinen» genannt, in Haushalten der Oberschicht eine verbreitete Selbstverständlichkeit. Umgekehrt wußten Europäer, daß der Koran – in Vorschriften, die George Sale, sein wichtigster europäischer Exeget im Zeitalter der Aufklärung, für ebenso streng wie vernünftig hielt[55] – vier Frauen gestattete. Davon wichen einerseits die großen Harems ab, deren Existenz durch außerkoranische Rechtstraditionen legitimiert werden mußte. Andererseits war es beileibe nicht ausgemacht, daß in jedem muslimischen Land die Chancen, die der Prophet eröffnet hatte, auch genutzt wurden. Bei den Krimtataren zum Beispiel war selbst unter dem Adel die Polygamie sehr selten.[56] Nicht nur bei den kasanischen Tataren, die Johann Gottlieb Georgi besuchte, sprachen praktische Gründe gegen sie. «Die Weiber», so berichtet der Tübinger Gelehrte, «sind kostbar im Einkauf und in der Unterhaltung, und mehrere stöhren gewöhnlich den Hausfrieden, daher haben die mehresten Männer nur eine Frau.»[57]

Am größten war die Empörung über Polgygamie bei den Missionaren, die gegen sie nicht nur Theologisches einzuwenden hatten. In China erwies sich die auch dort mit der praktizierten, wenn auch nicht religiös ermutigten Polygamie verbundene Isolierung der Frauen als eines der wichtigsten Hindernisse der christlichen Evangelisation. Frauen konnten nicht unmittelbar angesprochen werden; jeder Versuch, sich ihnen missionarisch zu nähern, stand in Gefahr, zum Skandal auszuarten.[58] Auch sonst waren es mehr als alles andere Eigentümlichkeiten des Familienlebens, die Chinas Image als Idealgesellschaft beeinträchtigten, vor allem die Leichtigkeit von Ehescheidungen und die Verheiratung von Kindern. Die Jesuiten konnten derlei nicht verschweigen, setzten ihm aber das vom Staatskonfuzianismus propagierte Bild der züchtigen und sittsamen Chinesin entgegen. Es wurde erst relativiert, als man im 19. Jahrhundert langsam die erotische Literatur Chinas kennenlernte. Phantasien von Haremsauschweifungen wurden bis dahin fast ausschließlich mit der muslimischen Welt verbunden. Die chinesische Polygamie schien harmloser und häuslicher zu sein.

Es darf nicht vergessen werden, daß das Verhältnis der Europäer zu Sexualität und Körperlichkeit umgekehrt in nichteuropäischen Augen Anstoß erregen konnte. In China war die Vorstellung, freiwillig auf Nachkommen zu verzichten, also der Zölibat, eine soziale Unmöglichkeit, die an den Jesuitenmissionaren befremdend auffiel. Die öffentliche Enthüllung des menschlichen Körpers war tabu. Als portugiesische Gesandte dem Kangxi-Kaiser einen Spiegel mit einem Rand von nackten Sirenengestalten schenkten, löste dies einen imperialen Wutausbruch und eine diplomatische Krise aus. Sie wurde erst entschärft, als es Pater Ferdinand Verbiest, dem großen Missionarsdiplomaten, gelang, den Kaiser davon zu überzeugen, es handele sich bei den Sirenen um eine Art von Fischen.[59] Die Episode verdeutlicht, was Demeunier 1776 in einem langen Kapitel seiner ethnographischen Enzyklopädie ausführte: Begriffe von Nacktheit und Scham sind nicht naturgegeben, sondern kulturspezifisch konstruiert. Dieser Autor, skeptisch gegenüber allen angeblichen Fortschritten des Prozesses der Zivilisation, bestritt auch jeden Zusammenhang zwischen Schamgefühl und Kulturreife: Die Dezenz der Neuseeländer erinnere an feinfühligste europäische Züchtigkeit, wenngleich sie nichts dabei fänden, ihre Feinde zu verspeisen. Die Bewohner Tahitis hingegen, auf ähnlicher Kulturstufe stehend, seien friedliche, aber sexuell vollkommen hemmungslose Leute.[60]

Die Aufklärungsphilosophen konnten sich im wesentlichen darauf einigen, Polygamie als eine unter mehreren grundsätzlich legitimen Gestaltungen des Ehe- und Geschlechtslebens zu betrachten, aber eine solche, die den Feinheiten liebevoller Gefühlsregungen zuwiderlief und daher nicht die Fülle der menschlichen Natur zur Entfaltung bringe. So hat es David Hume in einem oft zitierten Essay ausgedrückt.[61] Montesquieu bestritt den Orientalen zwar nicht, wie es später üblich wurde, die Fähigkeit zur liebenden Überhöhung animalischer Triebe. Aber er wies darauf hin, daß in polygamen Verhältnissen aufwachsende Kinder mehr Mutterliebe als Vaterliebe erhielten, denn kein Mensch könne seine Emotionen über zwanzig und mehr Kinder gleichmäßig verteilen.[62] Hume wie Montesquieu gingen noch nicht so weit, die Polygamie als Zivilisationshemmnis zu bezeichnen.[63] Montesquieu war aber bereits vor moralisierenden Kritikern auf der Hut und betonte ausdrücklich, er wolle die Vielehe nicht rechtfertigen, sondern nur erklären.[64] Er sah in ihr eine Folge des heißen Klimas und glaubte damit auch eine elegante Erklärung für die unbestreitbare Tatsache gefunden zu haben, daß der Islam in Asien viel größeren Anklang fand als das Christentum.[65] Flankierend notwendig war das demographische Argument, in heißen Klimaten würden mehr Mädchen als Knaben geboren, so daß die Polygamie einen natürlichen Frauenüberschuß absorbiere. Montesquieu zitierte als Beleg eine Statistik Engelbert Kaempfers aus Kyoto und einen holländischen Bericht gleichen Sinnes, demzufolge es im Königreich Bantam auf Java zehnmal mehr Frauen als Männer gebe.[66] Das wurde zwar von all denen gerne wiederholt, welche die Polygamie für naturgegeben asiatisch hielten, doch wurde damit der Gutgläubigkeit des Lesers allerhand abverlangt. William Marsden, der unbestechliche Empiriker, hielt eine solche Arithmetik bei allem Respekt vor dem großen Philosphen für falsch und unsinnig: *not only manifestly absurd, but positively false.*[67]

Der demographische Aspekt der Polygamie überschattete in der zweiten Hälfte des 18. Jahrhunderts das ältere religiöse und moralische Interesse an diesem Phänomen. 1762 beauftragte Johann David Michaelis die dänische Arabienexpedition mit Forschungen «über den Einflluß der Polygamie auf die Vermehrung oder Verminderung der Menschen».[68] Carsten Niebuhr, der als einziger der Forscher überlebt hatte und Bericht erstatten konnte, gab, wie immer bei ihm, eine Antwort aus Erfahrung und gesundem Menschenverstand: Zum einen sei die «Vielweiberey» im Morgenlande viel weniger verbreitet, als man in Europa annehme. Zum anderen fehle es an Statistiken und «politischer Arithmetik», um überhaupt Bevölkerungsverhältnisse hinlänglich genau bestimmen zu können.[69] Der zweite Punkt entzog dem Räsonnement darüber den Boden, ob Polygamie dem Wachstum der Bevölkerung zuträglich oder schädlich sei. Wichtiger als die Antworten war die Verschiebung der Frage selbst. Autoren des frühen 18. Jahrhunderts bis zu Montesquieu und dem schottischen Geistlichen und Philosophen Robert Wallace, der 1753 die Überlegungen dieser Richtung zusammenfaßte, hatten sich um die dünne Besiedlung der Welt in der Gegenwart Sorgen gemacht.[70] Am einfachsten schien die Erklärung in der islamischen Zivilisation zu sein. Deren Bevölkerungsarmut stand außer Frage. Turgot und Volney führten sie auf politische Unterdrückung sowie auf die Polygamie zurück, die wiederum ein vom Islam unterfüttertes Ergebnis des Despotismus sei.[71] Bei einem anderen islamischen Land, Java, kam Sir Stamford Raffles jedoch zu dem Ergebnis, Polygamie sei dort keine nennenswerte Bremse einer bedauerlicherweise durch einheimische und holländische Zwangsherrschaft gehemmten Bevölkerungsentwicklung.[72]

Am Ende des Jahrhunderts fürchtete man viel eher Übervölkerung als Menschenmangel. An China hatte während der gesamten Frühen Neuzeit sein Bevölkerungsreichtum Staunen und Bewunderung erregt. Wer dem Reich der Mitte Übles nachsagen wollte, bestritt, allerdings ohne überzeugen zu können, die hohen Zahlen, welche die Jesuiten aus chinesischen Quellen übernahmen. Über die Ursachen des ungewöhnlich raschen Bevölkerungswachstums in China wurden vielfältige Spekulationen angestellt; auch die heutige Forschung hat diese Frage noch nicht abschließend gelöst. 1785 zog der Abbé Grosier ein Resümee früherer Überlegungen und zählte sechzehn natürliche und kulturelle, aus den *mœurs* resultierende Gründe auf, die der Vermehrung der Chinesen – trotz stets wiederkehrender Hungersnöte – förderlich seien.[73] Dazu zählten etwa der langandauernde innere Friede, eine leichte und vorhersehbare Besteuerung, die allgemeine Verbreitung der Adoption oder die Tatsache, daß auch Soldaten heiraten durften. Grosier erwähnt die Polygamie nicht direkt, wohl aber «die Einsamkeit der Frauen», die zu einer besonders gründlichen Beschäftigung mit den Kindern führe.[74] Nach etwa 1800 wurde die Menschenfülle des Reichs der Mitte dann aber zunehmend als Schwachpunkt und Belastung gesehen. Auch über Indien hieß es nun, Bevölkerungswachstum vergrößere das Elend der Massen anstatt es zu lindern.[75]

Hinter einem solchen Urteilswandel standen fundamentale Verschiebungen im Denken über das Verhältnis von Mensch und Umwelt. Gegen den Optimismus von Philosophen wie Condorcet und William Godwin, die an die Perfektibilität des Menschen glaubten und ebenso an die

Fähigkeit der Erde, jede beliebige Zahl von Kreaturen zu ernähren, hatte als erster Robert Wallace auf die ökologischen Schranken eines unbegrenzten Bevölkerungswachstums hingewiesen.[76] Der anglikanische Geistliche Thomas Robert Malthus, einer der einflußreichsten Denker der Neuzeit, machte daraus 1798 in seinem *Essay on the Principle of Population* das Naturgesetz der Disparität zwischen der potentiellen Wachstumsrate der Bevölkerung und der potentiellen Steigerungsrate der Subsistenzmittel. Hätte Malthus sich damit begnügt, ein universell gültiges Gesetz aufzustellen, dann hätte er sich kurz fassen können. Da er sich aber auch dafür interessierte, wie sich das Gesetz in verschiedenen Zivilisationen auf jeweils besondere Weise durchsetzte und welche Mechanismen Gesellschaften entwickelten, um ihm entgegenzuwirken, wurde er zu einem der aufmerksamsten Leser von Reiseliteratur aus allen Teilen der Welt. Daher ist sein *Essay*, besonders in der sechsten Auflage von 1826, der Ausgabe letzter Hand, eine Fundgrube für Materialien und Urteile über Reproduktionsverhalten, Bevölkerungspolitik, Familienleben und die Stellung der Frauen auf sämtlichen Kontinenten.

Malthus beschäftigte sich als erster überhaupt mit dem Phänomen, daß Gesellschaften keineswegs immer eine natürliche Harmonie mit der Umwelt herstellten, sondern mit ihrer Vermehrung fortfuhren, auch wenn die Nahrungsmittelversorgung die gleiche blieb. Er beobachtete eine solche Verhaltensweise nahezu überall in Asien und erklärte damit das Elend der breiten Bevölkerungsmassen, das man in vielen Reiseberichten nur zwischen den Zeilen herauslesen konnte. Sein Paradebeispiel waren die Araber in der Wüste, die er vor allem mit Volneys Augen sah. Die vom Islam geförderte Fortpflanzungsfreudigkeit werde bei ihnen durch die politischen Interessen ihrer Scheichs noch verstärkt. Macht und Ansehen eines solchen Oberhaupts beruhe auf der Kopfzahl seines Stammes, und so sei es für ihn verpflichtend, sie nahezu um jeden Preis zu erhöhen: *to encourage population, without reflecting how it may be supported.*[77] Der Polygamie maß Malthus keine herausragende Bedeutung bei. Ihre Wirkung sei unterschiedlich. Bei den Wüstenarabern beschleunige sie das Bevölkerungswachstum, bei den Türken und den städtischen Arabern verlangsame sie es.[78]

Viel weniger als Montesquieus Spekulationen sind Malthus' Erklärungen naturalistisch-anthropologisch angelegt. Auf das Klischee einer besonders hitzigen Sinnlichkeit der Asiaten und besonders der asiatischen Frauen verzichtet er nahezu ganz. Nicht Triebe, sondern Religion, Politik und Krieg regieren das Reproduktionsverhalten in *allen* Zivilisationen. Nur in wenigen Fällen tritt die rationale Einsicht hinzu, der Mensch solle allein diejenigen Kinder in die Welt setzen, die er auch ernähren könne. Die ungebremste Vermehrung der Araber sei ein Beispiel für extreme Irrationalität, der allein die andersgeartete Irrationalität entgegenwirke, sich in Stammeskriegen gegenseitig zu dezimieren.[79] Wenn als Folge solcher Kriege die Zahl der Männer drastisch zurückgehe, werde allerdings Polygamie funktional unausweichlich. In China stoße die von den Werten und Normen der Kultur geforderte und vom Staat propagierte Bevölkerungsvermehrung, durch Kriege ungeschwächt, an die Grenze nicht vermehrbarer landwirtschaftlicher Ressourcen, denen auch der unermüdliche Fleiß der Chinesen keine höheren Agrarerträge abringen könne.[80] Im Osmanischen Reich hingegen fehle es an solchen Ressourcen nicht, wohl aber unter einer willkürlichen und dabei schwachen Despotie an einem der Landwirtschaft günstigen Rahmen. Die Folge sei hier ein langfristiger Bevölkerungsrückgang, der durch die Pest und andere Seuchen noch verstärkt werde.[81] Tibet ist für Malthus deswegen eine Ausnahme in Asien, weil hier – und nirgendwo sonst – die Vermehrung der Menschen bewußt eingeschränkt und den kargen Naturbedingungen angepaßt werde. Die Tibeter legen in seiner Sicht jenes vernünftige Maßhalten an den Tag, das sonst nur die mittleren und höheren Stände Europas auszeichne.[82]

Mit Malthus verschwindet das Thema der Polygamie aus der Geschichtsphilosophie und aus den Diskussionen um west-östliche Kulturdifferenzen. Es wird zu einem Faktor unter mehreren in einem kausalanalytischen demographischen System. Der Kontrast zwischen einem monogamen christlichen Westen und einem polygamen islamisch-heidnischen Osten wird erheblich abgeschwächt. Das wahre Explanandum ist jetzt der wachsende Wohlstand der europäischen Kernnationen auf der einen, wirtschaftlicher Verfall (Türkei, Indien) oder Stillstand (China, Japan) auf der anderen Seite. Bei dieser Ökonomisierung der Wahrnehmung kultureller Unterschiede tritt die Polygamie nur noch als *ein* Erklärungsfaktor unter zahlreichen anderen in Erscheinung.

Wie bei so vielen anderen Themen, so ist auch in der Frage der Polygamie Arnold Hermann Ludwig Heeren der letzte, aber beileibe nicht der unoriginellste Theoretiker, der die Sprache der Aufklärungssoziologie spricht. Seine *Ideen über die Politik, den Verkehr und den Handel der vornehmsten Völker der alten Welt* erscheinen in demselben Jahrzehnt wie Malthus' *Essay*. Heeren greift ein Thema auf, das von Montesquieu bis Volney immer wieder angeschlagen, aber niemals eigentlich ausgeführt wurde: den Zusammenhang zwischen Despotismus und Polygamie. Montesquieu hatte sich dazu vorsichtig geäußert und nur Analogien, aber keine Kausalverhältnisse hergestellt:

> [...] die Knechtschaft der Frauen entspricht durchaus dem Geist der Despotie, die alles zu mißbrauchen liebt. So hat man in Asien zu allen Zeiten die häusliche Knechtschaft mit der Despotie gleichen Schritt halten sehen.[83]

Die französischen Theoretiker des Despotismus neigten dazu, diese besondere Form der unbeschränkten Einzelherrschaft aus dem Klima oder aus Eroberungen herzuleiten. Das despotische Prinzip durchdringe, einmal als politische Gestalt eines Reiches etabliert, von *oben* her die gesamte Gesellschaft. Jedes Familienoberhaupt benehme sich wie die Karikatur eines Sultans. Für Heeren hingegen baut sich der Despotismus von *unten* her auf. Sein solidestes Fundament ist die Polygamie, bei Heeren eine unabhängige Variable. Aus «Gründen, deren Entwickelung hier außer unserem Gesichtskreise liegt», ist die «häusliche Gesellschaft» unter «den großen Völkern des inneren Asiens» durch Polygamie bestimmt. Daher können sich die «häuslichen Tugenden» nicht entwickeln und ebensowenig ihre wünschenswerten Konsequenzen: Patriotismus und ein freiheitliches Bürgerbewußtsein.[84]

> Vielweiberey gründet nothwendig Familiendespotismus, weil sie das Weib zur Sklavin und eben dadurch den Mann zum Herrscher macht. Die Gesellschaft der Staatsbürger besteht also hier nicht aus einer Zahl von Hausvätern, sondern häuslichen Despoten, die, weil sie selber despotisiren, auch wieder despotisirt seyn wollen. Wer blind befiehlt, ist auch nur geschickt, blind zu gehorchen.[85]

Vom Despoten unterscheidet sich der Hausvater dadurch, daß er nicht egoistisch seinen Leidenschaft frönt, sondern «Interesse [...] an der Erhaltung und Fortdauer des Ganzen nimmt». Diese Tugend beseelt ihn als Ehemann und Vater ebenso wie als Staatsbürger und Schützer des Vaterlandes.[86] Der Polygamist kann niemals *citoyen* sein. Freilich ist es mit der Selbstherrlichkeit des Despoten nicht weit her. Je höher man in der asiatischen Gesellschaft steigt, desto größer und mächtiger werden die Harems mit ihrem gesamten, ein wachsendes Eigengewicht erlangenden Apparat. Am Ende findet sich mancher gottgleiche Großkönig als Marionette der Weiber und Eunuchen wieder. So steht Heeren als ultimatives Schreckgespenst die Weiberherrschaft vor Augen.[87]

Wenn also der politische Despotismus in der häuslichen Polygamie verwurzelt ist, «so muß auch daraus die völlige Unmöglichkeit hervorleuchten, bei den Völkern des Orients ihn jemals zu heben, so lange sie die ganze Einrichtung ihres häuslichen Lebens nicht ändern».[88] Warum aber sollten sie dies tun, zumal wenn die Religion die bestehende Praxis absegnet? So bleibt bei Heeren eine unausweichliche Fatalität. Der Despotismus ist bei ihm durch die häuslichen Verhältnisse noch strikter determiniert als bei Montesquieu durch das Klima. Man wird ihn in Asien niemals, wie Volney erwartete, hinwegfegen. Er wird aber auch nie, wie Montesquieu zuweilen fürchtete, auf Europa überspringen. Heerens tröstliche Botschaft besagt, «daß Europa durch seine Moralität vor dem Joch des Asiatischen Despotismus gesichert ist».[89] Europas größtes welthistorisches Plus ist die Monogamie. War sie eine Errungenschaft des Christentums? Heeren schweigt zu dieser Frage, doch Lord Kames, der schottische Exzentriker, hatte bereits eine Antwort gegeben: Im christlichen Äthiopien und unter den Christen des Kongo werde die Vielweiberei fleißig praktiziert.[90]

5. Arbeit, Freiheit und Opfer

Nicht alle Frauen Asiens waren willenlose «Sklavinnen» und damit aus europäischer Sicht Objekte sowohl des Mitleids als auch der voyeuristischen Wunschprojektion. Nicht alle waren Handelsware und Eigentum ihrer Herren. Lady Mary Wortley Montagu hatte von der erotischen Selbstbestimmung der glücklicheren unter den türkischen Haremsdamen geschwärmt, Heeren die Weiberherrschaft gefürchtet, das, was Edward Gibbon einmal «das seidene Gespinst des Harems» *(the silken web of the harem)* nannte, vor dem kein Tyrann sicher sei.[91] Daß Frauen nicht nur im Osmanischen Reich, sondern auch im Mogulreich zeitweise einen außerordentlichen Einfluß auf die Politik nahmen, wußte man seit Bernier.[92] Allerdings ließ sich aus China, Japan und Südostasien nichts Ähnliches berichten. Gibbon, der möglicherweise die chinesische Kaiserin Wu (reg. 683–705) nicht kannte, war der Ansicht, in der gesamten Geschichte Asiens habe sich, abgesehen von der halbmythischen Semiramis, nur eine einzige Frau jemals mit *superior genius* gegen «die sklavische Passivität» Asiens *(the servile indolence imposed on her sex by the climate and manners of Asia)* durchgesetzt: die syrische Königin Zenobia, die 272 n. Chr. gegen den römischen Kaiser Aurelian rebelliert und damit allerdings die Zerstörung ihres Staates Palmyra heraufbeschworen hatte.[93] Ansonsten ließ sich im Zeitalters Katharinas der Großen wenig über Frauen in der Politik asiatischer Länder berichten. An die Existenz von Amazonen glaubte fast niemand mehr.

Auffällig waren aber Situationen, in denen sich Frauen gar nicht «typisch asiatisch», also sklavisch, verhielten und auch nicht so schlecht behandelt wurden, wie es das Haremsstereotyp verlangte. In Tibet gab es Polyandrie, eine Praxis, bei der eine Frau mit mehreren Männern gleichzeitig verheiratet war, in der Regel mit einer Reihe von Brüdern, und als Chefin der Familie amtierte. Ippolito Desideris frühe Beschreibung dieser Verhältnisse war mit Abscheu gemischt, Montesquieu hatte bei Pater Du Halde davon gelesen, der Abbé Grosier 1785 nach chinesischen Quellen davon berichtet und Captain Samuel Turner bei seinem Besuch in Tibet 1783 einen ausgezeichneten Eindruck von dieser Familienform gewonnen.[94] Turner verteufelte nicht, was er sah, und er zog sich auch nicht in die Distanz des kühl registrierenden Ethnographen zurück. Sein Urteil war eindeutig und positiv: Die Polyandrie sei den besonderen Umständen Tibets angemessen. Sie helfe, das zu vermeiden, was in einem unfruchtbaren Lande die größte Kalamität sei: einen Überfluß an Bevölkerung. Vor allem trage sie zur Verfeinerung der Sitten bei den stets höflichen, ihre Leidenschaften kontrollierenden Tibetern bei. Kaum irgendwo sonst in Asien seien Frauen so gut gestellt, was der Vergleich mit Indien veranschauliche:

Im Vergleich zu ihren südlichen Nachbarinnen genießen die Frauen Tibets eine hohe gesellschaftliche Stellung. Zu den Privilegien einer unbegrenzten Freiheit treten die Rollen als Familienoberhaupt und Gefährtin *(companion)* der Ehemänner hinzu. Die Frau kann nicht immer mit der Anwesenheit aller ihrer Gatten rechnen, da jeder von ihnen ab und zu in landwirtschaftlichen oder kaufmännischen Geschäften unterwegs sein wird. Aber die Einkünfte, die der einzelne erzielt, fließen in den gemeinsamen Vorrat und jedem, wie immer sein Geschäftsglück bestellt sein mochte. ist ein dankbarer Empfang in einem geselligen Heim gewiß.[95]

Von Müßiggang der Frauen konnte keine Rede sein. Wie bereits Ippolito Desideri zu Beginn des Jahrhunderts beobachtet hatte, trugen Frauen in Tibet die Hauptlast der Landarbeit und arbeiteten unentwegt bis an den Rand der Erschöpfung.[96] Überall in Asien arbeiteten Frauen in Landwirtschaft, Gewerbe und Handel, oft von den europäischen Reisenden unbemerkt. Besonders häufig wurde dergleichen aus Südostasien berichtet. In Siam, so hieß es um die Mitte des 17. Jahrhunderts, tun die Frauen die Arbeit, während die Männer faulenzen.[97] Dort und in Vietnam haben sie auch den Großteil des Handels in der Hand.[98] Daß dies der Theorie vom engen Zusammenhang zwischen politischem und häuslichem Despotismus widersprach, scheint übrigens niemand bemerkt zu haben. In seiner ausführlichen Analyse der Landwirtschaft auf Java betonte Raffles immer wieder die Leistung der Frauen. Frauenarbeit auf dem Felde werde fast genausohoch bewertet wie die Arbeit von Männern, Kleidung ausschließlich von Frauen im Hause hergestellt. Die Familie lebe von «den Früchten des gemeinsamen Fleißes».[99] In Vietnam trügen, so Sir John Barrow, die Frauen die Hauptlast der Landarbeit, ebenso in einigen Provinzen Chinas, wo sie sogar vor einen leichten Pflug gespannt würden.[100] Unter Nomaden waren Frauen an der Pflege der Tiere und der Verarbeitung ihrer Produkte beteiligt. In Indien wurden Frauen sogar als Bauarbeiterinnen beschäftigt, und es gab generell, jedenfalls in Elphinstones Urteil, dort «kaum einen Unterschied zwischen den Arbeiten, die von den beiden Geschlechtern verrichtet werden».[101] An den Küsten Japans tauchten überall, «Fischweiber», wie Kaempfer sagt, nach Seetang, einer teuren Delikatesse.[102]

Ansehen und Rechtsstellung von Frauen waren keineswegs überall so niedrig, wie es das Sklavinnenklischee suggerierte. Wie stark dieses Klischee verwurzelt war, zeigt sich, wenn immer wieder günstiger erscheinende weibliche Lebensbedingungen als Ausnahmen von einer Regel betrachtet werden. Mochte man behaupten können, die türkischen Männer hielten wenig von ihren Frauen und «erweisen ihnen kaum die Ehre, sie als vernunftbegabte Geschöpfe zu betrachten»,[103] so traf andernorts das Gegenteil zu. Captain Robert Percival bekräftigte Robert Knox' alten Bericht von der extrem laxen Moral ceylonesischer (hier: singalesischer) Frauen, deutete dies aber eher als Ausdruck weiblicher Freiheit: «Eine Ceylonesin wird kaum je wie eine Sklavin behandelt und ist in den Augen ihres Ehemannes eher eine Gemahlin und Gefährtin im europäischen Sinne *(after the European manner)*.»[104] Arbeit der Frauen wurde oft, so etwa in Vietnam, mit großer persönlicher Freiheit belohnt.[105] Ein Missionar zog 1812 sogar einen vorteilhaften Vergleich mit Europa:

> Die Frauen [in Tonking] sind keineswegs, wie in vielen Teilen der Welt, Sklavinnen und Gefangene in ihren Häusern. Auch sind sie nicht, wie in einigen europäischen Staaten, durch die Abhängigkeiten gebunden, in welche das Recht sie versetzt. In den körperlich schaffenden Klassen nehmen sie gleichberechtigt an der Arbeit ihrer Ehemänner teil. In den höheren Klassen beschäftigen sie sich mit allem, das ihnen die Mittel verschafft, Gefallen zu erzeugen. [...] Sie erfreuen sich großer Freiheit, gehen zwar selten aus, können aber ihre Freundinnen nach Belieben besuchen.[106]

In Burma würden die Frauen von ihren Männern zwar mit Verachtung behandelt, seien aber in der Produktion unentbehrlich und verwalteten meist die Familienkasse.[107]

Aufmerksame Reisende registrierten mithin in ganz Asien Arbeitsleistung und Erwerbstätigkeit, Rechtsstellung und Freiheitsräume von Frauen. Diese Beobachtungen sind allerdings eher beiläufig in die Berichte eingestreut. Sie summieren sich nicht zu einem Gesamteindruck, der das gegenteilige Bild von der Opferrolle der Frau hätte in Frage stellen können. Kein Bild einer Bäuerin oder Händlerin nahm es mit der heimlichen Verlockung von Haremsszenen und dem offenen Schrecken einer Witwenverbrennung auf.

Witwenverbrennungen *(sati)* waren ein Standardthema der Indienliteratur seit den ersten europäischen Berichten, also seit den Tagen des Alexanderzuges. Diese besondere Form der rituellen «Totenfolge» (Jörg Fisch) erregte besondere Aufmerksamkeit, weil es sie – anders als etwa die ebenfalls für viele Europäer anstößige Institution der Sklaverei – im Einflußbereich des Christentums und ebenso in der den Europäern benachbarten Sphäre des Islam nie gegeben hatte.[108] Die Witwenverbrennung erschien als eine Eigenart des hinduistischen Indien. Daß sie eher selten vorkam und keineswegs die meisten oder gar alle Witwen ein Ende auf dem Scheiterhaufen fanden, war den Berichten in der Regel nicht zu entnehmen.[109] Welche der zahlreichen Beschreibungen in der Reiseliteratur auf eigener Zeugenschaft beruhten, welche sich aus dem literarischen Motivschatz bedienten und welche den Augenschein phantasievoll ausschmückten, läßt sich in diesem Fall besonders schwer klären. Während um die Ursachen dieses Phänomens gestritten wurde, waren die Grundelemente der Szene stets dieselben: die (oft junge) Witwe, die Angehörigen, die kommandierenden Brahmanen, das Publikum; der aufgebahrte Leichnahm, der Scheiterhaufen, das Öl, mit dem die Flammen genährt wurden. Schönheit und Tod, Freiwilligkeit und Gewalt, Traditionsdruck und individuelles Leiden, kultischer Akt und Verbrechen: Diese Spannungen verliehen dem Ritus der Witwenverbrennung seine unvergleichliche Faszination.[110]

Sati fand in Europa wenige Befürworter. Die Ansicht, diese Praxis sei unerläßlich, um die lüsternen und gattenmörderischen Frauen Indiens zu disziplinieren, wurde selten in solcher Kraßheit ausgesprochen.[111] Nachdem man in Europa aufgehört hatte, Ketzer und Hexen öffentlich zu verbrennen, wurde *sati* vollends zu einer makabren indischen Besonderheit. Angesichts mancher Berichte, welche die freudige Ergebung der Witwen in ihr grausames Schicksal oder gar eine enthusiastische Todesbereitschaft betonten, fand die Frage der Freiwilligkeit besonders viel Aufmerksamkeit. Autoren der Aufklärung sahen die Witwe ganz überwiegend als Opfer ihrer Umwelt. Wurde physische Gewalt angewendet, war der Fall klar. Schon Bernier schilderte die Brahmanen, die die Zeremonie überwachten, als diabolische Monster, die nicht davor zurückschreckten, unwillige Frauen ins Feuer zurückzustoßen.[112] Aber auch der Opferwunsch von Witwen weckte Mißtrauen, schien er sich doch weniger als freier Entschluß denn – in den religionspathologischen Kategorien der Aufklärung – als Ergebnis von Fanatismus und Aberglaube deuten zu lassen. In solcher Sicht war die Witwe weniger das Opfer körperlicher Gewalt als eines menschenverachtenden kulturellen Systems, das hier seine Archaik und moralische Minderwertigkeit besonders deutlich enthüllte.[113] Die großen Debatten, die dem Verbot der Witwenverbrennung durch die britische Kolonialmacht 1829 in Bengalen und 1830 auch in den Präsidentschaften Bombay und Madras vorausgingen und an denen auf beiden Seiten auch Inder teilnahmen, wurden allerdings nicht allein in Begriffen von Recht, Moral und christlichen Werten geführt. Die Tolerierung von *sati* ließ sich herrschaftspraktisch durch Verweis auf die unruhestiftenden Wirkungen eines Verbots durch die koloniale Obrigkeit rechtfertigen oder auch, damit verbunden, kulturrelativistisch als Respekt vor «uralten» einheimischen Sitten rechtfertigen.[114] Hinzu trat in den Jahren der frühen Indologie die Frage, ob Witwenverbrennung aus den Texten indischer Rechtgläubigkeit und Tradition hergeleitet werden könnten. Dieser Gesichtspunkt gewann zeitweise eine außerordentliche Bedeutung für die Argumentation sowohl der Verteidiger wie der Kritiker von *sati*. Frauen- und Menschenrechte drohten hinter der Schlacht der Schriftgelehrten zu verschwinden.[115]

6. Fortschritt: Das Galanteriekriterium

Voltaires Gedanke, am Beginn dieses Kapitels zitiert, nirgendwo sei der Gegensatz zwischen Orient und Okzident größer als in der Behandlung der Frauen, verweist auf einen weiten Rahmen, in den das Thema der Weiblichkeit eingeschrieben ist: den Prozeß der Zivilisation.

Seit etwa der Mitte des 18. Jahrhunderts trat an die Stelle einer religiösen Dreiteilung der Welt in Christen, sonstige Monotheisten (Juden und Muslime) und «Heiden» das säkularisierte Dreierschema Wilde – Barbaren – Zivilisierte als vorrangiges Ordnungsmuster. Diese Kategorien waren freilich weniger scharf bestimmt als die Zugehörigkeit zu Religionsgemeinschaften. Auf der gesamten Skala menschlicher «Verfeinerung» vom elenden Wilden Feuerlands bis zur Pariser Salondame, dem englischen Lord und dem deutschen Professor gab es feine Abstufungen und fließende Übergänge. Wie ließ sich insbesondere der Schritt von der Barbarei zur Zivilisation bestimmen, wie das jeweils erreichte Niveau von Zivilisiertheit? Wie kam schließlich der Gegensatz zwischen Orient und Okzident ins Spiel? Es gab eine Denkrichtung, die Voltaires Hinweis aufnahm und in der Stellung der Frau ein wichtiges Kriterium sah, wenn nicht das wichtigste überhaupt, um die Qualität des gesellschaftlichen Lebens zu ermessen.

Dieses Kriterium gewinnt erst in der zweiten Hälfte des 18. Jahrhunderts allmählich an Kontur. In der älteren ethnographischen Literatur, wie sie Demeunier 1776 resümierte, ist ausführlich von Heiratsbräuchen und Sexualität, von Eheleben und Scheidung die Rede.[116] Auch bei Montesquieu war zuvor darüber schon viel zu lesen. Aber diese Facetten des menschlichen Zusammenlebens werden nicht als Zeichen gesellschaftlicher Evolutionserfolge gewertet. Sie werden aus der Menge der Sitten und Gebräuche nicht besonders herausgehoben. Dies geschieht zuerst 1742 in einigen kurzen Überlegungen, die David Hume, der große, gesamteuropäisch wirkende Anreger der hohen Aufklärung, in seinem Essay *Of the Rise and Progress of the Arts and Sciences* vorträgt.

Hume fragt hier nach der Überlegenheit der Moderne hinsichtlich *politeness* und Feinheit der zwischenmenschlichen Umgangsformen. Eher zögernd gibt er zu bedenken, ob es nicht «die modernen Vorstellungen von Ritterlichkeit» *(the modern notions of gallantry)* seien, die diesen Zivilisierungsfortschritt am besten erklären könnten.[117] Unter *gallantry* versteht Hume eine besondere Form rücksichtsvollen Benehmens zwischen den Geschlechtern: die Korrektur natürlicher Unterschiede durch selbstauferlegte männliche Großzügigkeit.

As nature has given man the superiority above woman, by endowing him with greater strength both of mind and body; it is his part to alleviate that superiority, as much as possible, by the generosity of his behaviour, and by a studied deference and complaisance for all her inclinations and opinions. Barbarous nations display this superiority, by reducing their females to the most abject slavery; by confining them, by beating them, by selling them, by killing them. But the male sex, among a polite people, discover their authority in a more generous, though not a less evident manner; by civility, by respect, by complaisance, and, in a word, by gallantry.[118]

Da die Natur den Mann mit größerer Körper- und Geistesstärke ausgestattet und ihn dadurch der Frau überlegen gemacht hat, fällt es ihm zu, diese Überlegenheit so weit wie möglich durch die Großzügigkeit seines Betragens und durch eine bewußte Rücksicht und Zuvorkommenheit gegenüber allen weiblichen Neigungen und Ansichten zu mildern. Barbarische Nationen geben dieser Überlegenheit dadurch Ausdruck, daß sie ihre Frauen in jämmerliche Knechtschaft hinabdrücken: Sie sperren sie ein, schlagen, verkaufen und töten sie. Aber unter einem gesitteten Volk zeigt das männliche Geschlecht seine Autorität in edelmütigerer, dabei jedoch keineswegs weniger deutlicher Weise: durch Höflichkeit, Respekt, Zuvorkommenheit, in einem Wort: durch Galanterie.

1761 skizziert Hume in seiner *History of England*, einem Werk, das eigentlich eine Geschichte des Aufstiegs der Zivilisation in Europa ist, die Entstehung dieser Galanterie. Er sieht sie als die wichtigste und dauerhafteste Errungenschaft des feudalen Mittelalters. Die Selbständigkeit, die das feudale System den militärischen Gefolgsleuten ließ, weckte in Rittern und Baronen ein neuartiges Ehrgefühl und einen Sinn für schützende Verpflichtungen gegenüber Schwächeren, vor allem gegenüber Frauen, wie es ihn bis dahin in der Geschichte der Kultur nicht gegeben hatte. Das Treuegelöbnis gegenüber dem Lehnsherrn wurde auf das Verhältnis zwischen den Geschlechtern übertragen. Aus politischer Unabhängigkeit und der Individualisierung, wie sie sich im Ideal des Einzelkampfes, des Turniers, ausdrückte, erwuchs Ritterlichkeit.[119] Sie leuchtet als Ergebnis eines Zivilisierungsschubs aus dem ansonsten auch bei Hume ziemlich finsteren Mittelalter hervor. Als charakterlicher Habitus wurde sie in den höfischen Gesellschaften der neuzeitlichen Monarchien weiter veredelt.

Andere schottische Denker knüpften an Humes Analyse an. Adam Ferguson bezeichnete 1767 die Einschränkung und Rationalisierung von Gewaltanwendung im innerstaatlichen Bereich, die Entbrutalisierung der gesellschaftlichen Verkehrsformen und damit auch der Behandlung von Frauen durch Männer als ein Merkmal von *polished nations* und führte die Ursachen dieser Entwicklung ebenso wie Hume auf mittelalterliche Ritterlichkeit *(chivalry)* zurück.[120] John Millar, neben Adam Smith und Adam Ferguson der dritte große Gesellschaftstheoretiker der schottischen Aufklärung, maß der Stellung der Frau als erster ausdrücklich eine symptomatische Bedeutung für den Gesamtzustand des sozialen Lebens bei. 1771 rekonstruierte er in seinem Werk *Observations Concerning the Distinction of Ranks in Society* die universale Geschichte der Gesellschaft von den unkultivierten Anfängen bis zu den Errungenschaften der europäischen Gegenwart als eine Geschichte der Geschlechterbeziehungen.[121] Millar zitiert die übliche Reiseliteratur, nutzt sie aber zu konvergenten Zwecken. Mit anderen Worten: Er interessiert sich nicht für kulturelle Unterschiede, sondern nur für Gemeinsamkeiten, die zu einer allgemeinen Kulturgeschichte der Menschheit beitragen können. Der Ost-West-Gegensatz spielt bei ihm ebensowenig eine Rolle wie bei Hume und Ferguson. Die Barbarei, aus der sich das moderne Europa herausgearbeitet hatte, war für Millar ein universaler Zustand, der in der mittelmeerischen Antike ebenso herrschte, wie er bis in die Gegenwart ganz Asien gefangenhielt. Bei nahezu allen schottischen Autoren fehlt ein schroffer Antagonismus zwischen Abendland und Morgenland. Europa hat in ihren Augen ein zivilisatorisches Niveau erreicht, von dem andere Kulturen auf längere Sicht nicht ausgeschlossen sein werden. Dem Christentum als zivilisierender Kraft messen sie alle nur eine nachgeordnete Bedeutung bei.

Auch Henry Home, ein schottischer Jurist und Kulturtheoretiker, der 1752 unter dem Namen Lord Kames in ein hohes Richteramt berufen wurde und 1774 sein Hauptwerk, die *Sketches of the History of Man*, vorlegte, stand auf dem Boden solcher gleichsam gemeinschottischen Ideen. In seinem langen Kapitel *Progress of the Female Sex* trug er Material aus allen Zeitaltern und Weltgegenden zusammen, um seine Behauptung zu belegen: «Frauen, die vordem bloß als Objekte animalischer Liebe betrachtet wurden, werden heute als treue Freundinnen und liebenswürdige Gefährtinnen geschätzt» *(women, formerly considered as objects of animal love merely, are now valued as faithful friends and agreeable companions)*.[122] Kames betonte aber viel stärker als seine schottischen Zeitgenossen die zivilisationshemmende Kraft der Polygamie, ja, manchmal scheint bei ihm (wie später bei Heeren) die Große Landkarte der Menschheit nur in die Sphären der Polygamen und der Monogamen zu zerfallen. Er fügt einen wichtigen Gesichtspunkt hinzu: Unter barbarischen Verhältnissen seien Frauen Tausch- und Handelsware. Schon im Stadium der «Wildheit» hätten weltweit allein *the northern nations of Europe* den Fluch von Polygamie und Frauenkauf vermieden und sich damit für spätere Zivilisierungsfortschritte qualifiziert.[123] Kames fällt auch deshalb aus dem schottischen Rahmen, weil er auf die Montesquieusche Klimatheorie zurückgreift, die bei Adam Smith und Adam Ferguson wenig Anklang fand. Daß sich die «moderne» (wie Hume sagt) Ritterlichkeit in Europa habe entwickeln können, ist in Lord Kames' Sicht die Folge einer schon vorchristlichen Abwehr der polygamen Bedrohung.[124] Deren Voraussetzung wiederum war ein Klima, das die animalische Triebnatur von Männern wie Frauen zügelte. So sind bei Kames die Aussichten von Asiaten und Afrikanern, dem Zwang der Natur zu entrinnen, deutlich schlechter als im Urteil der anderen schottischen Philosophen. Das Galanteriekriterium wird bei Lord Kames deterministisch eingefangen.

Dem begegnet der stets originelle John Richardson – ebenfalls ein Jurist, aber ein englischer – mit einem Einwand, der auch von Gibbon mit seinem hohen Sinn für kulturvergleichende Gerechtigkeit hätte stammen können: Gab es denn nicht, wie die Kreuzzüge zeigten, auch eine der europäisch-christlichen nahe verwandte *orientalisch-muslimische* Ritterlichkeit? War sie nicht sogar älter als diejenige im Norden des Mittelmeeres? Hat sie nicht bei Arabern und «Tataren» zu einer ähnlich hohen Stellung der Frau geführt (daß es so war, versucht Richardson zu belegen)?[125] Und ist die Bedeutung der Polygamie im Orient – die übrigens wenig mit dem Klima zu tun habe und sich auch im frostigen Kamtschatka finde – nicht von europäischen Reisenden maßlos überschätzt worden?[126]

Unter schottischem Einfluß festigte sich nach etwa 1800 der Aspekt der Geschlechterbeziehungen zu einem Urteilsmaßstab, der auf konkrete Gesellschaften angewendet wurde. Sir John Barrow, der «philosophisch» ehrgeizigste unter den englischen Asienreisenden der Jahrhundertwende, formulierte eine Maxime:

It may, perhaps, be laid down as an invariable maxim, that the condition of the female part of society in any nation will furnish a tolerable just criterion of the degree of civilization to which that nation has arrived.[127]

Man kann vielleicht die allgemeingültige Maxime aufstellen, daß die Lage des weiblichen Teils der Gesellschaft einer Nation ein hinreichend gerechtes Kriterium für den Grad an Zivilisation ist, den dieses Nation erreicht hat.

Und James Mill, der philosophische Richter alles Indischen, stellte eine allgemeine Gesetzmäßigkeit auf: «Bei barbarischen *(rude)* Völkern werden die Frauen normalerweise entwürdigt *(degraded)*; bei zivilisierten werden sie erhöht *(exalted)*.»[128] Ein solcher Satz ließ sich tautologisch so hin- und herwenden, daß immer eine Selbstbeglückwünschung der Europäer herauskam: Wer zivilisiert ist, achtet die Frauen, und wer die Frauen achtet, ist zivilisiert. Zu der einfachen Gleichung *rude* = asiatisch und *civilized* = europäisch war es nur ein kleiner Schritt. Aber ließ sich diese Art von Gesetzmäßigkeit überhaupt als sinnvoll bezeichnen? Einige Jahre vor dem Erscheinen von Mills *History of British India* machte sich der kluge Kaufmann Thomas Thornton in Konstantinopel darüber seine eigenen Gedanken. Die Auffassungen der Europäer vom Leben türkischer Frauen seien durchweg falsch, von Vorurteilen über den Islam entstellt, von «der Glut einer überhitzten Einbildungskraft» ins Groteske verzerrt.[129] Daß alles Europäische pur und zivilisiert sei, sei nichts als eine Legende. Hatte Europa nicht schon in der Antike starke Einflüsse Asiens aufgenommen und später wieder in der Zeit der Kreuzzüge? Und seien die Sitten und Gebräuche der Ost- und Südosteuropäer von Griechenland bis Polen und Rußland nicht von Asiatischem durchdrungen? Die Segregation der Frauen im Osmanischen Reich, die keineswegs als Zeichen von deren «Versklavung» verstanden werden dürfe, unterscheide sich wenig vom Ausschluß der spanischen Frauen von jeder gemischten Gesellschaft; maurische Einflüsse würden hier unmerklich wirksam.[130] Auch Thornton würdigt die angesehene Stellung der Frau bei den Germanen, aus der später «die beinahe götzendienerische Galanterie der Ritter» hervorging, die wiederum *the modern European character* produziert habe.[131] Aber solche Sitten und Charakterformen könnten keine universale Gültigkeit beanspruchen. Nur dann hätten sie Wert und Beständigkeit, wenn sie aus natürlich gewachsener Verfeinerung hervorgingen. Daher ist es für Thornton unsinnig, die orientalischen Frauen aus ihrer angeblichen Unterdrückung befreien zu wollen. Umgekehrt gibt es für ihn kaum ein abstoßenderes Schauspiel als die Sittenlosigkeit am russischen Kaiserhof, die nichts als das Ergebnis einer unnatürlich forcierten Verwestlichung einer halbasiatischen Gesellschaft sei.[132] Respekt für Frauen ist im Urteil von Beobachtern wie Richardson und Thornton unter ganz unterschiedlichen kulturellen Voraussetzungen möglich. Sie hat kulturspezifische Inhalte: Während die Frau im Westen öffentlich als umworbene Partnerin des Mannes anerkannt wird, bringt die türkische Zivilisation ihr als Mutter eine unvergleichliche Verehrung entgegen.[133] Das Galanteriekriterium erfaßt nicht den Fortschritt *der*, sondern nur den *einer* Zivilisation.

XIII.
Zeitenwende: Der Aufstieg des Europazentrismus

1. Intellektuelle Schwebelagen und neue Ausgrenzungen

Das 18. Jahrhundert war ein Zeitalter des Gleichgewichts zwischen dem kleinen Europa und dem großen Asien. Nach einer langen Zeit der Defensive gegenüber der türkischen Großmacht ging Europa zum Gegenangriff über, ohne jedoch vor der Eroberung Bengalens in den 1760er Jahren schon irgendwo in der Welt der östlichen Reiche in größerem Umfang kolonial Fuß fassen zu können. Allein die Erschließung Nordasiens, also der trans-uralischen Weiten des Zarenimperiums, schritt stetig und kaum bemerkt voran. Sofern Staatsgebilde des frühneuzeitlichen Asien zusammenbrachen, war dies so gut wie nie europäischer Intervention geschuldet. Die Briten zum Beispiel hatten keinen Anteil am Zerfall von Aurangzebs Mogulreich; sie verstanden es nur, sich die Folgen dieses Zerfalls nutzbar zu machen. Während der anderthalb Jahrhunderte nach der mandschurischen Eroberung Chinas 1644 waren *tribal breakouts* kontinentaler Stammesgesellschaften ein mindestens ebenso wichtiger Faktor in der Geschichte Asiens wie das Vordringen der Europäer auf dem Meer.

Während des 17. und 18. Jahrhunderts spannen die Europäer, die nunmehr über die hocheffiziente Institution der bewaffneten Monopolhandelsgesellschaft verfügten, die Küstenregionen Asiens in weltweite Handelsnetze ein. Vom Jemen und dem Persischen Golf bis zum Hafen Nagasaki am Ostchinesischen Meer erstreckten sich die überseeischen Transportlinien. Über das Kap der Guten Hoffnung war die asiatische Handelswelt mit der atlantischen verknüpft, über die spanische Acapulco-Manila-Verbindung mit Amerika. Dennoch kann keine Rede davon sein, daß Europäer den Asienhandel einseitig dominiert und ihm ihre Gesetze aufgezwungen hätten. Die einheimische Schiffahrt blieb als Konkurrent gefürchtet und als Partner unerläßlich; nur langsam gelang es Europäern, auch in diesem sogenannten *country trade* zwischen den Häfen Asiens eine Rolle zu spielen. Für die Verbreitung europäischer Produkte im Inneren der großen Landmassen war man stets auf einheimische Kaufleute angewiesen. Vor allem gelang Europäern nur in Ausnahmefällen, etwa in einigen Bereichen des Gewürzhandels, der direkte Zugriff auf die Produktion der begehrten Exportwaren. Produzenten in asiatischen Ländern nutzten die Chancen der wachsenden europäischen Nachfrage zu einer gewaltigen Ausdehnung des Handelsvolumens, etwa bei Tee und Baumwollstoffen. Ganze Regionen Chinas und Indiens arbeiteten gegen Ende des 18. Jahrhunderts spezialisiert für den Export nach Europa. Noch war die spätere koloniale Austauschbeziehung zwischen einem Asien, das Rohstoffe anbot, und einem Europa, das gewerblich-industrielle Fertigprodukte lieferte, nicht in Sicht. Die Vorteile, die Asien, vor allem angesichts einer positiven Handelsbilanz des Ostens, aus dem verdichteten Austausch mit Europa ziehen konnte, wogen die rüden Plündereien durch die «Nabobs» der Ostindienkompanien mehr als auf. Um 1820, als in Teilen Westeuropas bereits die Industrialisierung eingesetzt hatte, war das Pro-Kopf-Einkommen in Asien und Ozeanien vermutlich immerhin noch halb so hoch wie das in West- und Südeuropa.[1] Die große Reichtumsschere zwischen Europa und Asien öffnete sich erst in den Jahrzehnten danach.

Dem Gleichgewicht der Machtverhältnisse und der Gegenseitigkeit der Wirtschaftsbeziehungen entsprach keine Symmetrie der Wahrnehmungen. Das neuzeitliche Europa erwies sich als die Lern- und Wissenskultur par excellence. Europäer reisten nach Asien und eroberten den Kontinent mit der Feder, bevor sie ihn mit dem Schwert und dem Kanonenboot unterwarfen. Asien, repräsentiert in einer riesigen Reiseliteratur, in Übersetzungen orientalischer Texte, in Bildern und Kunstobjekten, fand großes Interesse als Anschauungsfeld einer universalen Wissenschaft vom Menschen: einer anglo-schottischen *science of man*, deren Grund die großen Philosophen der Epoche legten, einer stärker naturwissenschaftlich aufgefaßten französischen *science de l'homme* und einer «Kulturgeschichte» des Menschengeschlechts, die Deutschlands charakteristischer Beitrag zur Weltkunde der Spätaufklärung war.[2] Das umgekehrte Interesse von Asiaten an Europa war gering. Kurze Phasen der mentalen Öffnung nach Westen wie der Höhepunkt der chinesischen Neugier auf Europa gegen Ende der Herrschaft des Kangxi-Kaisers, also etwa zwischen 1690 und 1720, und kurz darauf die osmanische «Tulpenzeit» (1718–30) blieben ephemer. Nur in Japan, dem nach Korea unzugänglichsten aller asiatischen Länder, betrieb man auf der Grundlage importierter Bücher, überwiegend in holländischer Sprache, so etwas wie systematische Europastudien. Diese lernende Haltung zur Außenwelt war das Erbe einer jahrhundertelangen Absorption der chinesischen Kultur.[3]

Auf dem Gebiet der Ideen äußerte sich das Equilibrium des 18. Jahrhunderts daher nicht in einem Wechselspiel gegenseitiger Perzeptionen, sondern in Ambivalenzen und Urteilsspielräumen des europäischen Bewußtseins selbst. Europa phantasierte den Orient als märchenhafte Gegenwelt *und* erforschte ihn zugleich mit den Instrumentarien der neuen Erfahrungswissenschaften. Es schuf den Kolonialismus und mit ihm alsbald auch schon die Kolonialismuskritik. Solche Spannungen und Widersprüche kamen besonders deutlich unter Bedingungen eines vorübergehend reduzierten Dogmatismus in der europäischen Weltwahrnehmung zum Vorschein. Einerseits war das Staunen des 17. Jahrhunderts vor Glanz und Reichtum asiatischer Höfe und Städte einer skeptischeren Sicht gewichen. Der Bann der alten Mutterkultur war gebrochen.[4] Andererseits lag die vulgäre Überlegenheitsgewißheit des 19. Jahrhunderts noch in der Ferne. Asiatische Zivilisationen – zuerst vor allem China, später Indien – boten intellektuelle Herausforderungen, die es wert schienen, debattiert zu werden. Experimente mit dem Wechsel der Perspektive, Versuche, den Blickpunkt des nicht-europäischen Anderen spielerisch einzunehmen, Relativierungen der eigenen Wertmaßstäbe waren mehr als nur literarische Tricks. Theorien der Fremdwahrnehmung und des Reisens sowie ausgefeilte Verfahren der Kritik am wichtigsten Medium der interkulturellen Information, dem Reisebericht, beugten naiver Gutgläubigkeit und haltlosem Spekulieren vor. Schlichte Dichotomien vermochten wenig zu überzeugen. Kaum jemand vor etwa 1790 sah einen schroffen Gegensatz zwischen den kulturellen Makrosphären «Orient» und «Okzident», noch weniger eine sich ausschließende Unvereinbarkeit oder gar einen Zusammenprall der Kulturen. Wer dennoch die Kontraste schärfte, wie Montesquieu es mit klarer methodischer Absicht in seiner Lehre vom Despotismus tat, mußte sich deutliche Kritik gefallen lassen.

Die Geschichte Asiens war für die Europäer des 18. Jahrhunderts ein Feld brennenden Interesses. Sie war noch nicht, wie man es im 19. Jahrhundert sehen würde, in der europäischen Weltherrschaft zu sich selbst gekommen. Ein neuer, von der Einzigartigkeit des jüngeren okzidentalen Fortschritts durchdrungener Geschichtsbegriff wurde nicht allein im Kontrast zur europäischen Vergangenheit, sondern auch vor dem Hintergrund der asiatischen Gegenwart entwickelt. Die Herauslösung Europas aus der alten Gleichförmigkeit Eurasiens wurde zu einem zentralen Thema der Geschichtsphilosophie. Daneben klang ein zweites Motiv nach: die endgültige Pazifizierung der asiatischen Reiterkrieger. Diese Zähmung des aggressiv anstürmenden «Elementarhistorischen» war so frischen Datums, daß sie noch Edward Gibbon als eine der großen glücklichen Errungenschaften der Neuzeit erschien. Von der jahrhundertelangen hunnischen, arabischen, mongolischen und türkischen Bedrohung blieb im 18. Jahrhundert immerhin noch die militärische Naturgewalt des «Kriegskometen» Nadir Schah. Die antikolonialen Selbststärkungsversuche eines Haidar Ali in Indien, dem nach der Jahrhundertwende mit ähnlichen Absichten der Pascha Muhammad Ali von Ägypten folgte, gehören bereits einer neuen Epoche an. Sie sind schon Reaktionen auf die wachsende Macht Europas. Asiatische Dynamik tritt in ihnen erstmals nicht als Steppensturm, sondern als institutionelle Modernisierung in Erscheinung. Wie unvollkommen auch immer in der Ausführung: hier liegen die Anfänge der Übernahme westlicher Mittel zur Immunisierung gegen westliche Übermacht. Im 19. Jahrhundert sollte Japan zum Meister einer solchen Strategie werden.

Die gesellschaftliche Vielfalt Asiens wurde in Europa sorgfältig beobachtet. Sie ließ sich nicht in enge Schemata des «Barbarischen» zwängen und wurde nicht in einen besonderen ethnologischen Diskurs abgedrängt. Einer universal vergleichenden Gesellschaftsbetrachtung war die Scheidung zwischen einer Wissenschaft für das Eigene – der Soziologie – und einer solchen für das Fremde – der Völkerkunde – noch unbekannt. Die Ordnungen und Lebensformen des zivilisierten Asien wurden bei Reisenden wie Kaempfer, den Brüdern Russell, Niebuhr oder Volney zu Gegenständen einer detailgenauen Soziographie und bei Theoretikern wie Montesquieu oder Adam Ferguson zu Anstößen für die Begründung der Soziologie aus dem Geiste kultureller Differenz. Der Blick auf ein Anderes, das nicht unbedingt als ein unkommensurabel Fremdes erschien, schärfte das Verständnis für das Eigene. Europäische Gesellschaftsformen traten um so profilierter hervor, je klarer sie in ihren Besonderheiten von denen Asiens abgehoben werden konnten. Asien war Europa vergleichbar, solange sich Europa noch nicht für unvergleichlich hielt. Erst gegen Ende des 18. Jahrhunderts begannen sich, wie Niklas Luhmann formuliert hat, «eine Europazentrierung des Kulturvergleichs und eine Modernitätszentrierung des geschichtlichen Rückblicks» durchzusetzen.[5]

Neugier, Urteilsoffenheit und Respekt vor den Menschen Asiens bewahrten sich zuletzt noch in der Generation, zu der die Historiker Heeren und Hammer-Purgstall und die Geographen Carl Ritter und Alexander von Humboldt gehörten. Heeren und Hammer-Purgstall sind in den voraufgegangenen Kapiteln häufig zu Wort gekommen. Zu Humboldt und Ritter mag ein knapper Hinweis genügen. Alexander von Humboldt kannte Asien nur von seiner späten Rußlandreise; er hat wenig über den Kontinent geschrieben und das Wenige meist über Fragen der physikalischen Geographie. Es ist reizvoll, sich vorzustellen, was entstanden wäre, hätte er die Gelegenheit gehabt, an ein asiatisches Land mit jener empirisch-kritischen Erkenntnishaltung heranzutreten, die seine Landesbeschreibung Mexikos von 1808 zu einem der Gründungsdokumente der modernen Gesellschaftsanalyse macht.[6] Carl Ritter hat niemals asiatischen Boden betreten, doch er kann in seiner Bedeutung als der letzte große Synthetiker des europäischen Asienwissens der frühen Neuzeit nicht überschätzt werden. Seine gigantische *Erdkunde*, deren maßgebende zweite Auflage 1832 zu erscheinen begann und mit der der Autor nie über Asien hinausgelangte, ist eine historische Kulturgeographie der Großräume Asiens oder, anders betont, eine Geschichte der asiatischen Zivilisationen im räumlich-ökologischen Zusammenhang.[7] Erst der französische Historiker Fernand Braudel hat um die Mitte unseres Jahrhunderts in seinem epochemachenden Werk über die Mittelmeerwelt im 16. Jahrhundert die Weite von Ritters Vision wiederaufleben lassen. Ritter überwand die additive Datenhuberei der älteren deutschen «Statistik» und Staatenkunde und entwarf in einer Herkulesleistung empirisch rückgebundener Einbildungskraft Beschreibungen asiatischer Kulturlandschaften als historischer «Individualitäten». Ritter war von der Zweckmäßigkeit der göttlichen Schöpfung für die Bedürfnisse der Menschen überzeugt und interessierte sich besonders für die gelungenen oder zuweilen auch fehlgeschlagenen Versuche menschlicher Gemeinschaften, sich an vorgefundene räumlich-klimatische Verhältnisse anzupassen. Da er in aller Regel funktionalistisch argumentiert, also den Bezug kultureller Praktiken und gesellschaftlicher Institutionen zur jeweils besonderen natürlichen Umwelt herausstreicht, findet sich bei ihm kein Ansatzpunkt für ein Denken in den Kategorien von Volkscharakter und Rasseeigenschaften. Im Widerstreit zwischen Bio- und Geodeterminismus bezog Ritter eindeutig Position, auch wenn er Umweltfaktoren keine kausalmechanische Prägekraft zuschrieb, sondern Natur und Landschaft eher als Schauplatz und Bühne menschlicher Überlebenssicherung und Kulturentfaltung betrachtete. Wie bereits vor ihm Herder, dem er viel verdankt, bestreitet Ritter die Möglichkeit eines absoluten Standpunkts, der ihm Urteile über Zivilisationen erlaubt hätte. Zivilisationen unterscheiden sich in seinen Augen nicht durch ihren substantiellen Wert (etwa ihren Grad an «Zivilisiertheit»), sondern vor allem durch den jeweils besonderen Erfolg im Umgang mit beschränkten Ressourcen, gleichsam durch ihr Umweltmanagement.

Bereits seit den 1770er Jahren waren jedoch gegen die Einsprüche Herders die zensierenden Stimmen der «philosophischen» Kritiker Asiens immer lauter geworden. Sie distanzierten sich von der grobschlächtigen Asienphobie, die sich in einigen älteren Reiseberichten fand,[8] und beanspruchten, durch genaues Studium und gelassene Vernunftschlüsse zum Wesen der Dinge vorgedrungen zu sein. Nach dem Exzentriker Cornelis de Pauw war der Naturforscher Pierre Sonnerat der erste seriöse Vertreter einer solchen richtenden Haltung, die später Autoren von durchaus unterschiedlichen philosophischen Überzeugungen gemeinsam war: Reisenden wie dem *idéologue* Volney und dem Utilitaristen Barrow oder Fernkommentatoren Asiens wie dem schottischen Stadientheoretiker James Mill, dem christlichen Geschichtsphilosophen Friedrich Schlegel und in mancher Hinsicht auch dem hochdifferenzierten Hegel, dessen Urteile von allen Schlacken beliebigen Meinens gereinigt zu sein scheinen. Asiatische Zivilisationen wurden nun vor ein Tribunal gezogen, das sie nach den angeblich allgemeingültigen Maßstäben von Zweckmäßigkeit, Effizienz und Gerechtigkeit, bei anderen auch nach dem Kriterium ihrer Offenheit für das Christentum, aburteilte.

Im zweiten Quartal des 19. Jahrhunderts formierte sich die Erforschung des asiatischen Altertums und Mittelalters in neuen akademischen Spezialdisziplinen, aber nur wenige Außenseiter, etwa der Historiker und langjährige Gouverneur von Bombay, Mountstuart Elphinstone, verteidigten die Dignität des *neuzeitlichen* Asien.[9] Zur gleichen Zeit verschwand das bis dahin selbstverständliche Interesse an Asien aus Diskursen wie Geschichtsschreibung, politischer Ökonomie, politischer Theorie oder Soziologie. Sie engten ihren Gesichtskreis auf Europa ein und verloren damit auch ihre vergleichende Dimension.[10]

Es wäre zu oberflächlich, die Entwicklung, die zu diesem Endpunkt führte, allein als den Übergang von einem «positiven» zu einem «negativen» Asienbild zu beschreiben. Man faßt sie besser als einen langsam verlaufenden Ausgrenzungsprozeß, als eine Bewegung von einem *inklusiven* Europazentrismus, der die Überlegenheit Europas als eine Arbeitshypothese betrachtete, die von Fall zu Fall korrigierbar war, zu einem *exklusiven* Europazentrismus, der sie als Axiom voraussetzte. Ein solch fundamentaler Wechsel der «Selbstbeschreibung» auf der Ebene der Semantik (Luhmann) war seit etwa den 1780er Jahren mit *realen* Ausgrenzungen verbunden: zum Beispiel der Orientalisierung des Osmanischen Reiches in der diplomatischen Praxis der europäischen Mächte, der Exotisierung und ethnischen Säuberung der Krimtataren und anderer Völker am Rande der muslimischen Welt, dem Ausschluß von Indern aus der Justiz und dem höheren Verwaltungsdienst der East India Company oder der Weigerung europäischer Gesandter, sich weiterhin dem jeweiligen asiatischen Hofzeremoniell zu unterwerfen. Keine einzelne Handlung machte die neue Distanz sinnfälliger als die Kniebeugung Lord Macartneys, keineswegs eines rabiaten Imperialisten und arroganten Europazentrikers, vor dem Kaiser Qianlong am 14. September 1793: Jeder frühere europäische Gesandte hatte vor dem Drachenthron die dreifache Niederwerfung des Kotau vollzogen.[11]

Europa distanzierte sich von Asien, in das es gleichzeitig immer tiefer eingriff. Die Briten hielten sich die warnenden Beispiele von Portugiesen und Holländern vor Augen, deren übergroße Vertraulichkeit mit ihren farbigen Untertanen zum Verlust der weißen Herrenmagie geführt habe. Man wollte wie die Römer herrschen, nicht wie die Griechen, die in ihrer hellenistischen Spätzeit den Verlockungen des Ostens zum Opfer gefallen seien.

Hinter Aufstieg und Triumph eines europäischen Sonderbewußtseins, das die für die Aufklärung selbstverständliche Solidarität der eurasischen Zivilisationen aufkündigte, verbergen sich umfassendere ideengeschichtliche Verschiebungen in den Jahrzehnten um 1800, der europäischen Sattelzeit. Damals hat sich auch die mentale *Welt*karte verändert: Ein Europabewußtsein, wie wir es heute kennen, formierte sich um diese Zeit, und es war ebensosehr ein Bewußtsein von Europas Stellung unter den Kontinenten und Zivilisationen wie eines von identitätsverbürgenden Gemeinsamkeiten unter den nachmittelalterlichen Nationen des Okzidents. Abgrenzung und Selbstdefinition gingen Hand in Hand. Europa entwarf sich selbst auf der Projektionsfläche des Nicht-Europäischen. Es entwarf sich vor allem als die Kultur universaler Ordnungsstiftung. Je näher man dem Fremden kam – ob in Indien, Ägypten oder im Kaukasus –, desto größer war die Herausforderung an den europäischen Ordnungssinn. Nicht zufällig folgte der militärischen Invasion die wissenschaftliche Kolonisierung. Von den gewissenhaft-methodischen Protokollen des Einzelreisenden, wie ihn zuletzt Volney verkörpert hatte, ging man vor allem in Indien und Ägypten zur systematischen Datensammlung durch Kolonialstaat oder Okkupationsmacht über.[12] Die Entzauberung der asiatischen Zivilisationen begann damit, daß man ihnen ihre Geheimnisse entreißen wollte.

Die Entzauberung Asiens nahm den Zivilisationen des Ostens ihre rätselhafte Selbstverständlichkeit. Sie wurden zu Gegenständen wissenschaftlicher Neugier, zu Aufgaben für den Scharfsinn gelehrter Spezialisten und die Organisationskunst durchsetzungswilliger Administratoren. Die Entzauberung löste Mehrdeutigkeiten auf. Sie zog eine Linie zwischen den Welten. Sie erschwerte Grenzgängertum und Rollenwechsel. Es wäre nicht leicht gewesen, einen Jesuiten in China um 1720 auf eine eindeutige Identität festzulegen; die Kirche hat es oft erfolglos versucht. Waren die Jesuiten am Hofe zu Peking Europäer, Angehörige bestimmter Nationen oder einer supranationalen Elite, christliche Geistliche, naturwissenschaftliche Experten oder konfuzianische Gelehrte? Missionare des 19. Jahrhunderts kannten dieses Problem kaum: sie fühlten sich als abendländische Heilsanbieter inmitten umnachteten Heidentums. Oder ein anderes Beispiel: Wenn Carsten Niebuhr oder noch Johann Ludwig Burckhardt sich unterwegs arabisch kleideten, taten sie dies, weil sie es zweckmäßig und gegenüber den Gastgebern höflich fanden. Bei Arabienreisenden des 19. Jahrhunderts wie etwa Richard Burton werden daraus Kostüm und Maskerade, dramatisiert durch Geschichten über blutdürstige Fanatiker, die dem heroischen Reisenden nach dem Leben trachten. Der überlegene Herrenmensch mischt sich inkognito unter die Eingeborenen.

Die Entzauberung verengte auch intellektuelle Spielräume. Der Humor eines Niebuhr und die Ironie eines Gibbon (der im Zweifelsfalle die Zivilisierten eine Spur schlechter wegkommen läßt als die Barbaren), weichen Sarkasmus und herablassender Karikatur. Das Apriori europäischer Überlegenheit vergiftet den interkulturellen guten Geschmack. Zwanghafte Herablassung als Dauerhaltung duldet allenfalls ihr krasses Gegenteil: exaltierte Orientschwärmerei. Auch der Orientschwärmer bleibt aber oft europazentrisch oder narzißstisch in seiner Suche nach einer tiefen Authentizität, die er oder sie in der Lebenswirklichkeit der asiatischen Gegenwart verraten glaubt.

Was während der Umbruchphase um 1800 geschah, hat zu anspruchsvollen Interpretationen herausgefordert. Reinhart Koselleck, der den Begriff der Sattelzeit eingeführt hat, betont die Verzeitlichung und Beschleunigung der Wahrnehmung, Michel Foucault die Ablösung des tableauartig klassifizierenden Denkens durch die Entdeckung der wirkenden Tiefe, Niklas Luhmann das Ende der alteuropäischen Semantik, Martin Thom Vorbereitung und Durchbruch eines neuartigen ethnischen Nationalismus.[13] Jede diese Deutungen birgt wichtige Anregungen, die sich auf unser Thema beziehen lassen. Sie summieren sich freilich nicht zu einer stimmigen Gesamtsicht. Auf den folgenden abschließenden Seiten wird keine Generaltheorie des europäischen Bewußtseins um 1800 angeboten. Es soll lediglich versucht werden, das Bild eines diskursiven Übergangs, der zwischen etwa 1780 und 1830 erfolgte, um weitere Facetten beschreibend anzureichern.

2. Von Aladins Schatzhöhle zum Entwicklungsland

An der Beurteilung von Ökonomischem kann man diesen Übergang gut erkennen. Während des 17. Jahrhunderts berichtete man begeistert von der unvorstellbaren Pracht an den Höfen von Istanbul, Isfahan und Agra. *Incroyable*, sagt Tavernier 1675, sei der Reichtum des Sultans.[14] Nachdem der Glanz dieser Höfe verblaßt und die Furcht vor den moralisch korrumpierenden Einflüssen des orientalischen Luxus gewachsen war, galt der Kaiser von China, bei dem es etwas frugaler zuging und bei dem anscheinend solider gewirtschaftet wurde, als der reichste Monarch der Welt. Reisenden wie Bernier oder Gemelli Careri sowie einigen Missionaren fiel die Armut großer Teile der Bevölkerung in manchen Gegenden Indiens auf.[15] Länder wie China, Japan, Siam und Cochinchina beeindruckten aber bis in die Mitte des 18. Jahrhunderts durch den Wohlstand der einfachen Bevölkerung.[16] Der antike Topos der überlegenen Fruchtbarkeit Asiens schien sich stets aufs neue zu bestätigen. Ohne Zweifel waren solche Berichte und Urteile nicht aus der Luft gegriffen. Besucher, die nicht gerade aus den reichsten Gegenden Europas wie den Niederlanden, der Île de France oder Südengland kamen, mußten damals vom Lebensstandard in vielen Teilen Asiens ein günstiges Bild gewinnen. Der oberflächliche Eindruck, die tropische oder subtropische Natur bringe ihre Reichtümer ohne großes Zutun der verwöhnten, zu schlaraffischer Faulheit verurteilten Menschen hervor, wurde allmählich durch die Bewunderung für die landwirtschaftlichen, gärtnerischen und wasserbautechnischen Leistungen in asiatischen Ländern überdeckt.[17] Noch 1818 sprach man von den Japanern als den besten Landwirten der Welt.[18]

Nur wenige dieser günstigen Urteile hatten Bestand. 1817 bescheinigte James Mill der indischen Landwirtschaft – genauer: derjenigen der Hindus – Primitivität.[19] Der Abbé Dubois schloß eine sorgfältige Analyse mit dem Ergebnis, Indien sei ein Entwicklungsland – aber immerhin ein zivilisiertes: «[...] unter allen zivilisierten Ländern der Erde ist Indien das ärmste und elendeste.»[20] Dies kann natürlich auch einen *tatsächlichen* Niedergang reflektieren, der aus einheimischen Quellen zu belegen wäre, doch hatten sich unterdessen ebenfalls die Urteilsmaßstäbe verschoben. In dem Maße, in welchem in Westeuropa konjunkturell und strukturell bedingte Hungerkrisen seltener wurden, fiel ihre Existenz in Asien um so deutlicher auf. Konnten die großen Hungersnöte, die Indien zwischen 1770 und 1800 heimsuchten, noch teils als Problem der indigenen Wirtschaft, teils als eine Folge der Wirtschaftspolitik der E.I.C. diskutiert werden,[21] so war der Hunger in China, der etwa zur gleichen Zeit zunahm, eindeutig ein binnenchinesisches Phänomen, für das sich keine fremde Intervention verantwortlich machen ließ. Die Verteidiger Chinas sahen sich dadurch in eine schwierige Position gebracht, die ihre Gegner weidlich ausnutzten. Ein neues Bild Chinas als eines Landes der Hungernden begann allmählich zu entstehen.[22]

Auch die neue Wissenschaft der Ökonomie trug zur Entzauberung der asiatischen Juwelenwelten bei. Im allgemeinsten Sinne wurden europäische Rationalitätsvorstellungen gegen asiatische Unvernunft ins Feld geführt, so wenn Chardin den Persern vorwarf, zu wenig zu sparen,[23] oder wenn zu Recht bemerkt wurde, der Gabentausch in China verlaufe nicht äquivalent, sondern richte sich im Wert nach dem Rang des Gebenden.[24] Wirtschaftstheoretisch geschärft wurde der Blick dann, wenn man den Kurzschluß von der Fruchtbarkeit der Natur und den sichtbaren Schätzen der Herrscher auf den Reichtum und die ökonomischen Potentiale des Gemeinwesens vermied und hinter die oberflächlichen Erscheinungen zu blicken versuchte. Als erster tat dies der Reisende, Botaniker und Vertreter der Lehre der Physiokraten Pierre Poivre in den 1760er Jahren. Poivre, der Indien, China und mehrere Länder Südostasiens besucht hatte, war unempfänglich für höfische Prachtentfaltung. An vielen Beispielen zeigte er, daß ein günstiges Klima und ein fruchtbarer Boden noch keine Gewähr für eine erfolgreiche Agrikultur bieten. Nur eine Agrarverfassung, die dem rechtlich freien Bauern den weitestgehenden Genuß der Erträge seines Fleißes garantiert, verbunden möglichst noch mit einer anspornenden Wirtschaftspolitik, könne die Glückseligkeit der Menschen herbeiführen.[25] Poivre war folgerichtig ein Gegner von Despotie und monarchischem Obereigentum, von Sklaverei, Zwangsarbeit und Leibeigenschaft, von parasitären Aristokraten und müßiggängerischen Mönchen, von Monopolen und exzessiver Besteuerung. Sein Ideal einer agrarbürgerlichen Erwerbsgesellschaft mit Eigentumsgarantie unter einem milden, patriarchalischen Herrscher sah er in China und teilweise auch in Vietnam verwirklicht, aber nirgendwo sonst in Asien.[26] Vernichtend waren seine Urteile über die Wirtschaftsordnungen im Mogulreich, im despotischen Siam, im anarchischen Kambodscha, im feudalen Malaia und im kolonialen Java.

Poivre betrachtete die Landwirtschaft als die Hauptquelle des Volkswohlstandes. Er begutachtete die jeweiligen örtlichen Verhältnisse mit dem geschulten Auge des Pflanzenkenners und Agronomen. Indem er in seinen Berichten als einer der ersten Reisenden dem städtischen und gewerblich-industriellen Asien, das frühere Beobachter so fasziniert hatte, fast keinerlei Beachtung schenkte, gehörte er zu den Urhebern des Bildes von Asien als einem Kontinent von Agrarländern. Nicht die glanzvollen Städte, sondern die Verhältnisse auf dem Dorfe standen im Mittelpunkt von Poivres physiokratischen Berichten und Betrachtungen.

Spätere Reisende, die durch die Schule Adam Smiths und der Politischen Ökonomie gegangen waren, legten andere Rationalitätskriterien an. Man achtete auf die Effizienz des Mitteleinsatzes (und sah etwa bei den indischen Fürstenstaaten nur Vergeudung), betrachtete staatliche Zwangsarbeit *(corvée)*, wie sie in Siam und Cochinchina weiter praktiziert wurde, als unsinnig unter Kosten-Nutzen-Erwägungen und sah öffentliche Getreidespeicher in China und Cochinchina nun nicht länger als Ausdruck väterlicher Fürsorge und Katastrophenabwehr, sondern als ein Beispiel für marktverzerrendes Horten. Manche asiatischen Länder standen freilich vor den Doktrinen der neuen Lehre gar nicht schlecht dar: So lobte man den Freihandel im Osmanischen Reich oder das vorbildliche Fehlen von Armengesetzen *(poor law)* in China.[27] Einige der großen

Theoretiker – Adam Smith, Thomas Robert Malthus, Jean-Baptiste Say, James Mill und sein Sohn John Stuart – erkannten bereits die gerade entstehenden Probleme der ungleichen wirtschaftlichen Entwicklung im Weltmaßstab. Das große Problem der «Statik» asiatischer Länder, das die Geschichtsphilosophen seit langem beschäftigte, fand seine bis dahin intellektuell anspruchsvollste Behandlung in Adam Smiths Theorie der stationären Wirtschaft, die selbst wiederum Teil einer großen Lehre von den Bedingungen der Bildung von Reichtum war. Jean-Baptiste Say und andere setzten diese Überlegungen fort. Aus dem Staunen vor der märchenhaften Pracht des Großmoguls am Beginn unserer Epoche war an ihrem Ende, um 1830, eine anspruchsvolle Theorie der Unterentwicklung geworden.[28] Nicht der Reichtum Asiens, sondern dessen relative Rückständigkeit war fortan das zentrale erklärungsbedürftige Phänomen.

3. Niedergang, Degeneration, Stagnation

Theorien der weltwirtschaftlichen Entwicklung mit ihrer Differenzierung zwischen dynamischen und stationär-rückständigen Ländern waren im frühen 19. Jahrhundert die neueste Ausprägung eines älteren Diskurses über Stagnation und Niedergang. Er kann hier nicht in seinen vielfältigen Verästelungen nachgezeichnet, sondern nur in einigen Aspekten skizziert werden.

Daß «Wilde» keine Geschichten erfahren und keine Geschichte besitzen, war ein aus antiken Quellen gespeister Gemeinplatz des 18. Jahrhunderts, den nur wenige in Frage stellten. Die Geschichtslosigkeit der Wilden erkannte man an einem Negativbefund: Sie hinterließen keine Spuren – keine Ruinen, keine Inschriften, keine Bücher. Solche Spurenlosigkeit war in Asien seltener als in anderen Teilen der außereuropäischen Welt. Der Kontinent war mit Relikten und Trümmern früherer Zivilisationen übersät. Sie mußten erklärt werden. Viele dieser Ruinen waren offensichtlich neuzeitlichen Ursprungs und damit Zeugen militärischer Turbulenzen und jener «Revolutionen», die man vor der Französischen Revolution eher mit Asien als mit Europa in Verbindung brachte. Andere schienen von unvordenklichen Zeiten zu zeugen. An Asien verwunderten oder schreckten die Extreme: Auf der einen Seite fiel Europäern immer wieder die Ruinenlosigkeit besonders von China, Japan und Korea auf. Die dort übliche Holzbauweise ließ Tempel und Paläste schnell zum Opfer von Flammen, Termiten oder organischem Verfall werden. Weniges war älter als vier- oder fünfhundert Jahre. Mangels antiker Monumente fanden es ruinengewöhnte Europäer schwer, sich in Landschaften zu orientieren, die offensichtlich – und anders als die unberührten Wälder und Ebenen Nordamerikas – alte, aber unmarkierte Kulturräume waren.[29] Auf der anderen Seite gab es intakte Monumente von naturhafter Kolossalität, titanenerzeugte Anti-Ruinen, deren Ursprung aus Menschenhand kaum vorstellbar war und die Klima, Erdbeben und Geschichte gleichermaßen zu trotzen schienen. Schon Mendoza hatte 1585 die Große Chinesische Mauer als eine Verbindung von Menschenwerk und geologischem Naturprozeß gedeutet.[30] Charakteristisch war die Verwunderung Johann Michael Wanslebens, als er am 3. Oktober 1664 die ägyptischen Pyramiden sah: «Man entsetzt sich fast bey ihrem Anblick und kann es nicht begreifen, wie so ausserordentlich große Steine so hoch haben heraufgebracht werden können.»[31] Anderen und späteren Reisenden war solche Naivität fremd. Volney gab die widersprüchlichen Gefühle zu Protokoll, die ihn beim Anblick der Pyramiden befielen: Erstaunen, Schrecken, Bewunderung, Respekt, ein Sinn für die Winzigkeit des Menschen. Doch bald übermannte ihn der Zorn auf die Maßlosigkeit und Brutalität der Despoten, die ihrem Volk *ces barbares ouvrages* abgezwungen hatten.[32] Darüber indessen, daß die Pyramiden ebenso wie die Große Mauer keine Ruinen waren, bestand Einigkeit.[33] Nur wenige Europäer sahen jene innerasiatischen Abschnitte der Mauer, die im 18. Jahrhundert bereits verfallen waren, und kaum jemand teilte Edward Gibbons realistische Einsicht, die großen Grenzwälle hätten ohnehin selten etwas gegen die Barbaren genützt.

Die Pyramiden und die Große Chinesische Mauer blieben in der Kenntnis des 18. Jahrhunderts einzigartig als geschichtsenthobene Denkmäler der ewigen Dauer. Charakteristischer war die Ruine als Emblem der Vergänglichkeit. In Asien gab es bereits vor dem Beginn archäologischer Grabungen ganze Ruinenstädte und Ruinenlandschaften zu sehen, wie sie in solcher Ausdehnung in Europa nördlich des Mittelmeeres fehlten. Dazu gehörten Ephesus in Kleinasien, Baalbek und Palmyra in Syrien und vor allem Persepolis im Iran, das spätestens seit den 1670er Jahren immer wieder beschrieben und kommentiert wurde.[34] Bevor man sich mit den Figuren und Inschriften von Persepolis beschäftigte und in ihnen prototypische orientalische Altertümer sah, standen andere Fragen im Vordergrund, etwa diejenige, mit welchem Recht Alexander der Große im Jahre 330 v. Chr. die achämenidische Sommerresidenz niedergebrannt hatte. Während manche dies Alexander als einen Akt des Vandalismus übelnahmen, war immerhin der einflußreiche Kunstrichter Dubos der Ansicht, Alexander habe den Palast mit Recht zerstört, da er ihn als ästhetisch unbefriedigend empfand.[35] Jedenfalls bestand kein Zweifel an der Urheberschaft. Die Ruinen von Persepolis waren das Werk eines hellenischen Eroberers. Gar nichts Rätselhaftes und Pittoreskes, nichts zu tieferen Reflexionen Anregendes hatten indessen die

Ruinen von Alexandria an sich: ein gigantisches, wüstes Trümmerfeld, das seit Thévenots Besuch in den 1650er Jahren bekannt wurde.[36] Ein Reisender nahm es 1817 so wahr:

> Ehe man in die Stadt kommt, gewährt eine Einfassung, durch welche der Weg geht, einen Anblick von Verheerung, der alles übertrifft, was man anderwärts in diesem Lande der Ruinen sieht. Zerstörte Hütten und umgestürzte Tempel füllen den größten Theil davon. Durch die Zeit verwitterte Trümmer des herrlichsten Alterthums liegen neben den Spuren der neuesten Verheerungen in verworrenen Massen aufgehäuft.[37]

Von der Ruine zum Schutthaufen verläuft ein schwer aufhaltsamer Prozeß, und irgendwann wird ein Grad des Formverlusts erreicht, der der Einbildungskraft keinen Anknüpfungspunkt mehr bietet. Wenn «der Plan des Ganzen» unkenntlich geworden ist, verliert die Ruine ihren ästhetischen Reiz und ihre historische Aussagekraft.[38] Das war in Asien recht oft bei Relikten durchaus jüngerer Herkunft der Fall. Zu Zeugen «neuester Verheerungen» durch Kriege oder Erdbeben wurden europäische Reisende nicht nur im Nahen Osten, sondern auch in China nach der Mandschu-Eroberung, in Persien nach der afghanischen Invasion sowie in und um Delhi, wo die Spuren der Zerstörung durch Timur 1399 noch nicht ganz beseitigt waren, als Nadir Schah die Stadt 1739 heimsuchte.[39] Auch die neuzeitlichen Europäer hatten in Asien bereits Ruinen hinterlassen, etwa verlassene portugiesische und holländische Forts. Ganze Länder, namentlich Georgien und Armenien, werden als physisch vollkommen ruiniert beschrieben,[40] und ein radikaler Aufklärer bezeichnet die gesamte Alte Welt als ein einziges Trümmerfeld und rät zur Auswanderung nach Amerika, wo allein ein neuer Aufbau möglich sei.[41] Hier wird die weitere Bedeutung der Ruinenmetapher sichtbar, die Raynal die Sitten der zeitgenössischen Inder als Ruinenfeld bezeichnen läßt und deren sich Herder bedient, wenn er sagt, China sei «wie eine (!) Trümmer der Vorzeit in seiner halb-Mongolischen Einrichtung stehen geblieben».[42]

Weil den Betrachtern der selbstverständliche Tradierungszusammenhang fehlte, welcher Monumente des klassischen Alterums und des Mittelalters als im Grunde vertraut erscheinen ließ, gaben asiatische Ruinen selten Anlaß zu ästhetischen Betrachtungen, zu einer ortlosen Vergänglichkeitsmelancholie und zu einer Ruinenromantik. Um so wichtiger waren historisch-geschichtsphilosophische Reflexionen, die sich an die Kontemplation Asiens knüpften. Man kann sie grob in drei thematische Richtungen unterscheiden: den Niedergangsdiskurs, den Dekadenzdiskurs und den Stagnationsdiskurs.

Der *Niedergangsdiskurs* bewegt sich im Rahmen antiker Vorstellungen vom Aufstieg und Fall der Reiche. Diese Bewegung nachzuvollziehen galt seit jeher als eine der vornehmsten Aufgaben des Geschichtsschreibers; sie wurde durch die Wiederbelebung zyklischer Geschichtsvorstellungen in der Renaissance erneuert und von der Aufklärungshistorie übernommen.[43] Noch Hammer-Purgstall, einer ihrer letzten Vertreter, spricht die alte Sprache klassischer Fatalität, wenn er den Niedergang zum «Loos aller Reiche» erklärt und seine eigene Geschichte des Osmanischen Imperiums dem Modell des Zyklus einschreibt.[44]

Am Beginn der Frühen Neuzeit auf Asien projiziert, hatte dieses Denkmuster eine eher aktuell-politische als eine geschichtsphilosophische Bedeutung. Die Konfrontation mit den Osmanen machte es schon gegen Ende des 16. Jahrhunderts unabweisbar, nach Schwachpunkten und ersten Rissen im imposanten Gebäude der türkischen Macht zu suchen. Dies verlieh der Niedergangsdiskussion im Bezug auf das Osmanische Reich von Anfang an einen starken empirischen Akzent. Der Fall des persischen Safawiden- und des indischen Mogulreiches vollzog sich viel schneller und überraschender als die schleichende Auszehrung des osmanischen Imperiums, so daß europäischen Beobachtern nur die Rolle nachträglicher Chronisten blieb. Gerade der mogulische Kollaps nach 1707 weckte viel Interesse, weil jede seiner möglichen Deutungen Implikationen für die Selbstlegitimierung der neuen europäischen Herren und Lehren für die Zukunft mit sich brachte.[45] Wer zum Beispiel in militärischer Überdehnung und im Aufstieg religiöser Intoleranz unter dem frömmelnden Muslim Aurangzeb einen entscheidenden Grund für das Mogul-Debakel sah, wollte den Briten raten, diese Fehler nicht zu wiederholen und die indischen Untertanen von christlicher Missionierung zu verschonen.[46] Der Niedergangsdiskurs behandelte die einzelnen asiatischen Fälle – dazu auch noch aus der Sicht des späten 18. Jahrhunderts die Erosion der Imperien Portugals und Hollands[47] – für sich. Erst gegen Ende des Jahrhunderts wurden die einzelnen Beispiele zu einem Gesamtszenario des Niedergangs Asiens zusammengefaßt: triumphierend bei denjenigen, die das Zeitalter europäischer Weltherrschaft heraufdämmern sahen, elegisch bei anti-kolonialistischen Kritikern, die den Ruin Süd- und Südostasiens durch törichte Selbstzerstörung und fremde Eroberer beklagten.[48]

Der imperiale Niedergangsdiskurs fand seine Grundmuster in der Antike, war aber, wenn er auf Asien bezogen wurde, vornehmlich in der Neuzeit angesiedelt. Gibbon schlug eine Brücke mit seiner großen Deutung des Untergangs von Byzanz, und William Playfair entwickelte sogar eine bemerkenswerte allgemeine Theorie des Verfalls von Imperien, aus der selbst die heutige Diskussion darüber noch manches lernen könnte.[49] Doch war solche Universalität uncharakteristisch. An Indien zum Beispiel interessierte die Vertreter dieses Diskurses nur das Schicksal des frühneuzeitlichen Mogulreiches, nicht das der glanzvollen hinduistischen Kultur des Altertums. Gerade darum ging es hingegen im *Degenerationsdiskurs.* Er steht an der Grenze zwischen älteren Mythen vom Goldenen Zeitalter und neueren Kulturentstehungstheorien. Der Grundgedanke, vielfach variiert, läßt sich leicht zusammenfassen: Völker, die sich uns heute als Wilde, Barbaren oder entnervte Pseudo-Zivilisierte darstellen, sind in Wahrheit Abkömmlinge uralter Hochkulturen, ihren Ursprüngen längst völlig entfremdet. Was Philosophen phantasiereich ausschmückten, hat Jemina Kindersley in ihrer schlichten Art so formuliert:

So rein das Religionssystem der Hinduhs in seinen ersten Ursprüngen seyn mochte, so gewiß ists, daß sie jetzt keine Ursache haben, darauf zu pochen, denn gegenwärtig besteht das Ganze derselben in wundersamen Ceremonien, wovon das Volk den Sinn nicht versteht; ja, man kann wohl sagen, ohne sich zu irren, viele unter den Braminen selbst nicht.[50]

Der Degenerationsdiskurs findet sich bereits bei englischen Autoren der Renaissance. Sie verstanden Wildheit *(savagery)*, so wie sie den Seefahrern in Amerika begegnete, nicht als rohen Urzustand, aus dem sich die Menschheit allmählich herausentwickelt, sondern als Verfallsprodukt früher Kulturblüte. Die Wilden sind demnach so etwas wie lebende und sich ihrer selbst unbewußte Trümmer ihrer eigenen Vergangenheit.[51] Solche Überlegungen wurden im 18. Jahrhundert vor allem auf Indien übertragen. Hier schien sich ein Beispiel dafür zu bieten, wie das ursprünglich reine Licht der Religion später durch Aberglaube und Ritual erstickt wurde. Man dachte dabei eher an einen langwierigen Prozeß innerer Dekadenz als an einen katastrophalen Barbareneinbruch. Um die Mitte des 18. Jahrhunderts, als Europäer noch kein Sanskrit verstanden und man über das indische Altertum so gut wie nichts wußte (weitaus weniger als über das chinesische), hatte Voltaire von der Weisheit des alten Indien geschwärmt und bei einem Indienkenner wie John Zephaniah Holwell Unterstützung gefunden.[52] Als unter Sir William Jones' Führung in den 1780er Jahren die philologisch fundierte Erforschung des alten Indien begann, erhielt diese Sicht neue Nahrung, auch wenn in den Kreisen der Asiatick Society of Bengal das negative Urteil über die späteren Hindus weniger schroff ausfiel als bei minder gelehrten Verfechtern eines ähnlichen Standpunkts.

Hinter dem Degenerationsdiskurs verbarg sich kein zyklischer, sondern ein linear-diskontinuierlicher Zeitbegriff. Die Figur der Diskontinuität konnte, wenn man es für nötig hielt, bequem ein Desinteresse an der asiatischen Gegenwart begründen, war diese doch, so schien es, nur eine kümmerliche Schwundstufe kultureller Hochblüten. Zugleich konnten Europäer sich aufgerufen fühlen, alleine oder im Zusammenwirken mit Einheimischen die verlorene kulturelle Authentizität wiederzuerwecken und sie für die Gegenwart zu erschließen – ein Programm, das «orientalistisch» klingt, aber im Kontext des frühen 19. Jahrhunderts deshalb nicht unsubversiv war, weil es sich bei der zu rekonstruierenden Hochkultur um eine nicht-christliche handelte.[53]

Die Indiendeutung in den Jahrzehnten um 1800 bewegte sich überwiegend in der Sphäre des Degenerationsdiskurses.[54] Sie verband sich dort mit Spekulationen über den Ursprung von Sprache, Poesie, Kunst und Weisheit, mit dem Ariermythos sowie mit der Urvolkhypothese[55] und gab Anstöße zu neuen Theorien der Prähistorie und Erdgeschichte.

Die «konjekturale», das heißt nur teilweise durch empirische Kenntnisse abgesicherte Vorstellung eines Abstiegs von einer reinen brahmanischen Archaik blieb indes nicht unumstritten. Goethe und Hegel zum Beispiel wollten von den urmythischen Phantasien ihrer romantischen Zeitgenossen nichts wissen. Edmund Burke war der Ansicht, die offensichtliche Dekadenz des heutigen Indien sei nicht durch einen sagenhaften frühen Verlust kultureller Kraft und auch nicht durch muslimische Fremdherrschaft herbeigeführt worden, sondern erst in jüngster Zeit durch die Verbrechen der europäischen Kolonisatoren.[56] Evangelikalen Indienpolitikern mißfiel die schwärmerische Aufwertung des indischen Heidentums. Und James Mill, der als radikaler Aufklärer und Modernisierer kein gutes Haar an der indischen Tradition lassen wollte, sah in der Degenerationsthese nur eine schwächliche Rückzugsposition der Asienfreunde.[57] Die heute zu beobachtende geistige Sklaverei sei der immerwährende Dauerzustand der indischen Zivilisation gewesen. Mill blieb ein unerschütterlicher Anhänger der Idee der asiatischen Stagnation.

Der *Stagnationsdiskurs* unterschied dadurch fundamental von einem Denken in der Kategorie der Degeneration, daß er einen Fortschritt der Menschheitsentwicklung und deren Kulmination im modernen Westeuropa voraussetzte. Nur im Unterschied zu Dynamik läßt sich Statik überhaupt erkennen. «Stagnation» war ein zivilisationshistorischer Begriff. Er sollte nicht aussagen, daß es einem stagnierenden Volk an einer Geschichte der Haupt- und Staatsaktionen mangele. Im Gegenteil, ein ständiger Wechsel des Herrschaftspersonals, eine Folge von «Revolutionen»: dies konnte durchaus mit Stagnation einhergehen. Von Stagnation war vielmehr dann die Rede, wenn Sitten und Gebräuche, Wissen und Gemütsbeschaffenheit, Regierungsart und Weisen des Lebensunterhalts über lange Zeiträume hinweg unverändert blieben, wenn das materielle Leben und die geistigen Fähigkeiten eines Volkes oder eines ganzen Kulturkreises gleichsam auf der Stelle traten. Diese Vorstellung war, selbstverständlich immer wieder unterschiedlich nuanciert, Gemeingut der europäischen Weltinterpretation spätestens seit der Mitte des 18. Jahrhunderts.

Nun hatten Europäer selten hinreichend lange Beobachtungszeiträume vor Augen, um die Immobilität anderer Völker und Zivilisationen wirklich nachweisen zu können. Das Standardargument ergab sich aus dem Vergleich heutiger Reiseerfahrungen mit Texten der Antike: Die Araber der Gegenwart lebten genauso wie die biblischen Erzväter; wenn man im Nahen Osten reise, glaube man «dieselbe Leute» vor sich zu sehen, «von denen Moses und die Propheten geredet haben».[58] In Indien könne man immer noch die Werke des Arrian und des Megasthenes als gültige Beschreibungen der sozialen Verhältnisse verwenden.[59] James Mill (an einer für ihn ungewöhnlich blumigen Stelle) mochte sich sogar die Inder seiner Zeit als lebende Repräsentanten des gesamten orientalischen Altertums vorstellen: «Wenn wir uns heute mit Hindus unterhalten, sprechen wir in einem gewissen Maße mit den Chaldäern und Babyloniern aus der Zeit des Cyrus, mit den Persern und Ägyptern aus der Zeit Alexanders.»[60]

Edward Gibbon, der nicht nur der feinsinnigste unter den «philosophischen» Historikern der Epoche war, sondern außerdem ein sehr genauer Empiriker, hütete sich vor solch gewagten Spekulationen und wählte als sein eigenes Beispiel gesellschaftlicher Versteinerung und kultureller Erstarrung den einzigen leidlich gut dokumentierten Fall: das byzantinische Reich. Andere waren weniger vorsichtig und behaupteten etwa, die Sitten der nomadisierenden Araber seien noch dieselben wie vor drei- bis viertausend Jahren[61] oder die Chinesen machten heute noch die gleiche unmelodische und unharmonische Musik wie «in ihrer ersten Kindheit».[62] Niemand wußte dergleichen natürlich genau. Es handelte sich meist um verselbständigte Klischees. Im Falle der Vorstellung, die sehr alte und weit zurückreichend historiographisch dokumentierte chinesische Kultur verharre im Zustande wandelloser Identität mit sich selbst, folgten die Jesuiten, die diese Sicht im Westen verbreiteten, durchaus der chinesischen Selbstinterpretation, genauer: derjenigen des einflußreichen Neokonfuzianismus des 13. Jahrhunderts. Zumindest hier war die Stagnationsthese nicht bloß eine europäische «Erfindung», sondern mindestens ebensosehr die Anverwandlung eines Bildes, das sich «die Anderen» von sich selbst machten. Gelehrte wie Joseph de Guignes, der die ost- und zentralasiatischen Geschichtsquellen besser kannte als jeder andere Europäer, oder Jean-Baptiste d'Anville, der sich als Kartograph über die ständige Veränderung der chinesischen Reichsgrenzen im klaren war, erlaubten sich vorsichtige Korrekturen an einer übertriebenen Statikthese.[63] Andere argumentierten eher theoretisch: Es sei nicht glaubhaft, daß *sämtliche*, modern gesagt, Teilsysteme einer Zivilisation in gleicher Erstarrung verharrten. Sei es nicht denkbar, daß sich – um an Montesquieus Unterscheidung zu erinnern - *les mœurs* weiterentwickelten, nicht aber *les loix*, daß also die alten Gesetze Chinas für die modernen Chinesen nicht mehr taugten?[64]

Die Diagnose statischer Verhältnisse konnte mit unterschiedlichen Wertungen verbunden werden. So war es durchaus möglich, das (angebliche) Fehlen einer Kleidermode im Orient als einen Vorteil zu sehen. Putzsucht und Verschwendung würden dadurch vermieden, einmal erreichte perfekte Lösungen umweltgerechter Schneiderkunst nicht durch mutwillige Veränderungen aufs Spiel gesetzt.[65] Die Sumatraner wunderten sich, bemerkt Marsden, über den schnellen Modewechsel der Europäer und glaubten, deren Sachen würden nichts taugen.[66] Der geschmackliche Konservatismus der Asiaten konnte harmlos als Liebe zum Alten gedeutet, Abwesenheit politischen Wandels als Stabilität und Zeichen hoher Staatskunst begrüßt werden.[67] Solche Urteile wurden seit den 1760er Jahren immer seltener. Johann Joachim Winckelmann stellte 1764 in seiner *Geschichte der Kunst der Altertums* die fortschreitende Entfaltung der griechischen Kunst der Stagnation und Einförmigkeit besonders der Menschendarstellung bei Ägyptern und Persern gegenüber.[68] Stilwandel wurde zu einem weiteren Anzeichen okzidentaler Überlegenheit. Stil war die veredelte Form der Mode.

Schärfer und schärfer polarisierten sich Gegensätze wie Lebendigkeit und tödliche Erstarrung, Kreativität und geistige Sterilität, *improvement* und Konservierung schlechter Traditionen. Im Lichte des neuen Entwicklungsdenkens war Stillstand durch nichts zu rechtfertigen, Stabilität zu einer Untugend geworden. Dies zeigte sich besonders deutlich in einer nun auftretenden semantischen Entzweiung. Während die Geschichte Europas in einer Sprache der Tätigkeit und Subjekthaftigkeit beschrieben wurde, wandte man auf die stagnierenden und rückständigen Gesellschaften Asiens mechanistische oder biologisch-organische Metaphern an. Pierre Sonnerat bezeichnet 1782 China als eine Repetitionskultur ohne Einbildungskraft und Genie: *tout se fait machinalement ou par routine.*[69] Wenig später beschwört Herder ein ähnliches Bild leer vor sich hinschnurrender Betriebsamkeit. Er spricht von einem «mechanischen Triebwerk der [konfuzianischen] Sittenlehre»[70] und behauptet von der chinesischen Nation, ihr «innerer Kreislauf» sei «wie das Leben der schlafenden Wintertiere».[71] Die Große Landkarte der Menschheit, auf der sich die einzelnen Völker nur graduell voneinander unterschieden, wird durch eine wiederbelebte Polarität von Orient und Okzident ersetzt. Sie wiederum wird im Lichte des Gegensatzes von Natur und Geschichte interpretiert: Die Geschichte des Orients ist passiv, naturähnlich, pflanzenhaft, ein klappernder Mechanismus der Einförmigkeit, kurz: ziel- und bewußlos; nur die des Okzidents hat Teil an der höheren Welt des sittlichen Wollens.

Auf dem Höhepunkt des Entwicklungsdenkens, bei Condorcet und vor allem bei Hegel, wird diese Gegenüberstellung anspruchsvoll ausgeführt. Bei Hegel verbindet sich eine beispiellose geschichtsphilosophische Apotheose der Überlegenheit des heutigen Europa mit dem Bemühen, den philosophisch abgewerteten Kulturen Asiens durch eine empirisch sorgsam untermauerte, noch über Herder hinausgehende Charakteristik ihrer jeweiligen Individualitäten gerecht zu werden.[72] Diese Koppelung von geschichts*philosophischer* Exklusion und geschichts*wissenschaftlicher* Inklusion ist folgenlos geblieben. Charakteristisch für das 19. Jahrhundert wird die schematische Verabsolutierung des Stagnationsverdachts bis zu dem Punkt, an dem sich – wie bereits bei Herder angelegt – von der «Geschichtslosigkeit» der asiatischen Völker, ihrem Ausschluß aus der welthistorischen Bewegung reden läßt.[73] Wer sogar die Slawen für geschichtslos hält, sagt, wie eng er den Kreis der welthistorischen Subjekte ziehen will. Die beste rationale Darlegung des mit «Geschichtslosigkeit» allenfalls Gemeinten, nämlich Adam Smiths und Jean-Baptiste Says Theorie der stationären Wirtschaft, dringt kaum über den Zirkel weniger Ökonomen hinaus und berührt Historie und Geschichtsphilosophie nur in Karl Marx' späteren Erwägungen zu einer «asiatischen Produktionsweise» und in einigen verstreuten Äußerungen John Stuart Mills.

Unter den drei Diskursen, in denen man die Geschichte Asiens zu fassen versuchte, wurde im 19. Jahrhundert der Stagnationsdiskurs der bei weitem einflußreichste. Imperiale Zyklenmodelle schienen sich von selbst erledigt zu haben, nachdem beinahe alle asiatischen Reiche vor dem westlichen Imperialismus kapituliert hatten und viktorianische Kolonialstrategen überzeugt waren, Rezepte zu besitzen, um dem traurigen Schicksal ihrer portugiesischen, spanischen und holländischen Vorgänger zu entgehen. Zumindest das britische Empire sollte die Fatalität von Aufstieg und Fall durchbrechen und für die Ewigkeit gebaut sein. Der kulturelle Degenerationsdiskurs geriet in dem Maße intellektuell ins Abseits, in welchem die neuen orientalistischen Disziplinen und die vorderasiatische Archäologie, die um 1810 mit den ersten Erkundungen von Claudius Rich, dem jungen britischen Residenten in Bagdad, begann,[74] Vorstellungen von einem frühen Goldenen Zeitalter in einem realistischeren Lichte erscheinen ließen. Das Degenerationsdenken überwinterte im mythisierenden Untergrund einer wissenschaftlich unkontrollierten Romantik, bis es um die Jahrhundertmitte durch Lehren über rassische Dekadenz infolge von «Blutmischung» wiederbelebt wurde. Nur der Stagnationsdiskurs schien im Einklang mit Zeitgeist und wissenschaftlichen Erkenntnissen zu stehen. Daß Asien den Anschluß an das von Erfolg zu Erfolg stürmende moderne Europa verloren hatte, bewies sich immerfort aufs neue.

4. Von der Zivilisationstheorie zur Zivilisierungsmission

Ein bis zur Vulgarität schlichtes Weltbild, das die Menschheit in einen aktiven, geschichtsmächtigen Westen und den passiven, geschichtslosen Rest einteilte, war indes nicht das einzige Erbe der viel differenzierteren Überlegungen großer Denker wie Voltaire, Gibbon, Schlözer, Ferguson oder selbst des doppelgesichtigen Herder, der Eigensinn und Eigenwert aller Kulturen mit beispiellosem Nachdruck betonte und doch zugleich manche der späteren Vereinfachungen vorbereitete. Eine andere ideengeschichtliche Linie, die vom 18. ins 19. Jahrhundert führt, läßt sich am Leitfaden der Vorstellungen von «Zivilisation» aufzeigen.

Die Grundkonzeption der Aufklärung von Geschichte und sozialer Evolution war universal und unitarisch und beruhte auf dem Gedanken, die Menschen aller Völker und Rassen seien bei allen äußerlichen Unterschieden mit den gleichen Anlagen begabt. Es war daher undenkbar, einzelne Völker aus dem Weltprozeß auszugrenzen. «Wilde» und «Barbaren» hatten an ihm ebenso teil wie die «gesitteten» Völker, die man vorwiegend, aber nicht ausschließlich in Europa antraf. Eindeutig diskriminierende Begriffe wie «Primitive» oder «Naturvölker» waren noch nicht gebräuchlich. Die «Roheit» der Wilden mochte abstoßen, doch kaum jemand wollte ihnen das Potential zu künftiger Entwicklung absprechen. Waren nicht die heutigen Europäer Nachkommen der ungehobelten Stämme, die Caesar und Tacitus beschrieben hatten? Friedrich Schiller formulierte dieses Geschichtsbild anschaulich in seiner Jenenser Antrittsrede von 1789:

> Die Entdeckungen, welche unsre europäischen Seefahrer in fernen Meeren und auf entlegenen Küsten gemacht haben, geben uns ein ebenso lehrreiches als unterhaltendes Schauspiel. Sie zeigen uns Völkerschaften, die auf den mannigfaltigsten Stufen der Bildung um uns herum gelagert sind, wie Kinder verschiednen Alters um einen Erwachsenen herumstehen und durch ihr Beispiel ihm in Erinnerung bringen, was er selbst vormals gewesen und wovon er ausgegangen ist.[75]

Bei Schiller ist die Geschichte eine solche der «Bildung», bei anderen, etwa Turgot und den schottischen Aufklärern, ist sie eine der materiellen Subsistenzweise und des Rechts. Es gab viele andere Konzeptionen. Fast allen waren die Idee der Perfektibilität des Menschen und die Überzeugung gemeinsam, die einzelnen Völker und Völkergruppen würden den menschheitlichen Zivilisierungsprozeß, den man sich oft als einen Durchgang durch eine Folge von Stadien dachte, in unterschiedlichem Tempo durchlaufen. Es gab also immer Vorreiter und Nachzügler. Daß dies so war, erklärte sich in letzter Instanz aus Umweltbedingungen, nicht aber aus anthropologischen oder kulturellen Defiziten. Die Nachzügler konnten, wenn sie genug Weitsicht besaßen, in den Vorreitern einen Schimmer ihrer eigenen möglichen Zukunft erkennen, die Vorreiter wiederum sahen in den rückständigen Völkern ihre eigene jugendfrische Vergangenheit: als Kontrastfolie zur Bestätigung des selbst Erreichten, aber auch als Warnung vor möglicher Regression.

Wenn Zivilisierung prozessual vonstatten ging und nicht plötzlich aufgrund von göttlicher oder prophetischer Intervention, dann stellte sich das Problem der Bescheibung und Benennung gradueller Abstufungen. Die alte Trias Wilde – Barbaren – gesittete Völker erwies sich als zu grobschlächtig. Die schottische Stadienfolge Jäger – Hirten – Ackerbauern – Händler *(commercial society)* war leichter «operationalisierbar», setzte aber bereits eine materiale Zivilisationstheorie voraus, der nicht jeder zustimmen mochte. Darüber, daß Universalgeschichte nicht als Addition von Nationalgeschichten, sondern als «Kulturgeschichte» oder *history of civilization* zu schreiben sei, ließ sich seit den 1760er Jahren leicht gesamteuropäisches Einvernehmen erzielen. Selbst einige der bedeutendsten unter den frühen Darstellungen einer nationalen Geschichte – vor allen anderen David Humes *History of England* (1754–62) und William Robertsons *History of Scotland* (1759) – waren im Grunde am nationalen Beispiel exemplifizierte Geschichten von Zivilisierungsprozessen.[76] Schon in den 1780er Jahren gab der gelehrte anglo-irische Geistliche George Gregory allerdings zu bedenken, ob nicht eine Zivilisationsgeschichte der Menschheit auf die frühen Phasen bis zur Konsolidierung von Ackerbau und Staat beschränkt werden müsse, weil sich danach als Folge mehr oder weniger zufälliger Einflüsse *(casual interventions)* Nationalcharaktere immer kräftiger ausprägten.[77] Dieser methodische Zweifel beeinträchtigte die Konjunktur von Geschichten des Menschengeschlechts freilich fürs erste nicht. Ihr Höhepunkt wurde erreicht, als Condorcet 1793 zehn Zeitalter beschrieb, welche die Menschheit bei ihrer geistigen Entwicklung seit der ersten Stammesbildung durchlaufen habe.

Die einzelnen Zivilisationsgeschichten unterschieden sich vor allem darin, ob ihre Autoren mehr an der *Entstehung* der Zivilisation, also an der großen Domestizierung des Menschengeschlechts *(the great taming of the human race)*,[78] interessiert waren, oder mehr – wie Hume, Robertson und Gibbon – die *Entwicklung* von Zivilisation in Europa seit der Spätantike im Auge hatten.[79] Darüber, was im einzelnen Zivilisierung ausmache und welche Triebkräfte sie bewirkten, gab es ebenso viele Ansichten wie Teilnehmer an der Debatte. Die zuerst von Fréret und Voltaire angedeutete Möglichkeit, es könne eigenständige nicht-europäische Zivilisierungspfade geben, war Universalhistorikern wie Gibbon und

Schlözer stets gegenwärtig. In einem hochbedeutenden Versuch entwarf der Jenenser Orientalist Johann Gottfried Ludwig Kosegarten, einer der Gewährsleute Goethes bei dessen Studien zur Weltliteratur, eine auf breiter Quellenkenntnis beruhende, aber im Sinne der Aufklärung theoretisch-«philosophische» Zivilisationsgeschichte des Morgenlandes: ein würdiges orientalisches Gegenstück zu William Robertsons berühmter Analyse der europäischen Geschichte sei dem Untergang Westroms.[80] Kosegarten, dessen Morgenland geographisch von den Hebräern und Phöniziern bis nach Indien reicht, verfolgt die Evolution asiatischer Gesellschaften vom Entstehen der ersten Stammesstrukturen über die Tätigkeit früher Gesetzgeber, das Aufkommen von Religion, Kultus und Priesterstand bis zu jener Schwelle der Zivilisationsentwicklung, die er den «gesellschaftlichen und sittlichen Zustand» nennt.[81] Er meidet allzu kühne Deduktionen und bezieht sich vor allem auf die alten «Gesetzbücher» der verschiedenen Völker, wenn er das Gemeinsame der orientalischen Hochkulturen beschreibt: einen leistungsfähigen Ackerbau, eine hochdifferenzierte gewerbliche Arbeitsteilung, die Ausprägung gesellschaftlicher Hierarchien, die Allgegenwärtigkeit, aber relativ geringe Bedeutung von Sklaverei, die Verpflichtung zu Gastfreundschaft und gegenseitiger Hilfeleistung, die Verehrung der Alten und die Hochschätzung der Frauen usw. Innerhalb dieses gesamtorientalischen Entwicklungsweges unterscheidet er dann zwischen Varianten, etwa Gesellschaften, in denen Priester, und solchen, in denen Krieger Vorrang genießen. Die neuzeitliche Geschichte des Morgenlandes habe viele dieser frühen Eigentümlichkeiten bewahrt, ohne daß von einer Stagnation gesprochen werden könne. Immer wieder sei Wandel zu beobachten und keineswegs nur ein solcher im Sinne des Fortschritts. So hätten Frauen unter den alten Arabern eine größere Freiheit genossen als bei den späteren.[82] Kosegarten begnügt sich mit einer Skizze. Breit ausgearbeitet hat er seine in manchem an Heeren erinnernde Gesellschaftsgeschichte des Morgenlandes nicht. Ihre Bedeutung liegt darin, daß er – vielleicht in bewußtem Einspruch gegen das, was Hegel kurz zuvor auf seinem Berliner Katheder vorgetragen hatte – Asien noch einmal in seinem eigentümlichen Zivilisationsgang darstellte, der nicht mit abendländischen Maßstäben zu messen war, aber dennoch einen Teil der gemeinsamen Menschheitsgeschichte ausmachte. In Hegels Todesjahr 1831 veröffentlicht, liest sich das Buch gleichwohl wie ein Dokument des 18. Jahrhunderts.

Mit der Zeit wurde die verborgene Normativität des Zivilisationsbegriffs immer sichtbarer hervorgekehrt. Der Relativismus eines Sir William Jones, der 1787 meinte, jeder verstehe unter Zivilisation doch nur «die Gewohnheiten und Vorurteile der eigenen Nation»,[83] kam schon vor der Jahrhundertwende aus der Mode. Es ging nicht darum, dichotomisch zwischen Zivilisierten und Nicht-Zivilisierten zu unterscheiden. Dies begann erst am Ende unserer Periode, etwa wenn Friedrich Schlegel 1828 verkündete, der Islam habe überhaupt keine Zivilisation hervorgebracht.[84] Die weithin verbreitete Auffassung von einem einheitlichen Zivilisationsprozeß, in dem die einzelnen Völker unterschiedliche Reifegrade erreicht hatten, aber in der Regel zu weiterer Vervollkommung fähig waren, schloß strenge Dichotomien einstweilen aus. Das Problem war vielmehr, die Nähe oder Ferne einer bestimmten Menschengruppe zur voll entfalteten Zivilisation, also nach dem Verständnis der meisten dem Westeuropa der Gegenwart, zu bestimmen. Dieser Index konnte ein zeitlicher sein, etwa bei Volney, wenn er präzise angab, der Geist der ägyptischen Mamluken verharre im 12. Jahrhundert, und der Rest des Landes sei sogar im 10. Jahrhundert stehengeblieben.[85] Oder man dachte sich eine Skala der Zivilisiertheit, auf der jedes Volk – so wie heute etwa auf dem Human Development Index der Vereinten Nationen – eine bestimmte Stelle besetzte. Dazu waren selbstverständlich Kriterien oder, wie es heute heißen würde, Indikatoren von Zivilisiertheit erforderlich. Zivilisation wurde also nicht in schroffer Entgegensetzung als Gegenteil von Barbarei aufgefaßt, sondern als fein abgestufte Kulturleistung.

Bei britischen Autoren gewann eine solche Denkweise eine besondere Bedeutung. Engländer hatten schon im 16. und 17. Jahrhundert ihren Abstand zu den benachbarten und teilweise von ihnen kolonisierten *wild Irish* zu bestimmen gesucht. Um 1800 wurde es wichtig, sich einen Überblick über die Verhältnisse im asiatischen Expansionsgebiet und jenseits seiner Grenzen zu verschaffen. Nunmehr stellte man sich die Aufgabe, «jeder Gesellschaft den Platz zuzuweisen, den sie in den großen Kette der menschlichen Verhältnisse *(the great chain of human things)* einnimmt».[86] In dieser Formulierung Hugh Murrays aus dem Jahre 1808 klingt noch die alte kosmologische Vorstellung von einer «großen Kette der Geschöpfe» an. Sie wurde zu eben dieser Zeit entbiologisiert und zu einem Instrument der Gesellschafts- und Kulturanalyse umgeformt. Daß eine Leiter der Zivilisiertheit *(a scale of civilization)* leicht als *a scale of races* interpretiert werden konnte, ist offensichtlich. Dies geschah aber erst – nach Anfängen seit dem späten 18. Jahrhundert – in der Zeit nach etwa 1830.

William Marsden, der neben seinen Altersgenossen Volney und Georg Forster den spätaufklärerischen Typus des sowohl wissenschaftlichen als auch «philosophischen» Reisenden am eindrucksvollsten verkörpert, war einer der Urheber dieses neuen, feinstufig hierarchisierenden Zivilisationsverständnisses. Die entscheidende Passage in seiner *History of Sumatra* 1783, zuetzt wiederveröffentlicht 1811, verdient es, ausführlich zitiert zu werden:

Es ist nicht einfach, den Rangplatz der Bewohner dieser Insel auf der Skala der bürgerlichen Gesellschaft *(the scale of civil society)* zu bestimmen. Obwohl sie weit von jenem Punkt entfernt sind, zu dem sich die kultivierten Staaten Europas erhoben haben, trennt sie ein nahezu gleich großer Abstand von den wilden Stämmen Afrikas und Amerikas. Wenn wir die Menschheit summarisch in fünf Kategorien einteilen, von denen jede wiederum in zahllose Unterklassen differenziert werden könnte, dann wären die zivilisierteren Sumatraner der dritten und die übrigen der vierten Kategorie zuzurechnen.

In die erste Kategorie würde ich selbstverständlich einige der Republiken des antiken Griechenland zu ihrer Blütezeit einschließen, daneben Rom im augusteischen Zeitalter und der Zeit kurz davor und kurz danach, Frankreich, England und andere hochentwickelte *(refined)* europäische Nationen während der letzten Jahrhunderte und vielleicht auch China. Die zweite Kategorie müßte die großen asiatischen Reiche auf dem Höhepunkt ihres Wohlstandes umfassen: Persien, das Mogulreich und die Türkei, daneben verschiedene europäische Königtümer. Neben den Sumatranern und ein paar anderen Staaten des östlichen Archipels würde ich zur dritten Klasse die Nationen Nordafrikas und die zivilisierteren unter den Arabern rechnen. Zur vierten Klasse gehören die weniger zivilisierten Sumatraner und die Völker der neuentdeckten Südseeinseln, vielleicht auch die berühmten Reiche von Mexiko und Peru. Die tatarischen Horden und alle diejenigen Völker in den verschiedenen Erdteilen, die persönliches Eigentum und irgendeine Form dauerhafter Unterordnung *(established subordination)* kennen, stehen um eine Stufe über den Kariben, den Australiern *(New Hollanders)*, den Lappen und den Hottentotten. Diese alle zeigen das Menschengeschlecht in seiner wildesten *(the rudest)* und würdelosesten Gestalt.[87]

Obwohl sich Marsden später zu seinen Kriterien für Zivilisiertheit äußert, ist seine Einteilung impressionistisch, wenn auch auf weitreichende historische und ethnographische Kenntnisse gegründet. Sie ist unter anderem deshalb bemerkenswert, weil sie eine strenge Ost-West-Dichotomie noch vermeidet. Europa wird bereits deutlich an die Spitze der Hierarchie gerückt, doch muß es sich die beiden oberen Rangklassen mit asiatischen Gesellschaften teilen. China gehört «vielleicht» sogar zur obersten Kategorie. *Some European kingdoms* – Marsden mag an Spanien, Skandinavien und die osteuropäischen Staaten denken – sind den muslimischen Reichen der Frühen Neuzeit keineswegs überlegen. Die Einteilung verläuft quer über Religionen, Hautfarben und Nationalcharaktere hinweg. Von einer Rassenhierarchie, wie sie gleichzeitig bereits Christoph Meiners mit seiner Unterscheidung von hellen, schönen und herrschenden Völkern einerseits, dunklen, häßlichen und dienenden Völkern andererseits konstruiert,[88] ist der Zivilisationstheoretiker Marsden weit entfernt. Auch unterscheidet Marsden zwischen Blüte- und Verfallsperioden einer Zivilisation: nicht Rom an sich, sondern das augusteische Rom verdient die Bestnote. Nicht ganze Zivilisationen werden miteinander verglichen, sondern historisch präzisierbare kulturelle Lagen.

Als um die Jahrhundertwende der Siegeszug der «Zivilisationsskala» begann, hielt indes kaum jemand an der abgewogenen Mehrdimensionalität von Marsdens Klassifikation fest. Nun waren eindeutige Zensuren gefagt. 1804 war John Barrow nicht damit zufrieden, zu erzählen, was er 1793/94 im Gefolge Lord Macartneys in China gesehen und erlebt hatte. Nein, sein Ziel war es, die Leser zu befähigen, «den Rangplatz Chinas auf der Skala der zivilisierten Nationen» zu ermitteln.[89] Wohlgemerkt: China wurde hier noch unter die zivilisierten Nationen gezählt. Alles kam nun darauf an, *wie* zivilisiert oder unzivilisiert es war. Die Skala ermöglichte auch, Bewegungen zu verfolgen und Vergleiche anzustellen. Vor einem Jahrhundert, erläutert Barrow, begann Rußland unter Peter dem Großen gerade, sich aus der Barbarei hervorzuarbeiten. In weiteren hundert Jahren «wird es in friedlichen wie in militärischen Künsten eine herausragende Rolle unter den europäischen Nationen spielen».[90] Man halte China dagegen: schon vor zweitausend Jahren hochzivilisiert, aber nun erschöpft und kaum entwicklungsfähig: *under its present state of existence not likely to advance in any kind of improvement.*[91] *Under its present state* ...: China war, wie man beachten sollte, in Barrows Augen keineswegs schicksalhaft zu Stillstand oder Untergang verdammt. Reformen, vielleicht ein chinesischer Peter der Große, könnten es unter Umständen retten. Barrows Gesichtspunkte wiederholen sich bei zahlreichen anderen Asienautoren. Wenn Malcolm über Persien schreibt, Mill über Indien, Elphinstone über Afghanistan, Raffles über Java, Crawfurd über Siam, Burma und Cochinchina, Volney über Syrien und Ägypten oder auch Tocqueville über Algerien, dann fragen sie nach dem Zivilisierungsgrad der jeweiligen Bevölkerung oder bestimmter ethnischer und sozialer Gruppe. In einigen Fällen hat dies praktische Gründe. Der weise imperiale Gesetzgeber muß die Verhältnisse korrekt einschätzen, auf die er seine Ordnungen zuschneidert.

Pedanten stellten ohne Marsdens zögernde Vorsicht regelrechte Hitparaden der Völker auf. Die Burmesen, sagt Crawfurd 1834, stehen nach ihrem Zivilisationsgrad weit unter den hinduistischen Indern und erst recht unter den Chinesen, aber auf etwa gleicher Ebene mit den Siamesen und den Javanern. Den Bewohnern der östlichen indonesischen Inseln sind sie überlegen, doch hat Crawfurd Bedenken, diese überhaupt für vergleichbar zu halten.[92] Der Reisende Michael Symes, kein Pedant, hatte im Jahre 1800 schon die Problematik eindeutiger Zensuren erkannt: «In manchen ihrer Anlagen zeigen die Burmesen die Wildheit *(ferocity)* von Barbaren, in anderen die Humanität und das Zartgefühl des kultivierten Lebens *(the humanity and tenderness of polished life)*.»[93] Hier schwingen die Ironien der hohen Aufklärung mit, als es möglich war, die Herzensgüte der Kannibalen zu preisen und asiatische Völker für gleichwertig und zuweilen sogar für überlegen zu halten.[94]

So wurde aus der universalen Zivilisationstheorie und Zivilisationsgeschichte der Aufklärung im frühen 19. Jahrhundert ein Werkzeug zu einer Art von proto-modernisierungstheoretischer Hierarchisierung der Gesellschaften der Erde. Die Maßstäblichkeit des viktorianischen England oder eines Frankreich, in dem ein bedeutender Zivilisationshistoriker, François Guizot, eine führende politische Rolle spielte, stand außer Frage. Ein zivilisationstheoretisch aufgerüstetes europäisches Überlegenheitsgefühl führte nun zu neuen Begründungen imperialer Expansion. Aus Sonderbewußtsein wurde Sendungsideologie, aus Zivilisationstheorie die Überzeugung von einer *mission civilisatrice*: dem Recht, wenn nicht gar der Pflicht des fortgeschrittenen Europa, gegen asiatische Finsternis die universalen Werte des Fortschritts durchzusetzen.[95] Das expansive Sendungsbewußtsein der Französischen Revolution hatte einem solchen Interventionsgebot vorgearbeitet. Seitdem erschien möglich, was das ältere Völkerrecht im allgemeinen ausgeschlossen hatte: die Unterstützung einer Volkserhebung gegen unerträgliche Tyrannei, sogar ein äußeres Eingreifen dann, wenn Despotie oder die bleierne Last einer inhumanen Tradition Protestregungen noch nicht einmal aufkommen ließen.

Bis gegen Ende des 18. Jahrhunderts war koloniale Landnahme je nach den Umständen mit wirtschaftlichen Zielen, Fürstenglorie, präventiver Vorteilssicherung im Wettwerb der Mächte, mit Notwehr in einem gerechten Krieg, mit dem Recht zur Aneignung «herrenlosen» Landes oder mit einem paulinischen Missionsauftrag begründet worden, aber nicht mit humanitären Motiven. Humanitär war vielmehr die Kolonialismus*kritik* der Aufklärung geprägt, die in Raynal/Diderot und Burke ihren Höhepunkt ereichte. Condorcet schreibt in ihrem Sinne 1793:

> Verfolgt einmal die Geschichte unserer Unternehmungen, unserer Niederlassungen in Afrika und Asien! Und was werdet ihr sehen? Unsere Handelsmonopole, unsere Verrätereien, unsere grausame Mißachtung der Menschen anderer Farbe oder anderen Glaubens, die Frechheit unserer widerrechtlichen Anmaßungen, die maßlose Bekehrungssucht und die Intrigen unserer Priester! Ihr werdet sehen, wie all dies das Gefühl der Achtung und des Wohlwollens zerstört, welches uns die Überlegenheit unserer Aufklärung und die Vorteile unseres Handels zunächst eingebracht hatten. Allein es besteht kein Zweifel, daß der Augenblick nahe ist, da wir uns diesen Völkern nicht länger als Verderber und Tyrannen zeigen, sondern ihnen nützliche Helfer oder edelmütige Befreier sein werden.[96]

Condorcet, einem energischen Kämpfer gegen die Sklaverei, war es ernst mit diesen Anklagen und Erwartungen. Er hoffte auf eine künftige Partnerschaft zwischen Ost und West, Nord und Süd. Unter welchen Umständen und mit welchen Absichten aber sollten die «edelmütigen Befreier» in Aktion treten? Das war der zentrale Punkt.

Ein radikaler Relativismus, der die prinzipielle Gleichwertigkeit aller Zivilisationen und Religionen sowie die annähernd gleiche Legitimität aller politischen Systeme diesseits tyrannischer Entartung annimmt, schließt die Rechtfertigung von imperialer Machtausübung aus. Dies war die Auffassung von Engelbert Kaempfer, Edmund Burke (jedenfalls in der Indienfrage), Herder und Kant. In schwächerer Form teilten die meisten Autoren der Aufklärung diese Ansicht. Selbst Montesquieu rief nicht zu einem Kreuzzug gegen die orientalische Despotie auf, die für ihn ohnehin zum Teil ein Produkt unveränderlicher klimatischer Umstände war. Im Gegensatz dazu führen Lehren von der natürlichen Überlegenheit der weißen Rasse zu sozialdarwinistischen Begründungen von Aggression und Annexion aus Erobererrecht und den Privilegien des Stärkeren. Diese Doktrin lag dem Hochimperialismus des späten 19. Jahrhunderts zugrunde. Von beiden extremen Positionen unterschied sich eine Haltung, die zwischen etwa 1790 und 1830 den Höhepunkt ihrer praktischen Wirksamkeit erreichte. Sie folgte theoretisch aus einem normativen Zivilisationsbegriff.

Die Zivilisationstheorie der Spätaufklärung, die sich mit dem Leitbegriff der *scale of civilization* kennzeichnen läßt, war dynamisch. Die Werthierarchie der Gesellschaften der Erde war nicht unveränderlich festgelegt. Geographisch-klimatische und anthropologisch-rassische Bedingungen, die sich handelnder Einwirkung weitgehend entzogen, waren nur zu einem geringeren Teil für Entwicklungsrückstände verantwortlich zu machen. Die Hauptursachen für die mangelnde Nutzung oft großer natürlicher Potentiale waren vom Menschen hervorgerufen und daher korrigierbar: Despotie und religiöser «Aberglaube» hielten Asien in eisernen Banden. Sie verhinderten das Aufblühen von Wissenschaften und Künsten, von Erfindungsgeist und Erwerbstrieb. «Edelmütige Befreier» (Condorcet) aus den freien Ländern des Westens konnten die Entwicklungsbremsen lösen.

Dies war eine innerweltliche und pragmatische Gedankenkette, die religiöser und moralischer Unterstützung eigentlich nicht bedurfte. Wenn ein christliches Sendungsbewußtsein und – wie bei dem einflußreichen Indienpolitiker Charles Grant – das Programm von *moral reform* heidnischer Sitten hinzutraten, konnte der interventionistische Impetus aber noch verstärkt werden.[97] Ein Eingreifen des zivilisatorisch avancierten Westens war nötig, weil man nicht auf das langsame Reifen der sozialen Evolution vertrauen mochte. Auch waren die Völker Asiens nach Jahrhunderten oder gar Jahrtausenden politischer und geistiger Knechtschaft zur Selbstbefreiung von Despotie und Aberglauben nicht imstande. Condorcets «edelmütige Befreier» mußten daher – wie Bonaparte 1798 in Ägypten – aus eigenem Antrieb und meist ungerufen aktiv werden. Sie nahmen sich das Recht, Despoten und Brecher internationalen Rechts, zum Beispiel das sklavenraubende Piratenregime von Algier, zu stürzen, religiöse «Exzesse» zu beschneiden und modernisierungsfördernde Rechtsinstitutionen einzuführen. Bestehende Kolonialsysteme sollten sich in dieser Weise reformieren und die sittliche Hebung und ökonomische Wohlfahrt ihrer Untertanen anstreben; eben dies sahen die Briten als ihre Aufgabe an, als sie am Kap der Guten Hoffnung, auf Ceylon und für einige Jahre (1811–16) auch auf Java das Erbe des in ihren Augen selbstsüchtigen und verkommenen Kolonialismus der holländischen V.O.C. antraten. In anderen Fälle schien Druck auf starrsinnige einheimische Regierungen statthaft zu sein: Der deutsche Aufklärer Christian Wilhelm Dohm, ein beherzter Kämpfer für die Rechte von Frauen und Juden, hatte schon 1779 die bewaffnete Öffnung des «unnatürlich verschlossenen Reichs» der Tokugawa-Shogune gefordert, damit die Japaner mit «Kultur und Aufklärung» in Berührung kämen und die ganze Welt vom Handel mit ihnen profitieren könne.[98] Gegen schlimme Tyrannen wie Tipu Sultan von Maisur oder die osmanischen Unterdrücker der freiheitsliebenden Hellenen war notfalls eine befreiende militärische Intervention erlaubt. Es wäre verwerflich, wenn die Europäer ihr neues Glück eigensüchtig für sich behielten. Die Zivilisation, verkündete der große Indologe Henry Thomas Colebrooke 1823 anläßlich der Gründung der Royal Asiatic Society, stammt aus Asien. Jetzt hat das moderne Europa die Pflicht und die Möglichkeit, seine Schuld zurückzuerstatten und seinerseits die Zivilisierung Asiens in die Hand zu nehmen![99]

Es wäre töricht, zivilisationstheoretische Entwürfe der Spätaufklärung für die neue Aggressivität verantwortlich zu machen, die Großbritannien, Frankreich und Rußland in den 1790er Jahren in Asien und Nordafrika an den Tag legten. Sie waren ein Faktor unter vielen anderen, die bei einer zureichenden Erklärung dieser Entwicklung zu berücksichtigen wären. Aber man darf die Folgen der Veränderungen von Ideen, Werten und Haltungen auf die reale Welt nicht übersehen. Das neu gestärkte europäische Sonderbewußtsein im Zeitalter Napoleons und der aufblühenden europäischen Nationalismen rief ein paradoxes Ergebnis hervor: Einerseits förderte es eine europazentrische Selbstbezogenheit, die Asien im Bewußtsein der gebildeten Öffentlichkeit marginalisierte und den kollektiven Narzißmus der globalen Leitzivilisation in ungekannte Höhen hob. Andererseits öffnete es einen Raum für säkulare Sendungsideologien einer *mission civilisatrice*, die in einem Umfeld krisenhafter Schwäche der asiatisch-orientalischen Länder von Algerien bis Japan auf Verwirklichung drängten.

Keineswegs ist die Aufklärung am Imperialismus schuld. Niemand hat die beginnende europäische Weltherrschaft treffender kritisiert und drängender angeklagt als Burke, Raynal, Diderot, Kant oder Alexander von Humboldt. Aber es gibt Zusammenhänge. Die Zivilisation, die sich für die leistungsfähigste und humanste auf der Welt hielt, wartete nicht, bis Asien sich für sie interessieren würde. Sie gab Asien ihre Gesetze. Im Zeitalter der Erziehungsmission – von Lord William Bentincks Rettung der indischen Witwen vor dem Flammentod bis zur Einführung guter diplomatischer Manieren in Ostasien[100] – wurde der Ton ernst und streng, schulmeisterlich und unfrivol. Das Spielerisch-Ironische eines Johann Georg Gmelin, Edward Gibbon, William Jones oder Carsten Niebuhr verschwand. Asien mußte regiert und belehrt, wirtschaftlich genutzt und wissenschaftlich erforscht werden. Asien machte Arbeit. Das unbeschwerte Europa der Aufklärung trug fortan die selbstgeschulterte Bürde des weißen Mannes.

Nachwort zur Neuauflage

Die Entzauberung Asiens wurde 1997 geschrieben und erschien im Oktober 1998 in der Reihe «C.H.Beck Kulturwissenschaft». Zwölf Jahre später ermöglicht der Verlag eine Neuauflage des vergriffenen Buches. Der Text wurde unverändert gelassen. Neue Quellen zu erschließen und die Forschung des letzten Jahrzehnts einzuarbeiten, hätte eine erhebliche Erweiterung des Umfangs notwendig gemacht. Wir wissen heute mehr über viele der im Buch behandelten Autoren des 18. Jahrhunderts (zwei Beispiele: Wiesehöfer/Conermann 2002; Haberland 2004). Vor allem ist die Suche nach Dokumenten, aus denen sich die asiatische Sicht auf Europa und Europäer erkennen läßt, intensiviert worden; hier mag die Zukunft noch manche Überraschung bereithalten (Osterhammel 2002). Der methodisch begründete Eurozentrismus der *Entzauberung Asiens* bleibt einstweilen unvermeidlich. Vielleicht wird aber in einigen Jahrzehnten eine umfassende Geschichte der *gegenseitigen* Wahrnehmung von Europäern und Asiaten im 18. Jahrhundert geschrieben werden.

Das Buch war als Beitrag zu einer ganzen Reihe von Themenfeldern und Debatten gedacht und ist von seinen Lesern auch so verstanden worden. Seine speziellen Interpretationen und allgemeinen Argumentationslinien bedürfen einstweilen keiner Revision. Wie aber haben sich, vom Standort des Jahres 2010 her gesehen, die Kontexte der Diskussion seit 1997 verschoben?

Der globale Horizont der europäischen Aufklärung

Es war keine sensationelle Neuigkeit, daß die europäische Aufklärung da und dort den Blick über Europa hinaus gerichtet hatte. Man wußte seit langem von Montesquieus Lektüre von Reiseberichten über Persien, von Voltaires Bewunderung und polemischer Lobpreisung Chinas, von Lessings Interesse am Islam. In den siebziger und achtziger Jahren entdeckten Ideen- und Literaturhistoriker die Anthropologie und Ethnologie des 18. Jahrhunderts (neuerdings: Zammito 2002). Wenig davon fand

Eingang in die verbreiteten Gesamtdarstellungen der Epoche; für Fachleute wie für die Autoren von Lehrbüchern und für das allgemeine Publikum blieb die Aufklärung eine rein europäische Geistesbewegung, die ihre Zentren in Frankreich, Schottland und den deutschen Ländern hatte und der es vorrangig um die Kritik an den Zuständen im damaligen Europa ging. Dieses konventionelle Bild der Aufklärung, das allein durch Franco Venturi, ihren vielleicht größten Historiker, schon früh relativiert worden war, hat mittlerweile eine ernsthafte «globale» Konkurrenz bekommen. Als erster hat Venturis Schüler Edoardo Tortarolo in einer bahnbrechenden neuen Synthese (1999) die Obsession der Aufklärer mit Geographie, fremden Völkern und den Abstufungen zwischen «Wildheit» und «Zivilisation» in das Gesamtbild der Aufklärung einbezogen (später auch Pocock 2005; Outram 2006).

Heute wird deutlicher als früher, daß die Aufklärung polyzentrisch war. An ihren zahlreichen europäischen Peripherien spiegelte sie nicht nur den Glanz, der von Paris, Glasgow oder Göttingen ausstrahlte; überall in Europa gab es «Orte eigener Vernunft» (Kraus/Renner 2008; vgl. auch Butterwick u. a. 2008; Hardtwig 2010). Die britischen Kolonien in Nordamerika gewinnen in einem globalen Bild der Aufklärung zentrale Bedeutung. Benjamin Franklin, Thomas Jefferson und Alexander Hamilton gehören zu den maßgebenden *philosophes* des Zeitalters. In Lima, Kalkutta, Batavia oder Kapstadt wurden Impulse aus Europa kreativ aufgegriffen. Die Asiatick Society von Bengalen, geprägt durch Sir William Jones, war in den 1780er Jahren weltweit eine der wichtigsten Gruppierungen kulturverbindender Gelehrsamkeit. Die klügsten Köpfe unter den Jesuitenmissionaren am Hof des Kaisers von China blieben, was ihre Vorgänger schon zu Leibniz' Zeiten gewesen waren: geschätzte Korrespondenzpartner der führenden Intellektuellen Europas (wichtige Quellenedition: Leibniz 2006).

Durch solche Kanäle, die in mancher Hinsicht die dichte «Vernetzung» der Gegenwart vorwegnehmen, gelangte Wissen über die politischen und gesellschaftlichen Zustände, über Sitten, Gebräuche und Religionen außereuropäischer Weltgegenden nach Europa. Dort wurde es geordnet, ausgewertet und archiviert, fremde Objekte wurden zur Schau gestellt (Collet 2007). Botanik und Zoologie profitierten von der Ausbeute von Expeditionen und kolonialen Sammlungen. Die Artenvielfalt der Natur wurde erst mit zunehmenden Kenntnissen über die Tropen so recht deutlich; einheimische Klassifikationssysteme flossen in manche jener Ordnungen ein, die europäische Wissenschaftler nun entwarfen. Intellektuelle und Gelehrte des 18. Jahrhunderts verarbeiteten einen stetigen Zustrom von Daten aus aller Welt. Wissenskulturen verknüpften sich über große Distanzen hinweg (Schneider 2008; mehrere Kapitel in Porter

2003). Die europäische Aufklärung nahm «Welt» in sich auf und wirkte umgekehrt weit über die Grenzen des europäischen Kontinents hinaus.

Diesem entprovinzialisierten Bild von Aufklärung, das sie als eine Bewegung der mentalen Öffnung über das Eigene hinaus und damit als Vorläuferin eines heute vielfach angestrebten Kosmopolitismus zu zeigen versucht, steht in der Diskussion eine völlig entgegengesetzte Bewertung gegenüber. Dieser Ansicht zufolge zeigten sich im Verhältnis zur außereuropäischen Welt einige unattraktive Züge der Aufklärung mit besonderer Deutlichkeit: der Wahn, sich alles kognitiv unterwerfen zu wollen, Machtausübung durch Ordnung und Planung, universalistische Gleichmacherei ohne Sinn für kulturellen Eigensinn, Zurückweisung aller Maßstäbe außer den eigenen, «Logozentrismus», eine ausschließlich männliche Wahrnehmungsperspektive, usw. Die sonst gelobte Toleranz der Aufklärung wird in dieser Sicht als heuchlerisch gebrandmarkt, der intellektuellen Neugier ein imperialer Beherrschungswille unterstellt. Diese Fundamentalkritik, die vielfach alte gegenrevolutionäre und romantische Motive aufnimmt, ist nicht völlig von der Hand zu weisen. Eine gewisse Skepsis schützt davor, den Selbstidealisierungen des 18. Jahrhunderts zu eng zu folgen, und zumindest das Schweigen der meisten Aufklärer zum Skandalon von Sklavenhandel und Sklaverei irritiert bis zum heutigen Tage. Dennoch schießt die Aufklärungskritik, die in den neunziger Jahren zur Mode wurde, vielfach weit über das Ziel hinaus. Explizit kolonialismuskritische Stimmen aus dem 18. Jahrhundert (Muthu 2003) werden nicht zur Kenntnis genommen, allzu bruchlose Genealogien zwischen den anthropologischen Differenzierungen von Aufklärungsdenkern und dem späteren biologischen Rassismus des 19. Jahrhunderts konstruiert, Texte nicht mit der nötigen philologischen Umsicht behandelt (Carey/Trakulhun 2009). Insgesamt gesehen, hat die Reputation der europäischen Aufklärung die Attacken mit nur geringen Blessuren überstanden. Daß niemand im 18. Jahrhundert strengsten heutigen Maßstäben von Antirassismus, Multikulturalismus und kulturellem Relativismus genügt, kann nur diejenigen erstaunen, die von den heute viel beschworenen historischen Kontexten völlig absehen. Die Deutung, die in der *Entzauberung Asiens* entwickelt wurde, kann sich durch die Debatte im wesentlichen bestätigt sehen: Die Suche nach älteren Vorbildern für zeitgemäße Weltbürgerlichkeit und für globale Ordnungsvorstellungen ohne steile Hierarchien und scharfe Kontraste führt in ein Zeitalter zurück, das mit Gottfried Wilhelm Leibniz begann und mit Alexander von Humboldt, dem letzten großen Aufklärer, endete.

Reisen und Kolonialismus

In welchem Maße waren europäische Beschreibungen von Nicht-Europäern und europäische Urteile über sie von einem kolonialistischen Gesamtklima der Zeit beeinflußt oder gar kontaminiert (vgl. auch Lüsebrink 2006)? Entgegen einem zu pauschalen Kolonialismusbegriff soll hier auf Differenzierungen beharrt werden. Zweifellos bildete auch das 18. Jahrhundert – wie jedes der beiden Jahrhunderte vor ihm – eine besondere Etappe in einer lang andauernden europäischen Offensive, eine wichtige Periode im Aufbau europäischer Imperien (Darwin 2007: 160–85). Dennoch befreit der Hinweis auf eine *allgemeine* europäische Expansionsdynamik keineswegs davon, sich besondere Umstände genau anzusehen. Der europäische Kolonialismus hatte im 18. Jahrhundert in Asien zwei Kernzonen: Südostasien (vor allem das niederländische Indonesien und die spanischen Philippinen) sowie Südasien (das niederländische Ceylon und die ab den 1760er Jahren von der britischen East India Company unterworfenen Teile Indiens). In zwei anderen Großregionen des Kontinents waren Europäer relativ ungehindert aktiv, ohne daß es zu kolonialer Landnahme und zum Aufbau kolonialer Herrschaftsstrukturen gekommen wäre: in der Südsee, in der sich Briten und Franzosen einen friedlichen Marinewettbewerb lieferten, und in Sibirien, das vor der großen Siedlungsimmigration des 19. Jahrhunderts in einer eher protokolonialen Weise in das Zarenreich integriert wurde. Überall sonst in Asien fehlte europäische Kolonialherrschaft. China war eine starke Imperialmacht, die von Europa nichts zu fürchten hatte. Japan hielt sich alle westlichen Ausländer erfolgreich vom Leibe. Zentralasien war für Europäer weithin unzugänglich. Das Osmanische Reich mußte sich von exponierten territorialen Positionen zurückziehen, blieb aber souveräner Herr im eigenen Hause. Man sollte daher die Situation des späten 19. Jahrhunderts, als Asien in einem viel höheren Maße europäischen Diktaten unterlag, nicht auf das vorausgehende Jahrhundert zurückprojizieren.

Die realen Machtverhältnisse lassen sich recht gut an der Lage von Reisenden ablesen. Es ist eine Grundthese der *Entzauberung Asiens*, daß viele der europäischen Asienreisenden des 18. Jahrhunderts (soweit sie öffentlich beachtete Berichte publizierten) nicht passive Registratoren des Erlebten und Gesehenen oder wenig vertrauenswürdige Aufschneider waren, sondern Gelehrte von hoher Kompetenz und großer intellektueller Autorität: *philosophes* unterwegs. Unter imperialen Bedingungen würden sich solche Leute ungefährdet im Schutze der fremden Kolonialmacht bewegt haben. Dies war aber außerhalb der eben genannten Gebiete nirgends in Asien der Fall – und in Indonesien nur auf den größeren Inseln. James Cook und die übrigen maritimen Entdeckungsfahrer führten ohnehin ihre eigene Bewaffnung mit sich und waren auf ihren Schiffen kaum angreifbar. Anderswo war das Reisen unmöglich oder lebensgefährlich. Das Innere Chinas blieb verschlossen, in Japan unterlag jede Bewegung von Europäern striktester staatlicher Aufsicht. Man sollte daher den imperialen und kolonialen Charakter des 18. Jahrhunderts, zumal in Asien, nicht überschätzen. Das Sammeln von Daten und die Konstruktion von Wahrnehmungen durch Europäer vor Ort geschah in Westasien und Arabien, im Iran, in Afghanistan, Zentralasien, Burma, Vietnam, Siam (Thailand), China und Japan außerhalb des asymmetrischen Machtrahmens imperialer Strukturen.

Edward Said, die Orientalismus-Debatte und die Orientwissenschaften

Edward W. Saids *Orientalism*, eines der einflußreichsten Bücher im letzten Quartal des 20. Jahrhunderts, erschien 1978. Seither hat die Diskussion darüber nicht aufgehört. Eine neue und bessere deutsche Übersetzung aus dem Jahre 2009 ist ein Indiz dafür, daß auch in Deutschland das Interesse nicht nachläßt und vielleicht ein Rezeptionsdefizit eingeholt werden muß. Wie eine ganze Bibliothek anderer Bücher, so wäre *Die Entzauberung Asiens* ohne den Saidschen Impuls nicht geschrieben worden. Der originale und authentische Said läßt sich von den weitverzweigten Wirkungen des Textes nur schwer trennen. Diese Wirkung wiederum verdankt sich nicht allein den Qualitäten von *Orientalism*. Schon früh wiesen Kritiker auf Grenzen und innere Widersprüche des Buches hin, dessen brillante Anfangskapitel bald in persönliche Invektiven gegen Orientwissenschaftler abgleiten, die Nichteingeweihten heute kaum noch verständlich sind. *Orientalism* ist kein systematischer Text, kein durchkomponiertes Meisterwerk, empirisch oft auf schwankendem Grund stehend, theoretisch weniger originell als manch anderes Werk der siebziger Jahre (Ashcroft/Ahluwalia 2008, zur Kritik Varisco 2007, Schmitz 2008, Irwin 2006). Neben unzähligen Epigonen ist kein Nachfolger aufgetreten, der Saids Gedanken in theoretisch anspruchsvoller(er) Weise fortgeführt hätte. Die *postcolonial studies* gehen zwar wesentlich auf Said zurück, beziehen sich jedoch – gerade auch in Deutschland – mindestens ebenso sehr auf andere Autoritäten (etwa Homi Bhabha) und präsentieren sich heute als ein Amalgam verschiedener Einflüße (eine gute Einführung: Castro Varela/Dhawan 2009, daneben: Young 2003). Sie gewinnen ihre Identität eher aus einem charakteristischen Sprachcode und einer kritischen Abwehr jeglicher Form von «Eurozentrismus» als aus gedanklicher Stringenz.

Nach drei Jahrzehnten *Orientalism* (und mehrere Jahre nach dem Tod seines Verfassers 2003) hat sich der ursprüngliche politische und moralische Impetus, der sich gegen die Behandlung der Palästinenser durch den Staat Israel und die angebliche Komplizenschaft der britischen und französischen Orientforschung mit dem Imperialismus richtete, abgeschwächt. Wissenschaftspolitisch ist auf die nahezu hegemoniale Stellung des Saidianismus an zahlreichen literatur- und asienwissenschaftlichen Departments der USA nach dem September 2001 ein mit infamen Mitteln der Verdächtigung geführter Gegenschlag der amerikanischen Neokonservativen gefolgt (zu Biographie und Wirkung Saids: Schäbler 2008). Das alles hat die Said-Lektüre in Deutschland freilich kaum berührt. Hier sind vielmehr zwei Phänomene zu beachten: Zum einen hält die disziplinäre Verunsicherung mancher orientwissenschaftlicher Fächer weiter an (zum Beispiel der primär betroffenen Islamwissenschaft: Poya/Reinkowski 2008), während bei anderen die durchaus gebotene Infragestellung eines «orientalistischen» Selbstverständnisses noch gar nicht begonnen hat. Quer durch die Fächer verlaufen Gräben zwischen Saidianern und Traditionalisten; daneben finden sich vermittelnde oder stärker das Sozialwissenschaftliche betonende Positionen. Zum anderen hat es Saids *Orientalism* einer sich als allgemeine Kulturwissenschaft definierenden Literaturwissenschaft ermöglicht, ihren selbstgewählten Zuständigkeitsbereich immens auszuweiten. Wenn auch solche Texte, die von ihren Urhebern als wissenschaftlich, also nicht-fiktiv *gemeint* waren, als Fantasien, Projektionen, Wahngebilde, überhaupt als Produkte der Einbildungskraft entlarvt werden können, dann fällt die gesamte Geschichte der Geisteswissenschaften unter die Jurisdiktion von Literaturwissenschaftlern in ihrer Eigenschaft als Generalexperten für das Imaginäre. Handelt es sich dabei zudem um Texte, in denen «Fremdheit» verhandelt wird (die, zeitgemäßer gesprochen, «transkultureller» Natur sind), eröffnen sich dem Aufspüren von «othering» oder von «Alteritätskonstruktionen» ungeheure Chancen. An Beispiel nach Beispiel können die von Edward Said aufgedeckten Strategien der Textkonstitution nachgewiesen werden: die Verdinglichung des «Anderen» durch Objektifizierung, die Zuschreibung von unveränderlichen Wesensmerkmalen («Essenzen»), das Absprechen historischer Handlungsfähigkeit («agency») oder gar von Geschichtlichkeit schlechthin, die abwertend gemeinte Feminisierung des Fremden, usw.

Untersuchungen dieser Art haben wertvolle Ergebnisse erbracht. Sie haben Saids Fragen, die er selbst vor allem am 19. Jahrhundert exemplifizierte, an andere Epochen gerichtet und orientalistische Sichtweisen nicht nur in der europäischen «Erfindung» des Orients, sondern auch innerhalb Europas (Jobst 2000, David-Fox u. a. 2006) und sogar im Orient selbst (Makdisi 2002) entdeckt. Viele solcher Studien leiden indes an einer repetitiven Monotonie des Verfahrens, die zu wenig überraschenden Resultaten führt, an einem grimmigen Gestus des Überführens, Aburteilens, manchmal sogar Denunzierens von Autoren der Vergangenheit und an Unkenntnis über die außertextlichen Bedingungen der Entstehung von Wahrnehmungen über kulturelle Grenzen hinweg – Grenzen, die selbst wiederum alles andere als vorgegeben sind, sondern sich in Praxis wie Diskurs immer wieder neu bilden.

Die Entzauberung Asiens ist daher (unter anderem) von Edward Said angeregt worden, aber in der Durchführung einem ganz anderen Weg gefolgt. Der erste Teil des Buches («Wege des Wissens») behandelt nicht die europäischen Repräsentationen Asiens in Texten, sondern fragt danach, unter welchen Umständen Wissen – dieses Wort wird in einer sehr weiten Bedeutung verwendet – über Asien überhaupt entstehen konnte. Wie waren die Spielräume des Sichtbaren, des Denkbaren und des Sagbaren beschaffen? In welche Arten von Interaktionen zwischen Europäern und Asiaten waren sie eingebettet? Welche Schemata der Wahrnehmungen, welche «Theorien» wurden durch die Tradition vorgegeben, gehörten also zum kognitiven Repertoire von Europäern des 18. Jahrhunderts? Welche literarischen Gattungen und welche Medien standen zur Verfügung, wurden modifiziert oder neu geschaffen? Wie wurden – was man bei nicht nachprüfbaren Berichten aus der Ferne als ein großes Problem empfand – Glaubwürdigkeit und, allgemeiner gesprochen, kulturelle Autorität erzeugt? Wie wanderte das Wissen entlang der Kommunikationskette von der flüchtig hingeworfenen Notiz vor Ort bis zum Leser in Europa, ja sogar bis zur interessierten Nachwelt? Alle diese Fragen wiederum werden durch die realen historischen Verhältnisse in Europa und in Asien umschlossen, die im Buch selbst nicht ausführlich dargestellt werden konnten, aber als Hintergrund ständig präsent gehalten werden müssen (Blussé/Gaastra 1998, Lieberman 1999, Murphey 2008, Demel/Thamer 2010, Osterhammel 2008, unter dem Gesichtspunkt der Interaktion: Gunn 2003, Grandner/Komlosy 2004).

Der zweite Teil («Zeitgenossenschaft und Geschichte») ist in etwas konventionellerer Weise als Geschichte ausgewählter Motive und Topoi angelegt. Die Rezensenten zeigten sich dadurch stärker beeindruckt als durch die Analyse der Logistik von interkulturellem Wissen im ersten Teil, den der Autor selbst für den originelleren hält. Beiden Teilen gemeinsam ist der wissenschaftshistorische Rahmen einer Epoche, in der sich die akademischen Fächer, wie wir sie heute kennen, noch nicht formiert hatten. Vor 1830, dem ungefähren Zeitpunkt, mit dem die Darstellung schließt, gab es an den europäischen Universitäten noch keine Fachkulturen und Studiengänge der Sinologie und Japanologie und nur in ersten Ansätzen solche von Indologie (als Sanskritistik verstanden) oder Arabistik, geschweige denn einer eher von der Religion als von den Sprachen her definierten „Islamwissenschaft". Edward Said interessierte sich, anders als einige seiner Schüler, nur wenig für den Proto-Orientalismus der frühen Neuzeit. Er sah – und darin kann man ihm folgen – in Bonapartes Ägypten-Expedition von 1798–1801 und den durch sie ermöglichten Nahoststudien den Beginn eines Orientdiskurses, der die Nähe zur Macht suchte und zugleich das Prestige der Wissenschaft für sich in Anspruch nahm. Wie von Kritikern häufig bemerkt wurde, blendete Said die Entwicklung der deutschsprachigen Orientwissenschaften im 19. Jahrhundert, die großen Einfluß in der Welt erlangten, vollkommen aus und verzichtete damit auf einen wertvollen Testfall zur Überprüfung seiner Argumente bezüglich der politischen Verstrickung von Orientfachleuten in imperiale Herrschaftszusammenhänge. Einige bedeutende Bücher haben in den letzten Jahren die Geschichte der deutschen Orientforschung sorgfältig rekonstruiert und dabei vor allem auf deren Einbettung in einen ganzen Kranz von Nachbarwissenschaften von der Archäologie über die Theologie bis zur Kunstgeschichte hingewiesen (Mangold 2004, Polaschegg 2005, Rabault-Feuerhahn 2008, Wokoeck 2009, am wichtigsten: Marchand 2009). Es ergibt sich daraus der Gesamteindruck einer differenzierten Forschungslandschaft, in der gelehrte Weltfremdheit öfter zu finden war als politische Instrumentalisierung. Die für das späte 19. Jahrhundert charakteristischen Milieus hochspezialisierter Universitätsprofessoren verbindet wenig mit den Reisenden und Amateuren, die das handelnde und schreibende Personal der *Entzauberung Asiens* bilden. Nur bei archäologischen Grabungen in Ägypten, West- und Zentralasien und den mit ihnen verbundenen imperialen Rivalitäten finden wir eine Interaktionsdynamik und eine Abenteuerlichkeit, die an die zweite Hälfte des 18. Jahrhunderts erinnern (Trümpler 2008).

Entzauberung und neuer «Aufstieg» Asiens

Das Stichwort «Entzauberung» läßt kundige Leser an Max Weber denken, und ein niederländischer Rezensent hat beklagt, daß dieser Begriff nicht präzise genug gefaßt und nicht zum streng beachteten Leitfaden der gesamten Darstellung gemacht worden sei (Jürgens 2001). Es konnte indes für ein Werk populär geschriebener Ideen- und Kulturgeschichte nicht beabsichtigt sein, das komplizierte Feld der Weber-Exegese zu betreten und aus den verschiedenen Fundstellen bei dem großen Soziologen eine ihm gerecht werdende Vorstellung von der Entzauberung „der Welt“ als langfristigem Prozeß herauszupräparieren. Gemeint war vielmehr dies: Im Laufe des 18. Jahrhunderts, das als ein langes, um 1680 beginnendes Jahrhundert gefaßt werden sollte, verloren die Zivilisationen Asiens in der charakteristischen Sichtweise von Europäern ihre Märchenhaftigkeit. Zwar hielt sich von Antoine Gallands Übersetzung der Geschichten aus den 1001 Nächten (1704) bis zu William Beckfords Schauerroman *Vathek* (1786) weiterhin die Bilderwelt des phantastischen Orients, doch trat daneben die rationale Beschreibung und Analyse zeitgenössischer asiatischer Gesellschaften, die zu zeigen versuchte, wie diese Gesellschaften samt ihren politischen Systemen und religiösen Praktiken „funktionierten“. Die Länder des nicht-christlichen Eurasiens wurden keineswegs einem pauschalen Oberbegriff von „Asien“ oder dem „Orient“ als dem Gegenteil von „Europa“ bzw. dem „Okzident“ unterworfen, sondern in ihren Besonderheiten vergleichend dargestellt und diskutiert. Schroffe Ost-West-Dichotomien finden sich im 18. Jahrhundert ebenso selten wie Versuche, Asien aus der Sphäre historischer Bewegung in einen Sonderraum der „Geschichtslosigkeit“ zu verdrängen, es auf ein Abstellgleis der Weltgeschichte zu schieben.

Wenn Max Weber an einer Stelle in seinem Spätwerk die Entzauberung der Welt als deren «Verwandlung in einen kausalen Mechanismus» durch «rational empirisches Erkennen» bezeichnet (Weber 1920: 564), dann war dies genau das Ziel europäischer Aufklärer in der zweiten Hälfte des 18. Jahrhunderts. Dabei wurde das «Fremde» (eine hier anachronistische Kategorie) keineswegs durch Exotisierung in ein rätselhaftes «Anderes» verwandelt. Vielmehr unterzog man es denselben Denkformen verstandesmäßiger Analyse und vernünftiger Beurteilung, die man auch auf politische und gesellschaftliche Zustände in Europa anwandte. Asien wurde entmystifiziert und innerhalb eines einheitlichen kognitiven Kontinuums begreifbar gemacht. Die postmoderne Kritik an europäischen Repräsentationen anderer Zivilisationen hat daraus eine Zwickmühle konstruiert: Man wirft europäischen Beobachtern Asiens entweder universalistische Anmaßung und Leugnung von «Differenz» vor – oder das Gegenteil davon: die Übersteigerung von Unterschieden durch «othering», mit anderen Worten: «Orientalismus». Beide dieser simplen und extremen Positionen verfehlen die Gemengelage des historischen Befundes.

Die Entzauberung Asiens im späten 18. Jahrhundert war mit einer Neubewertung verbunden. Erschien manchen Europäern noch in den mittleren Dekaden des Jahrhunderts einiges an Asien, besonders an China und Japan, manchmal aber auch an den Bewohnern der arabischen

Wüste, lobenswert oder gar für Europa vorbildlich zu sein, so wurde im europäischen Bewußtsein die kulturelle Hierarchie auf der Welt neu geordnet, den Asiaten dabei ein Platz unterhalb der Europäer zugewiesen. Aggressionshemmungen gegenüber Asien verminderten sich; der Kontinent schien des Ordnung schaffenden und «zivilisierenden» Eingriffs der Europäer zu bedürfen, und diese glaubten sich zunehmend zu einem solchen Eingriff befugt (Barth/Osterhammel 2005). Kolonialismus war bis etwa 1760 vornehmlich eine Angelegenheit Amerikas gewesen, nun wurde er für Asien denkbar und realisierbar. Das entzauberte wurde zum belehrten, bedrängten und schließlich beherrschten Asien. Dies war selbstverständlich keine rein intellektuell erklärbare Veränderung. Nach der Mitte des 18. Jahrhunderts verschoben sich allmählich die machtpolitischen und wirtschaftlichen Gewichte innerhalb Eurasiens zugunsten des westlichen Endes des Kontinents.

Asien ist in dominanten europäischen Wahrnehmungen niemals wiederverzaubert worden. Die Romantik als Stilbewegung des (frühen) 19. Jahrhunderts hat sich trotz Friedrich Rückert, der Brüder Schlegel und Samuel Taylor Coleridge, trotz orientalisierender Malerei in Frankreich und trotz Türken und Arabern in Opern von Rossini und Carl Maria von Weber für Asien relativ wenig interessiert, weniger als das 18. Jahrhundert. Am Ende des 19. Jahrhunderts traten zwei Facetten eines irrationalistischen Asienbildes stärker hervor: zum einen das bedrohliche und dämonische Asien der Panik vor einer «gelben Gefahr», zum anderen das Asien zeitloser «Weisheit», die aus Heiligen Büchern des Ostens gelernt werden könne – der Ursprung heutiger «New Age»-Vorlieben für Tibetisches und chinesische Orakelzeichen. Beide Varianten blieben Nischenphänomene. Der herablassende Realismus von Geschäftsleuten und Kolonialadministratoren überwog. Selten weckten Asien insgesamt oder einzelne seiner Zivilisationen eine solche Begeisterung, wie führende Intellektuelle des 18. Jahrhunderts von Leibniz über Voltaire bis zu William Jones und Stamford Raffles sie empfunden hatten.

Das 18. Jahrhundert wird in der Gegenwart erneut aktuell. Die Rangordnungen in der Welt verschieben sich und nähern sich in mancher Hinsicht an die Verhältnisse *vor* dem Zeitalter europäisch-westlicher Arroganz und Vorherrschaft an. Jener Europazentrismus, dessen Entstehung das letzte Kapitel der *Entzauberung Asiens* skizziert, entspricht nicht länger den tatsächlichen Verhältnissen. Europäer werden unterscheiden müssen: Sie haben keinen Grund, die Werte ihrer moralischen, juristischen und politischen Traditionen einem indifferenten kulturellen Relativismus zu opfern. Auf der anderen Seite sind auf (West-) Europa und den nordatlantischen Westen ausgerichtete *mental maps* nicht die besten Orientierungshilfen für die Zukunft. Es fällt schwer zu übersehen, daß

Europa nicht immer alles besser kann (aus einer umfangreichen Literatur besonders: Delanty 2006). Wenn man sich das eurasische Gleichgewicht des 18. Jahrhunderts in Erinnerung ruft, sollte es nicht erstaunen, daß China zu Beginn des 21. Jahrhunderts seinen (Wieder-) Aufstieg zu einer erstrangigen Position in Weltwirtschaft und Weltpolitik nicht als Wunder, sondern als Rückkehr zur historischen Normalität des 18. Jahrhunderts versteht. Die Anerkennung der Gleichrangigkeit Asiens sollte Europäern nicht schwerfallen. Sie waren schon einmal so weit.

ANHANG

Abkürzungen

AfK	Archiv für Kulturgeschichte
AHR	American Historical Review
AR	Asiatick Researches
AsR	Asiatic Review
BC	The British Critic
BJOAF	Bochumer Jahrbuch zur Ostasienforschung
CSSH	Comparative Studies in Society and History
EI	Encyclopaedia of Islam. New Edition (Leiden 1960 ff.)
E.I.C.	East India Company
ECS	Eighteenth-Century Studies
ER	The Edinburgh Review
GG	Geschichte und Gesellschaft
GWU	Geschichte in Wissenschaft und Unterricht
HEI	History of European Ideas
HJAS	Harvard Journal of Asiatic Studies
HZ	Historische Zeitschrift
JA	Journal Asiatique
JAH	Journal of Asian History
JAS	Journal of Asian Studies
JGO	Jahrbücher für Geschichte Osteuropas
JHI	Journal of the History of Ideas
JICH	Journal of Imperial and Commonwealth History
JMH	Journal of Modern History
JRAS	Journal of the Royal Asiatic Society
JWH	Journal of World History
MAS	Modern Asian Studies
V.O.C.	Verenigde Oostindische Compagnie

Anmerkungen

I. Einleitung

1 Voltaire, *Essai* (1963), Bd. 2, S. 325.
2 Vgl. March, *Idea of China* (1974), S. 23–27.
3 Vgl. eindrucksvoll: Diamond, *Guns* (1997), S. 176 ff.
4 Hammer-Purgstall, *Chane der Krim* (1856), S. 141–49.
5 Widmaier, *Leibniz korrespondiert mit China* (1990), S. 94 (Original französisch).
6 «Die materialistische Geschichtsauffasung» (1909), in: Wieser, *Recht und Macht* (1910), S. 114 f.
7 Vgl. Mols/Derichs, *Ende der Geschichte* (1995), S. 232–35; Zhao, *Quest* (1997); Coulmas/Stalpers, *Selbstbewußtsein* (1998).
8 Huntington, *Kampf* (1996), bes. Kap. 5, 10, 11.
9 Den Begriff verwendet Faul, *Sonderbewußtsein* (1970).
10 Mit «exceptionalism» bezeichnet die amerikanische Geschichtsschreibung den Glauben an einen privilegierten historischen Sonderweg der USA. Vgl. Ross, *Consciousness* (1984). Der Begriff kann übernommen und erweitert werden.
11 Als Übersicht über die von Said beeinflußten Arbeiten vgl. MacKenzie, *Orientalism* (1995), S. 1–42; zur Kritik Osterhammel, *Wissen* (1997); ders., *Edward W. Said* (1997); Freitag, *Critique* (1997).
12 Vgl. Schlereth, *Cosmopolitan Ideal* (1977). Wie stark daneben das patriotische Element im Denker vieler Aufklärer war, zeigt Fink, *Patriotisme* (1992).
13 Zu den Korrespondenznetzen in der «republic of letters» vgl. D. Goodman, *Republic* (1994), S. 17 ff., 136 ff. Ein Beispiel schildert Crosland, *Banks* (1994).
14 Vgl. Blanke, *Politische Herrschaft* (1997), Bd. 2, S. 1–20.
15 Vgl. Plewe (Hg.), *Carl Ritter Bibliothek* (1978).
16 Plant, *Türkisches Staats-Lexicon* (1789), Vorbericht (ungez.).
17 Burke, *Correspondence* (1958–78), Bd. 3 (1961), S. 351. Das Zitat bildet das Motto in dem ausgezeichneten Werk Marshall/Williams, *Great Map* (1982).
18 Demeunier, *L'esprit* (1776), Bd. 1, S. v. Zu ähnlichen Urteilen bei Autoren im Umkreis der *Encyclopédie* vgl. Vyverberg, *Human Nature* (1989), S. 89.
19 Ferguson, *Versuch* (1986), S. 123. Ähnlich auch 1770 Denis Diderot, zit. bei Landucci, *I filosofi* (1972), S. 20 f., sowie viele weitere Hinweise ebd., S. 23 ff.
20 Vgl. zu dieser sinnlichen Präsenz des Ostens Dermigny, *La Chine* (1964), Bd. 1, S. 14 ff.; Schivelbusch, *Paradies* (1980); Walvin, *Fruits of Empire* (1997).

21 Vgl. Milligan, *Pleasures* (1995); Hayter, *Opium* (1968). Zur Konsumgeschichte Berridge/Edwards, *Opium* (1981).

22 Bruzen de la Martinière, *Introduction* (1735), Bd. 1, S. xii.

23 Bélévitch-Stankévitch, *Le gout chinois* (1910), S. 47, 63.

24 Vgl. ausführlicher Osterhammel, «*Peoples without History*» (1999).

25 Vgl. Schulin, *Hegel und Ranke* (1958), S. 235–69.

26 Fink, *Le cosmopolitisme* (1993), S. 25: zumindest in Frankreich sei der «Kosmopolitismus» in Wahrheit «Narzißmus» gewesen.

27 Vgl. Said, *Orientalism* (1978), S. 86f.

28 Vgl. über innere Differenzierungen dieser Richtung Fohrmann/Müller, *Diskurstheorien* (1988).

29 So besonders deutlich bei Inden, *Imagining India* (1990), bes. S. 36ff.

30 Maßvolle, die Übertreibungen des «Dekonstruktionismus» vermeidende Formulierungen dieses Arguments sind Dalmia/Stietencron, *Introduction* (1995), S. 20f.; Quigley, *Caste* (1993), S. 12ff.

31 Kupperman, *Introduction* (1995), Zitate S. 5.

32 Vgl. etwa auch Ryan, *New Worlds* (1981). Peter Burke findet erst im 18. Jahrhundert ein tieferes Staunen vor dem Ausmaß der amerikanischen Herausforderung: Burke, *America* (1995), S. 47. Wichtige Vertreter der These von der geringen Wirkung Amerikas auf das europäische Bewußtsein sind J. H. Elliott und G. Gliozzi.

33 Dies ist ein Grundgedanke bei Gadamer, *Wahrheit* (1965), etwa S. 261ff. Vgl. auch Brenner, *Interkulturelle Hermeneutik* (1989), S. 43.

34 Vgl. Haase/Reinhold, *Classical Tradition* (1993); Grafton, *New Worlds* (1993).

35 Boulainvilliers, *Leben des Mahomeds* (1747), S. 7f.

36 Adelung, *Schiffahrten* (1768), S. 2f.

37 Vgl. Said, *Culture and Imperialism* (1993).

38 Eine solche «Whig interpretation» europäischer Einsichtsfähigkeit steht im Grunde noch hinter Donald F. Lachs gigantischer, an Materialreichtum unüberbietbarer Enzyklopädie der europäischen Asienauffassung vor 1700: Lach, *Asia* (1965–77); Lach/Van Kley, *Asia* (1993). Sie finden sich auch in der deutschen Tradition der Entdeckungs- und Reisegeschichte, deren führende Vertreter heute Hanno Beck und Dietmar Henze sind.

39 Dies führt zugunsten des imperialen Europa Bernard Lewis (*Eurozentrismus*, 1995, S. 650) ins Feld.

40 Das konstruktive Element in aller Kartographie betont jetzt aber Black, *Maps* (1997).

41 Vgl. Bachmann-Medick, *Kultur als Text* (1996).

42 Vgl. Fisch, *Beobachter* (1989).

43 Aus zahlreichen seiner Veröffentlichungen besonders aufschlußreich: Pocock, *Concept* (1987), bes. S. 21f.

44 Vgl. etwa die (system-)theoretischen Überlegungen bei Hellmann, *Fremdheit* (1998).

45 Vgl. auch Rousseau/Porter, *Introduction* (1990), S. 1. Besonders wichtig zum Umgang mit Differenz sind die Studies von S. L. Gilman, etwa *Difference* (1985).

46 Vgl. Blanke, *Politische Herrschaft* (1997), Bd. 2, S. 28–33.

47 Vgl. Haberland, *Von Lemgo* (1990), S. 17–28.

48 Kaempfers gesamteuropäische Wirkung hat Kapitza, *Engelbert Kaempfer* (1980), schön nachgewiesen.
49 Geboren wurde Burckhardt in Lausanne, die Familie gehörte zum Basler Patriziat. Zur Biographie: Henze, *Enzyklopädie* (1978ff.), Bd. 1 (1978), S. 399–407; Wollmann, *Scheich Ibrahim* (1984).
50 Niebuhr, *Beschreibung* (1772), S. 32.
51 Vgl. etwa Vicziany, *Imperialism* (1986).
52 Donald Lach beschränkt sich in seinem enzyklopädischen Werk über die europäische Asienwahrnehmung (Lach, *Asia*, 1965–77; Lach/Van Kley, *Asia*, 1993) aus guten Gründen verantwortlicher Materialbewältigung auf Süd-, Südost- und Ostasien und schließt Zentralasien, Sibirien sowie den gesamten islamischen Raum aus.
53 So bemerkt Gibbon, *Decline and Fall* (1909–14), Bd. 1, S. 27, daß Ägypten kulturell zu Asien gehöre, von dessen Seite her es auch am besten zugänglich und dessen historischen Bewegungen es stets gefolgt sei.
54 Etwa J. de Guignes, *Mémoire* (1759).
55 Zumindest für England ist eine solche Periodisierung sogar nationalgeschichtlich sinnvoll: vgl. O'Gorman, *Long Eighteenth Century* (1997).
56 Vgl. Baridon, *Lumières* (1978), S. 46, 56; Schneiders, *Einleitung* (1995), S. 167f.
57 Zu Frankreich etwa Harth, *Ideology* (1983), S. 289 ff.
58 Vgl. Martino, *L'Orient* (1906), S. 173–76; Dédéyan, *Montesquieu* (1988), S. 17f.
59 Impey, *Chinoiserie* (1977), S. 12, legt den Übergang vom orientalischen Ornament zur vollentwickelten Chinaphantasie in die 1730er Jahre. Zum Beginn der französischen Chinamission vgl. Witek, *Understanding the Chinese* (1988), S. 74ff.
60 Lach/Van Kley, *Asia* (1993), S. 498, sehen 1676 als den Wendepunkt in der holländischen Asienliteratur. Vgl. auch ebd., S. 506–508, 591.
61 Vgl. Osterhammel, *China* (1989), Kap. 6–7.
62 G. K. Goodman, *Japan* (1986), S. 14f.
63 Ebd., S. 18–24. Eine plastische Beschreibung gibt Thunberg, *Reise* (1794), Bd. 2, Teil 1, S. 10–27.
64 So Totman, *Early Modern Japan* (1993), S. 233 ff.
65 Zum Niedergang Südostasiens in der 2. Hälfte des 17. Jahrhunderts: Reid, *Southeast Asia* (1993), Bd. 2, S. 267ff.
66 Ricklefs, *History of Modern Indonesia* (1981), S. 77.
67 Wyatt, History *of Thailand* (1982), S. 107–17; grundlegend: Van der Cruysse, *Louis XIV et le Siam* (1991), dort S. 441–78 zu den Ereignissen von 1688. Zur europäischen Resonanz vgl. Lach/Van Kley, *Asia* (1993), S. 1185–96.
68 Richards, *Mughal Empire* (1993), S. 252, 282.
69 Savory, *Iran* (1980), S. 226–54.
70 Vgl. zu diesem Begriff Bd. 3 von Hodgson, *Venture* (1974); McNeill, *Gunpowder Empires* (1993).
71 Den Begriff verwendet Matuz, *Das Osmanische Reich* (1985), S. 115.
72 Rousseau/Porter, *Introduction* (1990), S. 14.
73 Ricklefs, *History of Modern Indonesia* (1981), S. 112f.
74 Kappeler, *Rußland* (1992), S. 141.

75 Vgl. P. Johnson, *Birth of the Modern* (1991), S. 32, 224.
76 Vgl. Osterhammel, *Humboldt* (1998).
77 Grosier, *De la Chine* (1818–20).
78 Société Asiatique, *Livre du centinaire* (1922), darin die Geschichte der Gesellschaft von L. Finot (S. 1–65); Pargitter, *Royal Asiatic Society* (1923); Kumar, *Colonial Science* (1990), S. 59 ff.
79 Rückert nach: Jacob u. Wilhelm Grimm, Deutsches Wörterbuch, Bd. 7, Leipzig 1889, Sp. 1396 f. (Eintrag «Ost»).
80 Vgl. Buzard, *Beaten Track* (1993), S. 47 ff.
81 Allgemeine deutsche Real-Encyclopädie für die gebildeten Stände: Conversationslexicon, 10. Aufl., Leipzig 1855, Bd. 15, S. 153.
82 P. Dumont, *Le voyage en Turquie* (1982), S. 339.
83 Vgl. Behdad, *Belated Travelers* (1994), S. 39. Davon sind die älteren Handreichungen für methodische Beobachtungen beim Reisen zu unterscheiden.
84 Pückler-Muskau, *Aus Mehemed Alis Reich* (1985), S. 354.
85 Zit. nach Erker-Sonnabend, *Orientalische Fremde* (1987), S. 3.
86 Humboldt, *Reise durchs Baltikum* (1983), S. 147 f.; H. Beck, *Humboldt* (1959–61), Bd. 2, S. 147 f.

II. Asien – Europa
Grenzen, Gleichgewichte, Hierarchien

1 Hammer-Purgstall, *Erinnerungen* (1940), S. 44.
2 Gollwitzer, *Europabild* (1964), S. 59.
3 Vgl. die wichtigen Überlegungen bei Pocock, *Deconstructing Europe* (1994), S . 336 und passim.
4 Vgl. als Zwischenresümee Kaelble, *Europabewußtsein* (1995), auch Girault, *Europa* (1995).
5 Dazu eindringlich Lewis/Wigen, *Myth* (1997), bes. S. 21–72.
6 Ellis, *Journal* (1818), Bd. 1, S. 37.
7 Barchewitz, *Ost-Indianische Reisebeschreibung* (1730), S. 87.
8 R. K. Porter, *Travels in Georgia* (1821–22), Bd. 1, S. 192.
9 Morier, *Second Journey* (1818), S. 246 f.
10 Vgl. zu diesem universalhistorischen Kontrast: Bulliet, *Camel* (1975), S. 7 ff.
11 Vgl. Kappeler, *Rußland* (1992), S. 100–30.
12 Humboldt, *Reise durchs Baltikum* (1983), S. 121.
13 Humboldts Besuch: ebd., S. 104–8, 116. Eine ausführliche Beschreibung dieser Grenze aus dem Jahre 1806 gibt Klaproth, *Reise* (1812–14), Bd. 2, S. 450–78.
14 Unverzagt, *Gesandtschaft* (1727), S. 47.
15 Klaproth, *Reise* (1812–14), Bd. 2, S. 467. Vgl. auch Foust, *Muscovite* (1969), S. 77–82.
16 Bell, *Journey* (1965), S. 116.
17 Ebd., S. 120.
18 R. K. Porter, *Travels in Georgia* (1821–22), Bd. 1, S. 179. Zu den Folgen des Krieges für die Region vgl. Atkin, *Russia and Iran* (1980), S. 145 ff.
19 Vgl. Buisseret, *Monarchs* (1992).

20 Klug, *Das «asiatische» Rußland* (1987), S. 271. Etwa Zedler, *Universal-Lexicon* (1732–50), Bd. 8 (1734), Sp. 2194.
21 Wolff, *Inventing Eastern Europe* (1994), S. 153.
22 Bassin, *Russia* (1991), S. 6f.
23 Voltaire, «Histoire de l'Empire de Russie sous Pierre le Grand» 1759, in: Voltaire, *Œuvres historiques* (1957), S. 368.
24 Pallas, *Reise* (1771–76), Bd. 1 (1771), S. 365; grundlegend bleibt Wisotzki, *Zeitströmungen* (1897), S. 418 ff.
25 Parker, *Europe* (1960), S. 286.
26 Das Folgende nach Bassin, *Inventing Siberia* (1991), S. 767–71.
27 Ebd., S. 775 ff.
28 Vgl. Groh, *Rußland* (1961), S. 157 ff.
29 Ludwig Wekhrlin 1780, zit. in Gollwitzer, *Europabild* (1964), S. 68.
30 Montesquieu, «De l'esprit des lois», XXII/14, in: *Œuvres* (1949–51), Bd. 2, S. 671.
31 Vgl. Lemberg, *Osteuropabegriff* (1985), S. 74–77. Zur innerrussischen Debatte vgl. Bassin, *Russia* (1991), S. 8–17; Hauner, *What Is Asia to Us?* (1990), S. 38–48.
32 İnalcik, *Legacy* (1996), S. 24.
33 Gibbon, *Decline and Fall* (1909–14), Bd. 7, S. 83.
34 Vgl. Naff, *Ottoman Empire* (1984), S. 153 ff.
35 Grothaus, *Türkenbild* (1983), S. 80–82.
36 Vgl. Gollwitzer, *Geschichte* (1972–82), Bd. 1, S. 184–93. Ein einvernehmliches Vorgehen der europäischen Fürsten gegen die Osmanen forderte wenig später auch der Geistliche und ehemalige Konsul Jean Coppin: *Bouclier* (1686), S. 23 ff.
37 Gründung einer «Heiligen Liga» (Habsburg, Polen, Venedig) im Frühjahr 1684 auf Betreiben von Papst Innozenz IX. Vgl. Matuz, *Osmanisches Reich* (1985), S. 185.
38 Vgl. Yapp, *Turkish Mirror* 1992, S. 143.
39 Schroeder, *Transformation* (1994), S. 5–11.
40 Eine solche rationale Außenpolitik bescheinigte ihnen etwa der als Osmanenkenner angesehene Businello, *Historische Nachrichten* (1778), S. 168–73.
41 Zit. in Schumann, *Edmund Burkes Anschauungen* (1964), S. 107.
42 Vgl. Gatterer, *Ideal* (1773).
43 [Deleyre], *Tableau* (1774), S. 10f.
44 Schumann, *Edmund Burkes Anschauungen* (1964), S. 105–7; Chabod, *Storia dell'idea d'Europa* (1995), S. 19.
45 Herder, *Ideen* (1989), S. 699.
46 Ebd., S. 701 f.
47 Ebd., S. 705.
48 Ebd.
49 Gibbon, *Decline and Fall* (1909–14), Bd. 1, S. 54, kontrastiert die gute römische mit der schlechten türkischen Herrschaft in Kleinasien.
50 Thornton, *Present State* (1809), Bd. 1, S. ccxxvii f.
51 «Les Turcs sont campés en Europe.» zit. bei Chateaubriand, *Itinéraire* (1968), S. 63.
52 Meiners, *Betrachtungen* (1795–96), Bd. 1, S. 79.
53 Eton, *Survey* (1801), S. 13.

54 Vgl. Duchhardt, *Gleichgewicht* (1976), S. 159–61; Schroeder, *Transformation* (1994), S. 739f.
55 Vgl. Heydemann, *Philhellenismus* (1989), S. 56f.
56 Vgl. Apostolides-Kusserow, *Die griechische Nationalbewegung* (1983), S. 140, 143–46; Woodhouse, *Modern Greece* (1991), S. 125–56.
57 Vgl. Wallace, *Shelley* (1997), S. 119ff.
58 Hammer-Purgstall, *Constantinopolis* (1822), Bd. 2, S. 387.
59 Vgl. Bernal, *Black Athena*, Bd. 1 (1987), S. 161ff. Die Kontroverse um dieses Buch hat Bernals ideengeschichtliche Kapitel m.E. nicht ganz entwerten können.
60 Der Begriff «Eurasien», primär geologisch verstanden, wurde aber offenbar erst 1885 durch Eduard Suess geprägt: Parker, *Europe*, (1960), S. 288.
61 Man hat eine ähnliche Formulierung bereits 1829 bei dem französischen Geographen Lapie gefunden: ebd., S. 288.
62 Humboldt, *Ansichten* (1987), S. 81.
63 Z. B. Bruzen de la Martinière, *Dictionnaire* (1768), Bd. 1, S. 457; Prichard, *Researches* (1836–47), Bd. 3, S. 1–3, Bd. 5, S. 602.
64 Siehe dazu unten Kapitel 8.
65 Zum Beispiel Subrahmanyam, *Connected Histories* (1997).
66 Z. B. Blome, *Description* (1670), S. 1f.; Zedler, *Universal-Lexicon* (1732–50), Bd. 2 (1732), Sp. 1844.
67 Diez, *Denkwürdigkeiten* (1811–15), Bd. 1, S. v; ähnlich Adelung, *Mithridates* (1806–17), Bd. 1, S. 3.
68 Paulus, *Sammlung* (1792–1803), Bd. 1 («Plan», ungez.).
69 Büsching, *Asien* (1787), S. 12.
70 Heeren, «Ideen ...», in: *Historische Werke* (1821–26), Bd. 10, S. 47.
71 Ebd., S. 48.
72 Said, *Orientalism* (1978), S. 79.
73 Ogilby, *Asia* (1673), Vorrede (ungez.).
74 Beawes, *Lex Mercatoria Rediviva* (1754), bes. Bd. 1, S. 627ff.
75 Guthrie, *Grammar* (1771), Bd. 1, S. viii; ähnlich Bd. 2, S. 188ff.
76 Grasset de Saint-Sauveur, *Encyclopédie* (1796), Bd. 3, S. 4.
77 Volney, *Ruinen* (1977), S. 95.
78 Ebd., S. 95, 239.
79 Jaubert, *Voyage* (1821), S. 314.
80 Robertson, *Progress* (1972), S. 25.
81 Mailly, *L'esprit des Croisades* (1780), Bd. 1, S. 3.
82 Heeren, «Ideen ...», in: *Historische Werke* (1821–26), Bd. 10, S. 1f., 43.
83 Malte-Brun, *Précis* (1812–29), Bd. 3 (1812), S. 18f. Über Malte-Bruns Haltung zu außereuropäischen Völkern vgl. Godlewska, *Napoleon's Geographers* (1994), S. 44f.
84 «Airs, Waters, Places», XVI, in: Hippokrates (Loeb Classical Library), Bd. 1, hg. v. W. H. S. Jones, Cambridge, Mass./London 1923, S. 114–17.
85 *Asiatisches Magazin*, 1. Bd., 1. Stück, Leipzig 1806, S. iii.
86 Salaberry, *Histoire* (1813), Bd. 4, S. 150.
87 Ellis, *Journal* (1818), Bd. 1, S. 55.
88 Morier, *Hajji Baba* (1824). Die bisher letzte deutsche Übersetzung des Buches erschien 1972 in Leipzig.

89 Grundlegend Omont, *Missions archéologiques* (1902), Bd. 1 (S. 853 ff. Verzeichnisse der gesammelten Manuskripte).

90 D'Herbelot, *Bibliothèque orientale* (1777–79), Bd. 1, S. vi (Einleitung von Antoine Galland). Die Ausgabe von 1777–79 ist eine von niederländischen Orientalisten wesentlich erweiterte Neubearbeitung. Vgl. Laurens, *Bibliothèque orientale* (1978), S. 21.

91 Der Supplementband (Bd. 4, 1779) der niederländischen Ausgabe enthält zusätzlich neuere Arbeiten zu China und Innerasien, u. a. eine Geschichte der «Tataren», hauptsächlich der Mongolen, aus der Feder des gelehrten Jesuitenpaters und Chinamissionnars Claude Visdelou (S. 46–294).

92 Gibbon, *Decline and Fall* (1909–14), Bd. 6, S. 254, Fn. 46.

93 Eine Analyse bei Laurens, *Bibliothèque orientale* (1978), S. 37 ff.

94 Das Urteil, die alphabetisch arrangierte Enzyklopädie sei eine «Schwundstufe des Polyhistorismus» (Schmidt-Biggemann, *Topica Universalis*, 1983, S. 291), trifft hier nicht zu.

95 Fisch, *Orient* (1984), S. 250.

96 Hager, *Geographie* (1773), Bd. 1, S. 107.

97 J. R. Forster, *Bemerkungen* (1783), S. 256; Godwin, *Enquiry* (1971), S. 21.

98 Büsching, *Auszug* (1785), S. 20. Zu Büschings Stellung in der Geschichte der Geographie vgl. Bowen, *Empiricism* (1981), S. 154–59; zur Biographie vgl. P. *Hoffmann*, Einleitung (1995), S. 18–29.

99 Meiners, *Grundriß* (1793), S. 29 f.

100 «En vérité, je crois tojours de plus en plus qu'il y a un certain Génie qui n'a point encore été hors de notre Europe, ou qui du moins ne s'en est pas beaucoup éloigné.» Fontenelle, *Entretiens* (1991), S. 129 f.

101 Dubos, *Reflexions* (1719), Bd. 2, S. 146. Eine schöne Formulierung ähnlichen Sinnes bei Hager, *Geographie* (1773), Bd. 1, S. 111.

102 Gibbon, *Decline and Fall* (1909–14), Bd. 1, S. 228 f. Auch Heeren betonte die in Europa am weitesten getriebene Optimierung militärischer und politischer Machtressourcen: *Historische Werke* (1821–26), Bd. 15. S. 4.

103 Siehe unten Kapitel 10.

104 Brougham, *Inquiry* (1803), Bd. 2, S. 198, 235.

105 Malte-Brun, *Précis* (1812–29), Bd. 6 (1826), S. 2. Vgl. auch Adas, *Machines* (1989), S. 79.

106 Gibbon, *Decline and Fall* (1909–14), Bd. 7, S. 17, Fn. 45.

107 Rousseau, «Discours sur l'origine et les fondemens de l'inégalité parmi les hommes» (1755), in: *Œuvres* (1959–95), Bd. 3, S. 208; Rousseau, *Diskurs* (1984), S. 324.

108 Sprengel, *Negerhandel* (1779), der die Entstehung des Sklavenhandels bis in die Mitte des 17. Jahrhunderts darstellt. In den Jahren danach wurde der Sklavenhandel zum Thema der Literatur der Abolitionisten. Vgl. D. B. Davis, *Problem of Slavery* (1975).

109 Robertson, *Disquisition* (1817), S. 181.

110 Beawes, *Lex Mercatoria* (1754), S. 18.

111 Pradt, *Les trois ages* (1801–2), Bd. 1, S. 21.

112 Dank der Bemühungen europäischer Gelehrter wie Sir William Jones und Charles-Marie de La Condamine.

113 Zimmermann, *Erde* (1810–14), Bd. 1 (1810), S. 8–15.

114 J. R. Forster, *Schiffahrten* (1784), S. 8. Über die zivilisierenden Wirkungen der Schiffahrt bereits im Altertum vgl. Dunbar, *Essays* (1781), Bd. 2, S. 299 ff.
115 Kant, «Zum ewigen Frieden. Ein philosophischer Entwurf», in: *Werke* (1968), Bd. 11, S. 214.
116 Ebd., S. 214–16. Kant irrt, wenn er sagen will, daß auch in China allein den Holländern der Handel gestattet sei. Dies war nur in Japan der Fall. Im chinesischen Exporthafen Kanton dominierten gegen Ende des 18. Jahrhunderts die Briten, gefolgt von den Franzosen. Zur Debatte des 18. Jahrhunderts um die strenge japanische Fremdenpolitik vgl. Osterhammel, *Gastfreiheit* (1997), S. 404–12. Zur Deutung der Kantstelle auch Gerhardt, *Immanuel Kants Entwurf* (1995), S. 105 f.
117 Schlözer, *WeltGeschichte* (1785–89), Bd. 1, S. 116 f.
118 Ebd., S. 75.
119 Ebd., S. 86.
120 Ebd., S. 104.
121 Ebd., S. 105.
122 Ebd., S. 104 f. Eine gute Charakterisierung von Schlözers immer noch lehrreicher Konzeption von Universalgeschichte gibt Muhlack, *Geschichtswissenschaft* (1991), S. 133–37.
123 Vgl. Abbattista, *Paternoster Row* (1985).
124 Vgl. auch die Hinweise bei Pigulla, *China* (1996), S. 150, 222.
125 Jones, *Works* (1807), Bd. 1, S. 10.

III. Perspektivenwechsel
Spielräume europäischer Selbstrelativierung

1 Darauf weist hin: Richardson, *Dissertation* (1778), S. 154.
2 Vgl. Neill, *Christianity* (1985), S. 153.
3 Z. B. Poivre, *Reisen* (1997), S. 83 f. Auf Ceylon (Sri Lanka), dessen Küstenregionen die V.O.C. seit etwa 1670 kontrollierte, wurde die Verbreitung des holländischen Calvinismus mit etwas mehr Nachdruck betrieben; hier stand man im Konflikt mit dem zuvor von den Portugiesen eingeführten Katholizismus. Vgl. Silva, *Sri Lanka* (1981), S. 197 f.
4 Hanway, *Historical Account* (1753), Bd. 2, S. 27.
5 Symes, *Embassy* (1800), S. 312, 319, 321 ff.
6 Turner, *Tibet* (1800), S. 263.
7 Ebd., S. 81. Später wurden mit dem Raja Arzneien getauscht (S. 153 f.).
8 Vgl. allg. N. Thomas, *Entangled Objects* (1991).
9 Castilhon, *Considérations* (1769), S. 24.
10 Demeunier, *L'Esprit* (1776), Bd. 1, S. v.
11 Vgl. als Überblick Wills, *European Consumption* (1993); Walvin, *Fruits of Empire* (1997).
12 Vgl. auch Chaudhuri, *Trading World* (1978), S. 15.
13 Vgl. Winch, *Classical Political Economy* (1965).
14 Fundamental zu Burkes Kolonialismuskritik: Whelan, *Edmund Burke* (1996), bes. Kap. 1 u. 4.
15 Burke, zit. in Teltscher, *India Inscribed* (1995), S. 171.

16 Vgl. Pagden, *Encounters* (1993), S. 141–88.
17 Robertson, *Disquisition* (1817).
18 Über Herder und Indien etwa Halbfass, *India* (1988), S.69–72.
19 Vgl. so auch das schöne Robertson-Kapitel bei O'Brien, *Narratives* (1997), S. 129–66.
20 Shackleton, *Montesquieu* (1961), S. 32 f.; Dodds, *Les récits des voyages* (1929), S. 41–56.
21 Als erster Text von der Art der «exotischen Beobachter» gilt *L'espion du Grand-Seigneur* (1684) von Jean-Paul Marana (1642?–1693). Vgl. Weißhaupt, *Europa* (1979), Bd. 2/1, S. 3–15; Lope, *Cadalso* (1983).
22 Französischer Text in *Œuvres* (1949–51), Bd. 1, S. 129–373, hier nach: Montesquieu, *Perserbriefe* (1988), S. 175 (100. Brief.).
23 So der Kommentar des Herausgebers, Jürgen v. Stackelberg, ebd. S. 291.
24 Montesquieu, *Perserbriefe* (1988), S. 77 (44. Brief.).
25 Ein verbreitetes Motiv: Später ärgert sich Crawfurd darüber, daß die Siamesen sich für die größten hielten: *Siam* (1967), S. 345 f.
26 Vgl. für Frankreich Fink, *Le cosmopolitisme* (1993), S. 26, für Großbritannien Colley, *Britons* (1992), bes. Kap. 3.
27 So D. Campbell, *Journey* (1796), Bd. 2, S. 21.
28 Adelung, *Schiffahrten* (1768), S. 439.
29 Court de Gebelin, *Monde Primitif* (1777–81), Bd. 8, S. lix.
30 Ferguson, *Versuch* (1986), S. 120–28, dazu Batscha/Medick, *Einleitung* (1986), S. 42.
31 Ebd., S. 44.
32 Ferguson, *Versuch* (1986), S. 196. «Gute Sitte» heißt im Original «politeness»: Ferguson, *Essay* (1966), S. 75.
33 Dunbar, *Essays* (1781), Bd. 2, S. 161.
34 Ebd., S. 162.
35 Temple, «Of Heroic Virtue», in: *Works* (1814), Bd. 3, S. 322.
36 Vgl. Dreitzel, *Justis Beitrag* (1987), S. 167 f.
37 J. Campbell, *Present State* (1750), S. 12 f. Hervorh. J. O.
38 Justi, *Vergleichungen* (1762), Vorrede, S. 3.
39 Ebd., S. 165–87.
40 Ebd., S. 170.
41 Ebd., S. 168.
42 Vgl. M. Harbsmeier, *Wilde Völkerkunde* (1994), S. 209–24.
43 Er nennt als Quelle u. a. den oft verwendeten Bericht des fränkischen Naturforschers Michael Peter Kolb, der sich 1704–7 am Kap aufgehalten hatte: *Caput Bonae Spei Hodiernum* (1719).
44 Justi, *Vergleichungen* (1762), S. 178.
45 Ebd. Justi schreibt an dieser Stelle irrtümlich «Sineser».
46 Ebd., S. 182.
47 Ebd., S. 246.
48 Ebd., S. 187.
49 Varenius, *Descriptio* (1974), S. 142. Ähnlich für die Chinesen Le Gobien, *Histoire de l'édit* (1698), S. 218 f.
50 Hume, «Of the Standard of Taste», in: *Essays* (1987), S. 227:
51 Zit. in Vyverberg, *Human Nature* (1989), S. 60.

52 Demeunier, *L'esprit* (1776), Bd. 1, S. viii.
53 Walckenaer, *Essai* (1798), S. 249 f.
54 Z. B. Hammer-Purgstall, *Geschichte des Osmanischen Reiches* (1827–35), Bd. 1, S. 414 f.
55 Ebd., Bd. 2 (1828), S. 508–10.
56 Ebd., Bd. 9 (1833), S. vii.
57 A. Hamilton, *New Account* (1930), Bd. 1, S. 144.
58 Hebenstreit (1731), zit. in Thomson, *Barbary* (1987), S. 38. Ähnlich (und über die Malteserritter): Niebuhr, *Reisebeschreibung* (1774–1837), Bd. 1, S. 18.
59 Justi, *Vergleichungen* (1762), S. 252.
60 Vgl. Gibbon, *Decline and Fall* (1909–14), Bd. 6, S. 298 f., 307, 318, 340.
61 Hammer-Purgstall, *Geschichte der Goldenen Horde* (1840), S. 79, auch 81. Ähnlich die entschiedene Verurteilung der «Barbarey» der fränkischen Heere in Hammer-Purgstall, *Constantinopolis* (1822), Bd. 1, S. 93–95, 131 f.
62 Montesquieu, *Perserbriefe* (1988), S. 134 f. (72. Brief.).
63 Societas Jesu, *Lettres édifiantes* (1780–83), Bd. 24, S. 330–76.
64 Ebd., S. 334.
65 Ebd., S. 375. Vgl. allg. auch Kästner, *Gespräch* (1997).
66 K. Liebau, *Malabarische Korrespondenz* (1998), darin bes. die Einleitung des Herausgebers.
67 Sie war 1620 durch einen Vertrag zwischen Dänemark und dem örtlichen Fürsten, dem Nayak von Tanjore, gegründet worden. Auf dem Höhepunkt ihrer Ausdehnung war sie etwa 50 km^2 groß. Zur Entstehungszeit der *Malabarischen Korrespondenz* lebten hier weniger als 8000 Menschen, davon etwa 200 Europäer unterschiedlicher Nationalität, darunter 2 bis 4 Missionare. Vgl. Nørgaard, *Mission* (1988), sowie Raabe, *Pietas Hallensis Universalis* (1995), H. Liebau, *Indienmissionare* (1995).
68 Ziegenbalg/Gründler, *Malabarische Correspondenz* (1714–17), Teil 2, S. 902 f. Dank an Herrn Kurt Liebau, der mir sein Exemplar dieses Werkes zugänglich gemacht hat.
69 Ebd., Teil 1, S. 456 f.
70 Poivre, *Cochinchine* (1885), S. 382.
71 Hüttner, *Nachricht* (1996), S. 117.
72 Niebuhr, *Reisebeschreibung* (1774–1837), Bd. 1, S. 299.
73 Vgl. Hansen, *Reise nach Arabien* (1965).
74 Niebuhr, *Reisebeschreibung* (1774–1837), Bd. 1, S. 189.
75 Societas Jesu, *Mémoires* (1776–1814), Bd. 2 (1777), S. 372 f.
76 Burney, *Papers* (1910–14), Bd. 1, S. 59. Überall in Asien war es eine der Hauptaufgaben europäischer Konsuln, randalierende Seeleute der eigenen Nation unter Kontrolle zu halten. Besonders unangenehm fielen betrunkene Matrosen in muslimischen Ländern auf, in denen Alkoholverbot herrschte. Vgl. etwa Niebuhr, *Reisebeschreibung* (1774–1837), Bd. 1, S. 426.
77 Moltke, *Briefe* (1987), S. 349.
78 Thunberg, *Reise* (1794), Bd. 2, Teil 1, S. 21.
79 Ebd., S. 12, auch S. 20 (ein in der Hose geschmuggelter Papagei verrät sich durch Sprechen),
80 Niebuhr, *Reisebeschreibung* (1774–1837), Bd,. 1, S. 442 f.
81 Crawfurd, *Ava* (1834), Bd. 2, S. 114.

82 Niebuhr, *Reisebeschreibung* (1774–1837), Bd. 1, S. 337. Unverständnis gegenüber europäischem Reiseeifer ist eine oft berichtete Reaktion der Einheimischen. Chardin *(Voyages,* 1735, Bd. 2, S. 53) traf sie in Persien, Alexander von Humboldt *(Rio Magdalena,* 1986, Bd. 1, S. 93) in Südamerika.
83 Turner, *Tibet* (1800), S. 269 ff., 272 ff., 278.
84 Barrow, *China* (1806), S. 74, auch 59, 65.

IV. Reisen

1 Das Folgende nach Malcolms Tagebuch, auszugsweise abgedruckt in Kaye, *Malcolm* (1856), Bd. 2, S. 444–46.
2 Vgl. neben Kaye auch Pasley, *«Send Malcolm!»* (1982).
3 Eines seiner Pamphlete (ca. 1811) trug den schönen Titel. «Leichenstein auf dem Grabe der chinesischen Gelehrsamkeit des Herrn Joseph Hager …».
4 Mommsen, *Goethe und China* (1985), S. 32.
5 Schwab, *Oriental Renaissance* (1984), S. 184.
6 Cordier, *Mélanges* (1814–23), Bd. 4, S. 53, 56 f.
7 G. T. Staunton, *Memoirs* (1856).
8 Vgl. G. T. Staunton, *Ta Tsing Leu Lee* (1810).
9 H. Beck, *Humboldt* (1959–61), Bd. 2, S. 91 f.
10 *ER*, Okt. 1815, S. 417 f.
11 Volney, *Voyage* (1959), S. 29. Vgl. über den Zusammenhang zwischen «travel» und «travail» auch Buzard, *Beaten Track* (1993), S. 33 ff.
12 Black, *Grand Tour* (1985), S. 13, 30.
13 So schon Jean Bodin im 16. Jahrhundert. Vgl. Grafton, *New Worlds* (1993), S. 124, 126.
14 J. Dehergne, «Chronologie du P. Antoine Gaubil», Anhang zu: Gaubil, *Correspondance* (1970), S. 867 ff.
15 Sacy, *Henri Bertin* (1970), S. vi.
16 Faroqhi, *Kultur* (1995), S. 96–101.
17 Penzer, *Harêm* (1936), S. 44–49.
18 Vgl. Thomaz de Bossière, *Gerbillon* (1994), S. 169–71.
19 Zur Entdeckungs- und Kolonialgeschichte des 18. Jahrhunderts vgl. als Überblick Duchet, *Anthropologie* (1971), S. 25 ff.; Parry, *Trade* (1971), S. 273 ff.; Villiers/Duteil, *L'Europe* (1997). Vorzüglich auch Devèze, *L'Europe* (1970).
20 Shelvocke, *Voyage* (1726), S. 460.
21 Unverzagt, *Gesandtschaft* (1727), Vorrede (ungez.). Ähnlich sogar schon Magalhães, *New History* (1688), Preface (ungez.).
22 Barchewitz, *Reisebeschreibung* (1730), ungez.
23 Perry, *View of the Levant* (1743), S. ii. Den Überfluß an Türkeiberichten beklagte schon Grelot, *Relation nouvelle* (1680), Avis au lecteur (ungez.).
24 Scott Waring, *Tour to Sheeraz* (1807), S. v.
25 Moor, *Hindu Pantheon* (1810), S. 354. Moor verzichtet aber dann doch nicht auf die Mitteilung seiner Eindrücke.
26 J. Johnson, *Oriental Voyager* (1807), S. vi. Auch C. L. J. de Guignes, *Voyages* (1808), Bd. 2, S. 147.

27 Ellis, *Journal* (1818), Bd. 1, S. 61 f. Dazu *AsR* 1818, S. 480. Ähnlich Krusenstern, *Reise um die Welt* (1811–12), Bd. 2/II, S. 126.
28 Darauf weist hin Sprengel, *Geschichte der Maratten* (1791), S. 13.
29 A. Hamilton, *New Account* (1930), Bd. 1, S. 5 f. Einen solchen Vorwurf konnte man etwa Fryer, *New Account* (1909–15), machen.
30 Societas Jesu, *Lettres édifiantes* (1780–83), Bd, 18, S. 416.
31 Du Halde, *Description géographique* (1735), Bd. 4, S. 423 ff.; Grosier, *Description générale* (1785), S. 177–87. Einiges von diesem Material wurde auch in die *Universal History* Bd. 7 (1781), S. 323 ff., übernommen.
32 Vgl. Lee Ki-baik, *New History of Korea* (1984), S. 239 f.
33 Ebd., S. 241; P. H. Lee, *Korean Civilization* (1996), S. 109–59.
34 Übersetzungen ins Französische 1670, ins Deutsche 1672; englisch 1704 in Churchill/Churchill, *Collection* (Bd. 4, S. 607–32)., nachgedruckt bei Ledyard, *The Dutch* (1971), S. 169–226, der Hamels Geschichte auch ausführlich erzählt (S. 17 ff.). Vgl. auch Lach/Van Kley, *Asia* (1993), S. 486–88, 1785–97. Der erste Europäer, ein holländischer Schiffbrüchiger, kam 1628 nach Korea.
35 Hall, *Account* (1818); M'Leod, *Voyage* (1819).
36 Hall, *Account* (1818), S. 6.
37 Ebd., S. 7.
38 Ebd., S. 10.
39 Ebd., S. 17.
40 Ebd., S. 32 f.
41 Ebd., S. 33 f.
42 Ebd., S. 37.
43 Das bei britischen Reisenden stets mit Genugtuung quittiererte Auffinden nicht-europäischer Gentlemen entspricht der Entdeckung eingeborener Nobilität bei aristokratischen Reisenden vom Kontinent. Vgl. Liebersohn, *Indigenous Nobility* (1994).
44 Hall, *Account* (1818), S. 41.
45 Hierzu bes. M'Leod, *Voyage* (1891), S. 104 ff.
46 Societas Jesu, *Lettres édifiantes* (1780–83), Bd. 23, S. 182 ff. Offenbar hatte Gaubil in Peking auch mit Tributbringern von den Ryûkyû-Inseln gesprochen: vgl. Gaubil, *Correspondance* (1970), S. 708.
47 Verbreitet wurde Jartoux' Brief aus Peking (12. April 1711), der zuerst in Nr. 10 der *Lettres édifiantes* erschienen war, vor allem durch Bernard, *Recueil de voyages du Nord* (1732–34), Bd, 4, S. 348–65. Jartoux' Ordensbruder Lafitau las ihn 1715 in Quebec und glaubte herausgefunden zu haben, daß dieselbe Pflanze in der von ihm hochgeschätzten Pharmakologie der Irokesen verwendet werde: Lafitau, *Mémoire* (1718), S. 6–12, 49 f.
48 Unerläßlich für den Rest dieses Kapitels: Henze, *Enzyklopädie* (1978 ff.).
49 Vgl. Sobel, *Longitude* (1996).
50 Spate, *Pacific* (1979–88), Bd. 3, S. 191.
51 Kotzebue, *Entdeckungs-Reise* (1821), Bd. 2, S. 176. Vgl. allg. Lawrence, *Disciplining Disease* (1996).
52 Über die technischen und seemännischen Umstände des Verkehrs zwischen Europa und Asien vgl. ausführlich Granzow, *Quadrant* (1986), bes. S. 118 ff.
53 Vogel, *Reise-Beschreibung* (1716), Vorrede (ungez.). Zum Verfasser vgl. Gel-

der, *Het Oost-Indisch avontuur* (1997), S. 267 f. u. ö., hier auch S. 149–72 über das Leben an Bord von V.O.C.-Ostindienseglern.

54 Ebd., S. 149.

55 Ebd., S. 153 f.

56 «Vom Ungemach der Geselligkeit auf dem Meere», in: Poivre, *Reisen* (1997), S. 50–52.

57 Schlözer, *Land- und Seereisen* (1962), S. 18.

58 Forbes, *Oriental Memoirs* (1813), Bd. 1, S. 12.

59 Vgl. etwa als Fallstudie Edwards, *Story of the Voyage* (1994), S. 53 ff.

60 Hoskins, *British Routes* (1928), S. 82. Zur Chinaroute vgl. Dermigny, *La Chine* (1964), Bd. 1, S. 265–73. Vgl. ausf. Elmore, *Directory* (1802).

61 Morier, *Journey* (1812), S. 181, 269 f.; E. Scott Waring, *Tour to Sheeraz* (1807), S. 84.

62 Beckmann, *Litteratur* (1807–10), Bd. 1, S. 492.

63 Wessels, *Early Jesuit Travelers* (1924), S. 1–41 (immer noch ein Vorbild quellenkritischer Reiseforschung).

64 Ebd., S. 164–202.

65 Ebd., S. 205–82; Petech, Introduzione, in: ders., *I missionari italiani* (1954–56), Bd. 5, S. xiii–xviii.

66 Henze, *Enzyklopädie* (1978 ff.), Bd. 1, S. 373–77.

67 Bruce, *Travels* (1790), Bd. 1, Dedication (ungez.).

68 Bernoulli, *Des Paters Joseph Tieffenthalers's ...* (1785–87); Windisch, *Sanskrit-Philologie* (1917–21), Bd. 1, S. 14 f.

69 Duteil, *Le mandat du ciel* (1994), S. 76; Widmaier, *Leibniz korrespondiert mit China* (1990), S. 23 f., 102 (Anm. 5).

70 So die Izmailov/Bell-Gesandtschaft 1719/20.

71 Jenour, *Route to India* (1791), S. 5 f.

72 Vgl. Carruthers, *Introduction* (1928), S. xv, xxii, xxvi–xxx.

73 Z. B. Chatfield, *Historical Review* (1808), S. xxvi ff., mit Spekulationen über Napoleons möglichen Weg.

74 Vgl. G. K. Goodman, *Japan* (1986); Croissant/Ledderose, *Japan* (1993), S. 72 ff.

75 Vgl. Elison, *Deus Destroyed* (1973), S. 238. Ein Bericht darüber findet sich in Kapitza, *Japan in Europa* (1990), Bd. 2, S. 153–59.

76 Raffles, *Report* (1929); Wurtzburg, *Raffles* (1954), S. 282–84.

77 Vgl. Golovnin, *Begebenheiten* (1817–18); Rikord, *Erzählung* (1817); Kapitza, *Japan in Europa* (1990), Bd. 2, S. 954–1007; Adami, *Zur Geschichte* (1981), S. 251–60; Lensen, *Golovnin* (1983); Keene, *Japanese Discovery* (1969), S. 144–47; Barratt, *Russia in Pacific Waters* (1981), S. 164–72.

78 Vgl. Krusenstern, *Reise um die Welt* (1811–12), Bd. 1, S. 360 ff.; Kapitza, *Japan in Europa* (1990), Bd. 2, S. 848–90; Barratt, *Russia and the South Pacific* (1988), Bd. 2, S. 9–19, 91–97.

79 Kaempfer, *Geschichte* (1777–79), Bd. 2, S. 143–382; Thunberg, *Reise* (1794), Bd. 2, Teil 1, S. 61–136. Zu den Reiseumständen vgl. G. K. Goodman, *Japan* (1986), S. 27–29.

80 Eine der besten Kanton-Beschreibungen dieser Art ist Wathen, *Voyage* (1814), S. 185 ff., eine der voreingenommensten hingegen Lisiansky, *Voyage* (1814), S. 278–93.

81 So etwa der Architekt und Miturheber der baukünstlerischen Chinoiserie

William Chambers, der chinesische Bauten und Gartenanlagen nur in Kanton sah. Vgl. J. Harris, *Sir William Chambers* (1970), S. 146.

82 Bibliographische Details der riesigen Chinaliteratur der Jesuiten können hier nicht gegeben werden. Vgl. für das 17. Jahrhundert Lach/Van Kley, *Asia* (1993), Teilbde. 1 u. 4.

83 Über die Ursprünge der französischen Chinamission vgl. Witek, *Controversial Ideas* (1982), S. 13–72.

84 Le Comte, *Nouveaux mémoires* (1697). Dazu Mungello, *Curious Land* (1985), S. 329–42.

85 Du Halde, *Description géographique* (1735). Dazu Foss, *Reflections* (1983).

86 Lenglet-Dufresnoy, *Méthode* (1741), Bd. 1, S. 397.

87 Grosier, *Description générale* (1785); Grosier, *De la Chine* (1818–20).

88 Zu Niedergang und Ende der Jesuitenmission: Rowbotham, *Missionary* (1942), S. 176 ff.; Rochemonteix, *Amiot* (1915), S. 251 ff.; Krahl, *China Missions* (1964), S. 223 ff.; Metzler, *Synoden* (1980), S. 43 ff.

89 Vgl. die Liste in Demel, *Fremde* (1992), S. 88.

90 Vgl. zuletzt Hevia, *Cherishing Men from Afar* (1995), S. 57 ff.

91 Vgl. Foust, *Muscovite* (1969), S. 323–28; Fu Lo-shu, *Documentary Chronicle* (1966), Bd. 1, S. 361 f., 367.

92 Conder, *Modern Traveller* (1830), Bd. 13, S. 267.

93 Zusammenstellungen des europäischen Wissens über Südostasien im frühen 19. Jahrhundert geben W. Hamilton, *East-India Gazetteer* (1828) und, extrem detailliert, Ritter, *Erdkunde*, Bd. 3 (1835), Bd. 4, 1. Abt. (1835).

94 *Relazione … di Tunchino*, Rom 1650. Dazu Lach/Van Kley, *Asia* (1993), S. 380 f. sowie S. 1248–99 über das zumeist aus Missionarsquellen geschöpfte Wissen des 17. Jahrhunderts über Vietnam.

95 Z. B. Grosier, *Description générale* (1785), S. 187–229.

96 Ausführlich zur Bereisung und Erforschung des Himalaya bis 1829: Ritter, *Erdkunde* (1832–47), Bd. 2 (1833), S. 482–585.

97 Kirkpatrick, *Nepaul* (1811); F. Hamilton, *Nepal* (1819).

98 Hüllmann, *Versuch* (1796), S. 45.

99 Grosier, *Description générale* (1785), S. 229–41.

100 Barthold, *Erforschung* (1913), S. 187 f.

101 Zu den beiden vgl. Bishop, *Shangri-La* (1989), S. 25–64.

102 Vgl. Lach/Van Kley, *Asia* (1993), S. 1895 f.; Richards, *Mughal Empire* (1993), S. 287.

103 Vgl. Schwab, *Oriental Renaissance* (1984), passim.

104 Schwab, *Vie d'Anquetil-Duperron* (1934); S. 105.

105 J. Forbes, *Oriental Memoirs* (1813), Bd. 1, S. 428.

106 Bastian, *Geschichte der Indochinesen* (1866), S. 4.

107 Rennell, *Memoir* (1793); Grant Duff, *Mahrattas* (1826); Buchanan, *Journey* (1807).

108 Zimmermann, *Versuch* (1783), S. 99 f. Zur Geschichte der Persienreisen seit dem 16. Jahrhundert: Gabriel, *Erforschung* (1952), S. 60 ff.; Firby, *Zoroastrians* (1988); Chaybany, *Les voyages en Perse* (1971).

109 Bowen, *Pocket Library* (1753), S. 285.

110 Übersicht über die wichtigsten Reiseberichte zwischen ca. 1722 und 1800: Gabriel, *Erforschung* (1952), S. 120–31.

111 Vgl. zur komplizierten Persiendiplomatie um 1800: Greaves, *Iranian Relations* (1991), S. 374–89.
112 Vgl. Thomson, *Barbary* (1987); Brahimi, *Voyageurs* (1976).
113 Vgl. Wortham, *British Egyptology* (1971), S. 23.
114 Blount, *Voyage* (1636), S. 3.
115 Zu Pocock vgl. Damiani, *Observers* (1979), S. 70–104.
116 Vgl. Höllmann, *Wansleben* (1990).
117 Als Zusammenfassung des antiquarischen Wissensstandes vor Volney vgl. Carré, *Voyageurs* (1990), Bd. 1, S. 65–78.
118 Vgl. die eindrucksvolle Dokumentation bei Yerasimos, *Les voyageurs* (1991), die aber nur bis zum Ende des 16. Jahrhunderts reicht.
119 Pitton de Tournefort, *Relation* (1717), Bd. 1, S. 464, 469. Eine Anthologie französischer Beschreibungen Istanbuls aus den Jahrzehnten um 1800 findet sich bei Berchet, *Le voyage en Orient* (1985), S. 429 ff.; vgl. auch Constantine, *Early Greek Travellers* (1984).
120 Hammer-Purgstall, *Constantinopolis* (1822), Bd. 1, S. xiii, dort S. xi–xxvii ein Kommentar zur älteren Literatur. Für die besten Beschreiber der Stadt hält Hammer Busbeck (1581 und postum 1740), Du Cange (1682), Pitton de Tournefort (1717), Pococke (1743–45), Lady Mary Wortley Montagu (1763) sowie Andreossy (1818). Vgl. auch Hammers eigene Vision des mittelalterlichen Byzanz: *Geschichte des Osmanischen Reiches* (1827–35), Bd. 1, S. 513 ff. Zum topographischen und architekturgeschichtlichen Hintergrund der Berichte: Çelik, *Istanbul* (1986), S. 3–30, bes. 28 f.
121 Zum Beispiel der Marquis de Villeneuve, Botschafter bei der Hohen Pforte 1728–40. Vgl. Omont, *Missions archéologiques* (1902), Bd. 2, S, 663 ff.
122 Vgl. J. Porter, *Observations* (1768); zur Biographie vgl. Sir George Larpents «Memoir» in der (textlich unzuverlässigen) Neuausgabe J. Porter, *Turkey* (1854), S. 1–18. Zur Würdigung vgl. Daniel, *Empire* (1966), S. 77, 80.
123 Rycaut, *History* (1680, de facto 1679); noch weiter verbreitet (und in sechs Sprachen übersetzt) war Rycaut, *Present State* (1667).
124 So Babinger, *Die türkischen Studien* (1919), S. 128.
125 Black, *Grand Tour* (1985), S. 27 ff.; Angelomatis-Tsougarakis, *Greek Revival* (1990), S. 1.
126 Holmes, *Journal* (1798), S. 141; Morrison, *Memoir* (1819), S. 186 f.
127 Vgl. Gehrke, *Hellás* (1992–93), Teil 1, S. 25 ff.
128 Ebd., S. 29 f.
129 Chateaubriand, *Itinéraire* (1968), S. 147.
130 Unter diesem Gesichtspunkt wird die Nahostreiseliteratur ausgewertet bei Harmer, *Observations* (1786–87). Interessant sind Harmers Kommentare zu seinen Reisequellen.
131 Z. B. Chateaubriand, *Itinéraire* (1968), S. 200.
132 Z. B. ebd., S. 261.
133 Eine vorzügliche Skizze ist Adams, *Travel Literature* (1983), S. 38–80.
134 Schon Hennings, *Gegenwärtiger Zustand* (1784–86), Bd. 3, S. 415, klagt über das Glücksrittertum in «Ostindien» und führt darauf das vergleichsweise niedrige Niveau der Reiseberichte aus dieser Gegend zurück. Zu den «Nabobs» vgl. Marshall, *East India Fortunes* (1976).
135 Lach/Van Kley, *Asia* (1993), S. 529–33. Viele der Texte wurden ediert in

L'Honoré Naber, *Reisebeschreibungen* (1930–31). J. S. Semler übernahm ausführliche Auszüge aus diesen Berichten in Bd. 26 (1764) der *Allgemeinen Welthistorie*.

136 Knox. *Historical Relation* (1681).

137 Ein früher Vertreter ist Lord Valentina, *Voyages* (1811).

138 Etwa von dem kundigen Reiseherausgeber Abbé Prévost, *Histoire générale des voyages* (1746–61), Bd. 7 (1749), S. 261.

139 Lach/Van Kley, *Asia* (1993), S. 386 f.; Henze, *Enzyklopädie* (1978 ff.), Bd. 2, S. 332 f.; Zoli, *Le polemiche* (1972), S. 409–16.

140 Der Karawanenverkehr war komplex organisiert und verlief über ein «great highway system of Asia». So Chaudhuri, *Trade* (1985), S. 167–75 (Zitat 169). Eine vorzügliche Analyse des Karawanenhandels findet sich bereits bei Heeren, *Historische Werke* (1821–26), Bd. 10, S. 23–29.

141 Vgl. Foster, *Introduction* (1930).

142 A. Hamilton, *Account* (1930), Bd. 1, S. 9.

143 Benyowski, *Memoirs* (1893): Adams, *Travel Liars* (1962), S. 81–83; Robel, *Alieni*, S. 12.

144 Hoare, *Tactless Philosopher* (1975), S. 293 f., 363 Die Übersetzung erschien 1790 in Berlin; 1791 brachte J. R. Forsters Sohn Georg seine eigene Übertragung heraus.

145 Ghirardini, *Relation* (1700). Seine Geographie war etwas schwach und hätte seinen gelehrten Patronen die Haare zu Berge stehen lassen: Java sei eine Insel inmitten des Königreichs Siam (S. 30), usw.

146 Tombe, *Voyage* (1810) zu Batavia: Bd. 1, S. 186 ff.

147 Cochrane, *Pedestrian Journey* (1824).

148 Drummond, *Travels* (1754).

149 Vgl. allg. zu diesem Phänomen: Kohl, *Abwehr* (1987), S. 7–38, der die Alternative von genuiner «kultureller Konversion» und bloßer «Travestie der Lebensformen» stellt (S. 9). Dening, *Theatricality* (1994), S. 469 ff.

150 Vgl. Bennassar, *Les Chrétiens* (1989).

151 S. P. Anderson, *Paul Rycaut* (1989), S. 203 f.

152 Laurens, *L'Expédition d'Égypte* (1989), S. 199.

153 Z. B. der Saint-Simonist Lambert sowie «Osman Effendi»: vgl. Thompson, *Osman Effendi* (1994).

154 Niebuhr, *Reisebeschreibung* (1774–1837), Bd. 1, S. 456.

155 Kroell, *Chardin* (1982), S. 307; Hammer-Purgstall, *Erinnerungen* (1940), S. 26.

156 Vgl. Pearson, *Before Colonialism* (1988), S. 61.

157 Bernier, *Travels* (1934) S. 73, 82, 93 f., 217.

158 Nach Zaidi, *Mercenaries* (1986), S. 2.

159 Vgl. Shaw, *Between Old and New* (1971), S. 10 f., 121; Tott, *Mémoires* (1785). Vgl. zu de Tott auch Charles-Roux, *Les échelles de Syrie* (1928), S. 111 ff. Die Tätigkeit europäischer Militärberater hatte 1729 mit dem Grafen Alexandre de Bonneval (Ahmed Pascha) begonnen.

160 Wir müssen immer die «Dunkelziffer» bedenken, die besonders hoch ist, wenn man sich auf gedruckte Quellen beschränkt.

161 Unter den Amerikareisenden wäre noch als wohlhabender Privatmann Prinz Maximilian zu Wied-Neuwied zu nennen (1815–17 Südamerika, 1832–34 Nordamerika).

162 Rochemonteix, *Amiot* (1915), S. 108, 251 ff.
163 Broc, *La géographie* (1975), S. 285; H. Woolf, *Transits* (1959).
164 Der folgende Abschnitt nach Henning, *Reiseberichte* (1906); Wendland, *Das Russische Reich* (1990), S. 351–84); Wendland, *Pallas* (1992), Bd. 1, S. 80–268; Robel, *Sibirienexpeditionen* (1976); Robel, *Bemerkungen* ((1992), S. 225–32; Hoffmann, *Rußland* (1988), S. 167 ff.; Hoffmann, *Müller* (1983); J. L. Black, *G.-F. Müller* (1985), S. 47–77; Lincoln, *Conquest* (1993), S. 100–21; Dahlmann, *Kalmücken* (1997); Dahlmann, *Einleitung* (1998); sowie den biographischen Einträgen in Henze, *Enzyklopädie* (1978 ff.).
165 Strahlenberg, *Das Nord und Ostliche Theil* (1730).
166 Wendland, *Das Russische Reich* (1990), S. 367.
167 Vgl. Stagl, *Methodisierung* (1989).
168 Broc, *La géographie* (1975), S. 38 f., 116–21.
169 Zur Forschungsreise vgl. auch Leed, *Mind* (1991), S. 192 ff.
170 Über Niebuhr als Forschungsreisenden vgl. Eck, *Mylius* (1986), S. 18 ff.
171 Hoare, *Tactless Philosopher* (1976), S. 12
172 Grundlegend: Laurens, *L'Expédition d'Égypte* (1989), bes. Kap. 9–11 über wissenschaftliche Projekte.
173 Vgl. Broc, *Les grandes missions (*1981).
174 Markham, *Rennell* (1895), S. 42; Edney, *Mapping an Empire* (1997), S. 9–18, 134 f.
175 Edney, *Mapping an Empire* (1997), weist jedoch immer wieder auf die Diskrepanz zwischen angestrebter und erreichter Exaktheit hin, etwa S. 17.
176 Zu Mackenzie vgl. Dirks, *Colonial Histories* (1993); Edney, *Mapping an Empire* (1997), S. 152–55 und passim; daneben von grundsätzlicher Bedeutung: Bayly, *Empire and Information* (1996).

V. Begegnungen

1 Sehr schön dazu Martin, *Schwarze Teufel* (1993).
2 Der Bericht des Gesandten erschien später in französischer Übersetzung: Galland, *Relation* (1757).
3 Van der Cruysse, *Louis XIV et le Siam* (1991), S. 263–92, 373–410; Göçek, *East Encounters West* (1987), S. 7 ff.; Aksan, *Ottoman Statesman* (1995), S. 34 ff.; Wright, *Persians* (1985), S. 5–8, 53–69.
4 Blussé, *Tribuut aan China* (1989), S. 87.
5 Spence, *Herr Hu* (1990).
6 Sacy, *Bertin* (1970), S. 158–67.
7 Blumenbach, *Abbildungen* (1810), ungez.
8 Barrett, *Listlessness* (1989), S. 56, Fn. 1.
9 Granzow, *Quadrant* (1986), S. 139.
10 Sörlin, *Scientific Travel* (1989), S. 103, 121 (Fn. 23).
11 Henze, *Enzyklopädie* (1978 ff.), Bd. 1, S. 372.
12 Lunt, *Bokhara Burns* (1969), S. 206 (als imperiale Märtyrergeschichte geschrieben).
13 Seine Texte gab später J. G. Georgi heraus: Falck, *Beyträge* (1785–86).
14 Alder, *Beyond Bokhara* (1985), S. 357.

15 Van der Brug, *Malaria* (1994), S. 55, 59 f.
16 Marshall, *East India Fortunes* (1976), S. 217–19.
17 Kaempfer, *Reisetagebücher* (1968), S. 145. Zu den klimatischen Schrecken der Gegend auch Arbuthnot, *Essay* (1733), S. 79.
18 Gmelin, *Reise* (1751–52), Bd. 1, Vorrede (ungez.)
19 Turner, *Tibet* (1800), S. 93.
20 J. G. Gmelin, *Reise* (1751–52), Bd. 2, S. 445 ff.; Bd. 4, S. 6 f.; Wurtzburg, *Raffles* (1954), S. 678–82.
21 H. Beck, *Humboldt* (1959–61), Bd. 2, S. 152. An die sogenannte «Grenzlinie» des Zarenreichs reiste man durchweg nur unter militärischer Deckung. Vgl. auch Pallas, *Reise in die südlichen Statthalterschaften* (1799–1801), Bd. 1, S. 323.
22 Posselt, *Große Nordische Expedition* (1990), S. 192.
23 Ebd., S. 177 f.
24 Unverzagt, *Gesandtschaft* (1727), S. 45.
25 Elphinstone, *Caubul* (1839), Bd, 1, S. 376, hat eine lange Erläuterung dazu.
26 Schlözer, *Land- und Seereisen* (1962), S. 40. Karawansereien gab es sogar in Bengalen: Hodges, *Reisen* (1793), S. 42. Einzigartig die zahlreichen Beschreibungen aus Persien in Kaempfers *Reisetagebüchern* (1968), etwa S. 45, 80 f., 86 f., 92, 111 f., 119.
27 J. Johnson, *Journey* (1818), S. 87, 100 f.
28 Als einer der letzten lobt sie C. L. J. de Guignes, *Voyages* (1808), Bd. 2, S. 214 ff. (auch Bd. 1, S. 361). Um 1800 erreichte eine Nachricht aus Peking den Generalgouverneur in Kanton auf den großen Staatsstraßen in 15 Tagen (Morse, *Chronicles*, 1926–29, Bd. 3, S. 256). Gleichzeitig eine Klage über den schlimmen Zustand der Straßen in Kleinasien und Persien: Kinneir, *Memoir* (1813), S. 43.
29 Z. B. Magalhães, *New History* (1688), S. 114 ff.; Klaproth, *Mémoires* (1826–28), Bd. 3, S. 312–31.
30 Steller, *Beschreibung* (1774), S. 133–39.
31 Gemelli Careri, *Voyage* (1745), S. 220; O. P. Singh, *Surat* (1977), S. 27, vgl. auch Qaisar, *Indian Response* (1982), S. 37–43, sowie Quellenauszüge in Kaul, *Travellers' India* (1979), S. 261–69.
32 Perrin, *Reise* (1811), S. 69–73 (Zitat 69).
33 Shaw, *Travels* (1808), Bd. 1, S. xvii.
34 Schilderung mit größter Konkretion: Niebuhr, *Reisebeschreibung* (1774–1837), Bd. 1, S. 214–16. Ganz ausführlich Faroqhi, *Herrscher* (1990), S. 44–101.
35 Sestini, *Voyage* (1797), S. v.
36 Vgl. Sonnini, *Voyage* (1799), Bd. 1, S. 5.
37 So maliziös Barrow, *Autobiographical Memoir* (1847), S. 98. Vgl. auch Duyvendak, *Dutch Embassy* (1938), S. 40 ff.; Boxer, *Titsingh's Embassy* (1939), S. 16 ff.
38 Societas Jesu, *Lettres édifiantes* (1780–83), Bd. 23, S. 160 f.
39 Caillié, *Travels* (1830), Bd. 2, S. 49.
40 George Forster, *Journey* (1808), Bd. 2, S. 79; D. Campbell, *Journey* (1796), Teil 3, S. 6 f.; Holmes, *Journal* (1798), S. 133; Abel, *Narrative* (1819), S. 201.
41 Æ. Anderson, *Narrative* (1795), S. 133.
42 Schrödter, *See- und Landreise* (1800), S. vif.
43 Ebd., S. 11.
44 So bei J. R. Forster, *Bemerkungen* (1783), S. 350 f.

45 Turner, *Tibet* (1800), S. 174; Bogle/Manning, *Narratives* (1879), S. 103 ff.
46 D. Campbell, *Journey* (1796), Teil 3, S. 10.
47 Eversmann, *Reise* (1823), S. viii. Ähnlich Gmelin in Posselt, *Große Nordische Expedition* (1990), S. 75; Timkovski, *Voyage à Peking* (1827), Bd. 1, S. 438.
48 Das Folgende nach Markham, *Introduction* (1879), S. clix-clxv; Stifler, *Language Students* (1938), S. 56 f.; Bishop, *Shangri-La* (1989), S. 76–80.
49 Bogle/Manning, *Narratives* (1879), S. 256.
50 Ebd.
51 Ebd., S. 258.
52 Ebd., S. 224.
53 Ebd., S. 216.
54 Ebd., S. 266.
55 Petech, Introduzione, in: ders., *I missionari italiani* (1954–46), Bd. 5, S. xxii–xxiv, sowie Desideris eigene Angaben: S. 193 ff. Bogle und Turner hatten nicht genügend Zeit gehabt, um Tibetisch zu erlernen.
56 C. Harbsmeier, *La connaissance du Chinois* (1992), S. 307 f.
57 Collani, *Bouvet* (1985), S. 13; Cantemir, *Moldau* (1971), S. 22; Reith, *John Leyden* (1923), S. 379; Hoare, *Introduction* (1982), S. 2.
58 Hammer-Purgstall, *Erinnerungen* (1840), S. 57.
59 Cannon, *Oriental Jones* (1990), passim.
60 Fück, *Die arabischen Studien* (1955), S. 127–29.
61 Hammer-Purgstall, *Staatsverfassung* (1815), Bd. 2, S. 117 f. Vgl. auch de Groot, *Dragoman* (1996).
62 Cunningham, «*Dragomania*» (1961), S. 81.
63 W. Turner, *Levant* (1820), Bd. 1, S. 62 f. (Fn.).
64 Z. B. Björnstahl, *Briefe* (1777–83), Bd. 4, S. 64 f.
65 Russell, *Aleppo* (1794), Bd. 2, S. 4.
66 Der einzige hohe Vertreter der V.O.C. in Nagasaki, der sich jemals als Japanologe einen Namen machte, war Isaac Titsingh, 1779–84 Chef der Faktorei auf Dejima und vermutlich der beste europäische Japankenner seiner Zeit. Vgl. Titsingh, *Correspondence* (1990), S. xv–xxi.
67 Keene, *Discovery* (1969), S. 78 f.
68 Adami, *Nachbarschaft* (1990), S. 89.
69 Demel, *Fremde* (1992), S. 97 f.
70 Nieuhof, *Embassy* (1669), S. 117.
71 Schefer, *Introduction* (1890), S. cviii f.
72 Cranmer-Byng, *Embassy* (1962), S. 319 f. Der designierte Sekretär der Gesandtschaft, Sir George L. Staunton, war persönlich nach Frankreich und Italien gereist, um Dolmetscher zu rekrutieren. Vgl. G. L. Staunton, *Authentic Account* (1797), Bd. 1, S. 38–41.
73 Dabringhaus, *Einleitung* (1996), S. 51.
74 Ebd., S. 69 f.
75 Russell, *Aleppo* (1794), Bd. 2, S. 1 f.
76 Cohn, *Colonialism* (1996), S. 19, 33–36.
77 Ausführlich dazu ebd., S. 16–56.
78 Osbeck, *Voyage* (1771), Bd. 1, S. 274 f.
79 Niebuhr, *Reisebeschreibung* (1774–1837), Bd. 2, S. 22; Van Aalst, *British View* (1970), S. 319 f.

80 Finlayson, *Siam* (1826), S. 146.
81 Symes, *Account* (1827), Bd. 2, S. 30.
82 Bayly, *Empire and Information* (1996), S. 63.
83 Ebd., S. 71.
84 Yule/Burnell, *Hobson-Jobson* (1886), S. 581.
85 Bayly, *Empire and Information* (1996), S. 74. Es gibt eine gewisse Parallele zum Aufstieg schreibkundiger Administratoren im Iran des frühen 17. Jahrhunderts.
86 Ebd., S. 75.
87 Ebd., S. 77 f.
88 Siehe oben S. 90–93.
89 Barrow, *Cochin China* (1806), S. 288.
90 Ebd., S. 327.
91 Crawfurd, *Siam* (1828), S. 73 f., 81; fast gleichzeitig erlebte der Diplomat Morier etwa Ähnliches in Persien: ein Bankett *à l'anglais (Second Journey*, 1818, S. 144).
92 Jones, Preface to «A Grammar of the Persian Language» (1771), in: *Works* (1807), Bd. 5, S. 179.
93 Jones, «Fifth Anniversary Discourse» (21. Februar 1788), in: *Works* (1807), Bd. 3, S. 71. In ähnlichem Sinne eine andere große Autorität: Anquetil-Duperron, *Recherches historiques* (1787), Bd. 2, S. xiii f.
94 So d'Ohsson, *Tableau générale* (1787–90), Bd. 1, S. i f.
95 So Tott, *Mémoires* (1785), Bd. 1, S. xvii f. (als Kritik an Lady Mary Wortley Montagu).
96 Hachicho, *English Travel Books* (1964), S. 104.
97 Niebuhr, *Reisebeschreibung* (1774–1837), Bd. 1, S. 274 f.
98 Ebd., S. 362.
99 Ebd., S. xf.; Hansen, *Reise nach Arabien* (1965), S. 20–23.
100 Niebuhr, *Reisebeschreibung* (1774–1837), Bd. 1, S. 414 f.; auch Niebuhr, *Beschreibung* (1772), S. xv.
101 Niebuhr, *Reisebeschreibung* (1774–1837), Bd. 1, S. 232.
102 Burnes, *Travels* (1834), Bd. 1, S. 281.
103 Greenblatt, *Marvellous Possessions* (1991), S. 99.
104 Charles-Roux, *Les échelles de Syrie* (1928), S. 16; Russell, *Aleppo* (1794), Bd. 2, S. 2.
105 R. K. Porter, *Travels in Georgia* (1821–22), Bd. 1, S. 240.
106 Ausführliche Beschreibung seiner Kleidung: Niebuhr, *Reisebeschreibung* (1774–1837), Bd. 1, S. 322, 378, 410.
107 Ebd., Bd. 2, S. 168.
108 John White, *Voyage* (1824), S. 227.
109 E. Morrison, *Memoirs* (1839), Bd. 1, S. 188.
110 Cohn, *Colonialism* (1996), S. 111.
111 Ebd., S. 112.
112 Vgl. M. Harbsmeier, *Kadu und Maheine* (1991).
113 Bogle/Manning, *Narratives* (1879), S. 83–89, 95, 110, 135–45.
114 Ebd., S. 92, 104; Turner, *Tibet* (1800), S. 235. Vgl. auch eine zeitgenössische Universalgeschichte des Schachspiels: Wahl, *Geschichte des Schach-Spiels* (1798).

115 Colley, *Britons* (1992), S. 127 ff.
116 Volney, *Voyage* (1959), S. 119.
117 Bruce, *Travels* (1790), Bd. 1, S. lxxi f.
118 Percy, *Hau Kiou Choaan* (1761), Bd. 1, S. xviii f.
119 Aus eigenem Erleben als medizinischer Begleiter der Amherst-Mission von China von 1816: Abel, *Narrative* (1819), S. 232 f.; auch Grosier, *De la Chine* (1818–20), Bd. 1, S. v f.
120 Nieuhof, *Embassy* (1669), S. 25.
121 Wie es 1716 dem schwedischen Diplomaten in russischem Dienst Lorenz Lange in China passierte: Lange, *Reise* (1986), S. 35.
122 Was tatsächlich geschah, z. B. die osmanische Gesandtschaft nach Frankreich 1720/21: Göçek, *East Encounters West* (1987), S. 41 ff.
123 Elphinstone, *Caubul* (1839), Bd. 1, S. 37. Auch Niebuhr fand, daß man auf Reisen gegenseitig voneinander lernen solle: *Reisebeschreibung* (1774–1837), Bd. 1, S. 272 f.
124 Bogle/Manning, *Narratives* (1879), S. 77.
125 Bernier, *Travels* (1934), S. 91 f.
126 Z. B. Otter, *Voyage en Turquie* (1748), Bd. 1, S. 100. Eine persönliche Variante aus dem Nordiran bei Kaempfer, *Reisetagebücher* (1968), S. 62 f.
127 Posselt, *Große Nordische Expedition* (1990), S. 47–49.
128 Bogle/Manning, *Narratives* (1879), S. 267 f., 280 f., 286 f.
129 Alder, *Beyond Bokara* (1985), passim (Stichwort «medicine» im Register).
130 Niebuhr erzählt dazu eine schöne Geschichte über seinen Reisegenossen Peter Forsskål: *Reisebeschreibung* (1774–1837), Bd. 1, S. 262, vgl. auch S. 300 f., 407; Bd. 2, S. 308 f.
131 Chamisso, *Reise* (o. J.), Bd. 3, S. 250.
132 Vgl. Schäbler, *Ulrich Jasper Seetzen* (1995), S. 124.

VI. Augenzeugen, Ohrenzeugen: Asien als Erfahrung

1 Dédéyan, *Montesquieu* (1988), S. 14 f.
2 Besonders interessant: Layton, *Russian Literature* (1994), S. 29 f., 34.
3 Vgl. Börner, *Suche* (1984).
4 *Denckwürdige Beschreibung* (1679), S. 6.
5 So Robinet, *Vue philosophique* (1768), S. 160 f.
6 Adams, *Travel Liars* (1980), S. 19–43. Buffon, «De l'homme», in: *Œuvres* (1861), Bd. 1, S. 431–40, diskutiert das Problem mit großem Ernst, ebenso sein deutscher Kollege E. A. W. von Zimmermann: *Geographische Geschichte* (1778–83), Bd. 2, S. 60 ff.
7 Ebd., Bd. 2, S. 138–64; ähnlich Barrow, *Reisen* (1801), S. 167–71.
8 Turner, *Tibet* (1800), S. 157.
9 Hammer-Purgstall, *Constantinopel* (1822), Bd. 1, S. xxiii.
10 Etwa bei Poivre, *Reisen* (1997), S. 54–58.
11 Sonnini, *Voyage* (1799), Bd. 1, S. 3. Der Autor, der zwischen 1777 und 1780 in Ägypten reiste, war Naturforscher und ein Mitarbeiter Buffons.
12 Diez, *Denkwürdigkeiten* (1811–15), Bd. 1, S. xvii.

13 Köhler, *Sammlung* (1767–69), Bd. 1, Teil 2, S. 571; Hausleutner, *Araber* (1791–92), Bd. 1, S. xv.
14 Parennin, in: Societas Jesu, *Lettres édifiantes* (1780–83), Bd. 19, S. 277 f.
15 Savary, *Lettres sur l'Égypte* (1785–86), Bd. 1, S. i–iii.
16 Anquetil-Duperron, *Dignité du commerce* (1789), S. v.
17 Ebd., S. 4.
18 Robert Hooke, Preface, in Knox, *Historical Relation* (1681), ungez.
19 Anonyme Rezension im *British Critic* (Dez. 1817, S. 591) zu Ellis, *Journal* (1818). Ähnlich Diez, *Denkwürdigkeiten* (1811–15), Bd. 1, S. xiii: «Wie mancher hat wohl eine ganze Nation verdammt, bloss weil ihm von Kindern schiefe Mäuler gemacht oder weil er von Erwachsenen nicht nach vermeynter Standesgebühr behandelt und aufgenommen worden ...».
20 So etwa Businello, *Historische Nachrichten* (1778), S. 2.
21 Thornton, *Turkey* (1809), Bd. 1, S. xiif.
22 Ebd., S. 3.
23 Turner, *Tibet* (1800), S. 65, 302, 343.
24 Niebuhr, *Reisebeschreibung* (1774–1837), Bd. 1, S. 31.
25 Vgl. Schulze, *Entstehung des nationalen Vorurteils* (1995).
26 Etwa Semedo, *History* (1655), S. 25; zusammenfassend Du Halde, *Description géographique* (1735), Bd. 1, S. ii. Wurde hier vielleicht auch die Herablassung der konfuzianischen Literati gegenüber Kaufleuten übernommen?
27 Z. B. *Travels of the Jesuits* (1743), S. viiif.
28 Pauw, *Chinois* (1773), Bd. 1, S. v. Zu de Pauw vor allem Duchet, *Le partage des savoirs* (1985), S. 82–104, sowie über seine nicht minder provokanten Ansichten zu Amerika: Gerbi, *Dispute* (1973), S. 52–79.
29 Die große Abrechung stammt von Pater Amiot in Societas Jesu, *Mémoires* (1776–1814), Bd. 2 (1777), S. 365–574, ergänzt in *Mémoires*, Bd. 6 (1780), S. 275 ff.; daneben auch Grosier, *Discours* (1777), S. xxxvi ff.
30 Pauw, *Chinois* (1773), Bd. 1, S. 84; Amiot in Societas Jesu, *Mémoires*, Bd. 6 (1780), S. 277–307; G. L. Staunton, *Authentic Account* (1797), Bd. 2, S. 615 ff.; Barrow, *China* (1806), S. 575; Cranmer-Byng, *Embassy* (1962), S. 246; Pinkerton, *Modern Geography* (1807), Bd. 2, S. 99 (als Kanonisierung der Widerlegung de Pauws).
31 Sonnerat, *Voyages* (1782), Bd. 2, S. 2–4.
32 Barrow, *China* (1806), S. 30 f., Zitat S. 3.
33 Léguat, *Voyages et avantures* (1708), Bd. 1, S. xviii; dazu Adams, *Travel Liars* (1962), S. 100 ff.
34 Dubois, *Description* (1817), S. xv.
35 Ebd., S. v.
36 Max Müller, Prefatory Note, in: Dubois, *Hindu Manners* (1985), S. vii.
37 Cœurdoux/Desvaulx, *Mœurs et coutumes* (1987), Avant-propos, ungez.
38 Zit. nach Schäbler, *Ulrich Jasper Seetzen* (1995), S. 122 f.
39 Ebd., S. 122.
40 Dies berichtet einer von ihnen, der polnische Graf Jan Potocki: *Voyages* (1980), Bd. 2, S. 45.
41 Braam Houckgeest, *Authentic Account* (1798), Bd. 1, S. xix:
42 Bruce, *Travels* (1790), Bd,. 1, S. lxvi.
43 Frühe «realistische» Reisende waren etwa Herberstein (1549), Olearius

(1656), Sandys (1615), Blount (1636) und Busbek (1589). Man vergleiche damit etwa den leichtgläubigen, an Sensationen interessierten Diplomaten Sir Thomas Herbert (1634).

44 Hammer-Purgstall, *Constantinopolis* (1822), Bd. 1, S. xi f.

45 So Roger, *Les sciences de la vie* (1963), S. 163 f.

46 Milburn, *Oriental Commerce* (1813). Allein über Bombay schreibt Milburn fast 130 dichtbepackte Seiten (Bd. 1, S. 169–293).

47 Chateaubriand, *Itinéraire* (1968), S. 41.

48 Niebuhr, *Beschreibung* (1772), S. xx f.; Volney, *Voyage* (1959), S. 25; J. B. Fraser, *Journal* (1820), Preface.

49 Gemelli Careri, *Voyage* (1745), S. 205.

50 Adams, *Travel Liars* (1980), S. 210–22.

51 Shelvocke, *Voyage* (1726), S. 459 f. Wir hoffen, daß zumindest diese Geschichte stimmt, nahm es der Autor doch mit der Wahrheit nicht immer genau: Williams, *South Sea* (1997), S. 197.

52 Ellis, *Journal* (1818), Bd. 1, S. 334.

53 Thévenot, *Travels* (1687), Bd. 1, S. 59; Gervaise, *History of Siam* (1928), S. 38; Merklein, *Reise nach Java* (1930), S. 14.

54 Hodges, *Reisen* (1793), S. 4.

55 Castilhon, *Considérations* (1769), S. 218 f.

56 Societas Jesu, *Lettres édifiantes* (1780–83), Bd. 23, S. 321 ff. Zitat aus einem Bericht Pater Joseph Amiots. Eine ähnliche Chaos-Erfahrung bei Heissig, *Mongoleireise* (1971), S. 101.

57 J. G. Gmelin, *Reise* (1751–52), Bd. 1, S. 196.

58 Vgl. Abbattista, *James Mill* (1979), S. 93 f.; Majeed, *Ungoverned Imaginings* (1992), S. 140 ff.

59 Mill, *History* (1817), Bd. 1, S. 7.

60 Ebd., S. 9.

61 Elphinstone, *Caubul* (1839).

62 Bruce, *Travels* (1790), Bd. 1, S. lxv f.; Hammer-Purgstall, *Constantinopolis* (1822), Bd. 1, S. xxiv; Osbeck, *Voyage* (1771), S. xviii; Niebuhr, *Beschreibung* (1772), S. xvii.

63 Andrew Smith, *Journal* (1975), S. ix.

64 Grundlegend: Stagl, *Curiosity* (1995), auch Stagl/Orda/Kämpfer, *Apodemiken* (1983).

65 Vgl. Dharampal-Frick, *Indien* (1994), S. 72–75.

66 Fried, *Auf der Suche* (1986), S. 316, auch 302–4. Zum Empirismus mancher mittelalterlicher China- und Mongolenberichte vgl. Reichert, *Begegnungen* (1992), S. 88–111.

67 Caron/Schouten, *True Description* (1935). Lucas' Fragen findet sich in Kapitza, *Japan in Europa* (1990), Bd. 1, S. 537 f., Carons Antworten ebd., S. 538–50.

68 z. B. S. P. Anderson, *Rycaut* (1989), S. 210 f.; Shapin, *Social History* (1994), S. 245 ff.

69 Widmaier, *Leibniz korrespondiert mit China* (1990), S. 4–10.

70 Turgot, *Œuvres* (1913–23), Bd. 2, S. 523–33. Über einen anderen chinesischen Informanten, Arcadius Hoang, vgl. Elisseeff-Poisle, *Fréret* (1978), S. 39 ff., 166 ff.

71 Michaelis, *Fragen* (1762), S. 386.
72 Niebuhr, *Beschreibung* (1772), S. xvii.
73 Michaelis, *Fragen* (1762), «Instruction», ungez.
74 Wendland, *Pallas* (1992), Bd. 1, S. 89–93.
75 Buchanan, *Journey* (1807), Bd. 1, S. viii–xiii.
76 Volney, Questions de statistique à l'usage des voyageurs, in: *Œuvres* (1989), Bd. 1, S. 663.
77 Humboldt, *Relation historique* (1814–25), Bd. 2, S. 158.
78 Volney, *Voyage* (1959), S. 147.
79 Ebd., S. 399.
80 Ebd.
81 Broc, *Les grandes missions* (1981).
82 So Stagl, *History of Curiosity* (1995), S. 279.
83 Volney, *Œuvres* (1989), Bd. 1, S. 667.
84 Ebd., S. 669–79.
85 Ebd., S. 664 f. Eine andere Beobachtungsanleitung aus dem Kreis der Idéologues wurde 1800 von Joseph-Marie de Gérando vorgelegt. Sie ist stärker ethnologisch-anthropologisch orientiert als Volneys eher staatswissenschaftliches Frageraster. Vgl. den Text in: Copans/Jamin, *Aux origines* (1978), S. 129–69 (dt. in Moravia, *Beobachtende Vernunft*, 1977, S. 219–51).
86 Zur Biographie: Marsden, *Memoir* (1838); zur Interpretation bes. Gascoigne, *Joseph Banks* (1994), S. 164–71.
87 Marsden, *History of Sumatra* (1811), S. vi (preface von 1783).
88 Z. B. ebd., S. 399 f.
89 Über Vertrauen und die Akzeptanz wissenschaftlicher Aussagen vgl. Shapin, *Social History* (1994), etwa S. 22–36.
90 Burnes, *Travels* (1834), Bd. 1, S. 277; Barrow, *Cochin China* (1806), S. 296; J. White, *Voyage* (1824), S. 226; Barrow, *China* (1806), S. 79; Morier, *Second Journey* (1818), S. 229 f.
91 A. Hamilton, *New Account* (1930), Bd. 1, S. 141.
92 Bernier, *Travels* (1934), S. 121 f.; Morier, *Journey* (1812), S. 116.
93 Percival, *Ceylon* (1805), S. 266.
94 Hammer-Purgstall, *Geschichte des Osmanischen Reiches* (1827–35), Bd. 5, S. 287.
95 Cantemir, *History* (1734–35), Bd. 2, S. 379. Vgl. auch Businello, *Historische Nachrichten* (1778), S. 65.
96 Hammer-Purgstall, *Staatsverfassung* (1815), Bd. 2, S. 57. Anders Cantemir, *History* (1734–35), Bd. 2, S. 379. Angeblich hatte Sultan Mehmed III. bei seiner Thronbesteigung 1595 seine 19 Brüder und 20 Schwestern durch taubstumme Büttel ermorden lassen.
97 Ebd., Bd. 1, S. 218 f. Zu den Stummen im Harem vgl. Grosrichard, *Structure du sérail* (1979), S. 172 ff.
98 Vogel, *Reise-Beschreibung* (1716).
99 A. Hamilton, *New Account* (1930), Bd. 1, S. 9.
100 Ellis, *Journal* (1818), Bd. 1, S. 90 (Fn.); Mason, *Costume* (1800).
101 Shaw, *Travels* (1808), S. xxv f.
102 Vgl. Du Mans, *Estat de la Perse* (1890); dazu Schefer, *Introduction* (1890), S. cviii f., cxiv.

103 Angelomathis-Tsougarakis, *Greek Revival* (1990), S. 14 ff.
104 Tavernier, *Nouvelle relation* (1675), S. 541; Bernier, *Travels* (1934), S. 267; Peirce, *Imperial Harem* (1993), S. 115 f.
105 Ebd., S. 114.
106 Georgi, *Bemerkungen* (1775); Kapitza, *Japan in Europa* (1990), Bd. 2, S. 628–32; Thunberg, *Voyages* (1796), S. 405 ff.
107 Stavorinus, *Reise* (1796), S. 83. Niebuhr machte in Bombay die gleiche Erfahrung, schob die Schuld aber darauf, daß er sich nur per Dolmetscher verständigen konnte (*Reisebeschreibung*, Bd. 2, S. 22).
108 Dallaway, *Constantinopel* (1797), S. 12.
109 Turner, *Tibet* (1800), S. 45.
110 Niebuhr, *Reisebeschreibung* (1774–1837), Bd. 1, S. 226, auch 61; ähnlich Niebuhr, *Beschreibung* (1772), S. 404 f.
111 Niebuhr, *Reisebeschreibung* (1774–1837), Bd. 2, S. 219.
112 Niebuhr, *Beschreibung* (1772), S. 209.
113 Ebd., S. xi.
114 Ebd., S. xviii.
115 J. G. Gmelin, *Reise* (1751–52), Bd. 2, Vorrede (ungez.).
116 Crawfurd, *Siam* (1967), S. 263.
117 Poivre, *Cochinchine* (1885), S. 462.
118 Gibbon, *Decline and Fall* (1909–14), Bd. 7, S. 170, Fn. 12.
119 Percival, *Ceylon* (1805), S. 3.
120 Bernier, *Travels* (1934), S. 311.
121 J. G. Gmelin, *Reise* (1751–52), Bd. 2, Vorrede (ungez.).
122 Ausgiebigen Gebrauch von Auskünften chinesischer Gelehrter machte der Jesuit Nichola Longobardi, der sich von 1597 bis zu seinem Tode im Alter von 90 Jahren 1655 im Reich der Mitte aufhielt. Er war einer von Leibniz' wichtigsten Gewährsleuten zu China. Vgl. Mungello, *Leibnitz* (1977), S. 26–28.
123 Jones, «Tenth Anniversary Discourse» [1792], in: *Works* (1807), Bd. 3, S. 217. Später etwa G. T. Staunton, *Ta Tsing Leu Lee* (1810), S. xii.
124 Foss, *Western Interpretation* (1988), S. 230 f.
125 Vgl. Fuchs, *Jesuiten-Atlas* (1943), Bd. 2 (Kartenteil mit der Ausgabe von 1721), bes. S. 222 f. über die großen Vermessungen.
126 D'Anville, *Nouvel Atlas de la Chine* (1737). Grundlegend zur Kartographie der Jesuiten: Foss, *Western Interpretation* (1988).
127 Harley/Woodward, *History of Cartography* (1994), S. 185.
128 So Rennell, *Memoir* (1793), S. ii, viii.
129 Vgl. Wilford, *Mapmakers* (1981), S. 161–74.
130 Fischer, *Sibirische Geschichte* (1768), Bd. 1, S. 46.
131 Gaubil, *Traité* (1814), S. 282 . Zur Bewertung der chinesischen Historiographie: Grosier, *Discours préliminaire* (1777), S. xxix ff.
132 J. de Guignes, *Histoire générale des huns* (1756–58), Bd. 1, Teil 1, preface; auch Fourmont, *Reflexions critiques* (1735), Bd. 2, S. 406.
133 Ockley, *History of the Saracens* (1757), Bd. 1, S. xvii; ähnlich Margat de Tilly, *Histoire de Tamerlan* (1739), S. xv f.
134 Ockley, *History of the Saracens* (1757)., Bd. 2, S. vii.
135 Sale, *Preliminary Discourse* (1764). Vgl. auch Sharafuddin, *Islam* (1994), S. xxix; Netton, *Mysteries* (1990), S. 29 ff.

136 Titsingh, *Correspondence* (1990), S. xviii.

137 Jones, «On the Philosophy of the Asiaticks» [1794], in: *Works* (1807), S. 235.

138 Gladwyn, *Ayeen Akbery* (1800), Bd. 1, S. x. Zu Gladwyn vgl. Grewal, *Muslim Rule* (1970), S. 25–27.

139 Goethe, Werke. Hamburger Ausgabe, hg. v. Erich Trunz, Bd. 2, 12. Aufl., München 1981, S. 246.

140 Kleuker, *Anhang zum Zend-Avesta* (1781–83), Bd. 1, Teil 1, S. 168.

141 Mailla, *Histoire générale* (1777–80). Der sachkundigste Kritiker war Pater Gaubil. Vgl. seine *Correspondance* (1970), S. 262, 511, 674. Pater Parennin, vermutlich ein besserer Sinologe als de Mailla, fertigte von Teilen des *Tongjian gangmu* eine eigene Übersetzung an, die aber nicht veröffentlicht wurde.

142 Vgl. Pinot, *La Chine* (1932), S. 250–52; Guy, *French Image* (1963), S. 393 f.; Mackerras, *Western Images* (1989), S. 95 f.

143 *Encyclopedia of Islam. New Edition*, Bd. 2, Leiden 1983, S. 923. Zu Dow bes. Grewal, *Muslim Rule* (1970), S. 6–22; Van Aalst, *British View* (1970), S. 312 f. Dow hatte auf jede textkritische Untersuchung an der zugrundegelegten Ferishta-Handschrift verzichtet. Seine Sorglosigkeit wurde 1829 sichtbar, als John Briggs eine wissenschaftliche Übersetzung veröffentliche: *Mahomedan Power.*

144 Gibbon, *Decline and Fall* (1909–14), Bd. 6, S. 240, Fn. 14.

145 Dow, *History of Hindostan* (1812), S. viii.

146 Bernier, *Travels* (1934), S. 320, 343 f.

147 Lach/Van Kley, *Asia* (1993), S. 1030.

148 Zum Folgenden vor allem Windisch, *Sanskrit-Philologie* (1917–21), Bd. 1, S. 22 ff., daneben Schwab, *Oriental Renaissance* (1984), S. 51–80; Kejariwal, *Asiatic Society* (1988); Rocher, *Orientalism* (1993), S. 234–40; Teltscher, *India Inscribed* (1995), S. 192–228; Cannon, *Oriental Jones* (1990), Kap. 9–11.

149 Vgl. Grotsch, *Sanskrit* (1989), S. 88 ff.

150 Windisch, *Sanskrit-Philologie* (1917–21), Bd. 1, S. 55.

151 Widmaier, *Leibniz korrespondiert mit China* (1990), S. 103 (Brief vom 19. Sept. 1699).

152 Bouvet, *Akademie* (1989), S. 27–31.

153 Widmaier, *Leibniz korrespondiert mit China* (1990), S. 179 (Brief an Bouvet, 18. Mai 1703).

154 Ebd. sowie Leibniz, *Das Neueste* (1979), S. 8–11.

155 Charakteristisch einer der großen Wissenschaftsorganisatoren der Epoche: Gascoigne, *Banks* (1994), S. 179 f., 182.

156 Muntschik, *Erforschung* (1983), S. 13.

157 Ebd., S. 20, 22.

158 Fournier, *Van Reede* (1987), S. 128 f.; Heniger, *Van Reede* (1986), bes. S. 41–45, 59–64; Grove, *Green Imperialism* (1995), S. 85–90; Grove, *Indigenous Knowledge* (1996).

VII. Berichten, edieren, lesen: Von der Erfahrung zum Text

1 Legouix, *Image of China* (1980); Tillotson, *William Hodges* (1992); B. Smith, *European Vision* (1985), S. 56–82; B. Smith, *Imagining the Pacific* (1992), S. 111–35. Grundlegend zum illustierten Reisebericht sind Stafford, *Voyage into Substance* (1984) und Jacobs, *Painted Voyage* (1995), darin S. 18–79 über Asien.

2 Vgl. Archer, *Early Views of India* (1980); Shellim, *Daniell* (1979).

3 Die Forschung zur Reiseliteratur kann hier nicht behandelt werden. Vgl. etwa als Übersicht über Themen und Ergebnisse: Brenner, *Der Reisebricht in der deutschen Literatur* (1990).

4 Beaglehole, *Cook*, S. 290, 459–71; Robel, *Bemerkungen* (1992), S. 25 (über die Große Nordische Expedition); Potocki, *Voyages* (1980), Bd. 2, S. 52 (über die russische China-Gesandtschaft von 1805).

5 Elphinstone, *Caubul* (1839), Bd. 1, S. xxiv–xxxv.

6 Vgl. Abbott, *Hawkesworth* (1982), S. 137ff.

7 Gelder, *Het Oost-Indisch avontuur* (1997), S. 260.

8 Duchet, *Anthropologie* (1971), S. 56.

9 Castoldi, *Il fascino* (1972), S. 77, 79. Ein solcher Bericht ist etwa Capper, *Observations* (1783).

10 Duchet, *Le partage du savoir* (1985), S. 19.

11 Kaempfer, *Phoenix Persicus* (1987), S. 42.

12 Shaw, *Travels* (1808), S. ixf.

13 Zit. in Osbeck, *Voyage* (1771), Bd, 2, S. 127f.

14 Batten, *Pleasurable Instruction* (1978), S. 79; Hentschel, *Reiseliteratur* (1991), S. 54–63.

15 Sonnerat, *Voyages* (1782), Bd. 2, S. xv.

16 Shaw, *Travels* (1808), S. xi.

17 Chardin, *Le couronnement* (1671); Kroell, *Chardin* (1982), S. 299.

18 Vorrede zu Baumgarten, *Algemeine Welthistorie* (1744–67), Bd. 26 (1764), S. 4; gegen «wüste Weitläufigkeit» auch ders. in ebd., Bd. 29 (1765), S. 2. Ähnlich Matthias Christian Sprengels Einleitung zu Barrow, *Reisen* (1801), S. xvii.

19 Grundsätzlich zum Wert solcher Details: Niebuhr, *Reisebeschreibung* (1774–1837), Bd. 1, S. 312f.

20 Elphinstone, *Caubul* (1839), Bd. 1, S. ix.

21 Typisch: Forrest, *Voyage* (1792), auch Lucas, *Voyage* (1720).

22 S. G. Gmelin, *Reise* (1770–84), Bd. 1, S. 48. Sein Onkel J. G. Gmelin hatte sein – eher inoffizielles – Tageregister weniger streng geführt und es als ein «Mischmasch von unzähligen Begebenheiten» verstanden: *Reise* (1751–52), Bd. 1–2, jeweils die Vorreden (ungez.)

23 J. W. v. Goethe, Die Wahlverwandtschaften, zit. nach Oertel, *Naturschilderung* (1898), S. 9.

24 Shaw, *Travels* (1808), S. xi.

25 Halsband, *Lady Mary Wortley Montagu* (1956), S. 74–93.

26 Kindersley, *Briefe* (1777).

27 Abel-Rémusat, *Nouvelles mélanges* (1829), Bd. 1, S. 284. Für ein schönes Beispiel eines tradierten Irrtums vgl. Chateaubriand, *Itinéraire* (1968), S. 93 ff.
28 *ER*, Juli 1804, S. 314 (anonym).
29 Vgl. zu Lahontan: Pagden, *Encounters* (1993), S. 120–25, und allgemein Gearhart, *Open Boundary* (1984); Constantine, *Authenticity* (1988).
30 Desideri, *Tibet* (1932), S. 302–6.
31 Volney, *Voyage* (1959), S. 34.
32 Chateaubriand, *Itinéraire* (1968), S. 27, 45, 105, 111, 131, 271 f.
33 Vgl. etwa Rehbinder, *Nachrichten* (1798–1800), Bd. 1, S. 3–5, über seine mißlungenen Versuche, Shaw zu falsifizieren. Auch Bruce und sogar Reisende des 19. Jahrhunderts bestätigten Shaw, der sich zwischen 1720 und 1733 im Nahen Osten aufgehalten hatte.
34 Walckenaer, *Vies* (1830), Bd. 2, S. 74, bemerkt, Berniers Ruhm sei bis zur Gegenwart immer weiter gestiegen.
35 Wilsons ausführliches Vorwort in Mill, *History of British India* (1858), Bd. 1, S. vii–xxxvi.
36 Grosier, *De la Chine* (1818–20), Bd. 1, S. xiv.
37 Etwa noch bei Frank, *Persien* (1813), S. 62.
38 Humboldt, *Reise durchs Baltikum* (1983), S. 176 ff.
39 Greener, *Discovery* (1966), S. 70–73.
40 Markham, *Introduction* (1879), S. clxii.
41 Grewal, *Muslim Rule* (1970), S. 114.
42 Dazu zählten Athanasius Kircher und Lorenzo Magalotti: vgl. Zoli, *Cultura italiana* (1973), S. 105–11.
43 Moorcroft/Trebeck, *Travels* (1841); Alder, *Moorcroft* (1985).
44 Z. B. Roque, *Arabie heureuse* (1715) – das maßgebende Jemen-Werk vor Niebuhr; Turpin, *Siam* (1771); Richard, *Tonquin* (1778); Renouard de Sainte- Croix, *Voyage* (1810), der für seine Vietnamkapitel auf Notizen des Missionars Bissachère zurückgriff: vgl. Maybon, *Tonkin* (1920), S. 24–26.
45 *Travels of the Jesuits* (1743), S. vi. Der Herausgeber hat aber dann Gutes über die Beobachtungsschärfe der Jesuiten zu sagen.
46 Vgl. Richards, *Mogul Empire* (1993), S. 306.
47 Manucci, *Storia do Mogor* (1906–8), Bd. 1, S. xvii ff.
48 Trevor-Roper, *Cantemir's «Ottoman History»* (1985).
49 Vgl. zu den frühen Sammlungen: Broc, *Renaissance* (1980), S. 37–42, sowie allg. Boerner, *Reisesammlungen* (1982); Blanke, *Politische Herrschaft* (1997), Bd. 2, S. 21–27.
50 Rietbergen, *Witsen's World* (1985), bes. S. 124 f. Eine Art Weiterführung von Witsen war eine französische Sammlung mit Nordasienberichten: Bernard, *Recueil de voyages du Nord* (1732–34).
51 Valentyn, *Oud en nieuw Oost-Indien* (1724–26).
52 Fisch, *Hollands Ruhm* (1986), S. 17–19.
53 Ebd., S. 22. Vg. zu Valentyn auch Beekman, *Troubled Pleasures* (1996), S. 119–44.
54 Crone/Skelton, *English Collections* (1946), S. 84 f.
55 Harris/[Campbell], *Bibliotheca* (1744–48); *Universal History* (1759–66). Vgl. Abbattista, *Commercio* (1990), S. 69, 267 ff.

56 Astley/[Green], *Collection* (1745–47). Der Herausgeber war John Green, Thomas Astley der Verleger und Besitzer der zugrundegelegten Büchersammlung.
57 Astley/[Green], *Collection* (1745–47), Bd. 1, S. vii (Preface).
58 Ebd.
59 Crone/Skelton, *English Collections* (1946), S. 101.
60 Vgl. Astley/[Green], *Collection* (1745–47), Bd. 4, S. 3.
61 Vgl. Prévost, *Histoire générale des voyages* (1746–59). Eine Übersicht über den Inhalt der Bände findet sich in Prévost, *Œuvres*, Bd. 8 (1985), S. 400 f. Zur Interpretation vorzüglich Duchet, *Anthropologie* (1971), S. 81–95.
62 Prévost, «Avertissement» des 11. Bandes, in: *Œuvres*, Bd. 8 (1985), S. 436.
63 Duchet, *Anthropologie* (1971), S. 91.
64 Zit. ebd. S. 84.
65 So etwa [Newberry], *World Displayed* (1759–61), der über Amerika nur Beschreibungen aus dem 16. und frühen 17. Jahrhundert bringt, über den Nahen Osten fast nur ganz neue aus dem frühen 18. Jahrhundert (Shaw, Pococke) und gar nichts über Japan und Indochina. Derricks ähnlich willkürliche Sammlung (*Collection*, 1762) nahm immerhin eine chronologische Reihung vor.
66 Schwabe, *Allgemeine Historie* (1747–74), Bd. 1, Vorrede.
67 Dies beobachtet Blanke, *Politische Herrschaft* (1997), Bd. 2, S. 23 f.
68 Schwabe, *Allgemeine Historie* (1747–74), Bd. 1, Vorrede.
69 Laharpe, *Abrégé* (1813–15), Bd. 1, S. 7.
70 Boucher de la Richarderie, *Bibliothèque universelle* (1808), Bd. 1, S. 93.
71 Beckmann, *Litteratur* (1807–10), Bd. 1, S. 200.
72 Hakluyt, *Voyages* (1809–12).
73 Pinkerton, *General Collection* (1808–14).
74 Anders als kurz zuvor Paulus, *Sammlung* (1792–1803), der in Bd. 3 die wertvollen Ägyptenberichte Johann Michael Wanslebs aus dem 17. Jahrhundert ausgegraben hatte.
75 Pinkerton, *General Collection* (1808–14), Bd. 1, S. v.
76 Pinkerton, *Modern Geography* (1807). Die erste Ausgabe erschien in 2 Bdn. 1802.
77 Walckenaer, *Histoire générale* (1826–31), vgl. bes. Walckenaers meisterhaften Überblick über die Geschichte des geographischen Wissens von der Antike bis zum Beginn der portugiesischen Seereisen, in dem auch die arabische Geographie des Mittelalters gewürdigt wird (Bd. 1, S. 1–55).
78 Marsden, *Marco Polo* (1818), S. xviii.
79 Zum Beispiel E. A. W. v. Zimmermanns *Annalen der Geographie und Statistik*, Braunschweig 1790–92 in 3 Bdn.
80 Pinkerton, *General Collection* (1808–14), Bd. 7 (1811); S. 652 ff.
81 *Annales de Voyages*, Bd. 24 (1814), S. 214–26.
82 Sprengel, *Auswahl*, Bd. 10 (1798), S. 1–328, Bd. 11 (1798), S. 1–349.
83 Ebd., Bd. 10, S. vi f.
84 Fabian, *English Books* (1976), S. 165–74; Fabian, *Englisch* (1985), S. 178.
85 Vgl. die schöne Fallstudie über die englische Übersetzung (1727) von Engelbert Kaempfers *Geschichte und Beschreibung Japans*: Bailey, *Kaempfer Restor'd* (1988), bes. S. 14 ff.

86 Bruce, *Reisen in das Innere von Africa* (1791), Bd. 1, S. i.

87 Bruce, *Reisen zur Entdeckung der Quellen des Nils* (1791). Kein geringerer als Johann Friedrich Blumenbach hatte die Annotierung dieser Übersetzung übernommen.

88 Valentina, *Reisen nach Indien* (1811), Bd. 1, S. vi.

89 Barrow, *Reise durch China* (1804), Bd. 2 (Vorbericht, ungez.).

90 Ebd., Bd. 1, S. 85.

91 Hoare, *Tactless Philosopher* (1976), S. 236 f.

92 Vgl. die Bibliographie von J. R. Forsters enormer Übersetzer- und Herausgebertätigkeit ebd., S. 353–72.

93 Ebd., S. 202.

94 Das Folgende nach Friese, *Einleitung* (1991), S. xxiii–xxx, sowie Thunberg, *Voyages* (1796), Bd. 1, S. vif.

95 Vgl. Brot, *L'abbé Raynal* (1995).

96 Vgl. die englische Übersetzung Valentyn, *Ceylon* (1978). Erst 1803 erschien eine aktuelle Beschreibung, die Knox' altes Buch ablöste: Percival, *Ceylon* (1805), Zum Teil darauf aufbauend dann Cordiner, *Ceylon* (1807).

97 Wolf, *Zeilan* (1781–84).

98 Prichard, *Researches* (1836–47), Bd. 4 (1844), S. 521.

99 Morison, *«Old Bruin»* (1967), S. 276.

100 Vgl. Willson, *Mythical Image* (1964), S. 53, 87, 212; Goerres, *Mythengeschichte* (1810), Bd. 1, S. 40, 45. Auch J. C. Adelung lokalisierte noch das Urvolk in Kaschmir: *Mithridates* (1806–17), Bd. 1, S. 8 f.

101 Busbeck, *Travels* (1744).

102 Vgl. Hammer-Purgstall, *Constantinopolis* (1822), Bd. 1, S. xiii f., auch ders., *Geschichte des Osmanischen Reiches* (1827–35), Bd. 3 (1828), S. 333–35.

103 Kühn, *Neugestaltung* (1939), S. 9.

104 *Denckwürdige Beschreibung* ... (1679), S. 26.

105 Abel-Remusat, *Nouveaux mélanges* (1829), Bd. 1, S. 291 f.

106 Z. B. Thornton, *Present State* (1809), Bd. 1; D. Stewart, *Collected Works* (1854–58), Bd. 9, S. 391.

107 Hammer-Purgstall, *Staatsverfassung* (1815), Bd. 1, S. x.

108 Woodhead, *Contemporary Views* (1987), S. 23.

109 Etwa Martini, *De bello tartarico* (1654), S. 4; Kircher, *China* (1667), S. 87–90; Du Halde, *Description géographique* (1735), Bd. 1, S. i. Zeittypische Urteile zusammenfasend: Harris/[Campbell], *Bibliotheca* (1744–48), Bd. 1, S. 593.

110 Ritter. *Erdkunde*, Bd. 3 (1835), S. 514. Auch Hegel, *Die orientalische Welt* (1923), S. 277.

111 Bruzen de la Martinière, *Dictionnaire* (1768), Bd. 1, S. vii.

112 Meiners, *Grundriß* (1793), S. 324, der nur noch La Loubères Siambericht einen ähnlichen Rang zubilligt (S. 351). Zur heutigen Einschätzung Chardins vgl. Emerson, *Chardin* (1994): «[...] whenever an important Persian text on a particular topic is available, it confirms not only the general accuracy of Chardin's reports but also its usefulness in clarifying and supplementing that text.» (S. 373 f.).

113 Rez. von Morier, *Journey* (1812), in: *Eclectic Review* Bd, 8, Teil 1 (1812), S. 116.

114 Das berichtet A. F. Büsching an G. F. Müller am 19. August 1780: Hoffmann/Osipov, *Geographie* (1995), S. 467.
115 [B. G. Niebuhr], *Lebensnachrichten* (1838–39), Bd. 1, S. 227, auch S. 168.
116 Zit. in Grafton, *Fußnote* (1995), S. 64.
117 Gaulmier, *Volney* (1951), S. 114–121, über den sensationellen Erfolg von Volneys Bericht.
118 Volney, *Œuvres* (1989), Bd. 2, S. 30.
119 Harrison/Laslett, *Library* (1971), S. 27.
120 Schultz, *Goethe* (1949), S. 446ff.
121 *Magazin von ... Reisebeschreibungen*, Bd. 1 (1790), Vorwort; Plewe, *Carl Ritter Bibliothek* (1978), eigene Auszählung.
122 Bernoulli, *Verzeichniß* (1983), «Vorbericht». Zu Reiseberichten in Bibliotheken auch Duchet, *Anthropologie* (1971), S. 66–75; Blanke, *Politische Herrschaft* (1997), Bd. 2, S. 1–20.
123 Dodds, *Les récits de voyages* (1929); Grundmann, *Quellen* (1900), darin S. 42–64 zu Asien; Jäger, *Herder* (1986), S. 190ff.
124 Curley, *Samuel Johnson* (1976), Zitat S. 238f.
125 Platteau, *Les économistes* (1978), Bd. 1, S. 14, 53ff.
126 In der 6. und letzten von ihm bearbeiteten Auflage (1826) des *Essay on the Principle of Population* (zuerst 1798) erweist sich Malthus als ein ungewöhnlich souveräner Kenner der neueren Außereuropaliteratur. Vgl. den annotierten Text in Malthus, *Works* (1986), Bde. 2–3 (mit Bibliographie der zitierten Werke: Bd. 3, S. 701ff.).
127 Marshall, *Introduction* (1991), S. 20ff.
128 Falconer, *Remarks* (1981); Hirschfeld, *Gastfreundschaft* (1777).
129 M. Harbsmeier, *Rückwirkungen* (1992), S. 433ff.; Castoldi, *Il fascino* (1972), S. 187; Fueter, *Historiographie* (1936), S. 383.
130 1813 in der «Jenaischen Allgemeinen Literatur-Zeitung», vgl. dazu Blanke, *Verfassungen* (1983), S. 154f.
131 Vgl. Humboldt, *Reise durchs Baltikum* (1983), S. 240.
132 Vgl. etwa die Diskusion im «Avertissement» des Herausgebers von Pétis de la Croix, *Timur-Bec* (1723).
133 Baumgarten, *Algemeine Welthistorie* (1744–67), Bd. 1 (1744), S. 27, ähnlich 18. Vgl. dazu Pigulla, *Weltgeschichtsschreibung* (1996), S. 125–27.
134 Baumgarten, *Algemeine Welthistorie* (1744–67), Bd. 21 (1760), S. 515f.
135 Du Halde, *Description géographique* (1735), Bd. 2, S. xiif.
136 Gibbon, *Decline and Fall* (1909–14), Bd. 7, S. 65–67.
137 So etwa dem Fürsten Cantemir von den anonymen Verfassern des Osmanen-Bandes der *Algemeinen Welthistorie*: Bd. 27 (1764), S. 330–32.
138 Paulus, *Sammlung* (1792–1803), Vorrede zu Bd. 5 (1799), ungez.
139 Rousseau, «Discours sur l'inégalité» (1755), in: *Œuvres* (1959–95), Bd. 3, S. 212f.
140 Zit. Duchet, *Anthropologie* (1971), S. 99.
141 J. S. Semler, in: Baumgarten, *Algemeine Welthistorie* (1744–67), Bd. 26 (1764), S. 5.
142 Die Unterscheidung, die Shapin *(Social History*, 1994) zwischen beiden Kategorien vornehmen will, läßt sich für das 18. Jahrhundert kaum treffen.
143 Langsdorff, *Bemerkungen* (1813), Bd. 1, S. ix.

144 Barrow, *China* (1806), S. 579.
145 S. Johnson, *Essay* (1742), S. 320.
146 Ebd., S. 320.
147 Rez. von Scott Waring, *Tour to Sheeraz* (1807), in: *ER*, April 1807, S. 63. Das Vergleichswerk war Francklin, *Observations* (1790).
148 Vgl. Stewart, *Antipodal Expectations* (1989); Swiderski, *Psalmanazer* (1991).
149 Millar, *Ursprung* (1967), S. 57.
150 Pauw, *Chinois* (1773), Bd. 1, S. v, 9, 70.
151 G. L. Staunton, *Authentic Account* (1797), Bd. 2, S. 159; Barrow, *China* (1806), S. 170.
152 C. L. J. de Guignes, *Voyages* (1808), Bd. 2, S. 288; Abel, *Narrative* (1819), S. 234.
153 Sonnerat, *Voyages* (1782), Bd. 2, S. 22. Ähnlich schon Voltaire, *Essai* (1963), Bd. 2, S. 399.
154 Pater Gaubil berichtete in Privatbriefen, die offenbar nicht der Öffentlichkeitsarbeit der Societas Jesu dienten, von erstaunlichen Zahlen dieser sterbenden Täuflinge. 1752 schrieb er, seit einigen Jahren habe man per annum mehr als 6000 Kinder getauft. Gaubil, *Correspondance* (1970), S. 722, auch 387, 445, 535.
155 J. Amiot, in: Societas Jesu, *Mémoires* (1776–1814), Bd. 6 (1780), S. 327–31.
156 Malthus, *Works* (1986), Bd. 2, S. 130–36.
157 Chambers, *Oriental Gardening* (1772).
158 Hirschfeld, *Gartenkunst* (1779–85), Bd. 1, S. 99.
159 Bruce, *Travels* (1790), Bd. 1, S. xxv f.
160 Einflußreich ist vor allem Shapin, *Social History* (1994).

VIII. Das Elementarhistorische: Steppenkrieger, Eroberer, Usurpatoren

1 Hegel, *Die orientalische Welt* (1923), S. 342.
2 Avril, *Voyage* (1692), S. 195.
3 Z. B. Pufendorf, *Introduction* (1753–69), Bd. 7, S. 299.
4 Vgl. Bayly, *Imperial Meridian* (1989), S. 35–40; Gommans, *Indo-Afghan Empire* (1995), bes. S. 33 ff. Unter den zeitgenössischen Historikern schenkte besonders Alexander Dow dem, was er «Afghan Empire» nannte, große Aufmerksamkeit.
5 Vor allem im Krieg der Briten und des Wazirs von Awadh, Suja al-Daula, gegen die Rohilla-Afghanen im Jahre 1774. Eine zeitgenössische Beschreibung ist C. Hamilton, *Rohilla Afgans* (1787), S. 21 ff. (nicht ohne Sympathie für die Rohillas). Vgl. auch Francklin, *Shah-Aulum* (1798), S. 60 ff. Generalgouverneur Warren Hastings' brutales Vorgehen gegen die Rohillas in diesem Krieg wurde 1786 zu einem der Anklagepunkte Edmund Burkes gegen ihn. Vgl. Burke, *Writings*, Bd. 6 (1991), S. 79–119; Whelan, *Edmund Burke* (1996), S. 142–45. Als Völkermord beklagt dies auch Breitenbauch, *Ergänzungen* (1783–87), Bd. 2, S. 122. Zum Hintergrund vgl. Husain, *Ruhela Chieftaincies* (1994).

6 Zeitgenössisch beschrieben bei J. B. L. Rousseau, *Bagdad* (1809), S. 123 ff.; Burckhardt, *Bedouins* (1830).
7 Vgl. das Leibnizzitat oben S. 16. Condorcet, *Entwurf* (1976), S. 198, nimmt diese Möglichkeit immerhin so ernst, daß er sie diskutiert, um sie dann allerdings auszuschließen.
8 Kappeler, *Rußland* (1992), S. 106.
9 Humboldt, *Ansichten* (1987), S. 7. Oder: die Tataren als «Insekten»: Volney, *Ruinen* (1977), S. 69 f. Der virtuose Perspektivenspieler Gibbon spricht zwar immer wieder von asiatischen «Schwärmen», ergänzt aber, daß den Byzantinern während des Vierten Kreuzzugs die christlichen Kreuzfahrer zu Recht als «Heuschrecken» erschienen seien. Gibbon, *Decline and Fall* (1909–14), Bd. 6, S. 304, auch 342.
10 Lueder, *Geschichte* (1800), S. 77.
11 Strahlenberg, *Das Nord- und Ostliche Theil* (1730), S. 16.
12 Temple, *Works* (1814), Bd. 3. S. 357–59.
13 Ebd., S. 397 f.; die Gründe dafür diskutiert Virey, *Histoire naturelle* (1824), Bd. 1, S. 469 ff.
14 Ranke, *Weltgeschichte* (1881–88), 8. Teil, S. 420, 417.
15 Ebd., 9. Teil, 1. Abt., S. 271.
16 Ebd., 1. Teil, 1. Abt., S. ix; 8. Teil, S. 417.
17 Ebd., 9. Teil, 1. Abt., S. 274.
18 Ebd., 4. Teil, 1. Abt., S. 300.
19 Vgl. Müller, *Geschichte der antiken Ethnographie* (1972–80), Bd. 2, S. 192–94.
20 Fessler, *Attila* (1794), S. 96.
21 Robertson, *Progress* (1972), S. 15.
22 Gibbon, *Decline and Fall* (1909–14), Bd. 3, S. 443, 445, 451, 453 f.; auch Richardson, *Dissertation* (1778), S. 149. Bereits Montesquieu hatte Attila als einen der größten Monarchen aller Zeiten bezeichnet: «Considérations sur les causes de la grandeur des Romains et de leur décadence [1734]», in: *Œuvres* (1949–51), Bd. 2, S. 178.
23 Schmidt, *Völker Mittel-Asiens* (1824), S. 1 f.
24 Z. B. Jones, «On Asiatic History, Civil and Natural» [1792], in: *Works* (1807), S. 208–11. Dies war auch ein starkes Motiv in romantischen Geschichtskonzeptionen, z. B. die Idee der «Völkerströme» bei Goerres, *Mythengeschichte* (1810). Migrationsgeschichte wird dann ganz zentral bei Prichard, *Researches* (1836–47).
25 Volney, *Ruinen* (1977), S. 65.
26 Peysonnell, *Observations* (1765), S. 19 und passim.
27 Heeren, «Ideen …», in: *Historische Werke* (1821–26), Bd. 10, S. 60.
28 Vgl. allg. Mohnhaupt, *Spielarten* (1988). Daneben gab es den geologisch-erdgeschichtlichen Revolutionsbegriff, der um 1800 verschiedene Neudeutungen erfährt, etwa bei Peter Simon Pallas und Georges Cuvier.
29 Achenwall, *Staatsverfassung* (1768), S. 6.
30 Gatterer, *Versuch* (1792), S. 1.
31 Anquetil-Duperron, *Dignité du commerce* (1789), S. 41.
32 Gibbon, *Decline and Fall* (1909–14), Bd. 1, S. 1, 64; Bd. 2, S. 306; Bd. 6, S. 292.
33 «Große Revolution»: so Baumgarten, *Algemeine Welthistorie* (1744–67),

Bd. 25 (1763), S. 152–248 (die ausführlichste Schilderung der Ereignisse für mehr als 200 Jahre!). Martini, *De bello tatarico* (1654); dazu Van Kley, *News from China* (1973); Mungello, *Curious Land* (1985), S. 110–16.

34 Vgl. Goldstone, *Revolution* (1991).

35 Dunbar, *Essays* (1781), Bd. 2, S. 275 f.; Castilhon, *Considérations* (1769), S. 252; Roubaud, *Histoire générale de l'Asie* (1770–72), Bd. 2, S. 283.

36 Bezeichnung dieses Prozesses als «Revolution» z. B. bei Francklin, *Shah-Aulum* (1798), S. 185; Herrmann, *Gemählde* (1799), S. 154; Dubois, *Description* (1817), S. xiv.

37 Burke, «Speech on Fox's India Bill» (1. Dez. 1783), in: *Writings*, Bd. 5 (1981), S. 402.

38 Maurice, *Modern History of Hindostan* (1802–10), Bd. 1, S. 181. Zum Verfasser vgl. Grewal, *Muslim Rule* (1970), S. 58–62.

39 Tott, *Memoirs* (1786), Bd. 1, S. x. Ähnlich Fischer, *Sibirische Geschichte* (1768), S. 50.

40 Baumgarten, *Algemeine Welthistorie* (1744–67), Bd. 21 (1760), S. 512.

41 Ebd., S. 636 f.

42 Gibbon, *Decline and Fall* (1909–14), Bd. 7, S. 4, Fn. 7. Ähnlich Malcolm, *History of Persia* (1829), Bd. 1, S. 254–56.

43 Noch Knolles steht im Kampf der «Tyrannen» Timur und Sultan Bajazit I. ganz auf der Seite des ersten: *Turkish History* (1687–1700), Bd. 1, S. 153 f., 157 f.

44 Voegelin, *Anamnesis* (1966), S. 154, 156–59, 169 f.; Nagel, *Timur* (1993), S. 9 f. Zum Timurbild des 18. Jahrhunderts auch Minuti, *Oriente barbarico* (1994), S. 17 ff., 22 ff.; zum historischen Timur neben Nagel auch Manz, *Tamerlane* (1989), und Roemer, *Persien* (1989), S. 57–120. Aus der Vielzahl künstlerischer Gestaltungen des Stoffes sei Georg Friedrich Händels Oper («Dramma per musica») *Tamerlano* von 1724 besonders hervorgehoben.

45 Dies ermöglichte es britischen Autoren im 19. Jahrhundert, den britischen Raj in Indien in die ambivalente Tradition Timurs zu rücken.

46 D'Herbelot, *Bibliothèque Orientale* (1777–79), Bd. 3, S. 500–21.

47 Visdelou, *Histoire abregée de la Tartarie* (1779), S. 277 f.

48 D'Anville, *L'Empire Turc* (1772), S. 28. Vgl. auch Rennell, *Map of Hindoostan* (1793), S. liv: Timur sei «an inhuman monster» gewesen.

49 Margat de Tilly, *Histoire de Tamerlan* (1739), Bd. 2, S. 385; auch Catrou, *Mogul Dynasty* (1826), S. 8. Kürzer und nüchterner hier Manucci, auf den sich Catrou plagiathaft stützt: *Storia do Mogor* (1906–8), Bd. 1, S. 97–103. Höhepunkt der Timur-Begeisterung: Pétis de la Croix, *Timur-Bec* (1723), Bd. 4, S. 296–300; auch Holberg, *Vergleichung* (1748–54), Bd. 1, S. 29 ff.

50 Margat de Tilly, *Histoire de Tamerlan* (1739), Bd. 2, S. 386 f.

51 Baumgarten, *Algemeine Welthistorie* (1744–67), Bd. 22 (1761), S. 439.

52 Joseph White, *Institutes of Timour* (1783); Remer, *Gestalt der historischen Welt* (1794), S. 172; Heeren, «Ideen …», in: *Historische Werke* (1821–26), Bd. 10, S. 68.

53 Justi, *Vergleichungen* (1762), S. 130 ff.

54 Joseph White, *Institutes* (1783), S. vii.

55 Etwa Thornton, *Present State* (1809), S. lxii ff.; Mills, *Muhammedanism* (1817), S. 214 f.

56 Maurice, *Modern History of Hindostan* (1802–10), Bd. 2, S. vii, 3 ff., 12 f.
57 Voltaire, *Essai sur les mœurs* (1963), Bd. 1, S. 803–9.
58 Gibbon, *Decline and Fall* (1909–14), Bd. 7, S. 47.
59 Zu de Guignes, einem der größten Historiker des 18. Jahrhunderts, vgl. ausführlich Minuti, *Oriente barbarico* (1994), S. 141 ff.
60 Guignes, *Histoire générale* (1756–58), Bd. 4, S. 13.
61 Ebd., S. 27, 31.
62 Gibbon, *Decline and Fall* (1909–14), Bd. 7, S. 72, Fn. 75: «The Mogul emperor was rather pleased than hurt with the victory of a subject: a chess-player will feel the value of this encomium!»
63 Ebd., Bd. 7, S. 71.
64 Ebd., Bd. 7, S. 73.
65 Malcolm, *History of Persia* (1829), Bd. 1, S. 312 (Timur-Kapitel: S. 284–312). in manchem ähnlich auch die Interpretation bei Hammer-Purgstall, *Geschichte des Osmanischen Reiches* (1827–35), Bd. 1, S. 253–337.
66 Ebd., S. 315 f.
67 Curzon, *Far East* (1894), S. 2.
68 Herrmann, *Gemählde* (1799), S. 177.
69 Lockhart, *Nadir Shah* (1938), S. 20. Das Folgende vor allem nach Avery, *Nâdir Shâh* (1991), vgl. auch EI, Bd. 7 (1993), S. 853–56.
70 Lockhart, *Nadir Shah* (1938), S. 148–54. Eine besonders dramatische Schilderung der Ereignisse findet sich bei Claustre, *Thamas Kouli-Kan* (1743), S. 426 ff., einem Sekundärwerk.
71 Etwa Pufendorf, *Introduction* (1753–59), Bd. 7 (1759), S. 539.
72 Hanway, *Historical Account* (1753), Bd. 1, S. 331.
73 Baumgarten, *Vorrede* (1744), S. 12.
74 Eine Zusammenfassung dieser Berichte für das 18. Jahrhundert war Marigny, *Arabes* (1750–52), Bd. 4, S. 260–525, der auch noch Nadir Schah behandelt.
75 Voltaire, «Histoire de l'Empire de Russie sous Pierre le Grand», in: *Œuvres historiques* (1957), S. 584.
76 Zitate aus den Berichten in Laurens, *Les origines intellectuels* (1987), S. 133–35.
77 Zur Biographie und zum Wert seines Berichts vgl. Lockhart, *Fall of the Safavi Dynasty* (1958), S. 516–25.
78 Das Ergebnis war Clodius, *Chronicon Peregrinantis* (1731). Krusinskis Bericht – auch aus heutiger Sicht «very reliable» (Lockhart, *European Contacts*, 1986, S. 409) – wird neben vielen anderen Quellen in dem seriösesten unter den zeitgenössischen europäischen Werken verwendet: Clairac, *Histoire de Perse* (1750).
79 Krusinski, *Revolution in Persia* (1728), Bd. 1, S. 149.
80 Ebd., Bd. 2, S. 9.
81 Ebd., S. 199.
82 Hammer-Purgstall, *Geschichte des Osmanischen Reiches* (1827–35), Bd. 8, S. 30; Orme, *Military Transactions* (1763–78), Bd. 1, S. 2.
83 Vgl. Laurens, *Les origines intellectuels* (1987), S. 139 f.
84 Vgl. Lindenberg, *David Faßmann* (1937), S. 63–65. Zum Autor auch Matthes, *Rußland* (1981), S. 185–286.

85 Quelle, *Schach Naydr* (1738), S. 573, 665.
86 Lockhart, *Nadir Shah* (1938), S. 312; auch Niebuhr, *Reisebeschreibung* (1774–1837), Bd. 2, S. 275.
87 Lockhart, *Nadir Shah* (1938), S. 304 f.
88 J. Fraser, *Nadir Shah* (1742), S. 130.
89 Ebd., S. 185., 220 f., 222 f.
90 Ebd., S. 227–34.
91 Claustre, *Thamas Kouli-Kan* (1743), S. 437. Offenbar hat Nadir aber selbst weitergehortet.
92 Etwa Bougainville, *Parallèle* (1752), S. 140 f., der sich vor allem auf Otters Reisebericht von 1748 stützt; Hanway, *Historical Account* (1753), Bd. 4, S. 143–46.
93 Ebd., S. 263.
94 Ebd., S. 271–83. Zu Hanway vgl. Pugh, *Jonas Hanway* (1787).
95 *Ta'rikh-i-Nadiri*: Jones, *Histoire de Shah Nader* (1770), auch in *Works* (1807), Bde. 11–12 (zum späten Nadir bes. Buch 6 des Werkes). Dazu Cannon, *Oriental Jones* (1990), S. 14 f.
96 Jones, *Works* (1807), Bd. 11, S. iii.
97 Meiners, *Betrachtungen* (1795–96), Bd. 1, S. 179. Ähnlich, aber nicht ganz so grotesk im gleichen Jahr der Historiker Thomas Maurice, vgl. Grewal, *Muslim Rule* (1970), S. 60.
98 «Je suis celui que Dieu envoie contre les Nations sur lesquelles il veut faire tomber sa colère.» So wird Nadir zitiert bei Otter, *Voyage en Turquie* (1748), Bd. 1, S. 414.
99 Bernoulli, *Des Paters Joseph Tieffenthaler's …* (1785–88), Bd. II/2, S. 39.
100 Grewal, *Muslim Rule* (1970), S. 67.
101 Die Brutalität der Eroberung und Besetzung Persiens durch die Afghanen schildert Malcolm in den düstersten Farben. Er beziffert die demographischen Verluste auf beinahe eine Million: Malcolm, *History of Persia* (1829), Bd. 1, S. 472.
102 Indischen Quellen entnahm er die Zahl von nur etwa 8000 Opfern unter der Bevölkerung der Stadt: Malcolm, *History of Persia* (1829), Bd. 2, S. 33.
103 Weitere Zeugnisse von persischen Greueln stellt zusammen: Bonnerot, *La Perse* (1988), S. 43–67.
104 Ebd., S. 52.
105 Ebd., S. 47.
106 Etwa Brougham, *Political Philosophy* (1842–43), Bd. 1, S. 125.
107 Wie Jones 1770 über die Ereignisse bemerkte: Sie hätten noch nicht «perdu leur degré de chaleur» (*Works*, 1807, Bd. 11, S. vii).
108 Vgl. als Überblick Bayly, *Indian Society* (1988), S. 18 ff.
109 Dies war europäischen Beobachtern nicht entgangen: vgl. Lach/Van Kley, *Asia* (1993), S. 765–68.
110 Etwa Scott, *Deccan* (1791), S. 22. Vgl. auch Gordon, *Marathas* (1993), S. 178 ff.
111 Zu diesen Ereignissen vgl. Förster, *Die mächtigen Diener* (1992), S. 119–66. Zur (recht spannungsreichen) Allianz mit Frankreich vgl. S. P. Sen, *The French* (1971).
112 Marshall, *«Cornwallis Triumphant»* (1992), S. 61 ff.; Teltscher, *India Inscribed* (1995), S. 229–58.

113 Ebd., S. 230.
114 Tennant, *Indian Recreations* (1803), S. 184.
115 Maistre de la Tour, *Ayder Ali Khan* (1784), Bd. 1, S. v.
116 Ebd., S. 159.
117 Vgl. dazu Gordon, *Marathas* (1993), S. 158.
118 Robson, *Hyder Ali* (1786), S. 103.
119 Ebd., S. 105.
120 Fullarton, *View* (1788), S. 62.
121 Ebd., S. 63–65. Ähnlich Michaud, *Mysore* (1801), Bd. 1, S. 33 ff.
122 Sprengel, *Geschichte der Maratten* (1791), S. 13, 19. Das hohe analytische Niveau von Sprengels Aufstiegsgeschichte zeigt der Vergleich mit einer naiv erzählenden Version des gleichen (J. Kerr, *Mahrattah State*, 1782) oder einer rein herrschergeschichtlichen Behandlung eines verwandten Stoffes: Hüllmann, *Mongolen* (1796).
123 Sprengel, *Hyder Ali* (1801), S. 3. Dieses Motiv bestimmt auch die Würdigung Haidars bei Perrin, *Reise* (1811), S. 122–31.
124 Sprengel, *Hyder Ali* (1801), S. 13 f.
125 Ebd., S. 34–36. Ähnlich das Tipu-Porträt bei Buchanan, *Journey* (1807), Bd. 1, S. 70 ff., der den Niedergang der Wirtschaft Maisurs gegenüber der Periode Haidar Alis betont.
126 Wilks, *Historical Sketches* (1810–17). Nahezu der gesamte 2. Band ist Haidar Ali gewidmet.
127 Mill, *History* (1817), Bd. 2, S. 444.

IX. Wilde und Barbaren

1 Höhepunkte des Kangxi-Lobs sind: d'Orléans, *Histoire* (1690), S. 145 ff.; Bouvet, *Histoire* (1699), bes. S. 12 f., 18 ff.; Du Halde, *Description géographique* (1735), Bd. 1, S. 545 f., Bd. 2, S. 5 ff.; Mailla, *Histoire générale* (1777–80), Bd. 11, S. 354 ff.; Abel-Rémusat, *Nouveaux mélanges* (1829), Bd. 2, S. 21–44. Ohne historische Konkretisierung eine theoretische Analyse dieses Falles 1751 bei Turgot: *Fortschritte* (1990), S. 183.
2 Gibbon, *Decline and Fall* (1909–14), Kap. 39 (Bd. 4, S. 182–218).
3 Grundlegend zur Umsetzung von Berichten in literarische Fiktionen sind Lowes, *Xanadu* (1927); Barrell, *Thomas de Quincey* (1991), außerdem Caracciolo, *«Arabian Nights»* (1988).
4 Dazu gibt es eine umfangreiche Literatur, einführend etwa Landucci, *I filosofi* (1972); Franco, *Noble Savage* (1975); Krauss, *Anthropologie* (1979); Kohl, *Entzauberter Blick* (1986); Cro, *Noble Savage* (1990); Batra, *Wild Men* (1994).
5 S. G. Gmelin, *Reise* (1770–84), Bd. 1, S. 44–47.
6 Etwa Societas Jesu, *Lettres édifiantes* (1780–83), Bd. 22, S. 328 f.; Societas Jesu, *Mémoires* (1776–1814), Bd. 3 (1788), S. 387–412 (eine Darstellung des Krieges gegen das Miao-Volk 1775). Vgl. auch J. de Guignes, *Histoire générale* (1756–58), Bd. 2, S. 92.
7 Societas Jesu, *Lettres édifiantes* (1780–83), Bd. 18, S. 413 ff., bes. 430.; Grosier, *Description générale* (1785), S. 212 f.
8 Crawfurd, *Siam* (1967), S. 177.

9 Ebd., S. 488; Crawfurd, *Ava* (1834), Bd. 2, S. 170ff., 262ff.
10 Chardin, *Voyages* (1735), Bd. 1, S. 121.
11 Güldenstädt, *Reise durch Rußland* (1787–91), Bd. 1, 471 (über die Osseten); vgl. etwa auch Pallas über die Tschetschenen: *Reise in die südlichen Statthalterschaften* (1799–1801), Bd. 1, S. 418, sowie überhaupt Pallas' großer Überblick über die Ethnologie der Kaukasusvölker: ebd., S. 364ff. Wenig später griff Klaproth das Thema auf: vgl. Auch, *Muslimbild* (1997), S. 91 f.
12 Reineggs, *Kaukasus* (1796–97), Bd. 1, S. 40.
13 Sommer, *Neuestes Gemälde* (1834), Bd. 1, S. 83 f.
14 Dampier, *New Voyage* (1697), S. 485.
15 Lach/Van Kley, *Asia* (1993), S. 1913. Das Motiv des Kannibalismus war im 18. Jahrhundert vor allem – man denke an Daniel Defoes *Robinson Crusoe* – mit der Südsee verbunden. Vgl. etwa Rennie, *Far-Fetched Facts* (1996), S. 181–97.
16 Stavorinus, *Reise* (1796), S. 59, der aber auch nur davon *gehört* hat.
17 Gibbon, *Decline and Fall* (1909–14), Bd. 6, S. 305, daneben auch Bd. 7, S. 8, über Hungerkannibalismus im China des 13. Jahrhunderts.
18 Marsden, *History of Sumatra* (1811), S. 390. Der wirkliche Skandal für Europäer war der *rituelle* Kannibalismus ohne Not. Aber auch Not konnte zur Gewohnheit werden. So Steeb, *Versuch* (1766), S. 51.
19 Zit. nach Wurtzburg, *Raffles* (1954), S. 559.
20 Ebd., S. 562.
21 Symes, *Account* (1827), S. 156f.
22 Ebd., S. 160.
23 Landucci, *I filosofi* (1972), S. 389 und ausführlich 394ff.
24 Krascheninnikow, *Kamtschatka* (1766), S. 61. Diese deutsche Ausgabe ist eine Übersetzung eines englischen Auszugs aus dem russischen Original.
25 Ebd., S. 205.
26 Ebd., S. 246.
27 Ebd., S. 267.
28 Ebd., S. 214.
29 Steller, *Kamtschatka* (1774), S. 332. Orlando di Lasso (1532–1594): Meister vokaler Polyphonie am bayerischen Hof.
30 Ebd., S. 288, Anm. (a), sowie zu den Sexualbräuchen in Kamtschatka, bes. «Knabenschänderey» und Transvestitismus ebd., S. 350f. Herder führte die «freche Lüsternheit» der Itelmenen auf die vielen Vulkane und heißen Quellen in ihrem Land zurück, die im Streit mit der Kälte lägen: *Ideen* (1989), S. 301.
31 Bougainville, *Voyage* (1982), S. 166. Die klassische Stelle zu Nordamerika ist Lafitau, *Mœurs* (1724), Bd. 1, S. 464.
32 Krascheninnikow, *Kamtschatka* (1766), S. 213. Es handelt sich hier keineswegs um die utopische Phantasie von Europäern: «Like the other tribes of north-east Siberia, the Itelmens had no hereditary chiefs, and their social equality was modified only insofar as the opinion of a particularly brave or intelligent man would be listened to at clanm gatherings.» Forsyth, *Peoples of Siberia* (1992), S. 132. Oder ist dies ein Echo Krascheninnikows?
33 Vgl. ebd., S. 131–36; im weiteren Zusammenhang der Sibirienpolitik: Slezkine, *Arctic Mirrors* (1994), S. 60–71.

34 Krascheninnikow, *Kamtschatka* (1766), S. 241.
35 Mit Palisaden befestigte Wohnplätze der Russen.
36 Steller, *Kamtschatka* (1774), S. 285.
37 Vgl. Meek, *Ignoble Savage* (1976), passim und bes. S. 129.
38 Vgl. Nippel, *Griechen* (1990); Dihle, *Griechen* (1994); Müller, *Geschichte der antiken Ethnographie* (1972–80).
39 Zur Semantik im einzelnen die großen Wörterbücher: *Oxford English Dictionary*, 2nd ed., Bd. 1, Oxford 1989, S. 945–47; *Trésor de la langue française*, Bd. 4, Paris 1975, S. 162–64; weniger ergiebig Grimms *Deutsches Wörterbuch*, Bd. 1, Leipzig 1854, Sp. 1124.
40 Humboldt, *Wiederentdeckung* (1989), S. 337, auch 390.
41 Justi, *Vergleichungen* (1762), S. 239, 241.
42 Hammer-Purgstall, *Geschichte des Osmanischen Reiches* (1827–35), Bd. 3 (1828), S. 588; ähnlich schon Knolles, *Turkish History* (1687–1700), Bd. 1, S. 765.
43 Gibbon, *Decline and Fall* (1909–14), Bd. 6, S. 299. Den noch viel pejorativeren Ausdruck «Wilde» verwendet Gibbon niemals für Muslime, wohl aber für den christlichen Mob während des 1. Kreuzzugs: «savage beasts» (ebd.).
44 Dramatisch etwa Gibbon über Europa im 7. Jahrhundert: ebd., Bd. 6, S. 136ff.
45 Vgl. Michel, *Un mythe romantique* (1981), S. 37f.
46 Muratori, zit. ebd., S. 39.
47 Hammer-Purgstall, *Geschichte des Osmanischen Reiches* (1827–35), Bd. 3 (1828), S. 221.
48 Ebd., Bd. 7 (1831), S. 1–4.
49 Hammer-Purgstall, *Geschichte der Goldenen Horde* (1840), S. 38.
50 Vgl. Rubel, *Savage and Barbarian* (1978).
51 Giambattista Vico war hier ein besonders wichtiger Autor, vgl. Rossi, *Abyss* (1984), bes. S. 183ff.
52 Der Unterschied zwischen normativen und empirischen Konzepten bleibt hier unbeachtet. Vgl. dazu Medick, *Naturzustand* (1972).
53 Pagden, *Natural Man* (1982), S. 26.
54 Montesquieu, «De l'esprit des lois», XVIII/11, in: *Œuvres* (1949–51), Bd. 2, S. 537. Ganz ähnlich übernommen in *Encyclopédie* (1751–66), Bd. 30, S. 188.
55 Ferguson, *Essay* (1966), S. 82, 98f., 105; Salvucci, *Adam Ferguson* (1972), S. 374.
56 Etwa bei dem Frühsozialisten Charles Fourier, der zwischen Wildheit und Barbarei die Stufe des Patriarchats schiebt.
57 Rougemont, *Précis* (1835–37), Bd. 1, S. 19.
58 Hübner, *Kurtze Fragen* (1727–31), Bd. 9, S. 473.
59 Jones, «Fifth Anniversary Discourse» [1788], in: *Works* (1807), Bd. 3, S. 75.
60 Richardson, *Dissertation* (1778), S. 141; Chateaubriand, *Itinéraire* (1968), S. 82 u. ö.
61 W. R. Jones, *Image* (1971), S. 398.
62 Blome, *Description* (1670), S. 88f.
63 Bericht von Whitting in Walpole, *Travels* (1820), S. 468.
64 Voltaire an Bailly, 19.11.1776, in: Bailly, *Lettres sur l'origine des sciences* (1776), S. 5; Chateaubriand, *Itinéraire* (1968), S. 82 u. ö.

65 Vgl. Reichert, *Begegnungen* (1992), S. 92.
66 Blome, *Description* (1670), S. 88 f.
67 Witsen, *Noord en Oost Tartayre* (1705); Avril, *Voyage* (1692), Vgl. auch Lach/Van Kley, *Asia* (1993), S. 1755–59.
68 Vor allem Brand, *Beschreibung* (1698); Ides, *Three Years Travels* (1706); Lange, *Reise nach China* (1721); Bernard, *Recueil de voyages du Nord* (1731–38), bes. Bde. 4, 8, 10; *Relation de la Grande Tartarie* (1737).
69 Du Halde, *Description géographique* (1735), Bd. 4, bes. S. 75–422; Gerbillons acht Reisen werden auch bei Prévost, *Histoire générale* (1746–59), Bd. 9 (1749), ausführlich dokumentiert.
70 Messerschmidt, *Forschungsreise* (1962–68), auch Strahlenberg, *Das Nord- und Ostliche Theil* (1730), das Buch eines zeitweiligen (1720–22) Reisegefährten Messerschmidts. Messerschmidts Reisejournal war den Fachleuten nur in Manuskriptform bekannt. Allein kurze Auszüge wurden veröffentlicht.
71 J. G. Gmelin, *Reise* (1751–52), Bd. 1, S. 88.
72 Visdelou, *Histoire abregée de la Tartarie* (1779), S. 47.
73 So ebd., S. 277–89, zur Yuan-Dynastie.
74 Baumgarten, *Algemeine Welthistorie* (1744–67), Bd. 21 (1760), S. 243.
75 Strahlenberg, *Das Nord- und Ostliche Theil* (1730), S. 54.
76 Fischer, *Sibirische Geschichte* (1768), S. 142.
77 Zusammengefaßt etwa bei Pinkerton, *Modern Geography* (1807), Bd. 1, S. 52. Dagegen aber noch Aikin, *Geographical Delineations* (1806), Bd. 1, S. 364.
78 Schmidt, *Völker Mittel-Asiens* (1824), S. 5, ähnlich Heeren, «Ideen …», in: *Historische Werke* (1821–26), Bd. 10, S. 57 (Anmerkung). Zur Begriffsgeschichte vor allem Klaproth, *Mémoires* (1826–28), Bd. 1, S. 461 ff.
79 Wisotzki, *Zeitströmungen* (1897), S. 444 f.; Broc, *Les montagnes* (1969), S. 56–70.
80 Nahezu gleichzeitig kam J. de Guignes auf der Grundlage chinesischer geographischer Werke zu ähnlichen Ergebnissen: *Histoire générale* (1756–58), bes. Bde. 2/II und 3.
81 Gatterer, *Geographie* (1789), Bd. 2. Nordasien ist für Gatterer mit Russisch-Asien identisch; zu Mittelasien rechnet er auch Korea und Japan, zu Südasien den gesamten Südgürtel von Anatolien über China bis Indonesien.
82 Zit. bei Wisotzki, *Zeitströmungen*, S. 448, 455.
83 Pallas, *Observations* (1779), S. 27.
84 Gay, *Enlightenment* (1966–69), Bd. 1, S. 77 f.
85 J. de Guignes, *Mémoire* (1759). Sein Hauptkritiker war de Pauw, der hier ausnahmsweise einmal recht hatte. Vgl. auch Zoli, *Cultura italiana* (1973), S. 140–49.
86 Vgl. Petri, *Urvolkhypothese* (1990), S. 120 ff.
87 Bailly, *Lettres sur l'Atlantide* (1779), S. 220.
88 Ebd., S. 224 f., 228 f., 232. Ein früher deutscher Vertreter der These von der Urheimat Tatarei war Zimmermann, *Verbreitung* (1778), bes. S. 116. In Großbritannien fand die These Interesse, aber schließlich Ablehnung u. a. bei Lord Woodhouselee, Professor für Universalgeschichte an der Universität Edinburgh, vgl. seine *Elements of General History* (1825), Bd. 2, S. 313 f.
89 Herder, *Ideen* (1989), S. 386. Nach langen Erwägungen lokalisierte Prichard das Urvolk im Iran: *Researches* (1837–47), Bd. 4, S. 603.

90 Herder, *Ideen* (1989), S. 218 f.
91 Ebd., S. 217.
92 Ebd., S. 218, 700 f., vgl. auch 881. Eine ganz andere Geschichte, die der langsamen zivilisatorischen Entwicklung bei den Mongolen seit Dschingis Khan, erzählt Ritter, *Erdkunde* (1832 ff.), Bd. 2 (1833), S. 388–95.
93 Raynal, *Histoire philosophique* (1775), Bd. 1, S. 541.
94 Ebd. Die wichtigste Quelle war Georgius, *Alphabetum Tibetanum* (1762). Ob Raynal sie gekannt hat, ist unklar.
95 Herder, *Ideen* (1989), S. 224.
96 Ebd., S. 218.
97 Hegel, *Vorlesungen* (1996).
98 Das beweist jetzt der Kommentar zur Vorlesung von 1822/23. So hat Hegel etwa zu China die späte Berichterstattung der (Ex-)Jesuiten (Societas Iesu, *Mémoires*, 1776–1814; Grosier, *De la Chine*, 1818–20) umfassend rezipiert. Vgl. ebd., S. 538–40.
99 Hegel, *Die orientalische Welt* (1923), S. 332.
100 Ebd., S. 336. Zum tibetischen Lamaismus auch Hegel, *Vorlesungen* (1996), S. 224–32.
101 Hegel, «Vorlesungen über die Philosophie der Geschichte. Einleitung. Geographische Grundlagen der Weltgeschichte», in: *Jubiläumsausgabe* (1957–71), Bd. 11, S. 132, in anderer Textüberlieferung auch Hegel, *Vernunft* (1994), S. 194.
102 Die Texte sind wiedergegeben in Petech, *I missionari Italiani* (1954–56), Bd. 5, S. 32–40, 44–46. Ethnographisch interessant sind die Kapitel 13–18 des 2. Buches in Petechs Ausgabe von Desideris *Relazione*: ebd., Bd. 6, S. 75–114. Dazu Toscano, *Desideri* (1984).
103 Du Halde, *Description géographique* (1735), Bd. 4, S. 27.
104 Hegel, *Vorlesungen* (1996), S. 231.
105 Ebd., S. 232.
106 Vgl. Fletcher, *Ch'ing Inner Asia* (1978), S. 52–56.
107 Du Halde, *Description géographique* (1735), Bd. 4, S. 38.
108 Plath, *Geschichte des östlichen Asiens* (1830–31). Vgl. H. Franke, *Johann Heinrich Plath* (1960), S. 11 ff.
109 Voltaire, «Histoire de l'empire de Russie sous Pierre le Grand» [1763], in: *Œuvres historiques* (1957), S. 373.
110 *Relation de la Grande Tartarie* (1737), S. 4.
111 Georgi, *Nationen* (1776–80), Bd. 2, S. 88. Der ganze 2. Bd. dieses Werkes ist den «tatarischen Nationen» gewidmet.
112 Turner, *Tibet* (1800), S. 209, vgl. auch 305.
113 Georgi, *Nationen* (1776–80), Bd. 2, S. 96.
114 Ausführlich zu den Tungusen ebd., S. 306–25; Georgi, *Bemerkungen* (1775), S. 242 ff.; Pallas, *Reise* (1771–76), Bd. 3, S. 238–43; Fischer, *Sibirische Geschichte* (1768), S. 110 ff.
115 Georgi, *Nationen* (1776–80), Bd. 2, S. 392.
116 Z. B. J. G. Gmelin, *Reise* (1751–52), Bd. 1, S. 283 ff., 397 ff., Bd. 2, S. 44 ff., 351 ff.
117 Georgi, *Nationen* (1776–80), S. 395. Vgl. allg. zur Darstellung des asiatischen Schamanismus im 18. Jahrhundert: Flaherty, *Shamanism* (1992), S. 45 ff.

118 S. G. Gmelin, *Reise* (1770–84), Bd. 2, S. 120–46, daneben Bd. 1, S. 173–82; zu den Donkosaken etwa auch E. D. Clarke, *Travels* (1810–23), Bd. 1, Kap. 11–13.
119 Fischer, *Sibirische Geschichte* (1768), S. 186 ff., meint, die Kosaken seien bei diesem Expansionsprozeß selbst zivilisiert worden.
120 Olearius, *Vermehrte Newe Beschreibung* (1656), S. 48.
121 So Kappeler, *Rußland* (1992), S. 47. Zum Folgenden Fisher, *Crimean Tartars* (1978), S. 49–69.
122 Witsen, *Noord en Oost Tartarye* (1705), Bd. 2, S. 567.
123 Kleemann, *Reisen* (1771), S. 39, 148 f., 158.
124 Franke, *Lady Craven* (1995), S. 169 f. Der Bericht: Craven, *Crimea* (1789).
125 Peyssonnell, *Traité* (1787), Bd. 2, S. 235 f., 267–76.
126 Ebd., S. 279. Die Selbständigkeit der großen Adelsgeschlechter betont auch Pallas, *Reise in die südlichen Statthalterschaften* (1799–1801), Bd. 2, S. 357.
127 Vgl. Fisher, *Crimean Tatars* (1978), S. 26. Die Deportation der Krimtataren während des Zweiten Weltkriegs ließ sich in dieser propagandistischen Tradition natürlich sehr gut rechtfertigen. Vgl. ebd, S. 165 ff.
128 Ebd. S. 17. Vgl. zur Geschichte der Krim auch Lazzerini, *Crimea* (1988), S. 125 ff.
129 Tott, *Memoirs* (1786), Bd. 1/II, S. 135.
130 E. D. Clarke, *Travels* (1816–18), Bd. 2, S. 144–47. Pallas' Schilderung des verwüsteten Kefe bestätigt diesen Befund; allerdings sei es andernorts auf der Krim nicht so schlimm gewesen: *Reise in die südlichen Statthalterschaften* (1799–1801), Bd. 2, S. 261–63, auch 32 f. Wasserleitungen wurden auch sonst als technologische Spitzenleistungen der rückständigeren unter den islamischen Gesellschaften bewundert, z. B. bei den Kurden: Kinneir, *Journey* (1818), S. 395.
131 E. D. Clarke, *Travels* (1816–18), Bd. 2, S. 145.
132 Pallas, *Reise in die südlichen Statthalterschaften* (1799–1801). Dazu Wendland, *Pallas* (1991), Bd. 1, S. 272 f., 474–83.
133 Industrie hier im Sinne von Fleiß. Pallas, *Reise in die südlichen Statthalterschaften* (1799–1801), Bd. 2, S. 360 (ähnlich 427, 440); Engelhardt/Parrott, *Krym* (1815), Bd. 1, S. 29 f.
134 Pallas, *Reise in die südlichen Statthalterschaften* (1799–1801), Bd. 2, S. 368.
135 Engelhardt/Parrott, *Krym* (1815), S. 30.
136 Ebd., S. 30.
137 Ebd., S. 33.
138 Ebd., S. 48.
139 Eine ausführliche Definition gibt Khazanov, *Nomads* (1984), S. 14.
140 Hausleutner, *Araber in Sicilien* (1791–92), Bd, 1, S. iii (Vorbericht).
141 Pallas, *Sammlungen* (1776–1801), Bd. 1, vgl. auch Pallas, *Reise* (1771–76), Bd. 1, S. 307 ff. (zu den Kalmücken).
142 Bergmann, *Nomadische Streifereien* (1804–5), bes. Bd. 2 mit dem Titel *Die Kalmüken zwischen der Wolga und dem Don: Ein Sittengemählde.* Dieser wundervolle Text kann hier leider nicht die Beachtung finden, die er verdient.
143 Ebd., Bd. 2, S. 66 ff.
144 Niebuhr, *Beschreibung* (1772), S. 379–99. Buffon stützt sich bei seiner Beschreibung der Araber vor allem auf Niebuhr: *Œuvres choisies* (1861), Bd. 1, S. 414 ff.

145 Volney, *Voyage* (1959), S. 195–214.
146 Besonders Burckhardt, *Syria* (1822); ders., *Arabia* (1829); ders., *Bedouins* (1830). Burckhardt schrieb in englischer Sprache. Weitere wichtige Beschreibungen von Nomaden im Nahen und Mittleren Osten sind Jaubert, *Voyage* (1821), S. 251 ff.; Malcolm, *History of Persia* (1829), Bd. 2, S. 61–63, 325–34, 431–40; Elphinstone, *Caubul* (1839), Bd. 1, S. 302 ff.
147 Timkovski, *Voyage à Pekin* (1827), S. 13. Weitere Belege (zu Nordafrika) bei Thomson, *Barbary* (1987), S. 103 f.
148 Valentina, *Reisen* (1811), Bd. 2, S. 103.
149 Niebuhr, *Beschreibung* (1772), S. 379.
150 So Heeren, *Historische Werke* (1821–26), Bd. 10, S. 58.
151 Niebuhr, *Beschreibung* (1772), S. 380. Turgot hatte bereits 1751 die politische Herrschaft in «kleinen Staaten» ähnlich analysiert: *Fortschritte* (1990), S. 179 f.
152 Ein Beispiel in Niebuhr, *Reisebeschreibung* (1774–1837), Bd. 1, S. 292 f.
153 Niebuhr, *Beschreibung* (1772), S. 382. Ähnlich Volney, *Voyage* (1959), S. 211: Die Araber verteidigten nur ihre völkerrechtlich einwandfreie Position. Zur Behandlung der Nomaden im europäischen Völkerrecht vgl. Fisch, *Völkerrecht* (1984), S. 275 ff. u. ö.
154 Volney, *Voyage* (1959), S. 204; Pottinger, *Belochistan* (1816), S. 65 f.
155 Zum romantischen Araberbild vgl. Nasir, *Arabs* (1979); Tidrick, *Araby* (1989).
156 Falconer, *Bemerkungen* (1782), S. 427–66. Interessant ist auch Klaproth, *Tableaux historiques* (1826), S. 233 ff.
157 Über Falconers Stellung in der Geschichte des Umweltdenkens vgl. Glakken, *Traces* (1967), S. 601–5.
158 Falconer, *Bemerkungen* (1782), S. 442.
159 Ebd., S. 445, 449 f.
160 Ebd., S. 466.
161 Pocock, *Gibbon* (1976); ders., *Gibbon's «Decline and Fall»* (1977); ders., *Gibbon and the Shepherds* (1981); ders., *Virtue* (1985), S. 143–56. Vgl. auch Burrow, *Gibbon* (1985), S. 67–79; R. Porter, *Gibbon* (1988), S. 135 ff. Unübertroffen zu Gibbons gesamteurasischer Sicht des Mittelalters ist Giarrizzo, *Gibbon* (1954), S. 403 ff., bes. 478 ff. Vgl. auch Tortarolo, *Barbari* (1992).
162 Gibbon, *Decline and Fall* (1909–14), Bd. 5, Kap. 26.
163 Schon Montesquieu hatte die Naturnähe der *sauvages*, die sie zu *Opfern* von Klima und Bodengestalt machte, eher als Fluch denn als Segen betrachtet.
164 Gibbon, *Decline and Fall* (1909–14), Bd. 6, S. 218.
165 Duchet, *Anthropologie* (1971), S. 59.
166 Etwa Pastoret, *Législation* (1817–37), Bd. 1, S. 22.
167 Heude, *Voyage* (1819), S. 36.
168 Roche, *La France des Lumières* (1993), S. 64, 67; Roeck, *Außenseiter* (1993), S. 141 f., 147.
169 Röttgers, *Kants Kollege* (1993), S. 103.
170 So Raffles, *Java* (1817), S. 58.
171 Metcalf, *Ideologies* (1994), S. 123 ff.
172 Roeck, *Außenseiter* (1993), S. 90.
173 Herder, *Ideen* (1989), S. 703. Zum Zigeunerbild der Aufklärung vorzüglich: Röttgers, *Kants Kollege* (1993).

174 Montesquieu, «De l'esprit des lois», XVIII/2, in: *Œuvres complètes* (1949–51), Bd. 2, S. 532.
175 Zusammenfassung der Motive bei dem immer gut resümierenden Rougemont: *Précis* (1835–37), Bd. 1, S. 7–8. Auch Volney, *Voyage* (1959), S. 115 f.; Elphinstone, *Caubul* (1839), Bd. 2, S. 73 ff.; Malte-Brun, *Précis* (1812–29), Bd. 2 (1812), S. 611.
176 Vgl. Olschki, *Marco Polo's Asia* (1960), S. 368–81; Daftary, *Assassin Legends* (1994). Turgot erwähnt den Fall 1748 als Beispiel für despotischen Aberglauben: *Œuvres* (1913–23), Bd. 1, S. 134.
177 Engels, *Lage der arbeitenden Klasse* (1957), S. 320–23.
178 Mayhew, *London Labour* (1861–62), Bd. 1, S. 1.
179 Ebd., S. 2.

X. Wirkliche und unwirkliche Despoten

1 Elpinstone, *History of India* (1841), Bd. 2, S. 61 f.; Canetti, *Masse und Macht* (1960), S. 488–500: «der reinste Fall eines paranoischen Machthabers» (S. 499).
2 Hammer-Purgstall, *Geschichte des Osmanischen Reiches* (1827–35), Bd. 2 (1828), S. 65.
3 Martini, *De bello tatarico* (1654), S. 134 ff.; Parsons, *Peasant Rebellions* (1970), S. 176–82.
4 Das Urteil hing hier besonders stark von den politischen Loyalitäten der Betrachter ab: Manucci stand in den Thronfolgekämpfen auf Aurangzebs Seite, während Bernier dessen unglücklichen Bruder Dara Shukoh favorisierte.
5 Knox, *Historical Relation* (1681), S. 43–47.
6 Cantemir, *History* (1734–35), Bd. 1, S. 249–51; auch schon Rycaut, *History* (1680), S. 89. Ein Augenzeugenbericht stammt von dem venezianischen Botschafter Pietro Foscarini aus dem Jahre 1637, zit. bei Valensi, *Venise* (1987), S. 7–9. Ausführlich zu den Greueltaten des Massenmörders Murad IV.: Hammer-Purgstall, *Geschichte des Osmanischen Reiches* (1827–35), Bd. 5 (1829), S. 187 f., 257 f., 283–94. Der Rekord wurde übertroffen durch Sultan Mawlay Isma'il von Marokko (1672–1727), dem europäische Beobachter 40 000 persönlich begangene Morde nachsagten. Vgl. Allison, *Crescent* (1995), S. 53.
7 Hammer-Purgstall, *Geschichte des Osmanischen Reiches* (1827–35), Bd. 5 (1829), S. 658. Die Großwesire aus der Familie der Köprülü: Mehmet (amtierte 1656–61), sein Sohn Fâzil Ahmet (1661–76) und dessen Bruder Fâzil Mustafa (1689–91), werden bei maßgebenden europäischen Autoren wie Rycaut, Cantemir und Hammer-Purgstall als hochkompetente, unkorrupte und dem öffentlichen Interesse dienende Staatsmänner geschildert.
8 Über das tyrannische Wüten von Safi I. berichtet als Augenzeuge etwa Olearius, *Vermehrte Newe Beschreibung* (1656), S. 654–62. Zu Safi II. vor allem Du Mans, *Estat de la Perse* (1890), S. 14 ff., 151 ff., dessen ausführlicher Bericht für Colbert aber unveröffentlicht blieb. Kaempfer beurteilte in seinem 1712 lateinisch veröffentlichten Bericht *(Am Hofe*, 1977, S. 62–80),

Safi II. abgewogen und insgesamt nicht ungünstig. Der vielgelesene Krusinski *(Revolution in Persia,* 1728, Bd. 1, S. 43–48, 54–58) war selbst kein Zeitgenosse dieser beiden von ihm als Schlächter geschilderten Herrscher. Zur heutigen Bewertung vgl. Roemer, *Persien* (1989), S. 330 f., 359–61.

9 Vgl. etwa das überschwengliche Lob beider bei einem Vertreter der neuen «Sinophobie»: Barrow, *China* (1806), S. 412–14.

10 Jones, «On the Second Classical Book of the Chinese», in: *Works* (1807), Bd. 4, S, 117.

11 J. de Guignes, *Histoire générale* (1756–58), Bd. 3, S. 138–90. Vgl. auch die fein abgewogene Bewertung schon des Gründers des chinesischen Kaiserreiches, Qin Shi Huangdi: ebd., Bd. 1/I, S. 18 f.

12 Gibbon, *Decline and Fall* (1909–14), Bd. 6, S. 354 f., 254.

13 Z. B. bei Cantemir, *History* (1734–35), Bd. 1, S. 96, 172, 217, und bei Hammer-Purgstall, der ihm fast einen ganzen Band widmet: *Geschichte des Osmanischen Reiches (1827–35)*, Bd. 3 (1828), zusammenfassend S. 488, 492 ff.

14 Mill, *History* (1817), Bd. 1, S. 594–607.

15 Orme, *Military Transactions* (1763–78), Bd. 1, S. 18.

16 Brougham, *Political Philosophy* (1842–43), Bd. 1, S. 131; vgl. auch Symes, *Embassy* (1800), S. 6 ff.

17 Olearius, *Vermehrte Newe Beschreibung* (1656), S. 335–42, bes. 339; Bietenholz, *Pietro Della Valle* (1962), S. 188 ff.; Roubaud, *Histoire générale de l'Asie* (1770–72), Bd. 2, S. 590 ff.; Malcolm, *History of Persia* (1829), Bd. 2, S. 366–78. Die andere mögliche Lesart eines Prinzenmordes findet sich bei Voltaire: Peter d. Gr. habe den Zarewitsch Alexis aus Gründen der Staatsraison in öffentlichem Verfahren bestrafen lassen *(Œuvres historiques,* 1957, S. 556).

18 Cranmer-Byng, *Embassy* (1962), S. 124.

19 Robertson, *Progress* (1972), S. 81, vgl. auch 131.

20 Wilks, *Historical Sketches* (1810–17), Bd. 1, S. 22.

21 Crawfurd, *Siam* (1967), S. 136 f., vgl. auch 327.

22 Turgot, «Recherches sur les causes des progrès et de la décadence des sciences et des arts» [1748], in *Œuvres* (1913–23), Bd. 1, S. 124, wies darauf hin, daß der persönlich sanftmütigste Despot *strukturell* zum Verbrecher werde.

23 So Dow, *History of Hindostan* (1812), Bd. 1, S. xiii.

24 D'Ohsson, *Tableau générale* (1787–90), Bd. 1, S. ix. Vgl. auch die strikte Trennung von System und Politik bei Guer, *Mœurs et usages* (1747), Bd. 2, S. 355 ff.

25 Aristoteles, *Politik*, 1285a 18–23: hg. v. O. Gigon, 2. Aufl., Zürich/Stuttgart 1971, S. 166. Bei Gibbon (*Decline and Fall*, 1909–1914, Bd. 1, S. 88) wird aus Charakter dann Gewohnheit.

26 Zum Despotiebegriff der Griechen vgl. Mandt, *Tyrannis* (1990), S. 654–58; Richter, *Aristoteles* (1988); zum frühen Ost-West-Gegensatz Springborg, *Republicanism* (1992), S. 23 ff.; zur Kommentierung Indiens bei den Griechen: Embree, *Oriental Despotism* (1971), S. 255–64.

27 Beispiele gibt D. Forbes, *Hume's Philosophical Politics* (1975), S. 142–45, 150, 155 ff.

28 Vgl. Mandt, *Tyrannis* (1990), S. 672–76; unübertroffen immer noch: Koebner, *Despot* (1951), S. 285 ff.

29 Valensi, *Venise* (1987), S. 97–99; Valensi, *Paradigm* (1990), S. 191 ff.; auch Toscani, *Etatistisches Denken* (1980).

30 Zum Motiv des orientalischen Despotismus in der Reiseliteratur des 17. Jahrhunderts grundlegend: Grosrichard, *Structure du sérail* (1979); daneben auch Krader, *Asiatic Mode of Production* (1975), S. 19–28, sowie (teilweise auf Krader gestützt) O'Leary, *Asiatic Mode of Production* (1989), S. 51–58.

31 Shackleton, *Essays* (1988), S. 483. Zu Montesquieus Despotiebegriff gibt es eine umfangreiche Literatur. Brauchbar daraus vor allem Richter, *Montesquieu* (1977), S. 45–50, 71, 77 ff.; Shackleton, *Essays* (1988), S. 481 ff.; Young, Montesquieu's *View of Despotism* (1978).

32 Montesquieu, «Considérations ...», in: *Œuvres* (1949–51), Bd. 2, S. 143–47. Montesquieu nennt als Quelle für diese Aussage Rycauts Türkeibeschreibung von 1668 (in der frz. Ausgabe von 1678).

33 Montesquieu, «De l'esprit des lois», V/14, in: *Œuvres* (1949–51), Bd. 2, S. 294 f. Übers.: *Geist der Gesetze* (1992), Bd. 1, S. 89.

34 Ebd., S. 91.

35 Montesquieu, «De l'esprit des lois», VIII/19 (S. 365); XVII/6 (S. 529).

36 Ebd. XVII/3 (S. 524–26).

37 Zu Montesquieu als Begründer der idealtypischen Methode: Cassirer, *Philosophie* (1932), S. 281, 283.

38 Montesquieu, «De l'esprit des lois», III/9 (S. 259).

39 Ebd. V/11 (S. 291).

40 Chardin, *Voyages* (1735), Bd. 3, S. 289.

41 Ebd., S. 295 f.

42 Vgl. Du Bos, *Reflexions* (1719), Bd. 2, S. 192: Die Tyrannei der römischen Imperatoren habe sich stets nur gegen die Elite gerichtet, niemals gegen das Volk.

43 Montesquieu, «De l'esprit des lois», II/5 (S. 249). Daß dies für *alle* Despoten gelte, ist eine alte Behauptung (z. B. Tavernier, *Nouvelle relation*, 1675, S. 226), die noch lange wiederholt wurde, z. B. bei D. Stewart, «Lectures on Political Economy» [1809–10], in: *Collected Works* (1854–58), Bd. 8 (1855), S. 390.

44 So (ein Beispiel unter vielen): Bruin, *Voyages* (1718), Bd. 1, S. 208.

45 Chardin, *Voyages* (1735), Bd. 3, S. 296–99, 314; Montesquieu, «De l'esprit des lois», V/14 (S. 295 f.).

46 Justi, *Vergleichungen* (1762), S. 98 ff., 330 ff., 390 ff.

47 Chardin, *Voyages* (1735), Bd. 3, S. 313 f. Die Erziehung durch Frauen und Eunuchen im Harem als Ruin prinzlichen Mannesgeistes ist ein immer wiederkehrendes Motiv, etwa bei de Bruin, *Voyages* (1718), S. 206 f.

48 Robertson, *Progress* (1972), S. 11.

49 Chardin, *Voyages* (1735), Bd. 3, S. 322.

50 Bernier, *Travels* (1934), S. 204. Einige Jahrzehnte zuvor hatte bereits Sir Thomas Roe, englischer Botschafter am Mogulhof, ähnliche Gedanken angedeutet.

51 Montesquieu, «De l'esprit des lois», V/14 (S. 294).

52 Chardin, *Voyages* (1735), Bd. 3, S. 339–40, 344–49. Vgl. auch Kaempfer, *Am Hofe* (1977), S. 117 ff.

53 Chardin, *Voyages* (1735), Bd. 3, S. 343 f.

54 Vor allem ebd., S. 368.

55 Ebd.

56 Ebd., S. 369, zur religiösen Toleranz (von der allerdings die christliche Mission ausgenommen sei) im Iran, auch 426 ff.

57 Ebd., S. 369.

58 Ebd., S. 415, 420 f.

59 Montesquieu, «Considérations sur les causes de la grandeur des Romains et de leur décadence», in: *Œuvres* (1949–51), Bd. 2, S. 202. Vgl. auch Stelling-Michaud, *Le mythe* (1960/61), S. 339.

60 Lavie, *Des corps politiques* (1764), Bd. 1, S. 228.

61 Venturi, *Boulanger* (1947), S. 29.

62 Boulanger, «Recherches sur les origines du despotisme oriental» [1761], in: *Œuvres* (1794), Bd. 3, S. 1–182; die Argumentation zusammengefaßt in ders., «Essai philosophique sur le gouvernmement», in: ebd., S. 215 f., 224–27, 229, 236.

63 Vgl. den «Lettre de l'auteur à M. ***[Helvétius]», der, von Freunden des verstorbenen Boulanger geschrieben und, Ideen Diderots und Holbachs reflektierend, der Erstausgabe der *Recherches* beigegeben wurde (*Œuvres*, Bd. 3, S. 1–9). Dazu Venturi, *Boulanger* (1947), S. 66 ff.

64 Wilks, *Historical Sketches* (1810–17), Bd. 1, S. 25, 29.

65 Hauptstelle: «Plan du premier discours sur la formation des gouvernements et le mélange des nations», in: Turgot, *Œuvres* (1913–23), Bd. 1, S. 290–94, dt. in Turgot, *Fortschritte* (1990), S. 184–88. Manche Resonanzen von Turgots Deutung des Despotismus im Rahmen einer Theorie der Staatsentstehung finden sich in den 1790er Jahren bei Heeren, «Ideen …», in: *Historische Werke* (1821–26), Bd. 10, S. 12–14, 66–70, vgl. auch später Heerens Analyse des alten Persien, S. 440 ff.

66 Die Figur des Premierministers unter der Despotie hat Europäer besonders fasziniert. Vgl. etwa Thévenot, *Travels* (1687), Bd. 1, S. 63–65; Pitton de Tournefort, *Relation* (1717), Bd. 2, S. 24–27; *Universal History* (1779–84), Bd. 37, S. 27 f.; Helvétius, *Vom Geist* (1973), III/18–19, S. 337–42.

67 Turgot, *Fortschritte* (1990), S. 187 f. Über Propaganda und Gehirnwäsche in der Despotie dann bes. D. Stewart, «Lectures …», in: *Collected Works* (1854–58), Bd. 8, S. 395 ff.

68 Despotismus wird dann 1792 bei dem einflußreichen britisch-indischen Kolonialpolitiker Charles Grant auf die Herrschaft einer heidnischen Religion in den Köpfen der Menschen reduziert: Embree, *Charles Grant* (1962), S. 146.

69 Condorcet, *Entwurf* (1976), S. 65.

70 Walckenaer, *Essai* (1798), S. 278 f.

71 Virey, *Histoire naturelle* (1824), Bd. 3, S. 225. Ähnlich bereits Rycaut, *Present State* (1668), S. 3.

72 Crawfurd, *Indian Archipelago* (1820), Bd. 3, S. 11.

73 Ebd., S. 26.

74 Ausführlich Malcolm, *History of Persia* (1829), Bd. 1, S. 379 ff., 384 f., Bd. 2, S. 2, 41; daneben etwa Poivre, *Cochinchine* (1885), S. 473 f., 477 ff.; Grose, *Voyage* (1772), Bd. 1, S. 85 f. Heeren, «Ideen …», in: *Historische Werke* (1821–26), Bd. 10, S. 79, 81; Ferrières-Sauvebuf, *Mémoires* (1790), Bd. 1, S. iii f.; Ramsay, *Civil Government* (1732), S. iv (und passim).

75 Etwa: Tennant, *Thoughts* (1807), S. 76 ff.

76 Vgl. die wichtige Interpretation bei Laurens, *Les origines intellectuels* (1987), S. 67–78.
77 Volney, *Ruinen* (1977), S. 61 f.
78 Eine ganz ähnliche Analyse in unterschiedlichem Kontext ist Turpin, *Siam* (1771), Bd. 1, S. 79 ff., 103 ff.
79 Volney, *Voyage* (1959), S. 114.
80 Ebd., S. 400–406. Gegen Montesquieus Verbindung von Despotismus und Klima vgl. zusammenfassend Murray, *Enquiries* (1808), S. 139–48.
81 Volney, *Voyage* (1959), S. 361 ff.
82 Ebd., S. 395, 397 f.
83 Ferguson, *Versuch* (1986), S. 459; Original: Ferguson, *Essay* (1966), S. 270. Ähnlich Malte-Brun, *Précis* (1812–29), Bd. 2 (1812), S. 596.
84 Meiners, *Betrachtungen* (1795–96), Bd. 1, S. 37, 172.
85 Also der Lehensfürsten.
86 Hennings, *Gegenwärtiger Zustand* (1784–86), Bd. 1, S. 12 f.
87 Barrow, *Cochin China* (1806), S. 333; Crawfurd, *Siam* (1967), S. 487.
88 T. B. Clarke, *Publicistical Survey* (1791), S. 8.
89 Ebd.
90 *Durchläuchtige Welt* (1710–11), Bd. 3 (Teil VII), S. 16, 48, 72 f., 86 f.
91 So Symes, *Embassy* (1800), S. 176.
92 Raynal, *Histoire philosophique* (1775), Bd. 1, S. 141–45.
93 Castilhon, *Considérations* (1769), S. 244 f.; Thunberg, *Reise* (1794), Bd. 2/ii, S. 18.
94 So Pinkerton, *Modern Geography* (1807), Bd. 2, S. 184.
95 George Forster, *Journey* (1808), Bd. 1, S. 328 ff.; Malcolm, *Sikhs* (1810), S. 240; Wilks, *Historical Sketches* (1810–17), Bd. 1, S. 28. Mehr zur Deutung der Sikhs bei Khurana, *Sikh Power* (1985), Kap. 1–2. Georgi schildert das politische System der Kirgisen als demokratisch: *Nationen* (1776–80), Bd. 2, S. 216 f.
96 Voltaire, «Commentaire sur L'Esprit des lois» [1777], in: *Œuvres complètes* (1877–85), Bd. 30, S. 416 f.
97 Voltaire, «Supplément au siècle de Louis XIV» [1753], in: *Œuvres historiques* (1957), S. 1246 f. Vgl. auch Richter, *Despotism* (1973), S. 10 f.
98 Richardson, *Dissertation* (1778), S. 151 f., auch 353 ff., 365 ff. So auch für Indien Orme, *Historic Fragments* (1974), S. 255: Je größer der Abstand zum Hofe, desto geringer die Macht des Despoten.
99 Zur Biographie vgl. Schwab, *Vie d'Anquetil-Duperron* (1934); Metzler, *Anquetil-Duperron* (1991), S. 123 f.; Anquetils Bedeutung für die Despotiedebatte hat vor allem Venturi gewürdigt: *Oriental Despotism* (1963), S. 136–41.
100 Anquetil-Duperron, *Législation orientale* (1778), S. vi.
101 So Schwab, *Oriental Renaissance* (1984), S. 17.
102 Anquetil-Duperron, *L'Inde* (1798), Bd. 1, S. viii.
103 Anquetil-Duperron, *Législation orientale* (1778), «Dédicace».
104 Ebd., S. 1.
105 Ebd., S. 45. Anquetils Lieblingsautoritäten sind Chardin für Persien und Sir James Porter für das Osmanische Reich; für Mogul-Indien, das er am besten kannte, stützt er sich zum Teil auf einheimische Quellen in persischer Sprache, siehe z. B. S. 41 f., 193–209.

106 Ebd., S. 16.
107 Ebd., S. 179 f.
108 Ebd., S. 200.
109 Ebd., S. 18, 31 f., 175–77, 212 ff.
110 Ebd., S. 32.
111 Zur französischen Rezeption etwa Imbruglia, *Despotisme* (1995), S. 108–11.
112 Meiners, *Grundriß* (1793), S. 204–19.
113 Brougham, *Political Philosophy* (1842–43), Bd. 1, S. 102, 105, 108, 119.
114 Grundlegend: Guha, *Rule of Property* (1963), darin S. 50–60 über Rouse; vorzüglich auch Minuti, *Proprietà della terra* (1978), S. 103–23.
115 Rouse, *Dissertation* (1791), S. 20.
116 Ebd., S. 77.
117 Ebd., S. 91–93, 95, 107–9.
118 Ebd., S. 180.
119 Vgl. Syndram, *Thron des Großmoguls* (1996).
120 Plant, *Geschichte Polynesiens* (1792–99), Bd. 1, S. 130 f.; ähnlich Raffles, *Java* (1817), Bd. 1, S. 65, 67 f., 76, 151, 266 ff.; Tombe, *Voyage* (1810), Bd. 1, S. 213; Percival, *Ceylon* (1805), S. 192, 199 f., 280, 363.
121 Raynal, *Histoire philosophique* (1775), Bd. 1, S. 351.
122 Anquetil-Duperron, *L'Inde* (1798), Bd. 1, S. iii; Sonnerat, *Voyages* (1782), Bd. 2, S. 18; Langlès, *Monuments* (1821), Bd. 1, S. 19 (aber auch 268).
123 Raynal, *Histoire philosophique* (1775), Bd. 1, S. 29 ff., 430–51.
124 Vgl. Marshall, *Introduction* (1981), S. 23 ff.; ders., *Introduction* (1991), S. 31 ff., und zu Burkes Sicht aller Arten von Despotismus zahlreiche Bemerkungen in Whelan, *Edmund Burke* (1996), bes. S. 230–42.
125 Ebd., S. 242–60. Whelan weist hier auch auf die Nähe zwischen Burke und Voltaire hin (S. 246).
126 Zit. in Marshall, *Impeachment* (1965), S. 21.
127 Embree, *Imagining India* (1989), S. 31.
128 Valentina, *Reisen* (1811), Bd. 1, S. 236 f.
129 Vgl. Jain, *Outlines* (1966), S. 193 ff.
130 Vgl. McLaren, *Despotism* (1993), S. 470; eine andere Sicht bei Stein, *Munro* (1989), bes. S. 218 ff.; den militärischen Charakter dieses Konzepts betont Peers, *Between Mars and Mammon* (1995), bes. S. 44 ff.
131 Zastoupil, *John Stuart Mill* (1994), S. 26. Vgl. auch Stokes, *Utilitarians* (1959); Majeed, *Ungoverned Imaginings* (1992), S. 144 f.
132 Dies wurde von europäischen Beobachtern früh anerkannt, z. B. Palafox y Mendoza, *History* (1676), S. 480 f.; auch d'Orléans, *Histoire* (1690). Zur frühen Mandschu-Herrschaft als Reform vgl. auch *Universal History* (1779–84), Bd. 7, S. 141 f.
133 So erwähnt Martini (*Histoire de la Chine*, 1692, Bd. 1, S. 134–43) einen halbmythischen Kaiser Kieu (reg. 1818–1766 v. Chr.), der als eine Art Nero beschrieben wird.
134 Justi, *Vergleichungen* (1762), S. 144 ff. Justi nahm sein Material aus Du Halde, *Description géographique* (1735), Bd. 1, S. 436–42.
135 Z. B. bei Appleton, *Cycle* (1951), S. 63; Guy, *French Image* (1963); Étiemble, *L'Europe chinoise* (1989).
136 Diese Auffassung findet sich bereits bei Matteo Ricci, dem Begründer

der Jesuitenmission in China, der den tatsächlich in solcher Weise regierenden Kaiser Wan Li (reg. 1573–1620) der Ming-Zeit vor Augen hatte, und dann ausführlich in einem weit verbreiteten Buch des französischen Hofhistoriographen Michel Baudier: *Histoire* (1624), in Auszügen wiederveröffentlicht noch in Osborne, *Collection* (1745), Bd. 2, S. 1–24 (hier bes. 11–13). Ähnlich auch Temple, «Of Heroic Virtue» (1694), in: *Works* (1814), Bd. 3, S. 337.

137 Le Comte, *Nouveaux mémoires* (1697), Bd. 2, S. 1–92.

138 Du Halde, *Description géographique* (1735), Bd. 1, S. 120, auch Bd. 2, S. 9–11.

139 Bd. 2, S. 12, 22; Bd. 3, S. 128 ff. Die wichtigsten Ausführungen der Jesuiten zum Patriarchalismus finden sich in Societas Jesu, *Mémoires* (1776–1814), Bd. 4 (1779), passim (eine Art «Themenheft»). Hegel hat diesem Punkt in seiner scharfsinnigen Analyse des chinesischen politischen Systems später große Bedeutung beigemessen.

140 Du Halde, *Description géographique* (1735), Bd. 1, S. 120.

141 Bd. 2, S. 255 ff. Vgl. auch Societas Jesu, *Lettres édifiantes* (1780–83), Bd. 21, S. 359 ff.; Bd. 24, S. 125–35. Auch im stark chinesisch beeinflußten Tonking (Nordvietnam) gab es ein ähnliches Prüfungssystem: Tissanier, *Relation* (1663), S. 122 ff.

142 Du Halde, *Description géographique* (1735), Bd. 1, S. 120; Bd. 2, S. 38. Dies wird auch stark betont in Clerk, *Yu Le Grand* (1769), S. 419.

143 Vgl. etwa Sangermano, *Burmese Empire* (1885), S. 74 ff.,

144 Societas Jesu, *Lettres édifiantes* (1780–83), Bd. 23 (1781), S. 164 ff.

145 De Pauw, *Chinois* (1773), Bd. 2, S. 330 f.; Meiners, *Betrachtungen* (1795–96), Bd. 2, S. 158, 210 ff.

146 Alle Motive dieser Idealisierung finden sich zusammengefaßt bei Raynal, *Histoire philosophique* (1775), Bd. 1, S. 89–98; in demselben Werk werden an späterer Stelle kritischere Töne angeschlagen (S. 563 f.).

147 Die Frage diskutiert aber Patton, *Asiatic Monarchies* (1801), S. 217 ff.

148 Vgl. Teng, *Chinese Influence* (1942–43).

149 Montesquieu, «De l'esprit des lois», XIX/17–20, in: *Œuvres* (1949–51), Bd. 2, S. 567–71.

150 Grosier, *Description générale* (1785), S. 509–22; ders., *De la Chine* (1818–20), Bd. 5, S. 209–69. Wichtig daneben die Ausführungen Joseph Amiots in Societas Jesu, *Mémoires* (1776–1814), Bd. 6 (1780), S. 331 ff.; Bd. 8 (1782), S. 220 ff.

151 Barrow, *China* (1806), S. 392, 395, 397 f.

152 Cranmer-Byng, *Embassy* (1962), S. 238 f.

153 Grosier greift ihn vehement an: *De la Chine* (1818–20), Bd. 1, S. xiv ff. Grosiers Werk ist natürlich die allerletzte Analyse, aber die Grundzüge waren bereits in der ersten Ausgabe von 1785 dargelegt worden.

154 C. L. J. de Guignes, *Voyages* (1808), Bd. 2, S. 432.

155 Ebd., S. 450.

156 Gaulmier, *Volney* (1951), S. 126–32, paraphrasiert diesen Text, der mir nicht zugänglich war. Vgl. auch Deneys, *Le récit de l'histoire* (1989), S. 52 f.

157 Volney, *Voyage* (1959), S. 361.

158 Peyssonnell, *Examen* (1788), S. 98–100.

159 Ebd., S. 251 f.

160 Montesquieu, «De l'esprit des lois», XI/6, in: *Œuvres* (1949–51), Bd. 2, S. 397: In Venedig sei es aber genauso.
161 Hegel, *Vorlesungen* (1996), S. 135.
162 Voltaire, *Essai* (1963), Bd. 2, S. 769, der sich auf Cantemirs Geschichte des Osmanischen Reiches stützt. Vgl. auch Pitton de Tournefort, *Relation* (1717), Bd. 2, S. 4, sowie Gibbons Kommentar zur Modernität der frühen Janitscharen-Garde: *Decline and Fall* (1909–14), Bd. 7, S. 82–85, auch 34f. Im Laufe des 18. Jahrhunderts, so Eton (*Turkish Empire*, 1801, S. 28), seien die Sultane aber so hart gegen die Janitscharen vorgegangen, daß sie die militärische Kraft des Reiches fatal geschwächt hätten.
163 Robertson, *Progress* (1972), S. 147.
164 So auch Hammer-Purgstall, *Geschichte des osmanischen Reiches* (1827–35), Bd. 5 (1829), S. 552.
165 Porter, *Observations* (1768), Bd, 1, S. 84.
166 Ebd., S. 107.
167 D'Ohsson, *Tableau générale* (1787–90), bes. Bd. 2; Hammer-Purgstall, *Staatsverfassung* (1815).
168 Thornton, *Present State* (1809), Bd. 1, S. 89.
169 D'Ohsson, *Tableau générale* (1787–90), Bd. 1, S. ix; ebenso Dallaway, *Constantinopel* (1797), S. 43. Über die Furcht vor einem «osmanischen Peter d. Gr.» vgl. Laurens, *Les origines intellectuels* (1987), S. 173.
170 Gibbons Deutung der Despotie – der römischen, der byzantinischen und der orientalischen – wäre ein neues, großes Thema, das hier nicht behandelt werden kann. Vgl. in *Decline and Fall* vor allem die Anfänge von Kap. 3 und 7.
171 «On Asiatick History, Civil and Natural», in: Jones, *Works* (1807), Bd. 3, S. 215.

XI. Gesellschaften: Ordnungen und Lebensformen

1 Montesquieu, «De l'esprit des lois», XIX/4, in: *Œuvres* (1949–51), Bd. 2, S. 558. Übers.: *Geist der Gesetze* (1992), Bd. 1, S. 413.
2 Montesquieu, «De l'esprit des lois», XIX/16 (S. 566). Übers.: *Geist der Gesetze* (1992), Bd. 1, S. 422.
3 Montesquieu, «De l'esprit des lois», XIX/18 (S. 568).
4 Zu «*mœurs*» bei Montesquieu vgl. Richter, *Montesquieu* (1977), S. 100f.
5 Etwa: Francisci, *Lust- und Stats-Garten* (1668); ders., *Spiegel* (1670), dazu Dharampal-Frick, *Indien* (1994), S. 76–85; Kames, *Sketches* (1778), Bde. 1–2. Demeunier (*L'esprit*, 1776) ist im Grunde ebenfalls ein solcher Katalogisierer, und bei aller berechtigten Anerkennung für seine Materialbeherrschung übertreibt Marvin Harris doch, wenn er ihn «possibly the greatest ethnographer of the 18th century nennt» (*Anthropological Theory*, 1969, S. 17).
6 Riedel, *Gesellschaft* (1975), S. 808.
7 M. Harbsmeier, *Wilde Völkerkunde* (1994).
8 Krusenstern, *Reise um die Welt* (1811–12), Bd. 2/II, S. 157.
9 Elphinstone, *Caubul* (1839), Bd. 1, S. 74–76. Ähnlich über Buchara: Burnes, *Travels* (1973), Bd. 1, S. 272ff. Ein detaillierter und lebendiger Text ist auch

Joseph Rehmanns Beschreibung des 1805 besuchten Jahrmarkts von Makariev an der Wolga: Heissig, *Mongoleireise* (1971), S. 99–121.

10 S. P. Anderson, *Rycaut* (1989), S. 7.

11 A. Hamilton, *New Account* (1930), Bd. 1, S. 48 f.; Turner, *Tibet* (1800), S. 72.

12 Le Comte, *Nouveaux mémoires* (1697), Bd. 1, S. 130–33.

13 Du Halde, *Description géographique* (1735), Bd. 1, S. 109. Viel Material zur Stützung dieser These in Nieuhof, *Embassy* (1669).

14 Kaempfer, *Geschichte* (1777–79), Bd. 1, S. 37.

15 Justi, der einiges von diesem Material benutzt, hält asiatische Städte für besser geordnet als europäische: *Vergleichungen* (1762), S. 255 ff.

16 Chardin, *Voyages* (1735), Bd. 2, S. 1–120; Delisle/Pingré, *Peking* (1765), S. 7 ff.

17 Bernier, *Travels* (1934), S. 239 f.

18 S. G. Gmelin, *Reise* (1770–84), Bd. 2, S. 43 ff.

19 Raynal, *Histoire philosophique* (1775), Bd. 1, S. 186.

20 Ebd.

21 Graaff, *Spiegel* (1930), S. 13 ff. (sep. pag.), dazu Barend-van Haeften, *Oost-Indië gespiegeld* (1992), S. 131 ff. Einen Überblick über die Bataviaberichte geben Lach/Van Kley, *Asia* (1993), S, 1313–22, sowie M. Harbsmeier, *Wilde Völkerkunde* (1994), S. 199–209. Aus der Sicht heutiger Forschung: Taylor, *Batavia* (1983), S. 33–77.

22 Beaglehole, *Cook* (1974), S. 257–64.

23 So ähnlich G. L. Staunton, *Authentic Account* (1797), Bd. 1, S. 242.

24 Ebd., S. 260 f. Nicht ganz so negativ die etwas frühere Beschreibung bei Thunberg, *Reise* (1794), Bd. 1/II, S. 203–12.

25 G. L. Staunton, *Authentic Account* (1797), Bd. 1, S. 260. Vgl. auch Barrow, *Cochin China* (1806), S. 202–42.

26 Die ausführliche Beschreibung und bildliche Darstellung chinesischen Alltagslebens bei Breton de la Martinière, *La Chine* (1811–12), beruht nicht auf eigenem Augenschein, sondern auf Material, das der Minister Bertin gesammelt hatte.

27 Vgl. etwa solch bedeutende Werke wie Raymond, *Artisans* (1973–74), darin Bd. 2, S. 373–415, über die Sozialstruktur Kairos.

28 Zum Folgenden auch das (oberflächliche) Kapitel über die Russells in Damiani, *Enlightened Observers* (1979), S. 133–70.

29 Russell, *Aleppo* (1794), Bd. 1, S. xvii.

30 Ebd., Bd. 1, S. xii, auch 108 f. (über Moden im Orient).

31 Vgl. in Band 2 die Analyse der verschiedenen Pestwellen seit 1719, ihrer adminstrativen und seuchenmedizinischen Bewältigung und ihrer sozialen Begleitumstände (S. 335 ff.). Als frühe katastrophensoziologische Analyse ist dem nur Alexander von Humboldts Untersuchung des Erdbebens von Caracas vergleichbar *(Relation Historique*, 1814–25, Bd. 2, S. 1–28).

32 Marcus, *Aleppo* (1989), S. 339, nimmt für das mittlere 18. Jahrhundert etwa 110 000 Einwohner an. Reizvoll wäre ein Vergleich zwischen Russells Sozialportrait und Marcus' mehr als zwei Jahrhunderte späterem ähnlichem Unternehmen. Zu Aleppos Außenkontakten vgl. Masters, *Aleppo* (1988).

33 Russell, *Aleppo* (1794), Bd. 2, S. 3.

34 Ebd., Bd. 1, S. 99, 147 f.

35 Ebd., S. 214, 216f., 222f.
36 Ebd., S. 141.
37 Ebd., S. 181.
38 Ebd., S. 126f.
39 Ebd., S. 131ff.
40 Montagu, *Lettters* (1965–67), Bd. 1, S. 312–14.
41 Russell, *Aleppo* (1794), Bd. 1, S. 137.
42 Ebd., S. 177.
43 Ebd., S. 223f.
44 Ebd., S. 225f.
45 Ebd., S. 226.
46 Ebd., S. 229, auch 316ff.
47 Ebd., Bd. 1, S. 325. Vergleiche damit etwa Marcus, *Aleppo* (1989), Kap. 3.
48 Russell, *Aleppo* (1794), Bd. 1, S. 327.
49 Ebd.
50 Montagu, *Letters* (1965–67). Lady Mary hielt sich 1717–18 im Osmanischen Reich auf.
51 Russell, *Aleppo* (1794), Bd. 1, S. 230.
52 Göçek, *East Encounters West* (1987), S. 66f.; Mehmed Efendi, *Le paradis* (1981), S. 142–46.
53 Thornton, *Present State* (1809), Bd. 1, S. 291.
54 Adam Smith, *Lectures on Jurisprudence* (1978), S. 191.
55 Millar, *Ursprung* (1967), S. 234.
56 Etwa Graaff, *Spiegel* (1930), S. 13f., mit Geschichten von Strafen und Folterungen, die an die Karibik erinnern. Möglicherweise von dieser Ur-Quelle beeinflußt: Vogel, *Reise-Beschreibung* (1716), S. 105, 117; Barchewitz, *Ost-Indianische Reisebeschreibung* (1730), S. 612; Stavorinus, *Reise* (1796), S. 203. Raffles, der die Zahl der Sklaven in Batavia für 1814 mit 19000 beziffert, betont aber, daß diese Menschen viel besser behandelt würden als gleichzeitig die Sklaven in den westindischen Kolonien der Europäer (*Java*, 1817, Bd. 1, S. 76–78). Vgl. auch Wurtzburg, *Raffles* (1954), S. 264–67, mit Auszügen aus anderen Berichten Raffles'.
57 Zur Geschichte dieses Handels schon Sprengel, *Ursprung des Negerhandels* (1779), S. 11ff. Genaueres in der zeitgenössischen Literatur über Herkunft und Verwendung dieser schwarzen Eunuchen bei Rycaut, *Present State* (1668), S. 35–37; Tavernier, *Nouvelle relation* (1675), S. 17–19, sowie mit dem kühlen Blick des Mediziners: Fryer, *New Account* (1909–15), Bd. 3, S. 125f., zusammenfassend Hammer-Purgstall, *Staatsverfassung* (1815), Bd. 2, S. 63ff. Für andere Formen von Sklaverei im osmanischen Reich interessierten sich europäische Beobachter weniger.
58 Gute Zusammenfassung von Informationen und Urteilen des frühen 19. Jahrhunderts in einem anonymen Artikel «On Slavery in the East» im *Asiatic Journal*, Bd. 23 (Januar–Juni 1827).
59 Meiners, *Grundriß* (1793), S. 230f.
60 Turgot, «Reflexions sur la formation et la distribution des richesses», in: *Œuvres* (1913–23), Bd. 2, S. 547f.
61 Adam Smith, *Lectures on Jurisprudence* (1978), S. 182, 185–87; Adam Smith, *Wealth of Nations* (1976), Bd. 1, S. 387; Bd. 2, S. 587.

62 Crawfurd, *Indian Archipelago* (1820), Bd. 3, S. 27.

63 La Loubère, *Siam* (1693), Bd. 1, S. 77. Nicht alle, aber doch ein großer Teil der freien Untertanen Siams mußten in der Tat drei bis sechs Monate pro Jahr solche Königsfron leisten. Vgl. Steinberg, *Southeast Asia* (1987), S. 17.

64 Zur Entwicklung bis 1517 vgl. Haarmann, *Der arabische Osten* (1987), für das 18. Jahrhundert Hathaway, *Politics* (1997). Zu allen Aspekten Philipp/Haarmann, *Mamluks* (1998), zum 18. Jahrhundert bes. S. 114–16, 118–49, 196–204

65 Voltaire, *Essai* (1963), Bd. 2, S. 413 f.; Gibbon, *Decline and Fall* (1909–14), Bd. 6, S. 376 f., vor allem Volney, *Voyage* (1959), S. 71–77, 101–9.

66 Ebd., S. 73. Dem entspricht der Befund der heutigen Forschung, vgl. etwa Crecelius, *Mamluk Beylicate* (1998), S. 128 f. Während Volney eine Art von Herrschaftssoziologie der späten Mamlukenzeit entwarf, hatte Pococke (*Description of the East,* 1743–45, Bd. 1, S. 161–85) das Problem der Regierbarkeit Ägyptens einer proto-politikwissenschaftlichen Analyse aus osmanischer Sicht unterzogen. Vgl. auch Bergk, *Aegypten* (1799), S. 291–317.

67 Wakefield, *Traveller* (1817), S. 229.

68 Semedo (*History,* 1655, S. 35–45) hat das System ziemlich akkurat beschrieben, Navarette (*Account,* 1744, S. 51 f.) auf seine Schattenseiten hingewiesen.

69 Die Parallele zwischen der chinesischen und der römisch-katholischen Hierarchie als Karrierefahrstühlen zieht Du Halde, *Description géographique* (1735), Bd. 2, S. 58.

70 Vgl. Duteil, *Le mandat du ciel* (1994), S. 232–50.

71 Semedo, *History* (1655), S. 46, 121–23; etwas weniger euphorisch Magalhães, *New History* (1688), S. 145–48; ähnlich auch noch Winterbotham, *Chinese Empire* (1795), S. 268.

72 *Denckwürdige Beschreibung* (1679), S. 7.

73 Mendoza, *History* (1853–54), Bd. 1, S. 125.

74 Le Comte, *Nouveaux mémoires* (1697), Bd. 2, S. 51. Eine schöne soziologische Analyse in diesem Sinne unternimmt C. L. J. de Guignes, *Voyages* (1808), Bd. 2, S. 412 ff.

75 Justi, *Vergleichungen* (1762), S. 413 ff.; Quesnay, *Despotisme* (1888), S. 620 f.

76 So etwa Crawfurd, *Ava* (1834), Bd. 2, S. 161 f.

77 Barrow, *China* (1806), S. 386.

78 *Universal History* (1779–84), Bd. 7, S. 135, 137, 145; Sonnerat, *Voyages* (1782), Bd. 2, S. 20; eine interessante Analyse bei dem heute zu wenig bekannten C. L. J. de Guignes: *Voyages* (1808), Bd. 2, S. 434 ff.

79 Das fand sogar Barrow: *Some Account* (1807), Bd. 1, S. vii f., 67 ff.; zum Korruptionsthema im Hastingsprozeß vgl. Marshall, *Impeachment* (1965), S. 130 ff.; Whelan, *Edmund Burke* (1996), S. 64–122.

80 *Universal History* (1779–84), Bd. 7, S. 136.

81 Societas Jesu, *Lettres édifiantes* (1780–83), Bd. 22, S. 132 ff. Vgl. auch Mairan, *Lettres* (1759), S. 78.

82 Eine schöne Analyse der «Standesverschiedenheit» in China auf der Grundlage eines ähnlichen Schichtungsmodells entwirft G. Hassel in Gaspari, *Handbuch* (1822), Bd. 15, S. 65–69. Vgl. auch das Referat der ethnographischen Analyse Chinas durch Louis-François Jauffret (um 1800) in: Moravia, *Beobachtende Vernunft* (1977), S. 71–74.

83 Societas Jesu, *Lettres édifiantes* (1780–83), Bd. 22, S. 158.
84 Silhouette, *Idée générale* (1731), S. 18.
85 Poivre, *Reisen* (1997), S. 193 ff.
86 Eckermann, *Gespräche* (1982), S. 196. Es handelte sich um «Yü-kiau-li [Yu Jiao Li] ou les deux cousines». Ganz ähnlich die fast gleichzeitige Reaktion darauf bei Schlegel, *Philosophie der Geschichte* (1971), S. 63 f.
87 Tissanier, *Relation* (1763), S. 121.; Maybon, *Tonkin* (1920), S. 149 ff.
88 A. Hamilton, *New Account* (1930), Bd. 2, S. 26.
89 Gervaise, *History of Siam* (1928), S. 50.
90 Chardin, *Voyages* (1735), Bd. 3, S. 312; Fryer, *New Account* (1909–15), Bd. 3, S. 133.
91 Crawfurd, *Indian Archipelago* (1820), Bd. 3, S. 31 ff.
92 Hammer-Purgstall, *Geschichte des Osmanischen Reiches* (1827–35), Bd. 9, S. xli.
93 Busbeck, *Briefe* (1926). Vgl. B. H. Beck, *Rising of the Sun* (1987), S. 23, auch 69.
94 Guer, *Mœurs et usages* (1747), Bd. 2, S. 393, überhaupt dort 389–96; auch Tott, *Memoirs* (1786), Bd. 1, S. xxvf.; Thornton, *Present State* (1809), Bd. 1, S. 4 f.
95 Gibbon, *Decline and Fall* (1909–14), Bd. 7, S. 84.
96 Malte-Brun, *Précis* (1812–29), Bd. 2 (1812), S. 599.
97 Rougemont, *Précis* (1835–37), Bd. 1, S. 21.
98 Zur Entstehung der Konstrukts «Hinduismus» vgl. Stietencron, *Hinduismusforschung* (1988), frühe westliche Texte bei Marshall, *Hinduism* (1970).
99 Vgl. Dharampal-Frick, *Indien* (1994), S. 95–108; Jayaraj, *Inkulturation* (1996).
100 Das Folgende nach Dharampal-Frick, *Indien* (1994), S. 228–42; dies., *Discourse on Caste* (1995), S. 92–97.
101 Dharampal-Frick, *Indien* (1994), S. 236.
102 Vgl. auch Krader, *Asiatic Mode of Production* (1975), S. 75–79, zu frühen Ideen über offene und geschlossene Gesellschaften.
103 Montesquieu, «De l'esprit des lois», XXIX/22, in: *Œuvres* (1949–51), Bd. 2, S. 731.
104 Voltaire, *Essai* (1963), Bd. 2, S. 319. Ganz anders aber der Comte de Modave, der als Offizier zwischen 1757 und 1777 viel von Indien gesehen hatte: Indien sei «une grande nation uniforme dans toutes ses parties et sans mélanges de peuples étrangers» (*Voyage en Inde*, 1971, S. 407).
105 Eine ähnliche Polarität findet sich auch noch in der Literatur des 20. Jahrhunderts, vgl. Embree, *Imagining India* (1989), S. 9.
106 Zur Jesuitenberichterstattung des 18. Jahrhunderts vgl. Murr, *Les Jésuites* (1986), bes. S. 13 ff.
107 Vgl. Lach/Van Kley, *Asia* (1993), S. 1102–10.
108 Raynal, *Histoire philosophique* (1775), Bd. 1, S. 33.
109 Ebd., S. 37.
110 Adam Smith, *Wealth of Nations* (1776), S. 81; dazu Platteau, *Les économistes* (1978), Bd. 1, S. 119 ff. Smiths Argumente werden später weitergeführt bei Tennant, *Indian Recreations* (1803), Bd. 1, S. 83–92: das Kastenwesen lasse eine funktionale Arbeitsteilung nicht zu.
111 Sonnerat, *Voyages* (1782), Bd. 1, S. 43–63.
112 Hennings, *Gegenwärtiger Zustand* (1784–86), Bd. 3, S. 478 f., auch 499.
113 Embree, *Charles Grant* (1962), S. 147.

114 Burke, «Opening of the Impeachment» (15. 2. 1788), in: *Writings*, Bd. 6 (1991), S. 303.
115 Perrin, *Reise* (1811), Teil 1, S. 173 f.
116 Noch deutlicher später ein anderer konservativer Katholik: Das indische Kastenwesen biete einen optimalen Schutz vor Despotismus. Schlegel, *Philosophie der Geschichte* (1971), S. 86 f.
117 Cœurdoux/Desvaulx, *Mœurs et coutumes* (1987), S. 8 f. Daß die Brahmanen durchweg, wie man in Europa meist glaubte, einen elitären Lebensstil pflegten, widerlegten Reisende, die Brahmanen hinter dem Pflug gesehen haben wollten: Deleury, *Les Indes florissantes* (1991), S. 790 ff.
118 Cœurdoux/Desvaulx, *Mœurs et coutumes* (1987), S. 9.
119 Ganz ähnlich Herder, *Ideen* (1989), S. 454: «Ohne Zweifel war die Einrichtung der Brahmanen, als sie gestiftet war, gut: sonst hätte sie weder den Umfang noch die Tiefe und Dauer gewonnen, in der sie dasteht.»
120 Dubois, *Description* (1817), S. 4; ähnlich Herder, *Ideen* (1989), S. 455.
121 Robertson, *Disquisition* (1817), S. 200.
122 Ebd., S. 202. Zu Robertsons Sicht der Kasten auch Carnall, *Robertson* (1997), S. 214 f.
123 Vgl. zusammenfassend Kejariwal, *Asiatic Society* (1988); Windisch, *Sanskrit-Philologie* (1817–21), Bd. 1, S. 22 ff.; zu Hegels Verwendung dieser Forschungen (bes. derjenigen von H. T. Colebrooke) vgl. Halbfass, *India* (1988), S. 84 ff.
124 Mill, *History* (1817), Bd. 1, S. 701.
125 Vgl. Majeed, *Ungoverned Imaginings* (1992), S,. 159–63.
126 Mill, *History* (1817), Bd. 1, S. 48, auch 50, 73–75, 161, 370, 472, 702 f., 720. Noch ablehnender im Ton ein Baptistenmissionar: Ward, *Hindoos* (1817–20), Bd. 3, S. xxvi, 64 ff., ebenso Tennant, *Indian Recreations* (1803), S. 115.
127 Vgl. die minutiösen Nachweise in Hegel, *Vorlesungen* (1996), S. 570–96.
128 Ebd., S. 177.
129 Hegel, *Die orientalische Welt* (1923), S. 371.
130 Hegel, *Vorlesungen* (1996), S. 191.
131 Hegel, *Die orientalische Welt* (1923), S. 377; Hegel, *Vorlesungen* (1996), S. 181. Über Hegels Deutung der indischen Kasten auch Leuze, *Hegel* (1975), S. 97–104.
132 Zur weiteren Entwicklung im 19. Jahrhundert vgl. Inden, *Imagining India* (1990), S. 49–84; Metcalf, *Ideologies* (1994), S. 114–25.
133 Dubois, *Mœurs* (1825), Bd, 1, S. 96–123.
134 Poivre, *Reisen* (1997), S. 161–63.
135 Voltaire, *Essai* (1963), Bd. 2, S. 18.
136 Brunner, *Feudalismus* (1975), S. 341 (über Voltaire).
137 Virey, *Histoire naturelle* (1824), Bd. 1, S. 445.
138 Wichtige konkrete Analysen solcher Feudalverhältnisse in Asien sind: Marsden, *Sumatra* (1811), S. 210 ff., 350 ff.; George Forster, *Journey* (1808), Bd. 1, S. 135 ff., Bd. 2, S. 89, 99 f.; J. Forbes, *Oriental Memoirs* (1813), Bd. 2, S. 39–63 (über die Marathen); Pallas, *Reise in die südlichen Statthalterschaften* (1799–1801), Bd. 2, S. 355 ff., 383–85; Volney, *Voyage* (1959), S. 197, 207 f. (über die Kurden). J. R. Forster (*Bemerkungen*, 1783, S. 311) erkannte auf Tahiti Poivres Beschreibung des malaiischen Feudalismus wieder.

139 Fraser, *Journal* (1820), S. 4. Elphinstone sah Parallelen zwischen Schottland und Afghanistan: McLaren, *Despotism* (1993), S. 475.
140 Tone, *Mahratta People* (1798–99), S. 130, zur Militärorganisation S. 136ff.
141 Vgl. Hegel, *Vorlesungen* (1996), S. 206f. Auch bei ihm sind die Marathen die schlimmste und letzte dieser feudalen Kräfte.
142 Richardson, *Dissertation* (1778), S. 150ff., auch 212ff.
143 Voltaire, *Essai* (1963), Bd. 2, S. 782; Mill, *History* (1817), Bd. 1, S. 70, 476.
144 Cohn, *Anthropologist* (1987), S. 652ff.
145 Caron/Schouten, *True Description* (1935), S. 30–36.
146 Castilhon, *Considérations* (1769), S. 244f.
147 Deshalb gab es angeblich in despotischen Staaten keine Duelle: vgl. etwa Le Comte, *Nouveaux mémoires* (1697), Bd. 1, S. 367; Bruin, *Levant* (1702), S. 97.
148 Castilhon, *Considérations* (1769), S. 248.
149 Dazu Heilbron, *Social Theory* (1995), S. 72ff.; auch S. Woolf, *Construction* (1992), S. 93.
150 Vgl. Keane, *Despotism* (1988).
151 Goody, *East* (1996), S. 181.
152 Ein Musterbeispiel ist Nieuhof, *Embassy* (1669), S. 172–215.
153 Du Halde, *Description géographique* (1735), Bd. 2, S. 75.
154 Navarrete, *Travels* (1962), Bd. 2, S. 172–74.
155 Du Halde, *Description géographique* (1735), Bd. 2, S. 75.
156 Ebd., S. 75f.
157 Barrow, *China* (1806), S. 186f., auch 177f., 192f.
158 Ebd., S. 149, auch 142.
159 Ebd., S. 153.
160 Ebd., S. 395. Vgl. auch C. L. J. de Guignes, *Voyages* (1808), Bd. 2, S. 163.
161 Hume, «Of the Rise and Progress of the Arts and Sciences» (1741–42), in: *Essays* (1987), S. 127.
162 Bayer, *Museum Sinicum* (1730), Bd. 1, S. 122–25; vgl. auch Societas Jesu, *Mémoires* (1776–1814), Bd. 8 (1782), S. 246ff.
163 Jones, *Works* (1807), Bd. 3, S. 66f.; auch Russell, *Aleppo* (1794), Bd. 1, S. 178ff.; Boulainvilliers, *Histoire des Arabes* (1731), S. 36f.
164 Maybon, *Tonkin* (1920), S. 168. Vgl. auch Ziegenbalg, *Malabarisches Heidenthum* (1926), S. 236f., über Rede und Gespräch bei den Tamilen.
165 Etwa Marsden, *Sumatra* (1811), S. 283f.
166 Browne, *Reisen* (1800), Bd. 2, S. 589–608.
167 Ebd., S. 599.
168 Volney, *Voyage* (1959), S. 61, 195, 198, 199.
169 Zur Deutung Humboldts in diesem Zusammenhang vgl. meinen Versuch *Alexander von Humboldt* (1998).

XII. Frauen

1 Mehmed Efendi, *Le paradis* (1981), S. 73f., 118f.; dazu Göçek, *East Encounters West* (1987), S. 38–48. Aus iranischer Sicht: Ghanoonparvar. *Persian Mirror* (1993), S. 15ff.

2 Voltaire, *Essai* (1963), Bd. 2, S. 807.
3 Zu Kindersley vgl. Dyson, *Various Universe* (1978), S. 122 ff.
4 Melman, *Women's Orients* (1995), S. 36 f. vor allem aber E. M. Forsters Einleitung zur Ausgabe der Briefe von 1925, die mit dem schönen Satz beginnt: «Eliza Fay is a work of art.» Fay, *Letters* (1986), S. 7.
5 Ebd., S. 16.
6 Siehe oben Seite 257.
7 Niebuhr, *Reisebeschreibung* (1774–1837), Bd. 1, S. 241.
8 Kindersley, *Briefe* (1777), S. 101.
9 Chardin, *Voyages* (1735), Bd. 3, S. 392; plastische Schilderungen auch schon bei Du Mans, *Estat de la Perse* (1890), S. 95 f.; Kaempfer, *Am Hofe* (1977); S. 234.
10 Die neueste Forschung hat das Thema wieder entdeckt: vgl. mehrere Beiträge in Zilfi, *Women* (1997).
11 Unter «Serail» wurde meist nur der Harem des Monarchen verstanden, besonders der des Sultans in Instanbul.
12 Kaempfer, *Am Hofe* (1977), S. 229.
13 Chardin, *Voyages* (1735), Bd. 3, S. 383–92.
14 Vgl. Peirce, *Imperial Harem* (1993) über den Harem zu Istanbul als Machtzentrum. Seine Organisationsstruktur beschreibt mit der Sachlichkeit eines Verwaltungshandbuchs: d'Ohsson, *Tableau générale* (1788–1824), Bd. 7, S. 62–88. Europäische Beschreibungen des großherrlichen Serails zwischen 1551 und 1845 diskutiert Penzer, *Harêm* (1936), S. 27–50; er hält die des venezianischen Gesandten Ottaviano Bon, der 1604–7 in Istanbul tätig war, für die beste.
15 D'Ohsson, *Tableau générale* (1788–1824), Bd. 7, S. 68; Businello, *Historische Nachrichten* (1778), S. 22; Manucci, *Storia do Mogor* (1906–8), Bd. 2, S. 330 (dort S. 330–40 eine ausführliche Beschreibung auf der Grundlage der Kenntnisse des Autors als Leibarzt Aurangzebs); Semedo, *History* (1655), S. 113; Kaempfer, *Am Hofe* (1977), S. 231. (Roemer, *Persien*, 1989, S. 362, schreibt Schah Safi II. 800 Haremsdamen zu).
16 Chardin, *Voyages* (1735), Bd. 3, S. 396.
17 So etwa Grose, *Voyage* (1772), S. 136; Sonnini, *Voyage* (1799), Bd. 1, S. 285 f.; Habesci, *Ottoman Empire* (1784), S. 170–72; Hill, *Ottoman Empire* (1709), S. 163 ff. (die letzteren beiden sensationalistische Klatschreports von geringem Quellenwert).
18 Fryer, *New Account* (1909–15), Bd. 3, S. 131; auch etwa Olearius, *Vermehrte Newe Beschreibung* (1656), S. 311; *Allgemeine Geschichte* (1777–86), Bd. 2, S. 271 ff. Über die Inder in ähnlicher Weise: Roubaud, *Histoire générale de l'Asie* (1770–72), Bd. 2, S. 91 ff.
19 Marsden, *Sumatra* (1811), S. 271.
20 Ein Reisender wollte herausgefunden haben, daß der Khan von Buchara neben dem Frauenserail einen Harem von 40–60 Lustknaben unterhielt und sich auch eifrig mit Eseln vergnügte: Eversmann, *Reise* (1823), S. 84. Berichte in der Reiseliteratur über Homosexualität stellt zusammen: Demeunier, *L'esprit* (1776), Bd. 2, S. 309 ff.
21 Marsden, *Sumatra* (1811), S. 261.
22 Caron/Schouten, *True Description* (1935), S. 142 f.

23 Sonnini, *Voyage* (1799), Bd. 1, S. 279.
24 Knox, *Historical Relation* (1681), S. 91.
25 Marsden, *Sumatra* (1811), S. 261. Eingehende Beschreibungen von Prostituierten sind selten, vgl. als Ausnahme etwa Grose, *Voyage* (1772), S. 138–44.
26 Hammer-Purgstall, *Geschichte des Osmanischen Reiches* (1827–35), Bd. 1, S. 231.
27 Ebd., S. 232.
28 Montesquieu, «De l'esprit des lois», XVI/2, in: *Œuvres* (1949–51), Bd. 2, S. 509.
29 Etwa R. K. Porter, *Travels* (1820–21), S. 340f.
30 Montesquieu, «De l'esprit des lois», XVI/8 (S. 514), Übers.: *Geist der Gesetze* (1992), Bd. 1, S. 359. Malthus (*Works*, 1986, Bd. 2, S. 119) zitiert eine Stelle aus dem 1794 von Sir William Jones übersetzten *Mânava-Dharmasâstra*, den «Ordinances of Menu», die ganz Ähnliches aussagt.
31 Browne, *Reisen* (1800), S. 595–99.
32 Montesquieu, «De l'esprit des lois», XVI/10 (S. 516).
33 Verelst, *View* (1772), S. 138f.
34 D'Ohsson, *Tableau générale* (1787–90), Bd. 2, S. 201–3.
35 Montagu, *Letters* (1965–67), Bd. 1, S. 407.
36 Ebd., S. 329.
37 Pitton de Tournefort, *Relation* (1717), Bd. 2, S. 95.
38 Montagu, *Letters* (1965–67), Bd. 1, S. 328.
39 Ebd., S. 329. Ein fast wörtliches Echo dieses Satzes noch bei Salaberry, *Histoire* (1813), Bd. 4, S. 165.
40 Besonders Montagu, *Letters* (1965–67), Bd. 1, S. 312–15, 349–52, 381f.
41 Zu Formen des Voyeurismus in der Haremsliteratur (Montesquieu, Diderot) vgl. Pucci, *Discrete Charms* (1990).
42 Auch seriöse Autorinnen und Autoren wie Davis (1986) Croutier (1989) und Peirce (1993) haben diesen außergewöhnlichen Text übersehen.
43 Russell, *Aleppo* (1794), Bd. 1, S. 247f.
44 Ebd., S. 260, 263.
45 Ebd., S. 261.
46 Ebd., S. 242.
47 Ebd., S. 242.
48 Ebd., S. 243.
49 Ebd., S. 257, 291.
50 Ebd., S. 292, auch S. 282 über Macht und Ansehen einer «Turkish matron».
51 Ebd., S. 291.
52 Carne, *Leben und Sitten* (1827), S. 26.
53 Nach Haltung und Aussage dem Frauenbild der Russells nahe verwandt ist das große Frauenkapitel bei Thornton, *Present State* (1809), Bd. 2, S. 226–96.
54 1. Könige 11, 3.
55 Sale, *Preliminary Discourse* (1764), S. 176f.
56 Pallas, *Reise in die südlichen Statthalterschaften* (1799–1801), Bd. 2, S. 359.
57 Georgi, *Nationen* (1776–80), Bd. 2, S. 102f. Über Arabien ähnlich Niebuhr, *Beschreibung* (1772), S. 73f.
58 Duteil, *Le mandat du ciel* (1994), S. 277.

59 Ebd., S. 280.
60 Demeunier, *L'esprit* (1776), Bd. 2, S. 275.
61 So Hume, «Of Polygamy and Divorces», in: *Essays* (1987), S. 181–90, bes. 184.
62 Montesquieu, «De l'esprit des lois», XVI/9 (S. 514).
63 So etwa Malcolm, *History of Persia* (1829), Bd. 2, S. 452, der die zivilisatorische Rückständigkeit der muslimischen Länder hauptsächlich durch die Polygamie erklärt.
64 Montesquieu, «De l'esprit des lois», XVI/4 (S. 511). Dennoch war Montesquieu gezwungen, in seiner «Défense de l'Esprit des Lois» seine Deutung der Polygamie zu verteidigen: *Œuvres* (1949–51), Bd. 2, S. 1141–43.
65 Montesquieu, «De l'esprit des lois», XVI/2 (S. 510).
66 Ebd., XVI/4 (S. 511), ebenso XXIII/12 (S. 690).
67 Marsden, *Sumatra* (1811), S. 272.
68 Michaelis, *Fragen* (1762), ungez.
69 Niebuhr, *Beschreibung* (1772), S. 70 ff. Beispiele für frühe seriöse demographische Diskussionen asiatischer Länder sind Raffles, *Java* (1817), Bd. 1, S. 61 ff.; Burney, *Report* (1911), S. 51 f.
70 Wallace, *Dissertation* (1809), zur Polygamie dort S. 86 f. Wallace reagierte auf die gegenteilige Ansicht seines Bekannten David Hume, der dem Thema einen seiner längsten und gelehrtesten Essays widmete: «Of the Populousness of Ancient Nations», in: *Essays* (1987), S. 377–464.
71 Laurens, *Les origines intellectuels* (1987), S. 108 ff. Vor den hier zitierten Stellen bereits Montesquieu, *Perserbriefe* (1988), S. 199 f. (114. Brief.).
72 Raffles, *Java* (1817), Bd. 1, S. 73 f.
73 Grosier, *Description générale* (1785), S. 289 f.
74 Ebd., S. 289.
75 Dubois, *Mœurs* (1825), Bd. 1, S. 117 ff.
76 Dazu Glacken, *Traces* (1967), S. 632–34.
77 Malthus, *Works* (1986), Bd. 2, S. 82.
78 Ebd., S. 82 f., 113. Vgl. auch die allgemeinen Überlegungen im Afrikakapitel: S. 94.
79 Ebd., S. 80 f., auch bei den Kirgisen: 84.
80 Ebd., S. 125 ff.
81 Ebd., S. 113.
82 Ebd., S. 122. Malthus übernimmt nicht nur die Daten, sondern auch ihre Interpretation von Samuel Turner (*Tibet*, 1800, bes. S. 351).
83 Montesquieu, *Geist der Gesetze* (1992), XVI/9 (Bd. 1, S. 359).
84 Heeren, «Ideen ...», in: *Historische Werke* (1821–26), Bd. 10, S. 72.
85 Ebd., S. 73; ähnlich Hammer-Purgstall, *Umblick* (1818), S. 45.
86 Heeren, «Ideen ...», S. 73.
87 Ebd., S. 74.
88 Ebd.
89 Ebd., S. 75.
90 Kames, *Sketches* (1778), Bd. 2, S. 53 f.
91 Gibbon, *Decline and Fall* (1909–14), Bd. 6, S. 348. Vgl. auch Hammer-Purgstall, *Geschichte des Osmanischen Reiches* (1827–35), Bd. 5, S. 298 ff., 354 ff.
92 Bernier, *Travels* (1934), S. 16, 40 f., 374 ff.

93 Gibbon, *Decline and Fall* (1909–14), Bd. 1, S. 325. Die einflußreichste Diskussion Zenobias war R. Wood, *Palmyra* (1753), S. 4 ff.
94 Petech, *I missionari italiani* (1954–56), Bd. 6, S. 106; Montesquieu, «De l'esprit des lois», XIV/4 (S. 511); Grosier, *Description générale* (1785), S. 235 f.; Turner, *Tibet* (1800), S. 348–53.
95 Ebd., S. 350.
96 Petech, *I missionari italiani* (1954–56), Bd. 6, S. 100.
97 Caron/Schouten, *True Description* (1935), S. 107.
98 A. Hamilton, *New Account* (1930), Bd. 2, S. 96; Poivre, *Cochinchine* (1885), S. 390.
99 Raffles, *Java* (1817), Bd. 1, S. 109 f.
100 Barrow, *Cochin China* (1806), S. 303; Barrow, *China* (1806), S. 141.
101 Elphinstone, *Caubul* (1839), Bd. 1, S. 241.
102 Kaempfer, *Geschichte* (1777–79), Bd. 1, S. 138. Weitere Belege zur Frauenarbeit bei Kames, *Sketches* (1778), Bd. 1, S. 35–37.
103 Bruin, *Levant* (1702), S. 102.
104 Percival, *Ceylon* (1805), S. 194.
105 Barrow, *Cochin China* (1806), S. 305; Crawfurd, *Siam* (1967), S. 521.
106 La Bissachère, *Tunkin* (1812), Bd. 2, S. 42 (S. 42–62 zur Lage der Frauen in Vietnam, auch Bd. 1, S. 270 ff., zu ihrer rechtlichen Position).
107 Symes, *Account* (1827). Bd. 1, S. 254 f.; auch Crawfurd, *Ava* (1834), Bd. 1, S. 244.
108 Fisch, *Jenseitsglaube* (1993), S. 295. Dort S. 266, Anm. 2, Hinweise auf die umfangreiche Literatur zu diesem Thema.
109 In Bengalen verbrannte sich, grob geschätzt, Anfang des 19. Jahrhunderts vielleicht eine von 400 Witwen. So ebd., S. 269.
110 Einige Beispiele für Beschreibungen: Bernier, *Travels* (11934), S. 305–15; Tavernier, *Travels* (1889), Bd. 2, S. 162–72; Hodges, *Reisen* (1793), S. 94–99; Sonnerat, *Voyages* (1782), Bd. 1, Kap. 8; J. Forbes, *Oriental Memoirs* (1813), Bd. 1, S. 279–83; Dubois, *Mœurs* (1825), Bd. 2, S. 18–34. Es gab aber auch seriöse Beobachter, die in breit angelegten landeskundlichen Darstellungen der Witwenverbrennung keine herausgehobene Bedeutung zuschrieben, z. B. San Bartolomeo, *Viaggio* (1796).
111 Etwa bei Lenglet-Dufresnoy, *New Method* (1728), Bd. 1, S. 31.
112 Bernier, *Travels* (1934), S. 313–15.
113 So zusammenfassend Ward, *Hindoos* (1817–20), Bd. 3, S. xxv f., xliv ff.
114 Vgl. Narasimhan, *Sati* (1990), S. 132–42.
115 So die These bei Mani, *Contentious Traditions* (1990), S. 115 und passim.
116 Vgl. Demeunier, *L'esprit* (1776), Bd. 1, S. 68 ff.
117 Hume, *Essays* (1987), S. 131.
118 Ebd., S. 133.
119 Hume, *History* (1983), Bd. 1, S. 486 f.
120 Ferguson, *Essay* (1966), S. 200–203.
121 Millar, *Ursprung* (1967), S. 58–128. Manche von Millars Gesichtspunkten werden in den ersten Jahren des 19. Jahrhunderts von dem französischen Spätaufklärer bzw. Frühsozialisten Charles Fourier weiterentwickelt.
122 Kames, *Sketches* (1778), Bd. 1, S. 41.
123 Ebd., S. 69 f.

124 Kames ergänzt die übliche Rittertheorie (bei ihm ebd., S. 82–84) um die Untersuchung des Verfalls der ersten, der mittelalterlichen «chivalry» und ihrer veränderten, weniger naiven Wiederbelebung als moderne «more substantial gallantry» (S. 85).
125 Richardson, *Dissertation* (1778), S. 198 ff.
126 Ebd., S. 330 ff. Ähnlich später Hobhouse, ein großer Verteidiger der türkischen Frauen: *Journey* (1813), Bd. 1, S. 345 f.
127 Barrow, *China* (1806), S. 138.
128 Mill, *History* (1817), Bd. 1, S. 279.
129 Thornton, *Present State* (1809), Bd. 2, S. 257. Die Stelle ist polemisch gegen den Montesquieu der *Lettres Persanes* gerichtet.
130 Ebd., S. 191.
131 Ebd., S. 192.
132 Ebd., S. 194 f.
133 Ebd., S. 232.

XIII. Zeitenwende: Der Aufstieg des Europazentrismus

1 Nach den Schätzungen bei Maddison, *World Economy* (1995), S. 20 (Tabelle 1–2).
2 Grundlegend: Schleier, *Kulturgeschichte* (1997).
3 Zum Europainteresse im Asien der Frühen Neuzeit vgl. mehrere Beiträge in Schwartz, *Implicit Understandings* (1994). Zu Japan einführend Keene, *Japanese Discovery* (1969). Das Thema wird neuerdings auch unter dem Stichwort «Okzidentalismus» behandelt.
4 Vgl. hier auch die parallelen Untersuchungen zur Distanzierung Europas von seinen orientalischen Ursprüngen in Bernal, *Black Athena* (1987).
5 Luhmann, *Gesellschaft* (1997), Bd. 2, S. 881.
6 Humboldt, *Essai politique* (1825–27). Vgl. Osterhammel, *Alexander von Humboldt* (1998).
7 Trotz der Bemühungen Hanno Becks (*Carl Ritter*, 1979) und einiger anderer ist der exzeptionelle Rang Ritters in der Wissenschaftsgeschichte bisher nicht hinreichend gewürdigt worden. Vgl. auch Osterhammel, *Geschichte* (1997), S. 260–64.
8 Vor allem in dem vielbeachteten Bericht über Admiral George Ansons berühmte Weltumseglung von 1740–44: Walter/Robins, *Voyage Round the World* (1974), der eine der frühesten anti-chinesischen Polemiken enthält. Zu Anson etwa Spate, *Pacific* (1979–88), Bd. 2, S. 253–68.
9 Besonders in seiner noblen Geschichte Indiens: Elphinstone, *History of India* (1841).
10 Es gab natürlich Ausnahmen. Unter den Denkern ersten Ranges gehörten dazu Marx und Tocqueville, dessen Schriften zu Algerien und Indien größere Beachtung verdienen: Tocqueville, *Œuvres*, Bd. 3 (1962).
11 Vgl. dazu Osterhammel, *Gastfreiheit* (1997), S. 397–404. Zur Macartney-Mission: Peyrefitte, *L'empire immobile* (1989); Dabringhaus, *Einleitung* (1996).

12 Für Ägypten auf der Grundlage ungedruckter Korrespondenzen: Laissus, *L'Égypte* (1998), für Indien Bayly, *Empire and Information* (1996).
13 Koselleck, *Vergangene Zukunft* (1979); Foucault, *Ordnung* (1971); Luhmann, *Gesellschaft* (1997), Kap. 5; Thom, *Republics* (1995).
14 Tavernier, *Nouvelle relation* (1675), S. 130. Andere rechneten solchen Reichtum im Detail zusammen, etwa (gestützt auf Manucci) Catrou, *Mogul Dynasty* (1826), S, 306 ff.
15 Bernier, *Travels* (1934), S. 223 ff.; Gemelli Careri, *Voyage* (1745), S. 235; auch Tavernier, *Travels in India* (1889), Bd. 1, S. 391.
16 Wenn selbst der stets kritische Barrow vom Wohlstand im Vietnam der frühen 1790er Jahre beeindruckt war, mußte etwas dran sein: Barrow, *Cochin China* (1806), S. 311 ff.; ähnlich auch noch Crawfurd, *Siam* (1967), S. 236.
17 Vgl. die detaillierten Beschreibungen z. B. bei Kaempfer, *Phoenix Persicus* (1987); Poivre, *Reisen* (1997); Ekeberg, *Précis* (1771); Thunberg, *Reise* (1794), Bd. II/2, S. 55–73; Colebrooke, *Husbandry* (1806); Buchanan, *Journey* (1807).
18 Hassel, *Handwörterbuch* (1817–18), Bd. 2, S. 374.
19 Mill, *History* (1817), Bd. 1, S. 331 ff.; ähnlich schon Tennant, *Indian Recreations* (1803), Bd. 2, S. 8–20.
20 Dubois, *Mœurs* (1825), Bd. 1, S. 96.
21 Ambirajan, *Political Economy* (1978), S. 59 ff.; Picht, *Handel* (1993), S. 216–18.
22 Die Jesuiten hatten wenig von Hungersnöten berichtet. Eine interessante frühe Analyse der chinesischen Versorgungslage enthält aber ein Brief von Pater Parennin an Mairan aus dem Jahre 1735: Societas Jesu, *Lettres édifiantes* (1780–83), Bd. 22, S. 174–87. Die Diskussion am Jahrhundertende beginnt mit Provokationen von de Pauw und der Antwort bei Grosier, *Description générale* (1785), S. 290–95.
23 Chardin, *Voyages* (1735), Bd. 2, S. 46 ff.; Bd. 3, S. 296 ff.
24 C. L. J. de Guignes, *Voyages* (1809), Bd. 3, S. 166. Europäische Diplomaten klagten mitunter über den geringen Wert der chinesischen Gegengeschenke. Aber in chinesischer Sicht wog ein Jadeszepter direkt aus kaiserlicher Hand den Wert einer englischen Kutsche auf.
25 Poivre, *Reisen* (1997), S. 131 ff.
26 Schon Holberg, *Vergleichungen* (1748–51), Bd. 1, S. 237 f., hatte angemerkt, China blühe, weil es dort Privateigentum an Land gebe, Indien stagniere, weil dieses fehle.
27 Thornton, *Present State* (1809), Bd. 1, S. 65 ff.; Barrow, *China* (1806), S. 397–401 (hier 401), auch 566–71, 578.
28 Grundlegend: Platteau, *Les économistes* (1978), bes. Bd. 1, S. 105 ff.; Bd. 2, S. 412 ff., daneben Winch, *Classical Political Economy* (1965).
29 Zum Topos der Ruinenlosigkeit Asiens etwa Barchewitz, *Ost-Indianische Reisebeschreibung* (1730), Vorrede; Hodges, *Reisen* (1793), S. 17; Meiners, *Betrachtungen* (1795–96), Bd. 1, S. 267; Barrow, *China* (1806), S. 4 f.; Barrow, *Cochin China* (1806), S. 312; später etwa Curzon, *Far East* (1894), S. 83.
30 Mendoza, *History* (1853–54), Bd. 2, S. 282.
31 Wansleb, *Beschreibung von Aegypten* (1794), S. 111.
32 Volney, *Voyage* (1959), S. 156.
33 Etwa Du Halde, *Description géographique* (1735), Bd. 1, S. 317.

34 Vgl. M. Harbsmeier, *Before Decypherment* (1991).
35 Bruin, *Voyages* (1718), S. 291, als Kritiker Alexanders; Dubos, *Reflexions* (1719), Bd. 2, S. 147. Die neuere Geschichte von Europäern als Ruinenproduzenten in Übersee beginnt mit Cortez' Verwüstungen in Mexiko.
36 Thévenot, *Travels* (1687), Bd. 1, S. 121–23.
37 Joliffe, *Reise* (1821), S. 379; auch Bruin, *Levant* (1702), S. 172; Volney, *Voyage* (1959), S. 26; Valentina, *Reisen nach Indien* (1811), Bd. 2, S. 305–11.
38 Vgl. etwa Hammer-Purgstall, *Umblick* (1818), S. 43.
39 Noch in den 1820er Jahren war Delhi von gigantischen Ruinenfeldern umgeben: Heber, *Journey* (1828), Bd. 2, S. 290–94, 316 f. Auch Kaul, *Historic Delhi* (1985), S. 10–18.
40 Lucas, *Voyage* (1731), S. 246; Güldenstaedt, *Reise durch Rußland* (1787–91), Bd. 1, S. 326.
41 Bergk, *Aegypten* (1799), Bd. 1, S. 10.
42 Raynal, *Histoire philosophique* (1775), Bd. 1, S. 30; Herder, *Ideen* (1989), S. 440. Zu nennen wäre hier auch Volney, *Ruinen* (1977). Auf die Interpretation dieses Textes muß hier verzichtet werden.
43 Aus einer reichen Literatur besonders: Manuel, *Philosophical History* (1965).
44 Hammer-Purgstall, *Geschichte des Osmanischen Reiches* (1827–35), Bd. 1, S. xiv. Hammers Sicht in nuce: ebd., S. 62 (Frieden von Karlowitz 1699 als Beginn des Niedergangs).
45 Eine zeitgenössische Übersicht über die verschiedenen Interpretationen ist Chatfield, *Historical Review* (1808), S. 56 ff.
46 Vgl. Grewal, *Muslim Rule* (1970), S. 35, 117.
47 Etwa Raynal. *Histoire philosophique* (1775), Bd. 1, S. 108–20, 203–36; Macpherson, *European Commerce* (1812), S. 70 ff.; Lueder, *Geschichte des holländischen Handels* (1788), S. 243 ff.
48 Etwa Herrmann, *Gemählde von Ostindien* (1799), Bd. 1, S. 6 f. Frühe gesamtasiatische Überlegungen bei Holberg, *Vergleichung* (1748–54), Bd. 1, S. 1 ff., 235 f.; Harris/Campbell, *Bibliotheca* (1744–48), Bd. 2, S. 821 ff. Zwischen Triumph und Elegie: Volney, *Voyage* (1959), S. 413 f.; ders., *Ruinen* (1977).
49 Playfair, *Inquiry* (1805), bes. S. 70 ff. Hinter Renaudot, *Révolutions* (1772), verbirgt sich hingegen keine allgemeine Theorie von Imperien.
50 Kindersley, *Briefe* (1777), S. 111 f.
51 Vgl. Hodgen, *Early Anthropology* (1964), S. 263–69, 379 f. Ähnliche Überlegungen in aufklärerischem Gewande bei J. R. Forster, *Bemerkungen* (1783), S. 263 ff.; Marsden, *Sumatra* (1811), S. 207; Raffles, *Java* (1817), Bd. 1, S. 57.
52 Marshall, Introduction, in: ders., *Hinduism* (1970), S. 26 f.; Van Aalst, *British View* (1970), S. 336, 338. Zu anderen Vertretern der These vgl. Mitter, *Monsters* (1977), S. 116, 144 f.
53 Vgl. ausführlich Kopf, *Orientalism* (1969).
54 Vgl. Belege bei Halbfass, *India* (1988), S. 60 ff.; Willson, *Mythical Image* (1964).
55 Siehe oben Seite 250 f. Vgl. auch Poliakov, *Aryan Myth* (1974), S. 183 ff.
56 Vgl. Marshall, *Introduction* (1981), S. 15.
57 Mill, *History* (1817), Bd. 1, S. 460.
58 Diez, *Denkwürdigkeiten* (1811–15), Bd. 1, S. vi. Antikenfixierte Reisende wie Robert Wood fühlten sich angesichts kleinasiatischer Bauern in die Zeit Homers zurückversetzt.

59 Tennant, *Recreations* (1803), Bd. 1, S. 4.
60 Mill, *History* (1817), Bd. 1, S. 483.
61 Baumgarten, *Algemeine Welthistorie* (1744–67), Bd. 16 (1756), S. 377.
62 So 1784 der Göttinger Universitätsmusikdirektor Johann Nicolaus Forkel, zit. in Wang, *Rezeption* (1985), S. 194.
63 J. de Guignes, *Histoire générale* (1756–58), Bd. I/1, S. 76 f. (anders aber Bd. 2, S. 92 f.!); d'Anville, *Mémoire* (1776), S. 31.
64 Castilhon, *Considérations* (1769), S. 234.
65 So etwa Hanway, *Historical Account* (1753), Bd. 1, S. 332–34.
66 Marsden, *Sumatra* (1811), S. 206.
67 Eine der letzten verhalten verständnisvollen Äußerungen (aus dem Jahre 1791): Robertson, *Disquisition* (1817), S. 202.
68 Winckelmann, *Geschichte* (1964), S. 42, 75 f. Zum Einfluß Winckelmanns auf die Auffassung orientalischer Kunst vgl. Mitter, *Monsters* (1977), S. 192 ff.
69 Sonnerat, *Voyages* (1782), Bd. 2, S. 23.
70 Herder, *Ideen* (1989), S. 441.
71 Ebd., S. 438.
72 Dies hat Ernst Schulin in einer unübertroffenen Untersuchung herausgearbeitet: *Hegel und Ranke* (1958), bes. die Zusammenfassung S. 137–41.
73 Wichtig dazu Pigulla, *Weltgeschichtsschreibung* (1996), S. 155 ff.
74 Vgl. S. Lloyd, *Foundations* (1989), S. 12 ff.; Rich, *Narrative* (1839).
75 «Was heißt und zu welchem Ende studiert man Universalgeschichte?», in: Schiller, *Sämtliche Werke* (1966), Bd. 4, S. 754.
76 Vgl. Osterhammel, *Nation* (1992).
77 Gregory, *Essays* (1788),S. 47.
78 Murray, *Enquiries* (1808), S. 412.
79 Vgl. Stocking, *Victorian Anthropology* (1987), S. 19. Zur Vielfalt der zivilisatonstheoretischen Positionen der Aufklärer vgl. Slotkin, *Early Anthropology* (1965), S. 175–460.
80 Kosegarten, *Morgenländische Alterthumskunde* (1831); Robertson, *Progress* (1972).
81 Kosegarten, *Morgenländische Altherthumskunde* (1831), S. 77.
82 Ebd., S. 95.
83 Jones, «Fourth Anniversary Discourse», in: *Works* (1807), S. 50.
84 Vgl. Hourani, *Europe* (1980), S. 32.
85 Volney, *Voyage* (1959), S. 103, 133.
86 Murray, *Enquiries* (1808), S. 5.
87 Marsden, *Sumatra* (1811), S. 204. Auf Marsden als Zivilisationstheoretiker hat bereits Fisch, *Orient* (1984), S. 260 f., hingewiesen.
88 Meiners, *Grundriß* (1793), S. 29–31. Zu den frühen Rassentheorien vgl. Martin, *Schwarze Teufel* (1993), S. 195 ff.
89 Barrow, *China* (1806), S. 4. auch 32.
90 Ebd., S. 383.
91 Ebd.
92 Crawfurd, *Ava* (1834), Bd. 2, S. 94 f.
93 Symes, *Embassy* (1800), S. 330. Auch S. 123 über den hohen Zivilisationsgrad der Burmesen.
94 Ein großes Plädoyer für die Gleichrangigkeit von Europa und Indien ist

Edmund Burkes Rede zu Fox' East India Bill von 1783: *Writings*, Bd. 5 (1981), S. 389f. Der zeitlich letzte Beleg für die Anerkennung asiatischer Überlegenheit, den ich gefunden habe, stammt von Thunberg (um 1790 geschrieben), der die staatlichen und gesellschaftlichen Einrichtungen Japans den europäischen *im allgemeinen* vorzieht: Thunberg, *Reise* (1794), Bd. II/1, S. 213. Später werden natürlich noch *besondere* Vorteile eingeräumt: z. B. die besseren Irrenhäuser in der Türkei: Hammer-Purgstall, *Constantinopolis* (1822), Bd. 1, S. 509.

95 Zur Entstehung des neuen missionarischen Imperialismus gibt es bisher wenige Studien. Wichtig ist Duchet, *Anthropologie* (1971), Kap. 4. Das folgende ist nur eine vorläufige Skizze.

96 Condorcet, *Entwurf* (1976), S. 195f.

97 Zu Grant vgl. Embree, *Charles Grant* (1962), S. 118f., 156.

98 Dohm, «Nacherinnerungen des Herausgebers», in: Kaempfer, *Geschichte* (1777–79), Bd. 2, S. 422.

99 Colebrooke, *Essays* (1873), Bd. 2, S. 1.

100 Vgl. Gong, *Standard of Civilization* (1984).

Quellen und Literatur

Texte, die in diesem Buch als Quellen verwendet werden, sind mit Asterisk (*) gekennzeichnet. Kurztitel sind kursiviert.

Abbattista, Guido (1979). *James Mill* e il problema indiano: Gli intellettuali britannici e la conquista dell'India, Mailand.

Abbattista, Guido (1985). The Business of *Paternoster Row*: Towards a Publishing History of the «Universal History», in: Publishing History 17, S. 5–50.

Abbattista, Guido (1990). *Commercio*, colonie e impero alla vigilia della rivoluzione americana: John Campbell pubblicista e storico nell'Inghilterra del sec. XVIII, Florenz.

Abbott, John Lawrence (1982). *John Hawkesworth*: Eighteenth-Century Man of Letters, Madison, Wisc.

*Abel, Clarke (1819). *Narrative* of a Journey into the Interior of China, and of a Voyage To and From that Country, in the Years 1816 and 1817, London.

*Abel-Rémusat, Joseph-Pierre (1825–26). *Mélanges* asiatiques, 2 Bde., Paris.

*Abel-Rémusat, Joseph-Pierre (1829). *Nouveaux mélanges* asiatiques, 2 Bde., Paris.

*Achenwall, Gottfried (1768). *Staatsverfassung* der heutigen vornehmsten Europäischen Reiche und Völker im Grundriße, 5. Aufl., Göttingen.

Adami, Norbert R. (1981). *Zur Geschichte* der russisch-japanischen Beziehungen bis zum Beginn des 19. Jahrhunderts, in: BJOAF 4, S. 196–325.

Adami, Norbert R. (1990). Eine schwierige *Nachbarschaft*: Die Geschichte der russisch-japanischen Beziehungen. Bd. 1, München.

Adams, Percy G. (1980). Travelers and *Travel Liars*, 1660–1800, New York [zuerst 1962].

Adams, Percy G. (1983). *Travel Literature* and the Evolution of the Novel, Lexington.

Adas, Michael (1989). *Machines* as the Measure of Men: Science, Technology, and Ideologies of Western Dominance, Ithaca/London.

Adas, Michael, Hg. (1993). Islamic and European *Expansion*: The Forging of a Global Order, Philadelphia.

*Adelung, Johann Christoph (1768). Geschichte der *Schiffahrten* und Versuche, welche zur Entdeckung des Nordöstlichen Weges nach Japan und China von verschiedenen Nationen unternommen worden, Halle.

*Adelung, Johann Christoph (1782). Versuch einer *Geschichte der Cultur* des menschlichen Geschlechtes, Leipzig.

*Adelung, Johann Christoph (1806–17). *Mithridates* oder allgemeine Sprachenkunde, 4 Teile in 6 Bdn., Berlin.

*Aikin, John (1806). *Geographical Delineations*; or a Compendious View of the Natural and Political States of All Parts of the Globe, 2 Bde., London.

Aksan, Virginia H. (1995). An *Ottoman Statesman* in War and Peace: Ahmed Resmi Efendi, 1700–1783, Leiden.

Alder, Garry J. (1985). *Beyond Bokhara*: The Life of William Moorcroft, Asian Explorer and Pioneer Veterinary Surgeon, 1767–1825, London.

*_Allgemeine Geschichte_ (1777–86). Allgemeine Geschichte der neueren Entdekkungen, welche von den verschiedenen gelehrten Reisenden in vielen Gegenden des rußischen Reichs und Persien … sind gemacht worden, 6 Teile in 3 Bänden, Bern.

Allison, Robert J. (1995). The *Crescent* Obscured: The United States and the Muslim World, 1776–1815, Oxford.

Almond, Philip C. (1988). The British Discovery of *Buddhism*, Cambridge.

Ambirajan, S. (1978). Classical *Political Economy* and British Policy in India, Cambridge.

Amin, Samir (1988). *L'eurocentrisme*: Critique d'une idéologie, Paris.

*Amiot, Joseph (1772). *Art militaire* des Chinois, ou Receuil d'anciens traités sur la guerre, Paris.

*Amiot, Joseph (1779). Mémoire sur la *Musique* des Chinois, tant anciens que modernes, Paris.

Andaya, Barbara Watson/Leonard Y. Andaya (1982). A *History of Malaysia*, London/Basingstoke.

*Anderson, Æneas (1795). A *Narrative* of the British Embassy to China in the Years 1792, 1793, and 1794, London.

Anderson, Sonia P. (1989). An English Consul in Turkey: *Paul Rycaut* at Smyrna, 1667–1678, Oxford.

Andreae, Friedrich (1908). *China* und das 18. Jahrhundert, in: K. Breysig u. a. (Hg.), Grundrisse und Bausteine zur Staats- und zur Geschichtslehre, Berlin, S. 121–200.

Angelomatis-Tsougarakis, Helen (1990). The Eve of the *Greek Revival*: British Travellers' Perceptions of Early Nineteenth-Century Greece, London/New York.

*_Annales des voyages_ (1809–13). Annales des voyages, de la géographie et de l'histoire …, publiés par M. Malte-Brun, 2e éd., revue et corrigée, 25 Bde., Paris.

*Anquetil-Duperron, Abraham Hyacinthe (1778). *Législation orientale*, Amsterdam.

*Anquetil-Duperron, Abraham Hyacinthe (1787). *Recherches historiques* et géographiques sur l'Inde, in: Bernoulli, *Description historique* (1786–89), Bd. 2.

*Anquetil-Duperron, Abraham Hyacinthe (1789). *Dignité du commerce*, et de l'état du commerçant, o. O. [Paris].

*Anquetil-Duperron, Abraham Hyacinthe (1798). *L'Inde* en rapport avec l'Europe, 2 Bde., Paris.

*Anson, George: siehe Walter/Robins (1974).

*d'Anville, Jean-Baptiste Bourguignon (1737). *Nouvel Atlas de la Chine*, de la Tartarie chinoise et du Thibet, Den Haag.

*d'Anville, Jean-Baptiste Bourguignon (1772). *L'Empire Turc,* considéré dans son établissement et dans ses accroisemens successifs, Paris.

*d'Anville, Jean-Baptiste Bourguignon (1776). *Mémoire* ... sur la Chine, Paris.

Apostolidis-Kusserow, Karin (1983). *Die griechische Nationalbewegung,* in: N. Reiter (Hg.), Nationalbewegungen auf dem Balkan, Wiesbaden, S. 61–175.

Appleton, William W. (1951). A *Cycle* of Cathay: The Chinese Vogue in England during the 17th and 18th Centuries, New York.

*Arbuthnot, John (1733). An *Essay* Concerning the Effects of Air on Human Bodies, London.

Archer, Mildred (1979). *India and British Portraiture* 1770–1825, London/New York/Karachi.

Archer, Mildred (1980). *Early Views of India*: The Picturesque Journeys of Thomas and William Daniell 1786–1794, London.

Ashcroft, Bill/Pal Ahluwalia. 2008. *Edward Said*, 2nd ed., London/New York *Edward Said*, 2. Aufl., London/New York.

**Asiatic Annual Register* (1800 ff.). Asiatic Annual Register for the Year 1799-, London.

**Asiatic Journal,* Bd. 1 (1816) ff., London.

**Asiatick Researches,* or Transactions of the Society, Instituted in Bengal, Bde. 1 (1788) – 20 (1836), Kalkutta.

**Asiatisches Magazin* (1806–11). Hg. v. J. A. Bergk, K. Hänsel u. F. G. Baumgärtner, 3 Bde., Leipzig.

*Astley, Thomas/[John Green] (1745–47). A New General *Collection* of Voyages and Travels, 4 Bde., London.

Atkin, Muriel (1988). *Russia and Iran* 1780–1828, Minneapolis.

Atkin, Muriel (1988). Russian Expansion in the *Caucasus* to 1813, in: Rywkin, *Russian Colonial Expansion*, S. 139–87.

Auch, Eva-Maria (1997). Zum *Muslimbild* deutscher Kaukasusreisender im 19. Jahrhundert, in: Auch/Förster, *«Barbaren»*, S. 83–100.

Auch, Eva-Maria/Stig Förster, Hg. (1997). *«Barbaren»* und «Weiße Teufel»: Kulturkonflikte und Imperialismus in Asien vom 18. bis zum 20. Jahrhundert, Paderborn.

Aurich, Ursula (1935). *China* im Spiegel der deutschen Literatur des 18. Jahrhunderts, Berlin.

Auroux, Sylvain, Hg. (1992). *Histoire* des idées linguistiques, 2 Bde., Liège.

Avery, Peter (1991). *Nâdir Shâh* and the Afsharid Legacy, in: Avery u. a., *From Nâdir Shah*, S. 3–62.

Avery, Peter/Gavin Hambly/Charles Melville, Hg. (1991). The Cambridge History of Iran. Bd. 7: *From Nâdir Shah* to the Islamic Republic, Cambridge.

*Avril, Pierre (1692). *Voyage* en divers états d'Europe et d'Asie, entrepris pour découvrir un nouveau chemin à la Chine, Paris.

Babinger, Franz (1919). *Die türkischen Studien* in Europa bis zum Auftreten Joseph von Hammer-Purgstalls, in: Die Welt des Islams 7, S. 103–29.

Bachmann-Medick, Doris, Hg. (1996). *Kultur als Text*: Die anthropologische Wende in der Literaturwissenschaft, Frankfurt a. M.

Bailey, Beatrice Bodart (1988). *Kaempfer Restor'd*, in: Monumenta Nipponica 43, S. 1–33.

*Bailly, Jean Sylvain (1777). *Lettres sur l'origine des sciences*, et sur celle des peuples de l'Asie, London/Paris.

*Bailly, Jean Sylvain (1779). *Lettres sur l'Atlantide* de Platon et sur l'ancienne histoire de l'Asie, London/Paris.

Bambotat, Zenobia (1933). *Les voyageurs français* dans l'Inde aux XVIIe et XVIIIe siècles, Paris.

*Barchewitz, Ernst Christian (1730). Allerneueste und wahrhaffte *Ost-Indianische Reisebeschreibung*, Chemnitz.

Barend-van Haeften, Marijke (1992). *Oost-Indië gespiegld*: Nicolaas de Graaff, een schrijvend chirugijn in dienst van de VOC, Zutphen.

Baridon, Michel (1978). *Lumières* et enlightenment: Faux parallèle ou vraie dynamique du mouvement philosophique? in: Dix-huitième siècle 10, S. 45–69.

Barker, Francis, Hg. (1985). *Europe* and Its Others, 2 Bde., Colchester.

Barratt, Glynn (1981). *Russia in Pacific Waters* 1715–1825: A Survey of the Origins of Russia's Naval Presence in the North and South Pacific, Vancouver/ London.

Barratt, Glynn (1988). *Russia and the South Pacific*, 2 Bde., Vancouver/London.

Barrell, John (1991). The Infection of *Thomas De Quincey*: A Psychopathology of Imperialism, New Haven/London.

Barrett, T. H. (1989). *Singular Listlessness*: A Short History of Chinese Books and British Scholars, London.

*Barrow, John (1801). *Reisen* durch die inneren Gegenden des südlichen Africa in den Jahren 1797 und 1798. A. d. Engl. übers. u. mit Anm. begleitet v. M. C. Sprengel, Weimar.

*Barrow, John (1804). *Reise durch China* von Peking nach Canton im Gefolge der Großbritannischen Gesandtschaft in den Jahren 1793 und 1794, übers. u. mit einigen Anm. begl. v. J. C. Hüttner, 2 Bde., Weimar.

*Barrow, John (1806). A Voyage to *Cochin China*, in the Years 1792 and 1793, London.

*Barrow, John (1806). Travels in *China*, 2nd ed., London [zuerst 1804].

*Barrow, John (1807). *Some Account* of the Public Life and a Selection from the Unpublished Writings of the Earl of Macartney, 2 Bde., London.

*Barrow, John (1847): An *Autobiographical Memoir* of Sir John Barrow, Bart., London.

Barth, Boris/Jürgen Osterhammel, Hg. (2005). *Zivilisierungsmissionen. Imperiale Weltverbesserung seit dem 18. Jahrhundert*, Konstanz.

Barthold, V. V. (1913). Die geographische und historische *Erforschung* des Orients mit besonderer Berücksichtigung der russischen Arbeiten, Leipzig.

Bassin, Mark (1991). *Inventing Siberia*: Visions of the Russian East in the Early Nineteenth Century, in: AHR 93, S. 763–94.

Bassin, Mark (1991). *Russia* between Europe and Asia: The Ideological Construction of Geographical Space, in: Slavic Review 50, S. 1–17.

Bastian, Adolf (1866). Die *Geschichte der Indochinesen*, Leipzig.

Batra, Roger (1994). *Wild Men* in the Looking Glass: The Mythic Origins of European Otherness, Ann Arbor.

Batscha, Zvi/Hans Medick (1986). *Einleitung*, in: dies. (Hg.), Adam Ferguson: Versuch über die Geschichte der bürgerlichen Gesellschaft, Frankfurt a. M., S. 7–91.

Batten, Charles L. (1978). *Pleasurable Instruction*: Form and Convention in 18th Century Travel Literature, Berkeley/Los Angeles/London.

*Baudier, Michel (1624). *Histoire* de la cour du roy de la Chine, Paris.

Bauer Wolfgang (1988). *Wirkliche und unwirkliche Chinesen* im Europa der frühen Neuzeit, in: Internationales Asienforum 19, S. 125–36.

*Baumgarten, Siegmund Jacob (1744). *Vorrede*, in: ders. (Hg.), *Algemeine Welthistorie* (1744–67), Bd. 1, S. 3–58.

*Baumgarten, Siegmund Jacob, Hg. (1744–67). Uebersetzung der *Algemeinen Welthistorie*, die in Engeland durch eine Geselschaft von Gelehrten ausgefertiget worden. Nebst den Anmerkungen der holländischen Uebersetzung, 30 Bde., Halle (ab Bd. 18 hg. v. Johann Salomo Semler).

*Baumgarten, Siegmund Jacob, Hg.(1747–65). Samlung von *Erleuterungsschriften* und Zusätzen zur Algemeinen Welthistorie, 6 Bde., Halle (ab Bd. 5 hg. v. Johann Salomo Semler).

*Bayer, Theophil Siegfried (1730). *Museum Sinicum*, 2 Bde., St. Petersburg.

Bayly, C. A. (1988). *Indian Society* and the Making of the British Empire, Cambridge.

Bayly, C. A. (1989). *Imperial Meridian*: The British Empire and the World 1780–1830, London/New York.

Bayly, C. A. (1993). *Knowing the Country*: Empire and Information in India, in: MAS 27, S. 3–43.

Bayly, C. A. (1996). *Empire and Information*: Intelligence Gathering and Social Communication in India, 1780–1870, Cambridge.

Beaglehole, J. C. (1974). The Life of Captain *James Cook*, London.

Bearce, George D. (1961). *British Attitudes* toward India, 1784–1858, London.

Beasley, W. G./E. G. Pulleyblank, Hg. (1961). *Historians* of China and Japan, London.

*Beawes, Wyndham (1754). *Lex Mercatoria Rediviva*, or, the Merchant's Directory, Dublin.

Beck, Brandon H. (1987). From the *Rising of the Sun*: English Images of the Ottoman Empire to 1715, New York.

Beck, Hanno (1959–61). *Alexander von Humboldt*, 2 Bde., Wiesbaden.

Beck, Hanno (1971). *Große Reisende*: Entdecker und Erforscher unserer Welt, München.

Beck, Hanno (1979). *Carl Ritter*: Genius der Geographie. Zu seinem Leben und Werk, Berlin.

Beck, Thomas/Annerose Menninger/Thomas Schleich, Hg. (1992). *Kolumbus' Erben*: Europäische Expansion und überseeische Ethnien im Ersten Kolonialzeitalter, 1415–1815, Darmstadt.

Becker-Schaum, Christoph (1993). *Arnold Herrmann Ludwig Heeren*: Ein Beitrag zur Geschichte der Geschichtswissenschaft zwischen Aufklärung und Historismus, Frankfurt a. M.

*Beckmann, Johann (1807–10). *Litteratur* der älteren Reisebeschreibungen. Nachrichten von ihren Verfassern, von ihrem Inhalte, von ihren Ausgaben und Uebersetzungen, 2 Bde., Göttingen.

Beekman, E. M. (1996). *Troubled Pleasures*: Dutch Colonial Literature from the East Indies, 1600–1950, Oxford.

Behdad, Ali (1994). *Belated Travelers*: Orientalism in the Age of Colonial Dissolution, Durham, N.C.

**Beiträge zur Völker- und Länderkunde* (1781–90). Hg. v. J. R. Forster u. M. C. Sprengel, Leipzig, 14 Bde.

Bélévitch-Stankévitch, Henriette (1910). Le *Goût chinois* en France au temps de Louis XIV, Paris.

*Bell, John (1965). A *Journey* from St. Petersburg to Pekin 1719–22, ed. by J. L. Stevenson, Edinburgh.

Bennassar, Bartolomé u. Lucile (1989). *Les Chrétiens* d'Allah: L'histoire extraordinaire des renégats, XVIe–XVIIe siècles, Paris.

*Benyowski, M. A. (1893). The *Memoirs* and Travels of Mauritius Augustus Count de Benyowsky in Siberia, Kamchatka, Japan, the Liukiu Islands and Formosa [zuerst 1790], ed. by P. Oliver, London.

*Berchet, Jean-Claude, Hg. (1985). *Le voyage en Orient*: Anthologie des voyageurs français dans le Levant au XIXe siècle, Paris.

*Berghaus, Heinrich (1830). Die ersten Elemente der *Erdbeschreibung*, Berlin.

*Bergk, Johann Adam (1799). *Aegypten* in historischer, geographischer, physikalischer, wissenschaftlicher, artistischer, naturgeschichtlicher, merkantilischer, religiöser, sittlicher und politischer Hinsicht, 2 Bde., Berlin/Leipzig.

*Bergmann, Benjamin (1804–5). *Nomadische Streifereien* unter den Kalmüken in den Jahren 1802 und 1803, 2 Bde., Riga.

Berlin (1973). Verwaltung der Staatlichen Schlösser und Gärten: *China und Europa*. Chinaverständnis und Chinamode im 17. und 18. Jahrhundert (Ausstellungskatalog), Berlin.

Bermingham, Ann/John Brewer, Hg. (1995). The *Consumption* of Culture 1600–1800: Image, Object, Text, London/New York.

Bernal, Martin (1987). *Black Athena*: The Afroasiatic Roots of Classical Civilization. Bd. 1: The Fabrication of Ancient Greece 1785–1985, London.

*Bernard, Jean Frédéric (1731–38). *Recueil de voyages du Nord,* Contenant divers mémoires très utiles au commerce & à la Navigation, 10 Bde., Amsterdam.

*Bernier, François (1934). *Travels* in the Mogul Empire A. D. 1656–1668. Transl. ... by A. Constable, 2nd ed. revised by V. A. Smith, London/Oxford [zuerst frz. 1670–71].

*Bernoulli, Johann (1783). Unterrichtendes *Verzeichniß* einer Berlinischen Privatbibliothek ..., Berlin.

*Bernoulli, Johann, Hg. (1785–87). *Des Pater Joseph Tieffenthaler's* d. S. J. und apostol. Mißionarius in Indien historisch-geographische Beschreibung von Hindustan, 3 Bde. in 4 Teilen, Gotha/Berlin.

*Bernoulli, Johann, Hg. (1786–89). *Description historique* et géographique de l'Inde, 3 Bde., Berlin.

Berridge, Virginia/Griffith Edwards (1981). *Opium* and the People: Opiate Use in Nineteenth-Century England, London.

Betzwieser, Thomas (1993). *Exotismus* und «Türkenoper» in der französischen Musik des Ancien Régimes: Studien zu einem ästhetischen Phänomen, Laaber.

Bishop, Peter (1989). The Myth of *Shangri-La*: Tibet, Travel Writing and the Western Creation of Sacred Landscape, London.

Bitterli, Urs (1976). *Die «Wilden»* und die «Zivilisierten»: Grundzüge einer Geistes- und Kulturgeschichte der europäisch-überseeischen Begegnung, München.

Bitterli, Urs/Eberhard Schmitt, Hg. (1990). Die *Kenntnis beider Indien* im frühneuzeitlichen Europa, München.

*Björnstahl, Jacob Jonas (1777–83). *Briefe* auf seinen ausländischen Reisen an den königlichen Bibliothekar C. C. Gjörwell in Stockholm. A. d Schwedischen übers. v. J. E. Groskurd u. C. H. Groskurd, 6 Bde., Leipzig/Rostock.

Black, J. L. (1986). *G.-F. Müller* and the Imperial Russian Academy, Kingston-Montreal.

Black, Jeremy (1985). The British and the *Grand Tour*, London.

Black, Jeremy (1997). *Maps* and History: Constructing Images of the Past, New Haven/London.

Blanke, Horst Walter (1983). *Verfassungen*, die nicht rechtlich, aber wirklich sind: A. H. L. Heeren und das Ende der Aufklärungshistorie, in: Berichte zur Wissenschaftsgeschichte 6, S. 143–64.

Blanke, Horst Walter (1997). *Politische Herrschaft* und soziale Ungleichheit im Spiegel des Anderen: Untersuchungen zu den deutschsprachigen Reisebeschreibungen vornehmlich im Zeitalter der Aufklärung, 2 Bde., Waltrop.

*Blome, Richard (1670). A Geographical *Description* of the Four Parts of the World, London.

*Blount, Sir Henry (1671). A *Voyage* into the Levant, 8th ed., London [zuerst 1636].

*Blumenbach, Johann Friedrich (1790). *Vorrede* zu Bruce, *Reisen*, Bd. 1, S. iii–xxiii.

*Blumenbach, Johann Friedrich (1810). *Abbildungen* naturhistorischer Gegenstände, Göttingen.

Blussé, Leonard (1989). *Tribuut aan China*: Vier eeuwen Nederlands-Chinese betrekkingen, Amsterdam.

Blussé, Leonard/Femme Gaastra, Hg. (1998). *On the Eighteenth Century as a Category of Asian History*, Aldershot.

Bödeker, Hans Erich u. a., Hg. (1986). *Aufklärung* und Geschichte: Studien zur deutschen Geschichtswissenschaft im 18. Jahrhundert, Göttingen.

Bödeker, Hans Erich/Ulrich Herrmann, Hg. (1987). *Aufklärung* als Politisierung – Politisierung der Aufklärung, Hamburg.

Börner, Klaus H. (1984). Auf der *Suche* nach dem irdischen Paradies: Zur Ikonographie der literarischen Utopien, Frankfurt a. M.

Boerner, Peter (1982). Die großen *Reisesammlungen* des 18. Jahrhunderts, in: Mączak/Teuteberg, *Reiseberichte*, S. 65–72.

*Bogle, George/Thomas Manning (1879). *Narratives* of the Mission of George Bogle to Tibet, and of the Journey of Thomas Manning to Lhasa, ed. by C. R. Markham, 2nd ed., London.

Bonnerot, Olivier H. (1988). *La Perse* dans la littérature et la pensée françaises au XVIIIe siècle: De l'image au mythe, Paris/Genf.

Boon, James A. (1990). *Affinities* and Extremes, Chicago/London.

*Boothroyd, Ninette/Muriel Détrie, Hg. (1992). *Le voyage en Chine*: Anthologie des voyageurs occidentaux du Moyen Age à la chute de l'Empire Chinois, Paris.

Borsa, Giorgio (1977). *La nascita* del mondo moderno in Asia Orientale: La penetrazione europea e la crisi delle società tradizionali in India, Cina e Giaponne, Mailand.

*Boucher de la Richarderie, Gilles (1808). *Bibliothèque universelle* des voyages, 6 Bde., Paris.

*Bougainville, Jean-Pierre de (1752). *Parallèle* de l'expédition d'Alexandre dans les Indes avec la conquête des mêmes par Thamas Kouli Khan, Paris.

*Bougainville, Louis-Antoine de (1982). *Voyage* autour du monde [zuerst 1771], publ. par J. Proust, Paris.

*Boulainvilliers, Henry de (1731). *Histoire des Arabes*; avec la Vie de Mahomed, Amsterdam.

*Boulainvilliers, Henry de (1747). Das *Leben des Mahomeds.* Mit Historischen Anmerkungen über die Mahomedanische Religion und die Gewohnheiten der Muselmänner. Von einer geübten Feder aus dem Französischen ins Deutsche übersetzt, Lemgo.

*Boulanger, Nicholas Antoine (1794). *Œuvres* de Boullanger [!], 6 Bde., Amsterdam.

*Bourguignon-d'Anville, Jean-Baptiste: siehe Anville.

*Bouvet, Joachim (1699). *Histoire* de l'Empereur de la Chine, Den Haag.

*Bouvet, Joachim (1989). Eine wissenschaftliche *Akademie* für China: Briefe des Chinamissionars Joachim Bouvet S. J. an Gottfried Wilhelm Leibniz und Jean-Paul Bignon über die Erforschung der chinesischen Kultur, Sprache und Geschichte, hg. u. komm. v. C. v. Collani, Stuttgart.

*Bowen, Emanuel (1753). The Gentleman, Tradesman and Traveller's *Pocket Library*, London.

Bowen, Margarita (1981). *Empiricism* and Geographical Thought: From Francis Bacon to Alexander von Humboldt, Cambridge.

Boxer, Charles R. (1939). *Isaac Titsingh's Embassy* to the Court of Ch'ien Lung (1794–1795), in: T'ien Hsia Monthly 8, S. 9–33.

Boxer, Charles R. (1965). The *Dutch Seaborne Empire* 1600–1800, London.

*Braam Houckgeest, Andreas Everard van (1798). An *Authentic Account* of the Embassy of the Dutch East India Company to the Court of the Emperor of China, in the Years 1794 and 1795, 2 Bde., London. [gleichzeitig frz., Philadelphia 1798; holl. erst 1803].

Brahimi, Denise (1976). *Voyageurs* français du XVIIIe siècle in Barbarie, Paris.

Brahimi, Denise (1982). *Arabes* des Lumières et bédouins romantiques: Un siècle des «voyages en Orient» 1735–1835, Paris.

*Braithwaite, John (1729). The History of the Revolutions in the Empire of *Morocco*, upon the Death of the late Emperor Muley Ishmael, London.

*Brand, Adam (1698). *Beschreibung* der Chinesischen Reise Welche vermitteltst Einer Zaaris Gesandtschaft Durch Dero Ambassadeur Herrn Isbrand Ao. 1693, 94 und 95 ... verrichtet worden, Hamburg.

Breckenridge, Carol A./Peter van der Veer, Hg. (1993). *Orientalism* and the Postcolonial Predicament: Perspectives on South Asia, Philadelphia.

*Breitenbauch, Georg August von (1783–87). *Ergänzungen* der Geschichte von Asien und Afrika in dem mittleren und neueren Zeitalter, 4 Bde., Dessau 1783–85, Halle 1787.

Brenner, Peter J. (1989). *Interkulturelle Hermeneutik*: Probleme einer Theorie kulturellen Fremdverstehens, in: P. Zimmermann (Hg.), «Interkulturelle Germanistik». Dialog der Kulturen auf Deutsch? Frankfurt a. M., S. 35–55.

Brenner, Peter J., Hg. (1989). Der *Reisebericht*: Die Entwicklung einer Gattung in der deutschen Literatur, Frankfurt a. M.

Brenner, Peter J. (1990). *Der Reisebericht in der deutschen Literatur*: Ein Forschungsüberblick als Vorstudie zu einer Gattungsgeschichte. Tübingen.

*Breton de la Martinière, J. B. J. (1811–12). *La Chine* en miniature, ou Choix de costumes, arts et métiers de cet Empire, 6 Bde., Paris.

Brewer, John/Roy Porter, Hg. (1993). *Consumption* and the World of Goods, London/New York.

*Briggs, John (1829). History of the Rise of *Mahomedan Power* in India, London.

Broc, Numa (1969). *Les montagnes* vues par les géographes et les naturalistes de la langue française au XVIIIe siècle, Paris.

Broc, Numa (1975). *La géographie* des philosophes: Géographes et voyageurs français au XVIIIe siècle, Paris.

Broc, Numa (1980). La géographie de la *Renaissance* (1420–1620), Paris.

Broc, Numa (1981). *Les grandes missions* scientifiques françaises aux XIXe siècle (Morée, Algérie, Mexique) et leurs travaux géographiques, in: Revue d'histoire des sciences 34, S. 319–58.

Brot, Muriel (1995). *L'abbé Raynal*, lecteur de l'Histoire générale des voyages: De la description à la démonstration, in: Lüsebrink/Strugnell, *L'Histoire des deux Indes*, S. 91–104.

*Brougham, Henry (1803). An *Inquiry* into the Colonial Policy of the European Powers, 2 Bde., Edinburgh.

*Brougham, Henry (1842–43). *Political Philosophy*, 3 Bde., London.

Brown, L. Carl, Hg. (1996). *Imperial Legacy*: The Ottoman Imprint on the Balkans and the Middle East, New York.

Brown, Stewart J., Hg. (1997). *William Robertson* and the Expansion of Empire, Cambridge.

*Browne, William George (1800). *Reisen* in Afrika, Aegypten und Syrien in den Jahren 1792 bis 1798 [zuerst engl. 1799]. Aus dem Englischen, 2 Bde., Leipzig/Gera.

*Bruce, James (1790). *Travels* to Discover the Source of the Nile, in the Years 1768, 1769, 1770, 1771, 1772 and 1773, 5 Bde., Edinburgh.

*Bruce, James (1791). *Reisen zur Entdeckung der Quelle des Nils* in den Jahren 1768, 1769, 1770, 1771, 1772 und 1773. Ins Deutsche übers. v. J. J. Volkmann u. mit einer Vorrede u. Anm. vers. v. J. F. Blumenbach, 5 Bde., Leipzig.

*Bruce, James (1791). *Reisen in das Innere von Africa* nach Abyssinien an die Quellen des Nils. Aus dem Englischen mit nöthiger Abkürzung in das Deutsche übers. v. E. W. Cuhn. Mit zur Naturgeschichte gehörigen Berichtigungen und Zusätzen vers. v. J. F. Gmelin, 2 Bde., Rinteln/Leipzig.

*Bruin, Cornelis de (1702). A Voyage to the *Levant*; or, Travels in the principal parts of Asia Minor, the islands of Scio, Rhodes, Cyprus &c. Done into English by W. J., London [zuerst holl. 1698].

*Bruin, Cornelis de (1718). *Voyages* de Corneille le Brun par la Moscovie en Perse et aux Indes Orientales 2 Bde., Amsterdam 1718 [zuerst holl. 1714].

Brunner, Otto (1975). *Feudalismus*, feudal, in: Brunner u. a., *Geschichtliche Grundbegriffe* (1972–97), Bd. 2, S. 337–50.

Brunner, Otto/Werner Conze/Reinhart Koselleck, Hg. (1972–97). *Geschichtliche Grundbegriffe*: Historisches Lexikon zur politisch-sozialen Sprache in Deutschland, 7 Bde., Stuttgart.

*Bruzen de la Martinière, Antoine-Augustin (1735). *Introduction* à l'histoire de l'Asie, de l'Afrique, et de l'Amérique, 2 Bde., Amsterdam.
*Bruzen de la Martinière, Antoine-Augustin (1768). Le Grand *Dictionnaire* Géographique, Historique et Critique, nouv. éd., 6 Bde., Paris.
*Buchanan, Francis (1807). A *Journey* from Madras through the Countries of Mysore, Canara, and Malabar, 3 Bde., London.
*Buchanan, Francis: siehe auch Francis Hamilton.
*Buffon, Georges-Louis-Leclerc, comte de (1861). *Œuvres* choisies, 2 Bde., Paris.
Buisseret, David, Hg. (1992). *Monarchs,* Ministers and Maps: The Emergence of Cartography as a Tool of Government in Early Modern Europe, Chicago/London.
Bulliet, Richard W. (1975). The *Camel* and the Wheel, New York.
*Burckhardt, Johann Ludwig (1822). Travels in *Syria* and the Holy Land, London.
*Burckhardt, Johann Ludwig (1829). Travels in *Arabia,* London.
*Burckhardt, Johann Ludwig (1830). Notes on the *Bedouins* and Wahábys, Collected during his Travels in the East, London.
Bürgi, Andreas (1989). *Weltvermesser*: Die Wandlung des Reiseberichts in der Spätaufklärung, Bonn.
*Burke, Edmund (1958–78). The *Correspondence* of Edmund Burke, ed. by T. W. Copeland, 10 Bde., Cambridge.
*Burke, Edmund (1981). The *Writings* and Speeches of Edmund Burke, *Bd. 5*: India: Madras and Bengal 1774–1785, ed. by P. J. Marshall, Oxford.
*Burke, Edmund (1991). The *Writings* and Speeches of Edmund Burke. *Bd. 6*: India: The Launching of the Hastings Impeachment, ed. by P. J. Marshall, Oxford.
Burke, Peter (1995). *America* and the Rewriting of World History, in: Kupperman, *America,* S. 33–51.
*Burnes, Alexander (1834). *Travels* into Bokhara, 3 Bde., London.
*Burney, Henry (1911). *Report* on the Mission to Siam [2. Dezember 1826], in: The Burney Papers, Bd. 2, Bangkok, S. 14–76.
Burrow, J. W. (1966). *Evolution* and Society: A Study in Victorian Social Theory, Cambridge.
Burrow, J. W. (1985). *Gibbon,* Oxford.
*Busbeck, Ogier Ghiselin von (1744). *Travels* into Turkey ..., London [zuerst lat. 1589].
*Busbeck, Ogier Ghiselin von (1926). Vier *Briefe* aus der Türkei. Aus dem Lat. übers., eingel. u. mit Anm. vers. v. W. v. d. Steinen, Erlangen.
*Büsching, Anton Friedrich (1785). *Auszug* aus seiner Erdbeschreibung. Erster Theil, welcher Europa und den nördlichen Theil von Asia enthält, 6. Aufl., Hamburg.
*Büsching, Anton Friedrich (1787). Große Erdbeschreibung, Bd. 23: *Asien,* 1. Abt., Brünn.
*Businello, Pietro (1778). *Historische Nachrichten* von der Regierungsart, den Sitten und Gewohnheiten der osmanischen Monarchie, Leipzig.
Butterwick, Richard/Simon Davies/Gabriel Sanchez Espinosa, Hg. (2008). *Peripheries of the Enlightenment,* Oxford.
Buzard, James (1993). The *Beaten Track*: European Tourism, Literature, and the Way of «Culture», 1800–1918, Oxford.

*Caillié, René (1830). *Travels* through Central Africa to Timbuctoo; and across the Great Desert to Morocco, Performed in the Years 1824 to 1828, 2 Bde., London.

*Campbell, Donald (1796). *Journey* Over Land to India ..., in a Series of Letters to His Son, London.

*Campbell, John (1750). The *Present State of Europe*, London.

Canetti, Elias (1960), *Masse und Macht*, Hamburg.

Cannon, Garland H. (1990). The Life and Mind of *Oriental Jones*: Sir William Jones, the Father of Modern Linguistics, Cambridge.

Cannon, Garland H./Kevin R. Brine, Hg. (1997). *Objects of Enquiry*: The Life, Contributions and Influence of Sir William Jones (1746–1794), New York.

*Cantemir, Demetrius (1734–35). The *History* of the Growth and Decay of the Ottoman Empire. Written originally in Latin, transl. into English from the author's own manuscript by N. Tindal, 2 Bde., London.

*Cantemir, Demetrius (1771). Historisch-geographische und politische Beschreibung der *Moldau*, Frankfurt a. M./Leipzig.

*Capper, James (1783). *Observations* on the Passage to India through Egypt and across the Great Desert, London.

Caracciolo, Peter L., Hg. (1988). The *«Arabian Nights»* in English Literature, Basingstoke.

Carey, Daniel/Sven Trakulhun (2009). Universalism, Diversity, and the Postcolonial Enlightenment, in: Daniel Carey/Lynn Festa, (Hg.) *The Postcolonial Enlightenment: Eighteenth-century Colonialism and Postcolonial Theory*, Oxford, S. 240–80.

Carnall, Geoffrey (1997). *Robertson* and Contemporary Images of India, in: S. J. Brown, *William Robertson*, S. 210–30.

Carnall, Geoffrey/Colin Nicholson, Hg. (1989). The *Impeachment* of Warren Hastings, Edinburgh.

*Carne, John (1827). *Leben und Sitten* im Morgenlande auf einer Reise von Konstantinopel durch das griechische Inselmeer, Aegypten, Syrien und Palästina. A. d. Engl. übers. v. W. A. Lindau, 4 Theile, Dresden/Leipzig [zuerst engl. 1826].

*Caron, François/Joost Schouten (1935). A *True Description* of the Mighty Kingdom of Japan and Siam. Reprinted from the English ed. of 1663 with introduction, notes, and appendices by C. R. Boxer, London [zuerst holl. 1638].

Carre, Jean-Marie (1990): *Voyageurs* et écrivains français en Égypte, 2e éd., 2 Bde., Kairo.

Carruthers, Douglas, Hg. (1928). The *Desert Route* to India, Being the Journals of Four Travellers by the Great Desert Caravan Route between Aleppo and Basra 1745–1751, Cambridge.

Carruthers, Douglas (1928). *Introduction*. in: ebd., S. xi–xxxv.

Carter, Harold B. (1988). *Sir Joseph Banks* 1743–1820, London.

Cassirer, Ernst (1932). Die *Philosophie* der Aufklärung, Tübingen.

*Castilhon, [Louis] (1769). *Considérations* sur les causes physiques et morales de la diversité du génie, des mœurs, et du gouvernement des nations, o. O.

Castoldi, Alberto (1972). *Il fascino* del colibrì: Aspetti della letterature di viaggio esotica nel settecento francese, Florenz.

Castro Varela, María do Mar/Nikita Dhawan (2009). *Postkoloniale Theorie. Eine kritische Einführung*, 2. Aufl., Bielefeld.

*Catrou, François (1826). History of the *Mogul Dynasty* in India from its Foundation by Tamerlan, in the Year 1399, to the Accession of Aurangzebe, in the Year 1657 London [zuerst 1708].

Çelik, Zeynep (1986). The Remaking of *Istanbul*: Portrait of an Ottoman City in the Nineteenth Century, Seattle/London.

Centre d'études et de documentation éonomique, juridique et sociale, Hg. (1991). *D'un Orient à l'autre*: les métamorphoses successives des perceptions et connaissances, 2 Bde., Paris.

Certeau, Michel de (1986). *Heterologies*: Discourse on the Other, Minneapolis.

Chabod, Federico (1995). *Storia dell'idea d'Europa* Rom/Bari [zuerst 1961].

*Challe, Robert (1978). Journal d'un voyage fait aux *Indes Orientales* (1690–1691). Texte intégral, établi ... par F. Deloffre et M. Menemencioglu, Paris.

*Chambers, Sir William (1772). A Dissertation on *Oriental Gardening*, London.

*Chamisso, Adelbert von (o. J.). *Reise* um die Welt mit der Romanzoffischen Entdeckungs-Expedition in den Jahren 1815–1818 [1836], in: Gesammelte Werke in 4 Bdn., hg. v. M. Koch, Stuttgart (Cotta), Bde. 3 u. 4.

*Chandler, Richard (1775). Travels in *Asia Minor*, Oxford.

Chard Chloë/Helm Langdon, Hg. (1996). *Transports*: Travel, Pleasure and Imaginative Geography, 1600–1830, New Haven/London.

*Chardin, Sir John (1671). *Le couronnement* de Soleimaan, troisième Roy de Perse, Paris.

*Chardin, Sir John (1735). *Voyages* du Chevalier Chardin en Perse et autres lieux de l'Orient, nouv. éd., 4 Bde., Amsterdam.

*Chardin, Sir John (1811). *Voyages* du Chevalier Chardin en Perse et autres lieux de l'Orient, publ. par L. Langlès, 10 Bde., Paris.

Charles-Roux, François (1928). *Les échelles de Syrie* et de Palestine au XVIIIe siècle, Paris.

*Chateaubriand, François-René de (1968). *Itinéraire* de Paris à Jérusalem. Introduction par J. Mourot, Paris [zuerst 1811].

*Chatfield, Robert (1808). An *Historical Review* of the Commercial, Political and Moral State of Hindostan, London.

Chaudhuri, K. N. (1978). The *Trading World* of Asia and the English East India Company 1660–1760, Cambridge.

Chaudhuri, K. N. (1985). *Trade* and Civilisation in the Indian Ocean: An Economic History from the Rise of Islam to 1750, Cambridge.

Chaudhuri, K. N. (1990). *Asia* before Europe: Economy and Civilization of the Indian Ocean from the Rise of Islam to 1750, Cambridge.

Chaybany, Jeanne (1971). *Les voyages en Perse* et la pensée française au XVIIIe siècle, Teheran.

*Choisy, Abbé François-Timoléon (1993). Journal of a Voyage to *Siam* 1685–1686 Transl. by M. Smithies, Oxford. [zuerst frz. 1687].

*Churchill, Awnsham/John Churchill, Hg. (1744–46). A *Collection* of Voyages and Travels [zuerst 1704], 3rd ed., 6 Bde., London.

*Clairac, Louis-André de La Mamie de (1750). *Histoire de Perse* depuis le commencement de ce siècle, 3 Bde.

*Clarke, Edward Daniel (1816–18). *Travels* in Various Countries of Europe, Asia and Africa. Part I: Russia, Tartary and Turkey, 4th ed., 8 Bde., London.

Clarke, J. J. (1997). *Oriental Enlightenment*: The Encounter between Asian and Western Thought, London/New York.

*Clarke, Thomas Brooke (1791). *Publicistical Survey* of the Different Forms of Government of all States and Communities in the World, London.

*Claustre, André de (1743). Histoire de la dernière révolution de *Perse*, arrivée en MDCCXXII, Paris/Den Haag.

*Claustre, André de (1743). Histoire du *Thamas Kouli-Kan*, Roi de Perse, nouv. éd., Paris.

Clayton, Peter A. (1982). The *Rediscovery* of Ancient Egypt: Artists and Travellers in the 19th Century, London.

*Clerc, Nicolas Gabriel (1769). *Yu Le Grand* et Confucius, Histoire Chinoise, Soissons.

*Clodius, Johann Christian (1731). *Chronicon Peregrinantis* sei Historia ultimi belli Persarum cum Aghwanis gesti, Leipzig.

*Cochrane, John Dundas (1824). Narrative of a *Pedestrian Journey* through Russia and Siberian Tartary, from the Frontiers of China to the Frozen Sea and Kamtchatka, performed during the Years 1820,1821,1822 and 1823, London.

*Cœurdoux, Gaston-Laurent/Nicholas-Jacques Desvaulx (1987). *Mœurs and coutumes* des Indiens. Texte établi et annoté par S. Murr, Paris [zuerst 1777].

Cohn, Bernard S. (1987). An *Anthropologist* among the Historians and Other Essays, Delhi.

Cohn, Bernard S. (1996). *Colonialism* and Its Form of Knowledge: The British in India, Princeton.

*Colebrooke, Henry Thomas (1806). Remarks on the *Husbandry* and Internal Commerce of Bengal, Kalkutta [zuerst 1804].

*Colebrooke, Henry Thomas (1873). Miscellaneous *Essays*, 3 Bde., London.

Collani, Claudia von (1985). P. Joachim *Bouvet*, S. J.: Sein Leben und sein Werk, Nettetal.

Collet, Dominik (2007). *Die Welt in der Stube. Begegnungen mit Außereuropa in Kunstkammern der Frühen Neuzeit*, Göttingen.

Colley, Linda (1992). *Britons*: Forging the Nation 1707–1837, London.

*Conder, Josiah (1830). The *Modern Traveller*: A Description, Geographical, Historical and Topographical of the Various Countries of the Globe, 30 Bde., London 1830.

*Condorcet, Marie-Jean-Antoine-Nicolas Caritat, Marquis de (1976). *Entwurf* einer historischen Darstellung der Fortschritte des menschlichen Geistes, hg. v. W. Alff, Frankfurt a. M. [zuerst frz. 1795].

Constantine, David (1984). *Early Greek Travellers* and the Hellenic Ideal, Cambridge.

Constantine, David (1988). The Question of *Authenticity* in Some Early Accounts of Greece, in: G. W. Clarke, (Hg.), Rediscovering Hellenism: The Hellenic Inheritance and the English Imagination, Cambridge, S. 1–22.

Copans, Jean/Jean Jamin, Hg. (1978). *Aux origines* de l'anthropologie française: Les Mémoires de la Société des Observateurs de l'Homme en l'an VIII, Paris.

*Coppin, Jean (1686). Le *Bouclier* de l'Europe, ou la Guerre Sainte ... avec une relation de voyages faits dans la Turquie, Lyon.

Cordier, Henri (1910). *La Chine* en France au XVIIIe siècle, Paris.
Cordier, Henri (1914–23). *Mélanges* d'histoire et de géographie orientale, 4 Bde., Paris.
*Cordiner, James (1807). A Description of *Ceylon*, 2 Bde., London.
Coulmas, Florian/Judith Stalpers (1998). Das neue *Selbstbewußtsein* Asiens: Ein Kontinent findet zu sich selbst, Frankfurt a. M. /New York.
*Court de Gebelin, Antoine (1777–81). *Monde Primitif*, analysé et comparé avec le monde moderne, nouv. éd., 8 Bde., Paris.
*Cranmer-Byng, J. L., Hg. (1962). An *Embassy* to China: Being the Journal Kept by Lord Macartney during His Embassy to the Emperor Ch'ien-lung 1793–1794, London.
*Craven, Elizabeth (1789). A Journey through the *Crimea* to Constantinopel, In a Series of Letters from the Right Honourable Elizabeth Lady Craven to His Serene Highness The Margrave of Brandebourg, Anspach and Bareith, Written in the Year 1786, London.
*Crawfurd, John (1820). History of the *Indian Archipelago*: Containing an Account of the Manners, Arts, Languages, Religions, Institutions, and Commerce of Its Inhabitants, 3 Bde., Edinburgh.
*Crawfurd, John (1834). Journal of an Embassy from the Governor General of India to the Court of *Ava*, 2nd ed., 2 Bde., London.
*Crawfurd, John (1856). A Descriptive *Dictionary* of the Indian Islands & Adjacent Countries, London.
*Crawfurd John (1915). The *Crawfurd Papers*: A Collection of Official Records Relating to the Mission of Dr. John Crawfurd sent to Siam by the Government of India in the Year 1821, Bangkok.
*Crawfurd, John (1967). Journal of an Embassy to the Courts of *Siam* and Cochin China, repr. with an introd. by D. K. Wyatt, Kuala Lumpur [zuerst 1828].
Crecelius, Daniel (1998). The *Mamluk Beylicate* of Egypt in the Last Decades before Its Destruction by Muhammad [c]Ali Pasha in 1811, in: Philipp/Haarmann, *Mamluks*, S. 128–49.
Cro, Stelio (1990). The *Noble Savage*: Allegory of Freedom, Waterloo (Ontario).
Croissant, Doris/Lothar Ledderose, Hg. (1993). *Japan* und Europa 1543–1929, Berlin (Ausstellungskatalog).
Crone, G. R./R. A. Skelton (1946). *English Collections* of Voyages and Travels 1625–1846, in: Lynam, *Hakluyt*, S. 63–140.
Crosland, Maurice (1994). Anglo-Continental Scientific Relations c. 1780–c. 1820, with Special Reference to the Correspondence of Sir *Joseph Banks*, in: R. E. R. Banks u. a. (Hg.), Sir Joseph Banks: A Global Perspective, Kew, S. 13–22.
Croutier, Alev Lytle (1989). *Harem*: Die Welt hinter dem Schleier. A. d. Amerik. v. J. Abel, München.
Curley, Thomas M. (1976). *Samuel Johnson* and the Age of Travel, Athens,Ga.
Curzon, George Nathaniel (1894). Problems of the *Far East*, London.

Dabringhaus, Sabine (1994). Das *Qing-Imperium* als Vision und Wirkichkeit: Tibet in Laufbahn und Schriften des Song Yun (1752–1835), Stuttgart.
Dabringhaus, Sabine (1996). *Einleitung*, in: Hüttner, *Nachricht*, S. 7–92.

Daftary, Farhad (1994). The *Assasin Legends*: Myths of the Ismailis, London/New York.

Dahlmann, Dittmar (1997). Von *Kalmücken*, Tataren und Itelmenen: Forschungsreisen in Sibirien im 18. Jahrhundert, in: Auch/Förster, «*Barbaren*», S. 19–44.

Dahlmann, Dittmar (1998). *Einleitung*, in: ders. (Hg.), Johann Georg Gmelin: Reisen durch Sibirien, Sigmaringen.

*Dallaway, James (1797). *Constantinopel* Ancient and Modern, with Excursions to the Shores and Islands of the Archipelago and to the Troad, London.

Dalmia, Vasudha/Heinrich von Stietencron, Hg. (1995). *Representing Hinduism*: The Construction of Religious Traditions and National Identity, New Delhi.

Dalmia, Vasudha/Heinrich von Stietencron (1995). *Introduction*, in: ebd., S. 17–32.

*Dalrymple, Alexander (1793–1808). *Oriental Repository*, 2 Bde., London.

Damiani, Anita (1979). *Enlightened Observers*: British Travellers to the Near East 1715–1850, Beirut.

*Dampier, William (1697). A *New Voyage* Round the World, London.

Daniel, Norman (1966). Islam, Europe and *Empire*, Edinburgh.

*Dapper, Olfert (1681). *Asia*, Oder Ausführliche Beschreibung des Reichs des Grossen Mogols und eines grossen Theils von Indien. Übers. v. J. C. Beern, Nürnberg [zuerst holl. 1672].

Darwin, John (2007). *After Tamerlane: The Global History of Empire Since 1405*, London.

David-Fox, Michael/Peter Holquist/Alexander Martin, Hg. (2006). *Orientalism and Empire in Russia*, Bloomington, Ind.

Davis, David Brion (1975). The *Problem of Slavery* in the Age of Revolution, 1770–1823, Ithaca/London.

Davis, Fanny (1986). *The Ottoman Lady*: A Social History from 1718 to 1918, Westport, Conn.

Dawson, Raymond (1967). The *Chinese Chameleon*: An Analysis of European Conceptions of Chinese Civilization, London.

Debon, Günther/Adrian Hsia, Hg. (1985). *Goethe und China*, China und Goethe, Bern/Frankfurt a. M. /New York.

Dédéyan, Charles (1988). *Montesquieu* ou l'alibi persan, Paris.

Dehergne, Joseph (1973). *Répertoire* des Jésuites de Chine de 1552 à 1800, Rom/Paris.

Delanty, Gerard, Hg. (2006). *Europe and Asia beyond East and West*, London/New York.

*Deleury, Guy, Hg. (1991). *Les Indes florissantes*: Anthologie des voyageurs français (1750–1820), Paris.

*[Deleyre, Alexandre] (1774). *Tableau* de l'Europe, Maastricht.

*Delisle, Jean-Nicholas/Alexandre Pingré (1765). Description de la ville de *Peking*, Paris.

Demel, Walter (1991). *Abundantia*, Sapientia, Decadencia: Zum Wandel des Chinabildes vom 16. bis zum 18. Jahrhundert, in: Bitterli/Schmitt, *Kenntnis beider Indien*, S. 129–53.

Demel, Walter (1992). Als *Fremde* in China: Das Reich der Mitte im Spiegel frühneuzeitlicher Reiseberichte, München.

Demel, Walter (1992). *Wie die Chinesen gelb wurden*: Ein Beitrag zur Frühgeschichte der Rassentheorien, in: HZ 255, S. 625–66.

Demel, Walter (1992). Europäisches *Überlegenheitsgefühl* und die Entdeckung Chinas: Ein Beitrag zur Frage der Rückwirkungen der europäischen Expansion auf Europa, in: Th. Beck u. a., *Kolumbus Erben*, S. 99–143.

Demel, Walter/Hans-Ulrich Thamer, Hg. (2010). *Die Entstehung der Moderne 1700–1914*, Darmstadt.

*Demeunier, Jean Nicholas (1776). *L'esprit* des usages et des coutumes des différens peuples, ou observations tirées des voyageurs & des historiens, 3 Bde., London/Paris.

**Denckwürdige Beschreibung* des Königreichs China ..., Eisenach 1679.

Deneys, Henry (1989). *Le récit de l'histoire* selon Volney, in: Deneys/Deneys, *Volney*, S. 43–71.

Deneys, Henry/Anne Deneys, Hg. (1989). C.-F. *Volney* (1757–1820), Paris.

Dening, Greg (1994). The *Theatricality* of Observing and Being Observed: Eighteenth-Century Europe «Discovers» the ? Century Pacific, in: Schwartz, *Implicit Understandings*, S. 451–83.

Dermigny, Louis (1964). *La Chine* et l'Occident: Le commerce à Canton au XVIIIe siècle, 3 Bde. u. Album, Paris.

*Derrick, Samuel (1762). A *Collection* of Travels Thro' various Parts of the World, 2 Bde., London.

**Description de l'Égypte*, ou Receuil des observations et des recherches qui ont été faites en Égypte pendant l'expedition de l'armée française, 23 Bde., Paris 1809–23.

Deshayes, Laurent (1997). Histoire du *Tibet*, Paris.

*Desideri, Ippolito (1932). An Account of *Tibet*: The Travels of Ippolito Desideri of Pistoia, S. J., 1712–1727, ed. by F. de Filippi, London.

*Desideri, Ippolito: siehe auch Petech (1954–56).

Deutsche Gesellschaft für Natur- und Völkerkunde Ostasiens, Hg. (1980). *Engelbert Kaempfers Geschichte* und Beschreibung von Japan: Beiträge und Kommentar, Berlin/Heidelberg/New York.

Devèze, Michel (1970). *L'Europe* et le monde à la fin du XVIIIe siècle, Paris.

Dharampal-Frick, Gita (1994). *Indien* im Spiegel deutscher Quellen der Frühen Neuzeit (1500–1750): Studien zu einer interkulturellen Konstellation, Tübingen.

Dharampal-Frick, Gita (1995). Shifting Categories in the *Discourse on Caste*: Some Historical Observations, in: Dalmia/Stietencron, *Representing Hinduism*, S. 82–100.

Diamond, Jared (1997). *Guns*, Germs, and Steel: The Fate of Human Societies, New York/London.

*Diderot, Denis (1992). *Supplément* au voyage de Bougainville et autres œuvres philosophiques. Textes choisis, présentés et commentés par É. Tasin, Paris [zuerst 1772].

*Diez, Heinrich Friedrich von (1811–15). *Denkwürdigkeiten* von Asien, [...] aus Handschriften und eigenen Erfahrungen gesammelt, 2 Bde., Berlin.

Dihle, Albrecht (1994). Die *Griechen* und die Fremden, München.

Dirks, Nicholas B. (1993). *Colonial Histories* and Native Informants: Biography of an Archive. in: Breckenridge/Veer, *Orientalism*, S. 279–313.

Djait, Hichem (1978). *L'Europe et l'Islam*, Paris.

Dodds, Muriel (1929). *Les récits de voyages*: Sources de l'Esprit des Lois de Montesquieu, Paris.

Dörflinger, Johannes (1980). Die *Erforschung* der Erde und ihr kartographischer Niederschlag im Zeitalter der Aufklärung: Grundzüge und Marksteine, in: Klingenstein u. a., *Europäisierung*, S. 39–54.

Douthwaite, Julia V. (1992). *Exotic Women*: Literary Heroines and Cultural Strategies in Ancien Régime France, Philadelphia.

*Dow, Alexander (1812). The *History of Hindostan*; translated from the Persian. To which are Prefixed two Dissertations; the first concerning the Hindoos and the second the Origin and Nature of Despotism in India, new ed., 3 Bde., London [zuerst 1768–72].

Dreitzel, Horst (1987). *Justis Beitrag* zur Politisierung der deutschen Aufklärung, in: Bödeker/Herrmann (Hg.), *Aufklärung*, S. 158–77.

Drew, John (1987). *India* and the Romantic Imagination, Delhi.

Droixhe, Daniel/Pol-P. Gossiaux, Hg. (1985). *L'homme des Lumières* et la découverte de l'autre, Brüssel.

*Drueck, Friedrich Ferdinand (1822). *Gemählde* des asiatischen Rußlands, Stuttgart.

*Drummond, Alexander (1754). *Travels* through different Cities of Germany, Italy, Greece and Several Parts of Asia, as far as the Banks of the Euphrates, London.

*Dubois, abbé Jean-Antoine (1817). *Description* of the Character, Manners and Customs of the People of India, and of their Institutions, Religious and Civil. Transl. from the French Manuscript, London.

*Dubois, abbé Jean-Antoine (1825). *Mœurs*, institutions et cérémonies des peuples de l'Inde, 2 Bde., Paris.

*Dubois, abbé Jean-Antoine (1985). *Hindu Manners*, Customs and Ceremonies. Transl. by H. K. Beauchamp, 3rd ed., London 1906, 5th impression.

*Dubos, Jean-Baptiste (1719). *Reflexions* critiques sur la poésie et sur la peinture, 2 Bde., Paris.

Duchhardt, Heinz (1976). *Gleichgewicht der Kräfte*, Convenance, europäisches Konzert: Friedenskongresse und Friedensschlüsse vom Zeitalter Ludwigs XIV. bis zum Wiener Kongreß, Darmstadt.

Duchet, Michèle (1971). *Anthropologie* et histoire au siècle des lumières: Buffon, Voltaire, Rousseau, Helvétius, Diderot, Paris.

Duchet, Michèle (1978). *Diderot* et l'Histoire des Deux Indes ou l'Ecriture fragmentaire, Paris.

Duchet, Michèle (1985). *Le partage des savoirs*: Discours historique et discours ethnologique, Paris.

*Duff, James Grant: siehe Grant Duff.

Dugat, Gustave (1868–70). *Histoire des orientalistes* de l'Europe de XIIe au XIXe siècle, 2 Bde., Paris.

*Du Halde, Jean-Baptiste (1735). *Description géographique*, historique, chronologique et politique de l'Empire de la Chine et de la Tartarie chinoise, 4 Bde., Paris.

*Du Mans, Raphael (1890). *Estat de la Perse* en 1660, éd. par Ch. Schefer, Paris.

*Dumont, Jean (1694). Nouveau voyage au *Levant*, Paris.

Dumont, Paul (1982). *Le voyage en Turquie*: Du touriste romantique au vacancier d'aujourd'hui, in: JA 270, S. 339–61.

*Dunbar, James (1781). *Essays* on the History of Mankind in Rude and Cultivated Ages, 2 Bde., London.

*Dunmore, John/Maurice de Brossard, Hg. (1985). Le voyage de *Lapérouse* 1785–1788: récit et documents originaux, 2 Bde., Paris.

**Durchläuchtige Welt* (1710–11). Die Durchläuchtige Welt/Oder Kurtzgefaßte Genealogische, Historische und Politische Beschreibung/meist aller jetztlebenden Durchläuchtigen Hohen Personen/sonderlich in Europa, 4 Bde., Hamburg.

Duroselle, Jean-Baptiste (1965). *L'idée d'Europe* dans l'histoire, Paris.

Duteil, Jean-Pierre (1994). *Le mandat du ciel*: Le rôle des jésuits en Chine, Paris.

Duyvendak, J. J. L. (1938). The Last *Dutch Embassy* to the Chinese Court (1794–95), in: T'oung Pao, 2e sér. 34, S. 1–137.

Dyson, Ketaki Kushari (1978). A *Various Universe*: A Study of the Journals and Memoirs of British Men and Women in the Indian Subcontinent, 1765–1856, Delhi.

Eck, Rainer (1986). Christoph *Mylius* und Carsten Niebuhr: Aus den Anfängen der wissenschaftlichen Reise an der Universität Göttingen, in: Göttinger Jahrbuch 34, S. 11–43.

*Eckermann, Johann Peter (1982). *Gespräche* mit Goethe in den letzten Jahren seines Lebens, Berlin/Weimar [zuerst 1836].

**Eclectic Review*, Bd. 1 (1805) ff.

**Edinburgh Review*, Bd. 1 (1802) ff., Edinburgh.

Edney, Matthew H. (1997). *Mapping an Empire*: The Geographical Construction of British India, 1765–1843, Chicago/London.

Edwards, Philip (1994). The *Story of the Voyage*: Sea Narratives in Eighteenth-Century England, Cambridge.

*Ekeberg, Carl Gustav (1771). *Précis* historique de l'économie rurale des Chinois [geschr. 1754], publié par M. Linnaeus, & traduit du Suedois par M. Dominique de Blackford, Mailand.

Elison, George (1973). *Deus Destroyed*: The Image of Christianity in Early Modern Japan, Cambridge, Mass.

Elisséeff-Poisle, Danielle (1978). Nicolas *Fréret* (1688–1749): Réflections d'un humaniste du XVIIIe siècle sur la Chine, Paris.

*Ellis, Henry (1818). *Journal* of the Proceedings of the Late Embassy to China, 2nd ed., 2 Bde., London.

*Elmore, H. M. (1802). British Mariner's *Directory* and Guide to the Trade and Navigation of the Indian and China Seas, London.

*Elphinstone, Mountstuart (1839). An Account of the Kingdom of *Caubul*, 3rd ed., 2 Bde., London [zuerst 1815].

*Elphinstone, Mountstuart (1841). The *History of India*, 2 Bde., London.

Embree, Ainslie T. (1962). *Charles Grant* and British Rule in India, London.

Embree, Ainslie T. (1971). *Oriental Despotism*: A Note on the History of an Idea, in: Societas 1, S. 255–69.

Embree, Ainslie T. (1989). *Imagining India*: Essays on Indian History, Delhi.

Emerson, John (1992). Sir John *Chardin*, in: Ehsan Yarshater (Hg.), Encyclopædia Iranica, Bd. 5, Costa Mesa, Cal., S. 368–77.

Encyclopédie (1751–66), ou Dictionnaire raisonné des sciences, des arts et des métiers. Par une société des gens de lettres, 17 Bde., Paris.

*Engelhardt, Moritz von/Friedrich Parrott (1815). Reise in die *Krym* und den Kaukasus, 2 Bde., Berlin.

*Engels, Friedrich (1957). *Die Lage der arbeitenden Klasse* in England [1845], in: Karl Marx/Friedrich Engels, Werke, Bd. 2, Berlin, S. 229–506.

Erker-Sonnabend, Ulrich (1987). *Orientalische Fremde*: Berichte deutscher Türkeireisender des späten 19. Jahrhunderts, Bochum.

Etiemble, [René] (1989). *L'Europe chinoise.* Bd. 2: De la sinophilie à la sinophobie, Paris.

*Eton, William (1801). Survey of the *Turkish Empire*, 3rd ed., London.

*Eversmann, Eduard (1823). *Reise* von Orenburg nach Buchara, Berlin.

Eze, Emmanuel Chukwudi, Hg. (1997). *Race* and the Enlightenment, Oxford.

Fabian, Bernhard (1976). *English Books* and their Eighteenth-Century German Readers, in: Korshin, *Circle*, S. 117–96.

Fabian, Bernhard (1985). *Englisch* als neue Fremdsprache des 18. Jahrhunderts, in: Kimpel, *Mehrsprachigkeit*, S. 178–96.

Fabian, Johannes (1983). *Time and the Other*: How Anthropology Makes Its Objects, New York.

Fabian, Johannes (1986). *Language* and Colonial Power, Cambridge.

*Falck, Johann Peter (1785–86). *Beyträge* zur Topographischen Kenntnis des russischen Reiches, 3 Bde., hg. v. J. G. Georgi, St. Petersburg.

*Falconer, William (1782). *Bemerkungen* über den Einfluß des Himmelsstrichs, der Lage, natürlichen Beschaffenheit und Bevölkerung eines Landes, der Nahrungsmittel und Lebensart auf Temperament, Sitten, Verstandeskräfte, Gesetze und Religion der Menschen [zuerst engl. 1781]. Aus dem Englischen, Leipzig.

Farmer, Edward L. u. a. (1977). *Comparative History* of Civilizations in Asia, 2 Bde., Reading, Mass.

Faroqhi, Suraiya (1990). *Herrscher* über Mekka: Die Geschichte der Pilgerfahrt, München/Zürich.

Faroqhi, Suraiya (1995). *Kultur* und Alltag im Osmanischen Reich: Vom Mittelalter bis zum Anfang des 20. Jahrhunderts, München.

*Faßmann, David: siehe Quelle, Pithander von der

Faul, Erwin (1970). *Sonderbewußtsein* und Identitätskrise des Abendlandes: Politikwissenschaftliche Bemerkungen zu Fragestellungen der Geschichtssoziologie, in: P. Haungs (Hg.), Res Publica. Dolf Sternberger zum 70. Geburtstag, München, S. 63–81.

*Fay, Eliza (1986). Original *Letters* from India (1779–1815). Introd. by E. M. Forster, London [zuerst 1817].

*Ferguson, Adam (1966). *Essay* on the History of Civil Society, ed. by D. Forbes, Edinburgh [zuerst 1767].

*Ferguson, Adam (1986). *Versuch* über die Geschichte der bürgerlichen Gesellschaft, hg. v. Z. Batscha u. H. Medick, dt. v. H. Medick, Frankfurt a. M.

*Ferrières-Sauvebœuf, Louis François Comte de (1790). *Mémoires* historiques, politiques et géographiques [...], faits en Turquie, en Perse et en Arabie, depuis 1782, jusqu'en 1789, 2 Bde., Paris.

*Fessler, Ignaz Aurelius (1794). *Attila* – König der Hunnen, Breslau.

Fink, Gonthier-Louis (1992). *Patriotisme* et cosmopolitisme en France et en Allemagne, in: Recherches germaniques 22, S. 3–51.

Fink, Gonthier-Louis (1993). *Le cosmopolitisme*: Rêve et réalité au siècle des lumières dans l'optique du dialogue franco-allemand, in: Schneiders, *Aufklärung als Mission*, S. 22–65.

Fink-Eitel, Hinrich (1994). *Die Philosophie und die Wilden*: Über die Bedeutung des Fremden für die europäische Geistesgeschichte, Hamburg.

*Finlayson, George (1826). The Mission to *Siam* and Hué, the Capital of Cochin China, in the Years 1821–2, London.

Firby, Nora Kathleen (1988). European Travellers and their Perceptions of *Zoroastrians* in the 17th and 18th Centuries, Berlin.

Fisch, Jörg (1983). *Cheap Lives* and Dear Limbs: The British Transformation of the Bengal Criminal Law 1769–1817, Wiesbaden.

Fisch, Jörg (1984). Der märchenhafte *Orient*: Die Umwertung einer Tradition von Marco Polo bis Macaulay, in: Saeculum 35, S. 246–66.

Fisch, Jörg (1984). Die europäische Expansion und das *Völkerrecht*: Die Auseinandersetzungen um den Status der überseeischen Gebiete vom 15. Jahrhundert bis zur Gegenwart, Stuttgart.

Fisch, Jörg (1985). A *Pamphlet War* on Christian Missions in India 1807–1809, in: JAH 19, S. 22–70.

Fisch, Jörg (1985). A Solitary Vindicator of the Hindus: The Life and Writings of General *Charles Stuart* (1757/58–1828), in: JRAS, Jg. 1985, S. 35–57.

Fisch, Jörg (1986). *Hollands Ruhm* in Asien: François Valentyns Vision des niederländischen Imperiums im 18. Jahrhundert, Stuttgart.

Fisch, Jörg (1989). Der handelnde Beobachter. François Valentyns Schwierigkeiten mit dem asiatischen Charakter, in: König u. a., *Beobachter*, S. 119–34.

Fisch, Jörg (1992). *Zivilisation*, Kultur, in: Brunner u. a., *Geschichtliche Grundbegriffe* (1972–97), Bd. 7, S. 679–774.

Fisch, Jörg (1993). *Jenseitsglaube*, Ungleichheit und Tod: Zu einigen Aspekten der Totenfolge, in: Saeculum 44, S. 265–99.

Fischer, Helga (1983). *Das Osmanische Reich* in Reisebeschreibungen und Berichten des 18. Jahrhunderts, in: Heiss/Klingenstein, *Das Osmanische Reich*, S. 113–42.

*Fischer, Johann Eberhard (1768). *Sibirische Geschichte* von der entdekkung Sibiriens bis auf die eroberung dieses landes durch die Russische waffen, 2 Bde., St. Petersburg.

Fisher, Alan W. (1978). The *Crimean Tartars*, Stanford.

Flaherty, Gloria (1992). *Shamanism* and the Eighteenth Century, Princeton.

Fletcher, Joseph (1978). *Ch'ing Inner Asia* c. 1800, in: John K. Fairbank (Hg.), The Cambridge History of China, Bd. 10, Cambridge, S. 35–106.

Förster, Stig (1992). *Die mächtigen Diener* der East India Company: Ursachen und Hintergründe der britischen Expansionspolitik in Südasien, 1793–1819, Stuttgart.

Fohrmann, Jürgen/Harro Müller, Hg. (1988). *Diskurstheorien* und Literaturwissenschaft, Frankfurt a. M.

*Fontenelle, Bernard Le Bovier de (1991). *Entretiens* sur la pluralité des mondes habités [zuerst 1686], in: Œuvres complètes, hg. v. A. Niederst, Bd. 2, Paris, S. 9–140.

Forbes, Duncan (1975). *Hume's Philosophical Politics*, Cambridge.

*Forbes, James (1813). *Oriental Memoirs*, 4 Bde., London.

*Forbin, Henri, comte de (1819). *Voyage* dans le Levant en 1817 et 18, 2e éd., Paris.

*Forrest, Thomas (1782). A Treatise on the *Monsoons* in East India, Kalkutta.

*Forrest, Thomas (1792). A *Voyage* from Calcutta to the Mergui Archipelago, London.

*Forster, Georg (1958 ff.). Sämtliche *Schriften*, Tagebücher, Briefe, hg. v. d. Deutschen Akademie der Wissenschaften zu Berlin, Berlin.

*Forster, George (1785). Sketches of the *Mythology* and Customs of the Hindoos, London.

*Forster, George (1808). A *Journey* from Bengal to England through the Northern Part of India, Kashmire, Afghanistan and Persia and into Russia by the Caspian Sea, 2 Bde., London.

*Forster, Johann Reinhold (1783). *Bemerkungen* über Gegenstände der physischen Erdbeschreibung, Naturgeschichte und sittlichen Philosophie, auf seiner Reise um die Welt gesammlet, Berlin.

*Forster, Johann Reinhold (1784). Geschichte der Entdeckungen und *Schiffahrten* im Norden, Frankfurt a. d. Oder.

*Forster, Johann Reinhold (1795). *Indische Zoologie*, 2. Aufl., Halle.

*Forster, Johann Reinhold (1982). The *«Resolution» Journal* of Johann Reinhold Forster, ed. by M. E. Hoare, 4 Bde., London.

Forsyth, James (1992). A *History of the Peoples of Siberia*: Russia's North Asian Colony, 1581–1990, Cambridge.

Foss, Theodore Nicholas (1983). *Reflections* on a Jesuit Encyclopedia: Du Halde's Description of China (1735), in: Actes du III[e] Colloque International de Sinologie, Paris, S. 67–77.

Foss, Theodore Nicholas (1988). A *Western Interpretation* of China: Jesuit Cartography, in: Ronan/Oh, *East Meets West*, S. 209–51.

Foster, Sir William (1930). *Introduction*, in: Alexander Hamilton, *New Account*, Bd. 1, S. xiii–xxxvii.

Foucault, Michel (1971). Die *Ordnung der Dinge*: Eine Archäologie der Humanwissenschaften, dt. v. U. Köppen, Frankfurt a. M.

*Fourmont, Etienne (1735). *Reflexions critiques* sur les histoires des anciens peuples, 2 Bde., Paris.

Fournier, Marian (1987). Enterprise in Botany: *Van Reede* and his «Hortus Malabaricus», in: Archives of Natural History 14, S. 123–58, 297–338.

Foust, Clifford M. (1969). *Muscovite* and Mandarin: Russia's Trade with China and Its Setting, 1727–1805, Durham,N. C.

Frängsmyr, Tore, Hg. (1983). *Linnaeus*: The Man and His Work, Berkeley/Los Angeles/London.

Frängsmyr, Tore, Hg. (1989). *Science in Sweden*: The Royal Swedish Academy of Sciences 1739–1989, Canton,Mass.

*Francisci, Erasmus (1668). Ost- und West-Indischer wie auch Sinesischer *Lust- und Stats-Garten*, Nürnberg.

*Francisci, Erasmus (1670). Neu-polirter Geschicht- Kunst- und Sitten-*Spiegel* ausländischer Völcker, Nürnberg.

*Francklin, William (1790). *Observations* made on a Tour from Bengal to Persia, in the Years 1786–7, London 1790.

*Francklin, William (1798). The History of the Reign of *Shah-Aulum*, the Present Emperor of Hindostan, London.

*Francklin, William (1811). *Tracts*, political, geographical and commercial; on the Dominions of Ava and the North Western Parts of Hindostaun, London.

Franco, Jean (1975). The *Noble Savage*, in: D. Daiches/A. Thorlby (Hg.), Literature und Western Civilization: The Modern World, Bd. 1, London, S. 565–93.

*Frank, Othmar (1813). *Persien* und Chili als Pole der physischen Erdbreite und Leitpunkte zur Kenntnis der Erde, Nürnberg.

Franke, Herbert (1960). Zur Biographie von *Johann Heinrich Plath* (1802–1874), München.

Franke, Susanne (1995). The Reisen der *Lady Craven* durch Europa und die Türkei 1785–1786, Trier.

Franklin, Michael J. (1995). *Sir William Jones*, Cardiff.

Frantz, R. W. (1934). The *English Traveler* and the Movement of Ideas 1660–1732, Lincoln, Nebr.

*Fraser, James (1742). The History of *Nadir Shah*, Formerly Called Thamas Kuli Khan, the Present Emperor of Persia, London.

*Fraser, James Baillie (1820). *Journal* of a Tour through Part of the Snowy Range of the Himala Mountains, and to the Sources of the Rivers Jumma and Ganges, London.

*Fraser, James Baillie (1826). *Travels* and Adventures in the Persian Provinces on the Southern Banks of the Caspian Sea, London.

*Fraser, James Baillie (1834). An Historical and Descriptive Account of *Persia*, from the Earliest Ages to the Present Time, 2nd ed., Edinburgh.

Freitag, Ulrike (1997). The *Critique* of Orientalism, in: Michael Bentley (Hg.), Companion to Historiography, London/New York, S. 620–38.

Fried, Johannes (1986). *Auf der Suche* nach der Wirklichkeit: Die Mongolen und die europäische Erfahrungswissenschaft im 13. Jahrhundert, in: HZ 243, S. 287–332.

Friese, Eberhard (1991). *Einleitung*, in: Reprint von Thunberg, *Reise* (1794), Heidelberg, 2 Bde., Bd. 1, S. vii–lv.

*Fryer, John (1909–15). A *New Account* of East India and Persia, Being Nine Years' Travels, 1672–1681, ed. by William Crooke, 3 Bde., London.

*Fu Lo-shu (1966). A *Documentary Chronicle* of Sino-Western Relations (1644–1820), 2 Bde., Tucson, Ariz.

*Fuchs, Walther (1943). Der *Jesuiten-Atlas* der Kanghsi-Zeit, 2 Bde., Peking.

Fück, Johann (1955). *Die arabischen Studien* in Europa bis in den Anfang des 20. Jahrhunderts, Leipzig.

Fueter, Eduard (1936). Geschichte der neueren *Historiographie*, 3. Aufl., München/Berlin.

*Fullarton, William (1788). A *View* of the English Interests in India, London.

**Fundgruben des Orients* (1809–18). Hg. v. Joseph von Hammer-Purgstall, 6 Bde., Wien.

Furber, Holden (1976). *Rival Empires* of Trade in the Orient, 1600–1800, Minneapolis.

Gabriel, Alfons (1952). Die *Erforschung* Persiens: Die Entwicklung der abendländischen Kenntnis der Geographie Persiens, Wien.

Gadamer, Hans-Georg (1965). *Wahrheit* und Methode: Grundzüge einer philosophischen Hermeneutik, 2 Aufl., Tübingen.

*Galland, Julien-Claude, Übers. (1757). *Relation* de l'ambassade de Mehmet Effendi à la cour de France en 1721, écrite par lui-même et traduite du turc, Paris.

Gascoigne, John (1994). *Joseph Banks* and the English Enlightenment: Useful Knowledge and Polite Culture, Cambridge.

*Gaspari, Adam Christian, u. a. (1822). Vollständiges *Handbuch* der neuesten Erdbeschreibung, Weimar (bes. Bde. 14 u. 15).

*Gatterer, Johann Christoph (1771). *Einleitung* in die synchronistische Universalgeschichte zur Erläuterung seiner synchronistischen Tabellen, 2 Bde., Göttingen.

*Gatterer, Johann Christoph (1773). *Ideal* einer allgemeinen Weltstatistik, Göttingen.

*Gatterer, Johann Christoph (1789). Kurzer Begriff der *Geographie*, 2 Bde., Göttingen.

*Gatterer, Johann Christoph (1792). *Versuch* einer allgemeinen Weltgeschichte bis zur Entdeckung Amerikens, Göttingen.

*Gaubil, Antoine (1739). Histoire de *Gentchiscan* et de toute la dinastie des Mongous ses successeurs, conquérans de la Chine, tirée de l'histoire Chinoise, Paris.

*Gaubil, Antoine (1814). *Traité* de la Chronologie Chinoise …, publ. par S. de Sacy, Paris.

*Gaubil, Antoine (1970). *Correspondance* de Pékin 1722–1759, publ. par Renée Simon, Genf.

Gaulmier, Jean (1951). L'Idéologue *Volney* 1757–1820: Contribution à l'histoire de l'orientalisme en France, Beirut.

Gay, Peter (1966–69). The *Enlightenment*: An Interpretation, 2 Bde., New York.

Gearhart, Suzanne (1984). The *Open Boundary* of History and Fiction: A Critical Approach to the French Enlightenment, Princeton.

Gehrke, Hans-Joachim.(1992–93). Die wissenschaftliche Entdeckung des Landes *Hellás*, in: Geographia Antiqua 1, S. 15–36; 2, S. 3–11.

Gelder, Roelof van (1997). *Het Oost-Indisch avontuur*: Duitsers in dienst van de VOC (1600–1800), Nimwegen.

*Gemelli Careri, Giovanni-Francesco (1699–1700). *Giro del mondo*, 6 Bde., Neapel.

*Gemelli Careri, Giovanni Francesco (1745). A *Voyage* Round the World, in: Churchill/Churchill, *Collection* (1744–46) Bd. 4, S. 5–568.

*Georgi, Johann Gottlieb (1775). *Bemerkungen* einer Reise im Rußischen Reich im Jahre 1772, 2 Bde., St. Petersburg.

*Georgi, Johann Gottlieb (1776–80). Beschreibung aller *Nationen* des Rußischen Reichs …, 4 Bde., St. Petersburg.

*Georgius, Augustinus Antonius (1762). *Alphabetum Tibetanum*, Rom.

Gérard, René (1963). *L'Orient* et la pensée romantique allemande, Paris.

Gerbi, Antonello (1973). The *Dispute* of the New World: The History of a Polemic, 1750–1900, transl. by J. Moyle, Pittsburgh.

Gerhardt, Volker (1995). *Immanuel Kants Entwurf* «Zum ewigen Frieden»: Eine Theorie der Politik, Darmstadt.

*Gervaise, Nicolas (1928). The Natural and Political *History of Siam*, A. D. 1688, transl. by H. St. O'Neill, Bangkok.

Ghanoonparvar, M. R. (1993). In a *Persian Mirror*: Images of the West and Westerners in Iranian Fiction, Austin,Tex.

*Ghirardini, Giovanni (1700). *Relation* du voyage fait à la Chine sur le vaisseau l'Amphitrite, en l'année 1698, Paris.

Giarrizzo, Guiseppe (1954). Edward *Gibbon* e la cultura europea del settecento, Neapel.

*Gibbon, Edward (1909–14). The History of the *Decline and Fall* of the Roman Empire, ed. by J. B. Bury, 7 Bde., London. [zuerst 1776–88, diese Ausg. 1896–1900].

*Gibbon, Edward (1956). The *Letters* of Edward Gibbon, ed. by J. E. Norton, 3 Bde., London.

Gilman, Sander L. (1985). *Difference* and Pathology: Stereotypes of Sexuality, Race and Madness, Ithaca/London.

Girault, Réne (1995). Das *Europa* der Historiker, in: Hudemann u. a., *Europa*, S. 55–90.

*[Giuseppe] (1790). An Account of the Kingdom of *Nepal* by Father Giuseppe, Prefect of the Roman Mission, Communicated by John Shore,Esq., in: AR 2 (1790), S. 307–22.

Glacken, Clarence J. (1967). *Traces* on the Rhodian Shore: Nature and Culture in Western Thought from Ancient Times to the End of the Eighteenth Century, Berkeley/Los Angeles/London.

*Gladwin, Francis (1788). The *History of Hindostan* during the Reigns of Jahángír, Sháhjehán and Aurungzebe, Bd. 1, Kalkutta.

*Gladwin, Francis, Übers. (1800). *Ayeen Akbery*; or, the Institutes of the Emperor Akbar, 2 Bde., London.

*Gmelin, Johann Georg (1751–52). *Reise* durch Sibirien von dem Jahr 1733 bis 1743, 4 Bde., Göttingen.

*Gmelin, Samuel Georg [recte: Gottlieb] (1770–84). *Reise* durch Rußland zur Untersuchung der drey Natur-Reiche, 4 Bde., St. Petersburg.

[Gmelin] (1981). *Gmelin* – Eine Tübinger Gelehrtenfamilie im 18. Jahrhundert. Eine Ausstellung im Mai 1981, Tübingen.

Godlewska, Anne (1994). *Napoleon's Geographers* (1797–1815): Imperialism and Soldiers of Modernity, in: dies./N. Smith (Hg.), Geography and Empire, Oxford, S. 31–53.

*Godwin, William (1971). *Enquiry* Concerning Political Justice, ed. by K. C. Carter, Oxford [zuerst 1793].

*Goerres, Joseph (1810). *Mythengeschichte* der asiatischen Welt, 2 Bde., Heidelberg.

*Goguet, Antoine-Yves (1758). *L'Origine* des loix, des arts, et des sciences; et de leurs progrès chez les anciens peuples, 3 Bde., Paris.

Goldstone, Jack A. (1991). *Revolution* and Rebellion in the Early Modern World, Berkeley.

Gollwitzer, Heinz (1964). *Europabild* und Europagedanke: Beiträge zur deutschen Geistesgeschichte des 18. und 19. Jahrhunderts, 2. Aufl., München.

Gollwitzer, Heinz (1972–82). *Geschichte* des weltpolitischen Denkens, 2 Bde., Göttingen.

*[Golovnin, Vasilij Michailovič] (1817). *Begebenheiten* des Capitains von der Russisch-Kaiserlichen Marine Golownin in der Gefangenschaft bei den Japanern in den Jahre 1811, 1812 und 1813, 2 Bde., Leipzig.

Gommans, Jos J. L. (1995). The Rise of the *Indo-Afghan Empire*, c. 1710–1780, Leiden.
Gong, Gerritt W. (1984). The *Standard* of «Civilization» in International Society, Oxford.
Goodman, Dena (1994). The *Republic* of Letters: A Cultural History of the French Enlightenment, Ithaca/London.
Goodman, Grant K. (1986). *Japan*: The Dutch Experience, London.
Goody, Jack (1996). The *East* in the West, Cambridge.
Gordon, Stewart (1993). The *Marathas* 1600–1818, Cambridge.
*Graaff, Nicolaas de (1930). Oost-Indise *Spiegel* [zuerst 1703], in: Reisen van Nicolaus de Graaff, gedaan naar alle gewesten des Werelds, beginnende 1639 tot 1687 incluis, hg. v. J. C. M. Warnsinck, s'Gravenhage.
Grafton, Anthony (1993). *New Worlds* and Ancient Texts: The Power of Tradition and the Shock of Discovery, Cambridge,Mass.
Grafton, Anthony (1995). Die tragischen Ursprünge der deutschen *Fußnote*, Berlin.
Grandner, Margarete/Andrea Komlosy, Hg. (2004). *Vom Weltgeist beseelt. Globalgeschichte 1700–1815*, Wien.
*Grant, James (1791). An Inquiry into the Nature of *Zemindary Tenures* in the Landed Property of Bengal, 2nd ed., London.
*Grant Duff, James (1826). A History of the *Mahrattas*, 3 Bde., London.
Granzow, Uwe (1986). *Quadrant*, Kompaß und Chronometer: Technische Implikationen des euro-asiatischen Seehandels von 1500 bis 1800, Stuttgart.
*Grasset de Saint-Sauveur, Jacques (1796). *Encyclopédie* des voyages, 5 Bde., Paris.
Grasshoff, Helmut, Hg. (1986). *Literaturbeziehungen* im 18. Jahrhundert: Studien und Quellen zur deutsch-russischen und russisch-westeuropäischen Kommunikation, Berlin (DDR) 1986.
Greaves, Rose (1991). *Iranian Relations* with Great Britain and British India, 1798–1921, in: Avery u. a., *From Nâdir Shah*, S. 374–425.
Greenblatt, Stephen (1991). *Marvellous Possessions*: The Wonder of the New World, Oxford.
Greener, Leslie (1966). The *Discovery* of Egypt, London.
*Gregory, George (1788). *Essays* Historical and Moral, 2nd ed., London.
*Grelot, Guillaume Joseph (1680). *Relation nouvelle* d'un voyage de Constantinopel, Paris.
Grewal, J. S. (1970). *Muslim Rule* in India: The Assessments of British Historians, Calcutta.
Griep, Wolfgang, Hg. (1991). *Sehen* und Beschreiben: Europäische Reisen im 18. und frühen 19. Jahrhundert, Heide.
Griep, Wolfgang/Hans-Wolf Jäger, Hg. (1986). *Reisen im 18. Jahrhundert*: Neue Untersuchungen, Heidelberg.
Groh, Dieter (1961). *Rußland* und das Selbstverständnis Europas: Ein Beitrag zur europäischen Geistesgeschichte, Neuwied.
Groot, Alexander H. de (1996). The Changing National Character of the *Dragoman* (1756–1863), in: Höpp, *Fremde Erfahrungen*, S. 297–317.
*Grose, John Henry (1772). A *Voyage* to the East Indies, new ed., 2 Bde., London [zuerst 1764].
*Grosier, abbé Jean-Baptiste-Gabriel-Alexandre (1777). *Discours préliminaire*, in: de Mailla, *Histoire générale* (1777–80), Bd. 1, S. xxi–xlviii.

*Grosier, abbé Jean-Baptiste-Gabriel-Alexandre (1785). *Description générale* de la Chine, ou Tableau de l'état actuel de cet empire, Paris.

*Grosier, abbé Jean-Baptiste-Gabriel-Alexandre (1818–20). *De la Chine*, ou Description générale de cet Empire, rédigée d'après les mémoires de la Mission de Pé-kin, 3e éd., 7 Bde., Paris.

Grosrichard, Alain (1979). *Structure du sérail*: La fiction du despotisme asiatique dans l'occident classique, Paris.

Grothaus, Maximilian (1983). Zum *Türkenbild* in der Adels- und Volkskultur der Habsburgermonarchie von 1650 bis 1800, in: Heiss/Klingenstein, *Das Osmanische Reich*, S. 63–88.

Grotsch, Klaus (1989). Das *Sanskrit* und die Ursprache, in: J. Gessinger/W. v. Rahden (Hg.), Theorien vom Ursprung der Sprache, Bd. 2, Berlin/New York, S. 85–121.

Grove, Richard (1995). *Green Imperialism*: Colonial Scientists, Ecological Crises and the History of Environmental Concern, 1600–1800, Cambridge.

Grove, Richard (1996). *Indigenous Knowledge* and the Significance of South-West India for Portuguese and Dutch Constructions of Tropical Nature, in: MAS 30, S. 121–43.

Grundmann, Johannes (1900). Die geographischen und völkerkundlichen *Quellen* und Anschauungen in Herders «Ideen zur Geschichte der Menschheit», Berlin.

Güçek, Fatma Müge (1987). *East Encounters West*: France and the Ottoman Empire in the Eighteenth Century, New York/Oxford.

*Güldenstädt, Johann Anton (1787–91). *Reise durch Rußland* und ins Caucasische Gebürge, 2 Bde., St. Petersburg.

*Guer, Jean Antoine (1747). *Mœurs et usages* des Turcs: Leur religion, leur gouvernement civil, militaire et politique, 2 Bde., Paris.

Guha, Ranajit (1963). A *Rule of Property* for Bengal: An Essay on the Idea of Permanent Settlement, Paris/Den Haag.

*Guignes, Chrétien Louis Joseph de (1808). *Voyages* à Peking, Manille et l'Ile de France, Faits dans l'intervalle des années 1784 à 1801, 3 Bde., Paris.

*Guignes, Joseph de (1756–58). *Histoire générale* des huns, des turcs, des mogols, et des autres tartares occidentaux, &c., avant et depuis Jesus-Christ jusqu'à présent, 4 Bde., Paris.

*Guignes, Joseph de (1759). *Mémoire* dans lequel on prouve que les Chinois sont une colonie Égyptienne, nouv. éd., Paris.

*Guizot, François (1985). *Histoire* de la civilisation en Europe: depuis la chute de l'Empire romain jusqu'à la Révolution française, éd. par P. Ronsavallon, Paris [zuerst 1828].

Gunn, Geoffrey C. (2003). *First Globalization: The Eurasian Exchange, 1500–1800*, Lanham, Md.

*Guthrie, William (1771). A New Geographical, Historical, and Commercial *Grammar*; and Present State of the Several Kingdoms of the World, 2nd ed., 2 Bde., London.

Guy, Basil (1963). The *French Image* of China before and after Voltaire, Genf.

*Guyon, Abbé Claude Marie (1757). A New History of the *East-Indies*, Ancient and Modern 2 Bde., London [zuerst frz. 1744].

Haarmann, Ulrich (1987). *Der arabische Osten* im späten Mittelalter 1250–1517, in: ders. (Hg.), Geschichte der arabischen Welt, München, S. 217–63.

Haase, Wolfgang/Meyer Reinhold, Hg. (1993). The *Classical Tradition* and the Americas. Bd. 1: European Images of the Americas and the Classical Tradition. Part 1, New York.

Haberland, Detlef (1990). *Von Lemgo nach Japan*: Das ungewöhnliche Leben des Engelbert Kaempfer 1651 bis 1716, Bielefeld.

Haberland, Detlef, Hg. (1993). Engelbert *Kaempfer*: Werk und Wirkung, Stuttgart.

Haberland, Detlef, Hg. (2004). *Engelbert Kaempfer (1651–1716). Ein Gelehrtenleben zwischen Tradition und Innovation*, Wiesbaden.

*Habesci, Elias (1784). The Present State of the *Ottoman Empire*, translated from the French manuscript, London.

Hachicho, Mohammed Ali (1964). *English Travel Books* about the Arab Near East in the 18th Century, in: Die Welt des Islams 9, S. 1–206.

*Hager, Johann Georg (1773). Ausführliche *Geographie*, 4. Aufl., 2 Bde., Chemnitz.

*Hakluyt, Richard (1809–12). Hakluyt's Edition of the Early *Voyages*, Travels, and Discoveries of the English Nation, new ed., 4 Bde., London.

Halbfass, Wilhelm (1988). *India* and Europe: An Essay in Understanding, New York.

*Hall, Basil (1818). *Account* of a Voyage of Discovery to the West Coast of Corea, and the Great Loo-Choo Island, London.

Hall, D. G. E., Hg. (1961). *Historians* of South East Asia, London.

Hall, D. G. E. (1968). A History of *South-East Asia*, 3rd ed., London.

Hall, John Whitney, Hg. (1991). The Cambridge History of Japan. Bd. 4: *Early Modern Japan*, Cambridge.

Hallinger, Johannes Franz (1996). Das *Ende der Chinoiserie*: Die Auflösung eines Phänomens der Kunst in der Zeit der Aufklärung, München.

Halsband, Robert (1956). The Life of *Lady Mary Wortley Montagu*, Oxford.

*Hamel, Hendrik (1971). An *Account* of the Shipwreck of a Dutch Vessel on the Coast of the Isle of Quelpaert, Together with a Description of the Kingdom of Korea [zuerst holl. 1668], in: Ledyard, *The Dutch*, S. 171–226.

*Hamilton, Alexander (1930). A *New Acccount* of the East Indies, ed. by Sir William Foster, 2 Bde., London [zuerst 1727].

*Hamilton, Charles (1787). An Historical Relation of the Origin, Progress, and Final Dissolution of the Government of *Rohilla Afgans* in the North Provincs of Hindostan, London.

*Hamilton, Francis [d. i. Francis Buchanan] (1819). An Account of the Kingdom of *Nepal*, and of the Territories Annexed to this Dominion by the House of Gorkha, Edinburgh.

*Hamilton, Walter (1828): The *East-India Gazetteer*, 2nd ed., 2 Bde., London.

*Hammer-Purgstall, Joseph von (1815). Des osmanischen Reiches *Staatsverfassung* und Staatsverwaltung. Dargestellt aus den Quellen seiner Grundgesetze, 2 Bde., Wien.

*Hammer-Purgstall, Joseph von (1818). *Umblick* auf einer Reise von Constantinopel nach Brussa und dem Olympos, Pesth.

*Hammer-Purgstall, Joseph von (1822). *Constantinopolis* und der Bosporos, örtlich und geschichtlich beschrieben, 2 Bde., Pesth.

★Hammer-Purgstall, Joseph von (1827–35). *Geschichte des Osmanischen Reiches*, grosstheils aus bisher unbenützten Handschriften und Archiven, 10 Bde., Pesth.

★Hammer-Purgstall, Joseph von (1840). *Geschichte der Goldenen Horde* in Kiptschak, das ist der Mongolen in Rusland, Pesth.

★Hammer-Purgstall, Joseph von (1856). Geschichte der *Chane der Krim* unter Osmanischer Herrschaft, Wien.

★Hammer-Purgstall, Joseph von (1940). *Erinnerungen* aus meinem Leben 1774–1852. Bearb. v. R. Bachofen von Echt, Wien/Leipzig.

Hansen, Thorkild (1965). *Reise nach Arabien*: Die Geschichte der Königlich-Dänischen Jemen-Expedition 1761–1767, dt. v. D. R. H. Jehnich, Hamburg.

★Hanway, Jonas (1753). An *Historical Account* of the British Trade over the Caspian Sea; with a Journal of Travels from London through Russia and Persia, 4 Bde., London.

Harbsmeier, Christoph (1992). *La connaissance du chinois*, in: Auroux, *Histoire*, Bd. 2, S. 299–312.

Harbsmeier, Michael (1989). Writing and the Other: Travellers Literary, or Towards an Archaeology of *Orality*, in: K. Schousboe/M. T. Larsen (Hg.), Literacy and Society, Kopenhagen, S. 197–228.

Harbsmeier. Michael (1989). *World Histories* before Domestication: Writing Universal Histories, Histories of Mankind and World Histories in 18th-Century Germany, in: Culture and History 5, S. 93–131.

Harbsmeier,. Michael (1991). *Before Decipherment*: Persepolitan Hypotheses in the Late 18th Century, in: Culture and History 11, S. 23–59.

Harbsmeier, Michael (1991). *Kadu und Maheine*: Entdeckerfreundschaften in deutschen Weltreisen um die Wende zum 19. Jahrhundert, in: Griep, *Sehen*, S. 150–78.

Harbsmeier, Michael (1992). *Rückwirkungen* des europäischen Ausgreifens nach Übersee auf den deutschen anthropologischen Diskurs um 1800, in: Vierhaus u. a., *Frühe Neuzeit*, S. 422–42.

Harbsmeier, Michael (1994). *Wilde Völkerkunde*: Andere Welten in deutschen Reiseberichten der Frühen Neuzeit, Frankfurt a. M./New York.

Hardtwig, Wolfgang (Hg.) 2010. *Die Aufklärung und ihre Weltwirkung*, Göttingen.

Harley, J. B./David Woodward, Hg,. (1994). The *History of Cartography*. Bd. 2, Buch 2: Cartography in the Traditional East and Southeast Asian Societies, Chicago/London.

★Harmer, Thomas (1786–87). *Observations* on Divers Passages of Scripture, 2. Aufl., 4 Bde., London.

Harris, John (1970). Sir William *Chambers*: Knight of the Polar Star, University Park/London.

★Harris, John/[John Campbell] (1744–48). Navigantium atque Itinerantium *Bibliotheca* or, A Complete Collection of Voyages and Travels, now carefully revised, 2 Bde., London.

Harris, Marvin (1969). The Rise of *Anthropological Theory*: A History of Theories of Culture, London.

Harrison, John/Peter Laslett (1971). The *Library* of John Locke, 2nd ed., Oxford.

Harth, Erica (1983). *Ideology* and Culture in Seventeenth-Century France, Ithaca/London.

*Hassel, Johann Georg Heinrich (1817–18). Geographisch-statistisches *Handwörterbuch*, 2 Bde., Weimar.

Hathaway, Jane (1997). The *Politics of Households* in Ottoman Egypt: The Rise of the Qazdaglis, Cambridge.

Hauner, Milan (1990). *What is Asia to Us?* Russia's Asian Heartland Yesterday and Today, Boston.

*Hausleutner, Philipp Wilhelm Gottlieb (1791–92). Geschichte der *Araber in Sicilien* und Sicilien's unter der Herrschaft der Araber, 4 Bde., Königsberg.

Hay, Denys (1968). *Europe*: The Emergence of an Idea, rev. ed., Edinburgh.

Hayter, Aletha (1968). *Opium* and the Romantic Imagination. London.

*Heber, Reginald (1828). Narrative of a *Journey* through the Upper Provinces of India, from Calcutta to Bombay, 1824–1825, 3rd ed., 3 Bde., London.

*Heeren, Arnold Hermann Ludwig (1821–26). *Historische Werke*, 15 Bde., Göttingen.

*Hegel, Georg Wilhelm Friedrich (1923). Vorlesungen über die Philosophie der Weltgeschichte. Bd. 2: *Die orientalische Welt*, hg. v. Georg Lasson, Hamburg.

*Hegel, Georg Wilhelm Friedrich (1957–71). Sämtliche Werke. *Jubiläumsausgabe* in 20 Bänden, hg. v. H, Glockner, Stuttgart.

*Hegel, Georg Wilhelm Friedrich (1994). Vorlesungen über die Philosophie der Weltgeschichte. Bd. 1: Die *Vernunft* in der Geschichte, hg. v. J. Hoffmeister, 6. Aufl., Hamburg.

*Hegel, Georg Wilhelm Friedrich (1996). *Vorlesungen* über die Philosophie der Weltgeschichte. Berlin 1822/1823. Nachschriften von Karl Gustav Julius von Griesheim, Heinrich Gustav Hotho und Friedrich Carl Hermann Victor von Kehler, hg. v. K. H. Ilting/K. Brehmer/H. N. Seelmann, Hamburg 1996.

Heilbron, Johan (1995). The Rise of *Social Theory*, Oxford.

Heiss, Gernot/Grete Klingenstein, Hg. (1983). *Das Osmanische Reich* und Europa 1683 bis 1789: Konflikt, Entspannung und Austausch, München.

*Heissig, Walther, Hg. (1971). *Mongoleireise* zur späten Goethezeit: Berichte und Bilder des J. Rehmann und A. Thesleff, Wiesbaden.

Hellmann, Kai-Uwe (1998). *Fremdheit* als soziale Konstruktion: Eine Studie zur Systemtheorie des Fremden, in: Münkler, *Herausforderung*, S. 401–59.

*Helvétius, Claude-Adrien (1973). *Vom Geist.* Aus d. Frz. übers. v. Th. Lücke, Berlin/Weimar [zuerst. 1758].

Heniger, Johannes (1986). *Hendrik Adriaan van Reede* tot Drakenstein (1636–1691) and Hortus Malabaricus: A Contribution to the History of Dutch Colonial Botany, Rotterdam/Boston.

Henning, Georg (1906). Die *Reiseberichte* über Sibirien von Herberstein bis Ides, in: Mitteilungen des Vereins für Erdkunde zu Leipzig 1905, S. 241–394.

*Hennings, August (1784). *Geschichte* des Privathandels und der itzigen Verfaßungen der Dänen in Ostindien, Kopenhagen.

*Hennings, August (1784–86). *Gegenwärtiger Zustand* der Besitzungen der Europäer in Ostindien, 3 Bde., Hamburg/Kiel (Bd. 1–2) Kopenhagen (Bd. 3).

*Hennings, August (1786). Versuch einer Ostindischen *Litteratur-Geschichte*, Hamburg/Kiel.

Hentsch, Thierry (1988). *L'orient imaginaire*: La vision politique occidentale de l'Est méditerranéen, Paris.

Hentschel, Uwe (1991). Die *Reiseliteratur* am Ausgang des 18. Jahrhunderts: Vom gelehrten Bericht zur literarischen Beschreibung, in: Internationales Archiv für Sozialgeschichte der deutschen Literatur 16, S. 51–83.

Henze, Dietmar (1978 ff.). *Enzyklopädie* der Entdecker und Erforscher der Erde, Graz.

*d'Herbelot, Barthélemi (1777–79). *Bibliothèque Orientale*, ou Dictionnaire Universel contenant Tout ce qui fait connoître les Peuples de l'Orient, 4 Bde., Den Haag [zuerst 1697].

*Herder, Johann Gottfried (1989). *Ideen* zur Philosophie der Geschichte der Menschheit [zuerst 1784–91], Frankfurt a. M. (= Werke in zehn Bänden, hg. v. M. Bollacker u. a., Bd. 6).

*Herrmann, Friedrich (1799). *Gemählde von Ostindien* in geographischer, naturhistorischer, religiöser, sittlicher, artistischer, merkantilischer und politischer Hinsicht, Leipzig.

*Heude, William (1819). A *Voyage* up the Persian Gulf, and a Journey Overland from India to England in 1817, London.

Hevia, James (1995). *Cherishing Men from Afar*: Qing Guest Ritual and the Macartney Embassy of 1793, Durham, N.C./London.

Heydemann, Günther (1989). *Philhellenismus* in Deutschland und Großbritannien, in: A. M. Birke/G. Heydemann (Hg.), Die Herausforderung des europäischen Staatensystems, Göttingen/Zürich, S. 31–60.

*Heydt, Johann Wolfgang (1744). Allerneuester geographischer und topographischer *Schauplatz* von Africa und Ost-Indien, Wilhermsdorf/Nürnberg.

*Hickey, W. (1975). *Memoirs* of William Hickey [aus den Jahren 1749–1809], ed. by P. Quennell, London/Boston.

*Hill, Aaron (1709). A Full and Just Account of the Present State of the *Ottoman Empire*, London.

Hintzsche, Wieland/Thomas Nickol, Hg. (1996). *Die Große Nordische Expedition*: Georg Wilhelm Steller (1709–1746). Ein Lutheraner erforscht Sibirien und Alaska, Gotha.

*Hirschfeld, Christian Cayus Lorenz (1777). Von der *Gastfreundschaft*. Eine Apologie für die Menschheit, Leipzig.

*Hirschfeld, Christian Cayus Lorenz (1779–85). Theorie der *Gartenkunst*, 5 Bde., Leipzig.

*Hirschfeld, Christian Cayus Lorenz, Hg. (1780–85). *Bibliothek* der Geschichte der Menschheit, 8 Bde., Leipzig.

Hoare, Michael E. (1976). The *Tactless Philosopher*: Johann Reinhold Forster (1729–98), Melbourne.

Hoare, Michael E. (1982). *Introduction*, in: J. R. Forster, *«Resolution» Journal*, Bd. 1, S. 1–122.

*Hobhouse, John C. [Baron Broughton] (1813). A *Journey* through Albania and Other Provinces of Turkey in Europe and Asia, to Constantinopel, During the Years 1809 and 1810, 2nd ed., 2 Bde., London.

Hodgen, Margaret T. (1964). *Early Anthropology* in the Sixteenth and Seventeenth Centuries, Philadelphia.

*Hodges, William (1793). *Reisen* nach Ostindien während der Jahre 1780, 1981, 1782 und 1783. Aus dem Englischen, Hamburg.

Hodgson, Marshall G. S. (1974). The *Venture* of Islam: Conscience and History in a World Civilization, 3 Bde., Chicago/London.

Höllmann, Sabine (1990). Ägyptisches Alltagsleben im Spiegel der Reiseaufzeichnungen von Johann Michael *Wansleben* (1635–1679), in: Münchner Beiträge zur Völkerkunde 3, S. 81–122.

Höpp, Gerhard, Hg. (1996). *Fremde Erfahrungen*: Asiaten und Afrikaner in Deutschland, Österreich und in der Schweiz bis 1945, Berlin.

Hoffmann, Peter (1982). Gerhard Friedrich *Müller* (1705–1783), in: Winter/Jarosch, *Wegbereiter*, S. 71–78.

Hoffmann, Peter (1988). *Rußland* im Zeitalter des Absolutismus, Berlin.

Hoffmann, Peter (1995). *Einleitung*, in: ders./Osipov, *Geographie*, S. 9–36.

*Hoffmann, Peter/V. I. Osipov, Hg. (1995). *Geographie*, Geschichte und Bildungswesen in Rußland und Deutschland im 18. Jahrhundert: Briefwechsel Anton Friedrich Büsching – Gerhard Friedrich Müller 1751 bis 1783, Berlin.

*Holberg, Ludwig von (1748–54). *Vergleichung* der Historien und Thaten verschiedener insonderheit Orientalisch- und Indianischer Grosser Helden und Berühmter Männer. Nach Plutarchi Beyspiel, 2 Bde., Bd. 1: o. O. 1754, Bd. 2: Kopenhagen 1748.

*Holwell, John Zephaniah (1765). Interesting *Historical Events*, Relative to the Provinces of Bengal and the Empire of Hindostan, London.

*Home, Henry: siehe Kames.

Hoskins, Halford Lancaster (1928). *British Routes* to India, London.

Hourani, Albert (1980). *Europe* and the Middle East, London/Basingstoke.

Hourani, Albert (1991). *Islam* in European Thought, Cambridge.

Hudemann, Rainer/Hartmut Kaelble/Klaus Schwabe, Hg. (1995). *Europa* im Blick der Historiker, München.

*Hübner, Johann (1727–31). *Kurtze Fragen* aus der Politischen Historia, Hamburg.

*Hüllmann, Karl Dietrich (1796). Historisch-kritischer *Versuch* über die Lamaische Religion, Berlin.

*Hüllmann, Karl-Dietrich (1796). *Geschichte der Mongolen* bis zum Jahre 1206. Ein Beitrag zur Berichtigung der Geschichte und Erdbeschreibung des mittleren Asiens, Berlin.

*Hüttner, Johann Christian (1996). *Nachricht* von der britischen Gesandschaftsreise durch China und einen Teil der Tartarei, hg. v. S. Dabringhaus, Sigmaringen [zuerst 1797].

*Humboldt, Alexander von (1814–25). *Relation historique* du voyage aux régions équinoxiales du Nouveau Continent, 3 Bde., Paris.

*Humboldt, Alexander von (1825–27). *Essai politique* sur le Royaume de la Nouvelle-Espagne, 2e éd., 3 Bde.,Paris [zuerst 1808].

*Humboldt, Alexander von (1983). *Reise durchs Baltikum* nach Rußland und Sibirien 1829, hg. v. H. Beck, Stuttgart.

*Humboldt, Alexander von (1986). Reise auf dem *Río Magdalena* durch die Anden und Mexico. Teil I: Texte. Aus seinen Reisetagebüchern zus. u. erl. durch M. Faak, Berlin.

*Humboldt, Alexander von (1987). *Ansichten* der Natur, hg. v. H. Beck, Darmstadt (= Studienausgabe, Bd. 5).

*Humboldt, Alexander von (1989). Die *Wiederentdeckung* der Neuen Welt, hg. v. P. K. Schäfer, Berlin.

*Hume, David (1983). The *History* of England from the Invasion of Julius Caesar to the Revolution of 1688, 6 Bde., Indianapolis [zuerst 1754–62].

*Hume, David (1987). *Essays* Moral, Political, and Literary, ed. by Eugene F. Miller, Indianapolis [zuerst 1741–42].

*Hunter, William (1785). A Concise Account of the Kingdom of *Pegu*, Kalkutta.

Huntington, Samuel P. (1996). *Kampf* der Kulturen: Die Neugestaltung der Weltpolitik im 21. Jahrhundert, dt. v. H. Fliessbach, München/Wien.

Huonder, Anton, S. J. (1899). Deutsche *Jesuitenmissionäre* des 17. und 18. Jahrhunderts: Ein Beitrag zur Missionsgeschichte und zur deutschen Biographie, Freiburg i. Br.

Husain, Iqbal (1994). The *Ruhela Chieftaincies*: The Rise and Fall of Ruhela Power in India in the Eighteenth Century, Delhi.

*Ides, Evert Isbrands (1706). *Three Years Travels* from Moscow over-land to China, London [zuerst holl. 1704].

Imbruglia, Girolamo (1995). *Despotisme* et féodalité dans l'«Histoire des deux Indes», in: Lüsebrink/Strugnell, *L'Histoire des deux Indes*, S. 105–17.

Impey, Oliver (1977). *Chinoiserie*: The Impact of Oriental Style on Western Art and Decoration, London.

İnalcik, Halil (1996). The Meaning of *Legacy*: The Ottoman Case, in: L. C. Brown, *Imperial Legacy*, S. 17–24.

Inden, Ronald (1990). *Imagining India*, Oxford.

Irwin, Robert (2006). *For Lust of Knowing: The Orientalists and Their Enemies*, London.

İslamoğlu-İnan, Huri (1987). Introduction: «*Oriental Despotism*» in World-System Perspective, in: dies. (Hg.), The Ottoman Empire and the World-Economy, Cambridge/Paris, S. 1–24.

Jackson, Peter/Laurence Lockhart, Hg. (1986). The Cambridge History of Iran. Bd. 6: The *Timurid and Safavid Periods*, Cambridge.

Jacobs, Michael (1995). The *Painted Voyage*: Art, Travel and Exploration, 1564–1875, London.

Jacq-Hergoualch, Michel (1993). L'Europe et le *Siam* du XVIe au XVIIIe siècle: Apports culturels, Paris.

Jäger, Hans-Wolf (1986). *Herder* als Leser von Reiseliteratur, in: Griep/Jäger, *Reisen im 18. Jahrhundert*, S. 181–99.

Jäger, Hans-Wolf, Hg. (1992). *Europäisches Reisen* im Zeitalter der Aufklärung, Heidelberg.

Jain, M. P. (1966). *Outlines* of Indian Legal History, 2nd ed., Bombay.

Jami, Cathérine/Hubert Delahaye. Hg. (1993). *L'Europe en Chine*: Interactions scientifiques, religieuses et culturelles aux XVIIe et XVIIIe siècles, Paris.

Jasanoff, Maya (2005). *Edge of Empire: Conquest and Collecting in the East 1750–1850*, New York.

*Jaubert, Amédée (1821). *Voyage* en Arménie et en Perse, fait dans les années 1805 et 1806, Paris.

Jelavich, Barbara (1983). History of the *Balkans*. Bd. 1: Eighteenth and Nineteenth Centuries, Cambridge.

*Jenour, Matthew (1791). The *Route to India*, London.

Jeyaraj, Daniel (1996). *Inkulturation* in Tranquebar: Der Beitrag der frühen dänisch-halleschen Mission zum Werden einer indisch-einheimischen Kirche (1706–1730), Erlangen.

Jobst, Kerstin S. (2000). Orientalism, E. W. Said und die Osteuropäische Geschichte, in: *Saeculum* 51, S. 250–66.

*Johnson, James (1807). The *Oriental Voyager*, or Descriptive Sketches and Cursory Remarks on a Voyage to India and China, London.

Johnson, Paul (1991). The *Birth of the Modern*: World Society 1815–1830, New York.

*Johnson, Samuel (1742). *Essay* on the «Description of China» in two Volumes Folio. From the French of Père Du Halde, in: Gentleman's Magazin, Bd. 12, S. 320–23, 353–57, 484–486.

*Joliffe, T. R. (1821). *Reise* in Palästina, Syrien und Aegypten im Jahre 1817, Leipzig.

Jones, W. R. (1971). The *Image* of the Barbarian in Medieval Europe, in: CSSH 13, S. 376–407.

*Jones, William, Übers. (1770). *Histoire de Nader Shah*, traduite du Persan par ordre de Sa Majesté le Roi de Dannemark, London.

*Jones, Sir William u. a. (1795). *Abhandlungen* über die Geschichte und Alterthümer, die Künste, Wissenschaft und Literatur Asiens, 2 Bde., Riga.

*Jones, Sir William (1807). *Works*, 13 Bde., London.

*Jones, Sir William (1970). The *Letters* of Sir William Jones, ed. by G. Cannon, 2 Bde., Oxford.

*Jones, Sir William (1995). Selected Poetical and *Prose Works*, ed. by M. J. Franklin, Cardiff.

Jürgens, Hanco (2001). Rezension von J. Osterhammel, «Die Entzauberung Asiens», in: *Tijdschrift voor Geschiedenis* 114, S. 287–90.

*Justi, Johann Heinrich Gottlob von (1762). *Vergleichungen* der Europäischen mit den Asiatischen und anderen vermeintlich Barbarischen Regierungen, Berlin/Stettin/Leipzig.

Kaelble, Hartmut (1995). *Europabewußtsein*, Gesellschaft und Geschichte: Forschungsstand und Forschungschancen, in: Hudemann u. a., *Europa*, S. 1–29.

*Kaempfer, Engelbert (1712). *Amoenitatum exoticarum* politico-physico-medicarum fasciculi V, Lemgo.

*Kaempfer, Engelbert (1727). The *History of Japan* ... Translated from his original manuscript, never before printed, by J. G. Scheuchzer, 2 Bde., London.

*Kaempfer, Engelbert (1777–79). *Geschichte* und Beschreibung Japans. Aus den Originalhandschriften des Verfassers hg. v. C. W. Dohm, 2 Bde., Lemgo.

*Kaempfer, Engelbert (1968). Die *Reisetagebücher* Engelbert Kaempfers, bearb. v. K. Meier-Lemgo, Wiesbaden.

*Kaempfer, Engelbert (1977). *Am Hofe* des persischen Großkönigs (1684–1685), hg. v. W. Hinz, Tübingen/Basel [zuerst lat. 1712].

*Kaempfer, Engelbert (1983). *Flora Japonica* [1712]. Reprint, Wiesbaden.

*Kaempfer, Engelbert (1987). *Phoenix Persicus*: Die Geschichte der Dattelpalme. Übers. a. d. Lat. u. bearb. v. W. Muntschick, Marburg [zuerst lat. 1712].

Kästner, Hannes (1997). Das *Gespräch* des Orientreisenden mit dem heidnischen Herrscher, in: H. Wenzel (Hg.), Gespräche – Boten – Briefe: Körpergedächtnis und Schriftgedächtnis im Mittelalter, Berlin, S. 280–95.

*Kames, Henry Home, Lord (1778). *Sketches* of the History of Man, 2nd ed. [zuerst 1774], 4 Bde., Edinburgh.

*Kant, Immanuel (1968). *Werke* in zwölf Bänden, hg. v. W. Weischedel, Frankfurt a. M.

Kapitza, Peter (1980). Engelbert *Kaempfer* und die europäische Aufklärung: Zur Wirkungsgeschichte seines Japanwerkes im 18. Jahrhundert, in: Deutsche Gesellschaft ..., S. 41–63.

*Kapitza. Peter, Hg. (1990). *Japan in Europa*: Texte und Bilddokumente zur europäischen Japankenntnis von Marco Polo bis Wilhelm von Humboldt, 2 Bde. u. Begleitbd., München.

Kappeler, Andreas (1982). *Rußlands erste Nationalitäten*: Das Zarenreich und die Völker der Mittleren Wolga vom 16. bis 19. Jahrhundert, Köln/Wien.

Kappeler, Andreas (1992). *Rußland* als Vielvölkerreich: Entstehung, Geschichte, Zerfall, München.

*Kaul, H. K., Hg. (1979). *Travellers' India*: An Anthology, Delhi.

*Kaul, H. K., Hg. (1985). *Historic Delhi*: An Anthology, Delhi.

Kaye, John William (1856). The Life and Correspondence of Major-General *Sir John Malcolm*, 2 Bde., London.

Keane, John (1988). *Despotism* and Democracy: The Origins and Development of the Distinction between Civil Society and the State 1750–1850, in: ders. (Hg.), Civil Society and the State, London, S. 35–71.

Keene, Donald (1969). The *Japanese Discovery* of Europe, 1720–1830, rev. ed., Stanford.

Kejariwal, O. P. (1988). The *Asiatic Society* of Bengal and the Discovery of India's Past (1784–1838), Oxford.

*Kerr Porter siehe Porter, Robert Kerr.

*Kerr, James (1782). A Short Historical Narrative of the Rise and Rapid Advancement of the *Mahrattah State*, London.

*Kerr, Robert, Hg. (1824). A General *History and Collection* of Voyages and Travels, 18 Bde., Edinburgh (zuerst 1811).

Khazanov, A. M. (1984). *Nomads* and the Outside World. Transl. by J. Crookenden, Cambridge.

Khurana, Gianeshwar (1985). British Historiography on the *Sikh Power* in Punjab, New Delhi.

Kimpel, Dieter, Hg. (1985). *Mehrsprachigkeit* in der deutschen Aufklärung, Hamburg.

*Kindersley, Mrs. [Jemina] (1777). *Briefe* von der Insel Teneriffa, Brasilien, dem Vorgebürge der guten Hoffnung und Ostindien. Aus dem Englischen, Leipzig [zuerst 1777].

*Kinneir, John Macdonald (1813). A Geographical *Memoir* of the Persian Empire, London.

*Kinneir, John Macdonald (1818). *Journey* through Asia Minor, Armenia, and Koordistan, in the Years 1813 and 1814, London.

*Kircher, Athanasius (1667). *China* monumentis, qua sacris qua profanis ... illustrata, Amsterdam

*Kirkpatrick, William (1811). An Account of the Kingdom of *Nepaul*, Being the Substance of Observations Made during a Mission to that Country in the Year 1793, London.

*Klaproth, Julius von (1812–14). *Reise* in den Kaukasus und nach Georgien, unternommen in den Jahren 1807 und 1808, 2 Bde., Halle/Berlin.

*Klaproth, Julius von (1826). *Tableaux Historiques* de l'Asie, depuis la monarchie de Cyrus jusqu'à nos jours, Paris/London/Stuttgart.

*Klaproth, Julius von (1826–28). *Mémoires* relatifs à l'Asie, contenant des recherches historiques, géographiques et philologiques sur les peuples de l'Orient, 3 Bde., Paris.

*Kleemann, Nikolaus Ernst (1771). *Reisen* von Wien über Belgrad bis Kilianova ... in den Jahren 1768, 1769 und 1770. Nebst einem Anhange von den besonderen Merkwürdigkeiten der crimmischen Tartarey, Wien.

Kleinschmidt, Harald (1980). *Japan* im Welt- und Geschichtsbild der Europäer: Bemerkungen zu europäischen Weltgeschichtsdarstellungen vornehmlich des 16. bis 18. Jahrhunderts, in: BJOF 3, S. 137–207.

*Kleuker, Johann Friedrich (1781–83). *Anhang zum Zend-Avesta*, 2 Bde. in 4 Teilen, Leipzig/Riga.

Kling, Blair B. /M. N. Pearson, Hg. (1979). The *Age of Partnership*: Europeans in Asia before Dominion, Honululu.

Klingenstein, Grete u. a., Hg. (1980). *Europäisierung* der Erde? Studien zur Einwirkung Europas auf die außereuropäische Welt, Wien.

Klug, Ekkehard (1987). *Das «asiatische» Rußland*: Über die Entstehung eines europäischen Vorurteils, in: HZ 245, S. 265–89.

*Knolles, Richard (1603). The *Generall Historie of the Turkes*, London.

*Knolles, Richard (1687–1700). The *Turkish History* from the Original of that Nation to the Growth of the Ottoman Empire, 6th ed., 3 Bde., London.

*Knox, Robert (1681). An *Historical Relation* of the Island of Ceylon, in the East-Indies, London.

Koebner, Richard (1951). *Despot* and Despotism: Vicissitudes of a Political Theme, in: Journal of the Warburg and Courtauld Institutes 14, S. 275–302.

*Köhler, Johann Tobias, Hg. (1767–69). *Sammlung* neuer Reisebeschreibungen aus fremden Sprachen, 2 Bde., Göttingen/Gotha.

König, Hans-Joachim/Wolfgang Reinhard/Reinhardt Wendt, Hg. (1989). Der europäische *Beobachter* außereuropäischer Kulturen: Zur Problematik der Wirklichkeitswahrnehmung, Berlin.

*Koffler, Johannes (1803). *Historica Cochinchinae Decriptio*, Nürnberg.

Kohl, Karl-Heinz (1986). *Entzauberter Blick*: Das Bild vom Guten Wilden und die Erfahrung der Zivilisation, Frankfurt a. M.

Kohl, Karl-Heinz (1987). *Abwehr* und Verlangen: Zur Geschichte der Ethnologie, Frankfurt a. M./New York.

*Kolb, Peter (1719). *Caput Bonae Spei Hodiernum*. Das ist: Vollständige Beschreibung des Afrikanischen Vorgebürges der Guten Hoffnung, Nürnberg.

Kopf, David (1969). British *Orientalism* and the Bengal Renaissance: The Dynamics of Indian Modernization 1773–1835, Berkeley/Los Angeles/London.

Korshin, Paul J., Hg. (1976). The Widening *Circle*: Essays on the Circulation of Literature in Eighteenth-Century Europe, Philadelphia.

*Kosegarten, Johann Gottfried Ludwig (1831). *Morgenländische Alterthumskunde* oder Beschreibung der Religion, Gesetze, Sitten und Wissenschaften der alten morgenländischen Völker, Dresden.

Koselleck, Reinhart (1979). *Vergangene Zukunft*: Zur Semantik geschichtlicher Zeiten, Frankfurt a. M.

*Kotzebue, Otto von (1821). *Entdeckungs-Reise* in die Süd-See und nach der Behrings-Straße ..., unternommen in den Jahren 1815, 1816, 1817 und 1818 ..., 3 Bde., Weimar.

*Kotzebue, Otto von (1830). *Neue Reise* um die Welt in den Jahren 1823, 24, 25 und 26, 2 Bde., Weimar/St. Petersburg.

Krader, Lawrence (1975). The *Asiatic Mode of Production*: Sources, Development and Critique in the Writings of Karl Marx, Assen.

Krahl, Joseph (1964). *China Missions* in Crisis: Bishop Laimbeckhoven and His Times, 1738–1787, Rom.

Kramer, Fritz (1977). *Verkehrte Welten*: Zur imaginären Ethnographie des 19. Jahrhunderts, Frankfurt a. M.

*Krascheninnikow, Stephan (1766). Beschreibung des Landes *Kamtschatka*, übers. v. J. T. Köhler, Lemgo [zuerst russ. 1755].

Krasnobaev, Boris I./Gert Robel/Herbert Zeman, Hg. (1980). *Reisen* und Reisebeschreibungen im 18. und 19. Jahrhundert als Quellen der Kulturbeziehungsforschung, Berlin.

Kraus, Alexander/Andreas Renner, Hg. (2008). *Orte eigener Vernunft. Europäische Aufklärung jenseits der Zentren*, Frankfurt a. M./New York.

Krauss, Werner (1979). Zur *Anthropologie* des 18. Jahrhunderts: Die Frühgeschichte der Menschheit im Blickpunkt der Aufklärung, hg. v. H. Kortum u. C. Gohnisch, München/Wien.

Kreiner, Josef (1990). Das *Bild Japans* in der europäischen Geistesgeschichte, in: Japanstudien 1, S. 13–42.

Kreiser, Klaus (1995). «Haben die *Türken* Verstand?» Zur europäischen Orientdebatte im napoleonischen Zeitalter, in: [Seetzen], S. 155–73.

*Kroell, Anne (1982). Douze Lettres de Jean *Chardin*, in: JA 270, S. 295–337.

*Krusenstern, Adam Johann von (1811–12). *Reise um die Welt* in den Jahren 1803, 1804, 1805, 1806 auf Befehl Seiner Kaiserl. Majestät Alexander des Ersten auf den Schiffen Nadeshda und Newa, 2. Ausg., 3 Bde., Berlin.

*Krusinksi, Judas Thaddæus (1728). Histoire de la dernière *Revolution de Perse*, 2 Bde., Paris.

*Krusinski, Judas Thaddæus (1728). The History of the *Revolution in Persia*. Done into English ... by Father Du Cerceau, 2 Bde., London.

Kühn, Arthur (1939). Die *Neugestaltung* der deutschen Geographie im 18. Jahrhundert, Leipzig.

Kumar, Deepak (1990). The Evolution of *Colonial Science* in India: Natural History and the East India Company, in: MacKenzie, *Imperialism*, S. 51–66.

Kupperman, Karen Ordahl, Hg. (1995). *America* in European Consciousness, 1493–1750, Chapel Hill/London.

Kupperman, Karen Ordahl (1995). *Introduction*: The Changing Definitions of America, in: ebd., S. 1–29.

*La Bissachère, Pierre-Jacques Lemonnier de (1812). Etat actuelle du *Tunkin*, de la Cochinchine, et des Royaumes du Cambodge, Laos et Lac-Tho, 2 Bde., Paris.

*La Loubère, Simon de (1693). A New Historical Relation of the Kingdom of *Siam*. Done out of French, 2 Bde., London [zuerst frz. 1691].

Lach, Donald F. (1965–77). *Asia* in the Making of Europe, Bd. 1: The Century of Discovery. (in 2 Teilbdn.); Bd. 2: A Century of Wonder (in 3 Teilbdn.), Chicago/London.

Lach, Donald F. /Edwin J. Van Kley (1993). *Asia* in the Making of Europe, Bd. 3: A Century of Advance (in 4 Teilbdn.), Chicago/London.

Lacouture, Jean (1988). *Champollion*: Une vie de lumières, Paris..

*Lafitau, Joseph François (1718). *Mémoire* concernant la precieuse plante du Gin seng de Tartarie, Paris.

*Lafitau, Joseph François (1724). *Mœurs* des sauvages ameriquains comparées aux mœurs des premiers tems, 2 Bde., Paris.

*Laharpe, Jean François de (1813–15). *Abrégé* de l'Histoire Générale des Voyages, 29 Bde., Paris.

Laissus, Yves (1998). *L'Égypte*, une aventure savante 1798–1801, Paris.

*Lamb, Alastair (1961). British Missions to *Cochinchina*, 1778–1822, in: Journal of the Malayan Branch of the Royal Asiatic Society, Bd. 34: 3–4, S. 1–247.

Lambropolous, Vassilis (1993). The Rise of *Eurocentrism*: Anatomy of Interpretation, Princeton.

Landucci, Sergio (1972). *I filosofi* e i selvaggi 1580–1780, Bari.

*Lange, Lorenz (1727). *Journal* du Sieur Lange contenant ses négociations à la Cour de la Chine en 1721 & 1722, in: Bernard, *Recueil des voyages au Nord*, Bd. 8, S. 221–371.

*Lange, Lorenz (1781). *Tagebuch* zwoer Reisen, welche in den Jahren 1727, 1728 und 1736 von Kjachta und Zuruchaitu durch die Mongoley nach Peking gethan worden ..., Leipzig.

*Lange, Lorenz (1986). *Reise nach China*, mit einem Nachwort v. C. Grau, Berlin.

*Langlès, Louis Mathieu (1821). *Monuments* anciens et modernes de l'Hindoustan, 2 Bde., Paris.

*Langsdorff, Georg Heinrich von (1813). *Bemerkungen* auf einer Reise um die Welt in den Jahren 1803 bis 1807, 2 Bde., Frankfurt a. M.

*Lapérouse: siehe Dunmore/Brossard.

Laurens, Henry (1978). Aux sources de l'orientalisme: Le *«Bibliothèque Orientale»* de Barthélemi de'Herbelot, Paris.

Laurens, Henry (1987). *Les origines intellectuelles* de l'expédition d'Égypte: L'orientalisme islamisant en France (1698–1798), Istanbul/Paris.

Laurens, Henry (1989). *L'Expédition d'Égypte* 1798–1801, Paris.

*Lavie, Jean-Charles de (1764). *Des corps politiques* et de leur gouvernements, 2 Bde., Lyon.

Lawrence, Christopher (1996). *Disciplining Disease*: Scurvy, the Navy, and Imperial Expansion, 1750–1825, in: Miller/Reill, *Visions of Empire*, S. 80–106.

Layton, Susan (1994). *Russian Literature* and Empire: Conquest of the Caucasus from Pushkin to Tolstoy, Cambridge.

Lazzerini, Edward (1988). The *Crimea* under Russian Rule: 1783 to the Great Reforms, in: Rywkin, *Russian Colonial Expansion*, S. 123–38.

*Le Comte, Louis (1697). *Nouveaux mémoires* sur l'Etat present de la Chine, 2 Bde., Amsterdam [zuerst Paris 1696].

Leask, Nigel (1992). *British Romantic Writers* and the East: Anxieties of Empire, Cambridge.

Ledyard, Gari (1971). *The Dutch* Come to Korea, Seoul.

Lee Ki-baik (1984). A *New History of Korea*, Cambridge,Mass.

Lee, Peter H., Hg. (1996). Sourcebook of *Korean Civilization*. Bd. 2: From the Seventeenth Century to the Modern Period, New York.

Lee, Thomas H. C., Hg. (1991). *China* and Europe: Images and Influences in Sixteenth to Eighteenth Centuries, Hongkong.

Leed, Eric J. (1991). The *Mind* of the Traveler: From Gilgamesh to Global Tourism, New York.

*Le Gentil de la Galaisière, Guillaume-Joseph (1780–81). *Voyage* dans les mers de l'Inde, fait par ordre du Roi, 2 Bde., Paris.

*Le Gobien, Charles (1698). *Histoire* de l'édit de l'Empereur de la Chine, Paris.

Legouix, Susan (1980). *Image of China*: William Alexander, London.

*Léguat, François (1708). *Voyage et avantures* ... en deux isles desertes des Indes Orientales, 2 Bde., Amsterdam.

*Leibniz, Gottfried Wilhelm (1979). *Das Neueste* aus China. Novissima Sinica (1697). Übers. v. H. G. Nesselrath u. H. Reinbothe, Köln.

Leibniz, Gottfried Wilhelm (2006). *Der Briefwechsel mit den Jesuiten in China (1689–1714)*, hg. v. Rita Widmaier, Hamburg.

*Leibniz: siehe auch Widmaier.

Lemberg, Hans (1985). Zur Entstehung des *Osteuropabegriffs* im 19. Jahrhundert: Vom «Norden» zum «Osten» Europas, in: JGO 33, S. 48–91.

*Lenglet-Dufresnoy, abbé Pierre Nicholas (1728). A *New Method* of Studying History, 2 Bde., London [zuerst frz. 1713].

*Lenglet-Dufresnoy, abbé Pierre Nicolas (1741). *Méthode* pour étudier la géographie, 3e éd., Paris.

Lensen, George Alexander (1983). *Golovnin*, Vasilii Mikhailovich (1776–1831), in: Kodansha Encyclopedia of Japan, Tokyo Bd. 3, S. 43 f.

Lepenies, Wolf (1976). Das *Ende der Naturgeschichte*: Wandel kultureller Selbstverständlichkeiten in den Wissenschaften des 18. und 19. Jahrhunderts, München.

Lequin, Frank (1985). A «Mandarin» from Vlissingen in Lhasa and Peking: The Hidden Life of *Samuel van de Putte* (1690–1745), in: Itinerario 9, S. 73–91.

Leuze, Reinhard (1975). Die außerchristlichen Religionen bei *Hegel*, Göttingen.

Lewis, Bernard (1982). The *Muslim Discovery* of Europe, London.

Lewis, Bernard (1993). *Islam* and the West, New York/Oxford.

Lewis, Bernard (1995). *Eurozentrismus*, in: Merkur 49, S. 644–51.

Lewis, Bernard/Peter M. Holt, Hg. (1962). *Historians of the Middle East*, London.

Lewis, Martin G. /Kären E. Wigen (1997). The *Myth of Continents*: A Critique of Metageography, Berkeley/Los Angeles/London.

*Leyden, John (1808). On the *Languages* and Literature of the Indo-Chinese Nations, in: AR 10, S. 158–289.

Lichtheim, George (1973). Die orientalische *Despotie*, in: ders., Das Konzept der Ideologie, München, S. 64–103.

Liebau, Heike (1995). Deutsche *Indienmissionare* im 18. Jahrhundert, Hagen (Studienkurs der FernUniversität Hagen).

Liebau, Kurt, Hg. (1998): Die *Malabarische Korrespondenz*: Tamilische Briefe an deutsche Missionare. Eine Auswahl, Sigmaringen.

Lieberman, Victor, Hg. (1999). *Beyond Binary Histories: Re-imagining Eurasia to c. 1830*, Ann Arbor.

Liebersohn, Harry (1994). Discovering *Indigenous Nobility*: Tocqueville, Chamisso, and Romantic Travel Writing, in: AHR 99, S. 746–66.

Lincoln, W. Bruce (1993). The *Conquest* of a Continent: Siberia and the Russians, London.

Lindenberg, Ludwig (1937). Leben und Schriften *David Faßmanns* (1683–1744) mit besonderer Berücksichtigung seiner Totengespräche, Berlin.

*Lisiansky, Urey (1814). A *Voyage* round the World in the Years 1803,4, 5,&6; by order of His Imperial Majesty Alexander the First, Emperor of Russia, in the Ship Neva, London.

Lloyd, Christopher (1970). Mr. *Barrow* of the Admiralty: A Life of Sir John Barrow 1764–1848, London.

Lloyd, Seton (1980). *Foundations* in the Dust: The Story of Mesopotamian Exploration, rev. ed., London.

Lockhart, Laurence (1938). *Nadir Shah*: A Critical Study Based Mainly on Contemporary Sources, London.

Lockhart, Laurence (1958). The *Fall of the Safavi Dynasty* and the Afghan Occupation of Persia, Cambridge.

Lockhart, Laurence (1986). *European Contacts* with Persia 1350–1736, in: Jackson/Lockhart, *Timurid and Safavid Periods*, S. 373–409.

Lombard, Denys, Hg. (1993). *Rêver l'Asie*: Exotisme et littérature coloniale aux Indes, en Indochine et au Insulinde, Paris.

Lope, Hans-Joachim (1973). Die «Cartas marruecas» von José *Cadalso*: Eine Untersuchung zur spanischen Literatur des XVIII. Jahrhunderts, Frankfurt a. M.

Lowenthal, Cynthia (1994). *Lady Mary Wortley Montagu* and the Eighteenth-Century Familiar Letter, Athens/London.

Lowes, John Livingston (1927). The Road to *Xanadu*: A Study in the Ways of the Imagination, Boston.

Lubac, Henri de (1952). La rencontre du *Bouddhisme* et de l'Occident, Paris.

*Lucas, Paul (1731). *Voyage* du Sieur Paul Lucas au Levant, 2 Bde., Paris.

*Lueder, August Ferdinand (1788). *Geschichte des Holländischen Handels*, Leipzig.

*Lueder, August Ferdinand (1800). *Geschichte* der vornehmsten Völker der alten Welt im Grundrisse, Braunschweig.

Lüsebrink, Hans-Jürgen/Anthony Strugnell, Hg. (1995). *L'Histoire des deux Indes*: Réécriture et polygraphie, Oxford.

Lüsebrink, Hans-Jürgen/Manfred Tietz, Hg. (1991). *Lectures de Raynal*: «L'histoire des deux Indes» en Europe et en Amérique au XVIIIe siècle, Oxford.

Lüsebrink, Hans-Jürgen, Hg. (2006). *Das Europa der Aufklärung und die außereuropäische koloniale Welt*, Göttingen.

Luhmann, Niklas (1997). Die *Gesellschaft* der Gesellschaft, 2 Bde., Frankfurt a. M.

Lundbaek, Knud (1986). *T. S. Baeyer* (1694–1738): Pioneer Sinologist, London/Malmö.

Lunt, James (1969). *Bokhara Burnes*, London.

*Lusignan, Sauveur (1783). A History of the *Revolt of Ali Bey* against the Ottoman Porte, London.

Lynam, Edward, Hg. (1946). Richard *Hakluyt* and His Successors, London.

*M'Leod, John (1819). *Voyage* of His Majesty's Ship Alceste to China, Corea, and the Island of Lewchew, 3rd ed., London.

Mabro, Judy, Hg. (1991). *Veiled Half-Truths*: Western Travellers' Perceptions of Middle Eastern Women, London/New York.

MacGrane Bernard (1989). *Beyond Anthropology*: Society and the Other, New York.

MacKenzie, John M., Hg. (1990). *Imperialism* and the Natural World, Manchester.

MacKenzie, John M. (1995). *Orientalism*: History, Theory and the Arts, Manchester/New York.

Mackerras, Colin (1989). *Western Images* of China, Hongkong.

McLaren, Martha (1993). From Analysis to Prescription: Scottish Concepts of Asian *Despotism* in Early Nineteenth-Century British India, in: International History Review 15, S. 469–501.

McNeill, William H. (1993). The Age of *Gunpowder Empires*, 1450–1800, in: Adas, *Expansion*, S. 103–39.

*Macpherson, David (1812). The History of the *European Commerce* with India, London.

Mączak, Antoni/Hans Jürgen Teuteberg, Hg. (1982). *Reiseberichte* als Quellen europäischer Kulturgeschichte: Aufgaben und Möglichkeiten der historischen Reiseforschung, Wolfenbüttel.

Maddison, Angus (1995). Monitoring the *World Economy* 1820–1992, Paris.

*Madec, René (1983). *Mémoire* de René Madec, Nabab dans l'Empire mogol. Texte annoté par M. Vignes et présenté par J. Déloche, Pondichéry.

*Magalhães, Gabriel de (1688). A *New History* of China, Containing a Description of the Most Considerable Particulars of that Vast Empire. Done out of French, London [frz. 1688].

**Magazin für die Historie und Geographie* (1761–88), hg. v. A. F. Büsching, Bd. 1–22, Halle.

**Magazin von ... Reisebeschreibungen* (1790–1828). Magazin von merkwürdigen neuen Reisebeschreibungen aus fremden Sprachen übersetzt und mit erläuternden Anmerkungen begleitet, hg. v. J. R. Forster u. a., Bd. 1–37, Berlin.

**Magazin ... für die Kunde* (1817–18). Magazin für die Kunde und neueste Geschichte der außereuropäischen Länder und Völker, hg. v. C. D. Ebeling u. F. Herrmann, Hefte 1–3, Hamburg.

*Mailla, Joseph-Anne-Marie de Moyriac de, Übers. (1777–80). *Histoire générale* de la Chine, ou Annales de cet Empire, 12 Bde., Paris.

*Mailly, Jean Baptiste (1780). *L'esprit des Croisades*, 2 Bde., Dijon.

*Mairan, Jean Jacques Dortous de (1759). *Lettres* de M. de Mairan au R. P. Parennin, Missionaire de la Compagnie de Jesus à Pékin, Concernant diverses Questions sur la Chine, Paris.

*Maistre de la Tour, M. (1784). The History of *Ayder Ali Khan*, Nabob-Bahadur, 2 Bde., Dublin [zuerst frz. 1783].

Majeed, Javed (1992). *Ungoverned Imaginings*: James Mill's «The History of British India» and Orientalism, Oxford.

Makdisi, Ussama (2002). Ottoman Orientalism, in: *American Historical Review* 107, S. 768–96.

*Malcolm, Sir John (1810). Sketch of the *Sikhs*, in: AR 11, S. 197–292.

*Malcolm, Sir John (1823). *Central India*, 2 Bde., London.

*Malcolm, Sir John (1829). *History of Persia* new ed., 2 Bde., London [zuerst 1815].
Malleret, Louis (1974). *Pierre Poivre*, Paris.
*Malte-Brun, Conrad (1812–29). *Précis* de la Géographie universelle, 2ᵉ éd., 8 Bde., Paris.
*Malte-Brun: siehe auch Annales de voyages.
*Malthus, Thomas Robert (1986). The *Works*, ed. by. E. A. Wrigley/D. Souder, 8 Bde., London.
Mandt, Hella (1990). *Tyrannis*, Despotie, in: Brunner u. a., *Geschichtliche Grundbegriffe* (1972–97), Bd. 6, S. 651–706.
Mangold, Sabine (2004). *Eine «weltbürgerliche Wissenschaft». Die deutsche Orientalistik im 19. Jahrhundert*, Stuttgart.
Mani, Lata (1990). *Contentious Traditions*: The Debate on Sati in Colonial India, in: K. Sangari/S. Vaid (Hg.), Recasting Women: Essays in Indian Colonial History, New Brunswick,NJ, S. 88–126.
Mantran, Robert, u. a. (1989). *Histoire de l'Empire Ottoman*, Paris.
*Manucci, Niccolao (1906–8). *Storia do Mogor*, or Mogul India 1653–1708. Ed. and transl. by W. Irvine, 4 Bde., London.
Manuel, Frank E. (1965). Shapes of *Philosophical History*, Stanford.
Manz, Beatrice Forbes (1989). The Rise and Rule of *Tamerlane*, Cambridge.
Marazzi, Ugo, Hg. (1984). *La conoscenza* dell'Asia e dell'Africa in Italia nei secoli XVIII e XIX, 2 Bde., Neapel.
March, Andrew L. (1974). The *Idea of China*: Myth and Theory in Geographic Thought, Newton Abbot.
Marchand, Suzanne L. (2009). *German Orientalism in the Age of Empire: Religion, Race, and Scholarship*, Cambridge.
Marcus, Abraham (1989). The Middle East on the Eve of Modernity: *Aleppo* in the Eighteenth Century, New York.
*Margat de Tilly, Jean Baptiste (1739). *Histoire de Tamerlan*, l'Empereur des Mogols et Conquerant de l'Asie, 2 Bde., Paris.
*Marigny, abbé François Augier de (1750–52). Histoire des révolutions de l'empire des *Arabes*, 4 Teile, Paris.
Marino, Luigi (1994). *Praeceptores Germaniae*: Göttingen 1770–1820, Göttingen.
Markham, Clements R. (1879). *Introduction*, in: Bogle/Manning, *Narratives*, S. xxi–clxv.
Markham, Clements R. (1895). Major James *Rennell* and the Rise of Modern English Geography, London/Paris/Melbourne.
*Marsden, William (1811). The History of *Sumatra*, Containing an Account of the Government, Laws, Customs, and Manners of the Native Inhabitants, 3rd ed., London [zuerst 1783].
*Marsden, William (1812). A *Grammar* of the Malayan Language, London.
*Marsden, William, Übers. u. Hg. (1818). The Travels of *Marco Polo*, London.
*Marsden, William (1838). A Brief *Memoir* of the Life and Writings of the Late William Marsden, Written by Himself, London.
Marshall, Peter J. (2005). *The Making and Unmaking of Empires: Britain, India, and America c. 1750–1783*. Oxford.
Marshall, P. J. (1965). The *Impeachment* of Warren Hastings, London,
Marshall, P. J., Hg. (1970). The British Discovery of *Hinduism* in the Eighteenth Century, Cambridge.

Marshall, P. J. (1973). *Warren Hastings* as Scholar and Patron, in: A. Whiteman u. a. (Hg.), Statesmen, Scholars and Merchants, Oxford, S. 242–62.

Marshall, P. J. (1976). *East India Fortunes*: The British in Bengal in the Eighteenth Century, London.

Marshall, P. J. (1981). *Introduction*, in: Burke, *Writings*, Bd. 5, S. 1–27.

Marshall, P. J. (1988). *Bengal*: The British Bridgehead. Eastern India 1740–1828, Cambridge.

Marshall, P. J. (1990). *Taming the Exotic*: The British and India in the Seventeenth and Eighteenth Centuries, in: Rousseau/Porter, *Exoticism*, S. 46–65.

Marshall, P. J. (1991). *Introduction*, in: Burke, *Writings*, Bd. 6, S. 1–36.

Marshall, P. J. (1992). «*Cornwallis Triumphant*»: War in India and the British Public in the Late Eighteenth Century, in: L. Freedman u. a. (Hg.), War, Strategy, and International Politics: Essays in Honour of Sir Michael Howard, Oxford, S. 57–74.

Marshall, P. J./Glyndwr Williams (1982). The *Great Map* of Mankind: British Perceptions of the World in the Age of Enlightenment, London.

Martin, Peter (1993). *Schwarze Teufel*, edle Mohren: Afrikaner in Bewußtsein und Geschichte der Deutschen, Hamburg.

*Martini, Martin (1654). *De bello tartarico* historia, Antwerpen.

*Martini Martini (1692). *Histoire de la Chine*. Traduite du Latin par l'Abbé Le Peletier, 2 Bde., Paris [zuerst lat. 1658].

Martino, Pierre (1906). *L'Orient* dans la littérature française au XVIIe et au XVIIIe siècle, Paris.

*Mason, George Henry (1800). The *Costume* of China, London.

Massarella, Derek (1990). *A World Elsewhere*: Europe's Encounter with Japan in the Sixteenth and Seventeenth Centuries, New Haven/London.

Masters, Bruce (1988). The *Origins* of Western Economic Dominance in the Middle East: Mercantilism and the Islamic Economy in Aleppo, 1600–1750, New York/London.

Matthes, Eckhard (1981). Das veränderte *Rußland*: Studien zum deutschen Rußlandverständnis im 18. Jahrhundert zwischen 1725 und 1762, Frankfurt a. M./Bern.

Matuz, Josef (1985). *Das Osmanische Reich*: Grundlinien seiner Geschichte, Darmstadt.

*Maurice, Thomas (1802–10). The *Modern History of Hindostan*, 2 Bde. und Supplementband, London.

*Maybon, Charles B., Hg. (1920). La relation sur le *Tonkin* et la Cochinchine de M. de la Bissachère, missionaire français (1807), Paris.

*Mayhew, Henry (1861–62). *London Labour* and the London Poor, 4 Bde., London.

Mazumdar, Sucheta/Vasant Kaiwar/Thierry Labica, Hg. (2009). *From Orientalism to Postcolonialism: Asia, Europe, and the Lineages of Difference*, London/New York.

Medick, Hans (1972). *Naturzustand* und Naturgeschichte der bürgerlichen Gesellschaft: Die Ursprünge der bürgerlichen Sozialtheorie als Geschichtsphilosophie und Sozialwissenschaft bei Samuel Pufendorf, John Locke und Adam Smith, Göttingen.

Meek, Roland L. (1976). Social Science and the *Ignoble Savage*, Cambridge.

*Mehmed Efendi (1981). *Le paradis* des infidèles: Un ambassadeur ottoman en France sous la Régence, introd. par G. Veinstein, Paris.

*Meiners, Christoph (1793). *Grundriß* der Geschichte der Menschheit, 2. Aufl., Lemgo [zuerst 1765].

*Meiners, Christoph (1795–96). *Betrachtungen* über die Fruchtbarkeit, oder Unfruchtbarkeit, über den vormahligen und gegenwärtigen Zustand der vornehmsten Länder in Asien, 2 Bde., Lübeck/Leipzig.

Melman, Billie (1995). *Women's Orients*: English Women and the Middle East, 1718–1918. Sexuality, Religion and Work, 2nd ed., Basingstoke/London.

*Mendoza, Juan González de (1853–54). The *History* of the Great and Mighty Kingdom of China, ed. by Sir George T. Staunton, 2 Bde., London [zuerst span. 1585].

*Merklein, Johann Jakob (1930). *Reise nach Java*, Vorder- und Hinter-Indien, China und Japan 1644–1653 [1663] (= Naber, *Reisebeschreibungen*, Bd. 3).

*Messerschmidt, D. G. (1962–68). *Forschungsreise* durch Sibirien 1720–1727, hg. v. E. Winter u. N. A. Figurovskij, 4 Bde., Berlin.

Metcalf, Thomas R. (1994). *Ideologies* of the Raj, Cambridge.

Metzler, Josef (1980). Die *Synoden* in China, Japan und Korea 1570–1931, Paderborn.

*Michaelis, Johann David (1762). *Fragen* an eine Gesellschaft gelehrter Männer, die auf Befehl Ihro Majestät des Königs von Dännemark nach Arabien reisen, Frankfurt a. M.

*Michaud, Joseph-François (1801). Histoire des progrès et de la chûte de l'empire de *Mysore*, sous les règnes d'Hyder-Aly et Tippoo-Saïb, 2 Bde., Paris.

Michel, Pierre (1981). *Un mythe romantique*: Les barbares 1789–1848, Lyon.

*Milburn, William (1813). *Oriental Commerce*; Containing a Geographical Description of the Principal Places in the East Indies, China and Japan, 2 Bde., London.

*Mill, James (1817). The *History* of British India, 3 Bde., London.

*Mill, James (1858). The *History of British India*. 5th ed. with notes and continuation by H. H. Wilson, 10 Bde., London.

*Millar, John (1967). Vom *Ursprung* des Unterschieds in den Rangordnungen und Ständen der Gesellschaft, übers. v. H. Zirker, Frankfurt a. M. [zuerst engl. 1771].

Miller, David/Peter Hanns Reill, Hg. (1996). *Visions of Empire*: Voyages, Botany and Representations of Nature, Cambridge.

Milligan, Barry (1995). *Pleasures* and Pains: Opium and the Orient in Nineteenth-Century British Culture, Charlottesville/London.

*Mills, Charles (1817). An History of *Muhammedanism*, London.

Minuti, Rolando (1978). *Proprietà della terra* e despotismo orientale: Aspetti di un dibattito sull'India nella seconda metà del settecento, in: Materiali per una storia della cultura giuridica 8: 2, S. 29–177.

Minuti, Rolando (1994). *Oriente barbarico* e storiografia settecentesca: Rappresentazioni della storia dei Tartari nella cultura francese del XVIII secolo, Venedig.

Mitter, Partha (1977). Much Maligned *Monsters*: History of European Reactions to Indian Art, Oxford.

*Modave, Louis-Laurent Dolisy, Comte de (1971). *Voyage en Inde* du comte de Modave 1773–1776. Texte établi et annoté par J. Deloche, Paris.

Mohnhaupt, Heinz (1988). *Spielarten* «revolutionärer» Entwicklung und ihrer werdenden Begrifflichkeit seit dem Zeitalter der Aufklärung, in: ders. (Hg.),

Revolution, Reform, Restauration: Formen der Veränderung von Recht und Gesellschaft, Frankfurt a. M., S. 1–36.
Mols, Manfred/Claudia Derichs (1995). Das *Ende der Geschichte* oder ein Zusammenstoß der Zivilisationen? Bemerkungen zu einem interkulturellen Disput um ein asiatisch-pazifisches Jahrhundert, in: Zeitschrift für Politik 42, S. 225–49.
*Moltke, Helmuth von (1987). *Briefe* über Zustände und Begebenheiten in der Türkei aus den Jahren 1835–1839, hg. v. H. Arndt, Nördlingen [zuerst 1841].
Mommsen, Katharina (1985). *Goethe und China* in ihren Wechselbeziehungen, in: Debon/Hsia, *Goethe*, S. 15–33.
*Montagu, Lady Mary Wortley (1965–67). The Complete *Letters* of Lady Mary Wortley Montagu, ed. by R. Halsband, 3 Bde., Oxford [erste Teilausgabe 1763].
*Montesquieu, Charles de Secondat de (1949–51). *Œuvres* complètes, éd. par R. Caillois (Bibliothèque de la Pléiade), 2 Bde., Paris.
*Montesquieu, Charles de Secondat de (1988). *Perserbriefe*, übers. v. J. v. Stackelberg, Frankfurt a. M. [zuerst frz. 1721].
*Montesquieu, Charles de Secondat de (1992). Vom *Geist der Gesetze*, übers. u. hg. v. E. Forsthoff, 2 Bde., Tübingen.
*Moor, Edward (1810). The *Hindu Pantheon*, new ed., London.
*Moorcroft, William/George Trebeck (1841). *Travels* in the Himalayan Provinces of Hindustan and the Panjab from 1819 to 1825. Prepared for the Press from Original Journals and Correspondence by H. H. Wilson, 2 Bde., London.
Moravia, Sergio (1974). *Il pensiero* degli Idéologues: Scienza e filosofia in Francia (1780–1815), Florenz.
Moravia, Sergio (1977). *Beobachtende Vernunft*: Philosophie und Anthropologie der Aufklärung, dt. v. E. Piras, Frankfurt a. M./Berlin/Wien.
*Morier, James Justinian (1812). A *Journey* through Persia, Armenia, and Asia Minor, to Constantinople, in the Years 1808 and 1809, London.
*Morier, James Justinian (1818). A *Second Journey* through Persia, Armenia and Asia Minor to Constantinopel between the Years 1810 and 1816, London.
*Morier, James Justinian (1824). The Adventures of *Hajji Baba* of Ispahan, London.
Morison, Samuel Eliot (1967). *«Old Bruin»:* Commodore Matthew C. Perry, 1794–1858, Boston/Toronto.
Morrison, E. (1839). *Memoirs* of the Life and Labours of Robert Morrison, D. D., 2 Bde., London.
*Morrison, Robert (1819). A *Memoir* of Principal Occurences During an Embassy from the British Government to the Court of China in the Year 1819, London.
*Morse, Hosea Ballou, Hg. (1926–29). The *Chronicles* of the East India Company Trading to China, 1635–1834, 5 Bde., Oxford.
Müller, Klaus E. (1972–80). *Geschichte der antiken Ethnographie* und ethnologischen Theoriebildung. Von den Anfängen bis auf die byzantinischen Historiographen, 2 Bde., Wiesbaden.
Münkler, Herfried, Hg. (1997). *Furcht und Faszination*: Facetten der Fremdheit, Berlin.
Münkler, Herfried, Hg. (1998). Die *Herausforderung* durch das Fremde, Berlin.
Muhlack, Ulrich (1991). *Geschichtswissenschaft* im Humanismus und in der Aufklärung: Die Vorgeschichte des Historismus, München.

Mukherjee, S. N. (1968). *Sir William Jones*: A Study in Eighteenth-Century British Attitudes to India, Cambridge.

Mungello, David E. (1977). *Leibnitz* and Confucianism: The Search for Accord, Honululu.

Mungello, David E. (1985). *Curious Land*: Jesuit Accomodation and the Origins of Sinology, Wiesbaden.

Muntschik, Wolfgang (1983). Die floristische *Erforschung* Japans um 1700 und Kaempfers Bedeutung für die Kenntnis japanischer Pflanzen in Europe, in: Kaempfer, *Flora Japonica*, S. 11–28.

Murphey, Rhoads (2008). *A History of Asia*, 6. Aufl., New York.

Murr, Sylvia (1986). Les *Jésuites* et l'Inde au XVIIIe siècle: Praxis, utopie et préanthropologie, in: Revue de l'Université d'Ottawa 56, S. 9–27.

*Murray, Hugh (1808). *Enquiries* Historical and Moral Respecting the Character of Nations and the Progress of Society, Edinburgh.

*Murray, Hugh (1820). *Historical Account* of Discoveries and Travels in Asia, from the Earliest Ages to the Present Time, 3 Bde., Edinburgh.

Muthu, Sankar (2003). *Enlightenment against Empire*, Princeton, N. J.

*Naber, S. P. L'Honoré., Hg. (1930–32). *Reisebeschreibungen* von deutschen Beamten und Kriegsleuten im Dienst der Niederländischen West- und Ost-Indischen Kompagnien 1602–1797, 13 Bde., Den Haag.

Naff, Thomas (1984). The *Ottoman Empire* and the European States System, in: H. Bull/A. Watson (Hg.), The Expansion of International Society, Oxford, S. 143–69.

Nagel, Tilmann (1993). *Timur* der Eroberer und die islamische Welt des späten Mittelalters, München.

Nakagawa, Hisayasu, Hg. (2007). *L'image de l'autre vue d'Asie et d'Europe,* Paris.

Naquin, Susan/Evelyn S. Rawski (1987). *Chinese Society* in the Eighteenth Century, New Haven.

Narasimhan, Sakuntala (1990). *Sati*: A Study of Widow Burning in India, New Delhi.

Nasir, Sari J. (1979). The *Arabs* and the English, 2nd ed., London.

*Navarrete, Domingo (1744). An *Account* of the Empire of China [zuerst span. 1676], in: Churchill/Churchill (1744–46), *Collection*, Bd. 1, S. 1–311.

*Navarrete, Domingo (1962). The *Travels* and Controversies of Friar Domingo Navarette 1618–1686, ed. from manuscript and printed sources by J. S. Cummins, 2 Bde., Cambridge.

Neill, Stephen (1985). A History of *Christianity* in India 1797–1858, Cambridge.

Netton, Richard (1990). The *Mysteries* of Islam, in: Rousseau/Porter, *Exoticism*, S. 23–45.

**Neue Nordische Beyträge* zur physikalischen und geographischen Erd- und Völkerbeschreibung, Naturgeschichte und Oekonomie, Bd. 1 (1781) – 7 (1796), St. Petersburg/Leipzig.

*[Newberry, John] (1759–61). The *World Displayed*; or, a Curious Collection of Voyages and Travels, 20 Bde., London.

*Niebuhr, Barthold Georg (1817). *Carsten Niebuhr's Leben*, Kiel.

*Niebuhr, Barthold Georg (1838–39). *Lebensnachrichten* über Barthold Georg

Niebuhr. Aus Briefen desselben und aus Erinnerungen einiger seiner nächsten Freunde, 3 Bde., Gotha.

*Niebuhr, Carsten (1772). *Beschreibung* von Arabien. Aus eigenen Beobachtungen und im Lande selbst gesammelten Nachrichten, Kopenhagen.

*Niebuhr, Carsten (1774–1837). *Reisebeschreibung* nach Arabien und anderen umliegenden Ländern, 3 Bde., Kopenhagen/Hamburg.

*Nieuhof, Johan (1669). An *Embassy* from the East-India Company of the United Provinces, to the Grand Tartar Cham, Emperour of China. Englished by John Ogilby, London [zuerst holl. 1665].

Nippel, Wilfried (1990). *Griechen*, Barbaren und «Wilde»: Alte Geschichte und Sozialanthropologie, Frankfurt a. M.

Nippel, Wilfried (1996). *La construzione dell'»altro»,* in: S. Seitis (Hg.), I Greci. Bd. 1: Noi e i Greci, Turin, S. 165–96.

Nørgaard, Anders (1988). *Mission und Obrigkeit*: Die Dänisch-hallische Mission in Tranquebar 1706–1845, dt. v. E. Harbsmeier, Gütersloh.

Nussbaum, Felicity A., Hg. (2003). *The Global Eighteenth Century,* Baltimore, Md.

O'Brien, Karen (1997). *Narratives* of Enlightenment: Cosmopolitan History from Voltaire to Gibbon, Cambridge.

*Ockley, Simon (1757). The *History of the Saracens,* 3rd ed., 2 Bde., Cambridge [zuerst 1708–18].

Oertel, Karl Otto (1898). Die *Naturschilderung* bei den deutschen geographischen Reisebeschreibern des 18. Jahrhunderts, phil. Diss. Leipzig.

*Ogilby, John (1673). *Asia,* London.

O'Gorman, Frank (1997). The *Long Eighteenth Century*: British Political and Social History 1688–1832, London.

*d'Ohsson, Ignace de Mouradja (1787–90). *Tableau générale* de l'Empire Othoman, 2 Bde. (Folio), Paris.

*d'Ohsson, Ignace de Mouradja (1788–1824). *Tableau générale* de l'Empire Othoman, 7 Bde. (Oktav), Paris.

*Olearius, Adam (1656). *Vermehrte Newe Beschreibung* der Muscowitischen vnd Persischen Reyse, Schleswig.

O'Leary, Brendan (1989). The *Asiatic Mode of Production*: Orient, Despotism, Historical Materialism and Indian History, Oxford.

*Olivier, Guillaume Antoine (1804–7). *Voyage* dans l'Empire Othoman, l'Egypte et la Perse, 6 Bde., Paris.

Olschki, Leonardo (1960). *Marco Polo's Asia,* Berkeley/Los Angeles/London.

Omont, Henri (1902). *Missions archéologiques* françaises en Orient aux XVIIe et XVIIIe siècles, 2 Bde., Paris.

*d'Orléans, Pierre Joseph (1690). *Histoire* des deux conquerans tartares qui ont subjugé la Chine, Paris.

*Orme, Robert (1763–78). History of the *Military Transactions* of the British Nation in Indostan, 2 Bde., London.

*Orme, Robert (1974). Historic *Fragments* of the Mogul Empire, of the Morattoes, and of the English Concerns in Hindostan, from the Year MDCLIX, ed. by J. P. Guha, New Delhi [zuerst 1782],

*Osbeck, Peter (1771). A *Voyage* to China and the East Indies. Transl. by J. R. Forster, 2 Bde., London.

*Osborne, Thomas, Hg. (1745). A *Collection* of Voyages and Travels. Compiled from the curious and valuable library of the late Earl of Oxford, 2 Bde., London.

Osterhammel, Jürgen (1989). *China* und die Weltgesellschaft: Vom 18. Jahrhundert bis in unsere Zeit, München.

Osterhammel, Jürgen (1989). *Distanzerfahrung*: Darstellungsweisen des Fremden im 18. Jahrhundert, in: König u. a., *Beobachter*, S. 9–42.

Osterhammel, Jürgen (1992). *Nation* und Zivilisation in der britischen Historiographie von Hume bis Macaulay, in: HZ 254, S. 281–340.

Osterhammel, Jürgen (1995). *Kulturelle Grenzen* in der Expansion Europas, in: Saeculum 46, S. 101–38.

Osterhammel, Jürgen (1997). *Einleitung*, in: Poivre, *Reisen*, S. 7–40.

Osterhammel, Jürgen (1997). *Gastfreiheit* und Fremdenabwehr: Interkulturelle Ambivalenzen in der frühen Neuzeit, in: Münkler, *Furcht und Faszination*, S. 379–435.

Osterhammel, Jürgen (1997). *Wissen* als Macht: Deutungen interkulturellen Nichtverstehens bei Tzvetan Todorov und Edward Said, in: Auch/Förster, «*Barbaren*», S. 145–69.

Osterhammel, Jürgen (1997). *Edward W. Said* und die «Orientalismus»-Debatte. Ein Rückblick, in: Asien Afrika Lateinamerika 25, S. 597–607.

Osterhammel, Jürgen (1997). *Geschichte*, Geographie, Geohistorie, in: Wolfgang Küttler/Jörn Rüsen/Ernst Schulin (Hg.), Geschichtsdiskurs, Bd. 3: Die Epoche der Historisierung, Frankfurt a. M., S. 257–71.

Osterhammel, Jürgen (1998). *Alexander von Humboldt*: Historiker der Gesellschaft, Historiker der Natur, in: AfK 80.

Osterhammel, Jürgen (1999). *«Peoples without History»* in British and German Historical Thought, in: B. Stuchtey/P. Wende (Hg.), British and German Historiography: Traditions and Transfers, Oxford.

Osterhammel, Jürgen (2002). Ex-zentrische Geschichte. Außenansichten europäischer Modernität, in: *Jahrbuch des Wissenschaftskollegs zu Berlin 2000/2001*, Berlin, S. 296–318.

Osterhammel, Jürgen (2008). Die europäische Übergangsgesellschaft im globalen Zusammenhang, in: Lutz Raphael/Ute Schneider (Hg.), *Dimensionen der Moderne. Festschrift für Christof Dipper*, Frankfurt a. M., S. 707–23.

Osterhammel, Jürgen (2009). *Die Verwandlung der Welt. Eine Geschichte des 19. Jahrhunderts*, München.

*Otter, Jean (1748). *Voyage en Turquie* et en Perse. Avec une relation des expéditions de Tahmas Kouli-Khan, 2 Bde., Paris.

Outram, Dorinda (2006). *Aufbruch in die Moderne. Die Epoche der Aufklärung*, dt. v. Erwin Tivig, Stuttgart.

Özyurt, Senol (1972). Die *Türkenlieder* und das Türkenbild in der deutschen Volksüberlieferung vom 16. bis zum 20. Jahrhundert, München.

*Paganel, Pierre (1813). Per quelle cause doit-on expliquer la *longue durée* de l'Empire Chinois? in: Magasin encyclopédique (Paris), juillet 1813, S. 88–112.

Pagden, Anthony (1982). The Fall of *Natural Man*: The American Indian and the Origins of Comparative Ethnology, Cambridge.

Pagden, Anthony, Hg. (1987). The *Languages* of Political Theory in Early Modern Europe, Cambridge.

Pagden, Anthony (1993). European *Encounters* with the New World: From Renaissance to Romanticism, New Haven/London.

Pagden, Anthony (1995). *Lords of All the World*: Ideologies of Empire in Spain, Britain and France c. 1500–c. 1800, New Haven/London.

*Pagès, François, vicomte de (1782). *Voyages* autour du monde et vers les deux pôles par terre et par mer ..., 2 Bde., Paris.

Pailin, David A. (1984). *Attitudes* to Other Religions: Comparative Religion in Seventeenth- and Eighteenth-Century Britain, Manchester.

*Palafox y Mendoza, Juan de (1676). The *History* of the Conquest of China by the Tartars, 2nd ed., London [zuerst portug. 1670].

*Pallas, Peter Simon (1771–76). *Reise* durch die verschiedenen Provinzen des Rußischen Reiches, 3 Teile in 4 Bänden, St. Petersburg.

*Pallas, Peter Simon (1776–1801). *Sammlungen* historischer Nachrichten über die Mongolischen Völkerschaften, St. Petersburg.

*Pallas, Peter Simon (1777). *Observations* sur la formation des montagnes et les changements arrivés au globe ..., St. Petersburg.

*Pallas, Peter Simon (1781). Geographisch-historische Beschreibung der sinesischen Residenzstadt *Peking*, in: Neue Nordische Beiträge, Bd. 2, S. 208–232.

*Pallas, Peter Simon (1797). Tagebuch einer Reise, die im Jahr 1781 von der *Gränzfestung Mosdok* nach dem innern Caucasus unternommen worden, St. Petersburg/Leipzig.

*Pallas, Peter Simon (1799–1801). Bemerkungen auf einer *Reise in die südlichen Statthalterschaften* des Russischen Reichs in den Jahren 1793 und 1794, 2 Bde., Leipzig.

Pargitter, Frederick E., Hg. (1923). Centenary Volume of the *Royal Asiatic Society* of Great Britain and Ireland 1823–1923, London.

Parker, W. H. (1960). *Europe*: How Far? in: Geographical Journal 126, S. 278–97.

Parry, John H. (1971). *Trade* and Dominion: European Overseas Empires in the Eighteenth Century, London.

Parsons, James B. (1970). The *Peasant Rebellions* of the Late Ming Dynasty, Tucson, Ariz.

Pasley, Rodney (1982). *«Send Malcolm!»*: The Life of Major-General Sir John Malcolm, 1769–1833, London.

*Pastoret, Claude Emmanuel de (1787). Zoroastre, Confucius et Mahomet, com parés comme séctaires, législateurs, et moralistes, Paris.

*Pastoret, Claude-Emmnauel de (1817–37). Histoire de la *Législation*, 11 Bde., Paris.

*Patton, Robert (1801). The Principles of *Asiatic Monarchies*, Politically and Historically Investigated, and Contrasted with those of the Monarchies of Europe, London.

*Paulus, Heinrich Eberhard Gottlob, Hg. (1792–1803). *Sammlung* der merkwürdigsten Reisen in den Orient, 7 Bde., Jena.

*Pauw, Cornelis de (1773). *Recherches philosophiques* sur les Egyptiens et les Chinois, 2 Bde., Berlin.

Pearson, M. N. (1988). *Before Colonialism*: Theories of Asian-European Relations 1500–1750, Delhi.

Peers, Douglas M. (1995). *Between Mars and Mammon*: Colonial Armies and the Garrison State in India, 1819–1835, London/New York.

Peirce, Leslie P. (1993). The *Imperial Harem*: Women and Sovereignty in the Ottoman Empire, New York/Oxford.

Penzer, N. M. (1936). The *Harêm*, London.

*Percival, Robert (1805). An Account of the Island of *Ceylon*, 2nd ed., London [zuerst 1803].

*Percy, Thomas (1761). *Hau Kiou Choaan*, or The Pleasing History. A translation from the Chinese Language, 4 Bde., London.

*Perrin, Jean-Charles, abbé (1811). *Reise* durch Hindostan und Schilderung der Sitten, Einwohner, Natur-Producte und Gebräuch dieses Landes. Nach dem Franz. bearb. v. Th. Hell, Wien [zuerst franz. 1807].

*Perry, Charles (1743). *View of the Levant,* Particularly of Constantinople, Syria, Egypt and Greece, London.

*Petech, Luciano, Hg. (1954–56). *I missionari italiani* nel Tibet e nel Nepal. Bde. 5–7: Ippolito Desideri S. I., Rom.

*Pétis de la Croix, François, sen. (1710). Histoire du grand *Genchizchan*, premier empereur des anciens Mogols et Tartares, Paris.

*Pétis de la Croix, François, jun., Übers. (1723). Histoire de *Timur-Bec*, connu sous le nom du grand Tamerlan ... Ecrite en Persan par Cherefeddin Ali [Sharaf-al-Din-'Ali], 4 Bde., Delft.

Petri, Manfred (1990). Die *Urvolkhypothese*: Ein Beitrag zum Geschichtsdenken der Spätaufklärung und des deutschen Idealismus, Berlin.

Peyrefitte, Alain (1989). *L'empire immobile* ou le choc des mondes: Récit historique, Paris.

*Peyssonnel, Claude Charles de (1765). *Observations* historiques & géographiques, sur les peuples barbares qui ont habité les bords du Danube & du Pont-Euxin, Paris.

*Peyssonnel, Claude Charles de (1787). *Traité* sur le commerce de la mer noire, 2 Bde., Paris.

*Peyssonnel, Claude Charles de (1788). *Examen* du livre intitulé «Considérations sur la guerre actuelle des turcs», par M. de Volney, Amsterdam.

Philipp, Thomas/Ulrich Haarmann, Hg. (1998). The *Mamluks* in Egyptian Politics and Society, Cambridge.

Philips, C. H., Hg. (1961). *Historians of India*, Pakistan und Ceylon, London.

*Picard, Bernard (1723–43). *Cérémonies* et coutumes religieuses de tous les peuples, 8 Bde., Amsterdam.

Picht, Clemens (1993). *Handel*, Politik und Gesellschaft: Zur wirtschaftspolitischen Publizistik Englands im 18. Jahrhundert, Göttingen/Zürich.

Pigulla, Andreas (1996). China in der deutschen *Weltgeschichtsschreibung* vom 18. bis zum 20. Jahrhundert, Wiesbaden.

*Pinkerton, John (1807). *Modern Geography* .... A new ed., greatly enlarged, 3 Bde., London.

*Pinkerton, John, Hg. (1808–14). A *General Collection* of the Best und Most Interesting Voyages and Travels in all Parts of the World, 17 Bde., London.

Pinot, Virgile (1932). *La Chine* et la formation de l'esprit philosophique en France (1640–1740), Paris.

*Pitton de Tournefort, Joseph (1717). *Relation* d'un voyage du Levant, fait par ordre du Roy, 2 Bde., Paris.

*Plant, Johann Traugott (1789). *Türkisches Staatslexicon*, Hamburg.

*Plant, Johann Traugott (1793–99). Handbuch einer vollständigen Erdbeschreibung und *Geschichte Polynesiens* oder des fünften Erdtheils, 2 Bde., Leipzig.

*Plath, Johann Heinrich (1830–31). *Geschichte des östlichen Asiens.* 1. Teil: Chinesische Tartarey, 1. Abt.: Mandschurey, 2 Bde., Göttingen.

Platteau, Jean-Philippe (1978). *Les économistes* classiques et le sous-développement, 2 Bde., Namur.

*Playfair, William (1805). An *Inquiry* into the Permanent Causes of the Decline and Fall of Powerful and Wealthy Nations, London.

Plewe, Ernst, Hg. (1978). Die *Carl Ritter Bibliothek*, Wiesbaden.

Pocock, J. G. A. (1976). Between Machiavelli and Hume: *Gibbon* as Civic Humanist and Philosophical Historian, in: Daedalus 105, S. 153–70.

Pocock, J. G. A. (1977). *Gibbon's «Decline and Fall»* and the World View of the Late Enlightenment, in: ECS 10, S. 287–303.

Pocock, J. G. A. (1981). *Gibbon and the Shepherds*: The Stages of Society in the «Decline and Fall», in: HEI 2, S. 193–202.

Pocock, J. G. A. (1985). *Virtue*, Commerce and History. Essays on Political Thought and History, Chiefly in the Eighteenth Century, Cambridge.

Pocock, J. G. A. (1987). The *Concept* of a Language and the «métier d'historien»: Some Considerations on Practice, in: Pagden, *Languages*, S. 19–38.

Pocock, J. G. A. (1994). *Deconstructing Europe*, in: HEI 18, S. 329–45.

Pocock, J. G. A. (2005). *Barbarism and Religion*. Bd. 4: *Barbarians, Savages and Empires*, Cambridge.

*Pococke, Richard (1743–45). A *Description of the East* and Some Other Countries, 3 Bde., London.

*Poivre, Pierre (1885). Voyage de Pierre Poivre en *Cochinchine*, in: Revue de l'Extrême-Orient 3, S. 81–121, 364–510.

*Poivre, Pierre (1997). *Reisen* eines Philosophen, hg. v. J. Osterhammel, Sigmaringen [zuerst franz. 1768].

Polaschegg, Andrea (2005). *Der andere Orientalismus. Regeln deutsch-morgenländischer Imagination im 19. Jahrhundert*, Berlin/New York.

Polevoi, B. P. (1996). *Foreword*, in: S. P. Krašenninikov, Opisanie zemli Kamčatki, St. Petersburg, Bd. 1, S. 30–44.

Poliakov, Léon (1974). The *Aryan Myth*: A History of Racist and Nationalist Ideas in Europe, New York.

Porter, Roy, Hg. (2003). *Eighteenth-Century Science* (= Cambridge History of Science, Bd. 4), Cambridge.

*Porter, Sir James (1768). *Observations* on the Religion, Law, Government, and Manners of the Turks, 2 Bde., London.

*Porter, Sir James (1854). *Turkey*: Its History and Progress, 2 Bde., London.

*Porter, Sir Robert Kerr (1821–22). *Travels in Georgia*, Persia, Armenia, Ancient Babylonia, &c., during the Years 1817, 1818, 1819 and 1820, 2 Bde., London.

Porter, Roy (1988). Edward *Gibbon*: Making History, London.

*Posselt, Doris, Hg. (1990). Die *Große Nordische Expedition* von 1733 bis 1743. Aus Berichten der Forschungsreisenden Johann Georg Gmelin und Georg Wilhelm Steller, München.

*Potocki, Jean [Jan] (1980). *Voyages.* Introduction et notes de D. Beauvois, 2 Bde., Paris.

*Pottinger, Henry (1816). Travels in *Belochistan* and Sinde; Accompanied by a Geographical and Historical Account of Those Countries, London.

Poya, Abbas/Maurus Reinkowski, Hg. (2008). *Das Unbehagen in der Islamwissenschaft. Ein klassisches Fach im Scheinwerferlicht der Politik und der Medien*, Bielefeld.

*Pradt, abbé Dominic-Georges-Frédéric de (1801–2). *Les trois âges* des colonies, ou de leur état passé, présent et à venir, 3 Bde., Paris.

Pratt Mary Louise (1992). *Imperial Eyes:* Travel Writing and Transculturation, London/New York.

*Prévost, abbé Antoine François (1746–59). *Histoire générale* des voyages, ou Nouvelle collection de toutes les relations de voyages par mer et par terre qui ont été publiées jusqu'à présent dans les différentes langues de toutes les nations connues, 15 Bde., Paris.

*Prévost, abbé Antoine François (1985). *Œuvres*, éd. J. Sgard et al., Bd. 8, Grenoble.

*Prichard, James Cowles (1836–47). *Researches* into the Physical History of Mankind, 3rd ed., 5 Bde., London.

*Psalmanazar. George (1704). An Historical and Geographical *Description* of Formosa, London.

Pucci, Suzanne Rodin (1990). The *Discrete Charme* of the Exotic: Fictions of the Harem in 18th-Century France, in: Rousseau/Porter, *Exoticism*, S. 145–74.

*Pückler-Muskau, Hermann Fürst von (1985). *Aus Mehemed Alis Reich*: Ägypten und der Sudan um 1840, Zürich [zuerst 1845].

*Pufendorf, Samuel von, u. a. (1753–59). *Introduction* à l'Histoire moderne, générale et politique de l'Univers. Nouv. éd., 8 Bde., Paris, bes. Bd. 7 (1759).

*Pugh, John (1787). Remarkable Occurences in the Life of *Jonas Hanway*, Esq., London.

Qaisar, Ahsam Jan (1982). The *Indian Response* to European Technology and Culture (AD 1498–1707), Delhi.

*Quelle, Pithander von der [d. i. David Faßmann] (1738). Herkunft, Leben und Thaten des Persianischen Monarchens *Schach Nadyr* vormals Kuli-Chan genannt, Leipzig/Rudolstadt.

*Quesnay, François (1888). *Despotisme* de la Chine, in: A. Oncken (Hg.), Œuvres économiques et philosophiques de F. Quesnay, Frankfurt a. M., S. 563–659.

Quigley, Declan (1993). The Interpretation of *Caste*, Oxford.

Raabe. Paul (1995). *Pietas Hallensis Universalis*: Weltweite Beziehungen der Franckeschen Stiftungen im 18. Jahrhundert, Halle.

Rabault-Feuerhahn, Pascale (2008). *L'archive des origines: Sanskrit, philologie, anthropologie dans l'Allemagne du XIX*[e] siècle, Paris.

*Raffles, Sir Thomas Stamford (1817). The History of *Java*, 2 Bde., London.

*Raffles, Sir Thomas Stamford (1929). *Report* on Japan to the Select Committe of the English East India Company [1812–16], ed. by M. Paske-Smith, Kobe.

*Ramsay, Andrew Michael (1732). An Essay upon *Civil Government*, London.

*Ranke, Leopold von (1881–88). *Weltgeschichte*, 9 Bde, Leipzig.

Rassem, Mohammed/Justin Stagl. Hg. (1980). *Statistik* und Staatenbeschreibung in der Neuzeit, vornehmlich im 16.–18. Jahrhundert, Paderborn.

Raychaudhuri, Tapan (1992). Europe in India's *Xenology*: The Nineteenth-Century Record, in: Past & Present 137, S. 156–82.

Raymond, André (1973–74). *Artisans et commerçants* au Caire au XVIIIe siècle, 2 Bde., Damaskus.

Raymond, André (1984). The *Great Arab Cities* of the 16th–18th Centuries: An Introduction, New York/London.

Raymond, André (1985). *Grandes villes arabes* à l'époque ottomane, Paris.

*Raynal, abbé Guillaume Thomas (1775). *Histoire philosophique* et politique des établissement & du Commerce des Européens dans les deux Indes, 3 Bde., Genf [zuerst 1770].

*Raynal, abbé Guillaume Thomas (1988). Die *Geschichte beider Indien*. Ausgew. u. erl. v. H.-J. Lüsebrink, Nördlingen.

*Rehbinder, Johann A. (1798–1800). *Nachrichten* und Bemerkungen über den algierischen Staat, 3 Bde., Altona.

Reichert, Folker (1992). *Begegnungen* mit China: Die Entdeckung Ostasiens im Mittelalter, Sigmaringen.

Reid, Anthony (1988). *Southeast Asia* in the Age of Commerce, 1450–1680, *Bd. 1*: The Lands below the Winds, New Haven/London.

Reid, Anthony (1993). *Southeast Asia* in the Age of Commerce, 1450–1680, *Bd. 2*: Expansion and Crisis, New Haven/London.

*Reineggs, Jacob [d. i. Christian Rudolph Ehlich] (1796–97). Allgemeine historische-topographische Beschreibung des *Kaukasus*, 2 Bde., Gotha/Hildesheim/St. Petersburg.

Reinhard, Wolfgang (1983–90). *Geschichte* der europäischen Expansion, 4 Bde., Stuttgart.

Reinhard, Wolfgang (1987). *Sprachbeherrschung* und Weltherrschaft: Sprache und Sprachwissenschaft in der europäischen Expansion, in: ders. (Hg.), Humanismus und Neue Welt, Weinheim, S. 1–36.

Reith, John (1923). Life of Dr. *John Leyden* – Poet and Linguist, London.

**Relation de la Grande Tartarie*, dressé sur les mémoires originaux des Suédois Prissoniers en Siberie, Pendant la Guerre de la Suède avec la Russie, Amsterdam 1737.

*Remer, Julius August (1794). Darstellung der *Gestalt der historischen Welt* in jedem Zeitraume, Berlin/Stettin.

*Renaudot, Eusèbe (1772). *Révolutions* des empires ..., 2 Bde., Wien.

*Rennell, James (1793). Memoir of a *Map of Hindoostan*; or the Mogul Empire, 3rd ed., London.

Rennie, Neil (1996). *Far-Fetched Facts*: The Literature of Travel and the Idea of the South Seas, Oxford.

*Renouard de Sainte-Croix, Félix (1810). *Voyage* commercial et politique aux Indes Orientales, aux Iles Philippines, à la Chine, avec des notions sur la Cochinchine et le Tonquin, pendant les années 1803, 1804, 1805, 1806 et 1807, 3 Bde., Paris.

*Rich, Claudius James (1839). *Narrative* of a Journey to the Site of Babylon in 1811 . . ., ed. by his widow, London.

*Richard, abbé Jérôme (1778). Histoire naturelle, civile et politique du *Tonquin*, Paris.

Richards, John F. (1993). The *Mughal Empire*, Cambridge.

*Richardson, John (1778). A *Dissertation* on the Languages, Literature and Manners of Eastern Nations, 2nd ed., Oxford.

Richter, Melvin (1973). *Despotism*, in: P. P. Wiener (Hg.), Dictionary of the History of Ideas, Bd. 2, New York, S. 1–18.

Richter, Melvin (1977). The Political Theory of *Montesquieu*, Cambridge.

Richter, Melvin (1988). *Aristoteles* und der klassische griechische Begriff der Despotie, in: H. Maier u. a. (Hg.), Politik, Philosophie, Praxis: Festschrift für Wilhelm Hennis zum 65. Geburtstag, Stuttgart, S. 21–37.

Ricklefs, M. C. (1981). *A History of Modern Indonesia*: c. 1300 to the Present, London/Basingstoke.

Riedel Manfred (1975). *Gesellschaft,* Gemeinschaft, in: Brunner u. a., *Geschichtliche Grundbegriffe* (1972–97), Bd. 2, S. 801–62.

Rietbergen, P. J. A. N. (1985). *Witsen's World*: Nicolaas Witsen (1641–1717) between the Dutch East India Company and the Republic of Letters, in: Itinerario 9, S. 121–34.

*[Rikord, Petr Ivanovič] (1817). *Erzählung* des Russischen Flott-Capitains Rikord von seiner Fahrt nach den japanischen Küsten in den Jahren 1812 und 1813. A. d. Russ. übers. von dem Russisch-Kaiserl. Staatsrath Kotzebue, Leipzig. [zuerst russ. 1816].

*Ripa, Matteo (1983). Matteo Ripa, peintre-graveur-missionaire à la Cour de Chine. «*Mémoires*», traduits, présentés et annotés par Christophe Commentale, Taibei.

*Ritter, Carl (1832ff.). Die *Erdkunde* im Verhältniß zur Natur und zur Geschichte des Menschen oder allgemeine vergleichende Geographie als sichere Grundlage des Studiums und Unterrichts in physicalischen und historischen Wissenschaften, 2.,stark verm. u. umgearb. Aufl., Berlin.
Bd. 1 (1832): Der Norden und Nord-Osten von Hoch-Asien.
Bd. 2 (1833): Der Nord-Osten und der Süden von Hoch-Asien.
Bd. 3 (1835): Der Süd-Osten von Hochasien; dessen Wassersysteme und Gliederungen gegen Osten und Süden.
Bd. 4, 1. Abt. (1835): Die Indische Welt.
Bd. 4, 2. Abt. (1836): Die Indische Welt.
Bd. 5 (1837): West-Asien. Uebergang von Ost- nach Westasien.
Bd. 6, 1. Abt. (1838): West-Asien. Iranische Welt.
Bd. 6, 2. Abt. (1840): West-Asien. Iranische Welt.
Bd. 7, 1. Abt. (1843): Das Stufenland des Euphrat- und Tigrissystems.
Bd. 8, 1. Abt. (1847): Die Halbinsel Arabien.

Robel, Gert (1976). Die *Sibirienexpeditionen* und das deutsche Rußlandbild im 18. Jahrhundert. Bemerkungen zur Rezeption von Forschungsergebnissen, in: E. Amburger/M. Cieśla/L. Sziklay, Hg. (1976). Wissenschaftspolitik in Mittel- und Osteuropa: Wissenschaftliche Gesellschaften, Akademien und Hochschulen im 18. und beginnenden 19. Jahrhundert, Berlin, S. 271–94.

Robel, Gert (1980) Der *Wandel* des deutschen Sibirienbildes im 18. Jahrhundert, in: Canadian-American Slavonic Studies 14, S. 407–26.

Robel, Gert (1991). *Alieni* de Russia: Bericht über ein Forschungsprojekt, in: Griep, *Sehen*, S. 7–19.

Robel, Gert (1992). *Bemerkungen* zu deutschen Reisebeschreibungen über das Rußland der Epoche Katharinas II., in: Jäger, *Europäisches Reisen*, S. 223–241.

*Robertson, William (1817). An Historical *Disquisition* concerning the Knowledge which the Ancients had of India, London (= ders., Works. A New Edition in Twelve Volumes, Bd. 12) [zuerst 1791].

*Robertson, William (1972). The *Progress* of Society in Europe: An Historical Outline from the Subversion of the Roman Empire to the Beginning of the Sixteenth Century, ed. by F. Gilbert, Chicago [zuerst 1769].

*Robinet, Jean Baptiste René (1768). *Vue philosophique* de la gradation naturelle des formes de l'être, Amsterdam.

*Robson, Francis (1786). The Life of *Hyder Ally*, London.

Roche, Daniel (1993). *La France des Lumières*, Paris.

Rochemonteix, Camille de (1915). Joseph *Amiot* et les derniers survivants de la mission française à Pékin (1750–1795), Paris.

Rocher, Rosane (1983). Orientalism, Poetry, and the Millenium: The Checkered Life of *Nathaniel Halhed* 1751–1830, Delhi.

Rocher, Rosane (1993). British *Orientalism* in the Eighteenth Century: The Dialectics of Knowledge and Government, in: Breckenridge/Veer, *Orientalism*, S. 215–49.

*Rochon, abbé Alexis Marie (1791). *Voyage à Madagascar* et aux Indes Orientales, Paris.

Rodinson, Maxime (1991). Die *Faszination* des Islam, dt. v. I. Riesen, 2. Aufl., München.

Roeck, Bernd (1993). *Außenseiter*, Randgruppen, Minderheiten: Fremde im Deutschland der frühen Neuzeit, Göttingen.

Roemer, Hans Robert (1989). *Persien* auf dem Weg in die Neuzeit: Iranische Geschichte von 1350–1750, Darmstadt.

Röttgers, Kurt (1993). *Kants Kollege* und seine ungeschriebene Schrift über die Zigeuner, Heidelberg.

Roger, Jacques (1963). *Les sciences de la vie* dans la pensée française du XVIIIe siècle, Paris.

Rohbeck, Johannes (1987). Die *Fortschrittstheorie* der Aufklärung, Frankfurt a. M.

Ronan, Charles E. /Bonnie B. C. Oh, Hg. (1988). *East Meets West*: The Jesuits in China, Chicago.

*Roque, Jean de la (1715). Voyage de *l'Arabie Heureuse*, Paris.

Ross, Dorothy (1984). Historical *Consciousness* in Nineteenth-Century America, in: AHR 89, S. 909–28.

Rosselli, John (1974). Lord *William Bentinck*: The Making of a Liberal Imperialist, 1774–1839, Delhi.

Rossi, Paolo (1984). The *Dark Abyss of Time*: The History of the Earth and the History of Nations from Hooke to Vico, transl. by L. G. Cochran, Chicago.

*Roubaud, Pierre Joseph André (1770–72). *Histoire générale de l'Asie*, de l'Afrique et de l'Amérique, 4 Bde., Paris.

*Rougemont, Frédéric de (1835–37). *Précis* d'ethnographie, de statistique et de géographie historique, ou Essai d'une géographie de l'homme, 2 Bde., Neuchâtel.

*Rouse, Charles William Boughton (1791). *Dissertation* concerning the Landed Property of Bengal, London.

Rousseau, G. S./Roy Porter, Hg. (1990). *Exoticism* in the Enlightenment, Manchester/New York.

Rousseau, G. S./Roy Porter (1990). *Introduction*: Approaching Enlightenment Exoticism, in: ebd., S. 1–22.

*Rousseau, Jean-Baptiste-Louis (1809). Description du Pachalik de *Bagdad*, Paris.

*Rousseau, Jean-Jacques (1959–95). *Œuvres* complètes, 5 Bde., Paris (Bibliothèque de la Pléiade).

*Rousseau, Jean-Jacques (1984). *Diskurs* über die Ungleichheit, hg. u. übers. v. H . Meier, Paderborn [zuerst franz. 1755].

Rowbotham, Arnold H. (1942). *Missionary* and Mandarin: The Jesuits at the Court of China, Berkeley.

Rubel, Margaret Mary (1978). *Savage and Barbarian*: Historical Attitudes in the Criticism of Homer and Ossian in Britain, 1760–1800, Amsterdam/New York.

*Rühs, Friedrich (1997). *Entwurf* einer Propädeutik des historischen Studiums. Berlin 1811, neu hg. v. H. Schleier/D. Fleischer, Waltrop.

Rubiés, Joan-Pau (2005). Oriental Despotism and European Orientalism: Botero to Montesquieu, in: *Journal of Early Modern History* 9, S. 109–80.

Rupp-Eisenreich, Britta, Hg. (1984). *Histoires de l'anthropologie* (XVIe – XIXe siècles), Paris.

*Russell, Alexander (1794). The Natural History of *Aleppo*. Containing a Description of the City, and the Principal Natural Productions of its Neighbourhood. Together with an Account of the Climate, Inhabitants, and Diseases, particularly the Plague, 2nd ed., 2 Bde., London.

Ryan, Michael T. (1981). Assimilating *New Worlds* in the Sixteenth and Seventeenth Centuries, in: CSSH 23, S. 519–38.

*Rycaut, Sir Paul (1668). The *Present State* of the Ottoman Empire, London.

*Rycaut, Sir Paul (1680). The *History* of the Turkish Empire, London.

Rywkin, Michael, Hg. (1988). *Russian Colonial Expansion* to 1917, London/New York.

Sacy, Jacques Silvestre de (1970). Henri *Bertin* dans le sillage de la Chine, Paris.

Said, Edward W. (1978). *Orientalism*, London.

Said, Edward W. (1993). *Culture and Imperialism*, London.

Said, Edward W. (2009). *Orientalismus*, dt. v. Hans Günter Holl, Frankfurt a. M.

*Salaberry, Charles-Marie Comte de (1813). *Histoire* de l'Empire Ottoman, depuis sa fondation jusqu'à la Paix d'Yassi, en 1792, 4 Bde., Paris.

*Sale, George (1764). *Preliminary Discourse*, in: ders. (Übers.), The Koran, commonly called The Alcoran of Mohammed, 2 Bde., London, Bd. 1, S. 1–248.

*Salmon, Thomas (1752–53). The *Universal Traveller*: Or, a Compleat Description of the Several Nations of the World, 2 Bde., London.

Salvucci, Pasquale (1972). *Adam Ferguson*: Sociologia e filosofia politica, Urbino.

*San Bartolomeo, Fra Paolino da (1796). *Viaggio* alle Indie orientale, Rom.

*Sandys, George (1673). *Travels*, Containing an history of the origin and present state of the Turkish Empire, 7th ed., London [zuerst 1615].

*Sangermano, Vincentius (1885). Description of the *Burmese Empire*, Compiled Chiefly from Burmese Documents. Transl. from his manuscript by W. Tandy, 2nd ed., London [zuerst 1833].

Sardar, Ziauddin (1999). *Orientalism*, Buckingham/Philadelphia.

*Savary, Claude-Etienne (1783). *Le Coran*, Paris.

*Savary, Claude-Etienne (1785–86). *Lettres sur l'Égypte*, 3 Bde., Paris.

Savory, Roger (1980). *Iran* under the Safavids, Cambridge.

Schäbler, Birgit (1995). *Ulrich Jasper Seetzen* (1767–1811). Jeveraner Patriot, aufgeklärter Kosmopolit und Orientreisender, in: [Seetzen], S. 113–34.

Schäbler, Birgit (2008). Post-koloniale Konstruktionen des Selbst als Wissenschaft: Anmerkungen einer Nahost-Historikerin zu Leben und Werk Edward Saids, in: Alf Lüdtke/Reiner Prass, (Hg.) *Gelehrtenleben. Wissenschaftspraxis in der Neuzeit*, Köln/Weimar/Wien, S. 87–100.

Schefer, Charles (1890). *Introduction*, in: Du Mans, *État de la Perse.*

*Schiller, Friedrich (1966). *Sämtliche Werke*, hg. v. G. Fricke u. H. G. Göpfert, 4. Aufl., München.

Schivelbusch, Wolfgang (1980). Das *Paradies*, der Geschmack und die Vernunft: Eine Geschichte der Genußmittel, München.

*Schlegel, Friedrich (1971). Kritische Ausgabe, Abt. 1, Bd. 9: *Philosophie der Geschichte.* In achtzehn Vorlesungen gehalten zu Wien im Jahre 1828, hg. v. J.-J. Anstett, München/Zürich.

Schleier, Hans (1997). *Kulturgeschichte* der Völker als Evolution und Vervollkommnung des Menschen. Deutsche Kulturhistoriker Ende des 18. Jahrhunderts, in: Erich Donnert (Hg.), Europa in der Frühen Neuzeit. Festschrift für Günter Mühlpfordt, Bd. 4, Weimar/Köln/Wien, S. 619–42.

Schlereth, Thomas J. (1977). The *Cosmopolitan Ideal* in Enlightenment Thought: Its Form and Function in the Ideas of Franklin, Hume, and Voltaire, 1694–1790, Notre Dame/London.

*Schlözer, August Ludwig (1772–73). *Vorstellung* seiner Universal-Historie, Göttingen/Gotha, 2 Bde.

*Schlözer, August Ludwig (1785–89). *WeltGeschichte* nach ihren HauptTheilen im Auszug und Zusammenhange, 2 Bde., Göttingen.

*Schlözer, August Ludwig (1962). Vorlesungen über *Land- und Seereisen.* Nach dem Kollegheft des stud. jur. E. F. Haupt (Wintersemester 1795/96) hg. v. W. Ebel, Göttingen.

*Schmidt, Isaac Jacob (1824). Forschungen im Gebiete der älteren religiösen, politischen und literärischen Bildungsgeschichte der *Völker Mittel-Asiens*, vorzüglich der Mongolen und Tibeter, St. Petersburg/Leipzig.

Schmidt-Biggemann, Wilhelm (1983). *Topica Universalis*: Eine Modellgeschichte humanistischer und barocker Wissenschaft, Hamburg.

Schmitz, Markus (2008). *Kulturkritik ohne Zentrum. Edward W. Said und die Kontrapunkte kritischer Dekolonisation*, Bielefeld.

Schneider, Ulrich Johannes, Hg. (2008). *Kulturen des Wissens im 18. Jahrhundert*, Berlin.

Schneiders, Werner, Hg. (1993). *Aufklärung als Mission*: Akzeptanzprobleme und Kommunikationsdefizite, Marburg.

Schneiders, Werner (1995). *Einleitung*: Das Zeitalter der Aufklärung, in: ders. (Hg.), Lexikon der Aufklärung: Deutschland und Europa, München, S. 9–23.

*Schrödter, Joseph (1800). *See- und Landreise* nach Ostindien und Aegypten in den Jahren 1795–1799, Leipzig.

Schroeder, Paul W. (1994). The *Transformation* of European Politics 1763–1848, Oxford.

Schulin, Ernst (1958). Die weltgeschichtliche Erfassung des Orients bei *Hegel und Ranke*, Göttingen.

Schultz, Arthur R. (1949). *Goethe* and the Literature of Travel, in: Journal of English and Germanic Philology 48, S. 445–68.

Schulze, Winfried (1995). Die *Entstehung des nationalen Vorurteils*: Zur Kultur der Wahrnehmung fremder Nationen in der europäischen Frühen Neuzeit, in: GWU 46, S. 642–64.

Schulze, Winfried (1997). *Europa* in der Frühen Neuzeit – begriffsgeschichtliche Befunde, in: H. Duchhardt/A. Kunz (Hg.), «Europäische Geschichte» als historiographisches Problem, Mainz, S. 35–65.

Schumann, Hans-Gerd (1964). *Edmund Burkes Anschauungen* vom Gleichgewicht in Staat und Staatensystem, Meisenheim a. G.

Schuster, Ingrid (1988). *Vorbilder* und Zerrbilder: China und Japan im Spiegel der deutschen Literatur 1773–1890, Bern.

Schwab, Raymond (1934). Vie d'*Anquetil-Duperron*, Paris.

Schwab, Raymond (1964). L'auteur des Mille et une Nuits: Vie d'*Antoine Galland*, Paris.

Schwab, Raymond (1984). The *Oriental Renaissance*: Europe's Rediscovery of India and the East, 1680–1880, New York [zuerst franz. 1950].

*Schwabe, Johann Joachim, Hg. (1747–74). *Allgemeine Historie* aller merckwürdigen Reisen, zu Wasser und zu Lande, 21 Bde., Basel.

Schwartz, Stuart B., Hg. (1994). *Implicit Understandings*: Observing, Reporting and Reflecting on the Encounters between Europeans and Other Peoples in the Early Modern Era, Cambridge.

*Scott, Jonathan (1791). An Historical and Political View of the *Deccan*, London.

*Scott Waring, Edward (1807). A *Tour to Sheeraz*, London.

*Scurla, Herbert, Hg. (1963). *Jenseits des Steinernen Tores*: Entdeckungsreisen deutscher Forscher durch Sibirien im 18. und 19. Jahrhundert, Berlin.

[Seetzen] (1995). Ulrich Jasper Seetzen (1767–1811): Leben und Werk. Die arabischen Länder und die Nahostforschung im napoleonischen Zeitalter. Vorträge des Kolloquiums vom 23. und 24. September 1994 in der Forschungs- und Landesbibliothek Gotha, Schloß Friedenstein, Gotha.

Seifert, Arno (1976). *Cognitio historica*: Die Geschichte als Namengeberin der frühneuzeitlichen Empirie, Berlin.

Seifert, Arno (1986). Von der heiligen zur philosophischen Geschichte: Die *Rationalisierung* der universalhistorischen Erkenntnis im Zeitalter der Aufklärung, in: AfK 68, S. 81–116.

*Semedo, Álvarez (1655). The *History* of that Great and Renowned Monarchy of China, London [zuerst 1642 als span. Übers. d. portug. Manuskripts].

Sen, S. P. (1971). *The French* in India 1763–1816, New Delhi.

*Sestini, Domenico (1797). *Voyage* de Constantinopel à Bassora en 1781, trad. du Italien, Paris.

Shackleton, Robert (1961). *Montesquieu*: A Critical Biography, London.

Shackleton, Robert (1988). *Essays* on Montesquieu and on the Enlightenment, ed. by D. Gilson/M. Smith, Oxford.

Shapin, Stephen (1994). A *Social History* of Truth: Civility and Science in Seventeenth-Century England, Chicago.

Sharafuddin, Mohammed (1994). *Islam* and Romantic Orientalism: Literary Encounters with the Orient, London/New York.

Shaw, Stanford J. (1971). *Between Old and New*: The Ottoman Empire under Sultan Selim III, 1789–1807, Cambridge,Mass.

*Shaw, Thomas (1808). *Travels* or Observations Relating to several Parts of Barbary and the Levant, 3rd ed., 2 Bde., Edinburgh [zuerst 1738].

Shellim, Maurice (1979). Oil Paintings of India and the East by Thomas *Daniell* 1749–1840 and William Daniell 1769–1837, London.

*Shelvocke George (1726). A *Voyage* round the World By Way of the Great South Sea Perform'd in the Years 1719, 20, 21, 22, in the «Speedwell» of London, London.

Sievernich, Gereon/Hendrik Budde, Hg. (1989). *Europa und der Orient* 800–1900 (Ausstellungskatalog), Berlin.

*Silhouette, Étienne de (1731). *Idée générale* du gouvernement et de la morale des Chinois. Tirée particulièrement des ouvrages de Confucius, Paris.

Silva, K. M. de (1981). A History of *Sri Lanka*, London.

Singh, O. P. (1977). *Surat* and Its Trade in the Second Half of the 17th Century, Delhi.

Slezkine, Yuri (1994). *Arctic Mirros*: Russia and the Small Peoples of the North, Ithaca/London.

*Slotkin, J. S., Hg. (1965). Readings in *Early Anthropology*, Chicago.

*Smith, Adam (1976). An Inquiry into the Nature and Causes of the *Wealth of Nations* [zuerst 1776], ed. by R. H. Campbell/A. S. Skinner, 2 Bde., Oxford.

*Smith, Adam (1978). *Lectures on Jurisprudence* [gehalten 1762–66], ed. by R. L. Meek/D. D. Raphael/P. G. Stein, Oxford.

*Smith, Andrew (1975). *Journal* of His Expedition into the Interior of South Africa, 1834–36, ed. by W. F. Lye, Cape Town.

Smith, Bernard (1985). *European Vision* and the South Pacific, 2nd ed., New Haven/London.

Smith, Bernard (1992). *Imagining the Pacific*: In the Wake of the Cook Voyages, New Haven/London.

Smith, Richard J. (1994). *China's Cultural Heritage*: The Qing Dynasty, 1644–1912, Boulder/San Francisco/Oxford.

Sobel, Dava (1996). *Longitude*, London.

*Societas Jesu (1707 ff.). *Lettres édifiantes* et curieuses écrites des Missions étrangères par quelques Missionaires de la Compagnie de Jesus, Paris.

*Societas Jesu (1776–1814). *Mémoires* concernant l'histoire, les sciences, les arts, les mœurs, les usages des Chinois, 16 Bde., Paris (verfaßt von Ex-Jesuiten während des Verbots des Ordens, 1773–1814).

*Societas Jesu (1780–83). *Lettres édifiantes* [...]. nouv éd., 26 Bde., Paris.

*Societas Jesu (1818–20). *Nouvelles lettres édifiantes* des missions de la Chine et des Indes Orientales, 5 Bde., Paris.

Société Asiatique (1922). *Livre du centenaire* (1822–1922), Paris.

Sörlin, Sverker (1989). *Scientific Travel*: The Linnean Tradition, in: Frängsmyr, *Science in Sweden*, S. 96–123.

*Sommer, Johann Gottfried (1834). *Neuestes Gemälde* von Asien, 2. Aufl., 4 Bde., Wien.

*Sonnerat, Pierre (1782). *Voyages* aux Indes Orientales et à la Chine, Fait par ordre du Roi, depuis 1774 jusqu'en 1781, 2 Bde., Paris.

*Sonnini, Charles S. (1799). *Voyage* dans la haute et basse Égypte, fait par ordre de l'ancien gouvernement, 3 Bde., Paris.

Spate, O. H. K. (1979–88). The *Pacific* since Magellan, 3 Bd., London/Canberra.

Spence, Jonathan (1990). Der kleine *Herr Hu*. A. d. Am. v. S. Ettl, München.

*Sprengel, Matthias Christian (1779). Vom *Ursprung des Negerhandels.* Ein Antrittsprogramm, Halle.

*Sprengel, Matthias Christian (1783). *Geschichte* der wichtigsten geographischen Entdeckungen durch Reisen, Halle.

*Sprengel, Matthias Christian (1783). Über den *Krieg* der Engländer in Ostindien, Halle.

*Sprengel, Matthias Christian (1791). *Geschichte der Maratten* bis auf den letzten Frieden mit England den 17. May 1782, Frankenthal.

*Sprengel, Matthias Christian (1794–1800). *Auswahl* der besten ausländischen geographischen und statistischen Nachrichten zur Aufklärung der Völker- und Länderkunde, 14 Bde., Halle.

*Sprengel, Matthias Christian (1795). Über die Fortschritte des Handels zwischen Großbrittannien und China seit 1784, Halle.

*Sprengel, Matthias Christian (1797). *Gegenwärtiger Zustand* der Ostindischen Handels-Gesellschaft in den Vereinigten Niederlanden, Lübeck/Leipzig.

*Sprengel, Matthias Christian (1801). *Hyder Aly* und Tippo Saheb oder Historisch-geographische Übersicht des Mysorischen Reichs, nebst dessen Entstehung und Zertheilung, Weimar.

Springborg, Patricia (1992). Western *Republicanism* and the Oriental Prince, Oxford.

Stafford, Barbara Maria (1984). *Voyage into Substance*: Art, Science, Nature, and the Illustrated Travel Account, 1760–1840, Cambridge/Mass.

Stagl, Justin (1989). Die *Methodisierung* des Reisens im 16. Jahrhundert, in: Brenner, *Reisebericht*, S. 140–77.

Stagl, Justin (1995). A History of *Curiosity*: The Theory of Travel 1550–1800, Chur.

Stagl, Justin/Klaus Orda/Christel Kämpfer (1983). *Apodemiken*: Eine räsonnierte Bibliographie der reisetheoretischen Literatur des 16., 17. und 18. Jahrhunderts, Paderborn.

*Staunton, Sir George Leonard (1797). An *Authentic Account* of an Embassy from the King of Great Britain to the Emperor of China, 2 Bde. mit Atlas, London.

*Staunton, Sir George Thomas (1810). *Ta Tsing Leu Lee*; Being the Fundamental Laws, and a Selection from the Supplementary Statutes, of the Penal Code of China. Transl. from the Chinese, London.

*Staunton, Sir George Thomas (1856). *Memoirs* of the Chief Incidents of the Public Life of Sir George Thomas Staunton, Bart., London.

*Stavorinus, Jan Splinter (1796). *Reise* nach dem Vorgebirge der Guten Hoffnung, Java und Bengalen in den Jahren 1768 bis 1771. A. d. Holl. frey übers. u. mit Anm. begl. v. Professor Lueder in Braunschweig, Berlin [zuerst holl. 1793].

Steadman, John M. (1969). The *Myth of Asia*, London.

*Steeb, Johann Gottlieb (1766). *Versuch* einer allgemeinen Beschreibung von dem

Zustand der ungesitteten und gesitteten Voelker nach ihrer moralischen und physicalischen Beschaffenheit, Karlsruhe.

Stein, Burton (1989). Thomas *Munro*: The Origins of the Colonial State and His Vision of Empire, Delhi.

Steinberg, David Joel u. a. (1987). In Search of *Southeast Asia*: A Modern History, Honululu.

*Steller, Georg Wilhelm (1774). Beschreibung von dem Lande *Kamtschatka*, dessen Einwohnern, deren Sitten, Nahmen, Lebensart und verschiedenen Gewohnheiten, Frankfurt/Leipzig.

Stelling-Michaud, Sven (1960/61). *Le mythe* du despotisme oriental, in: Schweizer Beiträge zur Allgemeinen Geschichte 18/19, S. 328–46.

Stevenson, J. L. (1965). *Introduction*, in: Bell, *Journey* (1965), S. 1–27.

*Stewart, Dugald (1854–58). *Collected Works*, ed. by Sir William Hamilton, 10 Bde. und Supplementband, Edinburgh.

Stewart, Susan (1989). *Antipodal Expectations*: Notes on the Formosan «Ethnography» of George Psalmanazar, in: G. W. Stocking, Jr. (Hg.), Romantic Motives, Madison, Wisc., S. 44–73.

Stietencron, Heinrich von (1988). Voraussetzungen westlicher *Hinduismusforschung* und ihre Folgen, in: E. Müller (Hg.), «Aus der anmuthigen Gelehrsamkeit»: Tübinger Studien zum 18. Jahrhundert. Dietrich Geyer zum 60. Geburtstag, Tübingen, S. 123–54.

Stifler, Susan Reed (1938). The *Language Students* of the East India Company's Canton Factory, in: Journal of the North China Branch of the Royal Asiatic Society 69, S. 46–82.

Stocking, Jr., George W. (1987). *Victorian Anthropology*, New York/London.

Stokes, Eric (1959). The English *Utilitarians* and India, Oxford.

*Strahlenberg, Philipp Johann von (1730). *Das Nord- und Ostliche Theil* von Europa und Asia in so weit solches das gantze Rußische Reich mit Sibirien und der grossen Tartarey in sich begreiffet ..., Stockholm.

Subrahmanyam, Sanjay (1997). *Connected Histories*: Notes towards a Reconfiguration of Early Modern Eurasia, in: MAS 31, S. 735–62.

Swiderski, Richard M. (1991). The False Formosan: George *Psalmanazer* and the Eighteenth-Century Experiment of Identity, Lampeter.

*Symes, Michael (1800). An Account of an *Embassy* to the Kingdom of Ava, Sent by the Governor-General of India, in the Year 1795, London.

*Symes, Michael (1827). An *Account* of an Embassy to the Kingdom of Ava ..., 2 Bde., Edinburgh.

*Symes, Michael (1955). Journal of his *Second Embassy* to the Court of Ava in 1802, ed. with introduction and notes by D. G. E. Hall, London.

Syndram, Dirk (1996). Der *Thron des Großmoguls*: Johann Melchior Dinglingers goldener Traum vom Fernen Osten, Leipzig.

*Tavernier, Jean-Baptiste (1675). *Nouvelle relation* de l'interieur du Serraill du Grand Seigneur, Paris.

*Tavernier, Jean-Baptiste (1889). *Travels in India.* Translated from the original French edition of 1676 ... by V. Ball, 2 Bde., London.

Taylor, John Gelman (1983). The Social World of *Batavia*: European and Eurasian in Dutch Asia, Madison, Wisc.

Teltscher, Kate (1995). *India Inscribed*: European and British Writing on India 1600–1800, Delhi.
*Temple, Sir William (1814). *Works*, new ed., 4 Bde., London.
Teng Ssu-yü (1942–43). *Chinese Influence* on the Western Examination System, in: HJAS 7, S. 267–312.
*Tennant, Thomas (1790). *Indian Zoology*, 2nd ed., London.
*Tennant, William (1803). *Indian Recreations*; Consisting Chiefly of Strictures on the Domestic and Rural Economy of the Mahommedans & Hindoos, 2 Bde., Edinburgh.
*Tennant, William (1807). *Thoughts* on the Effects of the British Government on the State of India, Edinburgh.
*Thévenot, Jean de (1687). The *Travels* of Monsieur de Thevenot into the Levant. Newly done out of French, 3 Bde., London [zuerst franz. 1664–84].
Thom, Martin (1995). *Republics*, Nations and Tribes, London.
Thomas, Nicholas (1991). *Entangled Objects*: Exchange, Material Culture, and Colonialism in the Pacific, Cambridge, Mass./London.
Thomaz de Bossière, Mme. Yves de (1994). Jean-François *Gerbillon*, S. J. (1654–1707): Mathematicien de Louis XIV, premier supérieur général de la Mission française de Chine, Löwen.
Thompson, Jason (1994). *Osman Effendi*: A Scottish Convert to Islam in Early Nineteenth-Century Egypt, in: JWH 5, S. 99–123.
Thomson, Ann (1987). *Barbary* and Enlightenment: European Attitudes towards the Maghreb in the 18th Century, Leiden.
Thorensen, Timothy H. H., Hg. (1975). Toward a *Science of Man*: Essays in the History of Anthropology, Den Haag/Paris.
*Thorn, William (1815). Memoir of the *Conquest of Java*, London.
*Thornton, Thomas (1809). The *Present State* of Turkey; or Description of the Political, Civil and Religious Constitution, Government, and Laws of the Ottoman Empire, 2nd ed., London [zuerst 1807].
*Thunberg, Carl Peter (1792). *Reisen* in Afrika und Asien, vorzüglich in Japan, während der Jahre 1772 bis 1779, auszugsweise übers. v. K. Sprengel ... u. mit Anm. begl. v. J. R. Forster, Berlin [zuerst schwed. 1788–93].
*Thunberg, Carl Peter (1794). *Reise* durch einen Theil von Europa, Afrika und Asien, hauptsächlich in Japan, in den Jahren 1770 bis 1779. A. d. Schwed. übers. v. C. H. Großkurd, 2 Bde., Berlin.
*Thunberg, Carl Peter (1796). *Voyages* de C. P. Thunberg au Japon, par le Cap de Bonne-Espérance, les Isles de la Sonde, &c. Traduits, rédigés et augmentés de notes ... par L. Langlès, 2 Bde., Paris.
Tidrick, Kathryn (1989). Heart-beguiling *Araby*: The English Romance with Arabia, 2nd ed., London.
*Tieffenthaler: siehe Bernoulli.
Tillotson, G. H. R. (1992). The Indian Travels of *William Hodges*, in: JRAS, 3rd ser., 2, S. 377–398.
*Timkovski, George (1827). *Voyage à Pekin*, a travers la Mongolie en 1820 et 1821, publié par J. Klaproth, 2 Bde., Paris.
*Tissanier, Joseph (1663). *Relation* du Voyage du P. Joseph Tissanier de la Compagnie de Iesus. Depuis la France, jusqu'au Royaume de Tunquin, Paris.

*Titsingh, Isaac (1820). *Mémoires et anecdotes* sur la dynastie régnante des Djogouns, souverains du Japon … Publié par M. Abel-Rémusat, Paris.
*Titsingh, Isaac (1990). The Private *Correspondence* of Isaac Titsingh. Bd. 1 (1785–1811), ed. by F. Lequin, Amsterdam.
*Tocqueville, Alexis de (1962). *Œuvres complètes.* Bd. 3: Ecrits et discours politiques, 2 Teile, Paris.
*Tombe, Charles François (1810). *Voyage* aux Indes Orientales pendant les années 1802, 1803, 1804, 1805 et 1806, 2 Bde. und Atlas, Paris.
*Tone, William Henry (1798–99). Illustrations of some Institutions of the *Mahratta People,* in: Asiatic Annual Register 1798–99, S. 124–51.
*Toreen, Olof (1771). A *Voyage* to Surate, China, &c., From the 1st of April, 1750, to the 26th of June, 1752, in a series of letters to Doctor Linnaeus, in: Osbeck, *Voyage,* Bd. 2, S. 153–266.
Tortarolo, Edoardo (1992). *Barbari* e selvaggi in Gibbon e nella filosofia tedesca della storia, in: M. Geuna/M. L. Pesante (Hg.), Passioni, interessi, convenzioni: Discussioni settecentesche su virtù e civiltà, Mailand, S. 295–309.
Tortarolo, Edoardo (1999). *L'illuminismo. Ragioni e dubbi della modernità,* Rom.
Toscani, Ignazio (1980). *Etatistisches Denken* und erkenntnistheoretische Überlegungen in den venezianischen Relationen, in: Rassem/Stagl, *Statistik,* S. 111–25.
Toscano, Guiseppe M. (1984). Contributo del *Desideri* alla conoscenza dell'Asia nel sec. XVIII, in: Marazzi, *La conoscenza,* Bd. 1, S. 293–302.
Totman, Conrad (1993). *Early Modern Japan,* Berkeley.
*Tott, Baron François de (1786). *Memoirs* of Baron de Tott; Containing the State of the Turkish Empire and the Crimea during the late War with Russia, 2nd ed., 2 Bde., London [zuerst franz. 1785].
*Tournefort: siehe Pitton de Tournefort.
**Travels of the Jesuits* into Various Parts of the World, Compiled from Their Letters, London 1743.
Trevor-Roper, Hugh (1985). Dimitrie *Cantemir's «Ottoman History»* and Its Reception in England, in: Revue Roumaine d'Histoire 24, S. 51–66.
Trigger, Bruce G. (1989). A History of *Archaeological Thought,* Cambridge.
*Troilo, Frantz Ferdinand von (1733). Orientalische *Reise-Beschreibung,* Dresden/Leipzig.
Trümpler, Charlotte, Hg. (2008). *Das Große Spiel. Archäologie und Politik zur Zeit des Kolonialismus (1860–1940),* Köln.
Tucci, Giuseppe (1949). *Italia e Oriente,* Mailand.
*Turgot, Anne Robert Jacques (1913–23). *Œuvres,* publ. par G. Schelle, 5 Bde., Paris.
*Turgot, Anne Robert Jacques (1990). Über die *Fortschritte* des menschlichen Geistes. Hg. v. J. Rohbeck/L. Steinbrügge, Frankfurt a. M.
*Turner, Samuel (1800). Account of an Embassy to the Court of the Teshoo Lama in *Tibet,* London.
*Turner, William (1820). Journal of a Tour in the *Levant,* 3 Bde., London.
*Turpin, François René (1771). Histoire civile et naturelle du royaume de *Siam.* Et des Révolutions qui ont bouleversé cet Empire jusqu'en 1770, 2 Bde., Paris.

Universal History (1736–44). An Universal History, from the Earliest Account of Time, 7 Bde., London.

**Universal History* (1759–66). The Modern Part of an Universal History from the Earliest Account of Time; Compiled from Original Authors by the Authors of the Ancient Part, 44 Bde. +16 Bde. in folio, London.

**Universal History* (1779–84), new ed., 60 Bde., London.

*Unverzagt, Georg Johann (1727). Die *Gesandtschaft* Ihrer Kayserlichen Majestät von Groß-Rußland an den Sinesischen Kayser, Lübeck/Magdeburg.

Valensi, Lucette (1987). *Venise* et la Sublime Porte: La naissance du despote, Paris.

Valensi, Lucette (1990). The Making of a Political *Paradigm*: The Ottoman State and Oriental Despotism, in: A. Grafton/A. Blair (Hg.), The Transmission of Culture in Early Modern Europe, Pittsburgh, S. 173–203.

*Valentina, George Viscount (1811). *Voyages* and Travels to India, Ceylon, the Red Sea, Abyssinia, and Egypt, in the Years 1802, 1803, 1804, 1805, and 1806, 4 Bde., London.

*Valentina, George Viscount (1811). *Reisen nach Indien* [...]. Aus dem Engl. im Auszuge übers. v. F. Rühs, 2 Bde., Weimar.

*Valentyn, François (1724–26). *Oud en nieuw Ooost-Indien*, 5 Bde., Dordrecht/Amsterdam.

*Valentyn, François (1978). Description of *Ceylon*. Transl. and ed. by S. Arasaratnam, London.

Van Aalst, Frank Daigh (1970). The *British View* of India, 1750 to 1785, Ph. D. thesis, University of Pennsylvania.

Van der Brug, P. H. (1994). *Malaria* en malaise: De VOC in Batavia in de achttiende euw, Amsterdam.

Van der Cruysse, Dirk (1991). *Louis XIV et le Siam*, Paris.

Van Kley, Edwin J. (1971). *Europe's «Discovery»* of China and the Writing of World History, in: AHR 76, S. 358–85.

Van Kley, Edwin J. (1973). *News from China*: Seventeenth-Century European Notices of the Manchu Conquest, in: JMH 45, S. 561–82.

*Varenius, Bernhardus (1765). A Complete System of *General Geography* ... Originally Written in Latin. Since Improved and Illustrated by Sir Isaac Newton and Dr. Jurin; And now transl. into English [...] by Mr. Dugdale. 4th ed., 2 Bde., London.

*Varenius, Bernhardus (1974). *Descriptio Regni Japoniae*/Beschreibung des japanischen Reiches, Amsterdam, 1649. Ins Dt. übertr. v. E.-C. Volkmann, hg. u. komm. v. M. Schwind u. H. Hammitzsch, Darmstadt.

Varisco, Daniel Martin (2007). *Reading Orientalism: Said and the Unsaid*, Seattle, WA.

Venturi, Franco (1947). L'antichità svelata e l'idea del progresso in N. A. *Boulanger* (1722–1759), Bari.

Venturi, Franco (1963). *Oriental Despotism*, in: JHI 24, S. 133–42.

Venturi, Franco. *Europe des lumières*: Recherches sur le 18e siècle, Paris/Den Haag.

*Verbiest, Ferdinand (1732). *Voyage de l'Empereur de la Chine* dans la Tartarie, in: Bernard, *Recueil des voyages au nord*, Bd. 4 (nouv. éd.), S. 414–55 [zuerst 1682].

*Verelst, Harry (1772). A *View* of the Rise, Progress, and Present State of the English Government in Bengal, London.

Vicziany, Marika (1986). *Imperialism*, Botany and Statistics in Early Nineteenth-Century India: The Surveys of Francis Buchanan, in: MAS 20, S. 625–60.

Vierhaus, Rudolf (1989). *Traditionen* vergleichender historischer Kulturwissenschaft in Deutschland. Bemerkungen und Fragen, in: Saeculum 40, S. 132–35.

Vierhaus, Rudolf, u. a., Hg. (1992). *Frühe Neuzeit* – Frühe Moderne? Forschungen zur Vielschichtigkeit von Übergangsprozessen, Göttingen.

Villiers, Patrick/Jean-Pierre Duteil (1997). *L'Europe*, la mer et les colonies, XVIIe-XVIIIe siècle, Paris.

*Virey, Julien Joseph (1824). *Histoire naturelle* du genre humain, nouv. éd., 3 Bde., Paris.

*Visdelou, Claude (1779). *Histoire abregée de la Tartarie* [...], in: d'Herbelot, *Bibliothèque Orientale*, Bd. 4, S. 46–294.

*Vliet, Jeremias van (1692). Beschryving van het *Koningryk Siam*, Leiden.

Voegelin, Eric (1966). *Anamnesis*: Zur Theorie der Geschichte und Politik, München.

*Vogel, Johann Wilhelm (1716). Zehn-Jährige, Jetzo auffs neue revidirt und vermehrte Ost-Indianische *Reise-Beschreibung*, Altenburg.

*Volney, Constantin François de (1821). *Œuvres complètes*, 8 Bde., Paris.

*Volney, Constantin François de (1959). *Voyage* en Égypte et en Syrie, publ. par J. Gaulmier, Paris/Den Haag [zuerst 1787].

*Volney, Constantin François de (1977). Die *Ruinen* oder Betrachtungen über die Revolutionen der Reiche, übers. v. D. M. Forkel u. G. Forster, hg. v. G. Mensching, Frankfurt a. M. [zuerst franz. 1791],

*Volney, Constantin François de (1989). *Œuvres*. Textes réunis et revus par A. et H. Deneys, 2 Bde., Paris.

*Voltaire (1877–85). *Œuvres complètes*, 52 Bde., Paris.

*Voltaire (1957). *Œuvres historiques*, éd. par R. Pomeau, Paris (Bibliothèque de la Pléiade).

*Voltaire (1963). *Essai* sur les mœurs et l'esprit des nations et sur les principaux faits de l'histoire depuis Charlemagne jusqu'à Louis XIII, éd. R. Pomeau, 2 Bde., Paris [zuerst 1756, definitive Ausgabe 1769].

Vyverberg, Henry (1989). *Human Nature*, Cultural Diversity, and the French Enlightenment, New York/Oxford.

*Wahl Samuel Friedrich Günther (1784). *Allgemeine Geschichte der morgenländischen Sprachen* und Litteratur, Leipzig.

*Wahl, Samuel Friedrich Günther (1795). Altes und Neues *Vorder- und Mittel-Asien* oder pragmatisch-geografische, fysische und statistische Schilderung und Geschichten des Persischen Reiches von den ältesten Zeiten bis auf diesen Tag, Bd. 1, Leipzig.

*Wahl, Samuel Friedrich Günther (1798). Der Geist und die *Geschichte des Schach-Spiels* bei den Indern, Persern, Arabern, Türken, Sinesen und übrigen Morgenländern, Deutschen und anderen Europäern, Halle.

*Wahl, Samuel Friedrich Günther (1805). Erdbeschreibung von *Ostindien*, nemlich Hindostan und Bekan, nebst den Inseln Lakdiven, Maldiven und Ceylon. 1. Band: Vorläufiger Versuch einer ausführlichen Litteratur der Geschichte und Erdbeschreibung von Ostindien und von Asien überhaupt, Hamburg.

*Wakefield, Priscilla.(1817). The *Traveller* in Asia; Or, a Visit to the Most Celebrated Parts of the East Indies and China. For the Instruction and Entertainment of Young Persons, London.

*Walckenaer, Charles Athanase (1798). *Essai* sur l'histoire de l'espèce humaine, Paris.

*Walckenaer, Charles Athanase (1826–31). *Histoire générale* des voyages, ou Nouvelle collection des relations de voyages par mer et par terre, 21 Bde., Paris.

*Walckenaer, Charles Athanase (1830). *Vies* de plusieurs personnages célèbres des temps anciens et modernes, 2 Bde., Laon.

Wallace, Jennifer (1997). *Shelley* and Greece: Rethinking Romantic Hellenism, Basingstoke.

*Wallace, Robert (1809). A *Dissertation* on the Numbers of Mankind in Ancient and Modern Times, Edinburgh [zuerst 1753].

*Walpole, Robert, Hg. (1817). *Memoirs* Relating to European and Asiatic Turkey; edited from manuscript journals, London.

*Walpole, Robert, Hg. (1820). *Travels* in Various Countries of the East, London.

*Walter, Richard/Benjamin Robins (1974). A *Voyage Round the World* in the Years MDCCXL, I, II, III, IV. By George Anson. Ed. by G. Williams, London.

Walter, Xavier (1994). *John Barrow,* un Anglais en Chine au XVIIIe siècle, Paris.

Walvin, James (1997). *Fruits of Empire*: Exotic Produce and British Taste, 1660–1800, Basingstoke/London.

Wang Mei-chu (1985). Die *Rezeption* des chinesischen Ton-, Zahl- und Denksystems in der westlichen Musiktheorie und Ästhetik, Frankfurt a. M./Bern/New York.

*Wansleben, Johann Michael (1794). *Beschreibung von Aegypten* im Jahre 1664, in: Paulus, *Sammlung* (1792–1803), Bd. 3, S. 1–122.

*Wansleben, Johann Michael (1794). *Neue Beschreibung* einer Reise nach Aegypten in den Jahren 1672, 1673, in: ebd., S. 123–412.

*Ward, William (1817–20). A View of the History, Literature, and Religion of the *Hindoos,* 3rd ed., 4 Bde., London.

*Wathen, James (1814). Journal of a *Voyage* in 1811 and 1812 to Madras and China, London.

*Weber, Friedrich Christian (1721–39). Das veränderte *Rußland,* 2 Bde., Frankfurt a. M./Hannover.

Weber, Max (1920). Zwischenbetrachtung: Theorie der Stufen und Richtungen religiöser Weltablehnung, in: ders., *Gesammelte Aufsätze zur Religionssoziologie,* Bd. 1, Tübingen 1920, S. 536–73.

Weinberger-Thomas, Catherine, Hg. (1988). *L'Inde et l'imaginaire,* Paris.

Weißhaupt, Winfried (1979). *Europa* sieht sich mit fremdem Blick. Werke nach dem Schema der «Lettres persanes» in der europäischen, insbesondere der deutschen Literatur des 18. Jahrhunderts, 3 Bde., Frankfurt a. M./Bern/Las Vegas.

Wendland, Folkwart (1990). *Das Russische Reich* am Vorabend der Großen Nordischen Expedition, der sogenannten zweiten Kamtschatka-Expedition, in: Posselt, *Große Nordische Expedition,* S. 332–84.

Wendland, Folkwart (1992). Peter Simon *Pallas* (1741–1811): Materialien einer Biographie, 2 Bde., Berlin.

Wessels, C. (1924). *Early Jesuit Travellers* in Central Asia 1603–1721, Den Haag.

Whelan, Frederick G. (1996). *Edmund Burke* and India: Political Morality and Empire, Pittsburgh.

*White, John (1824). A *Voyage* to Cochin China, London.

*White, Joseph, Hg. (1783). *Institutes* Political and Military Written Originally in the Mogul Language, by the Great Timour, Improperly Called Tamerlane, Oxford.

*Widmaier, Rita, Hg. (1990). *Leibniz korrespondiert mit China*: Der Briefwechsel mit den Jesuitenmissionaren, Frankfurt a. M.

Wiesehöfer, Josef/Stephan Conermann, Hg. (2002). *Carsten Niebuhr (1733–1815) und seine Zeit*, Stuttgart.

*Wieser, Friedrich von (1910). *Recht und Macht*, Leipzig.

Wilford, John Noble (1981). The *Mapmakers*, New York.

*Wilks, Mark (1810–17). *Historical Sketches* of the South of India, 3 Bde., London.

Williams, Glyndwr (1997). The *Great South Sea*: English Voyages and Encounters 1570–1750, New Haven.

Wills, John E., Jr. (1993). *European Consumption* of Asian Production in the 17th and 18th Centuries, in: Brewer/Porter, *Consumption*, S. 133–47.

Wills, John E., Jr. (1993). *Maritime Asia*, 1500–1800: The Interactive Emergence of European Dominance, in: AHR 98, S. 83–105.

Willson, A. Leslie (1964). A *Mythical Image*: The Ideal of India in German Romanticism, Durham, N. C.

Winch, Donald (1965). *Classical Political Economy* and Colonies, London.

*Winckelmann, Johann Joachim (1964). *Geschichte* der Kunst des Altertums, hg. v. W. Senff, Weimar [zuerst 1764].

Windisch, Ernst (1917–21). Geschichte der *Sanskrit-Philologie* und der Indischen Altertumskunde, 3 Bde., Straßburg/Berlin/Leipzig.

Winter, Eduard/Günther Jarosch, Hg. (1983). *Wegbereiter* der deutsch-slawischen Wechselseitigkeit, Berlin.

*Winterbotham, William (1795). An Historical, Geographical. and Philosophical View of the *Chinese Empire*, London.

Wisotzki, Emil (1897). *Zeitströmungen* in der Geographie, Leipzig.

Witek, John W. (1982). *Controversial Ideas* in China and in Europe: A Biography of Jean-François Foucquet, S. J. (1665–1741), Rom.

Witek, John W. (1988). *Understanding the Chinese*: A Comparison of Matteo Ricci and the French Jesuit Mathematicians Sent by Louis XIV, in: Ronan/Oh, *East Meets West*, S. 62–102.

*Witsen, Nicolaas (1705). *Noord en Oost Tartarye*, 2 Bde., Amsterdam [zuerst 1692].

*Wittman William (1803). *Travels* in Turkey, Asia Minor, Syria and Across the Desert to Egypt during the Years 1799, 1800, and 1801, London.

Wokoeck, Ursula (2009). *German Orientalism: The Study of the Middle East and Islam from 1800 to 1945*, London/New York.

Wolf, Johann Christoph (1781–84). Reise nach *Zeilan*, 2 Bde., Berlin.

Wolf, John Baptist (1979). The *Barbary Coast*: Algiers under the Turks 1500 to 1830, New York/London.

Wolff, Larry (1994). *Inventing Eastern Europe*: The Map of Civilization on the Mind of the Enlightenment, Stanford.

Wollmann, Therese (1984). *Scheich Ibrahim*: Die Reisen des Johann Ludwig Burckhardt 1784–1817, Basel.

Wood, Paul B. (1989). The *Natural History of Man* in the Scottish Enlightenment, in: History of Science 27, S. 89–123.

*Wood, Robert (1753). The Ruins of *Palmyra*, London.

*Wood, Robert (1757). The Ruins of *Balbec*, London.

Woodhead, Christine (1987). «The Present Terrour of the World»? *Contemporary Views* of the Ottoman Empire, in: History 72, S. 20–37.

Woodhouse, C. M. (1991). *Modern Greece*: A Short History, London/Boston.

*Woodhouselee, Lord Alexander Fraser Tytler (1825). *Elements of General History*, Ancient and Modern, 9th ed., 2 Bde., London [zuerst 1801].

Woolf, Harry (1959). The *Transits* of Venus: A Study of Eighteenth-Century Science, Princeton.

Woolf, Stuart (1992). The *Construction* of a European World View in the Revolutionary-Napoleonic Years, in: Past & Present 137, S. 72–101.

Wortham, John David (1971). *British Egyptology*, 1549–1906, Newton Abbot.

Wright, Sir Denis (1985). The *Persians* Amongst the English: Episodes in Anglo-Persian History, London.

Wurtzburg, Charles Edward (1954). *Raffles* of the Eastern Isles, London.

Wuthenow, Ralph-Rainer (1980). *Die erfahrene Welt*: Europäische Reiseliteratur im Zeitalter der Aufklärung, Frankfurt a. M.

Wyatt, David K. (1982). *Thailand*: A Short History, New Haven/London.

Yapp, Malcolm E. (1992). Europe in the *Turkish Mirror*, in: Past & Present 137, S. 134–55.

Yerasimos, Stéphane (1991). *Les voyageurs* dans l'Empire Ottoman (XIV-XVIe siècles), Ankara.

Young, David (1978). *Montesquieu's View of Despotism* and His Use of Travel Literature, in: Review of Politics 40, S. 392–405.

Young, Robert J. C. (2003). *Postcolonialism: A Very Short Introduction*, Oxford.

Yule, Henry/A. C. Burnell (1886). *Hobson-Jobson*: A Glossary of Collloquial Anglo-Indian Words and Phrases, Kalkutta.

Zaidi, S. Inayat A. (1986). European *Mercenaries* in the Indian Armies. Paper for the 9th European Conference of Modern South Asian Studies, Heidelberg, 9.–12. 7. 1986.

Zammito, John H. (2002). *Kant, Herder, and the Birth of Anthropology*, Chicago/London.

Zastoupil, Lynn (1994). *John Stuart Mill* and India, Stanford.

*Zedler, Johann Friedrich u. a. (1732–50): Grosses vollständiges *Universal-Lexicon* aller Wissenschaften und Künste, Welche bißhero durch menschlichen Verstand und Witz erfunden und verbessert wurden ..., 64 Bde., Halle/Leipzig.

Zhao Suisheng (1997). Chinese Intellectuals' *Quest* for National Greatness and Nationalistic Writing in the 1990s, in: China Quarterly 152, S. 725–45.

*Ziegenbalg, Bartholomäus (1926). *Malabarisches Heidenthum*. Hg. v. W. Caland, Amsterdam [abgeschlossen 1711].

*Ziegenbalg, Bartholomäus (1930). *Kleinere Schriften*. Hg. v. W. Caland, Amsterdam.

*[Ziegenbalg, Bartholomäus/Johann Ernst Gründler] (1714–17). *Malabarische Correspondenz*, in: Der königl. dänischen Missionarien aus Ost-Indien eingesandte ausführliche Berichte, Halle. [Teil 1]: Siebende Continuation … (1714), S. 337–504- [Teil 2]: Elfte Continuation … (1717), S. 871–959.

Zilfi, Madeline C., Hg. (1997). *Women* in the Ottoman Empire: Middle Eastern Women in the Early Modern Era, Leiden.

*Zimmermann, Eberhardt August Wilhelm von (1778). Ueber die *Verbreitung* und Ausartung des Menschengeschlechts, Leipzig.

*Zimmermann, Eberhardt August Wilhelm von (1778–83). *Geographische Geschichte* des Menschen und der allgemein verbreiteten vierfüßigen Thiere, 3 Bde., Leipzig.

*Zimmermann, Eberhardt August Wilhelm von (1783). *Versuch* einer Anwendung der zoologischen Geographie auf die Geschichte der Erde, Leipzig.

*Zimmermann, Eberhardt August Wilhelm von (1810–14). Die *Erde* und ihre Bewohner nach den neuesten Entdekkungen, 5 Bde., Leipzig.

Zoli, Sergio (1972). *Le polemiche* sulla Cina nella cultura storica, filosofica, letteraria italiana della prima metà del settecento, in: Archivio storico italiano 130, S. 409–67.

Zoli, Sergio (1973). La Cina e la *cultura italiana*: Dal 1500 al 1700, Bologna.

Zoli, Sergio (1974). *La Cina* e l'età dell'illuminismo in Italia, Bologna.

*Züge, Christian Gottlob (1988). *Der russische Colonist* oder Christian Gottlob Züges Leben in Russland, nebst einer Schilderung der Sitten und Gebräuche der Russen vornehmlich in den asiatischen Provinzen, hg. v. G. Robel, Bremen [zuerst 1802].

Namenregister

Das Register verzeichnet die im Textteil des Buches erwähnten Personen.

Orts- und Sachregister

Das Register verzeichnet die im Textteil des Buches erwähnten Sachen.